LA TERRE
ET L'HOMME

OU

APERÇU HISTORIQUE DE GÉOLOGIE, DE GÉOGRAPHIE
ET D'ETHNOLOGIE GÉNÉRALES,

pour servir d'introduction à l'histoire universelle

PAR

L. F. ALFRED MAURY

MEMBRE DE L'INSTITUT
Académie des inscriptions et belles-lettres

QUATRIÈME ÉDITION
REVUE ET CONSIDÉRABLEMENT AUGMENTÉE

PARIS
LIBRAIRIE HACHETTE ET Cⁱᵉ
79, BOULEVARD SAINT-GERMAIN, 79
—
1877
Droits de reproduction et de traduction réservés

PRÉFACE.

I.

On ne s'est longtemps occupé dans l'histoire que de l'intervention des causes morales et du rôle joué par ceux qui furent placés à la tête des nations, à la conduite des affaires ou des armées. L'historien n'avait en vue que d'exposer une suite d'événements, d'en enchaîner habilement le récit, auquel il mêlait parfois la peinture de la société, le portrait d'un héros, d'un homme d'État; mais il négligeait d'ordinaire la recherche des véritables causes dont les événements procèdent. Le sol sur lequel s'accomplissaient les révolutions, rapportées par lui, le climat sous lequel les changements sociaux s'étaient opérés, la race à laquelle appartenaient les peuples dont on retraçait l'histoire, leur constitution intellectuelle, leur génie, leur langue, leur tempérament, leurs mœurs ; tout cela était rejeté sur l'arrière-plan, quand on ne le passait pas complétement sous silence.

On n'attachait pas plus d'importance à cette mise en scène du grand drame de la vie des peuples, qu'on n'en attache à la forme du théâtre sur lequel une pièce est représentée, aux décors qui servent à encadrer la scène elle-même. C'est que l'on ignorait dans quelle étroite dépendance l'homme est de la nature. On ne voulait voir dans l'humanité que la reine de ce monde, et l'on oubliait que le monarque relève encore plus de ses sujets, que ses sujets ne relèvent de lui. C'est seulement dans ces derniers temps que l'on a commencé à s'éloigner de la vieille manière d'écrire l'histoire, et que l'on a fait concourir à l'appréciation des événements l'étude des monuments, des lieux, des institutions et des croyances.

L'histoire ne s'offrirait à nous que comme un inexplicable mystère ou un étrange caprice de la Providence, si l'on cessait d'y voir l'effet né de l'ordre universel. L'homme lui-même n'en est qu'un agent, agent principal sans doute, grande roue de la machine, mais qui subit les réactions et transmet les mouvements des autres parties du mécanisme général. Ces autres parties, c'est dans la nature physique, dans les règnes organique et inorganique, qu'il faut les aller chercher. Les influences dues aux actions extérieures qui entourent l'homme et le dominent d'autant plus qu'il est moins civilisé, donnent naissance aux conditions sous l'empire desquelles chaque race, chaque individu grandit et se développe. On ne saurait donc écrire l'histoire sans tenir compte de ces éléments primordiaux, qui présidèrent à la formation du globe, à la naissance des êtres et à ce qu'on pourrait appeler la gestation de l'humanité. Voilà pourquoi j'ai pensé que présenter un aperçu de l'histoire des premiers hommes, des premières sociétés, dans ses rapports avec le globe où le Créateur les a fixés, c'était offrir la meilleure introduction aux annales des nations et à l'histoire des individus.

On ne s'attendra pas sans doute à trouver dans cet ouvrage, approfondies et traitées complétement, les diverses questions que son sujet soulève. Je n'ai voulu esquisser qu'une introduction, et il est de la nature même de ce genre de composition de ne point pénétrer dans les détails. C'est avec la pensée qu'à cela devait se borner ma tâche, que je l'ai entreprise. Je ne possédais point d'ailleurs les connaissances scientifiques spéciales qui m'auraient permis d'entrer dans la discussion détaillée des faits physiques, géologiques, botaniques et zoologiques que cette introduction a rattachés par le lien de l'histoire. Aussi dans l'exposé, presque toujours rapide, que j'ai fait de la distribution des trois règnes à la surface du globe, des révolutions géologiques, des phénomènes de physique terrestre, ai-je pris prudemment pour guides les traités et les recueils spéciaux les plus estimés. Ce n'est que dans les chapitres consacrés à l'ethnologie et à l'histoire des premières sociétés, que je me suis permis de mêler mes vues propres aux résultats acquis par les travaux antérieurs. J'ai adopté pour la classification des races et des langues, entre les divers systèmes qui se sont produits, celui qui m'a paru cadrer le mieux avec les faits. Pour ce qui est du tableau des religions et des institutions, des premières inventions suggérées par les premiers besoins, j'ai dû être plus concis; donner une idée de la marche des choses me suffisait. Dans la classification des races et des langues, j'avais au contraire à préciser des distinctions et des caractères qui importent au plus haut degré à une saine appréciation de l'histoire générale.

Dans cette quatrième édition, j'ai apporté à l'œuvre originelle divers changements, qui viennent s'ajouter à ceux que j'avais déjà introduits dans l'édition précédente. Ici corrigeant, là développant ma rédaction antérieure, je me suis efforcé de mettre mon exposé au niveau des connaissances actuelles. L'ouvrage s'est grossi notablement par cette révision; et, tel que je le présente aujourd'hui au public, il constitue, à bien des égards, un livre nouveau, moins indigne de l'accueil favorable qui lui a été fait dès sa première édition. J'ose croire qu'il donne au lecteur un résumé assez substantiel.

Je remercie les personnes bienveillantes qui m'ont aidé à améliorer mon travail, en me signalant quelques inexactitudes qui m'avaient échappé. Elles pourront se convaincre, par l'examen de cette quatrième édition, que j'ai mis à profit leurs avis. Sans doute mon œuvre demeure encore défectueuse et insuffisante sur nombre de points; on en peut contester diverses assertions qui sont en désaccord avec les idées de certaines écoles scientifiques ou philosophiques, mais elle a au moins le mérite d'avoir été composée dans la seule préoccupation de la recherche du vrai, avec un sincère désir de servir à l'instruction des esprits éclairés.

LA TERRE ET L'HOMME.

CHAPITRE PREMIER.

LA CRÉATION.

Le ciel; l'espace infini; les étoiles; les mondes. — Notre système solaire; les planètes; la lune; place de la Terre dans le système planétaire. — Origine et commencement de notre planète; phases par lesquelles ont passé la composition de son sol, sa flore et sa faune.

Le ciel; l'espace infini; les étoiles; les mondes.

Lorsque nous jetons les yeux sur le firmament par une de ces belles nuits où les étoiles brillent d'un vif éclat, notre esprit est naturellement entraîné à réfléchir sur les insondables profondeurs du ciel qui nous environne de toutes parts. Nous nous demandons ce que sont ces feux suspendus dans l'espace et qu'on a distribués par groupes ou *constellations*, auxquels on a imposé des noms. Nous concevons alors, bien que cette conception nous étonne et ne nous satisfasse qu'incomplétement, l'espace infini; nous reconnaissons que rien n'en saurait limiter l'étendue, et qu'à quelque distance qu'il nous serait donné d'atteindre, une route sans fin se continuerait encore dans tous les sens au delà de ce terme si éloigné. L'espace est le milieu infini dans lequel se meut l'univers, infini comme lui. Nous ne l'apercevons que d'un point isolé; et nous sommes obligés, pour le comprendre, de le rapporter à l'espace étroit que nous habitons. Mais c'est là une nécessité relative dont nous sentons que notre conception pourrait par abstraction s'affranchir. Ces astres lumineux que notre œil voit en foule répandus dans le ciel, de quelque lieu de la Terre qu'il les contemple, sont autant de mondes analogues au nôtre et dont l'espace est semé. Nous leur donnons le nom d'*étoiles*, et, par suite de la distance prodigieuse qui nous sépare d'eux, nous ne les considérons dans la pratique que comme des feux qui suivent au firmament une marche régulière. Telle était l'idée que s'en faisaient les anciens; ce sont les progrès de l'astronomie qui éclaircirent quelques-uns des mystères de leur constitution. L'étude de leur éclat, de leur couleur, l'évaluation de leur nombre et l'exacte détermination de leur position dans le ciel, ont fourni quelques données sur leur origine et leur nature.

Les étoiles devraient donc être appelées les mondes extérieurs, car nous sommes toujours obligés de nous prendre comme point de départ. Mais ces mondes sont sans doute différents entre eux et les conditions d'existence n'y sauraient être identiques.

L'observation des étoiles et l'analyse spectrale nous montrent que ces astres sont formés d'un noyau incandescent entouré d'atmosphères qui produisent des raies noires d'absorption, variant pour chacune d'elles et d'où l'on peut tirer des inductions sur la matière qui les compose. Chez les étoiles d'une clarté blanche ou bleue qui atteignent un chiffre considérable et ont pour types *Sirius*, *Véga*, *Fomalhaut*, le gaz hydrogène existe à une très-haute température, associé à la vapeur de certaines substances, telles que le magnésium, le calcium, le sodium, le fer, etc.

En général, ces deux derniers corps simples sont très-répandus dans le monde stellaire. D'autres étoiles moins nombreuses, par exemple la *Chèvre*, *Arcturus*, *Pollux*, généralement d'un éclat jaunâtre, semblent affecter une composition analogue à celle de notre soleil, dont il est parlé plus bas. Chez une troisième catégorie, beaucoup moins étendue et dans laquelle figurent *Antarès*, *Béteigeuse*, α d'Hercule, α du Taureau et dont la teinte est rougeâtre, on constate la présence d'un gaz à une haute température. Dans ces étoiles rouges ou orangées, l'hydrogène fait souvent défaut. Chez plusieurs on a reconnu les raies d'absorption particulières à la vapeur d'eau.

Non-seulement la constitution des étoiles ne semble pas identique, mais nous ne pouvons même pas dire que l'état de ces mondes extérieurs soit permanent. Ils passent, ils ont passé par divers changements de composition et d'aspect, ainsi que cela est arrivé pour notre propre Terre. Ces états successifs répondent à autant d'âges dans leur histoire. Grâce à l'analyse spectrale, on peut même constater à quel âge appartient aujourd'hui telle ou telle étoile, ainsi que l'a montré M. Janssen. En effet, chacun de ces astres étant entouré d'une atmosphère d'hydrogène ou l'oxygène ne fait pas non plus certainement défaut, à mesure que la masse de l'étoile se refroidit davantage, la combinaison des deux gaz s'opère sur une plus grande étendue, en sorte que la quantité de vapeur d'eau croît avec le refroidissement; et comme il est possible d'apprécier la proportion de cette vapeur par l'analyse spectrale, la vapeur donnant naissance dans la lumière qui la traverse à des raies spéciales, on peut dès lors mesurer le degré de refroidissement dans les étoiles. On observe dans ces astres tantôt des changements périodiques d'aspect, tantôt des altérations graduelles, même des destructions.

Ainsi, on connaît un certain nombre d'étoiles dont l'éclat varie périodiquement : tel est *Algol* ou étoile б de la constellation de *Persée*. Les différences d'éclat étant classées, à l'aide de l'expression assez impropre de grandeur, l'éclat d'*Algol* est dit passer de la 2e à la 4e grandeur, et de la 4e à la 2e; ce qui a lieu en 2 jours 20 heures 48 min. Les étoiles, ο de la constellation de la *Baleine*, δ de *Céphée*, et bien d'autres, ont aussi des variations d'éclat périodiques. Certaines étoiles perdent graduellement de leur éclat, comme la *grande Ourse*, ou s'illuminent d'une clarté croissante. En mai 1866, une étoile de la constellation de la *Couronne boréale*, auparavant d'une très-faible lueur, devint étincelante et les raies qu'offrit alors sa lumière, annoncèrent la présence d'un gaz lumineux à une température fort élevée et contenant de l'hydrogène. Cet éclat diminua rapidement, comme si le gaz enflammé à la suite de quelque grande convulsion, s'était consumé. On avait déjà vu des étoiles s'illuminer pareillement tout à coup, puis s'éteindre : telle fut celle que l'on observa en décembre 1572, qui décrut ensuite progressivement et disparut en mars 1574. La lumière d'une étoile peut également changer de couleur : *Sirius*, qui répand aujourd'hui des reflets d'un blanc si pur, était jadis rougeâtre.

Nous ne pouvons donc douter que l'espace ne continue à être le théâtre de formations nouvelles, que des mondes ne prennent encore naissance sous l'action de la cause mystérieuse et intelligente que nous révèle l'univers. En effet, entre ces mondes infinis dont l'espace est peuplé, dont nos télescopes cherchent la position, dont nos astronomes calculent le nombre, s'efforcent de mesurer la distance et la masse, on aperçoit des amas de matières diffuse et vaporeuse qui sont répandus par quantités variables en diverses régions du ciel. C'est ce que les astronomes ont appelé des *nébuleuses*. Il ne faut pas les confondre avec ces amas d'étoiles placées à une si prodigieuse distance de nous, qu'ils nous apparaissent comme des taches blanchâtres ou des nuages d'une faible épaisseur. A l'aide des télescopes et de l'analyse spectrale, on a constaté que les véritables nébuleuses sont des masses de gaz à l'état incandescent, tandis que les nébuleuses résolubles offrent à de puissantes lunettes l'aspect de points brillants isolés représentant autant d'astres. La grande bande de la *Voie lactée* n'est autre chose qu'une immense agrégation de ces étoiles extrêmement petites pour nos yeux, et dont la nature nébuleuse n'est ainsi qu'apparente.

Lorsqu'on examine ces astres bizarres qui viennent de temps en temps visiter la région de l'espace que nous occupons, qui, tantôt décrivent autour du soleil une orbite fort allongée, tantôt ne font dans notre système qu'une seule apparition, pour disparaître ensuite sans retour, on reconnaît que leur constitution est aussi de nature nébuleuse. Les *comètes* sont formées d'un noyau brillant, environné d'une sorte de brouillard si transparent ou plutôt d'une matière dans un tel état de dilution, que des étoiles, même très-faibles, peuvent être aperçues à travers [1]; c'est ce que l'on appelle la queue ou la chevelure de la comète. De plus, ces astres passent par des changements rapides d'état.

L'analyse spectrale montre que leur noyau est formé de vapeurs raréfiées lumineuses par elles-mêmes et que leur queue se compose de particules liquides ou solides qui nous renvoient la lumière solaire ; elle a permis de reconnaître chez plusieurs de ces astres la présence du carbone, mais le spectroscope y signale aussi des bandes colorées qui ne répondent à aucun élément terrestre. On a supposé que les comètes nous arrivent de quelque étoile fixe. Le soleil paraît en modifier la marche. Tantôt elles cheminent de l'ouest à l'est, tantôt elles se meuvent de l'est à l'ouest, et l'on dirait que la matière qui les compose peut échapper aux lois de l'attraction. La rapidité de leur mouvement est toujours considérable, comparée à celle des planètes ; elle devient quelquefois prodigieuse. On a vu des comètes se présenter par couple ou en plus grand nombre, au même point de ciel et suivre sensiblement la même route. La comète de Biéla s'est dédoublée sous nos yeux ; une autre comète, celle de d'Encke, qui paraît tous les trois ans, s'affaiblit par une perte continuelle de matière et se dissipe graduellement dans les espaces célestes.

Ainsi l'univers renferme des amas informes et incohérents de matière gazeuse qui, sous des influences particulières, peuvent se condenser, constituer des masses errant ou circulant dans l'espace, obéissant à des mouvements de

---

1. Les plus petites étoiles se voient même souvent au travers des noyaux des comètes, ce qui indique que la raréfaction de la matière cométaire dépasse tout ce que l'on peut imaginer, car un brouillard de quelques centaines de mètres suffirait à nous cacher les étoiles.

concentration, de rotation et de translation qui se traduisent à nos regards par des variations de forme, des apparences particulières, traînées lumineuses, noyaux plus brillants et plus condensés. Ces masses sont des embryons de mondes analogues au nôtre ou à celui que constituent certaines planètes, ainsi que le dénotent plusieurs nébuleuses dites *planétaires* qui affectent une configuration sphérique régulière. Notre Terre semble avoir commencé par un état semblable à celui de ces astres vaporeux.

Les étoiles sont beaucoup trop éloignées pour que nous puissions supposer qu'elles réfléchissent simplement la lumière du soleil. Ce sont certainement des centres lumineux jouant, en d'autres points de l'espace, un rôle équivalent à celui de cet astre et ayant vraisemblablement la même constitution. Des expériences photométriques ont prouvé, en effet, que si le soleil était transporté à une distance de la Terre égale à celle qui nous sépare des étoiles, il nous apparaîtrait moins brillant que plusieurs d'entre elles. Mais ce n'est pas seulement comme centres lumineux que les étoiles sont comparables à notre soleil, c'est encore comme centres d'attraction. Plusieurs, observées à l'œil nu ou à l'aide de lunettes d'un faible grossissement, apparaissent comme de simples points lumineux, tandis que contemplées avec de puissants télescopes, elles se dédoublent. Les astronomes ont constaté des changements dans la position relative des deux astres qui les composent : ce sont deux soleils qui se meuvent autour l'un de l'autre, c'est-à-dire autour de leur centre commun de gravité. Sans doute que ces étoiles offrent aussi des masses inégales et ont, comme le soleil ou Jupiter, des satellites qui se dérobent à notre vue. En général, elles n'ont point la même intensité d'éclat et offrent souvent des teintes différentes. La plus forte est d'ordinaire rougeâtre, et la plus faible a très-fréquemment une nuance d'un vert ou d'un bleu assez prononcé. On connaît aussi des étoiles triples, quadruples, c'est-à-dire formées par la réunion de trois ou quatre étoiles situées à de petites distances les unes des autres. Ces systèmes solaires multiples sont, du reste, beaucoup moins nombreux; mais les étoiles doubles se comptent par milliers et M. Struve, le célèbre astronome de Dorpat, n'en a pas observé moins de trois mille cinquante-sept, c'est-à-dire que sur quarante étoiles connues, il y en a en moyenne une double.

On ne saurait assigner d'une manière tant soit peu exacte la masse d'aucune étoile double; les évaluations qu'on a pu faire donnent à supposer qu'une foule de ces soleils dépassent le nôtre en dimensions. Ainsi l'espace est semé de systèmes solaires comparables au nôtre, et ayant chacun sa loi propre, vraisemblablement aussi ses habitants. Chaque monde présente ses phénomènes à lui, auxquels doit être appropriée la vie des êtres qui s'y rencontrent. Là il y a d'autres jours, d'autres clartés, peut-être d'autres agents physiques que notre esprit ne saurait concevoir. S'il existe des planètes qui dépendent des étoiles doubles, le phénomène du jour et de la nuit doit y être beaucoup plus complexe qu'il ne l'est sur notre globe. La présence de deux soleils dont les levers et les couchers ne se succèdent pas toujours de même et dont les lumières répandent des teintes parfois très-différentes, doit, dans ces mondes, donner à la nature des aspects qui nous sembleraient bien étrange!

L'homme, dans sa naïve ignorance, dans son orgueil égoïste, s'imagina longtemps que la Terre qu'il habite était tout l'univers, et, comme il est le roi de cette Terre, que tout dans l'univers doit se rapporter à lui. Plus tard, il a été forcé de reconnaître la subordination de sa planète et de rendre au soleil la prééminence qu'il lui avait d'abord refusée. Il a constaté à regret que son globe, qui lui paraît si vaste, n'est qu'une des petites planètes d'un soleil démesurément plus grand. Mais voilà que ce soleil lui-même perd aux yeux de l'homme l'empire qu'il avait eu tant de peine à lui concéder. Cet astre immense n'est plus qu'un de ces mille mondes que la puissance créatrice a semés, de distance en distance, dans l'espace infini. Car l'on se demande aujourd'hui si notre soleil, avec tous ses satellites, n'est point lui-même le satellite d'un soleil lointain dont nous ne connaissons pas encore l'existence. En effet, les travaux de Herschel et d'Argelander ont prouvé que les étoiles se déplacent incessamment dans l'espace, et que c'est improprement que nous leur avons donné l'épithète de *fixes*. Le soleil n'échappe point à cette loi générale; il se meut, environné de tout son cortége de planètes et de satellites, avec une vitesse au moins égale à celle de la Terre, dans sa révolution annuelle, et suivant une direction qui nous est marquée un peu au nord de l'étoile et de la constellation d'*Hercule*.

La stabilité n'existe donc nulle part, et l'univers n'est qu'un vaste tourbillon dont nous découvrons chaque jour de nouveaux centres, qui doivent bientôt céder la place à des centres plus éloignés encore, autour desquels ils se meuvent eux-mêmes.

Les corps célestes circulant dans l'espace, qui frappent notre vue, ou se laissent apercevoir à l'aide de nos télescopes, ne sont pas les seuls qui peuplent l'étendue. Il en doit exister de toutes dimensions, et beaucoup sont nécessairement trop petits pour être toujours distingués; ils obéissent comme les plus gros aux attractions de notre soleil et de nos planètes, plus loin, à celles d'autres soleils et d'autres planètes.

De ce nombre, sont les bolides qui se montrent dans le ciel sous l'apparence d'étoiles filantes; ce sont des astéroïdes de certaines dimensions dont le noyau se brise fréquemment et qui projettent sur la Terre des fragments désignés sous le nom d'aérolithes. Il existe dans l'espace des corps beaucoup plus petits et d'une densité infiniment moindre qui s'offrent aussi à nos yeux sous l'aspect d'étoiles filantes; leurs traînées lumineuses étudiées au spectroscope ne fournissent que des images très-faibles, presque décolorées, ce qui indique une poussière solide ou liquide d'une extrême ténuité. Ces dernières étoiles filantes semblent provenir d'une substance diffuse et incohérente, répandue dans l'espace. Aussi l'identité de l'orbite de deux comètes de 1842 et de deux groupes d'étoiles filantes constatée par M. Schiaparelli, lui a-t-elle fait supposer que ces deux catégories d'astres ont la même origine. Dans ce cas les étoiles filantes traverseraient comme une poussière l'espace, formant des nuées attirées par le soleil dans sa sphère d'action, quand elles s'en approchent, et donnant naissance à un courant séculaire. De ces flots successifs de corpuscules célestes, quelques-uns, sous l'action des planètes auraient pu, selon l'astronome italien, engendrer des courants fermés, circulant autour du soleil, suivant des ellipses plus ou moins allongées. La Terre, dans sa course annuelle en rencontrant ces anneaux, se trouverait alors au milieu d'une véritable pluie d'étoiles filantes. Cette hypothèse expliquerait les phénomènes observés à deux époques de l'année, du 9 au 11 août et du 12 au 14 novembre ; la première se reproduisant chaque année, de la même manière, à quelques exceptions près, la seconde ne revenant qu'au bout d'une période de trente-trois ans.

Mais les bolides dont on connaît aujourd'hui par l'analyse des aréolithes la composition, où l'on retrouve vingt-deux de nos corps simples, ne sauraient être rapportés à une pareille origine. Le fer, le nickel, le phosphore, le chrome, le sodium, etc., s'y rencontrent. Il résulte des observations de M. Daubrée que les bolides doivent s'être formés par voie ignée dans un milieu pauvre en oxygène. Les matières pierreuses qui entrent dans les aréolithes diffèrent essentiellement des roches superficielles de notre globe, dont les éléments sont au contraire saturés d'oxygène. Il est des minerais fournis par les aréolithes, comme l'oldhamite, sulfure de calcium, qui n'ont aucune analogie avec ceux qu'offre l'écorce de la Terre. Ces minerais provenant des bolides sont analogues aux roches que notre globe renferme dans ses couches profondes. Ainsi le pyroxène et le péridot s'offrent fréquemment dans les aréolithes. M. Stan. Meunier regarde, d'après des considérations géognosiques, les bolides comme les débris d'un ancien satellite de la Terre. Quoi qu'il en soit de l'origine des étoiles filantes, de ces météores qui en se montrant dans le firmament laissent souvent derrière eux une traînée lumineuse persistant quelques minutes, il faut reconnaître que leur noyau incandescent qui lance parfois de côté et d'autre des étincelles, ne devient lumineux que par suite d'une incandescence due à la compression violente et brusque des couches d'air. Les dimensions de ces corps célestes sont trop exiguës pour qu'ils puissent nous renvoyer la lumière solaire; ils s'allument à leur entrée dans notre atmosphère qu'ils parcourent suivant une direction oblique par rapport à l'horizon; ils s'éteignent à leur sortie. Leur vitesse moyenne est de cinquante à soixante kilomètres par seconde, c'est-à-dire de vingt à trente kilomètres de plus que n'en offre la vitesse de la Terre dans son mouvement de translation autour du soleil. Les fragments qui arrivent à la surface terrestre ne participent pas de la rapidité prodigieuse du bolide et obéissent simplement aux lois de la pesanteur.

Voilà le peu qu'il nous est donné de savoir jusqu'à présent sur l'ensemble de l'univers. Voulons-nous des connaissances plus certaines et plus précises ? Il faut ne pas porter si loin nos regards, et réduire notre étude au système solaire proprement dit.

Notre système solaire; les planètes; la Lune; place de la Terre dans le système planétaire.

Notre système a pour centre un corps lumineux, autour duquel se meuvent, dans des orbites d'inégal diamètre, des corps ou planètes que cet astre retient dans l'espace et contraint à rester ses satellites, par l'attraction que sa masse exerce sur eux. Ce corps lumineux que nous nommons le soleil, nous apparaît sous la forme d'un disque circulaire, et l'observation à l'aide du télescope n'a rien établi qui puisse faire conclure que ce disque n'ait pas la forme exacte d'un cercle, puisque nous ne pouvons constater de différence entre la longueur de ses divers diamètres. Les calculs astronomiques, tirés de la détermination précise de son diamètre apparent et de la distance à laquelle il se trouve de nous, ont appris que le soleil a un rayon égal à 108 fois le rayon de la Terre. Bien de l'incertitude règne encore sur la constitution physique de cet astre. Après avoir longtemps admis que le soleil est une masse en feu, solide ou liquide, on est arrivé à supposer, d'après ses apparences et ses propriétés lumineuses, qu'il forme une masse simplement gazeuse, mais assez condensée et d'une température fort élevée; en effet la mesure de l'intensité de sa radiation fait évaluer sa température à 1400°. A l'entour de ce noyau s'étend l'atmosphère incandescente et lumineuse appelée la *photosphère*, où s'observent des taches sombres dont les aspects paraissent indiquer de grandes dépressions, et des *facules*, surfaces plus lumineuses que le reste du soleil et qui s'offrent comme des protubérances de cette atmosphère embrasée. L'analyse spectrale a démontré qu'il existe dans la photosphère, à l'état de poussière solide ou liquide, un grand nombre de corps simples, l'hydrogène, le sodium, le baryum, le calcium, le magnésium, l'aluminium, le manganèse, le fer, le cuivre, zinc, le le titane, le chrome, le nickel, etc., et même de la vapeur d'eau. Sur la phostosphère repose une seconde atmosphère très-mince, presque entièrement composée d'hydrogène raréfié et où l'on a également découvert des corps simples, tels que le sodium, le baryum et le magnésium. On désigne, sous le nom de *chromosphère*, cette seconde atmosphère, au-dessus de laquelle s'élèvent, comme d'immenses éruptions gazeuses, les *protubérances roses*, sorte de nuages qui paraissent être des vapeurs amoncelées; elles se déforment, se déplacent et disparaissent avec une rapidité remarquable et leur étendue est telle dans l'espace, que leur mesure indique souvent des masses dépassant de plusieurs centaines de fois celle de la Terre; ce sont d'immenses amas d'hydrogène incandescent. Au delà des protubérances roses, s'aperçoit une troisième atmosphère, la *couronne*, presque entièrement formée d'hydrogène, mais très-raréfié et qu'alimente la matière de la chromosphère. Le déplacement des taches et le retour de certaines d'entre elles a fait reconnaître que le soleil est doué d'un mouvement de rotation autour de lui-même, d'une durée de 25 jours 57 centièmes. Cet astre nous présente donc successivement les diverses parties de sa surface sphérique. Or, les volumes de deux sphères étant entre eux comme les cubes de leurs rayons, on peut calculer la masse du soleil. Le rayon de cet astre étant égal à 108,55 fois celui de la Terre, son volume doit être égal à 1 280 000 fois celui de notre globe, ce qui indique que sa masse est 324 000 fois plus forte que la masse terrestre; mais sa densité ne dépasse pas le quart de celle de notre planète.

C'est autour de cette masse énorme que circulent les planètes, en exécutant en même temps un mouvement de rotation sur elles-mêmes. Le fait est constaté pour Mercure, Vénus, Mars, Jupiter et Saturne; l'aplatissement d'Uranus conduit à penser qu'il est animé d'un pareil mouvement; quant à Neptune, dont les calculs de M. Le Verrier révélèrent l'existence et qui est placé aux confins du système planétaire, on ne peut encore rien décider sur sa constitution; l'analogie seule autorise à supposer qu'il a sa rotation comme les autres planètes. Outre ces planètes d'un volume considérable, on en a découvert depuis le commencement du siècle, cent soixante-cinq autres, toutes situées entre Mars et Jupiter, mais dont les masses sont fort petites, comparées à celles des sept grandes. Ces planètes télescopiques décrivent comme leurs aînées, une ellipse dont le soleil occupe un des foyers, et parcourent leur orbite elliptique, suivant la même loi. Cette loi dont la découverte appartient à Képler, est celle de la proportionalité des aires des portions d'ellipse parcourues successivement par la ligne droite qui joint une planète au au soleil, aux temps employés à les parcourir.

Il est extrêmement probable, du reste, que nous ne connaissons pas toutes les planètes circulant autour du soleil. Ainsi rien ne nous assure qu'entre Mercure et le soleil et qu'au delà de Neptune, il n'existe pas des planètes qui échappent à notre observation.

Les divers mouvements des corps de notre système solaire ne sont pour nous sensibles que sous de fausses apparences, qui tendent à nous faire croire que la Terre est un centre autour duquel se meut toute la sphère céleste. Ce sont ces mouvements apparents que l'on a étudiés d'abord; et aujourd'hui même, que les progrès de la science permettent de les rétablir théoriquement dans leur véritable direction, il nous est plus commode de nous servir, pour la pratique, d'un langage conforme aux notions tirées des apparences. Car c'est de la Terre que nous nous élevons à la connaissance du ciel. Quand nous étudions la constitution de notre globe et les phénomènes dont il est le théâtre, nous le supposons le centre de l'univers, absolument comme pour concevoir ce qui nous entoure, nous sommes obligés de tout rapporter à nous. Cette méthode a d'autant moins d'inconvénient que la Terre subit les mêmes influences que si elle était réellement immobile, au centre de l'univers, avec le soleil pour satellite.

Un autre astre d'ailleurs qui, malgré sa petitesse, exerce, à raison de sa proximité, une assez grande influence sur notre globe, la lune décrit réellement son orbite autour de celui-ci. Son mouvement est modifié par le mouvement de la Terre qui l'entraîne avec elle, double mouvement qui engendre une ligne sinueuse que les astronomes ont pu tracer. Les dimensions de la lune sont de beaucoup inférieures à celles de la Terre, puisque son rayon n'est que les $\frac{3}{11}$ du rayon de celle-ci, et tandis que le soleil est à une distance moyenne de notre planète, marquée par 24 000 rayons terrestres, celle qui nous sépare de la lune n'est en moyenne que 60 fois plus grande que ce même rayon ou de 95 000 lieues de 4 kilomètres. La lune est comparable aux satellites qui accompagnent d'autres planètes, telles que Jupiter et Uranus.

Ainsi quoique le soleil et la lune soient deux astres fort divers et fort inégaux, ils occupent cependant le premier rang entre les corps célestes qui réagissent sur notre globe. Le déplacement apparent du soleil parmi les étoiles et le déplacement réel de la lune fournissent, l'un et l'autre, des éléments qui servent à mesurer le temps et à se reconnaître à la surface du firmament.

C'est donc désormais la Terre que nous prendrons pour centre; après avoir constaté qu'elle n'est elle-même qu'une simple planète d'un des mille et un systèmes solaires, nous l'étudierons en soi, ne cherchant dans les astres, au voisinage desquels elle est placée et par rapport auxquels elle se meut, que les causes qui peuvent agir sur sa constitution, modifier le milieu immédiat qui l'entoure, et dont les mouvements apparents, projetés sur sa surface, fournissent des divisions naturelles et régulières qui permettent de déterminer chacun de ses points.

Origine et commencement de notre planète ; phases par lesquelles ont passé sa composition géognostique, sa flore et sa faune primordiales.

L'observation et la théorie ont démontré que la Terre est un corps de forme à peu près sphérique, ou, comme l'on dit, un sphéroïde, régi dans l'espace par l'attraction du soleil et environné d'une masse d'air qu'il retient par la puissance attractive dont il est doué. Cette masse est ce qu'on appelle l'atmosphère terrestre, ou simplement l'atmosphère, car on a rarement à parler de l'atmosphère des autres corps célestes, la lune, le seul d'entre eux dont l'atmosphère pourrait exercer sur la nôtre une influence sensible, en étant très-probablement dépourvue. Mais cette enveloppe externe de notre planète qui s'élève au-dessus de notre tête à la hauteur de 30 à 40 lieues, et dont les couches vont en diminuant de densité, n'a pas toujours été dans le même état; ses modifications ont accompagné les changements par lesquels la Terre a passé avant d'arriver à son état actuel. Il a fallu, pour qu'une telle révolution s'opérât, un laps de temps immense, et l'étude de la géologie nous indique comment, après être une fois née de la condensation des matières aériformes, notre terre a pris l'aspect d'un noyau solide.

Il est impossible de connaître la série complète des transformations qui ont conduit notre globe de l'état de nébuleuse, formée peut-être elle-même, comme le suppose Laplace, de l'atmosphère du soleil, à celui d'une masse de matières incandescentes et en fusion. Ce qui paraît certain, c'est que notre globe a toujours été se refroidissant, et qu'à mesure que sa température s'abaissait, son écorce prenait plus de solidité, son atmosphère devenait moins chaude. Ce refroidissement se continue encore de nos jours, mais d'une manière infiniment lente, et les calculs des astronomes établissent qu'en 2 000 ans la température générale de la masse terrestre n'a pas varié de la dixième partie d'un degré[1].

Cet état de fusion dans lequel la Terre se trouvait originairement, demeure celui de son noyau. A mesure que l'on s'enfonce dans le sol, la température s'élève, et il résulte des observations de L. Cordier, qu'un accroissement de 1° centigrade correspond à 33 mètres de profondeur; d'où il suit qu'à 3 kilomètres au-dessous de la partie du sol, qui est à une température à peu près stationnaire et égale à la température moyenne de la localité, on doit rencontrer une chaleur de 100°, autrement dit la température de l'eau bouillante. En admettant que la loi se continue régulièrement, on trouverait à une profondeur de 20 kilomètres, 666°, chaleur suffisante pour fondre plusieurs des minéraux les plus réfractaires. Vers le centre, à 6 366 kilomètres, la même loi d'accroissement donnerait une température de 200 000°, laquelle dépasse toute imagination. L'existence de ce prodigieux accroissement de chaleur est toutefois problématique, et il paraît plus vraisemblable qu'à une certaine profondeur, il s'établit un équilibre de température.

L'écorce solide, mais peu épaisse, dont était enveloppé notre globe, n'offrait dans le principe qu'une faible résistance aux matières en fusion qui tendaient à s'échapper, et aux gaz d'une force élastique immense, qui se produisaient dans le mouvement intestin des entrailles de la Terre. Voici comment :

Les métaux, ainsi que l'a admis Humphry Davy, doivent exister à l'état libre, dans l'intérieur du globe. En se combinant avec l'oxygène que leur apportèrent l'air

---

1. Voy. la Notice de Fr. Arago sur l'*état thermométrique du globe terrestre*, dans l'*Annuaire du Bureau des longitudes pour 1834*, p. 117 et suiv.

et l'eau[1], ils engendrèrent de nombreux oxydes qui ont formé, par leur combinaison mutuelle, la première matière pierreuse de notre planète, dans laquelle ont naturellement prédominé les oxydes des métaux les plus avides d'oxygène, potassium, sodium, calcium, magnésium, aluminium. En même temps, une autre substance, le silicium, qui entrait pour une énorme proportion dans le noyau terrestre, avait, par son union avec l'oxygène, donné naissance à une masse considérable de silice, dont la combinaison avec les métaux oxydés amena l'apparition des innombrables silicates répandus dans l'écorce terrestre. D'un autre côté, l'hydrogène, né vraisemblablement des premières agrégations des atomes de la matière cosmique, puisque celle-ci s'y montre moins condensée, qu'en aucun autre corps, par son union avec l'oxygène, opérait la création des mers. Toutes les substances qui composent le noyau terrestre tendaient, poussées par des gaz d'une tension prodigieuse, à se répandre à travers la faible écorce dont l'abaissement de température, dû au contact de l'air et au rayonnement des parties extérieures, avait déterminé la formation. C'est ainsi que s'épanchèrent à la surface du globe de véritables laves, sous la forme de basaltes, de trachytes, de trapps; l'action de la chaleur combinée avec celle de l'eau modifia, transforma diverses parties de la croûte terrestre, produisit des granites, des porphyres, des diorites, des serpentines et donna naissance à une foule de roches. La pression paraît avoir aussi joué dans ces transformations un grand rôle. Il est aujourd'hui prouvé que cette seule cause agissant à la température ordinaire suffit pour déterminer le ramollissement des corps solides et amener ainsi leur écoulement. En sorte que des roches qui étaient solides à l'intérieur de la Terre ont pu, sous l'action de pressions énormes, pénétrer dans les fentes de l'écorce terrestre et même remplir les

---

1. L'analyse spectrale a constaté que l'eau qui existe à l'état de vapeur dans l'atmosphère solaire, se rencontre aussi dans les atmosphères de Mars et de Saturne; elle doit donc être répandue dans l'espace, partout où la température en permet la formation.

fissures les plus déliées. Converties à l'état fluide, les roches sont devenues plus aptes aux actions moléculaires ; c'est ce qui explique la structure cristalline qu'elles ont prise et la production de divers minéraux. Des convulsions nouvelles ont opéré, dans la masse, des dislocations et des remaniements qui refoulèrent parfois à la surface les roches placées d'abord à l'intérieur.

Ces matières d'origine ignée ou comme l'on dit, plutonique, réagirent sur les couches sédimentaires déjà déposées à la partie supérieure de la croûte, en altérèrent la texture et la composition. Tandis que des éruptions se produisaient soit sur le sol émergé, soit sur celui que recouvraient les eaux, et y jetaient des matières brûlantes en fusion, tandis que d'autres matières étaient entraînées par les boues liquides qui les tenaient en dissolution, les eaux s'échappaient de l'écorce déjà formée, s'infiltraient ou sourdissaient en charriant avec elles des minerais très-variés, engendrant ainsi des dépôts. Ces phénomènes venaient se joindre aux dislocations déterminées par les tremblements de terre, les soulèvements de montagnes, pour remanier incessamment l'enveloppe du globe. De tels mouvements produisaient sur cette enveloppe des déplacements des masses aquatiques, étaient la cause d'érosions, de dénudations, de refoulements de matières et de divers autres accidents géologiques.

C'est dans ce chaos d'actions si diverses, multipliées par l'effet de la réaction des matières en fusion sur les couches sédimentaires dont il vient d'être question, que se sont formées certaines roches auxquelles, pour cette raison, les géologues donnent le nom de *métamorphiques*; telles sont les gneiss, les micaschistes, les schistes talqueux et chlorités.

A mesure que notre globe s'était refroidi, non-seulement son écorce s'était épaissie, mais son atmosphère devenue moins vaporeuse entretenait à sa surface une température moins élevée. Les molécules de la matière dont cette écorce est composée présentaient un état de fluidité et de viscosité qui leur permettait de glisser les unes sur les autres ; elles n'offraient alors par leur solidité aucune résistance à la force centrifuge qu'avait développée la rotation dont cette masse était animée. Il en résulta un renflement dans la direction du plan perpendiculaire à l'axe de rotation, et un aplatissement correspondant aux deux extrémités de cet axe, c'est-à dire aux pôles. La Terre prit donc la forme d'un ellipsoïde aplati ; et les évaluations géodésiques ont montré qu'il existe 42 000 mètres de différence entre le diamètre qui joint les pôles et celui qui est contenu dans le plan suivant lequel se présente le renflement, c'est-à-dire celui de l'équateur.

Le changement qui s'est opéré dans le degré de consistance des matières de notre globe paraît s'être effectué régulièrement pour les différentes couches intérieures. La pesanteur diminue graduellement du pôle à l'équateur, puisque les lois de la mécanique ont établi que cette force agit en raison inverse du carré de la distance, et que nous venons de voir que les rayons de la Terre sont inégaux et vont en s'allongeant du pôle à l'équateur. En outre la force centrifuge, qui combat l'action de la pesanteur, est nulle sous les pôles, ceux-ci se trouvant dans l'axe de rotation ; elle atteint, au contraire, son maximum à l'équateur. C'est ce que démontre l'observation du pendule ; car on est obligé de le raccourcir successivement, en allant du pôle à l'équateur, quand on veut obtenir des oscillations de même durée.

Les évaluations théoriques des changements d'intensité de la pesanteur, aux différents points de la surface terrestre, rapprochées de celles qu'on déduit de l'observation du pendule, conduisent à admettre que la densité du globe va en augmentant de la surface au centre, et que les couches concentriques dont il est composé présentent des densités de plus en plus grandes. Cette densité croissante explique comment la densité moyenne du globe, qui a été évaluée par Maskelyne et vérifiée par les ingénieuses expériences de Cavendish, de Reich et de Baily, est plus grande que celles des matières qui prédominent à sa surface.

L'atmosphère qui environnait la Terre n'offrait pas vraisemblablement à l'origine la même composition qu'elle nous présente aujourd'hui. La prodigieuse abondance de végétaux carbonisés que recèlent les bassins houillers accuse une proportion d'acide carbonique bien plus considérable que n'en contient l'atmosphère actuelle. L'azote nécessaire à la végétation, mais dont la trop grande abondance dans l'air arrête la vie animale, devait être conséquemment aussi en plus grande proportion. C'est sans doute quand l'oxygène eut repris sur ces deux gaz une part supérieure à celle qu'il avait auparavant, que la vie put s'éveiller. Elle eut pour principal moteur le soleil qui envoie à la surface du globe la force sous forme de chaleur et de lumière, force sans laquelle les combinaisons chimiques et physiologiques n'auraient point été possibles. Si l'on réfléchit que les végétaux préparent la matière organique, qu'avec de l'eau et les substances azotées qu'ils puisent dans le sol, avec l'acide carbonique qu'ils prennent dans l'air, ils créent les aliments destinés aux animaux et expulsent, sous l'action solaire, l'oxygène qui entretient la vie animale, des substances brûlées qu'ils s'assimilent, on sera conduit à supposer que le règne végétal a dû précéder le règne animal. Les animaux détruisent en effet, pour ainsi dire, ce que les plantes créent. Au lieu de solidifier les gaz et les liquides, ils les séparent et en répandent les composants dans l'atmosphère ; au lieu de ramener les corps à l'état combustible, ils les brûlent et rendent ainsi aux végétaux, combinée avec l'oxygène, la matière que ceux-ci leur ont fournie. L'équilibre a dû s'établir par degrés et la Terre a passé par une succession d'existences dont la géologie et la paléontologie peuvent nous donner une idée.

Les premiers terrains sédimentaires qui ont constitué l'écorce terrestre, ceux qui se trouvent au plus bas de l'échelle que présente la succession des couches, établies dans leur ordre de superposition relative, et qui, là où aucune dislocation ne s'est produite, sont inférieurs à tous les autres, sont désignés par les épithètes de *cambriens*[1],

---

1. Le nom de cambrien est emprunté à la région ouest de l'Angleterre

de *siluriens* et de *devoniens*, du nom des cantons de l'Angleterre à la surface desquels ils ont d'abord été observés. Toutefois, à une époque plus ancienne que celle du terrain cambrien, paraît devoir être rapportée la formation que les géologues du Nouveau monde appelent *laurentienne*, parce qu'on la rencontre près du fleuve Saint-Laurent[1] et qui répond aux formations de gneiss de certaines parties de la Bohême et du nord-ouest de l'Écosse. Elle constitue au nord de ce fleuve un vaste ensemble de roches cristallines de gneiss, de micaschiste, de quartzite, de calcaire, atteignant une épaisseur parfois de près de dix mille mètres et occupant un espace d'environ deux cent milles anglais carrés. Le terrain cambrien, correspondant aux deux systèmes appelés en Amérique, *huronien* et *taconien*[2], se compose, dans sa partie inférieure, de schistes alternant avec des couches arénacées, des grès dits *de Harlech*, dans sa partie supérieure, de roches micacées et de schistes d'un noir foncé caractérisé par des globules pierreux ou pisolites. Les terrains siluriens[3] se subdivisent en trois étages ; l'inférieur, caractérisé par des couches arénacées, des schistes bruns, des grès et des conglomérats (formations de Llandeilo et de Caradoc) ; le second par des schistes, un grès dur que traversent souvent des lits de

où ce terrain prédomine. Le grand massif du Snowdon (Pays de Galles) est en majeure partie formé de ce terrain.

1. On la rencontre également dans le New-Hampshire.

2. Le terrain taconien qui est généralement regardé comme antérieur au silurien, a pris son nom des *Taconic hills* situés entre les États de New-York et de Vermont. Il renferme des trilobites de la faune primordiale. Le système huronien est surtout développé sur les bords des lacs Huron et Supérieur ; il se compose de grès, de schistes, de calcaires et de conglomérats.

3. La qualification de *silurien*, proposée par le célèbre géologue Murchison, est tirée du nom des Silures qui s'étendaient sur une partie de l'Angleterre et du pays de Galles ; celle de *devonien* est empruntée au nom du comté de Devon.

Les terrains silurien et devonien se rencontrent au reste dans bien d'autres régions du globe : le silurien existe notamment en Suède, en Norvége, dans la Russie septentrionale ; les monts Catskill, dans l'État de New-York, et les *Montagnes Blanches*, au New-Hampshire, sont de formation devonienne.

conglomérats, puis par un grès calcaire ou rougeâtre ; le troisième par un calcaire argileux, un grès micacé, puis jaunâtre et fin ou rougeâtre et dur (formations de Wenlock et de Ludlow).

Les terrains devoniens se composent d'abord de poudingues, auxquels succèdent bientôt des grès offrant diverses alternances et que recouvrent des grès schisteux plus ou moins fins, des schistes de diverses espèces, des calcaires, au milieu desquels se trouvent des couches d'anthracite ; ce qui a valu à ces dépôts le nom de terrains anthracifères. La partie supérieure du terrain devonien est occupée par un groupe que l'on désigne sous le nom de *vieux grès rouge*, à raison de l'oxyde rouge de fer qui abonde dans ses grès et ses marnes.

Quelques géologues regardent la vie comme s'étant éveillée à la surface du globe, dès que la première enveloppe de celui-ci a été formée. Suivant eux, elle aurait eu alors pour représentant un foraminifère, l'*Eozoon canadense* dont on a constaté la présence dans le terrain laurentien et qui se retrouve dans le gneiss hercynien et diverses autres régions géologiques. Mais on admet aujourd'hui assez généralement que ces prétendus foraminifères ne sont que des effets de perforation et de fissures dus à des actions purement physiques. C'est seulement à la période devonienne que l'on peut avec certitude constater l'apparition des végétaux. De cette époque sans doute, date la présence des cryptogames, c'est-à-dire des végétaux de la constitution la plus élémentaire, des algues, des lichens, des mousses, des champignons auxquels s'associèrent ensuite des végétaux du même ordre, mais d'une structure moins simple, tels que l'*Equisetum Sismondæ*, la plus ancienne plante terrestre connue. Avec le terrain cambrien, débute la faune à laquelle on peut vraiment donner l'épithète de primordiale et qui se continue dans le silurien. Cette faune d'un caractère particulier se montre à nous dans certains terrains schisteux de la Bohème, de la Scandinavie, de la Russie, de l'Amérique du Nord. Notre planète semble à cette période avoir été en grande partie recouverte par des mers d'une température assez uniforme ; les animaux marins durent s'y développer rapidement, si l'on en juge par la grande variété de genres et d'espèces que renferme le terrain silurien. Les annélides et des crustacés d'un type peu élevé apparaissent à l'étage cambrien inférieur ; des bryozoaires, petits êtres renfermés dans des cellules pierreuses, comme les polypiers, les graptolithes et d'autres espèces de polypiers, des ptéropodes, des brachiopodes, nous offrent le type d'êtres qui peuvent être regardés comme les précurseurs des véritables représentants des classes ainsi dénommées.

Ce qui caractérise surtout cette faune primordiale, ce sont certains genres de la tribu des trilobites (*Paradoxides, Lingula, Conocephalites*, etc.), crustacés qui sont complètement absents aux périodes postérieures, mais qui se continuent dans la faune des seconde et troisième époques de la période zoologique initiale. Les trilobites primitifs ont le thorax développé. Dans les couches supérieures du terrain silurien inférieur, ils se multiplièrent singulièrement, comme on l'a constaté au lac d'Ourmiah ; ce qui montre que les crustacés peuvent s'accommoder d'une salure des eaux que ne supportent pas les poissons et les mollusques. Il est probable qu'à cette époque, les mers offraient un haut degré de salure qui alla ensuite en diminuant. A côté des trilobites figuraient alors des échinodermes, des zoophytes et des mollusques d'une structure bizarre, appelés orthocératites. Le siphon de ces coquillages de grande dimension renfermait dans toute sa longueur un tube de l'extérieur duquel s'échappaient des rayons qui s'étendaient en formant des verticillations, jusqu'à la paroi inférieure du siphon ; le nombre de ces verticillations correspondait à celui des loges de la coquille. A l'étage silurien supérieur, se montrent des coraux, des gastéropodes, des brachiopodes. La classe des céphalopodes, la plus élevée de l'embranchement des mollusques et étrangère à la faune tout à fait primordiale, est richement représentée dans cet étage ; elle atteste l'existence d'êtres supérieurs aux organismes les plus simples dont se rapprochent davantage les acéphales, lesquels comptent pareillement de nombreux représentants à la même époque. Les échinodermes que nous offre déjà le terrain cambrien (*Echinides* ou Oursins) se continuent sous des types divers aux étages supérieurs (*Crinoïdes*, *Stellerides*). Entre les grands polypiers qui caractérisent l'étage silurien supérieur, il faut remarquer le *Cyathophyllon turbinatum* et une sorte de corail en forme de chaîne que l'on nomme *Catenipora escharoïdes*. La classe des poissons se montre avec la période silurienne, alors que la mer recouvrait tout l'espace compris entre l'Espagne et l'Oural et la majeure partie des deux Amériques ; elle est représentée par quelques espèces placoïdes (*Cestracionides*), poissons cartilagineux, au corps et au museau allongés, aux dents aplaties en pavé. L'étage devonien voit les espèces ichthyologiques se multiplier ; c'est l'âge du *Cephalaspis Lyelli*, de l'*Holoptychius nobilissimus* des *Acanthodes* aux écailles presque microscopiques et aux dents inégales. Les poissons ganoïdes au squelette osseux, aux écailles et aux dents de structure identique s'associent aux placoïdes. Cette famille est encore représentée de nos jours par le *bicher* du Nil et quelques autres espèces. Aux étages suivants, elle fait graduellement place à de nouvelles espèces qui en effacent pour ainsi dire le type. Les bellérophons appartiennent à la seconde époque de la période silurienne ; le plus remarquable (*Bellerophon bilobatus*) s'est retrouvé à la fois dans les terrains de la Norvége, du pays de Galles et de l'Amérique du Nord. D'autres mollusques, des lituites de grandes dimensions, une sorte de térébratule appelée *pentamère*, certaines espèces de trilobites, notamment une calymène (*C. Blumenbachii*) en sont contemporains.

A la période devonienne, des îles commençaient à sortir de ces immenses océans habités par des mollusques (bryozoaires, brachiopodes, gastéropodes, céphalopodes, acéphales) dont plusieurs étaient auparavant inconnus, par des polypiers, des actinozoaires, des échinodermes nouveaux, notamment des amplexus, qui ressemblent au corail, des calcéoles, qui avaient remplacé les *productus* de la période précédente, et qui en rappelaient la constitution. Entre les céphalopodes, citons surtout alors les goniatites, genre voisin des ammonites, mais en différant par la disposition du lobe dorsal. La classe des annélides avait aussi ses représentants et les insectes se montrent avec un type gigantesque de la famille des *Éphémérines*. Les îles se couvrirent d'une végétation vigoureuse de fougères arborescentes, de *calamites*, d'équisétacées, dont la tige, articulée et striée longitudinalement, rappelle les prêles de nos champs, de lycopodiacées et de conifères. Quelle a été la durée de cet âge? Il nous est impossible de l'évaluer; mais les observations de J. Phillips sur la comparaison des temps nécessaires aux dépôts des divers terrains stratifiés, où ce savant ne s'est attaché qu'aux conditions les moins variables, telles que l'action mécanique de l'eau et celle de l'air, ont montré que les terrains paléozoïques ont dû exiger près de vingt-six fois autant de temps pour se déposer que les terrains tertiaires et quatre fois plus de temps que les terrains secondaires. D'où il suit que la vie des animaux qui peuplaient la mer, a éprouvé des changements beaucoup moins rapides à la première période qu'aux périodes plus récentes; ce qui force d'en reporter la date à des millions de siècles.

Au premier âge de la vie du globe, en succède un autre, marqué par le terrain houiller et qui se lie à la période devonienne par un calcaire de transition qu'on rencontre notamment dans les gouvernements de Toula et de Kalouga; il comprend deux étages, l'un de calcaire dit *carbonifère*[1] ou de *montagne* et l'autre de grès. Le grand nombre de débris de coquillages qu'il renferme, montre qu'il constituait le fond de mers immenses. Divers polypiers, les cyathophyllées, les madrépores y abondent. On y observe une multitude d'animaux marins de l'ordre

---

1. Les terrains carbonifères ne sont pas toutefois les premiers où se rencontrent les matières combustibles. Dans le pays de Galles, en Irlande, en Écosse, en Suède, en Allemagne, l'anthracite apparaît dès l'époque silurienne, et au Nouveau-Brunswick, il se montre à l'étage devonien.

des crinoïdes et que l'on désigne sous le nom d'*encri-nites*. Leurs fragments sont empâtés dans les marbres veinés de blanc et coquilliers, qui datent de cette période géologique, et que l'on connaît sous le nom générique de marbres de Flandre. Enfin des mollusques aux mille formes, tels que des goniatites, des bellérophons qui s'étaient montrés dès le cambrien supérieur, des térébratules, des évomphales, des spirifères et des *productus* abondants et variés, complétaient avec quelques crustacés et certains poissons, la population des eaux à cette époque. Les trilobites ont alors presque disparu ; ils se réduisent à quelques petites espèces du genre *Phillipsia*.

La seconde couche qui repose d'ordinaire sur la précédente, commence communément par des poudingues formés de débris de diverses roches et renfermant fréquemment des blocs gigantesques à peine roulés. Quelquefois ces poudingues sont moins grossiers ; ils alternent alors, à plusieurs reprises, avec des grès qui finissent toujours cependant par constituer la partie principale du dépôt. Les grès de cette époque offrent de nombreuses variétés sous le rapport de la grosseur des grains de quartz et de la quantité de matières argileuses qu'ils renferment. Ils sont fréquemment micacés et schisteux, contiennent aussi des couches d'argile schisteuse et des schistes bitumineux, offrant en certains points une grande épaisseur. C'est dans ce terrain que se trouvent çà et là disséminés les amas de houille, lesquels sont constamment séparés des grès par des lits d'argile, qui leur servent comme d'enveloppes supérieure et inférieure, et se mêlent graduellement avec ce dépôt végétal. La houille doit en effet son origine à une accumulation de végétaux décomposés. On reconnaît au microscope sa structure végétale ; dans l'argile schisteuse et le grès qui l'accompagnent, se sont conservées des impressions de plantes, même des troncs d'arbres entiers. Parfois aussi, on trouve dans des nodules de minerai de fer argileux, des feuilles, de petites branches et des fruits, autour desquels la matière ferrugineuse s'est concrétionnée. Les débris végétaux du terrain houiller appartiennent aux fougères et aux calamites, plantes qui dataient de l'âge précédent. Le *Calamites radiatus*, le *Lepidodendron Weltheimianum* paraissent caractériser le plus vieil étage de la formation carbonifère. C'est seulement dans le terrain houiller supérieur, que se montrent les fougères arborescentes. Les lepidodendrons, cryptogames d'un organisme élevé, ont laissé souvent dans ces couches des troncs complets, atteignant jusqu'à 20 mètres de longueur. Deux autres familles végétales d'une organisation spéciale et formant réellement des classes à part dans la flore du globe, les conifères et les cycadées comptaient alors de remarquables représentants; les premiers dans des espèces d'araucarias constituant un genre auquel on a donné le nom de *Walchia*, les secondes, dans les sigillaires, aux tiges cannelées. Quelques plantes de la grande division des dicotylédonées gymnospermes (*sphenophyllum*), c'est-à-dire de celles qui portent des ovules sur des écailles, et des cryptogames rappelant nos champignons, complètent ce qu'on pourrait appeler la faune carbonifère.

Les monocotylédonées conservent à l'âge carbonifère la prééminence qu'elles ont déjà à l'époque silurienne. Ce caractère joint à d'autres donne lieu de croire que la végétation avait alors beaucoup d'analogie avec celle que l'Australie nous présente. L'existence, dans le terrain houiller des contrées arctiques, des mêmes végétaux qui caractérisent celui des contrées tempérées, démontre qu'à l'époque carbonifère, le climat du globe devait être fort uniforme. Les tiges dégarnies de feuilles, pointues et coriaces des calamites, des lepidodendrons, des sigillaires imprimaient alors à la végétation un aspect bien moins riche que celui qui nous est offert par nos arbres touffus, élancés et chargés de rameaux. Les fougères ne rappelaient les nôtres que par leur port et leur mode de découpure. Ces grands amas de houille dénotent d'immenses lagunes, des marécages sans fin, où les débris végétaux venaient se déposer dans des eaux douces ; mais la présence de coraux lamellifères et de grands céphalopodes cloisonnés, de crinoïdes, indique le voisinage des mers, dont ces lagunes étaient sans doute séparées par d'étroits cordons littoraux. L'Europe et vraisemblablement les autres continents n'étaient encore représentés que par quelques îles de grandeur inégale, dont le sol granitique ou schistoïde n'affectait qu'un faible relief. Les houillères qui sont d'antiques tourbières [1], n'existent guère plus que celles-ci au voisinage des tropiques, et cette circonstance donne à penser que la température, malgré la physionomie tropicale de quelques espèces, n'était point en Europe, celle de la zone torride. Dans ces mers qui enveloppaient presque tout le globe, dans ces lagunes qui se sont transformées plus tard en vastes bassins charbonneux, dans les cours d'eau qu'entretenaient des pluies dont l'extrême humidité de l'atmosphère alimentait l'abondance, vivait une vaste population ichthyologique; car les poissons deviennent particulièrement nombreux à la période carbonifère. Ceux qui prédominent rappellent par la puissance de leurs dents et de leur système osseux nos plus grands reptiles (poissons sauroïdes); ce sont des squales, d'une famille voisine de nos requins, et dont les dents semblent avoir été plutôt destinées à broyer les coquillages qui devaient faire leur nourriture, qu'à couper une proie charnue, laquelle n'existait point encore vraisemblablement. Tandis que ces êtres voraces hantaient les mers et les embouchures des grands fleuves, d'autres poissons voisins des esturgeons et appartenant aux genres appelés *Palæoniscus* et *Amblypterus*, peuplaient les eaux douces. Les reptiles semblent dater de l'époque carbonifère à laquelle se rapportent les restes fossiles du *Sauropus primævus*, découverts aux États-Unis et l'*Eosaurus acadianus*, dont les vestiges ont été signalés à la Nouvelle-Écosse. Plus tard, la même classe voit ses types se multiplier

1. D'après les observations de M. J. W. Dawson, la formation de la houille a dû être fort lente, à en juger par les cercles de croissance des conifères. La structure des sigillariées et des calamites indique également un développement peu rapide. On restera certainement au-dessous de la vérité, en admettant qu'une couche de houille pure de 0^m.30 d'épaisseur résulte de la végétation sur place d'une quarantaine de générations de sigillariées, de forêts ou de jungles qui se sont continuées pendant plusieurs siècles.

(*Aphelosaurus, Actinodon, Sclerocephalus, Hylopomus, Anthracosaurus, Archægosaurus*, etc). La majorité de ces animaux se place dans l'ordre des ganocéphales, êtres amphibies intermédiaires entre les reptiles et les poissons et qui semblent marquer l'enfance de la création erpétologique, tout comme les ganoïdes marquent l'enfance de la création ichthyologique. A la même époque appartiennent les labyrinthodontes, animaux aux dents pleines de circonvolutions qui établissent le passage des reptiles proprement dits aux batraciens et comptaient déjà quelques représentants à la période houillère. Au même âge se montrent également les crustacés suceurs ou xiphosures; la température alors élevée favorisait leur développement, aussi bien que celui des scorpions représentés synchroniquement par une grande espèce, le scorpion de Chomle (*Cyclophthalmus Bucklandii*). Citons enfin à l'époque carbonifère, des arachnides (*Eophrynus*), des insectes névroptères et orthoptères.

La Terre ne présentait point encore la variété de climats qu'elle offre aujourd'hui, car la flore et la faune paléozoïques des deux grands continents actuels, l'Ancien et le Nouveau monde, avaient en ces temps-là une fort grande analogie.

Le terrain pénéen ou permien succède au terrain carbonifère; il se compose d'une succession nombreuse et variable, suivant les contrées, de couches de différentes espèces de grès, de schistes bitumineux, de calcaires compactes ou magnésiens, de marnes (*Rothliegende, Kupferschiefer, Zechstein, Bunterschiefer*), entre lesquelles on a parfois réuni sous le nom de *dyas*, le *rothliegende* et le *zechstein*. Le grès rouge, formé d'arkose, c'est-à-dire d'un grès modifié par l'influence de l'action ignée, et d'un grès siliceux rougeâtre, en constitue la base. Vient ensuite le grès vosgien, roche arénacée de la même couleur. La diversité qu'offrent les étages de ce terrain ne permet guère de juger de l'étendue qu'avaient alors les continents. La faune qui leur est propre ne se distingue pas nettement de celle de l'époque précédente. Il semble toutefois qu'à l'âge permien, la vie avait perdu de sa puissance. Plusieurs familles zoologiques datant de l'âge précédent sont visiblement en décadance. Les trilobites ont presque totalement disparu. Un poisson qui répond à un genre de l'ordre des ganoïdes, prédominant à cet âge, le *Platysomus gibbus*, fait son apparition. Les crustacés ont pour représentants de nombreux entomostracés ; les premiers décapodes et les isopodes semblent apparaître pour prendre la place des trilobites. La faune malacologique affecte en général alors une physionomie intermédiaire entre celle de la période primaire et celle de la période secondaire. Citons encore plusieurs nouveaux genres de coquillages, *Ostrea, Myoconcha, Panopæa*. Parmi les *productus* qui continuent à peupler les eaux, l'espèce dite *horridus* est tout à fait caractéristique. La flore permienne se distingue nettement de celle des étages précédents ; elle compte les derniers représentants des genres *Lepidodendron, Sigillaria, Nœggerathia ;* entre les fougères, les espèces arborescentes dominent. Les palmiers, les scitaminées, les conifères, constituaient de grandes forêts, et les dicotylédonées n'étaient pas moins abondantes que les monocotylédonées.

Un grand dépôt, que l'on a nommé *trias*, parce qu'on y distinguait trois parties principales, succède, dans l'ordre géochronique, au terrain permien ; il est fort développé en Allemagne et s'étend en Amérique, du Mexique jusque dans la Colombie anglaise ; c'est le terrain conchylien et saliférien. Il offre d'abord un grès bigarré à grains fins, solides, le plus souvent rouges, mais quelquefois aussi rougeâtres, verdâtres et blancs. On y trouve des dépôts stratiformes de matières très-argileuses, variées de couleur, et des couches très-minces de dolomie, sorte de carbonate à forme rhomboédrique, surtout dans les parties supérieures. Au-dessous des grès bigarrés s'étend en certaines parties de l'Europe, notamment dans les Vosges et en Allemagne, un calcaire très-riche en coquilles, circonstance qui lui a valu le nom de *conchylien* (*Muschelkalk* des Allemands). Il est compact, grisâtre, verdâtre ou jaunâtre, tacheté parfois de ces deux dernières teintes. C'est là qu'on rencontre une belle espèce d'ammonite, le *Ceratites nodosus* qui caractérise ce terrain et ne s'observe pas ailleurs. A côté de ce grand coquillage s'en présentent un de dimensions très-petites, la *Posidonia minuta* et un de dimensions un peu moindres et de forme allongée, l'*Avicula socialis*. C'est alors aussi que les trigonies, coquillages angulaires très-répandus dans les couches plus récentes, font leur apparition. Les *encrinites* dont le calcaire carbonifère n'offre que de chétifs représentants, prennent maintenant des dimensions plus considérables, comme on en peut juger par l'encrinite *liliiformis*, qui rappelle des zoophytes analogues vivant encore dans nos mers.

Les crustacés décapodes, animaux les plus élevés de la classe à laquelle ils appartiennent, viennent se mêler pendant l'époque triasique aux zoophytes, qui n'affectaient point encore la variété qu'ils présentent plus tard et qui se rapportent presque tous alors à la famille des zoanthaires fort abondante dans le trias alpin. D'énormes poissons, des squales, des raies ont laissé dans les terrains du même étage des dents qui témoignent de leur existence. Un des poissons les plus curieux de cet âge géologique est le *Ceratodus*, à la queue obtuse et dépourvu de nageoire caudale, genre caractéristique que représente actuellement une espèce vivante en Australie. Des batraciens ont laissé pour preuve de leur existence à cette antique période l'empreinte de leurs pas (*cheirotherium*). Les sauriens prenaient alors de grandes dimensions et les *labyrinthodons*, qui n'étaient encore que d'assez faible taille à l'époque carbonifère, devenaient monstrueux (crâne de 1^m,30 de longueur). Un animal contemporain, le dicynodon, armé de défenses comme les morses, participait à la fois du crocodile et de la tortue. Bien d'autres genres, dont plusieurs de dimensions également quasi-gigantesques (*Mastodonsaurus*, *Nothosaurus*, *Pistosaurus*, les *Enaliosauriens*) infestaient alors la Terre. Citons encore, parmi les plus notables représentants de cette faune étrange, le *Rhynchosaurus*, animal intermédiaire entre les tortues et les oiseaux, les ptérodactyles qui fendaient les airs en compagnie d'oiseaux dont on retrouve les empreintes sur le sol triasique (*Ornitichnites*). Les eaux occupaient pendant la période du trias de vastes espaces et la nature des coquillages qui s'y rapportent dénote la présence de grands lacs. La terre ferme formée d'un sol de grès bigarré était ombragée de magnifiques conifères du genre Voltzia et de cycadées auxquels se mariaient de nombreuses fougères. Remarquons qu'en général, les vertébrés sont assez peu nombreux dans le grès bigarré, qui représente une époque d'appauvrissement de la faune, mais ils se multiplient aux étages suivants.

A la partie supérieure du calcaire conchylien, le terrain devient magnésifère : il prend fréquemment un aspect terreux, passe bientôt à des marnes formées de mélanges de calcaires et d'argile lie de vin, verdâtre ou bleuâtre qui ont valu en France à ces marnes l'épithète d'*irisées*, répondant à la dénomination de *kœper* chez les Allemands. Les conditions nouvelles de sol et de climat semblent avoir amené sur bien des points, durant les périodes permienne et triasique, une uniformisation de la végétation. On retrouve partout des cycadées, des conifères, ceux du genre *Taxodites* notamment. Les fougères se retrouvent avec abondance dans cette flore ; les équisétacées y ont un de leurs plus magnifiques représentants, l'*Equisetites columnaris*.

La période qui suivit celle du trias accuse, dans les eaux surtout, une extension de la vie animale bien plus grande que durant les âges antérieurs : c'est l'époque jurassique qui tire son nom des montagnes du Jura, formées en majeure partie du terrain auquel elle donna naissance. Durant cette période, une des plus longues que notre globe ait traversées, les terres s'étendirent par un mouvement presque régulier. Son premier étage, comprenant trois bandes, et désigné sous le nom de *lias*, est séparé du trias, tantôt par un grès particulier (grès de Vic) et la zone de l'*Avicula contorta*, répondant au *bone-bed* rempli d'os de sauriens, tantôt par des calcaires où se rencontrent des coquilles brisées, entremêlées souvent de marnes bleuâtres qui finissent par dominer, à mesure que l'on remonte l'échelle des terrains. A ces marnes se superposent des calcaires compactes de même couleur, en certains cas grisâtres et constituant plus particulièrement le lias.

A cette première époque jurassique, une végétation peu différente de celle des âges antérieurs, recouvrait les bords des fleuves et les rivages des mers. C'étaient surtout des cycadées, plusieurs genres de fougères et des conifères dont les débris carbonisés se sont accumulés dans des bassins qui rappellent ceux de la houille. Tels sont les bassins du plateau de Larzac dans les Cévennes, de Whitby dans le Yorkshire, les bassins houillers de la Mingrélie, de l'Iméréthie et du Daghestan.

Les coquilles abondent à cette époque; aucune n'est plus commune que la gryphée arquée (*Gryphæa arcuata*); aussi le lias est-il parfois désigné sous le nom de *calcaire à gryphées arquées*. Chaque assise du lias a, pour ainsi, sa population coquillière caractéristique. Dans les couches inférieures se voient l'ammonite de Buckland aux formes gaufrées, une sorte d'huître striée gigantesque, la *Lima gigantea*, un coquillage analogue, l'*Hippopodium ponderosum*, une spirifère, celle de Walcott, genre qui s'éteint avec l'âge jurassique. En même temps se montrent les bélemnites, où logeait un animal pourvu d'un sac à encre comme la seiche, ayant un corps allongé et conique et muni de nageoires comme les mollusques céphalopodes, caractérisé de plus par une sorte de pointe de javelot ou rostre, effilée à une extrémité et terminée à l'autre par une cavité conique ou godet. En Angleterre, dans le lias de Lyme-Regis, on a découvert les débris dorsaux d'une espèce de céphalopode, le calmar, dans la poche duquel s'était conservée l'encre ou sépia que fournit encore aujourd'hui la seiche; et cette encre fossile a pu servir pour le lavis! Les bélemnites sont représentés aux étages suivants (terrain jurassique) par de nombreuses espèces. Aux assises moyennes du lias appartiennent une jolie ammonite, l'*Ammonites margaritatus*, une grande gryphée, la *Gryphæa cymbium*, l'*Avicula inæquivalvis*, la *Terebra-*

tula numismalis. A la partie supérieure du même terrain, l'ammonite *bifrons*, la *Leptæna Moorei*, sont les types les plus notables de la faune malacologique. Les insectes diptères se rencontrent pour la première fois dans le lias inférieur. Il en est de même des poissons polyptérides aux formes élancées, aux dents coniques. Citons dans la population ichthyologique d'alors les lépidotes dont les écailles gigantesques se trouvent çà et là détachées, l'*acrodus* dont les dents, faites sans doute pour broyer les mollusques, ont été rencontrées en Angleterre et en Allemagne, une sorte de requin (*Hybodus*), dont les épines osseuses et les dents acérées ont révélé à Agassiz l'existence, enfin divers poissons n'ayant laissé de traces de leur passage que des excréments aujourd'hui fossilisés et dits coprolithes.

Les reptiles continuaient à offrir d'effrayantes proportions. Les sauriens du lias rappellent par leur squelette à la fois les lézards, les crocodiles, les poissons et les mammifères. Chez plusieurs, des membres en forme de rames dénotent des habitudes aquatiques. De ce nombre étaient les ichthyosaures qui atteignaient une longueur de plus de sept mètres, les plésiosaures, longs d'environ quatre mètres, qui ressemblaient à des serpents cachés sous la carapace d'une tortue ; ils devaient vivre dans des criques et des baies profondes. D'autres sauriens du même âge nous ramènent aux formes de la faune actuelle : tel est le mégalosaure, qui paraît avoir eu de quinze à vingt mètres de long et qui tenait à la fois du crocodile et du monitor. Un animal aujourd'hui unique en son genre et propre aux îles Galapagos, l'*Amblyrhynchus cristatus*, continue jusqu'à nous, mais sous des dimensions bien réduites, la catégorie étrange d'animaux représentée par les sauriens gigantesques du lias. Les ptérodactyles, lézards volants à bec d'oiseau muni de dents, dont nous avons vu que l'apparition date de l'époque triasique, continuaient à frapper les airs de leurs ailes de chauve-souris ; ils ne se sont éteints qu'à l'époque de la craie. Dans l'atmosphère d'alors bourdonnaient aussi bien des insectes. Il a été question ci-dessus des diptères ; quelques-uns de ces insectes ont laissé des fragments de leur dépouille sur le sol de Pappenheim en Franconie. La classe des mammifères avait à cette époque fait son apparition, mais elle n'était encore représentée que par des marsupiaux (*Microlestes antiquus*) dont les restes ont été découverts à Dagerloch (Wurtemberg), dans une brèche appartenant au *bone-bed*; mais ces mammifères d'un ordre à part dataient de plus haut. Dès l'époque du trias, on découvre les restes fossiles d'un marsupial (*Dromatherium silvestre*) dans le grès rouge de la Caroline du Nord; on dirait que la création mammalogique s'est d'abord essayée par ces mammifères à gestation imparfaite.

A l'époque du lias, comme à celle du trias, les régions subarctiques de la Terre devaient présenter un climat plus chaud, car les sauriens qui se rencontrent dans les terrains de la zone tempérée froide indiquent pour ces époques des conditions climatologiques analogues à celles des contrées intertropicales. Les os de l'ichthyosaure ont été recueillis à Exmouth par 77° 16′ lat. N., et ceux du téléosaure dans l'île Bathurst par 76° 22′.

Le terrain jurassique proprement dit, dont le lias n'est en réalité que le premier étage, embrasse quatre groupes que l'on peut distinguer par les noms suivants : 1° *groupe de l'oolithe inférieure*, autrement dit *bajocien* (terrain de Bayeux), 2° *groupe de la grande oolithe*, autrement dit *Bathonien* (terrain de Bath), 3° *groupe oxfordien*, 4° *groupe corallien*, ainsi dénommé des innombrables polypiers et coraux qui le constituent. Les terrains oolithiques tirent leur nom de petits grains ressemblant à des œufs de poissons qu'ils renferment. Chacun de ces grains enveloppe ordinairement une espèce de noyau consistant en un petit fragment arénacé, autour duquel se sont accumulées des couches concentriques de matières calcaires. Les oolithes des étages inférieurs où la marne alterne avec le sable sont parfois d'une grande finesse et se trouvent empâtées dans des bancs souvent très-épais de calcaire compacte. Plusieurs de ces calcaires passent à l'état terreux et se composent, en certains lieux, de nombreux débris d'encrinites. Plus haut on observe des marnes, des sables, des argiles, des calcaires coquilliers, dépôts que les Anglais désignent sous les noms de *bradford-clay, forest-marble, cornbrash.*

Le groupe oxfordien diffère peu par sa constitution de celui qui précède. Il est formé d'abord de puissantes couches d'argile dont la prédominance aux environs d'Oxford lui a valu son nom. Ces couches, qui s'observent sur une vaste étendue en Russie, se mêlent à des dépôts de marnes et de calcaires, par-dessus lesquels sont répandus des sables et des calcaires terreux compactes. Les oolithes y prennent de plus grandes dimensions et des amas de fer oolithique y abondent. Le groupe corallien, rempli de polypiers d'une structure saccharoïde ou passé à l'état siliceux et répandus dans ce que les Anglais appellent *coral rag*, constitue les couches sus-jacentes au groupe précédent; puis viennent des assises, les unes oolithiques, le plus souvent à gros grains irréguliers, entremêlées de fragments de coquilles roulés, les autres compactes, passant à l'état terreux ou même marneux. Elles sont recouvertes par de puissants dépôts d'argile dite en Angleterre *argile de Kimmeridge.*

L'extrême abondance des coquilles dans tous les étages jurassiques témoigne de l'extension qu'avaient alors les eaux. La formation jurassique est en effet presque entièrement marine et ne laisse apercevoir que quelques minces assises s'étant déposées dans l'eau douce. On rencontre des fossiles terrestres dans les calcaires et les argiles lacustres avec gypse qui représentent ce qu'on a appelé l'*étage de Purbeck* (Dorsetshire). Cet étage se place dans l'ordre géochronique après l'argile de Kimmeridge et se rattache à ce que l'on a d'abord appelé le *groupe portlandien.* Il est à croire qu'il s'est opéré graduellement, vers la fin de la période jurassique, un exhaussement des rivages, ce qui permit à des lagunes de s'établir là où la mer avait auparavant recouvert le sol. Les coquilles de cette période rappellent plusieurs des coquilles de l'époque antérieure, mais certaines espèces caractérisent chacun des étages, par exemple, la grande oolithe offre la bélemnite géante, la

Rhynchonella spinosa qui appartient à un brachiopode, la térébratule *fimbria*, une espèce globuleuse d'ammonite, et l'ammonite *Humphresianus*. Dans les marnes supérieures, apparaît l'huître en pointe, *Ostrea acuminata*. Les couches calcaires proprement dites renferment diverses espèces d'ammonites et de pleurotomaires, ainsi qu'un grand nombre d'autres coquilles. Les encrinites, souvent très-abondantes, nous présentent parfois des formes en poire (*apiocrinites*); çà et là, elles semblent être encore à la place même où elles avaient vécu; attachées aux matières consolidées qui constituaient le fond des mers, elles ont été recouvertes par les dépôts terreux qui s'y sont formés. Dans le groupe oxfordien prédominent les ammonites et des animaux de l'embranchement des radiaires, les crinoïdes libres; les fixes au contraire sont à cette époque en décroissance marquée, décroissance qui se manifeste déjà à l'époque précédente. Les gryphées, les huîtres, les térébratules ont laissé dans tout cet étage les moules siliceux de leurs coquilles. Le groupe corallien est caractérisé par les *nérinées*, et les couches supérieures par les *astartés*, sortes de conques aux contours arrondis et striés dont l'espèce la plus remarquable se distingue par sa petitesse (*Astarte minima*). Les radiaires y sont représentés par de nombreuses espèces de *cidaris* et le *spatangus* ovale. Enfin dans la partie supérieure de la formation jurassique, il faut signaler l'huître en forme de delta, l'exogyre virgule, et nombre d'espèces bivalves, telles que les myes, les pholadomyes.

La température des mers durant la période jurassique donne lieu à la même remarque que pour l'époque du lias; elle doit avoir été assez uniforme, car l'aire de certaines espèces conchyliologiques est très-vaste et accuse pour les eaux sous la région arctique une température semblable à celle des eaux intertropicales. C'est à la dernière phase de cette période, représentée par le groupe corallien, que les polypiers commencèrent à constituer, à divers niveaux, de larges récifs, plus étendus superficiellement, mais moins puissants que ceux qu'on observe aujourd'hui dans les mers tropicales.

Une végétation spéciale appartient à la période jurassique, et en caractérise les divers étages. A l'époque du lias se montrent des araucarias dont on retrouve souvent les cônes et qui se continuent aux âges suivants ; plus tard se montrent des *thuites*, des *pinites*: Les conifères, les fougères en arbre, les prêles en colonne (*Equisetum columnare*) foisonnaient. Les cycadées, qui avaient apparu pour la première fois à la période carbonifère, ont à celle-ci atteint leur maximum d'extension, et sont surtout représentés par le genre *Zamites* ; ils ne feront plus ensuite que décroître. Les palmiers dressaient déjà leurs stipes. La physionomie de tous ces végétaux et leur association donnent à penser que la température était analogue à celle des contrées subtropicales. Des liliacées peuplaient les champs, des algues flottaient au sein des mers.

La vie allait sans cesse se développant et toutes les classes de la faune étaient représentées ; car on rencontre alors les animaux radiaires, les annélides (*Helminthodes antiquus*), les mollusques les plus variés ; les crustacés arrivent à une multiplicité de types qui n'est dépassée qu'à l'époque actuelle ; des poissons fendaient dans toutes les directions les eaux, et l'on a reconnu dans le schiste calcaire de Pappenheim l'empreinte de leurs arêtes. Mais c'étaient surtout les reptiles qui continuaient à pulluler ; ils se diversifiaient en une multitude de types souvent gigantesques, les uns n'étant que la continuation de ceux qui avaient déjà paru aux époques antérieures, les autres affectant des formes nouvelles. Les chéloniens ou tortues faisaient leur apparition. L'ordre des Enaliosauriens, dont les vertèbres bi-concaves ressemblent à celles des poissons, mais dont le squelette rappelle celui des lézards, animaux qu'on prendrait pour des crocodiles armés de dents puissantes, aux membres élargis et aplatis comme des rames, fournissait de nombreux représentants de la classe des reptiles ; c'étaient diverses espèces de plésiosaures (*carinatus, trigonus, pentagonus*), différents ichthyosaures, le mystriosaure, saurien au museau formidable, découvert dans le terrain jurassique de l'Allemagne. A ces animaux s'ajoutaient les dinosauriens qui forment comme le passage des reptiles aux mammifères (mégalosaures) et dont la taille atteignait jusqu'à douze mètres et plus. Dans l'oolithe inférieure apparaît le leiodon. Les ptérodactyles acquéraient alors leurs plus grandes dimensions (*P. macrocephalus*) et comme l'apogée de leur développement, car ils devaient disparaître à l'époque crétacée. Les oiseaux avec lesquels ces étranges animaux se lient par leur appareil volatil fendaient les airs probablement en grand nombre, mais le temps ne nous en a transmis que quelques débris fossiles. Tel est l'*archæopteryx* du calcaire lithographique de Solenhofen, oiseau dont la queue diffère de celle de tous les oiseaux connus. Sans doute que les insectes dont les frêles empreintes se sont conservées dans ce même calcaire ou se sont dessinées sur le schiste de Stonesfield (Oxfordshire) servaient de pâture à ces oiseaux, car le nombre des insectes, tout au moins leurs variétés avaient beaucoup grossi depuis les étages inférieurs, et l'on constate pour cette époque l'existence de diptères, d'hyménoptères, de lépidoptères. Quant aux mammifères, ils en restaient encore au type marsupial. Des restes d'animaux didelphes de petite taille se rencontrent dans l'oolithe supérieure comme dans le lias, et leur présence persiste jusque dans les couches de Purbeck (*Phascolotherium Bucklandii*) et dans les schistes de Stonesfield (*Thylacotherium Prevostii*). Ainsi la faune mammalogique continuait à offrir, comme la flore, une certaine ressemblance avec la physionomie qu'affecte la création en Australie.

La formation de la craie marque une division bien tranchée entre deux âges, deux immenses périodes de la vie du globe ; elle embrasse une succession d'étages se liant d'une manière continue à celui qui date de l'époque actuelle. La Terre entre alors par degrés dans un état climatologique semblable au nôtre. Elle cesse de jouir à toute sa surface de cette température tropicale ou subtropicale que dénotent les flores et les faunes des périodes antérieures. Vers le milieu de l'époque crétacée, on commence à saisir dans les types végétaux, la diminution des coraux, l'absence des récifs, les premiers symptômes d'un refroidissement de l'enveloppe de notre globe. On est à l'aurore de la dernière création.

Antérieurement, hormis quelques espèces, aucun animal des genres vivant aujourd'hui n'habitait encore notre planète. A partir de la craie, les couches se succèdent généralement en stratification concordante, les fossiles paléozoïques ne correspondent plus à une zone bien tranchée ; la vie semble s'être développée d'une manière continue et les types qu'elle a revêtus se sont graduellement modifiés, prolongeant durant des laps de siècles inégaux leur existence. Avant la période crétacée, les continents n'étaient émergés qu'en petit nombre. Une végétation succulente propre à nourrir des herbivores manquant, l'on comprend que les ruminants, et, par suite, les grands carnassiers, qui font leur proie de ceux-ci, ne pussent guère encore apparaître.

Le terrain wealdien ou néocomien peut être regardé indifféremment comme marquant la fin de l'époque jurassique ou le début de l'époque crétacée. Formé au fond des eaux douces, il constitue comme de grandes îles qu'entourent les terrains de craie. A sa base, est un calcaire mince, nettement stratifié, de couleur bleuâtre, alternant avec des couches d'une argile schisteuse de la même nuance, comme on l'observe près de Purbeck en Angleterre. C'est là que se rencontrent le *plagiaulax*, sorte de marsupial probablement herbivore, et un petit insectivore, le *Spalacotherium tricuspidens*. A cette même couche appartient l'*Iguanodon* de Mantell, saurien monstrueux dont les dents n'étaient point implantées dans des alvéoles distinctes, mais fixées à la face interne des os de la machoire et soudées par un des côtés de leur racine ; une corne osseuse surmontait le museau de cet étrange animal.

Des sables dits d'*Hastings* formés d'un quartz brun ferrugineux, alternant avec une argile arénacée, des marnes, des grès grossiers, un calcaire sablonneux gris, recouvrent ces premières couches ; là, les reptiles gigantesques se montrent encore singulièrement abondants; c'est l'*Hylæosaurus*, le *Suchosaurus*, le *Regnosaurus*, etc. Le dépôt supérieur est constitué par une argile particulière, l'argile wealdienne, riche aussi en reptiles, et qui renferme de l'argile à potier bleuâtre, des lits de sable, de calcaire, du marbre et du fer. Parmi les invertébrés, un genre de crustacés, le *cypris*, nous fournit un type propre à l'argile wealdienne; les coquilles des genres *Melanopsis*, *Paludina*, *Cyrena*, *Cyclas*, *Unio*, caractérisent les sables d'Hastings.

Au-dessus des terrains néocomiens s'étendent des sables blancs ou jaunâtres, souvent très-ferrugineux, renfermant des amas de calcaires et alternant avec des lits de matières arénacées verdâtres en petits grains très-abondants, des marnes tirant sur le bleu que les Anglais appellent *gault* (étage albien), des argiles, enfin des grès plus ou moins solides, également remplis de matières vertes. Tout cet ensemble de terrains est connu des géologues sous le nom de *grès vert* (*green sand* des Anglais).

Dans les étages supérieurs de ce terrain, le calcaire devient plus abondant; mêlé d'abord de grès, il finit par le chasser complétement, et ne présente plus alors que des granulations vertes, qui cessent bientôt à leur tour. Elles ont valu à la craie qui les contient la qualification de verte ou chloritée. Quand les grains disparaissent, quand il n'y a plus que des calcaires argileux, sableux, qui ne tardent pas à se désagréger en un sable assez fin, on est arrivé à la craie *tufau*.

La période du grès vert annonce, comme les précédentes, une grande prédominance des mers, les fossiles de cet étage étant presque tous marins. Ces débris appartiennent soit aux espèces des terrains antérieurs, soit à de nouvelles. Les couches marneuses les plus inférieures sont caractérisées par une large coquille du genre *Exogyre* (*Exogyra sinuata*). Les marnes bleues ou jaunes sont indiquées par la présence de la *Plicatula placunea*, de la *Nucula pectinata*. Le gault, qui forme çà et là des couches, atteignant parfois à plus de 30 mètres d'épaisseur, offre des céphalopodes typiques, les *hamites* et les *sca-*

phites. L'ammonite *rothomagensis*, l'*Exogyra columba*, le *Cardium Hillanum*, caractérisent surtout la craie chloritée ou étage cénomanien. La craie *tufau* compte aussi de nombreux fossiles qui lui sont propres, l'ammonite *Lewesiensis*, l'*Actæonella crassa*, à la forme en amande, l'*Inoceramus problematicus*, sorte de moule à stries concentriques, la *Trigonia scabra*, qui a la forme d'une chrysalide ramassée. Les animaux rayonnés rappellent ceux des étages précédents; ce sont des *spatangus* et des *nucléolites*. La classe des annélides a dans tout le grès vert d'assez abondants représentants, appartenant à la famille des serpules.

Les squales ou requins, apparus dès le silurien inférieur, commencent, à dater du grès vert, à se multiplier considérablement; ils tendent à remplacer les poissons sauroïdes et les sauriens nageurs, dont la voracité semble avoir été destinée à poser des limites à l'accroissement trop rapide des autres animaux; les squales ont rempli cette mission depuis l'époque de la craie jusqu'à nos jours. Mais leur taille a dû être, dans le principe, fort supérieure à ce qu'elle est aujourd'hui; en effet, chez nos espèces de 10 mètres environ de long, les dents ne dépassent pas 4 à 5 centimètres de hauteur sur 5 à 6 de largeur à la base; or, parmi les débris fossiles, nous trouvons des dents de squales qui offrent jusqu'à 12 centimètres. On estime que l'animal qui en était pourvu devait avoir de 20 à 25 mètres; sa gueule, ouverte, mesurait 3 mètres en diamètre.

Avec le grès vert se montre une végétation puissante d'arbres dicotylédonés dont les genres sont en grande partie identiques aux nôtres. La flore accuse un mélange d'essences des climats tempérés et des climats subtropicaux; des conifères, des cupulifères, des salicinées, des juglandées, s'y rencontrent à côté des cycadées, des palmiers (*Flabellaria chamæropifolia*, *Palmacites varians*) et des fougères. On voit reparaître les espèces arborescentes de cette dernière famille, qui, ayant atteint leur maximum spécifique dans le nouveau grès rouge, avaient décru en nombre durant la période triasique, et à peu près disparu à l'étage oolithique. Sans doute, à cette phase de la période crétacée et à celle qui la suivit, des vicissitudes de climat, de relief et de distribution des eaux, amenèrent des transformations dans la flore; c'est ce qui explique comment l'on retrouve à la fois des végétaux aquatiques rappelant les restiacées et les pandanées, d'autres qui sont très-rapprochés des protéacées du Cap et de l'Australie, et nos genres européens actuels. Ces révolutions s'effectuèrent lentement, et des changements considérables eurent le temps de s'accomplir dans le monde organique pendant leur durée. Les représentants de plusieurs faunes successives s'enfouirent dans les couches correspondantes déposées par les eaux.

Le terrain crétacé supérieur n'est pas séparé de l'inférieur par une démarcation profonde et tranchée. Si dans certains lieux il est avec le grès vert en stratification discordante, dans d'autres il continue sans interruption la formation à laquelle il succède. La craie est d'abord mêlée à des argiles qui lui donnent une couleur sale; c'est ce qu'on nomme la craie marneuse. Au-dessus, elle devient plus pure, renferme un grand nombre de rognons de silex, formant par leur réunion des espèces de lits répétés plusieurs fois sous de petites épaisseurs. Plus haut apparaît ce qu'on a appelé le calcaire *pisolitique*, dont les couches forment la base des terrains tertiaires auxquels on les peut rattacher. La craie blanche, dure d'abord, se montre plus tendre dans les couches supérieures, en même temps que le silex est beaucoup plus abondant. On ignore l'origine de ces pierres détachées, de forme nodulaire, qu'on retrouve dans d'autres terrains, et qui semblent dues à des infiltrations de silice postérieures. Quant à la craie, elle a été formée du calcaire résultant de la décomposition des innombrables coquillages et polypiers qui peuplaient les eaux à cette période. La mer était d'abord ouverte et profonde; d'immenses récifs de corail y végétaient, et déposaient peu à peu, au fond des eaux, comme cela a encore lieu aujourd'hui dans l'Océan, leur matière calcaire, ainsi qu'on le verra au chapitre III. Les mollusques sont, en effet, un des agents les plus actifs de la formation du carbonate de chaux; on peut s'en assurer sur la côte de Bretagne, dont le sol est complétement dépourvu de calcaire, et qui présente cependant un dépôt littoral très-riche de cette matière provenant exclusivement des coquilles. L'examen attentif de la craie en a d'ailleurs démontré l'origine animale. Là où elle se trouve à cet état peu consistant qui la rend susceptible d'être délayée, et que nous offre le blanc d'Espagne, elle renferme une immense quantité de coquilles microscopiques appartenant à des foraminifères et à des cythérides. Des testacés, des oursins et des coraux de toute espèce ont laissé leurs débris dans les couches crétacées, lesquelles n'offrent d'autre vestige végétal que quelques fragments de bois flotté. Les échinodermes abondent, surtout dans la craie blanche. L'*Ananchytes ovata* et le *Belemnites mucronatus* y sont tout à fait caractéristiques.

La Terre demeurait, on le voit, à la période crétacée en grande partie submergée. Les mers fourmillaient de mollusques. Des céphalopodes à forme de cornes de bélier (*crioceras*), certaines espèces d'ancyloceras, genre qui avait déjà fait son apparition précédemment et affecte l'apparence de l'hippocampe, les scaphites disposées en spirale, dénotent alors des conditions nouvelles pour l'Océan; les bélemnites perdent l'aspect lancéolé qu'elles avaient à l'étage oxfordien, pour en prendre un comprimé; elles disparaissent aux limites de la craie. Le *spondylus* épineux, l'huître vésiculaire, le *Turrilites costatus*, le *Catillus Lamarckii*, forment les types les plus notables de la population de coquillages qui se mêlait aux radiaires, lesquels ont dans le *Spatangus cor anguinum*, à divers étages de la craie, leur représentant le plus significatif. Les crustacés appartiennent surtout à la tribu des décapodes macroures. Les bryozoaires de l'Océan crétacé (*Eschara*, *Escharina*) indiquent par leur structure qu'ils habitaient des eaux profondes. Les éponges abondent, et on rencontre souvent, enchâssés dans leurs cavités, des cailloux siliceux. Une preuve qu'à cette période l'Océan recouvrait la majeure partie du globe, c'est qu'on observe aujourd'hui, vivant encore au fond des eaux à une grande profondeur, des coquilles rappelant tout à fait celles de la période crétacée. A une profondeur d'environ 2000 brasses en moyenne, on a extrait du limon crayeux qui constitue le lit de l'Océan des coquilles identiques à celles que renferment les couches de craies blanches. Plusieurs, les globigérines, par exemple, étaient vivantes peu avant qu'on les eût retirées du gouffre de l'Océan; elles demeuraient encore attachées à des éponges, dans les trous desquelles étaient engagées des moules, des astéries, des crustacés, des tests de ptéropodes qui se rencontrent vivants dans les eaux du gulf-stream. On ne saurait donc douter que la craie ne continue de se déposer à cette heure au fond de l'Océan, et la science a montré que cette craie contemporaine ne diffère en rien de celle des couches crétacées. La craie que fournit le sol de la France et de l'Angleterre est absolument identique à celle qui occupe le fond de la mer sur la côte des États-Unis, à l'entour des îles Philippines et du Japon et le long de l'Espagne.

L'Océan crétacé avait naturellement sa population ichthyologique. Ce sont, en général, des poissons à écailles cornées, dits *téléostéens*, qui prédominent. On doit citer aussi des murènes et des *esox*. La faune erpétologique s'appauvrit; seuls les dinosauriens sont encore abondants (*megalosaures*, *hyleosaures*, *pelorosaures*, *Iguanodon*). Un reptile gigantesque, découvert dans la craie de Maestricht, près de la Meuse, et qui a dû à cette circonstance son nom de *Mosasaure*, est un des reptiles les plus remarquables de la craie. Cet animal, qu'on a aussi retrouvé en Angleterre et dans la craie de Meudon, était voisin des iguanes. Sa tête, armée d'un formidable appareil dentaire, avait 1^m,50 de long.

Aux périodes néocomienne et crétacée, la faune ornithologique se grossissait et se diversifiait tout à la fois. Des échassiers (*Palæornis*, *Cimoliornis*) peuplaient les rivages. Un oiseau remarquable de l'époque de la craie et dont les restes ont été découverts au Kansas dans l'étage crétacé supérieur, l'*ichthyornis*, offrait une disposition des vertèbres qui le rapprochait des vertébrés inférieurs. Les mammifères marins, tels que les dauphins et les lamantins, font leur apparition durant cet âge, et leurs fossiles se sont retrouvés dans les couches qui en marquent la dernière phase.

L'étage qui recouvre la craie constitue l'ensemble des dépôts que les géologues appellent tertiaires. Ce sont, sur une grande étendue de leur aire, des formations marines. En divers points, elles alternent avec des couches qui se sont déposées dans l'eau douce. Les terrains tertiaires constituent, en général, des assises régulières où l'on n'observe presque jamais de ruptures et de soulèvements. Les roches y sont extrêmement variées, et l'étage tertiaire peut se subdiviser en un assez grand nombre de terrains, tels que le terrain parisien, le terrain de molasse, le terrain subapennin, ou, pour prendre des expressions plus générales, les terrains orthrocène, éocène, miocène et pliocène. Ces dépôts supracrétacés appartiennent à un âge qui a précédé immédiatement le nôtre. Ce sont d'abord des amas de sable, d'argile et de calcaire plus ou moins arénacé. Ces matières ne se trouvent pas en superposition, mais sont accolées comme des parties variables du même tout. Et, suivant les lieux, l'un ou l'autre de ces éléments constitutifs prédomine. Les couches les plus anciennes paraissent être une argile plastique renfermant des lignites ; puis vient l'étage suessonien rempli de petits coquillages auxquels leur forme, analogue à celle de monnaies, a valu le nom de *nummulites*. Suivent un calcaire grossier, et, parallèlement à ce dépôt, un calcaire siliceux où abondent les pierres dures que nous nommons *meulières*. Le gypse prend à cette époque un développement exceptionnel, et apparaît en couches puissantes.

A ces divers dépôts répondent une faune et une flore différentes de celles des terrains antérieurs. La mer n'avait point encore cessé d'occuper de vastes espaces, car on trouve un nombre considérable de fossiles marins ; mais il y avait aussi de larges fleuves et de vastes amas d'eau douce. Il existait donc déjà de vastes continents, des îles fort étendues ; et, en effet, certaines parties ne présentent que des coquilles d'espèces analogues à celles qui vivent aujourd'hui dans les lacs et les rivières, ou des débris d'animaux, de végétaux qui ne sauraient subsister qu'à l'intérieur des continents. Outre ces formations marines ou lacustres, on en observe d'un caractère mixte dans lesquelles sont confondus les fossiles d'eau douce et les fossiles terrestres. Elles se sont vraisemblablement déposées dans la mer, à l'embouchure des fleuves. L'ensemble des coquilles du terrain éocène offre une certaine analogie avec la faune testacée des tropiques ; elle est riche en gastéropodes zoophages qui devaient trouver dans les nombreux mollusques et les acéphales une proie abondante, comme le décèlent les nombreuses perforations que présentent les coquilles, perforations toutes semblables à celles que pratiquent ces animaux pour dévorer les entrailles des êtres qui y sont enfermés. On compte à cet âge diverses espèces de nautiles, de mitres, de volutes, une grande cypræa (*C. elegans*), et une rostellaria gigantesque (*Rostellaria macroptera*), des cérithes nombreuses, et une quantité prodigieuse de milliolites d'une extrême petitesse, la plupart ne dépassant pas 1 millimètre, et qui constituent un grand nombre de genres. A côté de ces coquillages vivaient des poissons dont la structure dénote un climat chaud. Telle est l'épée de mer (*Tetrapterus pictus*), qui atteignait une longueur de $2^m,50$, et une scie de mer (*Pristis bisulcatus*), dont la longueur approchait de 3 mètres.

La faune des vertébrés s'était aussi alors beaucoup enrichie. La classe des reptiles y avait ses grands embranchements, car aux chéloniens et aux sauriens étaient venus se joindre les serpents ou ophidiens, qui semblent s'être montrés les derniers des reptiles, bien qu'ils offrent une organisation beaucoup plus imparfaite que les lézards et les tortues. La faune mammalogique n'était plus représentée uniquement par des animaux à gestation imparfaite. Les monodelphes se montrent alors en grand nombre à la surface du globe. Ce sont surtout des pachydermes qui rappellent plus ou moins nos rhinocéros et nos tapirs et constituent des genres assez nombreux (*Xiphodon*, *Hyotherium*, *Lophiodon*, *Chœropotamus*). Dès l'étage tertiaire inférieur, ou orthrocène (conglomérats de Meudon, sables, lignites pyriteuses, calcaires, etc.), se montre un autre pachyderme, le *Coryphodon*, avec deux carnivores dont l'un (*Palæonictis gigantea*) rappelle par son squelette notre genette. A l'époque éocène, un genre nouveau, l'*Anoplotherium*, nous offre un type qui va se diversifiant, quant à la taille et aux proportions, depuis l'Anoplotherium commun, grand comme un âne, aux formes lourdes, aux jambes grosses et courtes, à la queue longue, jusqu'à l'*Anoplotherium gracile*, qui n'est guère plus grand qu'un lièvre ou un cochon d'Inde. Le *Palæotherium magnum*, haut comme un cheval, mais dont quelques espèces ne sont pas plus grandes que le mouton, répondait alors au tapir. Dans les premiers étages tertiaires et dans ceux qui suivent, en même temps que les marsupiaux continuent à être représentés, les rongeurs le sont par des écureuils et les loirs, les chauves-souris ont pareillement leurs représentants. Presque tous les ordres et les familles d'animaux herbivores ou frugivores qui habitent aujourd'hui la Terre comptaient alors des espèces, jusqu'aux singes (*Macacus eocenus*) qui peuplaient les forêts. La classe des oiseaux n'était pas moins abondante. Le *protornis*, type antique du passereau, a été découvert à l'étage orthrocène. Les oiseaux marcheurs doivent avoir été assez nombreux. Un spécimen curieux de ces espèces a été fourni par le *gastornis* dont le tibia gigantesque, trouvé dans les couches orthrocènes de Meudon, indique un animal intermédiaire entre les palmipèdes et les échassiers. Les mers, les eaux douces continuaient, bien entendu, à avoir leur population flottante ou nageante. Le type des coquilles dénote pour les mers une température plus élevée que celle des eaux actuelles de la zone tempérée. Les poissons écailleux tendaient de plus en plus à remplacer les ganoïdes, et un genre de cétacé, le Zeuglodon de l'Alabama, représentait déjà une famille voisine des baleines.

Quant aux plantes et aux fruits fossiles que cet âge géologique nous a légués, ils ne nous offrent pas une physionomie aussi tropicale que les coquilles contemporaines et font songer plutôt à une flore du genre de celle qui s'observe sur le littoral méditerranéen. Cette flore, où abondent les dicotylédonées et qui nous présente de véritables palmiers, se lie au reste d'une manière continue à celle de la période jurassique, dont elle n'est pour ainsi dire que le développement.

Le terrain miocène comprend à sa partie inférieure (étage tongrien) des sables à coquilles marines, puis des masses de grès où sont enchâssés des débris organiques ; à l'étage supérieur apparaissent des calcaires grossiers recouverts par des dépôts formés dans l'eau douce, associés en certains lieux à de l'argile et donnant naissance à une sorte de grès qu'on appelle molasse. Ces molasses sont quelquefois remplacées par des dépôts de coquilles en fragments, connus sous le nom de *faluns*. La Terre était alors couverte de lacs dont l'emplacement nous est indiqué par les vallées que trace le lit de nos principales rivières.

La flore et la faune de ce second étage diffèrent peu de celles du précédent et se rapprochent aussi d'un manière assez sensible de la création actuelle. Le caractère particulier de la flore miocène, c'est le mélange de formes propres aux régions tropicales et de végétaux qui appartiennent de nos jours à des climats plus tempérés. A l'inverse de ce qui se produit maintenant pour le globe, le nombre des espèces ligneuses semble avoir dépassé celui des espèces herbacées. A l'époque miocène, on ne trouve plus les espèces de coquilles caractéristiques de l'époque éocène, telles que le *Cerithium giganteum*, le *Cardium porulosum*; elles sont remplacées par des espèces qui n'avaient point apparu antérieurement, telles que le *Balanus crassus*, la *Rostellaria pes pelecani* et le *Pecten pleuronectes*, dont l'existence s'est poursuivie à la période suivante.

La faune des vertébrés de l'étage miocène présente bien des affinités avec celle de notre âge, mais à des genres très-analogues aux nôtres se mêlaient des types qui se sont éteints depuis ou dont nous n'avons que quelques reproductions isolées. Chez les reptiles, le genre *Salamandre* atteignait des proportions gigantesques; il s'est continué à l'étage suivant. On en peut juger par la célèbre salamandre d'Œningen (*Andrias*). Dans l'ordre des cétacés, se montrent des baleines et diverses espèces pourvues de dents (*Cétodontes*); les dauphins, les lamantins, continuaient à peupler les mers; les amphibies avaient aussi leurs représentants dans les phoques. Quant aux poissons, ils pullulaient et nombre d'espèces d'alors sont identiques aux nôtres. Un requin gigantesque (*Carcharodon megalodon*), dont l'existence a été constatée dans le *red crag* par ses dents énormes, devait porter la terreur chez cette population marine. Dans la faune terrestre reparaissent bien des types de l'étage précédent. Les paléothériums du miocène diffèrent toutefois spécifiquement de ceux qui appartiennent au gypse de l'étage éocène. Ces animaux semblent avoir été l'avant-garde de l'invasion des pachydermes dont la prédominence caractérise les époques miocène et pliocène et qui ne gardent à notre âge qu'un petit nombre de représentants. Diverses espèces de ces paléothériums rappellent nos porcs; les unes sont de grande taille comme l'*Anthracotherium magnum*, les autres tiennent plus du sanglier que ne le faisaient le chéropotame et l'antelodon de l'étage précédent. Au sous-ordre des proboscidiens se rattachent les mastodontes, sorte d'éléphants gigantesques à dents présentant des couronnes hérissées de pointes coniques; leurs espèces sont assez nombreuses dans le miocène moyen. Les dinothériums, qui comptent parmi les plus gigantesques mammifères et qui étaient armés de défenses recourbées vers le sol, rappelaient pour la forme du squelette les tapirs. Ces animaux disparaissent avec les couches supérieures du terrain miocène, tandis que les mastodontes poursuivent leur existence pendant l'âge suivant, et même au delà, en prenant toutefois des formes nouvelles. L'apparition du genre *Éléphant* dont une espèce, le *Stegodon insignis*, a été découverte à l'état fossile aux monts Sivalick, en Hindoustan, préceda immédiatement l'époque miocène, mais il caractérise surtout l'époque pliocène où il a pour représentants l'*Elephas me-*

ridionalis et l'*Elephas antiquus*. Les espèces d'éléphants semblent s'être multipliées jusqu'à l'époque immédiatement antérieure à la nôtre. On en a trouvé une naine dans une caverne de l'île de Malte, dans les lits de laquelle se sont aussi rencontrés des ossements d'hippopotame. Les solipèdes abondaient alors, au moins en certaines parties de la Terre; on en a recueilli des débris dans les *Mauvaises-Terres* du Nébraska, qui attestent leur présence sur un continent d'où ces animaux avaient disparu à l'époque postérieure. Un type particulier, l'*Hipparion*, pourvu de petits doigts latéraux, nous indique alors le passage des solipèdes aux pachydermes, dont ils se rapprochent à bien des égards. Il semble que divers autres ordres zoologiques n'aient pas été non plus aussi nettement séparés qu'ils le furent depuis: ainsi un genre appartenant à l'ordre des pachydermes, l'oréodon, nous offre un type intermédiaire entre ceux-ci et les ruminants, qui étaient alors représentés par de nombreuses espèces d'antilopes, une girafe de très-grande taille, *Camelopardis attica*, et par un genre à part, l'*helladotherium*; cet animal très-massif n'a pas d'analogue dans la faune contemporaine. Dans l'ordre des carnivores, le *machairodus* n'est pas moins remarquable; il devait dépasser en force et en puissance dentaire notre lion et notre tigre royal. En général, les carnassiers de cette époque forment la transition aux espèces actuelles. Un type fort caractéristique, l'anthracotherium, lie l'ordre des carnassiers à celui des pachydermes. Un autre animal de forte taille qui vivait au même âge, l'*Histrix primigenius*, rappelle pour les formes notre porc-épic. L'ancylothérium, qui en fut contemporain, est un édenté monstrueux, qui se place pour les proportions entre le rhinocéros, dont le type avait déjà fait son apparition, et le mastodonte.

Les quadrumanes, loin de n'être encore représentés que par quelques espèces isolées, s'étaient diversifiés à l'époque miocène en de nombreuses variétés, et l'Europe en était peuplée[1]. Les makis, qui occupent dans cet ordre l'échelon

---

1. Pendant les premiers âges de la période tertiaire, la Grèce paraît

le moins élevé, avaient dès l'époque tertiaire (phosphorites du Quercy) des représentants, (*Paleolemur*, *Necrolencus antiquus*). Les rongeurs nous offrent aussi divers types fort analogues à ceux de notre faune actuelle, le castor notamment.

Le même dépôt miocène supérieur, qui a fourni la plus grande partie des vestiges de la faune mammalogique esquissée ici, nous révèle l'existence de gallinacés, d'échassiers, d'une tortue terrestre et d'un saurien analogue au varan. Le paléontologiste constate qu'à cette époque les genres étaient sensiblement les mêmes qu'aujourd'hui; mais certaines familles, les phénicoptérides ou flamants, par exemple, comptaient des types plus nombreux.

Les abondants débris de végétaux, les puissants amas de lignites, que recèle, en beaucoup de lieux, le terrain miocène, dénotent l'existence de vastes forêts de conifères. Les plantes dicotylédonées se montraient partout en grand nombre. Des palmiers, dont le bois fossile se reconnaît à sa structure, ombrageaient alors des contrées dont le climat actuel s'oppose à leur croissance. L'abaissement progressif de la température, en allant de l'équateur au pôle, se produisait toutefois, comme cela a lieu maintenant. Mais, vers le milieu de l'époque miocène, les régions boréales gardaient un climat plus chaud qui était supérieur, en moyenne, de huit à neuf degrés, à celui qu'elles ont actuellement. Aussi le Groënland était-il alors couvert de pins, de hêtres, de séquoias, de magnolias, de cyprès chauves; le Spitzberg, l'Islande, avaient également de beaux arbres, tels que des érables, des platanes et des tulipiers. Les nouvelles espèces végétales qui marquent la fin de l'époque miocène semblent indiquer que la température, au moins en Europe, prit une marche décroissante qui alla depuis en s'accélérant. La plupart des types tropicaux disparurent de ce continent; ce fut ensuite le tour des types subtropicaux, qui firent place aux

avoir été jointe à l'Afrique par un large continent occupant l'emplacement actuel de la Méditerranée et qui s'affaissa au commencement de l'époque pliocène.

types méridionaux, lesquels reculèrent peu à peu au sud ; vers le milieu de la dernière époque quaternaire, ceux-ci s'évanouirent eux-mêmes, ne laissant plus que les types actuels.

Au-dessus de la molasse se présentent des dépôts d'une autre nature, souvent appelés par les géologues *subapennins*, dépôts tantôt lacustres, tantôt marins, et se trouvant avec elle en stratification discordante ; ce qui dénote une nouvelle époque de transformation. En certains lieux, les terrains subapennins constituent soit de vastes amas de sable, comme dans les landes de la Gascogne, soit des amas de matières arénacées renfermant des couches de marnes plus ou moins calcarifères, soit encore une série de couches minces de sable quartzeux et de coquilles pulvérisées, colorées à leur partie supérieure en rouge par des matières ferrugineuses, formation qu'on nomme *crag*, en Angleterre. Ce sont d'antiques alluvions analogues à celles de date plus moderne ou contemporaines que nous offrent les plaines de la Bresse et de la Dombes, les *créments* ou dépôts d'alluvions du Rhône, les *polders* de la Hollande. Les géologues nomment pliocène cette nouvelle époque ; elle correspond à la partie supérieure des terrains tertiaires et représente la transition de l'âge miocène à l'âge actuel ; car les fossiles marins de l'étage précédent s'y retrouvent en foule, tandis que les coquilles marines ou fluviatiles se rapprochent d'une manière sensible de la faune contemporaine.

Une végétation abondante, analogue à celle de l'époque miocène, continuait à revêtir l'écorce déjà fort épaissie du globe. Des conifères, des dicotylédonées des espèces les plus variées, ont donné naissance, dans cet étage, à des amas de lignites, et laissé l'empreinte de leurs feuilles. On y retrouve nos genres phytologiques actuels, le chêne, le prunier, l'orme, l'aune, le laurier, le figuier, le platane, le liquidambar, etc.

Les grands édentés caractérisent la faune mammalogique de l'étage subapennin ; un tatou gigantesque (*Glyptodon clavipes*) et des espèces voisines habitaient alors l'Amérique méridionale. Au même étage, se rapporte la remarquable famille des mégathérides, dont une espèce atteignait la taille de deux mètres et une longueur de quatre; un autre mégatherium, le *mylodon*, se nourrissait de feuilles et de bourgeons tendres ; le *mégalonyx* rappelait le *paresseux* et vivait comme cet édenté dans la partie australe du Nouveau-monde. Aux âges précédents, les pachydermes étaient de tous les mammifères les plus répandus ; leurs formes massives, leurs dimensions colossales, semblent avoir été en harmonie avec le reste de la faune : la nature offrait à cette période une vie plus vigoureuse et des produits gigantesques. Mais à l'âge pliocène, bien que de nouvelles espèces de pachydermes eussent apparu, notamment le mastodonte *arvernensis*, les carnassiers tendaient à prendre le dessus. Le chien (*Canis primigenius*) faisait alors son apparition avec l'ours et la hyène. C'est ce que prouve la rencontre fréquente de leurs ossements dans les couches supérieures des terrains tertiaires. Les ruminants, les rongeurs destinés à leur servir de pâture, devaient également s'être singulièrement multipliés ; c'est au moins ce que donne à penser la présence répétée de leurs débris. La girafe se montrait à la même époque à la fois en Europe et en Asie, le cheval dans l'Amérique du Sud, où, des milliers de siècles plus tard, l'ont réintroduit les Espagnols. Des troupes de chevaux, de bœufs et de cerfs, erraient dans les plaines de notre continent ; les hippopotames continuaient à hanter des eaux qu'ils ont abandonnées à l'âge suivant. De grands cétacés (*Balœna emarginata*) fréquentaient les mers où pullulaient les conchifères et les gastéropodes.

En général, les espèces appartenant aux genres qui devaient constituer la population zoologique de notre époque affectaient alors des proportions bien supérieures à celles qu'ont les espèces actuelles. On vient de le voir par la comparaison des mégathérides et des paresseux. Le même fait se remarque pour le diprotodon et le nothothérium comparés au wombat et au kangourou. Il est, au reste, à noter que la faune mammalogique de l'Australie ne comprenait à cette époque, comme de la nôtre, que des marsupiaux. Mais l'un des didelphes carnassiers (qu'elle nourrissait, le *Thylacoleo carnifex*, atteignait la taille de notre lion. De même, dans la Nouvelle-Zélande, des espèces d'oiseaux analogues à celles qu'elle nourrit de nos jours présentaient des proportions beaucoup plus fortes, ainsi qu'on en peut juger par le palæopteryx, l'apterornis, le notornis, le dinornis, le moa, dont l'apteryx n'est plus que le représentant dégénéré.

L'étage dit *postpliocène*, qui se lie sur divers points à l'étage subapennin, peut être considéré comme appartenant à l'époque géologique contemporaine. Des alluvions antérieures à celles qu'ont déposées les mers, les lacs et les fleuves, dénotent d'immenses transports, des submersions, des érosions, opérés continûment et sur la plus grande échelle. Il semble que des pluies d'une violence et d'une durée extraordinaires aient à l'âge postpliocène, dit aussi quaternaire, inondé les terres fermes et donné naissance à de vastes étendues d'eau.

Le terrain postpliocène présente, aux différents points où il a été étudié, une assez grande uniformité de composition ; ce qui tend à faire supposer qu'à des actions locales se sont jointes alors des actions plus générales et peut-être cosmiques. Les terrains de cet âge sont ordinairement de grands dépôts de sable, de gravier, de galets, de limon (*loess*, *lehm*, *drift*). Dans le principe, les géologues crurent reconnaître là des traces du déluge mentionné dans la Bible et ils désignèrent ces terrains sous le nom générique de *diluvium*. Mais cette dénomination a été abandonnée, après qu'on eut reconnu qu'ils ne datent pas tous de la même époque, qu'ils sont d'origines diverses. On les confond actuellement sous le nom de terrains quarternaires, et l'on y rattache les brèches à ossements et les débris empâtés et accumulés dans certaines cavernes.

Après la période tertiaire, à la fin de laquelle l'Europe s'était graduellement refroidie, l'Amérique, qui ne faisait auparavant qu'un seul continent avec l'Ancien monde, s'en détacha ; la chaîne des Cordillières prit son dernier relief ; la partie septentrionale de l'Europe s'abaissa par degrés ; la température alla se refroidissant. Les terres qui demeuraient émergées revêtirent sous le rapport de la végétation l'aspect de nos contrées septentrionales ; de grandes forêts de pins et de sapins, dont les espèces perdues rappellent quelque peu celles de l'Amérique du Nord et dont les débris se retrouvent dans le *Forest-bed* ou forêts submergées du Norfolk recouvertes par le limon et le gravier glaciaire, ombrageaient alors le sol. A ces conifères se mêlaient des bouleaux qui s'avançaient dans l'Europe moyenne jusqu'au pied des Alpes. L'Europe méridionale était arrosée par d'abondants cours d'eau dont plusieurs dépassaient en débit et en largeur le Rhône et le Rhin actuels. Tandis que la végétation du nord dominait jusqu'au cœur de l'Europe occidentale, celle de l'Europe méridionale se rapprochait fort de la flore de l'Afrique méditerranéenne. Le laurier des Canaries s'y associait au laurier indigène, au figuier, au frêne à manne, au micocoulier, au gaînier, à la vigne, etc. La mer finit par s'étendre jusqu'au nord de l'Allemagne, au centre de la Russie et de la Pologne, en recouvrant l'Angleterre. Cette mer, de profondeur inégale, dut mettre bien des siècles pour prendre possession d'un aussi vaste domaine. Haute de deux cent cinquante mètres là où elle recouvrait la Scandinavie, elle offrait une bien moindre hauteur en Allemagne où elle s'avançait jusqu'aux parallèles de Kiew et de Moscou. Durant cette époque prolongée d'immersion, les glaces flottantes amenèrent de grosses masses de granite jusqu'aux bords méridionaux du vaste Océan boréal, et, quand plus tard une oscillation en sens inverse eut peu à peu mis à sec les régions inondées, l'eau laissa comme témoin de son invasion les blocs erratiques et un sol sousmarin, formé de limon mêlé de graviers et de fragments anguleux désigné sous le nom de *drift* du nord.

Charles Lyell, en se fondant sur la puissance et la continuité de ce dépôt, n'a pas évalué à moins de deux cent mille ans la durée de l'oscillation qui abaissait tout le nord de l'Europe. Ces deux mouvements en sens opposé déterminèrent dans la forme des continents, dans les conditions climatologiques, des modifications qui obligèrent les animaux à se déplacer et produisirent ainsi des changements dans la distribution zoologique. La configuration de l'écorce terrestre était alors fort différente de ce qu'elle est aujourd'hui. A l'époque quaternaire, l'Europe paraît avoir été séparée de l'Asie orientale et méridionale par un Océan qui s'étendait de la mer glaciale à l'Oural et à l'Altaï et qui absorbait la Mer noire et la Mer Caspienne. Les animaux du nord furent graduellement refoulés au midi. L'éléphant africain, le rhinocéros, l'hippopotame, qui se rencontraient jusqu'en Angleterre, le léopard, la hyène tachetée, redescendirent graduellement vers la région africaine actuelle ; les singes abandonnèrent l'Angleterre et la France, où leur présence est attestée par les fossiles de macaques retirés du *Forest-bed* et les débris de quadrumanes découverts aux environs de Montpellier, dans des sables presque contemporains de cette formation du Norfolk. L'éléphant s'avançait dans le principe plus au nord que la Sibérie, car on a signalé dans les forêts fossiles d'îles arctiques actuellement situées bien au delà de la limite de la végétation arborescente des restes de ce pachyderme. Quelques espèces de cette même époque, telles que le grand ours, le grand tigre des cavernes, le cerf à bois gigantesques, le grand castor du *Forest-bed*, qui habitaient également l'Europe, disparurent irrévocablement. Cette faune quasi-tropicale a fait supposer par quelques géologues qu'à la dernière époque glaciaire succéda pour l'Europe une époque de température supérieure à celle que nous avons, et qui aurait été suivie à son tour d'une recrudescence de froid. Des animaux qui, à raison de la température fort abaissée de notre continent, pouvaient vivre, le renne, le bœuf musqué, se retirèrent dans les régions polaires ou, comme la marmotte, au sommet des Alpes. De ce nombre paraissent avoir aussi été le mammoth ou éléphant à toison, le rhinocéros *tichorhinus* ou à narines cloisonnées, dont les restes sont enfouis avec ceux de chevaux et de daims dans les glaces de la Sibérie. Les défenses du mammoth se trouvent en abondance dans cette contrée et l'on a retiré de la glace son corps encore tout couvert de longs poils.

Pendant la période de froid qui correspond à l'âge durant lequel la partie de l'Europe précédemment envahie par la mer émergea à la suite d'une oscillation inverse de celle qui avait amené son inondation, de grands glaciers s'étendaient sur la partie de la Terre que nous habitons; ils recouvraient les Alpes, le Jura, les Vosges, les Pyrénées, les Carpathes, les montagnes du pays de Galles, le Caucase, et s'avançaient assez loin dans les plaines, extension glaciaire qui se produisait aussi dans l'Himalaya, la Nouvelle-Zélande et ailleurs. L'Europe ne présentait pas, malgré ces frimas, l'aspect d'un vaste Spitzberg, si l'on en juge par d'autres indices.

L'homme avait certainement fait son apparition à l'époque quaternaire, car des débris de son squelette, des monuments de son industrie encore grossière, consistant en pierres taillées par éclats, en os travaillés, en poteries façonnées à la main, se sont trouvés associés dans les terrains de cet âge à des fossiles d'espèces paléozoïques éteintes ou n'habitant plus la région dans laquelle on les découvre, telles que l'*Elephas primigenius*, le *Rhinoceros tichorhinus*, le *Bos priscus*, le *Felis spelæa*, l'*Ursus spelæus*, aussi grand qu'un cheval, l'hippopotame, le renne, etc. On ne saurait cependant affirmer que l'homme ait assisté partout au retrait graduel des glaciers qui fut dû sans doute à la diminution progressive de l'humidité, et précéda l'âge actuel, car les époques glaciaires ont été diverses et ne sont peut-être pas partout contemporaines. C'est principalement dans les cavernes que l'homme quaternaire a laissé des témoignages de son existence. Là où rien n'indique que le sol ait été remanié, où les couches sont régulièrement stratifiées, dans diverses cavernes de la France, de l'Angleterre, de la Belgique, de l'Italie, de l'Espagne et même de l'Amérique, des pierres, des cornes et des os taillés, ciselés, façonnés par l'homme, ont été observés à côté d'ossements des espèces perdues, et cette constatation a été faite notamment dans de nombreuses grottes du Périgord, du Languedoc et de la Suisse (la Madeleine, Laugerie basse, Bruniquel, la Vache, etc). Toutefois il est possible que ces espèces aient prolongé leur existence jusqu'à l'époque historique. Il importe aussi de remarquer que dans quelques-unes de ces cavernes, qui ont été plus tard envahies par les eaux, dont l'épuration donna fréquemment naissance à des stalagmites séparant des lits différents d'ossements, les débris fossiles ont pu être apportés par ces eaux mêmes. Plusieurs renferment en effet un épais limon, des cailloux roulés, des fragments brisés. Un grand mystère enveloppe les débuts de l'humanité sur le globe; on n'est point même assuré de l'époque de la période quaternaire à laquelle doit être rapportée son apparition. Ce qui est constant, c'est qu'il vivait à l'état sauvage, lors de la dernière phase de cette période, alors que l'Europe prit la configuration qu'elle affecte de nos jours, quand la Méditerranée et la Baltique s'établirent dans leur lit, quand la Manche vint séparer les Iles Britanniques du continent. Mais cet homme qui a pu rencontrer les espèces perdues ou actuellement émigrées au loin, que nous signalions tout à l'heure, à quelle race appartenait-il? Les travaux des anthropologistes ont permis déjà de rapporter les fossiles humains découverts dans l'Europe occidentale, à deux types assez tranchés; ce qui paraît déceler l'existence de plusieurs races. Les vestiges de l'âge préhistorique annoncent sans doute quelque différence dans le genre de vie des diverses tribus, mais toutes étaient plus ou moins barbares et, comme les sauvages, elles ne devaient guère avoir d'autres mobiles de leurs pensées que la fabrication des engins et des armes, celle des vêtements et la satisfaction des besoins les plus immédiats. L'homme vivait de pêche et de chasse, se repaissait de la moelle des os des animaux qu'il avait tués, dévorant leur chair après l'avoir coupée avec ses incisives. Il se vêtait de peaux ou d'étoffes les plus grossières. Certaines armes, certains engins, certains dessins ou reliefs annoncent sans doute, çà et là, un progrès de l'industrie, mais rien n'établit que les populations qui nous ont laissé ces traces de leur art remontent à une époque antérieure aux plus anciens âges historiques; la présence de débris d'animaux éteints ne suffit pas pour leur prêter une telle antiquité, car nous savons que bien des espèces aujourd'hui perdues vivaient encore, il y a plusieurs siècles.

Au reste, les ténèbres qui environnent la naissance de l'homme sur la Terre enveloppent également l'origine des différentes espèces animales et végétales qui s'y sont succédé. Pour expliquer ce phénomène, on ne peut produire que des hypothèses plus ou moins ingénieuses, plus ou moins vraisemblables; elles soulèvent toutes des objections graves et sont loin de s'accorder avec l'ensemble des faits observés. Aussi m'abstiendrai-je de les analyser ici.

CHAPITRE II.

LA TERRE DANS SON ÉTAT ACTUEL; L'ATMOSPHÈRE ET LES MERS.

Configuration générale : l'atmosphère de la Terre. — Distribution des climats; lignes isothermes, isochimènes et isothères. — Vents : moussons, vents alizés et étésiens; calmes, ouragans. — Courants : gulf-stream. — Marées et phénomènes qui s'y rattachent; couleur, salure et température de la mer. — Montagnes de glace; neiges perpétuelles et frimas; mers polaires, glaciers, phénomènes erratiques.

Configuration générale ; l'atmosphère de la Terre.

Les révolutions qui viennent d'être exposées au chapitre précédent ont amené la surface de la Terre à la forme qu'elle affecte actuellement. La succession des plaines, des montagnes et des vallées, donne à cette forme une apparence d'irrégularité; mais relativement à la masse terrestre, ces inégalités sont très-superficielles; elles n'altèrent pas sensiblement la sphéricité de notre planète dont les voyages de circumnavigation ont, avec bien d'autres faits, démontré la réalité. D'ailleurs, comme il a été dit, cette sphéricité n'est point absolue, puisqu'il y a aplatissement aux pôles, renflement à l'équateur.

Je ne dirai rien de ce qui concerne la géographie astronomique : l'axe terrestre et les pôles, les parallèles et les méridiens ou la latitude et la longitude, à l'aide desquels on détermine la position d'un lieu sur le globe, l'écliptique, la ligne équinoxiale, les deux tropiques, les deux cercles polaires et les cinq zones de la surface de la Terre, déterminées par ces lignes. On trouvera ces détails dans les traités spéciaux.

J'ai déjà fait connaître l'épaisseur de l'atmosphère dont notre globe est environné, je rappellerai seulement ici que, la réfraction faisant dévier les rayons lumineux et les relevant à l'horizon de trente-trois minutes, nous voyons le soleil quelques moments avant son lever véritable, et nous le voyons encore quelques instants après qu'il a réellement disparu au-dessous de l'horizon. La durée du jour se trouve ainsi sensiblement prolongée : à Paris, cet accroissement est de 9 minutes. Grâce à ce phénomène, la Terre reçoit une plus grande quantité de lumière et de chaleur.

Je n'insisterai pas davantage sur l'inégalité des jours et des nuits, laquelle croît de l'équateur, où elle est nulle, jusqu'aux pôles, où elle est extrême. Sous les tropiques, cette inégalité est d'à peu près 1 heure 50 minutes; par conséquent le plus long jour et la plus longue nuit y sont chacun de 13 heures 50 minutes. A Paris, le plus long jour est de 16 heures 7 minutes, et le plus court de 8 heures 11 minutes. Au cercle polaire boréal, le soleil ne se couchant point le 21 juin, le jour y a 24 heures; en revanche, il ne se lève point le 21 décembre.

Distribution des climats : lignes isothermes, isochimènes et isothères.

La durée de la présence du soleil au-dessus de l'horizon, aux diverses époques de l'année, et la direction plus ou moins oblique, suivant laquelle les rayons de cet astre viennent frapper la Terre, lors du passage du soleil au méridien, amènent pour chaque parallèle des conditions thermométriques et barométriques, et en général climatologiques différentes. Si la Terre était parfaitement homogène et d'un égal rayon, les climats atmophériques correspondraient exactement aux climats des anciens géographes [1]. Mais il n'en est point ainsi. La surface de notre globe offre, suivant les lieux, des différences dans la constitution et l'élévation du sol, dans le rapport de la terre ferme et des eaux. Les climats se modifient donc suivant les localités, et présentent des alternatives et des modes de distribution que l'observation seule a pu déterminer.

Le soleil, quoique étant la cause principale et essentielle de la chaleur de notre globe, n'en est point cependant la source unique; la Terre a une température propre, ainsi que le montre l'élévation du thermomètre, qui s'accroît à mesure que l'on pénètre dans sa profondeur. A 6 ou 7 mètres environ du sol et même davantage, le thermomètre demeure stationnaire pendant toute l'année, et accuse un degré de température qui se rapproche beaucoup de celui de la moyenne annuelle; mais à une plus grande profondeur, la progression devient bientôt sensible. La constitution du terrain, dont les pouvoirs absorbant et

---

1. Les anciens géographes avaient établi une division de la Terre, fondée sur la durée du jour comparée à celle de la nuit au solstice d'été; car l'hémisphère austral leur étant inconnu, ils n'avaient point à s'en occuper. Cette division fut appelée *division par climats*, du grec κλίμαξ, *échelle*, parce qu'elle donnait l'échelle de la durée du jour. Le premier climat commençait à l'équateur, où les jours sont égaux à la nuit, et se terminait au parallèle sous lequel le plus long jour est de 12 heures 30 minutes; le second climat venait finir au parallèle sous lequel le plus long jour est de 13 heures, et ainsi de suite pour chaque demi-heure d'augmentation dans la durée du jour solsticial jusqu'au cercle polaire, où ce jour embrasse les 24 heures. Au delà de ce terme, la différence des climats se comptait par mois, parce que chaque pôle passe tout l'intervalle compris entre deux équinoxes dans la partie éclairée par le soleil ou dans la partie obscure, et les points intermédiaires y séjournent plus ou moins longtemps, suivant l'éloignement où ils sont du pôle. Comme ces différents climats correspondaient sensiblement à des différences de température, on finit par appliquer ce nom à l'état thermométrique et atmosphérique de tel ou tel point de la Terre.

émissif varient, contribue encore à modifier la loi de distribution de la chaleur dans les diverses régions du globe.

La Terre, en tournant autour du soleil, se meut dans un milieu dont la température, sans doute fort basse, n'est pas elle-même sans action sur celle de la planète. D'un autre côté, les astres, quoique placés à des distances immenses de nous, nous envoient à la fois des rayons lumineux et des rayons caloriques. Quelques régions du ciel étant plus peuplées d'étoiles que d'autres, la quantité de chaleur qui nous arrive des différents points de l'espace ne saurait être la même.

Mais ce qui a un effet plus immédiat, plus direct sur l'atmosphère des divers lieux terrestres et par suite sur leur climat, ce sont les phénomènes météorologiques, les perturbations de l'air. Il en résulte un changement incessant de l'état thermométrique et de l'action des rayons solaires. Ces phénomènes sont dus en grande partie au double mouvement de la Terre et au jeu combiné des forces qu'il engendre. L'état du ciel se trouve ainsi dans une étroite liaison avec la température. Le matin, en été, si le temps est calme et le ciel serein, la température s'élève notablement. Quand, au contraire, des nuages chargent le firmament et interceptent les rayons lumineux, le thermomètre monte peu ou même baisse, bien avant le moment où la chaleur du jour atteint d'ordinaire son maximum. L'inverse a lieu, quand le ciel est couvert le matin, et serein dans l'après-midi. En hiver, on observe le phénomène contraire. Le ciel se couvre-t-il, le thermomètre monte; si les nuages se dissipent, la température ne tarde pas à s'abaisser.

Aux diverses saisons de l'année, la Terre perd par le rayonnement une partie de la chaleur qu'elle a reçue du soleil; mais en été, dans notre hémisphère, elle reçoit bien plus qu'elle ne perd. Les vapeurs, les pluies, modifient sensiblement ces sources climatologiques. Les vents, dont il sera question plus loin, exercent également une influence considérable sur le climat d'un pays. Tantôt ils refroidissent l'atmosphère en y apportant l'air d'une contrée plus froide, ou la réchauffent en y poussant l'air d'une région plus échauffée ; tantôt ils amènent la formation de nuages dont se charge l'atmosphère et qui diminuent le rayonnement de notre planète, ou même condensent certaines parties de l'air, en rendant libre une portion de sa chaleur latente ; ou, pour parler conformément à la théorie mécanique de la chaleur, en régénérant le calorique qui avait été employé à écarter les molécules de l'air qu'un travail inverse rapproche alors.

Ainsi, chaque lieu de la Terre a son climat propre, qui est, pour nous servir d'une expression mathématique, *fonction* d'une foule de *variables*, dont quelques-unes sont liées entre elles par une dépendance particulière. Toutefois, certaines causes sont générales et permanentes, et on peut les appeler fondamentales ; d'autres sont accidentelles et secondaires. De même que le mouvement de notre globe et sa position à l'égard du soleil sont la cause externe fondamentale des climats et des températures, la prédominance des terres et des eaux en est la cause interne principale. Le climat affecte une constitution différente au voisinage des mers et à l'intérieur des continents. A la surface de l'Océan, les variations thermométriques et hygrométriques suivent une tout autre loi que dans les déserts de l'Asie ou de l'Afrique, sur les hauteurs des Alpes ou de l'Himalaya. La capacité de l'eau pour la chaleur, la grande quantité de calorique qui est engendrée quand les vapeurs se précipitent, qui se détruit lorsque les liquides passent à l'état gazeux, sont les causes qui déterminent une différence toujours croissante entre la température de l'été et celle de l'hiver, à mesure qu'on s'écarte des côtes pour pénétrer à l'intérieur des continents. Cette différence s'accroît aussi, lorsqu'on s'éloigne des tropiques pour se rapprocher du pôle.

De là, deux espèces de climats : ceux qu'on appelle *marins* et ceux qui sont dits *continentaux*. Pour les premiers, les moyennes de température de l'hiver et de l'été diffèrent peu, mais, à mesure qu'on pénètre à l'intérieur des continents, ces moyennes s'écartent l'une de l'autre :

les hivers deviennent plus froids, les étés plus chauds. Cette loi explique la différence, au premier coup d'œil singulière, des climats de contrées voisines, placées sous les mêmes latitudes. La côte occidentale de la Norvége, par exemple, jouit d'un hiver très-doux et dont la température moyenne ne diffère que d'une dizaine de degrés de celle de l'été. Il en est tout autrement, quand on a traversé les Alpes scandinaves; on rencontre alors un climat continental. Un phénomène analogue s'observe dans l'Amérique septentrionale. Les côtes, et surtout la côte occidentale, ont une température beaucoup plus douce que l'intérieur.

Si l'on joint sur le globe par une ligne continue les différents lieux ayant la même température moyenne hivernale, et par une autre ligne ceux qui ont la même température moyenne estivale, on obtient ainsi deux lignes ou plutôt deux ensembles de lignes appelées *isochimènes* et *isothères*, qui représentent les différences climatologiques et qui sont tout à fait distinctes des parallèles, lesquels renferment tout les points placés à la même distance de l'équateur. Ces deux ordres de lignes, les isochimènes et les isothères, offrent des contours et des irrégularités remarquables qui tiennent à l'inégale distribution des mers et des continents.

Ainsi la latitude n'est pas à beaucoup près le seul élément dont il a fallu tenir compte pour apprécier la température et par suite le climat d'un lieu. Cependant elle joue un rôle d'autant plus important que c'est elle qui détermine ce qu'on pourrait appeler le *climat chimique*, c'est-à-dire l'intensité des rayons du spectre solaire qui exerce sur les combinaisons chimiques une action très-puissante. Si dans le spectre auquel donne lieu la décomposition de la lumière s'étendent au delà de l'extrême limite du rouge des rayons de chaleur obscure, il y a au delà du violet des rayons qui, sans être ni chauds ni lumineux, sont doués de propriétés chimiques particulières. Leur radiation exerce incontestablement une action puissante sur le climat du lieu, et, à l'inverse de la chaleur, elle ne se transmet pas par les courants de l'atmosphère; or cette radiation est dans une étroite dépendance de la latitude, puisque l'obliquité des rayons solaires s'augmente avec celle-ci. Il est au reste à noter que si l'on ne tient compte que des évaluations thermométriques, on voit entre les tropiques les lignes qui joignent les lieux d'égale température de l'année s'éloigner peu des parallèles.

Les saisons se distribuent sous les tropiques suivant la même loi, et l'année ne présente pas généralement les quatre phases qui la caractérisent en Europe. Il n'y a guère que deux saisons, la sèche et l'humide ou *hivernage*. Dans la Guyane française, par exemple, les températures de l'hiver et de l'été ne diffèrent que de 3° à 4°. La saison sèche dure quatre à cinq mois, pendant lesquels il ne pleut que fort rarement; la saison pluvieuse dure de sept à huit mois, et est ordinairement interrompue en mars par trois ou quatre semaines de beau temps. A l'île de la Réunion, la saison humide dure de décembre à avril, la saison sèche les sept autres mois. Aux Indes, le temps de la saison sèche et celui de l'hivernage varient pour les diverses régions; ils ne répondent ni aux mêmes époques ni à une même mousson. La chaîne des Ghâtes forme dans la presqu'île gangétique la ligne de démarcation entre les deux systèmes principaux de saisons qui partagent la partie occidentale.

De même que l'on peut indiquer par des lignes les lieux d'égale température d'hiver et d'été, on en peut tracer sur le globe qui marquent les localités où la température moyenne de l'année est identique. On obtient ainsi des courbes dites isothermes représentant assez exactement la relation des différents climats à la surface de la Terre. Toutefois, comme la température varie avec la hauteur au-dessus de la mer, il faut, pour tracer ces lignes, réduire à ce niveau toutes les températures. La carte montre, par les lignes isothermes, que le point de chaque méridien qui offre la plus haute température ne coïncide pas avec l'intersection de ce méridien et de l'équateur.

La ligne de température *maximum*, autrement dit l'*équateur thermal*, coupe l'équateur terrestre sous les méridiens de Singapour et de Tahiti, traverse l'océan Pacifique dans sa partie méridionale et l'Atlantique dans sa partie septentrionale. La température moyenne qui correspond à cet équateur thermal est de 28°,8. En comparant la température moyenne de l'atmosphère dans les différentes régions de l'équateur, on trouve qu'elle est : pour l'Asie, de 28°,3 ; pour l'Afrique, de 29°,5 ; pour l'Amérique, de 27°,2 : ainsi, sous l'équateur, c'est l'Afrique qui a la température la plus chaude. La température de l'océan Pacifique, lorsqu'il n'est point réchauffé par les courants, est de 1°,26 plus élevée que celle de la partie de l'océan Atlantique comprise dans l'équateur thermal.

Les lignes isothermes placées au nord et au sud de l'équateur thermal sont loin de former des courbes parallèles ou des sinuosités correspondantes ; parfois même leur distribution, à raison de causes spéciales, présente les plus étranges anomalies. Ainsi dans l'Asie occidentale, au-dessous de la ligne isotherme correspondant à 5 ou 6° centigrades, qui passe par Orembourg, redescend jusqu'à Méched en Perse, puis un peu au sud de cette ville, à Tébès, et sur toute la limite septentrionale du désert de Lout, apparaît tout à coup la ligne isotherme de 18 à 20° ; en sorte que dans cette bande, large seulement de 2° de latitude, se présente une variation thermique plus considérable que dans la zone large de 16° de latitude qui embrasse les steppes des Kirghises et des Turcomans. Ce contraste, dû surtout sans doute, comme l'observe M. de Khanikof, à l'absence complète de végétation et d'eau dans le Lout, à son grand échauffement pendant le jour, à sa configuration spéciale, au courant d'air chaud et sec qui s'en écoule vers le N. O., amène pour ainsi dire, dans cette partie de l'Asie, la zone torride au contact de la zone boréale. Sur les rives méridionales de la Caspienne, près d'Asterabad, la végétation arborescente offre, par sa luxuriance et plusieurs de ses essences, un caractère quasi-tropical. Le palmier croît à l'air libre, la canne à sucre et le coton sont cultivés avec succès ; le tigre du Bengale y est commun ; tandis que sur la côte septentrionale de la même mer, on n'a que le spectacle de plaines salées, arides et désolées. Chaque année, des glaces épaisses recouvrent le nord de la Caspienne, et elles n'ont pas encore eu le temps de fondre, que tout fleurit déjà sur les côtes du Talich, du Ghilan et du Mazanderan.

Puisque les parallèles terrestres diffèrent totalement des lignes isothermes, isochimènes et isothères, on comprend que les pôles terrestres puissent ne pas présenter la plus froide température du globe, et c'est là ce qui a encouragé les navigateurs à tenter d'y parvenir. Il est aujourd'hui devenu très-probable que les mers s'étendent jusqu'aux pôles, et en particulier jusqu'au pôle boréal. Tout donne à penser que la température moyenne du pôle nord doit se rapprocher de — 8°; d'où l'on conclut une température de — 5°,7 pour celle de la mer en ce lieu, température qui n'est pas assez basse pour que l'eau soit congelée. Ainsi il faut aller chercher ailleurs qu'aux pôles terrestres les pôles de froid. Les physiciens ne sont pas encore parfaitement d'accord sur la position à leur assigner; elle peut se déduire à certains égards de celle des lignes isothermes.

L'hémisphère austral présente, au moins à partir du 50°, sous des latitudes correspondantes, une température beaucoup moins élevée que l'hémisphère boréal. L'océan Antarctique et les parages du pôle sud sont bien plus froids que l'océan Arctique et les parages du pôle nord. Cette différence de température a été regardée comme due surtout à la prédominance des eaux dans l'hémisphère austral, à la configuration particulière des continents; elle se rattache aussi à d'autres causes que je ne peux exposer ici et qui n'ont pas encore été toutes appréciées [1].

Les considérations précédentes nous montrent que la température moyenne dépend non-seulement de la position d'un lieu par rapport à l'équateur, mais encore de son altitude. Si l'on compare la marche du thermomètre au pied

---

1. Voyez, sur l'hypothèse qu'a proposée à ce sujet M. J. Adhémar, son ouvrage intitulé : *Révolutions de la mer, Déluges périodiques*, 2ᵉ édition, 1860.

et au sommet d'une montagne, on s'aperçoit que la moyenne est d'autant plus basse qu'il est plus haut. Dans l'atmosphère, le décroissement de température est bien plus rapide quand on s'élève qu'à mesure qu'on s'avance vers le nord. Ainsi, lors de sa célèbre ascension du Mont-Blanc, Saussure remarqua que la température, qui était de 24° à Chamounix, village situé au pied de la montagne, et de 28° à Genève, n'était plus que de — 2° $\frac{1}{2}$ au sommet qu'il avait atteint. Il y aurait donc plus de 26° de différence entre la température du pied et celle du sommet du Mont-Blanc, et plus de 30° entre cette dernière et la température de Genève. Or cette montagne est élevée de 4372 mètres au-dessus du Léman, cela fait 1° de diminution dans la température de l'air pour 444 mètres de hauteur. Gay-Lussac, lors de son ascension aérostatique, trouva un abaissement d'un degré pour 163 mètres.

Une foule de causes tendent à modifier la température de l'air, et le principal agent de ces modifications est la vapeur d'eau qui s'y trouve répandue. Le plus ou moins d'abondance de cette vapeur, autrement dit l'état hygrométrique de l'atmosphère, se lie intimement aux variations thermométriques et barométriques, puisque la quantité de vapeur que l'air peut contenir en suspension augmente avec la température et diminue avec la pression. C'est la présence des vapeurs qui détermine la formation des nuages, des brouillards, lesquels s'opposent au rayonnement et par suite au refroidissement des corps. La pluie, la rosée, le givre, la neige, la grêle, sont aussi sous la dépendance immédiate des changements d'état qu'éprouve la vapeur d'eau dans l'air. [1].

Vents, leur origine et leurs caractères ; vents alizés, moussons ; calmes; ouragans.

Les vents sont certainement les agents modificateurs les

---

[1]. Voy., pour l'explication de tous ces phénomènes, l'excellent ouvrage de M. Saigey, sur la *Physique du Globe* (Paris, 1832-1842).

plus puissants de l'atmosphère. Ils naissent des différences de densité de l'air ; car si celui-ci offrait partout la même densité, l'équilibre de l'atmosphère serait permanent. Dès que, par une cause quelconque, cet équilibre vient à être rompu, il en résulte un mouvement qu'on appelle *vent*. La densité de l'atmosphère s'augmente-t-elle, il y a écoulement de l'air vers la partie où cette densité est demeurée moindre, de la même manière que l'air comprimé dans un soufflet s'échappe par son orifice. Il se produit donc ainsi des écoulements en sens divers dans les différentes parties de l'océan aérien. Et suivant le point de l'horizon d'où s'opère cet écoulement, on a un vent d'une direction différente que l'on désigne par un nom particulier tiré de l'une des divisions du rumb. On distingue ainsi 32 aires qui constituent la rose des vents. En outre, on donne à ces vents des noms différents suivant qu'ils sont plus ou moins forts, c'est-à-dire que la pression exercée par le déplacement de l'air sur notre corps est plus ou moins grande. La vitesse des vents varie, en effet, par minute depuis 30 mètres, ce qui est le vent le plus faible, jusqu'à 2700 mètres qu'atteint quelquefois l'ouragan ; celle du vent ordinaire est de 100 mètres par minute ou de six kilomètres par heure.

La différence de la température de l'air, en diverses régions de l'atmosphère, est la cause principale des vents. L'échauffement inégal des couches donne naissance à deux courants : l'un dans les couches supérieures allant de la région chaude à la région froide, et l'autre à la surface du sol affectant une direction contraire. Cette cause générale vient se combiner avec des causes particulières, telles que les obstacles qu'opposent les montagnes à l'action des vents, le resserrement des grands courants d'air à travers des vallées étroites.

Les alternatives du jour et de la nuit, engendrant aussi des alternatives de température, donnent naturellement naissance à des vents d'une direction différente. Sur les côtes, l'échauffement inégal de la terre et de la mer produit des brises alternatives et fait naître, tantôt un vent de terre, tantôt une brise de mer. A certaines heures déterminées surtout par la pression barométrique, le vent souffle de la mer, à d'autres de la terre. Sur la côte de la Plata où ces brises alternatives sont connues sous le nom de *virazon*, le vent de terre, qui vient du N. ou du N. O., souffle généralement de minuit à 10 heures du matin; après quoi se produit un calme qui dure jusqu'à 2 heures; alors s'élève une forte brise de mer qui ne tombe qu'au coucher du soleil. Dans les climats tempérés de l'Europe, le phénomène se passe autrement : vers 9 heures du matin, la température étant à peu près la même sur la terre et sur la mer, l'air est en état d'équilibre. A mesure que le soleil s'élève au-dessus de l'horizon, le sol s'échauffe plus que l'Océan, et il en résulte un vent de terre dans les régions supérieures, que l'on reconnaît à la direction des nuages, et une brise marine soufflant vers le rivage. Cette brise atteint sa plus grande intensité quand la chaleur diurne est arrivée à son maximum. Vers le soir la terre se refroidissant plus vite que la mer, l'air qui est en contact avec le sol devient plus dense; et après être redescendu à la température de la mer, ce qui donne un second instant de calme, les couches inférieures se refroidissent bien davantage, et le vent souffle alors de la terre. Des alternatives analogues se produisent sur les montagnes. Les aspérités déterminent journellement un flux et un reflux atmosphérique manifesté par un vent ascendant ou descendant.

Le vent peut changer de direction, plusieurs fois dans la journée, sauter d'un point du rumb à l'autre, comme il peut aussi persister pendant plusieurs jours, plusieurs semaines, plusieurs mois; il est alors permanent. La prédominance des vents permanents est d'autant plus prononcée que l'on s'approche davantage de la zone torride.

Ces différents vents constituent ce qu'on peut appeler des vents particuliers, et leur influence est circonscrite à des localités assez resserrées. Il existe, en outre, des vents généraux, dont l'action, beaucoup plus étendue, tient au mouvement de notre planète. Les régions qui avoisinent l'équateur sont, ainsi qu'il a été dit, les plus chaudes de la Terre. A mesure qu'on s'éloigne de cette zone, la température va en diminuant, mais suivant une loi assez peu régulière ; c'est ce que rend manifeste la direction des lignes isothermes. La zone équatoriale forme dès lors comme un anneau d'aspiration, une grande cheminée d'appel. L'air échauffé et dilaté se porte, à travers les régions supérieures de l'atmosphère, vers les pôles. Par un mouvement corrélatif de ce double courant, l'air refroidi et abaissé, à mesure qu'il s'approche des pôles, revient de ces points vers l'équateur, pour accomplir encore le même circuit. Donc si rien ne troublait cette circulation, on devrait toujours sentir, à la surface du sol, un vent du nord dans l'hémisphère boréal, et un vent du sud dans l'hémisphère austral. Mais quoique toute la masse de l'air refroidi du pôle se précipite vers l'équateur, la force du vent n'est pas en raison de ce mouvement, parce que l'air, en revenant vers la zone équinoxiale, s'étale dans l'espace plus large qui lui est offert ; il se ralentit ainsi et il se ralentirait encore davantage, s'il ne recevait pas les filets dérivés du courant supérieur dont le lit se rétrécit en s'approchant des extrémités de l'axe terrestre, et qui devenant en même temps plus lourd, comme je l'expliquerai tout à l'heure laisse échapper par en bas une partie de sa masse gazeuse.

Le mouvement de rotation qui emporte la Terre de l'ouest à l'est, modifie le sens des deux courants et les fait dévier de leur direction originelle. La vitesse de la rotation, presque nulle au voisinage des pôles, s'accroît en raison directe du voisinage de l'équateur, de sorte que l'air froid qui y arrive est moins doué de vitesse acquise que l'air de l'atmosphère équatoriale elle-même. Les masses d'air venues des pôles sont donc forcées à chaque avancée de prendre une plus grande rapidité de rotation ; mais comme en vertu de la loi d'inertie, il n'en peut être ainsi sans un certain retard, le courant reste chaque fois un peu plus en arrière à l'ouest qu'il ne le serait si la vitesse de rotation était partout identique. Ces retards successifs, en s'accumulant, finissent par changer graduellement le sens du courant dirigé initialement du nord au sud dans l'hémisphère boréal, et du sud au nord dans l'hémisphère austral. Les directions sont alors déviées vers l'est, et il en résulte deux vents dominants, l'un nord-est dans l'hémisphère boréal, l'autre sud-est dans l'hémisphère austral. Ce sont ces deux vents qu'on appelle *vents alizés*, d'un vieux mot français qui exprime l'uniformité et la constance. Dans les régions supérieures de l'atmosphère, le courant est dévié suivant une direction opposée ; il en résulte dans l'hémisphère boréal la prédominance d'un vent sud-ouest et, dans l'hémisphère austral, celle d'un vent nord-ouest; deux vents qui sont comme les contre-alizés; ils ramènent dans les plus hautes latitudes l'air qui s'écoule constamment des pôles à l'équateur dans la région inférieure de l'atmosphère placés au contact de la surface terrestre. L'espace que traversent les courants qui retournent aux pôles se resserrant d'autant plus qu'ils s'éloignent davantage de la zone équatoriale, parce que les méridiens se rapprochent graduellement pour converger aux pôles, l'air y devient plus dense et plus lourd à mesure qu'ils sont plus près d'atteindre les pôles. Voilà pourquoi ces masses aériennes s'abaissent, à mesure qu'on s'élève en latitude; au voisinage des pôles, comme il vient d'être dit, elles tendent à pénétrer la masse du courant d'air inférieur opposée. Là où s'opère le mélange des couches d'air appartenant aux deux courants, l'impulsion ascensionnelle des unes annule l'impulsion descendante des autres, et ces masses d'air n'obéissant plus alors qu'à la rotation de la Terre, elles effectuent un mouvement circulaire autour de l'axe terrestre, analogue à celui de la jante d'une roue autour de l'axe fixe qui traverse le moyeu. L'arrivée du courant d'air équatorial explique la prédominance dans la zone tempérée de l'hémisphère boréal des vents d'ouest, prédominance constatée tant en Europe que dans l'Amérique du Nord et l'Asie orientale. En Europe le vent qui prédomine souffle du S. 77° O. ou de l'O. S.-O; dans l'Amérique septentrionale (État de New-York), du S. 79° O; à Tolbolsk du S. 67° O.; à Péking du S. 74° O. C'est la prédominance des vents d'ouest dans l'Atlantique qui rend pour un paquebot à voiles la traversée des États-Unis en Europe, en moyenne, beaucoup plus rapide que la traversée en sens contraire.

Bien que placées dans des conditions anémométriques très-analogues, les diverses contrées de la zone tempérée offrent des climats différents, parce que la moyenne de la direction des vents n'est pas le seul facteur de leur constitution climatologique ; la température moyenne, la pression barométrique, l'état hygrométrique exercent aussi une grande influence. Suivant la contrée, la température la plus élevée, la plus forte pression barométrique répondent à des vents différents. Ainsi Dove a constaté qu'en Europe le vent nord-est répond à la plus grande hauteur du baromètre et le vent sud-ouest, à la moindre, qu'en hiver, c'est le vent sud-ouest qui est le plus chaud et le vent nord-est le plus froid, tandis qu'en été, le plus chaud est le vent sud-est, et le plus froid, le vent nord-ouest. Le vent sud-ouest est pendant toute l'année celui qui amène le plus de nuages et le vent nord-est celui qui éclaircit davantage le ciel. Mais les choses ne se passent pas comme en Europe dans l'Amérique du Nord et l'Asie orientale. Dans ces deux contrées, au moins dans la partie orientale pour l'Amérique du Nord, c'est le vent nord-ouest qui est en hiver le plus froid et le sud-est, le plus chaud. A mesure que partant d'Europe on s'avance à l'ouest vers l'extrémité occidentale de la Sibérie, on voit se déplacer les lignes qui représentent sur le rumb le vent le plus chaud et le vent le plus froid, la plus forte ou la moindre pression barométrique. Ces différences semblent provenir de la diversité de situation des contrées par rapport aux pôles de froid, aux mers et aux vastes étendues de terre à la surface desquelles se produit un puissant rayonnement calorifique.

Ces faits font comprendre pourquoi les vents ont, suivant les pays, des propriétés différentes, et pourquoi les mêmes vents ne prédominent pas sous tous les points d'un parallèle ; mais, en tenant compte de ces actions modificatrices, on retrouve toujours l'influence dominante, dans la partie supérieure de l'atmosphère, du courant venu de l'équateur sur l'ensemble du régime anémométrique des contrées situées à des latitudes élevées, là où ce courant s'abaisse et vient modifier l'effet du courant dirigé en sens opposé. A l'équateur, le mouvement de l'air qu'entraîne la rotation de la Terre est si rapide qu'il anéantit complétement la force d'impulsion qu'a prise le courant d'air en venant du nord ou du sud; les vents qui arrivent dans ces deux directions se neutralisent, et le vent alizé souffle de l'est; c'est ce qu'on appelle le *grand vent alizé*.

La régularité des vents alizés apparaîtrait partout d'une manière constante, si les inégalités de la surface du globe, auxquelles sont dues en grande partie les causes perturbatrices rappelées ci-dessus, ne venaient modifier à l'infini leur direction, qui ne demeure invariable qu'à la surface des mers. Entre les tropiques, tous les vents se réduiraient au grand vent alizé équatorial soufflant de l'est à l'ouest, si les continents ne lui barraient à l'est le passage. Ainsi, l'Australie intercepte le cours de l'alizé venu de l'océan Pacifique; l'Afrique, celui de l'alizé venu de l'océan Indien; l'Amérique, celui de l'alizé venu de l'Atlantique.

Les deux alizés qui règnent dans la zone intertropicale, l'un dans la partie septentrionale, où il souffle du nordest, l'autre dans la partie méridionale, où il souffle du sud-est, viennent frapper perpendiculairement, dans l'Amérique méridionale, le littoral de l'Atlantique; ils y arrivent chargés de l'humidité qu'ils ont recueillie en traversant l'Océan, et, en s'en dépouillant après avoir atteint le continent, ils donnent naissance, dans le bassin de l'Amazone, à de nombreux cours d'eau. A mesure qu'ils s'élèvent, ils abandonnent leur humidité et deviennent de plus en plus froids; de là, des pluies, des grêles, des neiges; ils atteignent finalement la cime neigeuse de la Cordillère, et, quand ils redescendent le versant occidental de cette chaîne, ils ont acquis un état extrême de sécheresse, ayant perdu sur les Andes tout ce qu'il leur restait d'humidité; la vapeur d'eau dont ils se sont dépouillés donne naissance à de vastes rivières qui vont rapporter à l'Atlantique ce qu'il avait perdu. Ainsi s'explique l'absence de pluie sur la côte occidentale de l'Amérique du Sud, au Pérou notamment. La mer qui en baigne le littoral est le plus calme des océans; c'est la Mer du Sud, où l'alizé ne commence à se faire sentir qu'à une certaine distance des côtes de l'Amérique, et où il souffle sans discontinuité jusqu'aux côtes de l'Australie. Ce courant nord-est se montre avec toute sa régularité entre les 2° et 25° de latitude nord, qui peuvent en être regardés comme les limites méridionale et septentrionale; mais, en été, le courant se rapproche plus du nord. C'est poussés par cet alizé, que les compagnons de Magellan effectuèrent le premier voyage autour du monde, et que, deux siècles durant, les galions espagnols, chargés d'or, se rendaient sûrement d'Acapulco à Manille, à l'abri des tempêtes et des attaques des nations ennemies. De là, le nom de pacifique donné à la mer qu'ils traversaient.

Dans la bande qui sépare les deux vents alizés, entre le 2° nord et le 2° sud, l'air est souvent très-échauffé, et son mouvement ascensionnel s'opère avec une telle force qu'il neutralise le mouvement oriental dû à la rotation de la Terre. Il s'ensuit alors un calme complet, caractère spécial de cette région, et qui lui a valu le nom de *région des calmes*. L'air, au moment où il s'échauffe le plus dans cette région torride, s'élève, à raison de la dilatation qui en résulte; il monte et fait un vide qui amène de très-basses pressions barométriques; mais, une fois dilaté, il se refroidit, abandonne l'énorme quantité de vapeur d'eau dont il était chargé, et donne naissance à des pluies diluviennes. Un tel état atmosphérique correspond donc, dans chaque contrée intertropicale, au temps de l'échauffement maximum, et l'on voit passer, suivant la saison, de la zone du tropique du Cancer à celle du tropique du Capricorne, le *cloud-ring*, comme disent les marins anglais, le *pot au noir*, comme disent les marins français. Mais l'équilibre de l'atmosphère est instable, et la moindre circonstance le peut troubler. Voilà pourquoi aux calmes plats succèdent souvent des tempêtes accompagnées de pluies violentes et de ces terribles coups de vent que les Espagnols appellent *tornados*, et les Portugais *travados*. Durant ces bourrasques, le vent fait parfois presque le tour entier du compas.

Dans l'Atlantique, la région des calmes n'occupe pas la même position que dans la mer Pacifique; son étendue varie avec les saisons; mais elle se rencontre toujours au-dessus de l'équateur, entre le 3° et le 8° nord. Des causes secondaires, paraissant tenir à la configuration du bassin de l'Atlantique, prolongent jusque dans l'hémisphère boréal l'action de l'alizé du sud-est qui vient se terminer au 3° nord, tandis qu'il commence au 28° sud. Au contraire, l'alizé du nord-est règne dans l'océan Pacifique entre le 2° et le 25° nord.

Les vents de l'océan Indien éprouvent encore de plus notables perturbations que ceux des deux grands Océans. Si la mer Pacifique constitue ce qu'on pourrait appeler la mer la plus *océanique*, la mer Atlantique, la mer la plus maritime, l'océan Indien peut être à bon droit regardé comme la mer la plus méditerranéenne. Cette mer n'est, en fait, qu'un grand golfe bordé de tous côtés par deux énormes masses continentales, la vaste Asie, avec ses deux grandes péninsules et ses plateaux au nord, l'Afrique à l'ouest, l'Australie à l'est. L'Asie empêche l'alizé océanique du nord-est de se faire sentir jusqu'à cette mer. Le mouvement de l'atmosphère dépend alors surtout de l'échauffement inégal des continents voisins durant l'été et l'hiver. Opposé à celui des autres terres, le vent alizé d'est se présente conséquemment sous la forme d'une brise semi-annuelle, soufflant régulièrement, six mois dans une direction et six mois dans l'autre; ce sont ces vents qu'on nomme *moussons*, mot dérivé de l'arabe *moussin* qui signifie saison.

Tandis que la partie de l'Afrique sise au sud de l'équateur reçoit les rayons verticaux du soleil d'été dans sa déclinaison australe, durant les mois de décembre, janvier et février, l'Asie méridionale, placée au nord de l'équateur, et les mers environnantes éprouvent la température basse de l'hiver. Il en résulte que l'air, plus échauffé au sud de la ligne équinoxiale, se précipite des régions alors plus froides de la haute Asie vers les contrées chaudes de l'Asie méridionale. L'alizé est, dans ce cas, transformé en un vent nord-est qui souffle aussi longtemps que la différence de température subsiste. A cette époque a lieu pour l'Inde la mousson d'hiver ou du nord-est. L'inverse se produit quand le soleil entre dans l'hémisphère boréal; car alors l'Asie est plus échauffée, et l'Afrique est plus froide; le courant a lieu dans un sens contraire; c'est le moment de la mousson d'été ou du sud-ouest.

Ainsi, au lieu d'un vent constant dirigé de l'est à l'ouest, la position relative des continents, combinée avec l'action due à la rotation de la Terre, donne lieu à deux vents périodiques, la mousson du sud-ouest, qui souffle d'avril à octobre, durant l'été de l'hémisphère boréal, et la mousson du nord-est, qui souffle d'octobre à avril, durant l'été de l'hémisphère austral. Dans la partie méridionale de l'océan Indien, qui n'est pas placée sous l'influence continentale, la mousson du sud-est souffle régulièrement toute l'année.

La transition d'une mousson à l'autre dépend donc du cours du soleil; la mousson est toujours dirigée vers l'hémisphère que le soleil échauffe davantage. Le vent suit cet astre dans sa marche de l'un à l'autre solstice; il change de direction, quand le soleil passe par la verticale du lieu; en sorte qu'une mousson ne dure pas un temps égal pour tous les points situés du même côté de l'équateur; elle commence plus tard et finit plus tôt, à mesure que le lieu en est plus éloigné.

La configuration des divers continents, la présence des îles, modifient singulièrement la direction générale des moussons. En quelques lieux, ces vents généraux changent quatre fois par an, c'est-à-dire à chaque saison; dans d'autres il se forme comme des contre-moussons. Tantôt les vents tournent à l'ouest, tantôt ils se rapprochent du sud. L'établissement des moussons arrive, d'après ce qui vient d'être dit plus haut, de plus en plus tard, à mesure que, de la côte d'Afrique, on s'avance vers la mer d'Arabie et celle des Indes.

Au-dessus de la zone tropicale règnent d'autres vents périodiques analogues aux moussons et dus à des causes semblables. Tels sont les vents annuels ou étésiens (de ἔτος, année, saison), qui soufflent sur la Méditerranée. En été, ils poussent les voyageurs d'Europe en Afrique, parce qu'alors l'air de nos régions se répand vers le Sahara, dont l'atmosphère est plus échauffée. En hiver, ils les ramènent d'Afrique en Europe, l'air du désert ayant en cette saison une température moins élevée que celui de la mer, ce qu'annonce le vent du sud très-froid qui règne alors en Égypte.

C'est dans la région des calmes qu'éclatent surtout les ouragans terribles dus à un mouvement giratoire de l'air, qui les a fait désigner sous le nom de *cyclones*. Les cyclones de l'Atlantique naissent sur les deux bords de l'anneau d'aspiration dont il a été question plus haut, et suivent, dans les deux hémisphères, des routes symétriques parfaitement régulières. Présentant peu d'étendue à leur point initial, à mesure qu'ils se rapprochent des pôles, ils s'agrandissent et prennent un diamètre qui varie de soixante à cinq cents lieues, s'avançant parfois avec une vitesse de cinquante lieues à l'heure. Le cyclone nous offre le même phénomène que les tourbillons qu'on observe souvent dans les fleuves. Entre les courants et les remous se forment des mouvements giratoires avec un creux central où l'eau s'engouffre et autour duquel elle pirouette, tout en descencendant au fil de la rivière. Le cyclone a de même un centre de dépression accusé par une plus grande baisse barométrique ; il marche en faisant tourbillonner l'air toujours dans le même sens, qui, dans notre hémisphère, est inverse de la direction des aiguilles d'une montre. Sur la rive gauche de ce courant cyclonique, la vitesse de rotation se trouve diminuée de celle de translation ; car elles sont opposées. C'est là que le météore présente le moins de danger ; mais, sur la rive droite, les deux vitesses dirigées dans le même sens s'ajoutent, et les tempêtes les plus épouvantables y assaillent les navires ou y renversent les habitations. D'après les observations météorologiques, et en particulier d'après celles de M. Marié-Davy, ce sont des mouvements analogues qui nous amènent les orages ; car l'étude de leur marche en Europe a montré qu'ils tournent dans des circonférences concentriques suivant le même sens que les cyclones, se transportant vers l'ouest avec une vitesse qui dépend de celle du vent. Une bourrasque succède à une autre, mais leur intensité et la route que suivent les centres varient ; ils prennent naissance soit à l'équateur, soit en d'autres points de l'Océan où l'équilibre atmosphérique, par suite des inégalités de température, s'est trouvé rompu, comme cela se produit surtout aux changements de moussons. Parfois, dans les mers de la Chine principalement, les cyclones se lient aux trombes ou typhons, phénomène électrique par lequel une colonne d'eau qui tourbillonne s'établit entre un nuage et la surface de la mer, renversant, rejetant au loin, dans la rapidité de sa marche, tout ce qu'elle rencontre.

Les ouragans sont plus fréquents à certaines époques de l'année. Aux Antilles, ils ont généralement lieu du 18 juillet au 15 octobre, c'est-à-dire pendant l'hivernage. Aux îles Maurice et de la Réunion, ils se produisent surtout en janvier, février et mars. Ils sont précédés par des chaleurs et des calmes extraordinaires ; l'atmosphère se charge de vapeurs épaisses, la mer grossit sur les côtes, et, quand le vent se déchaîne, la pluie tombe presque sans interruption. Sur les continents, les ouragans perdent beaucoup de leur intensité. Toutefois, aux embouchures de certains grands fleuves, dans les vastes déserts qui constituent de véritables mers de sable, l'atmosphère est sujette à des perturbations analogues. Dans la Tartarie et les parties orientales de la Chine, le ciel, d'abord serein, prend tout à coup une teinte roussâtre, le vent se met à souffler de l'ouest avec une telle violence, il entraîne dans ses tourbillons une telle masse de poussière et de débris de végétaux, qu'il est impossible au voyageur de rien apercevoir. Ces tempêtes, heureusement, ne sont pas toujours de longue durée [1]. Sur les côtes du Brésil, on éprouve fréquemment

---

1. Voy., pour la description d'une de ces tempêtes, Huc, *Souvenirs*

de terribles coups de vent du sud-ouest, qui se propagent en sens inverse de leur direction et atteignent parfois dans le Rio de la Plata à une violence inouïe. Ce sont les *pampeiros* ou vents des *pampas*. Leur durée est en raison inverse de leur intensité; rarement ils soufflent plus de trois à quatre jours. Comme pour les ouragans des Antilles et des îles Mascareignes, des signes précurseurs en annoncent les plus désastreuses irruptions. Les eaux de la Plata baissent tout à coup, le baromètre descend notablement pour remonter ensuite avant le coup de vent. Le ciel est d'abord très-clair; le vent, qui soufflait à l'est ou au nord-est, tourne vers le nord; puis, après avoir sauté par différents points du compas entre le nord et l'ouest, il tombe tout à fait; un calme profond se fait alors; il annonce le pampeiro. Un nuage noir, qui paraît à l'horizon vers l'ouest, en donne comme le signal; il s'étend peu à peu sans beaucoup s'élever; mais bientôt il embrasse une grande partie de l'horizon et monte rapidement. Des éclairs sillonnent ses flancs, le tonnerre gronde, la pluie commençant à tomber, le vent se déchaîne dans toute sa fureur et continue ses ravages, quoique le ciel s'éclaircisse.

Ces vents accidentels et violents sont tour à tour froids ou chauds. En Europe, les vents glacés répondent, sous de plus faibles proportions, aux ouragans des contrées tropicales. Les vents du nord soufflent, en général, avec une grande âpreté, dans la partie sud de notre zone tempérée. L'opposition entre la température élevée de la Méditerranée et celle des Alpes, couvertes de neiges, engendre des courants aériens d'une singulière rapidité. Si leurs effets s'ajoutent à celui d'un vent de nord général, il en résulte ce que l'on nomme la *bise*, fléau de nos campagnes. En Istrie et en Dalmatie, ce vent est connu sous le nom de *bora*; sa force est telle, qu'il renverse quelquefois des chevaux et des charrettes. Les Gaulois, dans la vallée du Rhône,

---

d'un voyage dans la Tartarie, le Thibet et la Chine, t. II, chap. I, p. 33 (3ᵉ édit.).

lui donnaient le nom de *circius*[1] ou *kirk*; ils se le représentaient comme un dieu et cherchaient à en conjurer le courroux. En Espagne, ce vent, qui vient surtout de la Galice, est appelé *gallego*. Dans la même vallée du Rhône, souffle encore un vent du nord-ouest très-froid, que l'on nomme le *mistral*. Mais entre les vents froids les plus terribles il faut citer les *bouranns*, surtout ceux du nord-est, ouragans de neige qui sévissent dans les steppes de la Russie. Rarement ils durent moins de vingt-quatre heures[2]. Sur les hautes montagnes, particulièrement en hiver, il y a aussi des tourmentes de neige; les plus célèbres sont celles de l'Himalaya et de la chaîne du Tibet[3].

Les grands déserts et les plaines que ne recouvre qu'une faible végétation, engendrent des vents très-chauds par lesquels l'Asie et l'Afrique sont désolées. Tel est en Arabie, en Perse et en Syrie, le vent brûlant dit *samoun*, *simoum*, *sémoum*, de l'arabe *samma*, qui veut dire à la fois *chaux* et *vénéneux*; on le nomme aussi *samiel*, mot dérivé de *samm*, poison; en Égypte on l'appelle *khamsin* (cinquante), parce qu'il souffle pendant cinquante jours, depuis la fin d'avril jusqu'en juin, au commencement de l'inondation du Nil[4]. Dans la partie occidentale du Sahara, il est connu sous le nom d'*harmattan*. Il y souffle en décembre, janvier et février, se fait sentir trois ou quatre fois par an, et dure un, deux, cinq ou six jours et même jusqu'à quinze. Sa force est un peu moindre que celle de la brise de mer. Il est accompagné d'un brouillard si obscur, qu'on n'aperçoit le soleil que quelques heures de l'après-midi et il dépose sur les plantes et la peau une poussière blanche d'une nature minérale; il dessèche les végétaux

---

1. Voy. sur ce vent, Pline, *Hist. nat.*, lib. II, c. XLVII, et Aulu-Gelle, *Nuits attiques*, lib. II, c. XXIII.
2. Voy. G. R. von Helmersen, *Reise nach dem Ural und der Kirgisen-steppe*, p. 160 sq. (Saint-Pétersbourg, 1841.)
3. Voy. ce qui est rapporté dans Huc, *Souvenirs d'un voyage dans la Tartarie, le Thibet et la Chine*, t. II, p. 213.
4. Voy. sur le samoun, l'harmattan et le khamsin, Saigey, *Petite physique du globe*, part. I, chap. XLII.

et les divers objets avec une rapidité incroyable ; quand il règne, tout craque et se fend. Les nègres, pour échapper aux douleurs cuisantes que l'harmattan leur cause aux yeux, aux lèvres, au palais, à la peau, ont soin de s'oindre tout le corps. Telle est l'influence que ce vent exerce sur l'atmosphère qu'il guérit les fièvres, arrête les épidémies, et empêche l'infection de se communiquer, même artificiellement. Le samoun s'annonce par une tache particulière qui se montre au nord à l'horizon. Elle s'agrandit continuellement, jusqu'à ce que le vent se fasse sentir ; le ciel tout entier s'obscurcit, le soleil ne donne plus d'ombre ; et, vue à travers la poussière jaune, bleue ou violette dont est semée l'atmosphère, la nature prend une teinte particulière. La chaleur devient dévorante ; le thermomètre peut atteindre alors jusqu'à 48° centigrade ; le sable du Sahara est agité comme la mer et s'amoncelle en monticules ; l'homme est contraint de se jeter à terre et de se voiler la figure, pour n'être point étouffé et pour échapper à des douleurs intolérables.

Chaque contrée a, du reste, son vent chaud et sec, dont les effets sont plus ou moins à redouter. En Espagne le *solano*, et en Italie le *sirocco*, contre-coups des vents brûlants de l'Afrique[1], exercent sur l'économie une influence fâcheuse. Au littoral sud-ouest de la mer Caspienne, souffle deux fois par an du sud-est, une sorte de sirocco qui prend naissance dans le désert de Lout (Khorassan).

Il est impossible de présenter ici un tableau, même abrégé, des vents qui règnent dans les régions tempérées, tant sur les continents que sur les mers. Les terres, par leur situation, par leurs montagnes ou leur abaissement,

---

1. Le *sirocco* qui souffle du sud-est paraît donner naissance, en remontant le long des pentes des Alpes, au *fohn*, vent résultant du déversement de ce courant sur le versant opposé. Le fohn élève parfois singulièrement la température des hautes vallées de la Suisse. Il y a des journées d'hiver dans le Valais et l'Oberland bernois où, par suite de ce courant d'air qui se réchauffe après avoir franchi les cimes qui l'avaient d'abord condensé et refroidi, la température égale au milieu des glaciers celle de la Sicile.

par la quantité de chaleur qu'elles sont susceptibles de réverbérer, exercent un effet puissant sur les dilatations et les condensations locales de l'atmosphère. Chaque contrée a son régime anémométrique spécial. Souvent dans des lieux fort rapprochés, on voit régner, à la même époque, des vents tout à fait opposés. Sur les mers des régions chaudes, au voisinage des côtes, il n'est pas rare que deux navires courent l'un sur l'autre à route opposée, tous deux ayant vent arrière. Ils s'approchent ainsi de très-près, et enfin une des brises surmonte l'autre, et les deux vaisseaux restent en panne [1].

Les vents exercent une telle influence sur la Terre et sur ses habitants, qu'ils ont attiré de bonne heure les observations. Dans le résumé que Pline nous présente [2] des opinions des anciens sur ce phénomène, on trouve, appréciées à leur juste valeur, plusieurs des causes précédemment exposées. Les anciens avaient aussi une division du compas, et attribuaient à chacun des vents un nom distinct [3].

Courants, gulf-stream.

Les eaux de la mer sont dans un mouvement continuel. Les particules essentiellement mobiles qui les composent, soumises à l'action de la gravitation, déterminent un flux et un reflux; mais si ces eaux pénètrent dans un bassin sans issue, elles se tiennent dans un état de repos et gardent leur équilibre, tant qu'une force étrangère ne vient pas le troubler. C'est ce qui a lieu pour les lacs, dont les ondes demeurent pures et tranquilles, si les vents n'y soufflent pas. L'Océan n'est au fond qu'un immense lac, et l'on voit s'y reproduire, sous de plus grandes proportions, ce qui

---

1. Lacoudraye, *Théorie des vents et des ondes*, p. 54 et suiv.
2. *Hist. natur.*, lib. II, c. xiv. Le naturaliste romain nous apprend que plus de vingt auteurs grecs avaient laissé des observations sur les vents.
3. Voy. sur la *rose* des anciens, dans le *Rheinisches Museum für Philologie*, série II, t. V, p. 597, le *Mémoire* de M. K. de Raumer. Les noms grecs et les noms romains des vents étaient différents.

se passe dans un bassin circonscrit. Les mouvements qui agitent ses flots, eu égard à son étendue, ne sont en réalité que superficiels et correspondent aux ondulations qui rident la surface d'un lac ou d'une rivière. La pression inégale de l'atmosphère aux divers points de l'Océan, d'où résultent des différences de niveaux, mais, avant tout, les inégalités de température entre les mers tropicales et les mers polaires, auxquelles correspondent différents degrés de densité, sont autant de causes qui viennent détruire l'équilibre des eaux de l'Océan, et donnent naissance à divers mouvements tendant tous à le rétablir, sans jamais y parvenir. Tantôt la masse des eaux est, à la surface, portée de l'est à l'ouest, ainsi que cela s'observe pour le grand courant équatorial ; tantôt naît à la surface de l'Océan un courant étroit et prolongé, une sorte de fleuve qui coule avec rapidité à travers la masse liquide demeurée immobile ; tel est le *gulf-stream*. Ici les courants se rencontrent et se confondent, là ils se superposent; toutefois chacun garde sa direction ; ils coulent l'un au-dessus, l'autre au-dessous, dans un sens opposé; mais l'équilibre tend constamment à se rétablir. Chaque fois qu'un courant se produit d'une manière continue et régulière dans une partie de l'Océan, il se forme sur un autre point un courant équivalent et contraire qui empêche un déplacement des mers.

Les causes qui donnent lieu à ces divers phénomènes sont si complexes, si multipliées, qu'il serait impossible de les exposer ici, sans entrer dans l'étude comparative et difficile d'une foule de phénomènes locaux. Entre toutes, les différences de température et d'évaporation jouent le principal rôle. Le grand courant équatorial paraît dû à des causes du même genre que celles qui donnent naissance aux moussons. L'inégalité d'état thermométrique existant entre les eaux tropicales et les eaux polaires, la perte qu'éprouvent les premières par suite d'une évaporation plus abondante et plus étendue[1] déterminent un cou-

---

1. Le courant équatorial et le courant tropical paraissent différer non-seulement quant à la température, mais aussi quant à la proportion de

rant d'eau froide, allant du pôle à l'équateur[1] ; les molécules plus denses des régions arctiques et antarctiques tendent à déplacer celles des régions tropicales. L'existence de ces courants polaires est démontrée par la présence des masses de glaces flottantes qui descendent vers des latitudes plus basses jusqu'au 40° lat. nord. Et, ainsi que cela a lieu pour les courants atmosphériques, les courants d'eau chaude se répandent de la surface des régions équinoxiales aux pôles, tandis que par-dessous reflue en sens inverse le courant d'eau glacée. Voilà pourquoi ces montagnes de glace flottantes ne s'élèvent au-dessus de la surface des mers, que de la huitième partie de leur hauteur ; le reste demeure plongé dans les eaux ; car leur base doit atteindre le courant d'eau froide qui les pousse au sud.

Les courants polaires, à mesure qu'ils s'avancent vers la région équatoriale, décrivent un arc vers l'ouest, absolument comme les vents alizés, par suite de la rotation de notre globe. Lorsqu'ils atteignent les tropiques, ils se transforment en un courant allant de l'est à l'ouest. La puissance de ce courant s'accroît encore de l'action du grand vent alizé qui souffle dans le même sens et de celle des marées dont la marche a une pareille direction. Mais on comprend que la configuration particulière des continents exerce sur ce courant marin une action perturbatrice plus immédiate et plus marquée que sur le courant atmosphérique. Les eaux ainsi lancées viennent en quelque sorte buter contre les côtes, et sont renvoyées dans des directions différentes, fréquemment opposées à celle que leur avaient imprimées les causes qui viennent d'être énoncées.

---

sels qu'ils tiennent en dissolution ; c'est là une nouvelle preuve que, tandis que la quantité d'eau enlevée aux mers tropicales par l'évaporation est plus grande que celle que lui donnent la pluie et les rivières, le contraire a lieu dans les mers polaires où l'évaporation est très-faible et la condensation des vapeurs très-grande. La circulation doit être telle en conséquence, qu'une partie des vapeurs qui s'élèvent des zones tropicales vient se condenser dans les régions polaires d'où elle retourne vers les climats chauds sous forme de courants.

1. Voy. à ce sujet U. de Tessan, *Physique du voyage de* la *Vénus*, t. I, p. 383.

Chacun des trois grands Océans constitue un bassin séparé qui offre un ensemble de circonstances physiques spéciales, tendant à modifier la marche du grand courant océanique. Échauffées et rendues moins denses à l'équateur, les eaux de l'Atlantique s'y relèvent en une sorte de bourrelet; refroidies et alourdies au contraire aux pôles, elles s'y abaissent et il en résulte un double courant équatorial et polaire. Les vents alizés qui soufflent en convergeant du sud et du nord vers l'ouest, par leur action combinée entraînent dans la direction de l'Amérique les eaux les plus chaudes de l'Atlantique; celles-ci, en venant heurter à la pointe du Nouveau Monde qui s'avance à l'est, se partagent en deux courants, l'un dirigé vers le cap Horn, l'autre remontant vers le nord. Ainsi, pour ne parler que de ce dernier, on voit qu'il existe un vaste courant dont le mouvement commence au sud du cap Vert et qui s'enfonce dans le golfe du Mexique qu'il contourne. C'est ce qu'on nomme le *gulf-stream* dont il a été question plus haut[1]. A son arrivée sur la côte américaine, ce torrent océanique rencontre des eaux plus chaudes encore que celles que versent l'Orénoque et le Mississipi. De leur mélange naît un courant aux ondes plus échauffées et plus salées que celles des tropiques. Le *gulf-stream* passe devant la Nouvelle-Orléans, se resserre entre Cuba et la Floride, franchit la passe de Bahama en tournant brusquement au nord. Ses eaux, bleues comme celles des lacs des montagnes, offrent alors une température de 26 à 30 degrés qui diminue avec la profondeur, mais reste encore égale à 20 degrés à neuf cents mètres. Au delà du 40e parallèle, lorsque l'atmosphère se refroidit parfois jusqu'au-dessous de la glace fondante, le courant se maintient à une température supérieure à 26°. Des deux bras de ce fleuve, l'un descend au sud, longe le Brésil et va se perdre ou plutôt se transformer en courant sous-marin à sa rencontre avec le flot polaire des régions antarctiques. L'autre bras dont il vient d'être parlé longe

---

1. A sa sortie du golfe du Mexique, le *gulf-stream* a 14 lieues de large et 1000 pieds anglais de profondeur.

la côte qui fuit brusquement à l'ouest à partir du cap Rocca ; une partie des eaux débouche entre la Floride et Cuba et se divise dans les îles Bahama en deux branches inégales, se comportant comme un véritable fleuve ; c'est là proprement ce qu'on nomme le gulf-stream, courant qui, sous l'action des vents et des marées, a ses grandes crues, et vient longer les côtes de la Floride dont les débris charriés par les vagues, en s'accumulant au débouché du courant dans l'Atlantique, paraissent avoir donné naissance à l'archipel de Bahama. Les eaux chaudes, venues des tropiques tendent donc à élever la température d'une partie des mers de la zone tempérée. Poussées par les vents du sud-ouest dominant dans la partie septentrionale de l'Atlantique, elles arrivent sur les côtes du nord de l'Europe, adoucissent la température de la côte d'Islande et déposent fréquemment, sur les rivages de l'Écosse et de la Norvége des plantes et des graines des contrées tropicales. Du nord de l'Europe, le *gulf-stream* se dirige au nord-est vers l'île de l'Ours, où il rencontre le courant polaire dirigé en sens opposé. Là il se partage en deux courants, l'un allant à l'est de cette même île, l'autre atteignant la côte occidentale du Spitzberg. La, largeur du *gulf-stream* varie notablement. D'abord étroit sur la côte d'Amérique, il s'élargit considérablement aux environs des Açores et il s'opère dans le fleuve une conversion de profondeur en largeur.

Le courant polaire arctique fait surtout sentir ses effets sur la côte orientale de l'Amérique du Nord. Les baies d'Hudson et de Baffin, et la mer du Groënland versent leurs eaux glacées dans la mer qui baigne la côte du Canada dont la température est ainsi abaissée. Du conflit des eaux venues du pôle boréal et du gulf-stream est résulté le banc de Terre-Neuve. Tandis que ce dernier courant y pousse une foule de débris, les eaux arctiques y charrient des amas de coquillages que l'atteinte des ondes glacées a frappés de mort. Le gulf-stream s'infléchit sous la pression du choc en formant une ligne courbe dont la concavité est tournée au nord ; c'est la limite extrême qu'atteignent, sans jamais la franchir, les montagnes flottantes que le courant du détroit de Davis pousse vers le sud. Des îles Britanniques, une branche du gulf-stream réfléchie vient buter contre les côtes de la Manche, gagne le golfe de Gascogne qu'elle contourne, puis se relève le long de l'Espagne et du Portugal; elle remonte la côte d'Afrique et va au delà des îles du cap Vert rejoindre le courant équinoxial.

De même que dans un bassin circulaire où l'eau a reçu une première impulsion giratoire, tous les corps légers et flottants viennent se réunir au centre, de même, au milieu du grand circuit océanien, existe une région isolée de l'action du courant, à laquelle aboutissent les plantes, les bois de dérive et les épaves de toute espèce charriées incessamment par l'Océan. C'est là qu'est la célèbre mer des varecs, des grands fucus, dite *mer de sargasse*.

La différence de température entre les eaux du gulf-stream et celles qu'il traverse, engendre fréquemment des tempêtes, des cyclones dont, grâce aux travaux de Redfield et du célèbre hydrographe américain, F. Maury, on a pu assigner la direction et la marche. Des masses d'air agitées d'un mouvement violent se forment sur la côte d'Afrique, redescendent jusqu'au 10° parallèle nord, puis là, emportées par la rotation de la Terre, elles prennent la direction du grand courant; elles sont comme entraînées par lui et vont ensuite s'abattre sur les côtes occidentales de notre continent. La connaissance de la direction du gulf-stream et des tempêtes qu'il porte dans ses flancs a singulièrement fait avancer la navigation, et a permis d'abréger les routes en évitant les dangers.

La constitution de l'océan Pacifique diffère sensiblement de celle de l'Atlantique. Tandis que celui-ci reçoit un excès considérable d'eaux douces versées par les fleuves, le courant arctique et la condensation, l'autre, au contraire, laisse échapper un volume non moins considérable, à l'état de grande pureté, par le seul effet de la triple étendue de sa surface tropicale, constamment soumise à l'action de l'évaporation. Mais un échange direct et réciproque entre les deux bassins maintient l'équilibre. Cet échange s'opère au sud entre les deux caps des Tempêtes. Un contre-courant sous-marin d'eaux pesantes et chaudes passe à l'entour du cap Horn, au-dessous de la masse d'eaux froides apportée des régions antarctiques.

Au nord de l'océan Pacifique, les eaux chaudes venues de l'équateur vont rencontrer le courant glacial descendant, par le détroit de Behring, des régions arctiques et le repoussent. Au sud, au contraire, le courant froid polaire refoule devant lui les eaux suréchauffées des zones tropicales. Il se déroule entre l'Afrique et l'Australie et va rencontrer des ondes d'une température singulièrement élevée. Cette température engendre le courant de Mozambique ou de Lagullas, qui naît dans la mer d'Arabie et s'avance à l'occident jusqu'au banc des Aiguilles, où il atteint le courant latéral sorti de l'Atlantique, à la hauteur du cap de Bonne-Espérance.

Les eaux chaudes et dilatées du golfe du Bengale, écrit M. F. Julien, qui me sert ici de guide[1], trouvent une autre issue pour se répandre à l'est, entre Sumatra et la presqu'île de Malaya. Enrichi par l'abondant tribut que lui apportent les mers de Java et de Chine, ce courant équatorial remonte le long de la côte d'Asie, débouche au nord des Philippines et s'élance de là dans le grand Océan qu'il franchit sur un arc de grand cercle jusqu'aux îles Aléoutiennes. Là, il adoucit, comme le fait le gulf-stream sous des latitudes égales, le climat des contrées par lui traversées; il attire de même les orages, produit les typhons qui désolent ces mers et s'enveloppe, comme le fleuve océanique, d'une épaisse couche de brume, en s'approchant des latitudes élevées. Le courant ainsi produit dans la mer des Indes et de Chine est le *Kuro-Siwo* (fleuve noir) des Japonais, qui doit son nom à la couleur de ses eaux contrastant avec celle des mers qu'il franchit.

Enfin, un troisième courant prend en même temps naissance. Du golfe du Bengale s'écoulent des eaux échauffées

---

1. *Courants et révolutions de l'atmosphère et de la mer*, p. 199.

qui suivent les côtes des îles de la Sonde, pénètrent dans la mer de Corail, débouchent au sud de l'Australie et continuent leur course jusqu'au delà de la Nouvelle-Zélande, en divisant le flot des régions antarctiques. Plus à l'est, passe le courant venu du cap Horn, dont il a été question plus haut; il baigne les îles Chiloé et le pied des Andes tempère le climat du Chili et du Pérou et finit par disparaître au sein des zones tropicales. Ce courant, auquel on a imposé le nom de Humboldt, qui en signala l'existence, laisse entre lui et le grand flot d'eaux chaudes qui, du centre du Pacifique, va remonter à la rencontre des eaux froides du pôle, une immense région de calme; celle-ci est comme abandonnée des habitants de la mer; tout y est muet et tranquille, et ce n'est que dans ces derniers temps qu'elle a été fréquentée par les navigateurs. Des courants se manifestent au passage d'une mer intérieure à une mer ouverte, comme cela s'observe pour la mer Noire, la Méditerranée, la mer Baltique, la mer Rouge. Deux causes agissent dans la mer intérieure sur le niveau des eaux, l'évaporation solaire qui diminue la masse de celles-ci, l'apport des fleuves qui l'augmente. Si la première cause est plus intense que la seconde, la mer extérieure vient rétablir le niveau et en même temps l'évaporation qui se produit à la surface amène une sursaturation des eaux profondes; celles-ci s'échappent par le détroit qui sépare la mer fermée de la mer ouverte, afin de rétablir l'équilibre de densité. C'est ce qui se produit dans la Méditerranée et la mer Rouge. Si, au contraire, l'apport des fleuves l'emporte sur l'évaporation dans la mer intérieure, le niveau de celle-ci tendra à monter, et le transport salin se produira en sens inverse, de la mer extérieure à la mer intérieure, mais toujours sous les eaux qu'appelle la dénivellation; c'est ce qui a lieu pour la mer Noire et la Baltique. Il existe encore d'autres mouvements locaux de perturbation passagère qui viennent modifier l'action générale des marées et des courants indiqués ci-dessus:

Marées ; mascarets, barres, ressac ; couleur, salure et température de la mer ; montagnes de glace.

Le soleil et la lune, lorsqu'ils opèrent leur passage au-dessus de la surface de la mer, agissent par attraction sur ses molécules mobiles et leur font prendre une forme allongée, l'apparence d'une montagne, dont le sommet suit pour ainsi dire la course de ces astres. De là les *marées*. Le sens primitif de la propagation de la marée est opposé au mouvement diurne de la Terre ; mais une fois l'onde formée et mise en mouvement, elle se propage indépendamment de l'action des astres, selon la configuration du bassin dans lequel elle a été produite ou dans lequel elle pénètre après sa formation ; c'est ce que démontre la direction du mouvement de propagation des ondes dérivées, souvent opposé au mouvement diurne des astres. L'heure de l'établissement de la marée varie ainsi d'un port à l'autre. La mer sur chaque rivage s'avance et recule deux fois, à chaque mouvement de notre globe sur lui-même, c'est-à-dire toutes les vingt-quatre heures. C'est ce qu'on nomme le *flot*, le *flux* ou l'*ebbe*, et le *jusant* ou *reflux*[1]. L'instant où s'opère le renversement du courant du flot en jusant et du jusant en flot est l'*étale*, qui est ainsi tour à tour de haute et de basse mer[2].

La hauteur des marées varie d'une mer à l'autre, comme on peut s'en assurer, en comparant celles de la Mer du Sud et celles de notre Océan. Les mers fermées, qui ne communiquent avec l'Océan que par une petite ouverture, ne sont guère sujettes à l'action des marées. La cause en est au peu de développement que présente leur bassin. Les molécules d'eau ainsi resserrées n'ont point, les unes au-

---

1. Le flux et le reflux furent désignés en certains lieux de la France par les noms de *malines* et *ledones*, comme par exemple au mont Saint-Michel. (Raoul Glaber, lib. III, cap. III.)

2. Frappés de ces phénomènes, les Romains personnifiaient par deux déesses, *Venilia* et *Salacia*, le double mouvement des flots. (Saint Augustin, *De civ. Dei*, lib. VIII, cap. XXII.)

tour des autres, assez de mobilité, et l'attraction exercée sur elles par la lune perd son double effet. La masse d'eau étant, par suite de cette cohésion plus grande de ses parties, attirée à la fois, l'une peut monter quand l'autre descend. Il en résulte que c'est surtout dans les mers étroites et dirigées suivant le sens des parallèles, que l'absence de toute marée doit s'observer. Voilà pourquoi ce phénomène ne se produit ni dans la mer Blanche, ni dans la mer Noire. Dans la Méditerranée, toutefois, l'exception n'a pas lieu; car quoique fort resserrée de l'est à l'ouest, cette mer est sujette à des espèces de marées; elles sont ordinairement dues, comme cela est manifeste dans le détroit de l'Euripe qui sépare l'île d'Eubée du continent, et dans celui de Menai, formé par le comté de Caernarvon et l'île d'Anglesey, à l'action des vents, à la pression atmosphérique, à des courants marins et fluviatiles. Mais il est incontestable que l'influence luni-solaire joue aussi un rôle dans leur production. A Venise, au fond du golfe Adriatique, on a même constaté de fortes marées; à Alexandrie, les marées sont au moins d'un demi-mètre. On a noté des différences périodiques de hauteur dans la mer Caspienne. L'action de la chaleur vient s'unir aux causes habituelles, pour modifier le régime des eaux de cet immense réservoir, et détermine une évaporation plus ou moins grande qui atténue la masse liquide; aussi sa hauteur a-t-elle été trouvée différente à différentes époques. Le Léman présente également des variations de hauteur, de petites marées appelées *seiches*, qui paraissent dues aux variations de pression barométrique aux extrémités opposées du lac. On constate des phénomènes du même genre au lac Wettern en Suède, dans un lac situé au pied du mont Pila et sur les grands lacs de l'Amérique du Nord.

Une des preuves les plus frappantes de l'action des côtes sur les marées dans les mers ouvertes, c'est que les contrées littorales, s'étendant à l'est de la mer, ont des marées beaucoup plus fortes que celles qui s'étendent à l'ouest. Comme la lune se meut de l'est à l'ouest autour de la Terre, le flot doit s'avancer dans la même direction. Par conséquent, lorsque la mer trouve une barrière à l'ouest, elle doit naturellement s'élever plus haut dans le sens opposé, et son exhaussement persiste davantage dans la direction où rien ne l'arrête. Cette observation résulte plus particulièrement du relevé des marées de la côte orientale des États-Unis. Des deux côtés de l'isthme qui joint la Nouvelle-Écosse au Nouveau-Brunswick, s'ouvre, au sud, la baie de Fundy où la marée atteint 18 à 20 mètres au temps des équinoxes, et au nord, la baie Verte, où elle ne dépasse pas $2^m,50$. Les vents exercent aussi sur la hauteur des marées une influence notable; tel flot qui, s'il n'était pas sollicité par les vents, ne présenterait qu'une faible hauteur, en acquiert une considérable, quand la direction du vent s'ajoute à sa marche.

La lune n'est pas le seul corps céleste dont l'attraction agisse sur la mer; le soleil a aussi son action. Les forces de ces deux astres exercent leur entier effet, toutes les fois qu'elles agissent suivant la même ligne; les marées qui répondent à la nouvelle lune doivent donc être plus considérables que les autres. Dans un même lieu, les retards des marées, leurs diverses hauteurs comparées entre elles, sont conformes à ce qui résulte du changement de position du soleil et de la lune Les marées d'équinoxe sont les plus fortes; mais il faut tenir compte des changements que la disposition des terres apporte même aux marées qui normalement devraient être les plus considérables.

Ce qui est dit plus haut a fait comprendre que la mer est pleine, peu de temps après le passage de la lune au méridien, et que les eaux s'élèvent conséquemment deux fois dans l'intervalle compris entre deux passages de la lune par le même méridien, c'est-à-dire qu'il y a deux marées dans l'espace d'environ vingt-quatre heures. Mais l'influence des vents modifie en certains lieux cette loi générale, et l'on ne trouve quelquefois qu'une seule marée dans le même laps de temps; c'est ce qui arrive au golfe de Vera-Cruz, où ne se produit, même quand le vent est violent, qu'une seule marée en trois ou quatre jours. Un phénomène semblable s'observe fréquemment sous les tropiques, particulièrement dans l'Archipel indien; on l'a aussi constaté à la côte méridionale de la Terre de Van-Diémen.

La hauteur qu'atteignent les marées est extrèmement inégale aux différents points du globe; tandis que sur la côte occidentale de l'Amérique méridionale, on ne les voit guère dépasser 1^m,50 à 2^m, sur la côte occidentale des deux presqu'îles de l'Inde, elles atteignent 6 à 7^m, et au golfe de Cambaye, à l'époque des syzygies, jusqu'à 10^m et plus[1].

Cette grande différence se fait sentir même pour des contrées très-voisines. Une marée qui atteint 6^m,70 au port de Cherbourg, situé au bout de l'un des côtés de l'angle de la baie de Cancale, monte de 12^m,85 au port de Saint-Malo, situé vers le fond de cet angle, quand la marée s'élève de 30 pieds anglais vers l'embouchure du canal de Bristol à Swansea, elle monte de 60 pieds vis-à-vis Chepstow, plus avant dans le canal; et l'on peut remarquer, écrit M. Bouniceau, que partout où les côtes forment un golfe ayant l'apparence d'un angle plus ou moins ouvert, les marées montent dans le fond de l'angle beaucoup plus haut que cela n'a lieu à l'extrémité de ses côtés ou tout à fait en dehors. Les marées arrivent dans les rivières où elles remontent naturellement plus tard. Mais quand l'embouchure des fleuves est d'une grande largeur, le mouvement de la marée se communique avec une extrême rapidité. D'après A. de Humboldt, les marées, qui, à l'embouchure principale de l'Orénoque, ne sont que de 2 à 3 pieds, se font sentir au mois d'avril, époque des plus basses eaux du fleuve, jusqu'à Angostura, à 85 lieues dans l'intérieur des terres, et leur hauteur à 60 lieues est encore de 1 pied et demi. Dans le fleuve des Amazones, le flux remonte jusqu'à 200 lieues à l'intérieur, aussi lui faut-il plusieurs

---

1. Cette marée violente, qui se fait sentir aussi aux embouchures du Mah et du Sabarmanti, a été décrite par M. R. Etherseley dans le tome VIII, partie II, du *Journal de la Société de géographie de Londres*.

jours pour parcourir une si grande distance. A l'entrée de cet immense cours d'eau, dans l'inextricable labyrinthe de canaux, de golfes, de lacs, d'îles qui constitue son estuaire, la marée montante se précipite avec une vitesse inouïe. La Condamine rapporte qu'au temps des syzygies, deux minutes suffisent à la mer pour atteindre la hauteur qui, en d'autres temps, demanderait environ six heures. Ce phénomène est ce que l'on appelle le *pororoca*. Le bruit des flots est tellement violent qu'il se fait entendre à la distance de 2 lieues; on voit s'avancer avec une prodigieuse rapidité un promontoire d'eau de 12 à 15 pieds de haut, bientôt suivi d'un second, puis d'un troisième, quelquefois d'un quatrième, se répandant chacun sur toute l'étendue du canal, inondant les rives, entraînant souvent les arbres avec eux. Des phénomènes qui se rattachent à celui-là ont été observés sur les côtes de la Guyane. Là, dans la première heure du flux, la mer atteint une plus grande hauteur qu'aux heures suivantes. Un mouvement tout semblable à celui du pororoca se produit pour d'autres fleuves. Dans la Dordogne, il est connu sous le nom de *mascaret*. En général, la lame de la mer montante roule en faisant un grand bruit, circonstance qui a fait désigner par les Anglais ce phénomène sous le nom de *rollers*. Un mascaret plus faible, connu sous le nom de *barre*, a lieu dans la Seine. On a constaté son existence dans la Vire et dans une rivière plus petite encore, l'Aure. Un des bras du Gange, le Hougly, le présente d'une manière très-prononcée, et on l'y désigne sous le nom de *bore;* le flot fait ordinairement 20 milles à l'heure. Ce phénomène, très-dangereux pour la navigation dans les passages sans profondeur, se retrouve à l'embouchure de la rivière Colombia, sur la côte de l'Orégon. La ligne des brisants s'étend sur une largeur de 3 lieues, en formant à la tête du fleuve une sorte de croissant. Lorsque les vents soufflent rapidement de la mer, surtout du nord-ouest, par la marée descendante, les vagues atteignent jusqu'à des hauteurs de plus de 20 mètres. Le bruit des flots qui déferlent s'entend alors à plusieurs lieues.

A côté des ondulations qui deviennent bientôt, par l'action des vents, des intumescences et des dépressions, se forment des courants locaux ; l'eau jaillit parfois ou retombe en petites cataractes ; il se produit sous l'action de ces vents subits des mouvements soudains appelés *brises folles*. Des obstacles plus grands viennent-ils s'opposer à la vague, les mouvements sont plus rapides, il se forme de véritables tourbillons, des gouffres, effroi des navigateurs ; tels sont ceux qui s'observent au détroit de Messine, sur les écueils célèbres de Charybde et de Scylla, jadis si redoutés, mais aujourd'hui peu redoutables. A Charybde, autrement dit à Calofaro, l'eau bouillonne d'une façon remarquable. A Scylla, la mer frappe et jaillit contre les parois du rocher. Les *fiords* ou petits golfes qui découpent la côte de Norvége et les archipels dont elle est bordée, offrent un grand nombre de ces tourbillons. Le plus fameux, situé dans l'archipel de Lofoden, par 68° latitude nord, porte le nom de *Moskoë-ström*, mais est plus connu sous celui de *Mahlström*, c'est-à-dire *le courant qui moud*. Le mouvement de l'eau qui s'y effectue est contraire à celui des marées au large, et change de six heures en six heures ; ce qui détermine une marée locale analogue à celle de l'Euripe. On rencontre aussi un grand nombre de pareils tourbillons aux îles Fœroer, où le *Stamboë monch* présente une sorte de colimaçon, formé par l'eau, au golfe de Bothnie et au détroit de Long-Island sur la côte orientale des Etats-Unis.

Non-seulement la mer, en montant, avance en certains lieux avec une violence et une rapidité inouïes, mais elle frappe parfois sur le rivage d'une manière continue et avec une force incroyable. C'est ce que l'on appelle le *ressac*. La houle produit dans ce cas, tantôt un rang, tantôt une succession de lames s'étendant à un demi-mille en mer. Le ressac commence à prendre sa forme à quelque distance du lieu où il vient se briser, et il augmente par degrés, à mesure qu'il se porte en avant, jusqu'à ce qu'il soit parvenu à la hauteur de 6 à 7 mètres; il donne alors naissance à une espèce de montagne du sommet de laquelle il se précipite comme une cascade, presque perpendiculairement, roulant sur lui-même dans sa chute. Le bruit occasionné par cette chute est si considérable, qu'il s'entend de fort loin. La progression des eaux due à ce mouvement n'est qu'apparente; car il ne fait point avancer les corps flottants. Dans l'Inde et à Sumatra la force du ressac, appelé par les Anglais *surf*, est considérable et indépendante de l'action du vent; sur la côte occidentale de cette île, il se manifeste par les temps les plus sereins. Le ressac est aussi extrêmement fort à Fogo, une des îles du cap Vert, sur la côte d'Akka, non loin du golfe de Benin; au cap Nord on observe une sorte de ressac qui en rend l'abord très-dangereux.

La profondeur de l'eau exerce une influence notable sur la largeur et la hauteur des ondes qui, par les tempêtes, s'élèvent jusqu'à 15 et 20 mètres. Une onde bien constituée se propage, sans déformation sensible, sur un grand fond; tandis que, sur un petit fond, elle subit une déformation prompte et considérable. Sa largeur diminue et sa hauteur augmente pour s'abaisser ensuite. On peut donc apprécier, par l'apparence de la lame, la profondeur et la nature du fond. La distribution des bancs dont la mer est semée, exerce d'ailleurs une grande influence sur l'aspect et le mouvement des flots. Souvent, comme à l'embouchure d'une foule de rivières, les bancs sont mobiles; ils deviennent alors redoutables; mais ils donnent, en revanche, naissance à des canaux plus étroits qui facilitent la navigation. D'autres bancs sont fixes : tel est par exemple le célèbre banc de Terre-Neuve, sur lequel on trouve communément de 50 à 100 brasses d'eau, et dont les approches s'annoncent par l'aspect de la lame plus courte et plus clapoteuse. En dehors de ces bancs, la mer est ici et là d'une incroyable profondeur. Sur plusieurs points du littoral du Kamtchatka, on ne rencontre pas le fond à 3000 mètres; à 140 lieues du cap Horn, la frégate *la Vénus* atteignit seulement le fond à 4000 mètres. La mer des Antilles présente une excavation allongée dont la profondeur dépasse 5000 mètres. Entre Valparaiso et l'île de Pâques, à en juger par l'absence complète d'îles et la grande largeur de la lame, la mer doit conserver toujours une profondeur considérable.

Quoique certains physiciens aient soutenu que la mer, comme en général l'eau, n'a aucune couleur propre, la majorité des voyageurs a constaté que l'Océan présente réellement une teinte d'outremer naturelle; mais cette coloration, ainsi que celle de plusieurs lacs, du Léman par exemple, se modifie suivant l'état de l'atmosphère. Tantôt la mer paraît verte ou verdâtre, tantôt bleue, tantôt claire, tantôt grise, tantôt noirâtre. Par le soleil couchant, elle s'illumine de teintes pourpres et émeraudes. En général, sa nuance change suivant la profondeur; moins elle est profonde, plus elle pâlit. Quand elle est fortement agitée, sa couleur se rembrunit. Le gulf-stream se distingue, par sa teinte foncée et ses beaux reflets bleus, des eaux moins azurées qu'il traverse. La nature et la couleur du fond exercent aussi une influence notable sur celles des eaux marines. Là où existe un fond de sable blanc, la mer est d'un gris verdâtre ou vert pomme; si le sable est de couleur jaune, le vert se fonce; les écueils rendent la teinte plus brune encore, tandis qu'un fond de vase ramène sa coloration au gris. La Mer rouge paraît devoir la couleur qu'elle prend parfois, et qui lui a valu son nom, à une algue microscopique, le *Trichodesmium erythræum*; d'autres algues, appartenant au même genre, donnent à certaines mers une coloration particulière. Le lac des Bois au Canada prend en divers points, à raison de l'abondance des conferves, une couleur verte. La *Mer vermeille* doit sa teinte à une quantité considérable de chevrettes et de petits crabes[1]. La mer qui baigne l'île de Banda doit sa couleur laiteuse et son aspect savonneux à l'abondance des mollusques et du frai de poisson. La *mer de varecs*, que l'on trouve au large de la côte d'Afrique et dont il a été

---

1. Selon M. C. Dareste (*Comptes rendus de l'Académie des sciences*, 2ᵉ semestre 1854), cette mer devrait sa couleur aux eaux que charrie le Rio-Colorado, de même que la Mer jaune devrait la sienne aux eaux du fleuve Jaune.

question plus haut, mer qui était déjà connue des anciens[1], doit sa teinte verdâtre aux nombreuses plantes qui flottent à sa surface. Les mers polaires, comme on le verra plus loin, offrent aussi leur teinte propre. Des crustacés microscopiques, des *grimotea*, des noctiluques, des biphores, des larves, impriment à la mer les teintes les plus diverses. D'autres fois, des zoophytes, des infusoires répandus dans les eaux et qui projettent un éclat phosphorescent, leur donnent l'aspect d'une mer de feu ; le navire en les sillonnant s'avance au milieu des flammes rouges et bleues qui jaillissent de la quille comme des éclairs, spectacle magnifique qu'a si bien peint A. de Humboldt[2].

La variété infinie de colorations offerte par les mers reparaît dans les fleuves. L'aspect des rivières change suivant la couleur de leurs eaux ; la diversité de leurs teintes avait déjà attiré l'attention des anciens, comme on le voit par un passage d'Athénée[3]. A. de Humboldt a classé les rivières de l'Amérique équinoxiale suivant la couleur de leurs eaux. A l'ombre des forêts qui les bordent, le Zuma, l'Atabapo et le Guanica sont noirs comme du marc de café; ce dernier fleuve a dû à cette circonstance le nom de Rio-Negro. Mais cette noirceur ne nuit en rien à leur limpidité. Le Rio-Negro conserve sa couleur brun jaunâtre jusqu'à son embouchure, malgré la grande quantité d'eau qu'il reçoit du Rio-Branco et du Cassiquiare. Cette dernière rivière et l'Orénoque ont aussi des eaux de couleur brune. Humboldt a remarqué que ces eaux noires se rencontrent presque exclusivement sous la bande équinoxiale. Dans l'Asie occidentale et centrale, beaucoup de rivières doivent à cette couleur de leurs eaux le nom de *Kara-sou* (eau noire); il en est de même de la *Rivière noire* de Formose. Dans l'Hindoustan, les *jhils* formés par le delta compris entre la Megna et les différents bras du Brahmapoutre, offrent également, en certains points, une couleur brune qui,

1. Voy. le traité *de Mirabilibus auscult.*, attribué à Aristote.
2. Voy. *Tableaux de la Nature*, édit. nouvelle, trad. Galusky, t. II, p. 60 et suivantes.
3. *Banquet*, II, chap. xv et suiv., p. 42 et suiv.

aux reflets du soleil, passe au jaune doré. A Allahabad, le Gange est d'un brun trouble, tandis que la Djumna qu'il reçoit est verte. La teinte des eaux tient au reste beaucoup, pour les rivières comme pour les mers, à la nature du fond sur lequel elles coulent. Il en est pareillement des torrents et des sources. Certains lacs, comme celui de Genève, sont ordinairement de couleur bleue, et le Rhône qui en sort offre une teinte presque bleu-de-roi. Les anciens avaient remarqué la couleur bleue des eaux des Thermopyles. La couleur verte appartient à une foule de lacs et de rivières : par exemple aux lacs de Constance et de Zurich. Un petit nombre d'eaux ont une couleur rougeâtre, telle est la rivière du Tarn ; telles étaient les eaux de Joppé. Cette couleur avait valu à une rivière de Catalogne, le petit Llobregat, le nom de *Rubricatus* que lui donnaient les Romains. Enfin, la couleur blanche appartient non-seulement à plusieurs fleuves d'Amérique, tels que le Rio-Branco, mais encore à une foule de cours d'eau des autres parties du monde.

Une cause de coloration est aussi la nature des substances tenues en dissolution dans les eaux. En Bolivie, M. Weddell a observé pour les torrents une grande variété de teintes, suivant les matières qu'ils charrient. On verra aux chapitres suivants combien la composition des eaux diffère. Ce sont principalement les sources qui offrent cette grande diversité ; car certaines eaux sont sulfureuses, d'autres alcalines, quelques-unes métalliques, un très-grand nombre gazeuses, à différents degrés.

Les deux Océans sont salés, mais ils ne présentent pas partout le même degré de salure. La proportion de sel varie d'une manière notable avec la profondeur, et va tantôt en diminuant, tantôt en augmentant; elle s'accroît vers l'équateur et loin des côtes, tandis qu'elle s'affaiblit beaucoup au voisinage des pôles. Ainsi la Mer Baltique, surtout le golfe de Bothnie, renferme des eaux très-peu salées. La densité de l'eau de mer suit sensiblement les mêmes lois que la salure. Ces inégalités s'expliquent par une évaporation plus active vers l'équateur, par la fusion des calottes de glace des pôles et l'existence de courants sous-marins. On attribue généralement la salure de la mer aux sels qu'y versent les eaux douces et que contiennent les terrains qu'elle recouvre. Dans les mers fermées, qui reçoivent une masse considérable d'eau douce, elle est faible ; celle de la Mer noire, par exemple, n'est que moitié de celle de l'Océan. Les mêmes différences s'observent pour les lacs. En général, les lacs à écoulement, qui reçoivent des eaux douces, ont perdu en totalité ou perdent graduellement leur salure, tandis que cette salure augmente pour ceux qui n'ont point d'issue, comme la Mer morte, la Mer Caspienne, la Mer d'Aral. Entre les lacs d'eau douce, ou plutôt entre les lacs maintenant complétement dessalés, on peut citer le lac de Genève, où tombe le Rhône, le lac de Constance, traversé par le Rhin, les immenses lacs de l'Amérique du Nord, qui reçoivent tant de rivières et d'où sort le Saint-Laurent. La salure primitive et l'origine maritime du lac Baïkal sont mises hors de doute par la présence de phoques et d'autres animaux marins, qui n'ont pas cessé d'habiter ses eaux, quoiqu'elles soient devenues graduellement douces. Mais tous les lacs salés sont loin de pouvoir être regardés comme des fonds détachés d'anciennes mers où l'évaporation aurait déterminé à la fois l'accroissement de la salure et l'abaissement du niveau des eaux.

Parmi les lacs les plus salés du globe se placent le lac d'Ourmiah, la Mer morte ou lac Asphaltite, le grand lac salé de l'Utah (Amérique du Nord), qui n'a pas moins de cent lieues de pourtour. Le Griosnoé ozéro, le lac Elton, dans la steppe de la Mer Caspienne, et le lac de Neusiedler, dans la basse Hongrie, sont aussi salés. En Asie Mineure et au Mexique, on rencontre, au voisinage les uns des autres, des lacs dont les uns sont salés et les autres ne le sont pas. Il semble, d'après l'observation des grands lacs salés du Tibet, notamment de ceux de Rupschu et de Pankong, que l'érosion successive des vallées ait transformé des lacs d'eau douce en lacs salés, phénomène qui en amène le dessèchement partiel. La salure des lacs aussi bien que celle des *schotts* ou *sebkhas* de l'Afrique, est due au contact de terrains salifères, au lavage du sol imprégné de sel par les eaux pluviales chargées de parties salines solubles, et accidentellement, aux sels apportés par les sources et les émanations gazeuses. Elle varie suivant la quantité de matières salines qui leur est fournie. Dans le grand lac salé de l'Utah, comme au lac Asphaltite, l'eau est si dense qu'un homme se soutient sans nager sur les eaux. Des pesées ont établi que les eaux de la Mer morte sont huit fois plus salées que celles de l'Océan. Le degré de salure d'un lac peut varier suivant les époques et les saisons, à raison de l'inégalité de proportions de sel qui lui est apporté, et l'on voit même en Australie dans la province de Victoria, des lacs dont les eaux sont tour à tour douces ou salées. Le plus salé de tous les amas liquides est le *Touz-göl* ou lac de Khodj hissar (Asie Mineure) (lac Tatta des anciens), qui a une longueur de onze lieues. Le sel y forme en été par-dessus les eaux une croûte de plusieurs centimètres d'épaisseur ; ce qui donne au lac l'apparence d'être congelé.

L'eau de mer est un mauvais conducteur de la chaleur ; voilà pourquoi l'Océan n'est pas soumis à ces mêmes variations de température que l'on observe sur les continents. A la profondeur de 80 à 90 mètres, les eaux de la mer échappent complétement à l'influence des saisons, et comme la lumière ne pénètre vraisemblablement pas à plus de 200 mètres, la chaleur du soleil ne peut se faire sentir au delà de cette profondeur. Quant à la surface, la température va en décroissant de l'équateur aux pôles. A $10°$ de chaque côté de l'équateur, la température se tient presque constamment au maximum de $27°$. De là jusqu'aux tropiques l'abaissement ne dépasse pas $16°$. Cette température des ondes tropicales serait bien supérieure, sans l'action des courants, car elles reçoivent les rayons solaires sous une direction moins oblique que les eaux situées à des latitudes plus élevées.

La ligne de température maximun des mers, c'est-à-dire celle qui passe par les points dont les eaux atteignent la plus grande élévation de température, affecte une forme très-irrégulière et ne coïncide nullement avec l'équateur. Les six dixièmes de son étendue sont placés en moyenne à 6° au-dessus de cette ligne ; le reste s'abaisse en moyenne à 3° au-dessous. La ligne de température maximum des mers coupe l'équateur terrestre au milieu de l'Océan pacifique, par 21° environ de longitude orientale. Son autre point d'intersection se trouve placé entre Sumatra et la presqu'île de Malaya. C'est là qu'elle remonte du sud au nord. Les côtes septentrionales de la Nouvelle-Guinée et le golfe du Mexique ont les eaux les plus chaudes. Quand on s'élève en latitude, le décroissement de cette température superficielle est plus rapide dans l'Océan austral que dans l'Océan boréal.

Les mers arctique et antarctique sont presque constamment couvertes de glaces. Dans la première de ces mers, la surface des eaux est, même en été, toujours à la température de la glace fondante, et pendant les huit mois d'hiver, elle se prend totalement. Les glaces s'avancent assez dans l'hémisphère boréal pour rendre inaccessible en hiver une partie de la côte de Terre-Neuve.

D'immenses masses de glace flottante, ayant de sept à huit lieues de diamètre, se rencontrent fréquemment dans l'Océan arctique. Leur étendue atteint parfois même jusqu'à trente et quarante lieues ; et ces masses d'eau congelée sont tellement pressées les unes contre les autres, qu'elles ne laissent entre elles aucun espace. On ne saurait, du reste, juger en mer de leur élévation véritable, puisque les deux tiers de leur masse flottent immergés dans les eaux. En certains cas, ces vastes champs de glace prennent, par suite de l'agitation à laquelle ils sont soumis, un mouvement rapide de rotation et vont se heurter contre d'autres masses semblables qu'ils brisent avec un épouvantable fracas. Les banquises tendent, au reste, constamment à se fondre, et l'action des eaux, au sein desquelles elles flottent, amène leur dissolution lente. A mesure qu'elles s'avancent vers le sud, elles se réduisent de plus en plus aux proportions de simples glaçons flottants.

D'immenses montagnes de glace se détachent des glaciers qui recouvrent les terres arctiques; elles s'avancent jusque dans les mers environnantes, spécialement dans la mer de Baffin, d'où elles descendent vers le sud et sont poussées jusqu'à une distance de 2000 milles de leur origine. Leur hauteur atteint parfois au-dessus des mers de 150 à 200 mètres. Lorsque le vent vient à souffler, la neige s'amoncelle à leur sommet et retombe ensuite en avalanches, avec un bruit terrible, sur les flancs et les bases dont elles augmentent l'épaisseur. Ces montagnes de glace, connues dans la Mer glaciale sous le nom de *toroses*, ressemblent à d'immenses falaises abruptes, crevassées çà et là par des fractures dont le reflet est vert émeraude. Des amas d'eau, d'un bleu d'azur, sont distribués sur la surface ou s'épanchent en cascades de leur flanc dans la mer. En général une teinte sombre, d'un aspect particulier, répandue dans l'atmosphère et environnée d'une brume lumineuse à l'horizon, dénote leur présence au milieu des brouillards du nord, et leur coloration varie suivant le degré d'épaisseur de la glace et la plus ou moins grande ancienneté de sa formation [1].

Dans les mers australes, on n'a point observé la multiplicité de formes qu'on admire dans les mers boréales [2]. Ce sont de vastes masses tabulaires et escarpées, variant en hauteur de 6 à 50 mètres. Les banquises australes sont aussi suivies d'un torrent de petits fragments détachés, que la mer a en partie fondus ou que le vent emporte. Les glaces dans cet hémisphère s'avancent à 10° environ plus près de l'équateur que les glaces flottantes de la Mer arctique. On en a rencontré jusqu'aux environs du cap de Bonne-Espérance.

Rien n'est plus remarquable que l'aspect des contrées polaires. Aux apparences si variées dont il vient d'être

---

1. Voy. sur les montagnes de glace, sur leur forme et leurs apparences bizarres, *U. S. Grinnell Expedition in search of Sir John Franklin, a personal narrative* by Elisha Kent Kane (New-York, 1853).

2. Voy. Sir James Clark Ross, *A Voyage of discovery and research in the southern and antarctic regions*, t. I, p. 169.

question, s'ajoutent des effets d'optique des plus singuliers, qui sont fréquents dans certains lieux, rares en d'autres, au Kamtchatka, par exemple. Les aurores boréales se montrent entourées d'un cortége de halos, de couronnes, de cercles tangents, de parhélies, d'anthélies, de parasélènes, et sont accompagnées, au dire de quelques marins, d'un bruit analogue à celui de feuilles sèches roulées subitement. Dans les cavernes qui se forment entre les masses de glaces, le son se répercute avec une force et une sonorité extraordinaires. Les reflets des masses glacées contribuent encore à varier les teintes de l'atmosphère. D'après le docteur Kane, sous le ciel polaire, les planètes paraissent scintillantes comme les étoiles. Les effets de la réverbération et de la réfraction modifient aussi singulièrement les apparences, et l'on voit tour à tour les objets les moins élevés se dresser comme de gigantesques montagnes, ou des précipices dissimuler leur effrayante profondeur.

Les contrées polaires forment donc comme le passage des mers aux terres, de la partie liquide à la partie solide du globe; car l'eau s'y présente presque partout à l'état de congélation. Au reste, les hautes latitudes ne nous offrent pas seules pareil spectacle. Lorsqu'on s'élève dans l'atmosphère, on y retrouve les mêmes phénomènes que si l'on s'approchait des pôles. Les neiges perpétuelles apparaissent toujours à une certaine altitude qui varie suivant les climats.

Neiges perpétuelles ; glaciers ; blocs erratiques.

Plus une contrée est chaude, plus, toutes choses égales d'ailleurs, la limite des neiges s'y élève. Dans les Alpes, cette ligne, comme l'a observé Agassiz, est exactement indiquée sur les pentes de montagnes, par les contours de la couche superficielle des neiges tombées dans le cours d'une année. Les contours se dessinent nettement à la surface des couches plus anciennes, par suite de la marche progressive de ces derniers vers les régions inférieures. Par 45° de latitude environ, la limite des neiges est à 2550 mètres, et par 65°, elle s'abaisse à 1500 mètres. Pentland l'a trouvée dans les Andes de la Bolivie, de 4800 mètres à 4928 mètres; dans le cerro de Bonete, suivant M. H. Reck, elle s'élève même jusqu'à 5742 mètres, et dans le cerro de Guadalupe à 5753. Dans l'Himalaya, elle est de 4938 mètres sur le versant nord, et de 5710 mètres sur le versant sud; dans les montagnes de Karakorum sur le versant méridional, elle est de 5970 mètres[1]. Dans la chaîne de l'Hindou-Koh, par 30°,30' de latitude, elle n'atteint que 3969 mètres. On n'a pas encore déterminé exactement le point où la limite des neiges s'abaisse au niveau des mers, où la terre est par conséquent toute l'année couverte de frimas. Il paraît cependant qu'au Spitzberg, par 79° 30' de latitude, la limite est très-près du voisinage des mers. Dans cette contrée désolée, il neige parfois en si grande abondance que l'atmosphère est complétement obscurcie et que la couche de frimas s'élève de $0^m,1$ à $0^m,2$ par heure. C'est ordinairement avec les vents du sud qu'il neige le plus en hiver, ainsi que l'a constaté J. Durocher. On a observé que les plus grandes tourmentes de neige précèdent les tempêtes; ces tourmentes durent souvent plusieurs jours, parfois même plusieurs semaines. Communes à toute la région arctique, elles reçoivent à Terre-Neuve le nom de *poudrin*, et sur la côte du Labrador celui de *pourga*. Telle est parfois leur violence au Kamtchatka, qu'on a vu la ville de Petropawlowski littéralement ensevelie sous les neiges jusqu'au clocher de l'église.

Les neiges, qui recouvrent les contrées polaires, présentent, en certains points, une couleur rouge, due à un cryptogame, le *protococcus*, dernier représentant de la végétation en ces contrées. Dans les solitudes glacées de la Sibérie, les frimas s'élèvent souvent sur le sol à d'étonnantes hauteurs, en vertu d'un phénomène connu sous le nom de *tarini*. Le sable dont se composent les collines s'est

---

1. C'est dans les montagnes du Tibet, au couvent de Magnang, à une altitude de 4102 mètres, qu'on a signalé l'arbre croissant à la plus grande altitude connue; c'est arbre est un *populus euphratica*.

complétement desséché après les chaleurs de l'été ; quand arrivent les fortes gelées, il se fond, et il sort par les crevasses de l'eau qui se congèle bientôt à son tour, à mesure qu'elle se répand. La couche de glace se fond elle-même, et de nouvelle eau s'échappe par les secondes fissures. Celle-ci se congèle également et, le phénomène se continuant, les couches de glace s'élèvent au-dessus les unes des autres, et ne tardent pas à atteindre la hauteur des arbres.

Le globe possède aussi des glacières naturelles dont l'existence, due à des conditions locales, semble en conradiction avec la constitution climatologique du pays. Telles sont la glacière de la vallée de la Vologne, à une lieue de Gérardmer (Vosges), la glacière de Dornburg, au pied méridional du Westerwald, et une autre dans la steppe des Kirghises, signalée par le célèbre géologue Murchison.

Des réservoirs de glace, bien autrement importants que ces glacières naturelles, sont les *glaciers*. Ils constituent des amas de glace réduite en petits fragments grenus ou affectant une constitution lamellaire. A côté de ces glaciers, à une hauteur où il dégèle et pleut fréquemment, se forment des amas de neige perpétuelle connus sous le nom de *névés*. La neige n'y offre point d'adhérence et les grains n'en sont point cimentés par l'eau congelée ; la surface ne présente aucune glace solide. Les *firns*[1], autrement dit les névés placés à une altitude où les dégels et les pluies sont rares, diffèrent des névés proprement dits, et affectent dans leur masse une sorte de stratification, résultant de leur fonte incomplète. Les névés se solidifient peu à peu et se transforment en glaciers qui donnent parfois lieu à un écoulement d'eaux claires et limpides se transformant, à une certaine distance, en torrents. La limite de la glace compacte et des névés est indiquée par ce que l'on appelle des *moraines ;* ce sont de petites collines allongées, formées de débris de rochers, que le glacier transporte le long de ses bords ou charriés par lui et dépo-

---

1. Cette expression n'est guère usitée que dans les Alpes.

sés à son extrémité. Quand un glacier reçoit l'apport d'autres, les moraines latérales de ceux-ci produisent, en s'unissant, une moraine médiane dans le glacier dont ils sont tributaires. Les glaciers offrent souvent des bandes boueuses, dues à des cascades de glace qui se sont produites, quand la masse congelée en mouvement a rencontré un escarpement; les chutes qui en résultent déterminent des fissures où la terre et la poussière s'accumulent. D'autres fois, on y observe des veines bleues, de l'effet le plus élégant, et qui sont dues à l'expulsion de l'air de certaines portions de la glace amenée par la pression.

Les glaciers se meuvent continuellement dans le sens de la pente. Ce phénomène a été tour à tour attribué à des causes fort différentes. Il résulte des études de M. J. Tyndall, que la neige se convertit en glace par la pression. Quand une couche suffisante de neige s'est accumulée à la surface d'une montagne, ses parties inférieures comprimées deviennent de la glace qui glisse d'une seule pièce sur la pente, en usant les aspérités des rochers, et y imprimant des stries suivant la direction de son mouvement. La descente des glaciers dans les vallées est donc due à la plasticité de la glace. Les glaciers de plusieurs vallées communicantes peuvent se réunir dans la vallée principale et y former un seul glacier. La tension mécanique que subit le glacier donne naissance aux crevasses. Le mouvement s'opère plus rapidement au centre que sur le fond. A une époque très-reculée, les glaciers des Alpes paraissent être descendus et s'être prolongés bien au delà de leur grande croissance périodique actuelle. En effet, on trouve dans la plupart des vallées d'anciennes moraines. Celles-ci affectent souvent une disposition concentrique à la moraine terminale du glacier actuel, ainsi qu'on le remarque surtout à l'un des plus célèbres glaciers de la Savoie, celui des Bois, situé près de Chamounix. Telle est l'action propulsive des glaces sur les débris de rochers et les masses pierreuses, qu'au bout d'un certain temps, les pierres qui y ont été jetées remontent à la surface.

Les glaciers existent dans toutes les hautes montagnes et

surtout dans l'Himalaya, le Mous-Tagh, les montagnes de Karakorum, où ils s'étendent parfois sur une longueur de 10 à 12 lieues (glacier de Baltoro). Les Alpes en présentent aussi de fort étendus. L'un des plus considérables de la Suisse est celui d'où sort l'Aar; en Savoie, la *mer de glace* est connue de tous les touristes. En Islande, les grands glaciers des Jökulls s'étendent sur une largeur de six à sept lieues, et sont séparés de la mer par une large moraine terminale formée de cailloux; on les nomme *Svinafells Jökull*. Ils sont hérissés, vers leur base, d'aiguilles que noircissent quelquefois totalement les cendres volcaniques dont elles sont couvertes; sur d'autres points de leur immense surface, existe une grande quantité d'entonnoirs par où s'engouffrent les eaux supérieures, qui reparaissent ensuite plus loin. Le Spitzberg présente d'immenses glaciers qui s'élèvent à environ 4 ou 500 mètres au-dessus du niveau de la mer; mais ils ne sont point à beaucoup près autant entourés de moraines. Les glaciers de la côte occidentale du Groënland sont encore plus vastes. Dans l'Himalaya, au contraire, et notamment au grand glacier de Chango-Lang et dans la vallée de Lachoung (Sikkim), on observe des moraines très-considérables qui indiquent que les glaciers descendaient naguère beaucoup plus bas qu'aujourd'hui. Sur la pente occidentale des Alpes australes (Ile de Tavaï-Pounamou, Nouvelle-Zélande), par $43°,35'$ de latitude sud, on voit les glaciers descendre aussi bas qu'en Norvége et s'abaisser jusqu'à l'altitude de 230 mètres, quoique en Tasmanie, sur le versant occidental de la chaîne centrale, leur limite inférieure ne dépasse guère 2900 mètres. Ce fait montre dans quelle étroite liaison les glaciers se trouvent avec le climat local : la côte occidentale de Tavaï-Pounamou est, en effet, très-froide et humide. C'est une cause semblable qui amène en Patagonie les glaciers presque au niveau de l'Océan.

À côté des stries dont il a été parlé plus haut et dont les formes et les caractères varient avec la nature des roches, il faut placer un phénomène analogue : les glaciers usent et polissent le fond sur lequel ils se meuvent, lui donnent une apparence mamelonnée ou, comme l'on dit *moutonnés*, broient et pulvérisent les roches et les réduisent en galets. Des stries, des sillons et des traces d'actions du même ordre ont été observés à la surface de roches de la Scandinavie et de la Finlande. La région nord-est des montagnes de la Suède offre des parties arrondies et usées de la base au sommet, et ressemblant de loin à des sacs de laine accumulés les uns sur les autres. Ce phénomène est attribué à l'action d'anciens glaciers d'où seraient sortis des courants qui auraient charrié, dans la Russie, la Pologne et l'Allemagne, les blocs de rochers isolés, plus ou moins volumineux, jetés au hasard sur toute espèce de terrain et connus sous le nom de *blocs erratiques*. On suppose que des glaçons ou les torrents boueux détachés de la calotte de glace, poussèrent ces vastes alluvions jusqu'au centre de l'Europe. Des dépôts erratiques se trouvent, en effet, dans la Suisse, et leur présence aux flancs du Jura a été attribuée à l'action des glaciers, dont l'extension était jadis beaucoup plus considérable. Dans les Alpes helvétiques, comme dans la Norvège et la Suède, les stries rayonnent des principales crêtes, en suivant les grandes vallées qui en descendent. De la Mer du Nord, et de Hambourg à l'ouest jusqu'à la Mer blanche à l'est, une vaste zone ayant près de 2000 milles de long et dont la largeur varie de 4 à 800 milles, est plus ou moins recouverte de blocs erratiques appartenant aux mêmes roches cristallines que les montagnes secondaires. Au contraire, dans la chaîne de l'Oural, on ne rencontre aucun de ces blocs; et, en effet, les glaciers manquent complétement dans les montagnes qui séparent l'Europe de l'Asie, même jusqu'au 60e de latitude. Dans l'hémisphère méridional, le phénomène erratique se reconnaît depuis le 41° jusqu'au cap Horn, et là, comme dans l'hémisphère opposé, les blocs, détachés des régions polaires, disparaissent au voisinage du tropique.

Ainsi que l'a remarqué M. Ed. Collomb, les glaciers jouent dans la nature un rôle compensateur. Ils règlent comme un réservoir le débit des provisions de neiges accumulées dans les régions supérieures, en conduisant, sous forme de glace, dans les régions basses où elles se fondent, les eaux congelées que le froid des hautes cimes eût empêchées de se convertir en une masse liquide.

CHAPITRE III.

LES PARTIES SOLIDES DU GLOBE ET LES FLEUVES.

Les continents; leur configuration générale. — Montagnes, plaines, déserts, deltas, exhaussements et soulèvements; atolls. — Volcans. — Tremblements de terre. — Changements produits à la suite des volcans. — Chutes de montagnes. — Cavernes et grottes. — Gouffres. — Sources des rivières. — Régime des fleuves. — Lacs.

Les continents; leur configuration générale.

Les parties solides de notre globe se divisent en trois grandes masses séparées les unes des autres par la mer, à savoir : l'Ancien continent, le Nouveau continent et l'Australie. L'Ancien continent s'étend sur la face que l'on est convenu de considérer comme la partie orientale du globe, et comprend les trois grandes divisions que nous nommons Europe, Asie et Afrique. Le Nouveau continent ou Nouveau monde comprend l'Amérique, placée à l'ouest du globe. L'Australie, le moins grand des trois continents, est situé au sud-est de l'Ancien monde.

Autour de ces trois continents sont répandues des îles, le plus ordinairement réunies par groupes ou archipels. Par la disposition qu'ils affectent, ces archipels ne s'offrent, en bien des points, que comme la prolongation des continents qu'ils entourent; ils semblent être des terres que l'invasion des eaux a séparées du continent voisin. On estime que l'ensemble des terres fermes répandues à la surface du globe représente une superficie d'environ 4 millions de kilomètres carrés et que la superficie totale des îles représente 200 000 kilomètres carrés. Le rapport est de 951 à 1000 pour les continents, et de 49 pour les îles.

L'ensemble des trois continents répond aux cinq parties du monde, entre lesquelles l'Asie est la plus grande et l'Australie la plus petite. Mais cette dernière partie du globe ne le cède que peu en étendue à l'Europe; elle ne lui est inférieure que d'un dix-huitième de sa surface totale, différence encore diminuée, quand on ajoute au continent australien le vaste ensemble d'îles répandues dans l'Océan pacifique et connu sous le nom de Polynésie. L'Asie est cinq fois aussi grande que l'Europe, et six fois et demie aussi grande que l'Australie. Ainsi, cette partie du monde dépasse de 9000 milles carrés l'ensemble de l'Europe, de l'Afrique et de l'Australie, c'est-à-dire d'une étendue environ égale à la superficie de la France. L'Afrique est trois fois un tiers aussi grande que l'Europe; l'Amérique presque égale à l'Afrique et à l'Australie réunies.

Si l'on fait passer par l'île de Fer, l'une des Canaries, un méridien, et si l'on rapporte, comme on le faisait jadis, les parties du globe à cette origine longitudinale, on trouve que l'hémisphère oriental embrasse le plus de parties solides, et que, sous ce rapport, il est à peu près à l'hémisphère occidental comme 715 : 285. La même proportion se retrouve presque, quand on compare l'hémisphère septentrional à l'hémisphère méridional qui en est séparé par l'équateur; le premier comprend environ le triple de terre du second. Ainsi, notre globe peut être partagé en deux hémisphères, l'un surtout continental, l'autre surtout marin.

La distribution des terres à la surface du globe est donc loin d'être régulière et symétrique. Les continents et les îles, émergés de la vaste nappe liquide qui recouvrit, à diverses époques, l'écorce terrestre, se sont distribués sous l'action de causes multiples, dans un rapport qui a exercé une grande influence sur leur constitution. On peut toutefois saisir un certain parallélisme dans la disposition des parties du globe ; car, prises deux à deux, les six parties du monde (on compte ici l'Amérique pour deux parties distinctes) offrent une assez notable analogie de configuration, analogie que Stephens a le premier fait ressortir. Ces parties, prises deux à deux, fournissent trois segments d'une forme similaire. Le premier renferme les deux Amériques, réunies par un isthme ; il est flanqué à l'est d'un archipel, celui des Antilles ; ce segment se termine à l'ouest, dans sa partie septentrionale, en une péninsule, la Californie. Les deux autres segments, moins symétriques dans leur disposition, sont comme placés dos à dos. Le premier comprend l'Europe et l'Afrique, réunies par une sorte d'isthme brisé dont les tronçons se retrouvent dans la pointe de l'Italie, la Sicile, les îles de Malte et de Pantellaria et la presqu'île que termine le cap Bon. L'archipel grec occupe, par rapport à ce second segment, une position correspondante à celle des Antilles par rapport aux deux Amériques : l'Espagne et la France se détachent de la partie nord à la façon de la Californie. Le troisième segment se compose de l'Asie et de l'Australie. Mais ici ce ne sont plus seulement les parties de l'isthme de jonction qui ont été séparées, tout le continent méridional s'est pour ainsi dire brisé en une foule de morceaux, répandus dans la mer des Indes, et dont le plus important, le seul qui ait conservé son aspect continental, est l'Australie. Les archipels des Philippines et des Moluques jouent, dans cette troisième division du globe, le même rôle que les Cyclades et les Antilles dans les deux précédentes ; tandis que l'Arabie constitue la péninsule occidentale.

Ces trois divisions géographiques offrent cela de particulier qu'elles sont placées en latitude d'une manière fort analogue sur le globe. Les trois continents septentrionaux sont beaucoup plus voisins du pôle nord que les trois continents méridionaux ne le sont du pôle sud, et il résulte de là, comme il a été observé ci-dessus, que la masse des terres est très-inégalement répartie dans les deux hémisphères. Non-seulement l'équateur, mais encore une ligne tracée parallèlement à ce grand cercle, par la côte du Pérou et le sud de l'Asie, partagent notre globe en deux moitiés, dont l'une est toute continentale et l'autre tout océanique. Considérées comme deux mondes distincts, l'Amérique et les quatre autres parties de la Terre offrent un frappant contraste et sont différenciées par des caractères spéciaux. L'Ancien monde, qui présente la masse la plus importante, s'étend de l'est à l'ouest sur la moitié du globe, mais n'occupe en latitude qu'un espace beaucoup plus resserré, car il ne pousse en Asie, au sud des tropiques, que de rares et étroites projections. Chacune des cinq parties du monde reconnues par les géographes prend des traits encore plus prononcés, quand on les oppose entre elles; et la diversité de leur configuration respective a exercé une grande influence sur la répartition des végétaux et des animaux à leur surface, et sur la distribution de leurs habitants. En effet, lorsque l'on compare l'ensemble des deux mondes et celui des six parties dans lesquelles il se décompose, on s'explique le rôle différent qu'elles jouent dans l'histoire de notre planète, et la diversité de leur faune et de leur population.

Les continents du nord présentent plus d'étendue et de développement et renferment ainsi une plus vaste superficie; ils embrassent toutes les plaines des régions arctiques et tempérées, formant à la surface du globe la ligne la plus continue et la plus longue de terre ferme. Les continents du sud, au contraire, sont plus resserrés, plus étroits, plus effilés et, en somme, d'une superficie moins considérable. Dans l'hémisphère septentrional, les terres offrent une variété de contours, une multiplicité de golfes et de mers intérieures, d'îles, de presqu'îles, qui mettent les habitants dans des relations naturellement plus fréquentes. Dans l'hémisphère méridional, tout est massif; aucun membre ne s'articule sur le tronc, et la simplicité de la structure intérieure, privée de grands lacs, répond au peu de développement des formes extérieures.

Le continent septentrional de l'Ancien monde est plus favorisé encore que celui du Nouveau, dans lequel on ne retrouve pas au même degré cette richesse de contours et ce développement de lignes qui caractérisent au plus haut point notre Europe. La position des continents septentrionaux les met dans une dépendance mutuelle. Ils constituent, pris dans leur ensemble, une masse plus continentale ; et avant que la navigation fût devenue un moyen de communication aussi rapide et aussi commode que des voyages par terre, les migrations des divers habitants de cette partie du monde pouvaient s'y opérer plus facilement et en plus grand nombre. Cette similitude, cette sorte de parallélisme dans la position des différentes parties du grand continent septentrional, a créé des analogies de climats, de productions, de conditions biologiques, qui sont venues en aide à la facilité des communications, pour hâter la distribution de l'espèce humaine sur toute sa surface.

Montagnes. — Aspect des divers terrains.

Les mers fournissent la division des parties du globe la plus accusée et la plus générale. Des divisions moins étendues sont tracées par le relief du sol. Les chaînes de montagnes forment entre les différentes contrées de grandes lignes de démarcation naturelle. Leur direction peut être rapportée à deux sens principaux, celui des méridiens et celui des parallèles. En Asie et en Europe, la seconde direction prévaut ; les montagnes y courent généralement de l'est à l'ouest. En Afrique, en Amérique et en Australie, c'est au contraire la première ; les montagnes s'étendent surtout du nord au sud.

L'identité de direction observée pour les montagnes de l'Asie et de l'Europe, nous montre que ces deux parties du monde n'en constituent au fond qu'une seule, et que la division admise est arbitraire. Depuis les confins orientaux de l'Asie que baignent les eaux de l'Océan pacifique, s'étendent différentes chaînes dont plusieurs se continuent en réalité jusqu'aux extrémités de l'Europe. La direction de l'Altaï, du Thian-Chan, du Kuen-Lun et de l'Himalaya, est sensiblement la même que celle du Caucase et du Taurus; elle se retrouve en Europe dans les chaînes des Alpes, des Carpathes et des Pyrénées; elle reparaît dans les chaînes secondaires, sauf celles qui constituent comme l'épine dorsale des principales péninsules, à savoir du Kamtchatka, de la Corée, des deux presqu'îles de l'Inde, de l'Arabie, de l'Italie, de la Scandinavie. Les chaînes dont ces péninsules sont traversées, courent du nord au sud, suivant une inclinaison, par rapport au méridien, qui dépasse rarement 22° et demi. Une autre chaîne, dirigée du septentrion au midi, est l'Oural; elle s'étend depuis la mer d'Aral jusqu'au golfe de Kars, forme un mur isolé au milieu des plaines septentrionales, et constitue la seule séparation naturelle entre l'Europe et l'Asie. En Afrique, les chaînes sont dirigées généralement suivant le méridien, hormis l'Atlas qui se rattache au système européen; et il est à remarquer que la contrée qui le borde appartient par son climat, sa végétation et sa population, plus à la région méditerranéenne qu'à la région africaine proprement dite.

Le Nouveau monde affecte la même disposition orographique que l'Afrique. La vaste chaîne de la Cordillère[1] en représente la grande arête; elle est toutefois interrompue par le plateau de l'Anahuac. Les chaînes secondaires qui s'étendent à l'ouest et à l'est dans l'Amérique du Nord, comme on l'observe notamment pour les Alléghanies et la Sierra-Nevada, s'écartent aussi, dans l'Amérique centrale, peu de la direction du méridien. Il en est de même dans l'Amérique du Sud. Les chaînes du Brésil, qui commencent près de l'embouchure du Paranahyba et du San-Francisco, descendent, en suivant sensiblement la même direction, jusqu'à l'embouchure de la Plata. Ce ne sont que de petites chaînes très-secondaires qui courent latitudinalement, si l'on en excepte cependant deux principales, les montagnes de Parime et la chaîne côtière de Vénézuela.

---

1. En Amérique, le terme de *cordillère* s'applique d'ordinaire à une chaîne de montagnes continue dont l'altitude moyenne n'est pas inférieure à 300 mètres.

Les chaînes de l'Australie sont peu prononcées et affectent en général à peu près la direction du méridien.

Ainsi, en prenant en bloc toutes les chaînes par lesquelles le globe est traversé, on reconnaît que c'est la direction méridienne qui prédomine; celles qui sont dans cet alignement embrassant en étendue un tiers de plus que les autres. L'ouest et le sud du globe sont les régions où elles apparaissent de préférence, tandis que les chaînes qui suivent la direction des parallèles se rencontrent plutôt au nord et à l'est.

Ces montagnes, qui découpent la surface du globe en un si grand nombre de régions et de pays, sont loin d'affecter dans leur relief l'uniformité et la symétrie. Chaque espèce de montagnes a pour ainsi dire sa constitution géognostique, des formes spéciales et un aspect particulier; elles donnent naissance à des vallées qui offrent des dispositions différentes. Ainsi, tandis que dans le Jura les vallées sont parallèles aux couches composant le sol, et que les vallées transversales perpendiculaires à ces vallées principales séparent des chaînes et des plateaux uniformes, dans les Alpes, on ne rencontre presque aucune grande vallée qui soit sur toute sa longueur parallèle à la direction des couches; elles coupent en différents sens les terrains de formation diverse, se rétrécissent ou s'élargissent tour à tour, se courbent et donnent, par leur courbure, naissance à des vallées secondaires. Les vallées, au lieu d'être dues, comme dans le Jura, à un plissement du sol, sont le résultat d'une fente qui s'est produite dans la masse, et ces larges fissures n'ont pas été seulement déterminées par le soulèvement du granite qui constitue le faîte central; elles sont dues aussi à l'élévation du sol des Alpes, à des affaissements, des repoussements, qui en ont été la conséquence, et qui se sont opérés à diverses époques et dans diverses directions. Plus tard, ces fentes se sont élargies par un effet de l'érosion, c'est-à-dire par l'action destructive des eaux, et là où des roches plus résistantes se sont rencontrées, il en est résulté des défilés et ce que l'on appelle des *cluses*.

Ce qui vient d'être dit des montagnes peut s'appliquer à tous les terrains en général; la disposition extérieure qu'ils présentent suffit quelquefois pour en faire reconnaître la composition.

Le granite constitue des montagnes d'une extrême variété d'aspect. Leurs flancs sont généralement abrupts et unis, leurs cimes pointues ou dentelées, leurs abords escarpés, leurs versants profondément fouillés, leurs vallées étroites et sauvages. A leur pied s'accumulent fréquemment d'énormes blocs qui s'en sont détachés et qui, entassés d'une manière pittoresque, forment des grottes, des aqueducs naturels, des espèces de dolmens et de menhirs naturels, comme les *tors* granitiques qu'on observe au Carnatic, dans la partie sud de la province d'Arcot, ou encore donnent naissance dans les cours d'eau à des *sauts*, des *cataractes*, comme on le voit à l'Approuage (Guyane française). Parfois les montagnes granitiques ne se présentent pas avec des contours aussi arrêtés; les cimes sont alors moins proéminentes; les sommets s'aplatissent jusqu'au point de n'être plus, en certains cas, que des collines arrondies, des mamelons aux pentes renflées, des vallées larges et presque sans ondulations. Les steppes de l'Ukraine sont même de nature granitique. C'est surtout quand le granite passe à la siénite et au porphyre quartzifère, qu'il manifeste une tendance marquée à se partager en massifs isolés, phénomène qui s'observe au *Ballon d'Alsace* et à celui *de Servance*. Dans la même chaîne, le granite offre çà et là aussi des escarpements presque perpendiculaires, interrompant les pelouses des *Hautes-Chaumes*, et engendre les jolies cascades qui embellissent les Vosges. Quand les chaînes granitiques s'avancent dans la mer sans s'abaisser notablement, elles donnent naissance à de petites îles aux formes les plus variées, telles sont les Scilly ou Sorlingues qui continuent le granite de Land's End.

Cette roche imprime par ses diverses dispositions aux contrées où elle abonde, leur caractère extérieur. Elle est fort répandue dans la zone tropicale, dans l'Afrique australe et centrale dont le sol est en grande partie formé de roches cristallines ou éruptives, prédomine surtout vers le 20° latitude N. où elle constitue des montagnes tabulaires parfois élevées. Le granite se montre dans la partie méridionale du Sinaï et dans l'Altaï où, au lieu d'engendrer des pics, des pyramides, il ne forme souvent, ainsi que cela a lieu entre le lac de Kolyvan et Zmeïnogorsk, que des masses lourdes et arrondies. En général cette roche appartient encore plus aux basses chaînes, telles que l'Oural, le massif du Brocken, les montagnes du Bocage vendéen, qu'aux chaînes élevées, sans faire défaut cependant dans les hautes montagnes, puisqu'on la rencontre dans les Andes, les Dovre-Fiels, les Alpes dont le faîte en est surtout formé. Dans la partie de l'Himalaya qui s'étend dans le Sikkim, on la voit même constituer des pics de plus de 6000 mètres de haut. Au Cornwal, le granite affecte de préférence une structure cuboïde et colonnaire. Au centre de la France, dans l'Auvergne, qu'une ligne de crêtes granitiques sépare du Forez, dans le Limousin, il occupe des espaces considérables et s'élève comme un mur de séparation qui partage en deux régions notre patrie. Il s'y présente sous l'apparence de buttes arrondies, fréquemment recouvertes de débris désagrégés et réduits à l'état sableux. Dans le Morvan, il apparaît dans les hautes collines auxquelles il donne naissance, mêlé à un feldspath rougeâtre et à un mica vert. Les Pyrénées, les montagnes de la Norvége, diverses chaînes de l'Espagne, de la Hongrie, de l'Allemagne, le Harz, par exemple, les monts Olonetz, une grande partie du Kuen-Lun, des Ghâtes et des Nilgherries (Hindoustan) sont en majorité constituées par le granite. Les deux cimes les plus élevées des Alpes, le mont Blanc et le mont Rose, sont formées par un granite talqueux nommé protogyne, qui se retrouve dans une partie du Cornwal. Les Hébrides comptent beaucoup d'îles dont le sol est essentiellement granitique, et entre lesquelles il faut citer surtout les îles d'Arran et de Mull. Enfin, l'île d'Elbe et les Calabres présentent sur leur sol une vaste étendue de granite.

Le gneiss se rencontre dans tous les grands systèmes de schistes cristallins, mais avec des structures et des aspects différents. Sous une apparence granitoïde, il constitue la plus ancienne roche sédimentaire du globe, et, associé au diabase, fait le fond de la formation laurentienne. Cette roche se présente tantôt en feuillets horizontaux un peu inclinés, comme dans les montagnes de la Bohême méridionale, tantôt sous forme de schistes ondulés et plissés vers le nord. Le gneiss engendre souvent des hauteurs dont les contours sont plus arrêtés, plus tranchés que ceux du granite; ses montagnes présentent aussi des entailles, des dentelures. Ainsi, dans le Limousin, tandis que les montagnes granitiques offrent des pentes douces, des surfaces arrondies, des cimes plates et allongées, les montagnes de gneiss, presque toujours escarpées, sont hérissées d'aiguilles et de crêtes déchirées; les vallées qui les séparent sont profondes et fort étroites. A l'Ile-Dieu (Vendée), le château s'élève sur les escarpements les plus à pic de gneiss. A la frontière nord-est du Bengale, les monts Khassias ou Khasi et Djaïntia, formés surtout de gneiss, affectent également un caractère fort abrupt. Toutefois, les montagnes composées de cette roche ne s'élèvent pas d'ordinaire, à beaucoup près, aussi haut que le granite, et ne produisent, le plus souvent, que de petites chaînes ou une succession de collines séparées par des plaines médiocres, chaînes dont les cimes sont assez plates, les pentes fort arrondies. Les vallées qui les coupent affectent quelquefois l'apparence de bassins où l'on descend par des degrés. Des couches de gneiss constituent la base de presque toute la chaîne centrale de l'Himalaya. La même roche abonde à Ceylan, dans l'Erzgebirge, où elle affecte une couleur rouge, parfois grisâtre. Au Brésil, une formation continue de gneiss et de granite, s'étendant de Rio-Janeiro à la Serra da Mantiqueira, sépare la région des forêts de celle des *campos*. Quelquefois, le gneiss, comme le granite, et d'autres roches de même origine, offre des cavités de forme cylindroïque appelées en Scandinavie *Jättgrytor* (marmites de géants), et qui ont été produites par une perforation quand la roche, encore liquide, était douée d'un mouvement giratoire.

Le porphyre, qui s'est généralement épanché en nappes à la surface d'autres roches, donne rarement naissance à des chaînes continues; il n'apparaît qu'en cimes isolées s'élevant à la manière de quilles ou ressemblant à de vieilles murailles; il détermine quelquefois des escarpements remarquables, ainsi qu'on l'observe à Giromagny dans les Vosges, des crêtes dentelées, telles que nous les présente le porphyre rouge de l'Esterel, chaîne dont les anfractuosités et les lignes abruptes contrastent avec les formes arrondies de la chaîne voisine des Maures. Au pied de ces hauteurs porphyriques s'étendent des vallées ondulées. Aussi, ces crêtes impriment-elles au paysage l'aspect le plus pittoresque. Dans les Alpes, cette roche n'atteint pas en altitude à la moitié de celle du gneiss. Elle abonde dans les Vosges, le Morvan, les départements de la Loire et du Rhône, au Mexique, où elle s'offre sous une foule de variétés. Une des espèces de porphyre les plus remarquables est le mélaphyre ou porphyre noir, qui se rencontre dans le bassin houiller du Palatinat, dans le Tyrol méridional, notamment dans la vallée de Fassa, à Édimbourg, à la colline de Caltonhill, aux environs de Lugano (Suisse), à l'Ararat, sur la rive droite de l'Araxe, dans le Caucase et l'Altaï oriental. Quoiqu'on trouve cette roche plus habituellement en filons, elle peut donner naissance à de petits massifs. Un porphyre particulier, de nature trachytique et amphibolique, est propre à la Bosnie et à la Servie.

La siénite, qui est de toutes les zones et de presque tous les pays, constitue une roche massive analogue au granite, et dans laquelle le mica est remplacé par l'amphibole; elle forme le plus souvent des crêtes élancées qui se dressent au-dessus des plateaux schisteux. Elle s'élève parfois à une hauteur considérable; c'est ce qui s'observe dans les Andes, dont cette roche forme l'axe depuis le volcan du Pangui-Pulli jusqu'à celui d'Osorno; elle constitue les plus hauts sommets de la Cordillère, vers le détroit de Magellan; elle s'élève aussi à une assez grande hauteur près de Syène, dans la Haute-Égypte, ville d'où elle tire son nom, et y forme une bande d'environ 60 lieues de long. La siénite se rencontre en grande masse aux monts Horeb et Sinaï, à l'île de Skye (Hébrides), où ses filons traversent les terrains jurassiques, en Norvége, en Finlande, dans la péninsule de la Troade, où elle forme le gigantesque amphithéâtre de l'Aghy-dagh, de l'Adcholduren-dagh et du Kaz-dagh (Ida des anciens).

Les diorites, qui par leur conformation extérieure se rapprochent beaucoup de la siénite, dont ils diffèrent cependant par leurs éléments constitutifs, donnent naissance, comme le porphyre, à des pyramides isolées. Toutefois, leurs cimes sont moins proéminentes; leurs pentes gardent un caractère plus abrupt, où s'offrent comme une suite de gradins élevés; de là, le nom de roches trappéennes imposé à diverses espèces de diorites. Le trapp occupe près de la moitié de la surface de la presqu'île occidentale de l'Inde. Une espèce de diorite, qui renferme une forte proportion de hornblende (variété noire d'amphibole) et désignée sous le nom d'*ophite*, constitue dans les Pyrénées de petites collines arrondies. Les cimes formées d'euphotide ou gabbro, roche grenue composée de labradorite et de diallage verdâtre, qu'on rencontre au Pinde, en divers points de l'Épire, dans la haute Étolie, la Saxe et le Cornwall, affectent un aspect escarpé; elles sont coupées de sillons profonds et séparées par des vallées étroites ou plutôt par des échancrures. En certains lieux, les roches d'euphotide dessinent des montagnes d'une configuration toute spéciale, qui ressemblent à des glands gigantesques dressés au-dessus de la vallée. Les montagnes de gabbro s'élargissent souvent sur une surface de plusieurs lieues, et atteignent à une altitude de quelques milliers de mètres.

Les montagnes abruptes et élancées, les vallées profondes n'existent presque pas dans les terrains schisteux, qui ne forment d'ordinaire qu'une série d'ondulations rappelant beaucoup les montagnes de gneiss. Entre des cimes arrondies et liées étroitement les unes aux autres, sont seulement frayés sur un petit nombre de points quelques étroits passages, comme aux pics de Nindo et d'Amoi dans la Nouvelle-Calédonie. Les schistes argileux, en se relevant verticalement, donnent naissance à des aiguilles isolées et d'une altitude de plusieurs centaines de mètres. Les montagnes schisteuses se réunissent généralement par groupes que domine une montagne principale; les vallées sont plates; l'on y descend par de larges assises coupées fréquemment de gorges, mais rarement de véritables escarpements. Le micaschiste atteint dans les Alpes à des hauteurs considérables; il s'associe fréquemment au schiste argileux qui constitue des plaines étendues et de véritables plateaux, en se détachant de cimes arrondies et découpées dont les crêtes se prolongent et s'aplatissent, mais où l'on ne rencontre jamais ni aiguilles ni pics isolés.

Les trachytes, roches massives, très-rudes au toucher, forment tour à tour des cônes, des dômes, des ballons, des coupoles d'une assez grande masse, et dont les cimes sont tantôt effilées, tantôt aplaties. Ils dominent dans les Andes, surtout au Chimborazo et au Cayambé. Dans le petit canton montagneux compris entre le Rhin et la Sieg, et qui porte le nom de *Siebengebirge*, ils forment une suite de pics escarpés que couronnent de vieux châteaux féodaux. Les vallées qui les coupent sont abruptes et escarpées. Le trachyte constitue des montagnes qui sont d'une nature vitreuse ou ponceuse, montagnes qui appartiennent plutôt aux zones tempérées et tropicales qu'aux contrées polaires. Très-répandue en Asie Mineure, cette roche abonde surtout dans la région du Mont-Argée; l'on voit, entre Nevchehr et Vatchan, le tuf trachytique donner naissance aux apparences les plus bizarres, offrir l'aspect de tourelles, de colonnes, de tables et d'aiguilles. Dans le Vélay, les chaînes trachytiques, notamment celles qui sont formées de la variété de trachyte appelée phonolite, représentent une suite de pics et de plateaux indépendants, parfois interrompus et s'offrant à l'œil comme des renflements.

Le basalte se rencontre soit par îlots, soit en chaînes qui ont quelque peu l'aspect de vastes murailles, comme, par exemple, à la baie de Vohémar, près du port de Diego-

Suarez (Madagascar), où un massif basaltique doit à cette circonstance son nom de *Windsor castle;* quelquefois aussi, il donne naissance à des pyramides isolées, à des plateaux, ou à de simples mamelons. La dolérite, sorte de basalte moins compacte et d'une composition un peu différente, produit des amas gigantesques de blocs de toute dimension, dont l'aspect rappelle souvent celui des roches trachytiques. En certaines régions, comme à l'isthme de Panama, la dolérite affecte un groupement circulaire, et constitue des ramifications rayonnant autour d'un point central et reliant entre eux les différents cônes qui en sont formés. Les pentes des montagnes basaltiques sont escarpées, coupées çà et là de gorges profondes. Sur le bord de la mer, les escarpements sont encore plus prononcés. On peut surtout observer les apparences variées du basalte, aiguilles se dressant et s'étageant les unes à côté des autres, réseau de défilés, succession de faîtes, dans la chaîne dite *Böhmische Mittelgebirge*, au nord de la Bohème, zone très-riche en sources minérales, et où se trouvent celles de Marienbad, Carlsbad, Billin, Pullna, Teplitz. Toutefois, on n'y constate pas la disposition en cônes surmontés d'anciens cratères servant ordinairement de réservoir à un lac, si caractéristique dans l'Eifel, l'Auvergne et le Vélay. Une forme du basalte encore plus caractéristique est la disposition en colonnes, en prismes, parfois adhérents les uns aux autres, comme on le voit dans le Vicentin, dans l'île où s'élève Bombay, notamment à Malabar-hill, aux Açores, à l'île de Ténériffe, à l'île de la Réunion, à Java, en face de l'île Bali (Batou-dodol), dans la vallée de la Colombia (Orégon). Le basalte prismatique constitue parfois de larges chaussées, telles que la *Chaussée des Géants*, près d'Antrim en Irlande, les *Orgues d'Espaly* (Haute-Loire), la *Chaussée du Volant* et les *Colonnades de Cheñavari* (Ardèche); telle est généralement la disposition des basaltes signalés par James Ross aux îles Auckland et Campbell, dans le sud de la Polynésie. D'autres fois, le basalte colonnaire donne naissance à des grottes, comme celle de Fingal à l'île de Staffa, et celle des Fromages près de Bertrich.

Baden dans l'Eifel. Cette roche est généralement noire ; il en existe aussi une variété bleue contenant du péridot et du fer oxydulé, ainsi qu'on l'observe dans le Vogelsgebirge près de Schotten (grand-duché de Hesse), au voisinage de basaltes ordinaires, formant des protubérances escarpées.

Les calcaires et les grès ont également, comme les roches éruptives, leur aspect propre, qui imprime aux terrains qu'ils composent une physionomie reconnaissable. Les terrains siluriens et devoniens, formés de grauwacke, de schistes argileux et talqueux, constituent des plateaux successifs, des chaînes d'une faible altitude, de larges faîtes, dépourvus de proéminences aiguës ou de déchirures; les gorges et les escarpements ne se présentent que dans les vallées des rivières, lesquelles offrent les seules parties montueuses; c'est ce qu'on observe notamment dans l'Ardenne, le Hundsrück, où les vallées de la Meuse, de la Moselle, en aval de Trèves, de l'Ourthe, de la Roër, sont aussi tourmentées que le reste du pays l'est peu.

Les derniers dépôts des terrains devoniens, constituant ce que l'on appelle le vieux grès rouge, donnent naissance à des cimes affectant la forme de cône tronqué, ou à des masses arrondies simulant des dômes, profondément détachés les uns des autres, comme les *ballons* des Vosges, ou encore à des vallées flanquées de murs naturels escarpés. Les montagnes de vieux grès rouge qui se montrent de l'Écosse au pays de Galles, atteignent jusqu'à une altitude de 1000 mètres.

Le *calcaire carbonifère* ou *de montagne* fait la base de certaines hauteurs, reconnaissables à leur caractère âpre et désolé. Leurs cimes se terminent par des aiguilles, des pyramides effilées s'élevant comme d'un vaste rempart de rochers; les pentes sont abruptes et semées çà et là de précipices ; sans cesse, le voyageur y rencontre des masses qui surplombent et menacent de l'écraser, ou des murailles à pic impossibles à escalader. Les vallées du calcaire carbonifère sont étroites et profondes, ordinairement semées de débris qui se sont détachés de la montagne, d'amas de décombres naturels ; ce qui achève d'imprimer au paysage la physionomie la plus pittoresque. Tel est l'aspect que présentent plusieurs cantons de l'Ardenne (Belgique), et quelques districts des États de Kentucky, d'Indiana, d'Iowa et de Missouri.

Le terrain houiller n'imprime pas d'ordinaire au sol un caractère particulier ; parfois, pourtant, son relief s'annonce par une multitude de collines dont il est difficile de saisir l'ensemble, qui se succèdent sans ordre et que séparent de petits vallons assez évasés et ramifiés dans tous les sens, disposition bien manifeste dans les bassins de Saint-Étienne, d'Autun, du Creusot et de l'Aveyron, et au nord de la région carbonifère du pays de Galles méridional.

Le zechstein, qui dans la succession des terrains représente un étage immédiatement supérieur au nouveau grès rouge et au schiste bitumineux, donne naissance à de petites contrées, accidentées, couvertes de collines, coupées par les vallées des fleuves. Ces collines se rattachent aux proéminences que forme le nouveau grès rouge. Dans le nord de l'Allemagne, les collines de zechstein ne dépassent guère 300 mètres, et se tiennent généralement à 150. Mais, en Amérique, leur altitude est plus que double ; de même que le nouveau grès rouge y dépasse de beaucoup l'élévation à laquelle il arrive en Europe. Cette roche atteint en effet, dans les Andes du Pérou, jusqu'à 3000 mètres. En Allemagne, la hauteur des montagnes de zechstein est double de celle des montagnes du vieux grès rouge, auxquelles elles ressemblent cependant par leurs dispositions générales. Le pays de Mansfeld (Thuringe), est par excellence la patrie de cette roche ; elle y forme des montagnes abruptes séparées par d'étroites vallées, des ravins profonds donnant naissance à des précipices et à des cavernes.

Les terrains de trias qui succèdent aux terrains permiens, s'étendent tantôt en larges plateaux, çà et là surmontés de cimes arrondies, ou coupés de vallées profondes, comme le grès bigarré, tantôt en plaines peu élevées comme le terrain de kœper (marnes irisées), parfois enfin en vastes plaines légèrement ondulées, comme le calcaire conchylien. C'est surtout avec ce dernier caractère qu'ils s'offrent dans le centre de l'Angleterre, où ils forment une large zone s'étendant au sud de Liverpool jusqu'à l'Avon, et remontant par la vallée du Trent, en se rétrécissant jusqu'au Tees.

Les terrains de grès bigarré ont, en général, un aspect monotone et sont peu fertiles ; aussi, sont-ils plutôt couverts de forêts que de champs et de prairies, ainsi qu'on l'observe dans le Harz, le Thüringerwald, l'Odenwald et le Rheingau. Quand le grès bigarré, qui constitue d'ordinaire des couches peu épaisses, atteint une certaine puissance, comme près de Brives (Corrèze) et de Saint-Affrique (Aveyron), il donne naissance à des montagnes arrondies ; si les marnes que ce grès contient abondamment, vont s'accumuler par petits tas, on voit apparaître des mamelons coniques qui impriment au paysage une physionomie particulière.

Les dolomies forment souvent une série de massifs ou de pics abrupts dont la couleur varie du blanc jaunâtre au blanc de neige, et dont les formes sont déchiquetées, comme on l'observe dans le Tyrol méridional, au Langkofl, au Schlern, au Rosszahne, au Blattkogl.

Le lias produit des contrées ondulées, fréquemment traversées par des crêtes ou des coteaux, par de longues vallées ou des ravins que coupent des roches aux contours assez pittoresques. Tel est le caractère qu'il a dans le *Teutoburger Wald* et en certains cantons de la Bourgogne ; mais, dans le midi de la France, les hauteurs auxquelles il donne naissance s'abaissent à 250 et 200 mètres, et le sol qu'il coupe revêt plus d'uniformité. Les montagnes qui en sont formées ne s'élèvent guère à plus de 60 à 80 mètres.

Au-dessus du lias s'étend la grande formation jurassique qui constitue des montagnes nettement accusées, et dont les chaînes sont disposées en lignes presque parallèles. Ces montagnes abondent dans la France ; elle en fournit le type à sa frontière orientale, dans le Jura, dont la disposition reparaît dans les trois lignes de crêtes qui forment au bassin parisien, avec la bande tertiaire, la bande de la craie et celle du grès vert, une sextuple circonvallation à l'est. D'autres fois, le terrain jurassique constitue de vastes plateaux qui tranchent par leur élévation avec les terrains d'autre origine situés à l'entour.

Les contrées crétacées ne présentent point de hautes montagnes ; on n'y trouve guère que des collines arrondies à surface unie, des plaines couvertes d'une maigre végétation ou complétement arides. Dans le grès vert, qui n'occupe sur le globe qu'un petit espace, comparé à la craie, les collines sont au contraire assez accusées, les plaines sont plus inégales, l'aspect est plus pittoresque, ainsi qu'on en peut juger par le S. E. de l'Angleterre, certaines chaînes de la Westphalie, le pays de Bray (Normandie). Toutefois la constitution de la craie a permis aux eaux d'entamer la surface des masses qu'elle compose, et ce phénomène de dénudation donne en divers lieux naissance à des escarpements, à des falaises fouillées à leur base, à des aiguilles, à des arches naturelles qui s'élèvent sur le rivage de la mer, comme on l'observe à Étretat (Seine-Inférieure), à l'île de Wight (Angleterre), à la Roche de Pignon, près d'Elbeuf.

La craie s'étend peu vers les pôles. En Europe, elle ne dépasse pas le nord du Jutland et de l'Irlande. Le cap Flamborough par 54° lat., est son dernier point en Angleterre. « La limite de la craie, écrit M. d'Archiac[1], s'abaisse en Russie à mesure que l'on s'avance vers l'est. Ainsi de Grodno, où elle est encore à 54°, elle passe par Mohilew et Orel, à un degré et demi au sud de Moscou, puis par Simbirsk, pour descendre le long du Volga et se diriger vers la pointe méridionale de l'Oural par 46°. Longeant au nord le plateau d'Ost-Ourt et la mer d'Aral, elle cesse d'être connue au delà dans cette direction. L'immense surface de la Sibérie, depuis l'Oural jusqu'à la mer d'Okhotsk, et depuis l'Altaï jusqu'à la Mer glaciale, a été assez parcourue pour que l'on puisse douter de l'existence de la craie dans toute cette région. »

Au delà de l'Atlantique, sur la côte orientale des États-Unis, les derniers terrains crétacés n'atteignent pas le pa-

---

1. *Histoire des progrès de la géologie*, t. V, part. II, p. 603.

rallèle de New-York et s'arrêtent vers le 40° degré de latitude. A l'ouest des Appalaches, la craie cesse encore plus bas; mais au delà du Mississipi, elle s'élève davantage vers le nord-ouest et remonte au nord de la branche septentrionale du Saskatchewan, au delà du 52° latitude, et redescend jusqu'au golfe du Mexique; à l'est, elle se termine dans le *Rupert's Land* au mont de Pembina, près du *Red-River* du nord, à l'ouest du lac des Bois.

Dans l'hémisphère austral, la craie ne pousse pas beaucoup plus loin son domaine. Elle se termine en Afrique au 34° degré, dans la Nouvelle-Zélande au 40°, et dans la Terre de Feu au 50°. Entre les limites qui viennent d'être tracées, la craie se rencontre dans une foule de contrées : la craie blanche en Irlande, en Angleterre, dans les bassins de la Meuse, de l'Escaut, de la Seine, dans la Vénétie, la Turquie d'Europe, le Danemark, le nord de l'Allemagne, la chaîne de l'Atlas, notamment dans la province de Constantine ; la craie tufau dans les îles Britanniques, le centre et le nord de la France, l'Espagne, le nord-est de l'Italie, la Westphalie, le Hanovre, la Saxe, le Caucase, l'Asie Mineure, la Syrie, l'Algérie, le Texas, le bassin du Missouri ; enfin le grès vert ou terrain wealdien en Angleterre, dans le bassin de la Seine, le Boulonnais, le Hanovre.

Avec les terrains tertiaires reparaissent les collines élevées, presque toujours absentes des terrains crétacés. Alors se montrent les coteaux, les vallées riantes et les sols fertiles ; mais les hautes cimes ont irrévocablement disparu ; les grès seuls donnent encore naissance à des hauteurs et à des vallées reproduisant, sur une petite échelle et d'une manière moins accusée, les beautés des sols permien et jurassique.

Cet aperçu de la physionomie propre à chaque espèce de terrain, à chaque nature de montagne, nous fait mieux comprendre pourquoi ce sont les hauteurs qui fournissent les divisions du sol ; elles ne séparent pas seulement les contrées par des murs, des terrasses plus ou moins élevées, leur apparition correspond encore à des changements dans l'aspect et la constitution des terrains. C'est donc la nature de ceux-ci qui imprime au paysage son caractère propre. Les rochers escarpés déterminent la formation des cascades, la pente et l'inégalité du sol, la rapidité et la sinuosité des cours d'eau. Les entonnoirs naturels donnent naissance à des lacs, les contours des collines produisent des coteaux ; les versants abrupts et tourmentés, les cimes élevées forment les vallées enfoncées ou des gorges étroites. Mais ce n'est pas seulement le paysage qui varie selon les roches et les terrains, la constitution météorologique et climatologique est encore dans un rapport étroit avec eux ; l'aspect et la nature des plaines qui alternent avec les montagnes se lient intimement à la composition du sol.

Plaines, déserts, pampas, llanos.

Les déserts qui caractérisent le continent africain, peuvent être rattachés à ces plaines. A côté des petites plaines qui ne sont pour ainsi dire que de grandes vallées séparant les chaînes de diverse origine, se placent les grandes plaines du globe qui appartiennent généralement aux terrains de dernière formation et constituent de grandes divisions naturelles. Ce sont de vastes nappes, d'un sol fin et stérile, alternant avec des amas de graviers ou des roches arides qui percent cette couche de poussière permanente. Le principal porte le nom de *Sahara*[1] ou grand désert. Contrairement à ce que l'on avait longtemps supposé, il est à une élévation moyenne de 4 à 500 mètres au-dessus de la Méditerranée et ne présente que quelques dépressions inférieures à ce niveau comme par exemple au bassin du lac Melrir. Le Sahara offre des reliefs considérables et, à son centre, se trouve un massif dont les sommets atteignent à une altitude de 2000 mètres. Cette région qu'ont arrosée jadis des pluies abondantes qui y engendraient des amas d'eau attestés par la présence de débris de co-

1. Le mot *Sahara* signifie proprement *terre dure*; il répond au nom d'*Adjema* que les Touâreg donnent à ce désert; car le Sahara offre le plus souvent un sol caillouteux. La zone des dunes reçoit des Arabes le nom d'*Erg*, et des Berbères marocains celui d'*Elbuédéa*.

quilles fluviatiles, est maintenant un grand espace desséché, tour à tour exposé aux feux d'un soleil dévorant et à un froid rigoureux gerçant la couche superficielle du sol. Neuf mois de l'année, le vent d'est y souffle la stérilité. A l'époque des équinoxes, il prend le caractère d'ouragans très-violents ; les dunes qui s'étendent dans le désert du N. O. au S. E. sur une longueur de 240 myriamètres et une largeur de 50, se déplacent sans cesse sous l'action des vents et prennent les formes les plus variées, formes qui ont reçu chacune des Arabes un nom spécial. On dirait une mer en courroux devenue solide. Ces amoncellements marchent surtout dans la direction des alizés (N. E., S. O.). Il s'en élève parfois des nuages épais qui obscurcissent l'atmosphère. De véritables ténèbres enveloppent alors tout à coup le désert ; les caravanes sont exposées à être étouffées, hommes et animaux ; en effet, l'air devient tellement sec qu'on dirait une vapeur rougeâtre répandue sur tous les objets[1] ; le soleil couchant prend l'aspect de la flamme d'un volcan. Un phénomène analogue s'observe dans les déserts du Khorassan où les trombes de poussière atteignent parfois jusqu'à une hauteur de 60 mètres, entraînant dans leur tourbillonnement les parties terreuses du sol et offrant toute l'apparence d'une colonne de fumée qui s'échappe du cratère d'un volcan.

Çà et là, au nord du Sahara, se sont formés des lacs salés où jaillissent des eaux saumâtres ; le sol est sans cesse incrusté de sel dont les efflorescences, emportées par le vent, brillent au soleil comme des diamants. Au nord et à l'ouest du grand désert, la végétation reparaît ; au printemps, le sol se couvre d'une verdure passagère. Le désert complétement aride que les Arabes appellent le *Falat*, a disparu ; c'est le *Kifar* qui lui succède, puis vient le *Fiafi*, le pays des oasis, îles de végétation semées au milieu de la mer de sable, et où des sources, des cours d'eau entretiennent une fraîcheur qui permet la culture. Les oasis se trouvent généralement à un niveau plus bas que le désert ; elles

---

1. Voyez ce qui a été dit plus haut, p. 82.

sont entourées d'un sol arénacé ou calcaire. Les oasis les plus remarquables sont celles qui longent à l'ouest l'Égypte ; elles forment une chaîne commençant à la hauteur de Thèbes et qui, s'étendant au nord, puis à l'ouest, conduit à l'*oasis de Siwah*, appelée par les anciens l'*oasis d'Ammon;* celle-ci est de toutes les oasis égyptiennes celle qui offre la dépression la plus considérable par rapport au niveau général des plaines environnantes. La province égyptienne du Fayoum n'est elle-même qu'une large oasis contiguë au Nil. Les oasis présentent tour à tour, suivant la nature du sol et l'abondance des eaux, des forêts ou des buissons qui servent de refuge aux animaux du désert.

A l'orient du Sahara, le sol s'abaisse graduellement vers la mer par une suite de terrasses. C'est ce que l'on observe également dans la Libye et la Nubie. Les terrasses sont formées par de vastes étendues de sable ou de gravier, dirigées de l'est à l'ouest et séparées par de petites chaînes rocheuses. Cette contrée inclinée, dont le niveau, au-dessus de la mer, ne dépasse guère 175 mètres, à 750 milles de la côte, est coupée transversalement par le Nil et par un long sillon d'oasis parallèle à ce fleuve ; en sorte que la ligne de ces oasis, le bassin du Nil et la Mer Rouge représentent trois sillons parallèles, bordés chacun par des collines rocheuses. La ligne d'oasis comprend le *Darfour*, le *Sélimah*, la grande et la petite Oasis, les vallées parallèles des lacs *de natron* et le *Bahr-bela-ma* ou la Mer sans eau. Ces lacs de natron qui rappellent les lacs amers de l'isthme de Suez, appartiennent à une vaste région salifère où s'offrent des dépressions notables.

Au sud de l'équateur, entre le 3° et 12° de latitude s'étend une autre vaste contrée, plate, coupée seulement par des cours d'eau et comprise entre le 29ᵉ et le 35ᵉ méridien oriental. Elle a pour limite extrême au sud-ouest la chaîne qui sépare les tributaires de l'Océan de ceux de la mer des Indes située par 21° long. orient. et sous le 10ᵉ parallèle. A l'est, la région plate est séparée de l'Afrique côtière par une autre chaîne dont le Kilimandjaro représente le pic le plus septentrional. Le désert s'avance dans l'Afrique occidentale jusque dans les possessions portugaises où sa surface est hérissée de vastes rochers. A leur pied se rencontre cette plante étrange, le *Welwitschia mirabilis*, un des types de la famille des Gnétacées et dont les deux feuilles[1] longues de 1^m,80 ont l'aspect et la consistance de deux lanières de cuir, surmontant un tronc tubulaire élevé à peine de quelques centimètres au-dessus du sol. Au sud-est de l'Afrique dans la colonie de Natal, s'étendent d'autres vastes plaines, les *Karoos*. Le désert de Kalahari, qui s'étend plus à l'intérieur du continent africain, entre la rivière Orange et le lac Ngami, sur environ une longueur de 700 kilom. et une largeur de 500, est une immense nappe de sable, presque sans rivière, mais où les eaux souterraines entretiennent une riche végétation et coupée çà et là de jungles et de forêts basses. Cette région est peu élevée. Le plateau central du Soudan ne s'élève pas lui-même à plus de 400 mètres au-dessus du niveau de la mer.

Les grands déserts rappellent, on le voit, à beaucoup d'égards par leur aspect, les grands lacs et les mers. Aussi, lorsque les peuples émigrés de l'intérieur de l'Asie en Europe virent la mer pour la première fois, ils la comparèrent à un désert et l'appelèrent *la stérile*, ἡ ἀτρυγέτη. Le mot latin *mare* est dérivé du sanscrit *maru*, désert; mot qui, par sa racine, implique l'idée de stérilité et de mort.

L'Asie a ses déserts comme l'Afrique, d'une constitution analogue, mais d'un caractère cependant distinct : ce sont les steppes qui se prolongent jusque dans la Russie d'Europe. Elles sont généralement formées par des terrains argileux, de vastes couches de sable qu'échauffent sans cesse les rayons du soleil. Là encore, peu de végétation, nul cours d'eau, pas même de rosée. L'herbe maigre qui pousse au printemps est promptement consumée par les feux dévorants du soleil. L'été est sec et brûlant; durant l'hiver le

---

1. Ce sont les deux cotylédons qui persistent dans cette plante, à l'inverse de ce qu'on observe chez les autres, et qui durent aussi longtemps que le tronc, c'est-à-dire plusieurs siècles.

froid, en se prolongeant, dessèche autant que la chaleur; l'automne est court et pluvieux. Cette vaste steppe, appelée par Hippocrate *le désert des Scythes*, commence en réalité au nord de l'Allemagne, et se continue, à travers la Russie, jusqu'aux déserts dont il vient d'être parlé ; mais elle n'affecte pas toujours le même caractère. Elle est interrompue, au nord, par les monts Valdaï et Oural, resserrée au sud par les monts Carpathes. Entre ces deux dernières chaînes, le sol est tellement plat que l'on n'aperçoit souvent pas la moindre élévation pendant des marches de 100 myriamètres.

Moscou est le point le plus élevé de cette immense plaine, d'une altitude d'environ 145 mètres, c'est-à-dire ne dépassant pas en hauteur moyenne les parties les plus basses de la France. De ce point, le sol, tant au nord qu'au sud, va en s'inclinant jusqu'au-dessous du niveau des mers. Tandis que, d'un côté, la Hollande serait, sans les digues qui la protègent, submergée par les eaux de l'Océan, de l'autre, la steppe d'Astrakhan s'abaisse plus bas encore. Il faut excepter de cette vaste plongée le faible plateau d'Ost-Ourt qui sépare la Mer Caspienne de la Mer d'Aral, et apparaît comme le bord méridional de la chaîne de l'Oural. Les steppes herbeuses sont connues sous le nom de *puszta*, entre le Danube et la Theiss. Elles offrent de vastes pâturages tout semblables à ceux que l'on rencontre souvent entre le Dniéper, le Don et le Volga, et paraissent avoir été nivelées par un long séjour des eaux. Toute la contrée qui s'étend du lac Balaton à Grosswardein, et des bords esclavoniens du Danube à Pesth, au nord, et au pied des Carpathes à l'est, est un vaste dépôt d'alluvions. Là s'observe, comme dans les déserts de l'Afrique et de l'Asie, le curieux phénomène du mirage dont M. Jules Remy a vu les effets les plus extraordinaires dans le grand désert d'Utah. Les plaines de la Hongrie et de la Pologne sont en outre coupées de parties sablonneuses et de marécages qui se retrouvent en plus grande abondance vers le nord de l'Europe. En certaines régions de la Pologne et de la Russie, les steppes sont parfois couvertes de pâturages et de forêts épaisses et étendues.

Humboldt a évalué la totalité du pays plat qui entoure la Mer caspienne, et qui ne s'élève pas au-dessus de son niveau. En faisant entrer dans cette évaluation la Mer caspienne elle-même, dont la dépression au-dessous de l'Océan ne dépasse guère 18 mètres, on obtient pour la surface placée au-dessous du niveau général des mers une étendue de 18 000 lieues marines carrées [1], c'est-à-dire de 900 lieues plus grande que la France entière. Un marais qui égale l'Angleterre en longueur, règne depuis le 50° degré de latitude jusqu'au Dniéper, et occupe ainsi une partie de la Pologne et de la Lithuanie. Les marais et les landes se prolongent aussi au nord de l'Allemagne jusque dans le Danemark. Ce n'est, comme il a été dit, qu'au Dniéper que commencent les steppes véritables; mais ces steppes n'ont point encore l'aspect désolé de celles de l'Asie centrale. Les pâturages s'y montrent encore abondants, bien qu'ils soient assez pauvres. La végétation persiste, mais elle est toute herbacée; les arbres y font défaut. La diversité naît seulement de la nature variée des couches géologiques. Les steppes d'un sol granitique offrent généralement une herbe épaisse, peu élevée, tandis que sur le sol calcaire l'herbe atteint une hauteur de 2^m à $2^m,50$. Les bords des rivières, sur une largeur qui dépasse souvent 30^m, sont couverts de roseaux qui, dans les steppes limoneuses, prennent des proportions énormes, 10^m, par exemple. On observe dans ces steppes au voisinage du Caucase, des chardons véritablement arborescents dont les rameaux entrelacés dépassent en hauteur ces roseaux gigantesques. D'autres plantes prennent aussi dans les steppes de la Circassie des proportions considérables [2].

Au sud, à mesure que l'on s'approche de Bokhara, la végétation devient plus riche; au contraire, si l'on s'élève plus au nord, tout prend l'aspect de la désolation. C'est le pays des *toundras*, c'est-à-dire des déserts glacés. La ré-

---

1. La lieue marine est de $5^k,555$.
2. Voy. Dubois de Montpéreux, *Voyage dans le Caucase*, t. V, p. 1 et 14.

gion comprise entre Nijneï Kolinsk et l'Indiguirka n'est qu'une immense solitude où règne le vent du nord. Pendant l'hiver, qui commence avec octobre, ces plaines, en tout temps inhospitalières, deviennent complétement inaccessibles ; des tourmentes de neiges y sévissent à tout instant ; tandis qu'en été, une sécheresse africaine s'oppose, en une foule de lieux, à la culture. Il y a cependant des cantons bien arrosés où la végétation prospère. Sur quelques points, comme aux environs d'Astrakhan, le sel qui imprègne le sol favorise même puissamment la végétation de certaines plantes. Les steppes des Kirghises nourrissent de vastes troupeaux de chameaux et de bestiaux. Mais tout le Turkestan proprement dit, si l'on en excepte les bords de l'Oxus et de l'Iaxartes, ne constitue qu'une vaste plaine de sable (désert de Kharesm, Kysyl-koum, Arys-koum, Koktchasary-koum, etc.), qui s'étend au nord-est jusqu'aux monts Alatau et au sud-est jusqu'au Ferghana.

Dans la Sibérie septentrionale, ainsi qu'au nord de l'Europe, les plaines prennent un aspect marécageux : elles sont coupées çà et là par des lacs d'eau douce ou salée ; le sol demeure gelé à une grande profondeur pendant la majeure partie de l'année. Au contraire, dans la Sibérie méridionale, le soleil d'été fait promptement fondre la neige, et la végétation, qui reparaît comme par enchantement, donne au pays un aspect varié et animé qu'on ne s'attendrait point à trouver à d'aussi hautes latitudes. C'est qu'en effet, dans ces contrées, l'été et l'hiver ont un caractère d'opposition plus tranché que partout ailleurs. Au printemps, on dirait qu'il se livre entre les deux saisons un combat acharné ; bientôt la grande quantité de chaleur apportée par les mois de juin et de juillet répare le long arrêt de la végétation. En juillet, l'atmosphère devient sereine et douce ; des milliers d'insectes, surtout de mouches, apparaissent tout à coup ; mais avec octobre reviennent déjà les brumes, précurseurs de l'hiver ; en novembre, le renne gagne le fond des forêts. Pendant les longues nuits, l'accumulation des neiges, la rigueur des vents glacés déterminent des froids qui abaissent le thermomètre jusqu'à — 53° et — 54°.

Les régions plates et basses du nouveau monde ont un caractère très-différent. Une vaste plaine occupe toute l'extrémité méridionale de ce continent, depuis la Terre de Feu jusqu'au Tucuman et aux montagnes du Brésil, sur une étendue de plus de 27 degrés en latitude et une surface de 1 620 000 milles carrés. Tandis qu'à l'une de ses extrémités, se montrent les palmiers, l'autre est recouverte, une grande partie de l'année, par d'épais frimas. La Patagonie, depuis sa pointe méridionale jusqu'au bord du Rio-Colorado, n'est qu'un immense désert où apparaît seulement par places une végétation maigre et épineuse; des eaux saumâtres, des lacs salés, des incrustations de sel blanc, alternent avec cette triste verdure. Un tel aspect persiste jusqu'au pied des Andes, dont les versants dénudés et les terrasses basaltiques semblent un rempart de fer élevé à l'extrémité de ce désert.

La Patagonie orientale ne constitue pas cependant, à proprement parler, une plaine unique; c'est plutôt une succession de plaines horizontales dont les niveaux arrivent à des altitudes de plus en plus grandes, et qui sont séparées par de longues lignes de rochers escarpés. On s'élève ainsi insensiblement jusqu'au pied des Andes, dont les premiers plateaux ne sont encore qu'à 900 mètres au-dessus du niveau de la mer. Ces plaines étagées sont coupées çà et là par des torrents, des ruisseaux; mais les eaux y sont trop peu abondantes pour rendre au sol la fertilité. Dans ces plaines se font sentir les mêmes variations extrêmes de température propres aux larges plaines de l'Ancien monde; les vents y arrivent par leur violence aux proportions de l'ouragan.

A quelques milles au nord du Rio-Colorado, le sol change de nature; c'est un calcaire rougeâtre, une terre argileuse contenant des concrétions irrégulières d'une marne durcie. Là commencent les *pampas*, plaines sans cours d'eau, arrosées seulement par de longues pluies et dont la végétation monotone produit à l'œil une aussi triste impression que la stérilité. D'immenses tapis d'herbes et de graminées s'y déroulent; pas un arbre, pas même un arbrisseau ne s'y montre, sauf l'*umbu*, dont les cimes solitaires fournissent çà et là des points de repère au milieu de ces mers d'herbes. Le sol est presque aussi uni que la surface des eaux; on y chercherait vainement une pierre, un bloc détaché. L'aspect des pampas n'est cependant pas partout identique. Jusqu'à 60 lieues à l'ouest de Buenos-Ayres, le sol est couvert de chardons et de plantes légumineuses du vert le plus vif, tant que persiste l'humidité due aux longues pluies. Au retour des chaleurs, cette fraîcheur se fane, et un mois suffit pour que les chardons atteignent, comme dans les steppes de la Russie, une hauteur de plusieurs mètres; ils défendent alors par un épais rempart de broussailles l'accès des pampas. Ces tiges herbacées d'une si étonnante venue se dessèchent à la fin, sous les feux dévorants de l'été; le vent en emporte les débris, et la luzerne reparaît.

Plus à l'ouest, jusqu'à une distance double, d'épaisses touffes d'un riche gazon alternent avec de jolies fleurs; ce sont des pâturages inépuisables où les bestiaux vivent par milliers. A ces belles prairies succède une région de fondrières et de marécages; celles-ci font bientôt place à une suite de ravins, à un sol rocailleux qui vient se terminer à la ligne des buissons épineux et d'arbustes touffus tracée au pied des Andes. Les plaines unies d'Entre-Rios et de l'Uruguay, celles de Santa-Fé, une grande partie de celles de Cordova et de Tucuman sont formées par une suite de pelouses. Les bords du Parana et des autres tributaires de la Plata semblent de longs rubans d'oasis tendus sur ces déserts de verdure. Une foule de plantes tropicales, de palmiers et d'autres arbres, émaillent le gazon. A l'ouest du Paraguay, le désert prend un tout autre caractère : la stérilité de la Patagonie reparaît; l'immense plaine de sable du Grand-Chaco ne présente que des cactus et des aloès.

Les pampas de la république Argentine sont à 300 mètres au-dessus de la mer; mais, à mesure qu'on s'approche des Andes, le niveau s'abaisse, et le peu de pente du sol donne naissance à des lagunes et à des marécages dont l'étendue est quelquefois prodigieuse. La lagune d'Ibera offre une superficie de 1000 milles carrés, entièrement couverte de plantes aquatiques. Les pluies annuelles viennent changer ces marais en des lacs dont les eaux inondent, parfois dans les pampas, de longs espaces auxquels elles apportent momentanément un précieux engrais. Beaucoup de bétail périt dans ces inondations, fréquemment suivies de sécheresses plus redoutables encore, et durant lesquelles les herbes s'enflamment sur des étendues considérables; en sorte que, tour à tour, l'eau, le manque de nourriture et le feu répandent dans ces régions la désolation. Les *punas* ou *punos* du Pérou, dans lesquels paissent en foule les vigognes, les ânes et les mulets, ressemblent aux pampas. Ce sont de grandes plaines arides, souvent presque impraticables, qui séparent alternativement avec des montagnes les *bolsones* ou vallons des Andes. Entre cette chaîne et la mer s'étend, au Pérou, de Tumbez à Copiapo, un vaste désert d'une largeur variant de 30 à 60 milles géographiques (désert d'Atacama), qui rappelle l'aspect du Sahara, mais est plus arrosé.

La région des forêts s'interpose entre les grandes plaines du sud de l'Amérique méridionale et celles qui s'étendent au nord. Au Brésil, elle caractérise surtout le sol formé par le gneiss; elle recouvre le bassin de l'Amazone depuis la Cordillère de Chiquitos jusqu'à la chaîne de Parime; elle confine à la Sierra dos Vertentes et embrasse ainsi une aire égalant la superficie de six fois la France; elle s'étend depuis le 18ᵉ parallèle S. jusqu'au 7ᵉ parallèle N., et est conséquemment coupée, dans toute son étendue, par l'équateur. En quelques cantons cependant, la forêt est interrompue, tantôt par des plaines marécageuses, comme entre le 3° et le 4° Lat. N., tantôt par des plaines herbeuses analogues aux pampas, comme par exemple au sud de la chaîne de Pacaraina. Au Pérou, les forêts sont particulièrement propres à la région transandine que l'on distingue, sous le nom de *Montana*, de la région des Cordillères orientales dite *Sierra*, présentant l'une et l'autre des vallées élevées dont quelques-unes atteignent la région des neiges perpétuelles (*paramos*).

Dans cette région forestière, la végétation est si active qu'on n'y peut pénétrer qu'en suivant le cours des fleuves. Cette luxuriance de la végétation se manifeste au reste dès le Mexique. Dans ce pays, remarque le savant voyageur J.-W. de Müller, un arbre prend en trois ans la grosseur qu'il n'atteindrait pas en Europe avant douze ou quinze ans. Aussi bien des forêts de la *Tierra templada* ont-elles l'apparence de forêts vierges. Les anneaux concentriques qui indiquent dans le tronc d'un arbre européen chacun une année de croissance, se forment là comme dans les autres contrées tropicales, au nombre de trois à six par an. Si les forêts du Mexique égalent celles de l'Amérique du Sud pour la puissance de la végétation, elles ne présentent pas une atmosphère aussi chaude et aussi humide. Dans les forêts vierges du Brésil et de la Guyane, l'épaisseur des futaies et des fourrés s'oppose à ce que l'air circule; l'atmosphère y est lourde et chargée de miasmes qui en rendent la fréquentation dangereuse pour les Européens. Après que des pluies abondantes et périodiques se sont versées sur ces amas de feuillages, l'humidité devient telle que, chaque matin, un nuage de vapeur s'élève du milieu des faisceaux de lianes et d'arbres dont les entrelacements font de la forêt un immense berceau. Durant le jour, un silence de mort y règne; c'est seulement après que le soir a ramené la transparence et la fraîcheur de l'air, que les milliers d'oiseaux perchés sur la cime des arbres, les animaux qui se cachaient dans les fourrés, annoncent leur présence par les éclats intermittents de leur chant ou de leur cri. Quand la nuit est devenue profonde, tout rentre dans le silence jusqu'à l'aurore, où recommencent ces mille bruits des grands bois, cette vie des forêts que Humboldt a décrite avec un charme infini.

Les *llanos* de l'Orénoque, les savanes du Vénézuéla forment la zone septentrionale des plaines de l'Amérique du Sud; ils occupent une superficie de 246 255 700 mètres carrés compris entre le delta de l'Orénoque et les rivières Caqueta et Putumayo, superficie aussi plate que celle de la mer. Tout le bassin de l'Orénoque, de même que celui de l'Amazone, constitue une immense plaine qui s'est formée sur le versant oriental de la chaîne des Andes. On n'y rencontre, pour ainsi dire, pas une éminence ; la presque totalité de sa surface est dépouillée d'arbres, même de buissons. Çà et là cependant des palmiers rappellent l'existence de la végétation arborescente et se groupent en bosquets, *palmares*, autour desquels poussent quelques jolies fleurs. La planimétrie du sol n'est interrompue que par deux sortes d'inégalités : les unes consistant en des bancs de plusieurs lieues de longueur, formés d'un calcaire grossier et compacte s'élevant à une hauteur de 1 ou 2 mètres, et dont l'œil n'aperçoit la saillie que sur leurs bords ; les autres révélées seulement par les mesures barométriques et appelées *mesas*. Sur ces petits plateaux, l'aridité et la chaleur sont excessives. Malgré leur faible élévation, ils servent de points de partage entre les eaux qui coulent au sud-ouest et celles qui coulent au nord-est, entre les affluents de l'Orénoque et les rivières qui vont se jeter au nord de la Colombie. Pendant la saison humide, depuis le mois d'avril jusqu'à celui d'octobre, des pluies tropicales font grossir les fleuves et inondent les *llanos* ; elles donnent naissance à des marais momentanés, et le limon qu'elles entraînent rend à la végétation l'activité et la fraîcheur ; car durant le temps des pluies, la chaleur est accablante. Tous les phénomènes, tous les accidents signalés plus haut pour les pampas, se reproduisent alors.

Il y a donc, dans l'Amérique méridionale, ainsi que le remarque Humboldt, trois espèces de savanes. Au sud, celles que recouvrent des graminées, ce sont les *pampas* ; au centre, celles qui occupent le bassin de l'Amazone et du Rio-Negro, ce sont les *forêts* ; au nord, les *llanos* proprement dits.

L'Amérique septentrionale a aussi sa région de plaines, comprise entre les Montagnes Rocheuses et les Monts Alleghanies ; elles s'étendent depuis l'Océan arctique jusqu'au golfe du Mexique. Cette région embrasse les vallées du Mississipi, du Saint-Laurent, des rivières Nelson et Churchill, du Missouri, du Mackenzie et du Coppermine ; elle occupe une superficie de 5222 226 850 mètres carrés, c'est-à-dire environ 395 millions de mètres carrés de plus que la grande plaine centrale de l'Amérique du Sud. A côté de cette plaine, il faut aussi mentionner la large vallée centrale qui traverse du nord au sud tout le système des Appalaches; elle est occupée au nord par le lac Champlain et la rivière Hudson; en Pensylvanie, elle porte le nom de Kittatinny ou Cumberland; en Virginie, celui de *Grandes vallées*, et plus au sud, celui de Vallées de Tennessee oriental. Cette longue dépression est bornée au sud-est, presque sans interruption, par une chaîne de montagnes appelée tour à tour *Montagnes vertes* (Vermont), *Highlands* (New-York), *Montagnes du sud* (Pensylvanie), *Blue ridge* (Virginie), *Iron mountains* (Tennessee), *Smoky moutains* (Tennessee).

L'Amérique septentrionale, continent long de plus de 7000 kilomètres, s'élargit vers le nord et n'est coupée par aucune autre élévation qu'un plateau assez bas qui la traverse sur la ligne des lacs du Canada et des sources du Mississipi. Ce plateau ne dépasse pas en altitude 460 mètres, et se tient d'ordinaire à 200 mètres. Il constitue l'arête de partage des eaux qui se rendent dans le bassin du Mississipi et de celles qui se versent dans l'Océan arctique. Cette vaste plaine est caractérisée par sa constante uniformité; elle s'élève en pente insensible depuis le golfe du Mexique jusqu'aux sources du Mississipi, et de la rive droite de ce fleuve jusqu'aux Montagnes rocheuses. A partir de la rive gauche, au contraire, le pays change de physionomie; les collines et les vallées se succèdent, et la fertilité s'annonce par cette succession même. L'uniformité des plaines de l'Amérique du Nord n'est pas cependant telle qu'on ne puisse les diviser en régions d'un caractère assez distinct. En effet, dans la partie moyenne et méridionale, elles présentent l'aspect d'immenses savanes herbeuses, ce qui leur a valu le nom de *prairies*. Aux États-Unis, elles recouvraient la partie orientale de l'État d'Ohio, l'État d'Indiana, la partie méridionale du Michigan et du Wisconsin, la quasi totalité de l'Illinois et de l'Iowa, la région nord de l'État de Missouri. Les *prairies* se transforment graduellement en plaines dans le Kansas et le Nebraska et font place à la région déserte et aride qui s'étend à la base des Montagnes rocheuses. Les *prairies* du Canada se terminent à l'ouest au *grand coteau du Missouri*, en remontant au nord jusqu'au bassin du lac Winnipeg. Cette région des prairies occupe du Mississipi aux Rocheuses un espace de 3 739 400 kilomètres carrés ; elle s'élève en moyenne à 144 mètres au-dessus du niveau de la mer. Elle n'offre pas une constante uniformité ; elle est coupée çà et là par des cantons pierreux, arénacés, ou d'un sol salifère, des chaînes de collines, des forêts ; mais elle présente sur sa plus grande surface des immenses pâturages, où paissent les troupeaux de bisons. Plus au nord, la plaine prend un aspect qui rappelle les *toundras* de la Sibérie ; ce sont les *barren grounds*. Au sud, un désert de sable, large de 500 à 650 kilomètres, s'étend au pied des Rocheuses jusqu'au 41º Lat. N. Les plaines desséchées du Texas et le pays du Haut-Arkansas affectent presque le même caractère que le plateau de l'Asie. Là sont des véritables steppes, complétement dépouillées d'arbres dans leur partie septentrionale, dévorées par la chaleur en été, glacées en hiver par les vents qui soufflent des Montagnes rocheuses. Le Mexique a aussi ses grands déserts, comme dans la Sonora, plateau au sol rocailleux ou sablonneux, semé de lacs salés et d'efflorescences salines, les *despoblados* où ne poussent guère que des plantes épineuses. Au voisinage du Mississipi, le sol devient meilleur. Sur la rive droite du fleuve, les savanes cessent parfois d'être aussi plates et se renflent en petits mamelons ; des fleurs, des liliacées surtout, émaillent l'interminable gazon et embaument l'air ; mais ce sont là des exceptions. Cette végétation, qui se marie à quelques autres arbustes, forme de vraies oasis dans le désert de verdure. Au nord, sur l'ancien territoire des Indiens Assiniboines et aux alentours du lac Winnipeg, une ligne de forêts sépare les *prairies* des landes glacées et marécageuses caractéristiques de la région boréale. Des forêts d'une autre physionomie, exclusivement composées de conifères, forment la limite méridionale du continent septentrional américain; elles recouvrent le désert sablonneux qui s'étend depuis le fond du golfe du Mexique à partir de *Pearl-River*, jusque dans la Floride et même la Caroline.

Ainsi les forêts que l'homme détruit peu à peu, occupaient, dans les parties basses de l'Amérique, tout ce que l'herbe ou le sable n'avaient point envahi. Composées de conifères, elles s'avancent encore aujourd'hui jusque dans la Caroline du Nord et la Virginie, et retrouvent dans le Maine, surnommé par les Yankees *Lumber* et *Pine-tree State*, ainsi que dans le Canada, leur profondeur, leur extension primitives. Les essences qui les peuplent s'opposent généralement à ce qu'une végétation herbacée s'abrite sous leurs épais ombrages. Ces forêts canadiennes, quoique annonçant une végétation moins luxuriante que les forêts vierges de l'Amérique méridionale, ont cependant aussi leur majesté. Elles sont parfois le théâtre d'incendies terribles, magnifiques dans leur horreur et qui ont déboisé une grande partie du *Ruperts' Land*. Quand les frimas en recouvrent les arbres, quand la neige s'est amoncelée sur leur cime, quand leurs branches, leur feuillage sont entourés d'une enveloppe de glace, ils ressemblent, au reflet du soleil, à d'innombrables pyramides de cristal où seraient enchâssés des milliers de diamants.

Les arbres se prolongent encore plus au nord de l'Amérique, le long des fleuves; mais les forêts épaisses ont disparu, et le sol devient de plus en plus impropre à la culture : c'est qu'en effet, ce sont les grands cours d'eau de ce continent qui y entretiennent la fertilité et la vie. Sitôt que l'on s'éloigne de leurs bords, la nature reprend sa triste uniformité ou son aridité désolante.

Le centre de l'Australie n'est, à l'ouest de la chaîne du *Denison range*, pour ainsi dire, qu'une vaste plaine çà et là accidentée. Tantôt elle prend l'aspect d'un désert de gravier et de cailloux, interrompu par des fondrières comme au nord et à l'ouest du lac Wattiwidulo, tantôt elle offre de longs espaces arénacés ou une succession de

dunes qui se recouvrent pendant quelques mois de végétation, tantôt aussi ce sont d'immenses espaces plats, coupés
de lagunes et de cours d'eau, comme le delta du *Cooper
creek*. Plus au sud, l'herbe paraît fréquemment, et l'on
voit se dérouler de vastes pâturages; mais jusqu'aux 33°
lat. S., ils alternent avec le désert, et les forêts ne se
multiplient qu'au midi du Murrumbidgee.

Dans l'Europe occidentale, il existe aussi quelques
grandes plaines appartenant aux formations tertiaires, telles
que les landes de Gascogne, composées de sables mêlés
de grès ferrugineux et dont la hauteur, au-dessus du niveau de la mer, ne dépasse guère 20 mètres. La Bresse
offre également une vaste dépression recouverte d'un sol
sableux, argileux et cailouteux. Les grandes plaines de
l'Europe varient beaucoup dans leur composition géognostique. Les plus basses appartiennent généralement à des
terrains d'alluvions anciennes, déposées par les puissants
cours d'eau qui ont autrefois arrosé la surface du globe.
Ces alluvions se rencontrent en Westphalie, dans la
Prusse, la Pologne, la Russie et le sud-est de la France.
La totalité du Dauphiné, toute la vallée du Rhône, de
Lyon à la mer, présente des débris qui n'ont pu être charriés par le fleuve; ils reparaissent dans les vallées latérales, se lient à toutes les terrasses qu'on observe sur les
dépôts précédents, et sont dans la partie supérieure les
témoins de la vaste nappe qui recouvrait les dernières
pentes des Alpes. Les dépôts diluviens se prolongent
sans interruption jusqu'aux plaines de la Camargue et de
la Crau, large dépôt de cailloux roulés, dont on suit la
route directe dans la vallée de la Durance jusqu'au centre
des Alpes qui les a fournis. On retrouve ces mêmes dépôts dans le Piémont, la Lombardie, les plaines de la Bavière, sur les bords du Rhin, et enfin dans la Suisse; ils
entourent tout le groupe alpin.

Deltas.

A côté de ces alluvions remontant à une époque géologique qui a précédé la nôtre, s'en placent d'autres qui appartiennent à celle que les géologues désignent sous le nom de *période moderne*. Plusieurs des contrées où la civilisation s'est développée dès la plus haute antiquité, ne sont, pour ainsi dire, que le présent des grands fleuves qui les arrosent. Les terres charriées par ces vastes cours d'eau se sont déposées peu à peu, à la suite d'inondations fréquentes, et ont formé un riche limon. Les derniers débris terreux que les eaux entraînaient se sont arrêtés à l'extrémité de leur parcours, et le fond de l'embouchure, s'élevant graduellement, a fini par constituer un sol nouveau, coupé çà et là par les bras du fleuve, et en quelque sorte conquis sur la mer. C'est ce qu'on nomme des *deltas*, par analogie avec la forme de la lettre grecque appelée de la sorte, qu'affectent les terres ainsi accumulées à l'extrémité du Nil.

Les deltas jouent un grand rôle dans l'histoire des plus antiques nations du globe, et constituent un des traits saillants de sa surface. Le plus célèbre, celui qui a valu son nom aux autres, est le delta du Nil. Une grande partie des côtes de la Basse-Égypte est bordée de lagunes peu profondes dont le limon du fleuve vient exhausser le fond; l'une d'elles, le lac Maréotis, a même déjà disparu, une première fois, et fut remplacé, pendant plusieurs siècles, par une vaste plaine sablonneuse absolument stérile et en partie imprégnée de sel. On compte cinq de ces lagunes ou lacs, dont quelques-uns sont séparés de la mer par des langues de terre, des crêtes de sable, sur lesquelles s'élèvent, de distance en distance, de petites dunes : c'est ce que les géologues appellent des *cordons littoraux*. Ces cordons se retrouvent surtout dans les localités où existent les lagunes, nommées par les Espagnols *albuferas*. L'un des plus remarquables ferme le lac de ce nom, dans la province de Valence, près de l'embouchure du Xucar, où un phénomène d'atterrissement analogue à celui du Nil a été constaté.

Par sa disposition générale, le delta du Nil ressemble à ceux de moindre étendue que forment certains fleuves de l'Europe, notamment le Pô et le Rhône ; mais ce qui le distingue, c'est l'invariabilité presque complète de son contour extérieur ; il n'a pas éprouvé le changement rapide observé à l'embouchure du Pô, qu'il rappelle moins sous ce rapport qu'il ne rappelle le Rhin. La côte d'Égypte est demeurée à très-peu près telle qu'elle était, il y a 3000 ans, sauf qu'en certains points elle s'est avancée dans la mer.

Les phénomènes qui se sont produits au delta du Nil reparaissent presque identiquement dans d'autres deltas. Aux deux côtés de l'embouchure du Pô, s'étendent les deux vastes lagunes de Venise et de Comacchio. La première est séparée de la mer par des langues de terre sablonneuse appelées *lidi*, disposition que l'on retrouve aux *haffs* en Prusse, sur la Baltique. Le Rhin, la Meuse et l'Escaut débouchent dans le même estuaire, et y dessinent un vaste delta qu'ils traversent par plusieurs bras. Dans l'antiquité, le Rhin en avait deux, dont l'un, le Wahal, lui est commun avec la Meuse. Les deux autres, l'Yssel et le Leck, lui furent ajoutés artificiellement plus tard. Peut-être le dernier n'a-t-il été qu'agrandi de main d'homme ; mais il a enlevé à la branche principale qui se jetait dans la Mer du Nord, au-dessous de Leyde, toute son importance. Des alluvions considérables, en se formant sur les rives de ce vieux Rhin, ont donné naissance à une partie de la province de Hollande. A l'embouchure de ce fleuve, comme à celles de la Meuse, de l'Escaut, de l'Ems, du Wéser, de l'Elbe, il se produit, lors de la marée montante, un calme durant lequel sont précipitées les matières terreuses tenues en suspension dans les eaux. De là résulte un sédiment que les vents répandent sur la plage. Ces dépôts successifs élèvent le rivage, et il se forme une alluvion étendue qui reste à sec dans les marées moyennes. On nomme *polders* ces terres nouvelles, d'une fertilité vraiment surprenante, et dont les Hollandais tirent grand parti dans leurs cultures. Durant les hautes marées, ou pendant les tempêtes, les polders seraient infailliblement submergés, si l'industrie active des habitants n'avait opposé des digues à l'invasion des eaux de l'Océan.

En Asie, l'Euphrate et le Tigre ont donné naissance à une grande terre d'alluvion. Aux débordements de ces fleuves se rattachent les plus anciens souvenirs de l'histoire du monde. Peut-être le déluge dont il est question dans la Genèse, est-il dû à quelque antique et vaste débordement de l'Euphrate. Toutefois, son bassin et la plaine de Babylone présentent des formations alluviales dont la date est certainement plus reculée que celle qui peut être assignée au déluge biblique. Ainsi que l'a remarqué M. Ainsworth, depuis une époque immémoriale, les eaux entraînent dans la vallée de la Babylonie des fragments de rochers détachés du mont Taurus, et l'on ne saurait rapporter à la période du grand cataclysme, que les dépôts situés au sud-est de Babylone, dans la région où l'Euphrate se réunit au Tigre. Quant au cours du bas Euphrate, il a subi depuis les temps historiques, comme celui du bas Nil, de notables changements.

Les deltas se retrouvent à l'embouchure de bon nombre de fleuves de l'Hindoustan, mais la disposition varie suivant l'action des eaux. La mer oppose aux ondes qui s'y versent une résistance plus ou moins vive; elle rejette son sable vers la côte, tandis que la rivière y charrie de la vase; de là une lutte dont les effets se dessinent pour ainsi dire à l'extrémité des fleuves. Tantôt ces dépôts font reculer la mer, tantôt, par un envahissement de celle-ci, ils sont creusés en canaux plus ou moins profonds. La partie montagneuse de l'Orissa, que la tradition nous représente comme ayant été jadis baignée par la mer, en est aujourd'hui séparée par une plaine d'alluvion de 250 kilomètres de long et de 80 de large. Les trois fleuves qui arrosent cette partie du Bengale, se ramifient en une multitude de bras, anamostosés et contournés sur eux-mêmes, avant d'atteindre la mer au milieu d'une région marécageuse, toute pleine d'étangs, de lacs; le plus considérable de ceux-ci est le lac Chilka que sépare de l'Océan une étroite bande de sable, et qui reçoit l'un des bras du Mahanaddy. Au moment des pluies, les rivières gonflées se précipitent de tout côté dans le lac, en chassant l'eau de la mer, de sorte que le Chilka n'est plus alors qu'un amas d'eau douce; mais quand souffle la mousson du sud, l'Océan pousse vers le rivage le sable en abondance, refoule les eaux du fleuve et les force à déposer la vase dont elles sont chargées. L'action du Mahanaddy l'emporte-t-elle, ses ondes refoulent à leur tour les eaux de l'Océan, se creusent un canal à travers les bancs de sable accumulés; enfin quand ces deux actions contraires viennent à s'équilibrer, il se produit une barre à quelque distance de l'embouchure du fleuve, dont le delta s'augmente par les dépôts qu'elle abandonne à droite et à gauche.

On peut observer en d'autres parties du monde des faits analogues, en Amérique notamment où existent bien des deltas. Il faut surtout signaler dans l'Amérique du Sud celui de l'Orénoque. Dans l'Amérique du Nord, il s'en rencontre plusieurs sur la côte orientale, laquelle est bordée depuis le New-Jersey jusqu'à la Caroline, par une série de cordons littoraux d'une disposition très-remarquable; mais entre tous les deltas du nouveau monde, le plus digne d'attention est celui du Mississipi. Ce fleuve, un des plus considérables du globe, commence à se diviser à 460 kilom. du golfe du Mexique; il pousse plus bas, vers l'Ouest, un large bras, l'Atchafalaya, dont l'embouchure est éloignée de Balize, extrémité du bras oriental, de 320 kilom. Ces deux points marquent l'ouverture du delta du Mississipi, que sillonnent trois autres bras principaux et qui forme dans son ensemble un triangle d'une surface supérieure à celle du delta du Nil. La plus grande partie de ce triangle et des terres basses adjacentes, est souvent couverte par les eaux. L'entrée du Mississipi n'est donc qu'une succession de marécages dont la présence est aussi funeste à la salubrité des contrées voisines que celle du Sunderbund l'est pour l'Hindoustan. C'est de ce foyer miasmatique que sort la fièvre jaune qui désole toute l'Amérique tropicale, et dont le domaine, de même que celui du choléra, sorti des bords du Gange, va sans cesse s'agrandissant.

Pendant l'inondation qui se produit périodiquement, tous les bras du Mississipi débordent, et il ne reste au-dessus du vaste lac temporaire que d'étroits viaducs. Le régime de ces bras ou *bayous* est différent de celui du fleuve lui-même; ils ne participent point de sa profondeur, laquelle est de 30 à 40 mètres. Leur prise d'eau a lieu par une légère échancrure des bords du fleuve, et, excepté durant l'inondation, ils ne conduisent à la mer qu'une très-petite portion du Mississipi. En été, quelques-uns, l'Atchafalaya notamment, au lieu de lui rien emprunter, lui versent les eaux qu'ils recueillent des marécages de la plaine.

Ce delta, comme ceux du Pô, du Rhône et du Nil, renferme de grandes lagunes salées et peu profondes, dont plusieurs constituent de véritables lacs. La quantité de limon qu'entraîne un volume d'eau si considérable est telle, que non-seulement le Mississipi en couvre au loin ses rives, plus élevées que les terres adjacentes, mais qu'il en dépose encore une prodigieuse quantité à son entrée dans la mer, surtout à l'embouchure de son cours principal. Lors de l'inondation du printemps, le bas Mississipi n'est plus un fleuve, c'est une sorte de mer boueuse qui se précipite vers le golfe du Mexique, en charriant une immense quantité de bois, de troncs d'arbres que ses affluents et lui-même ont arrachés de leurs bords. Des îles prennent rapidement naissance entre les passes, îles basses, formées de sable, qui rappellent les teys formées de même aux bouches du Rhône et dont le contour change chaque année. Le delta du Mississipi est conséquemment le théâtre incessant de formation de terres nouvelles. D'après M. R. Thomassy, les atterrissements du Mississipi s'avancent en moyenne de 100 mètres par année, soit un mille par seize ans.

La formation des deltas est donc un des phénomènes

géologiques comparativement les plus modernes qui se soient accomplis à la surface du sol ; elle doit être rangée parmi ceux que l'on peut appeler contemporains. En effet les changements de configuration et d'altitude des terres placées à l'embouchure des fleuves, appartiennent aux transformations dont le relief du globe est encore aujourd'hui le théâtre ; ils sont comme le retentissement affaibli des révolutions qui se produisirent, tantôt graduellement, tantôt subitement, avant notre période géologique.

Exhaussements et soulèvements, atolls.

De même qu'aux embouchures de certains grands fleuves, le sol semble sortir des eaux par le travail des alluvions, des plages tout entières et des dépôts meubles superficiels sont soulevés. Le fait a été observé en Scandinavie, où le soulèvement s'effectue encore lentement dans la partie orientale. La limite supérieure de la végétation s'abaisse sur les hautes montagnes ; l'on y voit les forêts de pins se terminer à une zone d'arbres morts depuis plusieurs siècles et restés debout. Ailleurs, on rencontre à 100 mètres d'altitude, dans l'intérieur des terres, des argiles coquillières, mêlées à des coquillages marins, recouvertes par des sables en forme de dunes et couronnées de blocs erratiques. Une foule de lieux offrent la trace du séjour des eaux marines, et les différentes lignes du niveau des mers ont été retrouvées sur les côtes du Finmark.

Ces soulèvements paraissent s'effectuer autour d'un axe fixe ; car une ligne traversant la Scandinavie de l'est à l'ouest, à la hauteur de Solvitsborg, est parfaitement stable depuis nombre de siècles ; tandis qu'au nord de cette ligne, le continent tout entier semble s'être élevé d'une quantité très-considérable, et continue aujourd'hui son mouvement d'émersion, dont l'intensité s'accroît à mesure qu'on s'avance vers le nord. L'Australie s'élève graduellement de plus en plus au-dessus de la mer, qui la divisait originairement en plusieurs îles dont le retrait de celle-ci a fait un seul continent.

Au Chili, s'observe un phénomène du même genre : un soulèvement paraît s'être opéré depuis le Pérou jusqu'au détroit de Magellan. C'est ce qu'établit pareillement la présence de dunes atteignant plus de 100 mètres et remplies d'ossements de cétacés, de coquilles semblables à celles de la côte. Des terrasses, placées maintenant à 75 mètres d'altitude, sont entièrement formées de coquilles identiques à celles que nourrissent aujourd'hui les rivages de l'Océan. Ces bancs coquilliers se continuent du 45e au 12e degré de latitude sud. Sur quelques points, comme à Valparaiso, le soulèvement semble avoir été à 400 mètres.

En Italie, l'envahissement par les eaux de la mer, des ruines du temple de Jupiter-Sérapis, à Pouzzoles, est vraisemblablement le résultat d'un abaissement graduel du sol ; car l'on a constaté sur le même littoral la trace d'autres soulèvements. Toutefois, le phénomène qu'offre le temple peut trouver une explication différente.

De pareilles oscillations ont été signalées en une foule de régions. La côte occidentale du Groënland, la côte Somalie en Afrique s'abaissent graduellement. Des indices de soulèvements ont été reconnus à la côte est de l'Écosse, et en Irlande, non loin de Waterford, sur la côte septentrionale de l'île de Crète ; dans la Caroline du Sud, des changements de niveau continuent de produire des modifications bien visibles dans les contours du littoral. Des dépressions et des élévations alternatives s'y sont opérées. La mer a jadis envahi des parties de la côte nord de l'Armorique ; de vastes forêts littorales ont été ainsi englouties dans les flots. La côte de l'East-Riding (Yorkshire) est encore actuellement le théâtre d'un semblable phénomène. A l'embouchure de l'Amazone, la mer gagne annuellement, depuis bien des siècles, des espaces considérables. Les îles de Marajo, de Caviana, de Maxiana, situées à l'extrémité de ce vaste fleuve, sont autant de débris du continent qui a disparu. Cette invasion des eaux de l'Atlantique, manifeste à l'île Santa-Anna et sur les côtes de Maranham et de Para, tient peut-être à l'action d'un courant sous-marin très-puissant.

A. de Humboldt a démontré que c'est à des oscillations locales du sol que sont en partie dus les changements considérables qui ont eu lieu dans le bassin de la mer d'Aral et le cours de l'Oxus. Cette mer intérieure ne formait d'abord qu'un renflement latéral du fleuve, qui se jetait dans la Mer Caspienne par un bras, desséché depuis le seizième siècle. D'autre part, l'étude de la flore du bassin de l'Aral, faite par M. Borchtchoff, a montré que ce lac est le reste d'une vaste mer qui a disparu ; ce que l'exploration géologique confirme. Cette mer aralo-caspienne dut s'étendre, à l'âge quaternaire, sur une grande partie des steppes situées entre l'Oural et le Volga, et baigner, au sud, le pied du Caucase ; peut-être même recouvrait-elle, dans le principe, le désert de Gobi.

Plusieurs auteurs ont rapporté avec vraisemblance ces divers phénomènes à des actions volcaniques. Il est certain que de telles actions ont amené la formation de terres nouvelles. Depuis l'époque historique, des îles ont surgi du sein des flots ou se sont détachées de continents ; ce qui a été presque toujours dû à des tremblements de terre ou à des soulèvements volcaniques. Peut-être le détroit de Gibraltar n'a-t-il pas d'autre origine. Suivant Marsden, la chaîne d'îles qui est parallèle à la côte occidentale de Sumatra en fit jadis partie et en a été séparée par quelque violent effort de la nature. Sumatra est effectivement une terre volcanique ; des cônes de volcans, en se soulevant du milieu des eaux, ont pu déterminer la formation d'îles ; quelques-unes datent incontestablement d'une époque presque contemporaine.

L'émersion de nouvelles îles doit être rangée au nombre des phénomènes les plus curieux et les plus considérables dont le relief du globe est encore le théâtre. Les coraux, les polypiers qui s'établissent dans les bas-fonds, et dont les débris calcaires se déposent par couches successives sur les bancs et les rochers, donnent naissance à une foule d'îles ; c'est ce qui s'est produit sur une vaste échelle dans l'Océan pacifique. Les coraux et les animaux analogues ayant besoin, pour se développer, d'être baignés par les flots de la mer, recherchent les lieux exposés à l'action constante des vagues. Mais la plupart des zoophytes accumulés ainsi sur les rochers ou sur les points du sol soulevés, ne peuvent vivre qu'à de faibles profondeurs ; ils élèvent peu à peu leur demeure jusqu'à fleur d'eau ; ils périssent très-rapidement et par milliers, dès que la mousson, en chassant les eaux, les met à découvert et que la pluie les atteint. Bientôt la mer les recouvre de débris de toute espèce, sur lesquels se développe ensuite la végétation. Les îles formées de la sorte, à la différence des îles volcaniques, sont basses ; leur surface est généralement fort boisée. Elles se composent de plateaux de corail adhérant entre eux à la base et qui finissent par se réunir de façon à constituer une île annulaire, dont le centre est occupé par un lac d'eau salée. Dans ce lagon central se développent en grand nombre les coquillages qui fournissent la perle et la nacre. Quand ces îles sont de plus vieille formation, on voit que la ceinture qui les entoure s'est élargie ; les coraux ne pouvant plus s'élever, s'étendent latéralement. Les brèches qui servaient de passes pour pénétrer dans le lac, se sont fermées, et l'île ne laisse plus alors saisir avec autant d'évidence son origine madréporique. Dans les îles plus anciennes encore, les bassins intérieurs se sont comblés peu à peu et ont finalement disparu. La Mer des Indes, l'Océan pacifique sont remplis de ces îles madréporiques dont les vastes agrégations offrent l'image des polypiers qui les forment. Au sud-ouest de l'Hindoustan, les îles Maldives et Laquedives furent ainsi créées, et leur origine est si récente que pour plusieurs la date à laquelle elles ont pris naissance est connue ; d'autres se détruisent dans l'espace de quelques années.

Ces îles de récifs ou *atolls* ont produit dans l'Océanie des centaines d'archipels. Les polypiers y entourent presque chaque île d'une barrière élevée qui constitue, à une certaine distance de la côte, une ceinture littorale. D'autres fois, c'est la côte même qui est garnie de franges, de récifs. Les holothuries se fixent et vivent sur des masses de polypiers vivants, venant de la sorte grossir encore la base ou la carcasse de l'île ; et cependant ces îlots, qui se dressent au-dessus des flots, se trouvent parfois au voisinage d'une mer profonde, comme l'ont démontré les sondages faits aux îles Gambier et sur la côte occidentale de la Nouvelle-Calédonie. L'élévation des terres entourées de récifs, ainsi formés, est très-variable. Dans plusieurs, a remarqué Ch. Darwin, et comme on l'a observé à l'île Puynipet, une des Carolines, le premier noyau s'est abaissé ou s'abaisse graduellement, et les coraux viennent se fixer sur les plages submergées. Tahiti repose sur un noyau volcanique qui atteint en certains points 2133 mètres au-dessus de la mer, et en d'autres, n'est qu'à 15 mètres. L'étendue des îles coralligènes offre autant de diversité que leur altitude. Cela tient à une foule de circonstances : à l'agitation des flots qui favorise l'accumulation des polypiers, à la direction des vents qui chassent sur le sol la terre et des graines de cocotiers, de palétuviers ; ces arbres, par la décomposition de leurs feuilles, augmentent rapidement la couche de terre végétale.

L'Océan atlantique présente, bien qu'en moins grand nombre, des îles coralligènes. Dans la Mer des Antilles, au voisinage de Cuba surtout, on désigne sous le nom de *cayes* de petits îlots en partie formés de vase, de madrépores, qui se couvrent rapidement d'une végétation marine. Les îles Bermudes, situées par 33° de lat. N., sont les points les plus éloignés de l'équateur où existent les récifs madréporiques, et leur présence à cette latitude paraît même être due aux grands courants tièdes du gulf-stream. Dans l'Océan pacifique, ces sortes de récifs ne dépassent pas les îles Liou-Khiéou, par 27° de lat. N., et l'archipel des Sandwich. Dans l'hémisphère sud, ils ne s'écartent pas davantage, et même habituellement moins, de la ligne équinoxiale.

Il est à remarquer que toute la côte ouest de l'Amérique, au nord et au sud de l'équateur, n'offre point de bancs de polypiers ; ce qui se produit aussi sur la côte occidentale de l'Afrique. On ignore la cause de ces faits.

Tout ce qu'il est permis de dire, c'est qu'ils prouvent que l'apparition des îles coralliques est étrangère aux phénomènes ignés et qu'elles ne reposent pas toujours sur une base volcanique, car c'est précisément au voisinage de deux des régions les plus volcaniques du globe que les atolls font défaut. Nulle part les bancs de coraux ne sont plus étendus que sur le littoral de la Nouvelle-Calédonie et la côte nord-est de l'Australie, où les roches appartiennent à des terrains cristallins. En outre, les plus grands groupes d'atolls, les îles Maldives, Chagos, Marshall, Gilbert et Basses, n'offrent d'autres matières que celles qui constituent les polypiers même.

Volcans, actions volcaniques.

En une foule de points de la surface terrestre s'élèvent des espèces de cheminées naturelles d'où s'échappent des flammes, des matières en fusion, des gaz divers. C'est ce qu'on appelle des volcans. Là où ils existent, l'écorce du globe semble offrir moins de résistance; en sorte que si le liquide embrasé, contenu dans ses entrailles, vient à éprouver des mouvements brusques de poussée et de retrait, les effets s'en font là plus vivement sentir. Les volcans ont généralement la forme de cônes, au sommet desquels se trouve une ouverture dite cratère par où se fait l'éruption. Cette ouverture varie beaucoup de dimensions. Le plus grand cratère que l'on connaisse en Europe est celui d'un volcan éteint de l'Italie, que remplit aujourd'hui le lac de Bolsena ; sa circonférence est d'environ 22 milles géographiques.

Plusieurs volcans se sont formés depuis l'époque historique. Quand un phénomène de ce genre se produit, le sol s'entr'ouvre ; il s'échappe par cette fissure d'énormes quantités de vapeur d'eau et de gaz, des pierres brisées, des cendres, des scories, enfin des laves incandescentes qui sillonnent les flancs de la montagne [1]. Hors le temps d'é-

---

1. L'analyse spectrale des vapeurs qui s'échappent par les évents du

ruption, le fond du cratère est ordinairement formé d'une calotte de lave solide recouvrant la cheminée principale et d'où se dégagent, çà et là, par des fissures, des jets de vapeur sulfureuse. Souvent il y a un ou plusieurs gouffres tantôt remplis de vapeurs, tantôt laissant apercevoir dans leur profondeur la lave incandescente. Les éruptions ne se succèdent-elles qu'à de longs intervalles, les traces de la présence du volcan disparaissent parfois assez pour que les parois du cratère se couvrent de végétation. De vastes étendues de terrain sont sur le globe dues à l'action des volcans dont les déjections ont modifié certaines roches et donné, en se refroidissant, naissance à des roches d'une nature spéciale.

Des volcans, les uns sont en activité, les autres sont éteints ou semblent l'être; il est impossible toutefois d'établir entre ces deux classes une ligne de démarcation bien tranchée, leur constitution paraissant à peu près la même. Cependant il en est plusieurs, comme ceux de l'Auvergne, de l'Asie Mineure, du Harra, région volcanique qui s'étend à l'orient du Haurân, où les cratères et les coulées de lave offrent un aspect si ancien et que les traditions constatées nous représentent depuis les temps historiques si unanimement comme n'étant plus en activité, qu'ils doivent, selon toute vraisemblance, être rangés dans la catégorie des volcans éteints. Le nombre des volcans à éruptions demeure encore considérable. En Europe, on doit citer le Vésuve, l'Etna et le mont Hécla. La hauteur de ce dernier atteint 1557 mètres. Depuis l'an 1004 jusqu'à l'année 1772, on y a compté 24 éruptions; cette montagne demeura ensuite 53 ans sans donner aucun signe de travail.

Deux autres volcans de l'Islande, l'Œräfa-Jökull et le Skaptar-Jökull, sont entourés d'immenses glaciers. L'éruption de ce dernier volcan, en 1783, fit périr 9000 personnes,

Vésuve, du Stromboli et du volcan de Santorin, a démontré que les cratères lancent souvent dans l'atmosphère des gaz véritablement enflammés où l'on a signalé la présence abondante du sodium et de quelques autres corps simples; mais ce qui fait le fond de ces déjections gazeuses, c'est l'hydrogène sulfuré.

c'est-à-dire un cinquième de la population totale de l'île. L'éruption de 1845 décapita le mont Hécla; celle de 1860 détermina une fonte de glace qui inonda une partie de l'Islande. Tout le sol de cette île est volcanique, il est formé de trapp recouvert de trachytes sur lesquels se sont répandus çà et là en se durcissant les produits des éruptions. Ces produits peuvent être lancés fort loin. L'éruption commencée en 1874 et qui a continué en 1875, a amené, dans la chaîne du Dingjuf-Joll, la naissance d'un large cratère d'où s'écoulaient des flots de lave et de boue, et de plus petits cratères d'où sortaient des jets d'eau chaude et de vapeur. Dans la nuit du 29 au 30 mars 1875, une pluie épaisse de cendre et de sable tomba sur la côte ouest de la Norvége provenant de ces éruptions. Le pays jusqu'à la frontière suédoise se couvrit d'une poussière grise formée de silicate et l'on a constaté aux environs de Stockholm une pareille poussière, qui ne peut provenir que des volcans de l'Islande.

Des phénomènes analogues à ceux que nous présente cette île d'origine volcanique, ont été observés dans d'autres îles que leur configuration fait reconnaître comme ayant pour noyau un volcan ou un ensemble de volcans. Telles sont : l'île de Stromboli, située au nord de la Sicile et dont le cratère est en continuelle activité depuis les temps les plus anciens, les îles de Ténériffe et de Palma dans les Canaries, l'île de Fogo dans l'archipel du Cap Vert, les îles Hawaï et Maui dans l'archipel des Sandwich. J. Obséquens parle d'une île qui parut l'an de Rome 565 (189 avant J. C.), près de la Sicile, et qui lançait des flammes par trois cratères. Jusque dans ces derniers temps, on a vu ainsi des volcans émerger tout à coup du sein des eaux. En 1831, au sud-ouest de la Sicile, apparut l'île Julia, formée au pied d'un escarpement sous-marin. Les éruptions commencèrent par des vapeurs légères qui, augmentant peu à peu, produisirent une colonne permanente blanche et floconneuse de 500 à 600 mètres de hauteur. Ces vapeurs furent bientôt accompagnées de cendres et de pierres, dont la sortie intermittente précéda d'assez longtemps l'apparition du massif solide ; l'île s'éleva donc graduellement du sein des eaux. Un piton parut d'abord, puis plusieurs autres, qui finirent par se réunir autour du centre d'éruption. Les éruptions se succédèrent à certains intervalles, séparés par des périodes d'activité plus ou moins longues ; puis l'île disparut graduellement comme elle s'était montrée. Les matières incohérentes dont le massif était composé, s'écroulèrent sous l'action des vagues, après être restées quatre mois et demi au-dessus de la mer. Des phénomènes du même genre s'étaient produits antérieurement. Dans l'archipel des Açores, on vit, en 1811, près de San-Miguel, apparaître l'île Sabrina qui fut ensuite engloutie par les flots. En 1814, dans l'archipel des Aléoutiennes, l'île Bogoslaw apparut de la même façon, et en 1796 surgit celle d'Unalaska. Ces apparitions se liaient au mouvement qui a donné naissance à l'archipel, les îles Aléoutiennes étant toutes de constitution volcanique. Deux d'entre elles offrent encore des cratères en activité ; elles rattachent la chaîne des volcans de l'Amérique du Nord à celle de la péninsule du Kamtchatka. Les volcans se trouvent en effet placés le plus souvent dans un même alignement, les uns par rapport aux autres et marquent à la surface du globe comme la direction des agitations auxquelles a été soumise son écorce, par suite de l'action du feu central et des matières incandescentes qui bouillonnent au-dessous de sa surface, à quelques centaines de kilomètres de profondeur ; car tout annonce qu'une activité volcanique prodigieuse a modifié d'une manière notable le relief des continents.

Les îles volcaniques sont habituellement placées au voisinage ou dans le prolongement de volcans s'élevant près le littoral d'une péninsule ou d'une grande île. Les Açores, une partie de l'Océanie paraissent avoir été le résultat de soulèvements volcaniques tels que ceux dont il vient d'être question. En général, la majorité des îles qui n'ont point été formées par des coraux, ont une origine ignée. Ce n'est pas qu'elles présentent toutes des volcans en activité, mais elles portent ordinairement la trace d'anciennes éruptions, ainsi qu'on peut le vérifier aux îles Tahiti et Galapagos. Le travail des coraux se joint quelquefois, du reste, à l'œuvre des éruptions volcaniques. Les îles volcaniques de formation la plus ancienne, telles que les Sandwich, sont entourées de récifs de coraux qui manquent au contraire dans les îles d'une origine plus récente. Parfois ces cratères, autour desquels viennent se déposer des terres nouvelles, se sont soulevés du sein des eaux, et le long de cette arête, le sol a été pour ainsi dire construit par le temps; c'est ce qu'on appelle des cratères de soulèvement. On les reconnaît à l'absence de lave, de scories et de *rapilli* ou *lapilli*, fragments de pierres poreuses échappées du volcan, au moment des éruptions. Plusieurs îles ainsi formées, telles que la Grande-Canarie, n'ont donc jamais donné lieu à des éruptions, et le savant Léopold de Buch a judicieusement remarqué que cette dernière île, devant sa naissance à un pareil phénomène, ne peut être un débris de l'Atlantide échappé à la submersion.

Des chaînes entières de volcans se sont soulevées de la sorte et ont constitué l'arête de grands continents : c'est ce qui est arrivé pour l'Amérique méridionale, dont la Cordillère, qui court du nord au sud, représente comme l'épine dorsale. Sur ses versants, principalement sur le côté le moins abrupt, se sont déposées peu à peu de vastes alluvions, entraînées par les courants qui ravinaient les pentes des montagnes. Des deltas se sont ensuite formés, et de la sorte, a pris naissance la large plaine alluviale qui s'étend à l'est des Andes. D'autres terres offrent, sous de plus faibles proportions, le même phénomène. Sumatra est partagé, dans sa longueur, par une chaîne de montagnes volcaniques où plusieurs volcans, tels que le Gounong-Dempo, sont encore en activité. Ces montagnes atteignent jusqu'à 5000 mètres d'altitude. La côte est de cette île est entièrement constituée par les alluvions qu'entraînent les eaux; elles ont étendu la rive et donné naissance à d'importantes rivières. C'est ce qui explique pourquoi les îles de formation volcanique présentent des flancs abrupts, là où les alluvions n'ont pu se déposer, la mer étant trop profonde : dans le cas contraire, elles offrent de vastes plaines s'abaissant doucement jusqu'à l'Océan. Sumatra et Bornéo ont ce double caractère, ainsi que la plupart des îles voisines. A l'extrémité sud-ouest de l'Asie s'étend, à la profondeur des sondages ordinaires, une bande de terre immense qui se prolonge jusqu'à la pointe orientale de Java et près de la côte occidentale de Célèbes. Une bande semblable court tout le long des côtes septentrionales de l'Australie et de la Nouvelle-Guinée. Mais une distance de 600 kilomètres et une profondeur incalculable séparent ces deux bandes. Voilà pourquoi certains géologues ont supposé, en s'appuyant sur la similitude de direction des montagnes dans l'Australie et à l'extrémité de l'Asie, qu'il exista jadis entre ces deux parties du monde une connexion qu'a rompue l'action volcanique. On constate, en effet, une ceinture de volcans commençant à l'extrémité nord-ouest de Sumatra, courant le long de la côte méridionale de cette île et de celle de Java, puis formant les groupes d'îles qui s'avancent jusqu'à Timor, et se continuent, à travers la partie septentrionale de la Nouvelle-Guinée, des îles de la Louisiade, de la Nouvelle-Calédonie, de Norfolk à la Nouvelle-Zélande. D'autres pensent, au contraire, que loin d'être le dernier débris d'une péninsule qui correspondrait, ainsi qu'on l'a vu, aux deux autres grandes péninsules réunies par les isthmes de Suez et de Panama avec les continents septentrionaux, l'Australie serait le produit d'un soulèvement, comparativement récent, et peut-être l'agrégation de plusieurs îles. M. Eyre a fait remarquer en faveur de cette dernière opinion, que l'intérieur de l'Australie est généralement d'un niveau très-bas, que son sol ne consiste qu'en sables arides, alternant avec de nombreux bassins de lacs desséchés ou couverts seulement d'une mince nappe d'eau salée ou de limon.

Ce qui est constant, c'est que la Polynésie a tous les caractères de la partie du monde la plus récente. Ses îles coralligènes ou volcaniques se sont peu à peu agrandies sous l'action des causes précitées. La possibilité d'une agrégation de plusieurs de ces îles en un seul continent ressort de ce qui se passe aux îles Arrou. Dans cet archipel, les canaux qui séparent les îles se rétrécissent peu à peu, tendent à se combler, et les palétuviers qui étendent leurs racines au loin sur la plage, préparent par leurs débris l'exhaussement du sol [1]. M. Alf. Wallace a montré d'un autre côté que ces îles ont pu, dans le principe, n'avoir formé qu'un seul continent avec la Nouvelle-Guinée. La plupart d'entre elles étaient jadis à peine peuplées : d'autres îles de même formation, les Galapagos, par exemple, n'ont été habitées que dans ces derniers temps.

Tous les volcans de la Terre peuvent, selon Léopold de Buch, être répartis en deux classes, les *volcans centraux* et les *chaînes volcaniques*; les premiers formant toujours le centre d'un certain nombre d'éruptions ayant lieu d'une manière régulière alentour, dans tous les sens; les seconds, situés le plus souvent à peu de distance les uns des autres, dans la même direction, comme les cheminées d'une grande faille [2] : aussi ce nom peut-il leur être rigoureusement appliqué. On compte sur certains points vingt, trente et même un plus grand nombre de volcans ainsi disposés, et ils occupent souvent une étendue considérable sur le relief du globe. Quant à leur position à sa surface, elle est de deux sortes : ou bien ces volcans s'élèvent du fond de la mer sous forme d'îles, comme des cônes isolés, et alors on observe généralement, à côté et dans la même direction, une chaîne de montagnes de nature éruptive ou cristalline, dont la base semble indiquer la situation des volcans; ou bien ils s'élèvent sur la crête même de ces montagnes.

A la catégorie des volcans centraux appartiennent l'Hékla, l'Etna, le Vésuve, le Stromboli, le volcan de l'île de la Réunion, les monts Démavend et Ararat, les volcans des

---

1. Dumont d'Urville, *Voyage au pôle sud*, t. VI, p. 99.
2. On appelle *faille* la disposition qui se produit dans un terrain stratifié, lorsqu'une des parties de la couche se trouve plus basse que l'autre et ne lui correspond plus; il y a alors une apparente interruption dans la couche ou la bande, parce que la partie qui la continuait s'est affaissée et est tombée plus bas que le niveau de la partie qui était immédiatement en contact avec elle; de là le nom de faille, de l'allemand *Fall*, chute.

les Sandwich, des îles de la Société et des îles des Amis, l'Érébus, situé par 77° 30' de lat. S., le volcan de l'île Jean-Mayen, ceux de la Mer rouge, des Canaries, des Açores et celui de l'île de l'Ascension.

Les volcans de la seconde catégorie sont de beaucoup les plus nombreux : tels sont ceux qui dépendent de l'archipel grec, ceux de la Cordillière du Chili et du Pérou, du Japon et des Moluques. La disposition en chaîne est surtout frappante dans les petites Antilles. Toutes, de forme sensiblement elliptique, présentent un grand axe courant dans la même direction et un petit axe dans la normale : le premier est tracé par une arête montagneuse, ligne de partage des eaux et des plus hautes sommités de chaque île. De l'arête centrale rayonnent une foule de chaînons secondaires. Ces diverses îles accusent, par la nature essentiellement éruptive de leurs roches, une origine volcanique, et, en effet, une suite de volcans éteints ou encore en activité, situés dans la chaîne centrale (la Soufrière de la Guadeloupe, les Soufrières de la Dominique, la Montagne Pelée de la Martinique, le volcan de Saint-Vincent), dessinent les cimes les plus élevées et se dressent à l'extrémité du grand axe de l'ellipse formée par chaque île.

Les chaînes volcaniques sont placées sur des lignes de courbure diverse, coïncidant souvent d'une manière frappante avec la direction des tremblements de terre. Le sens des secousses et leur simultanéité fréquente avec les éruptions des volcans semblent établir entre les deux phénomènes une étroite connexion.

La bande volcanique la plus longue et la plus régulière existant sur le globe, observe A. de Humboldt [1], s'étend du Ho tchéou (arrondissement du Feu), du Tourfan à la pente méridionale du Thian-Chan jusqu'à l'archipel des Açores, 120° de long., sur une direction qui oscille faiblement entre 38° et 40° de lat. Cette bande dépasse beaucoup en étendue la grande ligne volcanique de la Cordillère des Andes; elle a été, depuis les temps historiques, le théâtre des grands

---

1. *Asie centrale*, t. II, p. 40 et 110.

phénomènes par lesquels se manifestent les forces destructives résidant dans l'intérieur de la Terre.

L'Amérique centrale, qui est une des régions du globe les plus riches en volcans et dont le soulèvement souda jadis les deux Amériques, offre au contraire une multitude de bandes volcaniques généralement peu étendues, mais très-élevées. Ces chaînes forment un véritable échiquier. Les pics d'origine volcanique y sont isolés et comme semés çà et là. Dans cette région, découpée par des plaines tortueuses, sillonnée par des *barrancas* ou ravins très-profonds, présentant de nombreux amoncellements de fragments de lave pierreuse (*pedregals*), se rencontrent des pics volcaniques d'une remarquable altitude : le Popocatepetl, le Citlaltepetl ou pic d'Orizaba, le Nevado de Toluca, le volcan de Colima, etc. On a même vu, dans les temps modernes, des montagnes naître à la suite de tremblements de terre, comme cela est arrivé le 19 septembre 1538, près de Naples, pour le *Monte Nuovo*. En 1759, au Mexique, dans l'état de Michoacan, s'est élevé soudain à une hauteur de 517 mètres le volcan de Jorullo, sans doute à la suite d'un épanchement de lave basaltique au-dessus d'une nappe depuis longtemps refroidie et consolidée, comme l'a remarqué M. Th. Virlet. Ces phénomènes nous indiquent comment d'autres montagnes ont pu se former et des volcans apparaître, à la suite de mouvements de la matière intérieure du globe.

Tremblements de terre; changements produits à la suite des volcans et des commotions du sol.

Les tremblements de terre, quoique liés parfois aux éruptions de volcans et se manifestant fréquemment en certaines contrées volcaniques, telles que les Philippines et le Japon, ne sont pas dus exclusivement à l'éruption des vapeurs et des laves. Les causes en sont vraisemblablement diverses. Ils peuvent, en certains cas, tenir à l'attraction lunaire. Dans les pays de montagnes, où ils se font sentir plus fréquemment, ils ont sans doute pour origine de vastes tassements intérieurs, amenés surtout par l'action des sources thermales qui dissolvent sans cesse les roches qu'elles traversent. Ces phénomènes ont été mentionnés dès la plus haute antiquité, et l'on en a dressé de longs catalogues. M. Alexis Perrey a compté 987 tremblements de terre ressentis en Europe et en Syrie, depuis l'année 306 de notre ère jusqu'en 1800 ; il a trouvé pour le chiffre total des tremblements de terre simples connus, 1329, sans y comprendre 76 tremblements d'assez longue durée, sortes de convulsions multiples dont les effets se sont prolongés plus ou moins longtemps. Mais ce chiffre est évidemment beaucoup au-dessous de la réalité, puisque le Dr Kluge en a relevé dans l'espace de sept ans (1850 à 1857) 4620. M. Perrey a constaté la prédominance de ces phénomènes en automne et en hiver. Les tremblements de terre se produisent le plus habituellement sur les côtes et sur les mers intérieures. Les îles de la Méditerranée, celles qui sont voisines de l'Afrique et de l'Inde, la Nouvelle-Zélande, le Japon, l'Italie, les côtes de la mer Noire, de l'Amérique du Sud, du golfe du Mexique en sont le théâtre le plus fréquent. Parmi les mers intérieures, on doit citer dans la même catégorie la Caspienne, les lacs d'Ourmiah, de Van, Baïkal, etc. Ces catastrophes ne se produisent guère à l'intérieur des continents, que dans les pays de montagnes, surtout au voisinage des sources thermales ; elles paraissent avoir alors une origine toute différente.

Les secousses des tremblements de terre sont généralement dirigées suivant l'axe de la chaîne ou de la vallée qui les éprouve ; toutefois, dans les secousses consécutives et à plus forte raison dans les tremblements de terre différents, la direction varie : ce sont tantôt des commotions soit verticales, soit horizontales, tantôt des mouvements giratoires, tantôt des tourbillonnements. Les Grecs avaient déjà noté ces différences ; le traité *De Mundo* attribué à Aristote distingue deux espèces de tremblements de terre (σεισμός).: les ondulations (βρασταὶ σεισμοί) et les soubresauts verticaux (βρασματίαι). Pausanias[1] a donné une théorie des

---

1. Pausanias, *Achaïe*, chap. xxiv.

tremblements de terre et en a classé les différents genres.

Les tremblements de terre non circonscrits se font sentir, le plus fréquemment et avec la plus grande intensité, dans les pays où il existe des volcans actifs. Ils coïncident même souvent avec des éruptions. Celles de l'Etna sont précédées par des secousses de tremblements de terre qui déterminent des fentes dans la montagne. Une preuve de la liaison de ces phénomènes avec l'apparition de nouveaux volcans, nous est fournie par la catastrophe qui détruisit Lima, en 1746, car elle coïncida avec l'éruption de quatre nouveaux volcans; les oscillations ne cessèrent qu'après que le feu intérieur se fut fait jour. Lors du tremblement de terre qui ravagea le Chili, le 20 février 1835, on vit, quelques jours après l'événement, surgir près du lac Mondaca, deux nouveaux volcans en activité; un troisième s'ouvrit près de la source du Rio-Maule, et les autres volcans déjà existants devinrent plus actifs.

Plusieurs des plus célèbres tremblements de terre ont été liés à l'éruption de volcans; citons, en première ligne, celui qui, en l'an 63 de notre ère, sous le règne de Néron, détruisit Pompeï, une partie d'Herculanum, bouleversa tous les environs de Naples, et dont la cause tenait à une éruption du Vésuve. Seize années plus tard, Pompeï et Herculanum, sorties de leurs cendres plus florissantes que jamais, furent définitivement ensevelies à la suite d'une nouvelle éruption du volcan, où Pline trouva la mort. Stabies partagea le sort de ces deux villes.

Les mouvements de vibration, de trépidation, d'ondulation se propagent d'ordinaire chaque fois dans une même direction. Lors des tremblements de terre de la première espèce, les objets placés à la surface du sol vibrent et sont agités à la manière d'un arbre que l'on secouerait pour en faire tomber les fruits; aussi ces sortes de tremblements de terre sont-ils les plus redoutables. Ceux de la seconde classe ont lieu par coups brusques et répétés, dirigés de bas en haut. L'effet qu'ils produisent sur l'homme est comparable au choc d'une étincelle électrique ressenti dans les pieds ; ils sont, ainsi que les précédents, généralement accompagnés d'un bruit de frôlement comparable à celui que fait entendre le vol d'un oiseau qui s'enlève. Les derniers s'annoncent par des ondulations toutes semblables à celles qui se propagent à la surface d'un liquide ; ce sont, de tous ces phénomènes, les moins destructeurs.

Un tremblement de terre de la première ou de la seconde espèce qui se fait sentir dans un lieu, à une certaine distance de là, passe à un de la troisième. Ainsi, les tremblements de terre par vibration qui, à plusieurs reprises, ont détruit la ville d'Acapulco, n'étaient que des tremblements de terre par ondulation à Mexico ; celui qui a ruiné la ville de Colima ne se fit sentir à Acapulco que par des ondulations. Il est donc probable, comme l'observe M. de Tessan[1], auquel nous empruntons ces considérations, que les tremblements de terre par vibration et trépidation ont leur cause immédiate au-dessous du lieu où ils sont ressentis, que ceux de la troisième catégorie ne sont autres que les précédents, propagés par simples ondulations, à des distances plus ou moins grandes.

Un des tremblements de terre où s'est manifesté de la manière la plus remarquable le mouvement de rotation, est celui qui bouleversa Valparaiso, le 19 novembre 1822. Des maisons furent contournées autour de leur centre, et trois palmiers se trouvèrent, après la catastrophe, enlacés les uns dans les autres, comme des branches d'osier. Des faits analogues ont été notés, lors du grand tremblement de terre qui s'étendit sur une partie du Chili, le 20 février 1855. On trouva à La Conception une borne qui, sans être renversée de sa base, avait été tordue sur elle-même.

La durée des tremblements de terre est ordinairement très-courte. Ces phénomènes se manifestent par des commotions de quelques secondes, au plus de quelques minutes ; mais leur succession peut se prolonger plusieurs jours et même plusieurs mois, comme on l'a observé en Syrie.

---

1. Voy. U. de Tessan, *Partie physique du voyage de la Vénus*, t. V, p. 497-498.

La première commotion est alors presque toujours la plus redoutable. Sans contredit, la plus terrible catastrophe de ce genre est le tremblement de terre qui désola, le 30 mai 526, la Syrie, détruisit Antioche et Beyrout, et fit périr 250 000 personnes.

La surface sur laquelle se propage le phénomène a parfois une immense étendue. L'historien Ammien Marcellin nous parle d'un tremblement de terre arrivé sous le règne de Valentinien Ier, qui ébranla toutes les parties du monde alors connu. Bien souvent les tremblements de terre éprouvés en Syrie se sont fait sentir jusque sur les côtes d'Italie, et à l'ouest jusqu'au golfe Persique. En Amérique, ils se sont propagés le long de la côte du Chili et du Pérou, sur une longueur de 800 kilomètres. Un des tremblements de terre qui, dans les temps modernes, ont offert la zone la plus étendue, est celui qui détruisit Lisbonne en 1755. Le fond de l'Océan fut si violemment agité qu'on éprouva une commotion sur toutes les côtes d'Espagne, d'Angleterre, de Suède et jusqu'aux Antilles.

Les effondrements qu'entraînent souvent ces épouvantables commotions sont des phénomènes presque aussi redoutables ; mais ils s'accomplissent sur un théâtre plus circonscrit. Parmi les plus désastreux, on peut citer la chute d'une montagne qui eut lieu à Dobratch en 1345, et celle de deux montagnes arrivée à la Jamaïque en 1692 ; lors de cet événement, les débris de pics écroulés comblèrent une rivière ; les eaux, en refluant, inondèrent la ville de Port-Royal ; une plaine de plus de 400 hectares d'étendue s'engouffra avec la fondrière qui s'était formée, et toute la population dont elle était couverte. Une contrée des Etats-Unis, connue sous le nom de *Sunk-Country*, qui s'étend sur une longueur de 110 à 125 kilomètres et sur une largeur de 48, le long du *White-River*, a été transformée, à la suite de tremblements de terre, en un affreux marécage ; les arbres ont été frappés de mort sur place. Près de La Paz (Bolivie), une colline qui sépare la quebrada de La Paz de Poto-Poto, a glissé, il y a une quarantaine d'années, sur sa base, et continué pendant quelque temps à s'avancer graduellement vers la ville[1]. Le sol de Callao au Pérou s'affaissa par l'effet des tremblements de terre, au commencement du dix-huitième siècle, et dans le sud-ouest de la ville, on voit encore, à marée basse, les ruines de l'ancien Callao.

Lors de ces terribles catastrophes, la terre se fend et les excavations ainsi formées ont souvent plusieurs mètres d'ouverture. Dans le tremblement de terre qui désola en 1861 le Chili et détruisit complètement la ville de Mendoza, en faisant périr plus de 6000 personnes, on vit le sol présenter des fissures de plus d'une lieue. Les crevasses sont tantôt dirigées en droite ligne, tantôt ondulées, tantôt isolées, parfois bifurquées, offrant fréquemment d'autres fissures perpendiculaires à leur direction. Plusieurs sont réunies en rayons divergents autour d'un même centre, à la façon d'une vitre brisée. Quelques-unes de ces crevasses, ouvertes au moment de la secousse, se referment subitement, en broyant entre leurs parois les habitations qu'elles viennent d'engloutir ; d'autres demeurent béantes après la commotion. Ces divers phénomènes ont été surtout observés en 1783, lors des tremblements de terre qui affligèrent la Calabre.

Ces larges fissures, en s'effectuant au loin dans de sol, contribuent aux effondrements. Dans la nuit du 11 au 12 août 1772, au moment de l'éruption d'un des principaux volcans de Java, le sol commença à s'enfoncer et à s'entr'ouvrir ; la plus grande partie du volcan et une bonne portion de la terre environnante, dont la superficie ne s'étendait pas à moins de 24 kilomètres de long sur 9 kilomètres de large, furent englouties dans l'abîme qui venait de se former. Six semaines après, il était encore impossible de s'approcher du mont Popandayang, en partie engouffré, à cause de la masse énorme de substances en fusion répandues sur le sol jusqu'à un mètre de profondeur. Quatorze villages furent détruits par cette catastrophe, et 2957 personnes perdirent la vie. Lors du tremblement de terre de Lisbonne, le mur d'un

---

1. Voyez H. A. Weddell, *Voyage dans le nord de la Bolivie*, p. 205.

quai nouvellement construit s'effondra ; des milliers de personnes réfugiées sur le quai pour éviter la chute des édifices furent englouties dans l'anfractuosité qui se forma tout à coup, l'on ne retrouva pas un seul des cadavres ; ils furent à jamais ensevelis dans ce tombeau soudainement creusé sous les pas des victimes. Des phénomènes du même genre se sont produits à la Jamaïque, en 1692, et au Chili, lors du tremblement de terre du 19 novembre 1822, qui exhaussa la côte aux environs de Valparaiso, sur une étendue de plus de 160 kilomètres.

Les flots participent, pendant ces commotions, au mouvement imprimé aux rivages. Lors du tremblement de terre de Lisbonne, la mer s'éleva considérablement sur la côte d'Espagne ; à Cadix, elle se dressa en une vague de 20 mètres de haut qui vint noyer le petit-fils de Racine. Dans la capitale du Portugal, 60 000 personnes trouvèrent de même la mort dans les flots. La mer, après s'être retirée, déferla avec fureur et revint, en dépassant de 17 mètres son niveau ordinaire. A Kinsale (Irlande), sur la côte de Tanger, à Funchal, à Madère, l'élévation de la marée fut aussi prodigieuse. Thucydide nous a donné la relation du ressac produit en Eubée, à la suite d'un tremblement de terre qui noya un grand nombre de personnes à Orobies. Lors du tremblement de terre du Chili de 1835, la mer se retira à Talca, au delà de ses limites ordinaires ; les bancs de la rade demeurèrent à découvert ; puis la mer revint et se retira de nouveau ; alors un immense brisant engloutit la ville, tandis que deux éruptions de fumée noire sortaient du sein des eaux, accompagnées de l'exhalation d'un gaz infect. Bien d'autres contrées ont été le théâtre d'aussi funestes ressacs, que l'imagination populaire a généralement transformés en déluges, et dont la légende s'est ensuite emparée.

Les tremblements de terre sont fréquemment précédés par des signes avant-coureurs, des coups de vent violents, auxquels succèdent des calmes plats, de fortes pluies, inaccoutumées dans la région où le phénomène se produit. Le disque du soleil prend une teinte rouge, l'atmosphère s'obscurcit, et cet obscurcissement se continue parfois pendant plusieurs mois; des effluves électriques, des gaz inflammables, des vapeurs sulfureuses et méphitiques se dégagent du sol; des bruits souterrains, ressemblant au roulement d'un chariot, à des décharges d'artillerie, au grondement du tonnerre dans le lointain, se font entendre; les animaux, en proie à une vive agitation, poussent des cris d'alarme; enfin, l'homme éprouve des vertiges et le sentiment du mal de mer, surtout au moment de la commotion. En certains lieux, les sources sont taries ou coulent troubles et avec une apparence singulière.

Les tremblements de terre, de même que l'éruption des volcans, sont accompagnés ou suivis de dégagements de gaz, surtout d'acide carbonique et de gaz sulfureux qui sortent du sol par une multitude de fissures, de vapeurs d'eau et d'écoulements de gaz inflammable, de boue ou de bitume. Plusieurs de ces dégagements demeurent permanents et constituent des volcans d'un genre particulier : *solfatares, volcans de boue, geysers*. Les solfatares qui donnent naissance, ainsi qu'on l'a constaté à Pouzzoles et dans les fumerolles des Andes, à de l'acide carbonique mêlé d'hydrogène sulfuré, proviennent souvent d'éruptions volcaniques. Tel est le cas pour la solfatare des Champs-Phlégéens en Italie qui paraît remonter à l'éruption trachytique. Les montagnes dites *soufrières* qui existent en différents points des Antilles sont aussi des solfatares. A la Guadeloupe, le soufre provient de jets de fumée ou fumerolles qui s'échappent du flanc et du sommet de la montagne et dont le nombre s'augmente lors des éruptions. La température de ces fumerolles est de 95° à 96°. Au pic de Ténériffe, on trouve des fumerolles à 3 700 mètres de hauteur et dont la température est de 84°. Au Nicaragua, dans le *mal païs*, des jets d'air, de fumée et de vapeur sulfureuse sont désignés sous le nom d'*infernales* et se montrent à la base de divers volcans. Dans la Californie septentrionale, non loin de la baie de Monterey, les solfatares présentent un extrême développement et prennent une grande épaisseur. Outre l'acide sulfureux ou sulfhydrique, il sort du sol des vapeurs d'acide chlorhydrique et d'acide carbonique. D'ordinaire le premier gaz apparaît d'abord ; l'acide carbonique ne se dégage en général qu'en dernier lieu.

Dans l'une des îles Sandwich, aux environs du volcan de Kirauea, d'immenses nuages de vapeurs chaudes sortent par une fente de 160 à 190 mètres de long sur 10 de large. Ces vapeurs se condensent dans l'air et retombent non loin de là, pour former un lac. A Java, dans une solfatare éteinte, nommée *Guévo-Upas*, c'est-à-dire *Vallée du poison*, le dégagement d'acide carbonique est assez abondant pour asphyxier les animaux; aussi le sol est-il jonché d'ossements. En certains cantons de cette île, les vapeurs acides s'échappent avec une telle abondance que les roches sont peu à peu détériorées.

Il existe en Italie des dégagements gazeux du même genre. Aux environs de Volterra et de Sienne, ils sont connus sous le nom de *lagoni*. Ces *lagoni* ou soufflards, disposés par groupes de 10, 20 ou 30, à Monte-Cerboli, Castel-Nuovo, Monte-Rotondo, suivent une ligne à peu près droite, et paraissent dus à une fracture du sol de 30 à 40 kilom. de longueur. L'acide sulfhydrique débouche à la surface du sol par des cheminées naturelles et donne naissance à des sulfates de chaux. Les dégagements d'hydrogène protocarboné se produisent dans des circonstances qui semblent être étrangères à l'action volcanique, quoiqu'ils y soient parfois associés. On les observe dans les *terrains ardents* du Bolonais, à Pietra Mala, aux bains de Porretta et en divers endroits des Apennins.

Les volcans de boue ou *salzes* se lient à ces phénomènes mais se produisent à froid. Ils ont vraisemblablement leur cause dans la décomposition du pétrole, matière qui surnage souvent dans l'eau de leur cratère. On rencontre les salzes dans le terrain tertiaire, en Italie, en Sicile, dans les Carpathes, la Crimée, le Caucase, au Pérou. Ils sont nombreux sur le littoral du Mekran (ancienne Gédrosie), où ils forment des tertres variant de 6 mètres à 125 mètres de haut entre Guadur et Ras Kucheri. En Sicile, ils sont connus sous le nom de *macaluba*, et se trouvent au nord de Girgenti. En Crimée, près de Kertch, dans la presqu'île de Taman, on trouve une suite de volcans de boue, voisins d'une source de naphte, et ces volcans boueux occupent une bande d'environ 20 lieues de long, dirigée de l'est à l'ouest. Leur éruption est accompagnée de bruits souterrains, de jets de matières visqueuses qui s'élancent à une assez grande élévation, de tremblements de terre, de dégagements de gaz enflammé, de fumée et de sources abondantes de bitume. Près de Berka (Valachie), les salzes forment de petites éminences coniques, recouvertes de sel pendant l'été et qui n'ont souvent qu'une existence éphémère. On en compte plus de 400 sur un espace de 4 kilom. Le même phénomène se présente au Nouveau monde. Des volcans de boue, dont les jets s'élèvent à une très-grande hauteur, existent dans une large plaine plus basse que le niveau de la mer dite *Mud volcanos*, au pied des monts Coyotes, en Californie. Sur la pente occidentale du Caucase, on rencontre des salzes et des dégagements enflammés qui paraissent résulter de la combustion du carbone mélangé d'un peu de vapeur de naphte. Ces feux, dits *de Bakou*, du nom de la province à laquelle appartient la presqu'île d'Abschéron où ils se produisent, sont mentionnés depuis la plus haute antiquité. A des époques encore récentes, le sol s'est ouvert dans cette contrée, pour vomir des flammes aperçues à la distance de plus de dix lieues.

La chaleur de ces dégagements ignés est souvent assez forte pour calciner le sol et le rendre impropre à la végétation. Aussi l'aspect du terrain suffit-il à faire découvrir l'emplacement de ces feux ; car ils brûlent sans détonation, et la clarté du jour éclipse la lueur qui n'est visible que la nuit. Une fois allumés, ces feux continuent à brûler jusqu'à ce que de grandes averses, de violents coups de vent les viennent éteindre. Il y en a qui sont en ignition depuis les temps les plus reculés ; tels sont ceux du mont Chimère sur les côtes de l'Asie Mineure, cités déjà par les anciens et reconnus de nouveau en 1811 par le capitaine Beaufort. Quelquefois les flammes s'échappent par l'orifice des cavernes, comme auprès de Cumana, en

Amérique. Ces jets d'hydrogène carboné n'ont toutefois d'autre rapport avec les actions volcaniques, que la relation qu'elles ont ainsi qu'eux avec la chaleur centrale du globe.

A la catégorie des dégagements gazeux, il faut rattacher ceux d'acide carbonique, entre lesquels on doit citer celui qui existe au Tibet et qui a valu à la montagne où il se produit le nom de *Bourhan Bota*, c'est-à-dire *Cuisine de Bouddha*. Des dégagements gazeux et bitumineux existent également au Japon, dans l'État de New-York et au Texas. A l'île de la Trinité, le bitume s'écoule aussi et forme, comme au Texas, un lac dit *lac de brai*.

Les dégagements d'eau chaude qui s'observent en Islande et qu'on nomme *geyser* (c'est-à-dire, en islandais, *fureur*), sont de véritables volcans d'eau. Ils occupent à peu près le centre d'un vaste dépôt siliceux qui règne au pied des montagnes sur une longueur de 8 kilomètres et une largeur de 2 mètres. Le bassin du plus grand de ces geysers a l'apparence d'un cône surbaissé et présente une cavité cratériforme, percée au milieu par un canal cylindrique. Il est rempli d'eau chaude dont l'éruption s'annonce par un frémissement du sol accompagné d'un bruit sourd. Les jets se succèdent à des hauteurs très-inégales, et, à la fin, on voit se dresser dans les airs une gerbe de plus de 33 mètres qui projette partout au loin la vapeur. L'eau chaude s'échappe du bassin par plusieurs échancrures, et, après chaque ascension du geyser, le bassin se vide en entier. A cinquante pas du grand geyser, en existe un autre, le *Strockur*, où l'on peut provoquer des jaillissements, en jetant des mottes de gazon ou en tirant des coups de fusil dans le canal. Au nord de l'île sont trois autres geysers, appelés *Uxahver*, qui occupent de même le fond d'une grande vallée de déchirement. La température des eaux de ces geysers n'est jamais inférieure à 100°; celle du grand geyser, à la profondeur de 200 mètres, s'élève à 124°. La durée de l'explosion de celui-ci ne dépasse pas cinq minutes. Les eaux de la source de Reykholt jaillissent par intermittences. En Californie, non loin de la vallée de Napa, existent des geysers analogues à ceux d'Islande, mais qui ne sont pas intermittents. Au milieu de ces sources brûlantes jaillissent des sources d'une eau glacée, phénomène qui se présente en d'autres points de la Californie. Le geyser le plus considérable, le *Malström d'Agassiz*, lance parfois de l'eau bouillante à une hauteur variant de 6 à 10 mètres. La vallée où il se rencontre a été désignée sous le nom de *Pluton*. Elle est toute couverte de fumerolles de 15 à 60 mètres de hauteur. Ces eaux jaillissant par grandes masses s'observent également dans l'État de Wyoming, au bassin du Yellowstone, dont le fond est occupé par en grand lac; elles s'élèvent en certains endroits jusqu'à 30 mètres de haut. En Islande, les geysers contiennent en dissolution du calcaire et de la silice, qui se déposent au fond de leur bassin et finissent par constituer des couches épaisses. Les sources chaudes du val de Furnas, dans l'île de San-Miguel, aux Açores, grâce à leur température élevée, précipitent de même d'immenses quantités de concrétions siliceuses. La pierre nommée *travertin*, si abondante aux environs de Rome, doit son origine à de pareils dépôts apportés par les eaux de l'Anio. On doit encore rapprocher des geysers de l'Islande les sources jaillissantes qui se trouvent dans la province d'Auckland, Nouvelle-Zélande, au *Roto Mahana* ou *Lac chaud*. Des jets d'eau bouillante et des vapeurs s'échappent de tous les points de ses rives et de son lit et communiquent à ses ondes une température élevée. Au nord-est est un cratère, sorte de chaudière naturelle où l'eau, douée de propriétés incrustantes, bouillonne sans cesse et atteint une température de 84°. Au pied de ce cratère se voit un véritable geyser; l'eau s'y élève par intermittence à une hauteur de 3 à 3 mètres 50 et arrive à la température de 98°. Un peu plus loin en est un autre d'un volume et d'une chaleur moindres, mais qui se dresse, en revanche, à 10 ou 12 mètres. Tout à l'entour du *Roto Mahana*, il suffit de percer le sol pour faire jaillir l'eau chaude. Les dépôts siliceux y ont donné naissance en plusieurs points à d'élégantes terrasses. Au Tibet, non loin du lac Namcho (Tingri-Noor), dans la chaîne du Ninjin-Tangla, sont deux magnifiques geysers, dont les eaux, jaillissant à 20 mètres de haut, se congèlent en retombant et forment des colonnes de glace ayant près de 10 mètres de tour.

C'est donc en partie aux actions volcaniques que sont dues les sources thermales. De là leur abondance dans les contrées telles que l'Abyssinie, où ces phénomènes ont eu un grand développement jusqu'à une époque très-récente, comme l'attestent les volcans en activité existant dans la Mer rouge. A l'île de la Dominique, qui est un massif volcanique, il n'y a pour ainsi dire pas de plaine qui n'ait sa source sulfureuse et bouillante. On comprend dès lors pourquoi les eaux chaudes qui s'échappent du sol se rencontrent dans une multitude de pays; mais, suivant les gaz dont elles sont chargées au sortir des régions profondes de la Terre, suivant les sels minéraux qu'elles tiennent en dissolution et qui se trouvent aussi dans les eaux minérales froides, elles ont des propriétés différentes. Elles tiennent également en suspension des corps simples, tels que le fer, le manganèse, l'iode, le brome, etc. Des sources thermales, les unes renferment des gaz produits par les phénomènes volcaniques, les autres, comme l'observe Daubeny, ne sont que des réservoirs d'eau chauffée par le contact de roches conservant la chaleur que leur a communiquée le voisinage de semblables actions. Cette variété dans la composition des eaux avait déjà frappé les anciens, et Athénée nous a laissé à ce sujet, dans son *Banquet*, un chapitre curieux. Ce qui a trait aux sources thermales sera complété au chapitre suivant.

Soulèvement des montagnes.

C'est à un phénomène analogue à celui qui se produit dans les tremblements de terre, mais plus étendu, que paraît être due la formation des chaînes de montagnes. Les couches qui s'étaient déposées régulièrement au fond des eaux ont été remuées, soulevées, déchirées en différents sens. Et déjà, avant que les dernières strates se fussent produites, les précédentes avaient perdu, par suite des agitations du noyau terrestre, leur horizontalité primitive. De ces agitations résultèrent des montagnes et des vallées. Tandis qu'aux époques subséquentes, celles-ci se recouvrirent de nouveaux sédiments, s'exhaussèrent par suite du dépôt de nouvelles couches, les cimes d'une roche plus ancienne continuèrent à dominer au-dessus d'elles, et sur leurs flancs s'amoncelèrent de nouveaux terrains. Puis, une catastrophe se produisant, les rapports d'élévation des couches subirent des modifications plus ou moins profondes. De là, des systèmes bien différents dans les diverses chaînes de montagnes dont notre globe est hérissé. Chaque chaîne est loin d'affecter la même direction, et elle se décompose souvent en plusieurs chaînes de direction, de configuration comme de composition différentes. Les unes comprennent une série de chaînons sensiblement parallèles, comme le Jura et les Appalaches : les autres, comme les Alpes, offrent un axe principal autour duquel s'étendent suivant diverses orientations des chaînons secondaires. La position relative des couches permet de juger de l'âge relatif auquel les chaînes appartiennent. Si, par exemple, dans une chaîne de montagnes des couches appartenant au dernier étage jurassique ont été relevées tandis que s'étendent à leur pied des couches néocomiennes horizontales, c'est qu'un soulèvement a eu lieu dans l'espace de temps qui a séparé les deux formations. Manque-t-il entre les deux ordres de couches celles qui caractérisent les époques géologiques intermédiaires, l'âge du soulèvement se place entre des limites moins rapprochées. L'ensemble des terrains fournit, au reste, les moyens de les classer chronologiquement par rapport à d'autres. Ainsi, qu'on trouve les schistes des formations devoniennes relevés presque verticalement, puis que sur eux s'étendent, sous une inclinaison d'environ 20°, des couches du trias recouvertes horizontalement par la craie, on devra admettre deux soulèvements, dont l'un a précédé et l'autre suivi le dépôt triasique. Mais ces couches sédimentaires, dont la disposition relative accuse l'ordre de succession, sont souvent traversées par des roches éruptives et cristallines. Des fissures se sont opérées à travers les strates relevées en diverses directions, par lesquelles ces roches se sont épanchées, venant parfois recouvrir la surface des couches placées à la partie supérieure.

Les beaux travaux d'Élie de Beaumont ont démontré que dans une même chaîne l'inclinaison des lignes moyennes suivant lesquelles les déchirures se sont opérées, demeure sensiblement la même. D'où l'on a conclu que les chaînes chez lesquelles ces lignes présentent une orientation pareille datent de la même époque, reconnaissent une même origine. On a donc pu classer les différentes chaînes en un certain nombre de systèmes, correspondant chacun à une direction déterminée de fractures ou dislocations. On distingue aujourd'hui vingt systèmes environ, répondant à autant de lignes d'orientation différentes, depuis le système de la Vendée, le plus ancien, qui embrasse des masses de granite et de micaschiste, placés sous la direction N. 14° 32′ O., jusqu'au plus moderne, celui du Ténare, auquel se rattachent l'Etna et le Vésuve, et qui répond à la direction N. 15° 46′ E.

Chutes de montagnes ; effondrements ; avalanches ; cavernes.

Les tremblements de terre ont produit non seulement des soulèvements, mais encore de vastes affaissements et ce que les géologues appellent des *cratères d'effondrement*. La dépression du bassin des mers Caspienne et d'Aral, dont il a été question plus haut, paraît devoir son origine à un affaissement du sol, en relation avec le soulèvement des hautes cimes volcaniques du centre de l'Asie. Le phénomène qui s'est passé dut être analogue à celui qui se produisit, l'an 286 avant notre ère, à l'île Nippon. La formation du grand lac Mistou-Oumi accompagna l'apparition par soulèvement du Feusi-no-Yama, la plus haute montagne du Japon. La Mer morte, ou Lac Asphaltite, qui est tout entourée de montagnes de sel et de mamelons trachytiques, doit vraisemblablement son origine à un phénomène volcanique du même ordre, dont la Bible nous a conservé le souvenir. Cette mer constitue en effet avec le lac de Tibériade une vaste dépression. Le premier réservoir est à plus de 400 mètres au-dessous du niveau de l'Océan et le second à plus de 100 mètres, tandis que la contrée située entre la Mer rouge et le Lac Asphaltite est élevée de plus de 250 mètres au-dessus de l'Océan. Cette circonstance, soit dit en passant, prouve que le Jourdain n'a pu, comme on le croyait, passer jadis par la plaine de Siddim et de Wadi-Arabah. A son extrémité méridionale, au marais d'*El-Ghor*, le sol se relève et n'est plus qu'à quelques mètres au-dessous du niveau de l'Océan. Il est possible que le grand lac salé du territoire d'Utah, tout entouré de sources sulfureuses et situé au voisinage d'un ancien cratère, ait une pareille origine.

On peut encore rapporter à des effondrements la formation de certains lacs profonds en forme d'entonnoir, n'offrant pas les caractères des cratères de soulèvement, mais affectant plutôt ceux des *fontis* observés au milieu des terrains placés au-dessus de quelque excavation ; tels sont : le lac Paven, situé au pied des masses trachytiques du mont Dore, plusieurs lacs des Vosges, qui se trouvent au milieu des granites et des porphyres. L'excavation qui constitue le *Val del Bove*, au pied de l'Etna, est due à une même cause.

Les changements déterminés à la surface du sol par les éruptions volcaniques et les tremblements de terre ne sont pas les seuls qui amènent des commotions et des effondrements. L'atmosphère exerce également une action puissante sur les pierres et les rochers. L'eau qui tombe creuse avec le temps des cavités, surtout dans les roches d'une nature tendre, tels que les grès. En général, les matières qui affectent une structure granulaire se désagrégent rapidement. La gelée, quand elle atteint l'eau dont un corps est pénétré, est aussi un agent puissant de destruction ; car la dilatation qui en résulte produit une multitude de fissures.

Tant que le froid continue, les fragments restent unis par la glace qui les cimente ; mais, au dégel, tout tombe en écailles, en grains ou en poussière. Aussi les montagnes portent-elles, dans leurs escarpements et leurs dentelures, des traces de cette action destructive. Sur les hautes cimes, formées souvent de couches inclinées, les dégradations sont plus prononcées ; il se fait parfois, au moment du dégel, des chutes abondantes de pierres qui roulent sur les pentes et entraînent à leur tour tout ce qu'elles rencontrent. Ailleurs, ce sont des fragments entiers de roches, et même des parties de montagne qui se détachent. Une catastrophe de ce genre arriva au siècle dernier, sur la frontière du Valais et du pays de Vaud, dans les montagnes appelées les *Diablerets* (*Teufelshœrner*). A deux reprises différentes, il s'y produisit un effroyable effondrement. Les *Diablerets* présentaient, dans le principe, quatre aiguilles contre lesquelles s'appuyaient de vastes glaciers ; l'une d'elles s'écroula avec un épouvantable fracas. De tels faits ne sont pas dus seulement à l'action de la glace, ils résultent encore du travail des sources souterraines, qui dissolvent l'argile, à l'aide de laquelle les roches sont souvent cimentées.

Moins terribles dans leurs effets, mais très-fatales aussi sont les avalanches, c'est-à-dire les chutes de neige des montagnes. On en distingue de plusieurs espèces : tantôt la neige se précipite des hauteurs par l'effet seul du vent, c'est ce qu'on nomme les *lavanges* ; tantôt une masse de glaciers tout entière se détache, et, par sa chute, détermine souvent des effondrements analogues à ceux dont il vient d'être parlé. La puissance de la force expansive des glaciers est en effet immense, et l'on a vu, par exemple, le glacier du Trient détruire une portion de forêt, en s'insinuant entre le roc vif et la terre, de façon à renverser sur lui-même le terrain où les arbres étaient enracinés.

Toutes ces catastrophes expliquent comment le sol de notre globe est, en plusieurs points, couvert de gouffres, de fissures, d'anfractuosités d'une origine plus ou moins ancienne. Plusieurs de ces ouvertures souterraines, comme la caverne de Vöslau près Vienne (Autriche), se sont formées par la dissolution du calcaire qu'opère l'acide carbonique de l'air contenu dans l'eau pluviale qui s'infiltre dans le sol. En un grand nombre de cavernes, on voit des cristallisations calcaires dites *stalactites* et *stalagmites*; tel est le cas à la célèbre grotte d'Antiparos, à celles d'Auxelles (Haut-Rhin), d'Arcy-sur-Cure (Yonne), de la Baume-des-Demoiselles (Hérault), de Pool's-Hole (Derbyshire), d'Abercrombie près Loombing (Nouvelle-Galles du Sud).

Ces cavernes résultent tantôt du brisement des couches, tantôt de fractures souvent élargies par des émanations gazeuses. La plus remarquable se trouve dans le calcaire ancien du Kentucky, au bassin du *Green-River* (*Mammoth Cave*), un des affluents de l'Ohio. Elle a trois lieues et demie de long; une de ses nombreuses salles, à plus d'une lieue de l'entrée, occupe une superficie de 30 mètres carrés et s'élève à une hauteur de 40 mètres, bien que la voûte ne soit soutenue par aucun pilier! Des embranchements latéraux augmentent notablement la superficie totale de cette immense cavité naturelle. La grotte d'Antiparos, dans l'archipel grec, celle d'Adelsberg, en Carniole, celle d'Arcy-sur-Cure, plusieurs cavernes de la Thuringe, du Northumberland, du Derbyshire, et beaucoup d'autres, exigent plusieurs heures pour être parcourues. L'élévation de quelques-unes de leurs salles, toujours interrompues par les gorges les plus étroites, est proportionnelle à leur étendue. Les célèbres grottes du Dahra, en Algérie, sont assez vastes pour avoir servi de retraite à la tribu des Ouled-Riah et à leurs troupeaux. Parfois les eaux s'engouffrent dans ces grandes anfractuosités naturelles, phénomène que nous présentent en Grèce les *catavothrons* et qui se produit pour les eaux de la mer à Céphalonie, près du port d'Argostoli; là, poussées par un courant assez rapide pour faire tourner des moulins, les eaux marines vont se perdre dans de profondes cavités au milieu des rochers du rivage.

Cours d'eau. — Lacs.

Les cours d'eau constituent pour le sol, après les montagnes, les divisions les plus naturelles; de même que les chaînes, ils forment de grandes lignes de partage, ayant chacune sa constitution individuelle. Ils prennent naissance soit dans les ruisseaux formés par des sources situées au pied, sur la pente ou au sommet de coteaux, de montagnes, de plateaux de diverses altitudes, comme c'est le cas pour la Seine, la Loire, le Danube, etc., soit dans les ruisseaux qui s'échappent du sol constamment imbibé de certaines forêts, soit dans ceux qu'alimente la fusion incessante des glaciers, comme on l'observe au Bernardin pour le Rhin, qui sort du glacier de Zapport. Ces derniers ruisseaux peuvent se mêler aux eaux qui sourdent du sol aux mêmes altitudes, ainsi que cela se produit à la Furka pour le Rhône. Enfin les fleuves prennent naissance parfois dans des marais élevés, étendus, comme ceux de Pinsk (Russie), d'où sortent le Niemen, le Dniéper et le Boug, et ceux situés au nord-est de la Russie à la terminaison des monts Valdaï, d'où s'écoule l'Onéga vers la Mer blanche et d'où proviennent certains affluents du Volga. Généralement, la direction des couches du terrain coïncide avec celle du lit du fleuve; c'est ce que l'on observe souvent dans les Alpes, et ce dont, notamment, le lit du Rhône, dans le Valais, de l'Inn, dans l'Engadine, du Salzbach, dans le Pinzgau, nous fournissent des exemples. Les sinuosités que fait le Rhin, au-dessous de Mayence, montrent avec évidence qu'il suit la direction des strates de la montagne située près de Bingen. Quelquefois, comme on l'observe au Brésil pour les rivières dites *sumidouros*, les eaux plongent avec les strates et reparaissent à quelque distance, après avoir disparu sous le sol. Souvent, le lit d'un fleuve se creuse à la ligne de partage de deux chaînes de montagnes, ainsi que cela arrive pour le Weser, en plusieurs points de son cours. Mais il n'est pas rare que le lit du fleuve coupe une chaîne t soit perpendiculaire aux couches; c'est ce qui a lieu pour le Rhin, dans sa partie supérieure. Et cette trouée que fait tout à coup un cours d'eau au travers d'une contrée montagneuse qu'il coupe dans le vif, donne naissance aux effets les plus pittoresques, ainsi qu'on peut l'observer notamment pour les *cañons* ou gorges profondes à travers lesquelles coule en certains points le Colorado de l'Amérique du Nord. L'opposition entre la direction du lit et celle du terrain est surtout sensible, quand deux rivières viennent à confondre leurs eaux, car alors l'une des deux directions est nécessairement abandonnée, et l'autre prévaut seule ; mais ce n'est pas toujours celle du cours d'eau le plus considérable. Quand le Missouri vient s'unir au Mississipi, il ne lui est pas sensiblement inférieur pour la masse d'eau, et cependant c'est la direction du dernier fleuve qui l'emporte ; aussi celui-ci impose-t-il son nom à l'ensemble des deux cours d'eau réunis. Un fait semblable a lieu pour l'Orénoque, qui reçoit, à Cabruta, le Rio Apure, plus considérable que lui.

Tantôt le lit du fleuve présente une grande uniformité, tantôt il est tout à fait différent dans sa partie supérieure et dans sa partie inférieure. En général, le cours se décompose en trois parties, que l'on désigne sous les noms de *supérieure*, *moyenne* et *inférieure*, ayant chacune des caractères propres. Dans la partie supérieure, pente notable du fond, hauteur et escarpement des rives, peu de largeur et grande force du courant. Quand le cours d'eau s'échappe de montagnes élevées, c'est alors, à proprement parler, un torrent. Il tombe avec impétuosité, en formant des chutes et des cascades, se fraye un passage à travers d'étroits défilés, puis s'étend dans des vallées plus larges. Telle est parfois la profondeur où se trouvent ces torrents, que dans les Andes, Humboldt en a vu dont le lit n'était qu'à 700 mètres au-dessus du niveau de la mer, quand les cimes entre lesquelles ils coulaient s'élevaient à 2 et 3,000 mètres. Les lits de ces torrents ne sont donc que de profondes anfractuosités ; de là le nom de *quebrada*, que les Espagnols leur ont imposé, mais qui a été donné aussi à des échancrures n'offrant pas ce caractère. Les Alpes présentent, avec de moindres proportions, le même spectacle, sur le versant méridional de la grande chaîne, dans les vallées d'Anzasca, de Vedro et d'Aoste. Tout à coup aux pentes escarpées succède une vallée plus unie, où le fleuve prend un cours plus tranquille. La Sésia, la Doire, ont, au plus haut degré, ce caractère de torrent; elles roulent leurs eaux impétueuses à des profondeurs de 30 ou 40 mètres. Aux Pyrénées, on appelle ces torrents des *gaves*; dans leur cours moyen et inférieur, ils se transforment en rivières, mais gardent toujours cependant plus ou moins le caractère torrentiel.

Les torrents, dans les contrées exposées à des pluies très-abondantes, prennent une force de transport considérable, aussi sont-ils des agents des plus actifs pour l'établissement du relief du sol. Un des exemples les plus frappants nous en est fourni par ce qui se passe dans l'Assam. Là où les torrents annuellement grossis par des pluies diluviennes se sont creusé des lits profonds dans des gorges étroites, ils roulent d'énormes blocs de rocher, se frayant un passage en des endroits qui sembleraient de prime abord leur opposer un obstacle infranchissable; ils dénudent le sol partout où passent leurs flots, creusant la terre à de grandes profondeurs et précipitant dans les ravins les fragments arrachés des lieux les plus élevés. Les mêmes phénomènes se produisent en d'autres pays de montagnes. De là, dans les régions où la quantité d'eau qui tombe pendant deux jours égale celle qui tombe annuellement chez nous, des révolutions géologiques contemporaines du même ordre que celles dont les anciennes époques du globe ont été le théâtre.

Ce sont des torrents d'un volume d'eau plus ou moins considérable qui donnent naissance aux cascades, si fréquentes dans les pays de montagnes et particulièrement abondantes dans les Alpes, les Pyrénées, les Dovre-Fields, l'Himalaya, les Andes. Dans la première de ces chaînes, leur hauteur varie de 300 à 30 mètres. On y peut citer : le Staubbach, magnifique cascade que fait, dans la vallée de Lauterbrunnen, le Pletschbach, la plus élevée de toutes les chutes d'eau de la Suisse, le Nant d'Arpenas dans la vallée de Chamounix, la chute de la Tosa dans celle de Formazza, la cascade de Pissevache dans le bas Valais, le Reichenbach dans l'Oberland bernois, la chute de la Linth au Pantenbrücke dans le canton de Glaris, la cascade de l'Aar à la Handeck, la chute de la Reuss au Pont-du-Diable, enfin la chute du Rhin à Schaffouse. Dans les Pyrénées, la chute de Gavarnie ou de Marboré, la cascade de Séculejo au voisinage de Bagnères-de-Luchon, sans égaler les chutes d'eau des Alpes, attirent cependant l'attention. En Allemagne, la chute de l'Achen dans la vallée de Salzbourg, est une des plus remarquables. En Russie, le Dniéper ne forme pas moins de treize cataractes ou *porogg*. En Norvége, le Rjukanfos, situé dans la province de Tellemark, et le Feiumfos, qui se trouve près de Lister, égalent presque les cascades les plus élevées de la Suisse, auxquelles on peut également comparer dans le même pays, la chute du Glommen, les cascades de Vätähännä Jock et de Pursoronka, qui tombent l'une et l'autre dans l'Alten, et en Suède, les chutes de Nolström et de Gullo, formées par le Götha, dans la Westrogothie, la grande chute d'Elfkarleby dans l'Upland. L'Amérique est la partie du monde où les cataractes sont les plus nombreuses. Au premier rang se place la chute de l'Yosémite, produite par la rivière Merced dans la Sierra-Nevada en Californie; elle a 685 mètres de haut; puis vient le célèbre saut du Niagara, fait par le fleuve Saint-Laurent, au sortir du lac Ontario, avant d'entrer dans le lac Erié. Cette cataracte se divisait, avant un récent écroulement, en deux chutes, l'une large de 548 mètres et haute de 43, l'autre, située plus au sud, haute de 49 mètres et large de 355. Elle verse par heure environ 5 millions de mètres cubes d'eau. La vapeur qui s'en élève apparaît comme un nuage blanc, à 25 lieues de distance. Dans le même continent, les *Silver Falls* de la rivière Winnipeg, affluent du lac du même nom, et la grande chute du petit *Dog river*, prennent le premier rang après le saut du Niagara. En général partout où le lit des grandes rivières de l'Amérique est interrompu par des rochers et où le *portage* devient nécessaire, il se produit des *dalles* quand ce lit est étroitement encaissé entre deux roches, des *rapides* quand le courant s'accélère, enfin des *cascades* quand il y a une véritable chute d'eau. Le Rio-San-Francisco, au Brésil, est déjà navigable, depuis une longueur de 340 lieues, lorsqu'il reprend un aspect torrentiel. Une suite de cataractes se terminant par la *Cachoeira-Grande*, rendent pendant 26 lieues le fleuve inaccessible aux grandes embarcations. Citons encore, dans le Nouveau monde, la magnifique cataracte de Tequendama, située non loin de Santa-Fé de Bogota, celle de la rivière des Amazones, à Punto de Manseriche, dans la chaîne des Andes, celle que forme le Connecticut à environ 100 lieues de son embouchure, entre deux énormes rochers. En Asie on doit signaler la chute de Garispe dans les Ghâtes occidentales, celles qui existent dans les monts Khassia[1]. A la Nouvelle-Zélande, la chute de la rivière Waïtangi est fort remarquable. Enfin dans l'Afrique il faut signaler les *Murchison Falls* de la rivière Somerset, affluent oriental du lac Albert-Nyanza, et surtout la cataracte du Zambesi (*Vittoria falls*) haute de 120^m et large de 90. Le phénomène des cataractes ne se produit ordinairement que dans la partie supérieure des fleuves ou aux confins de leur cours supérieur et de leur cour moyen. Quelques rivières en présentent pourtant à l'extrémité même de leur cours; c'est ce qui arrive pour le Wyg. Près de son embouchure dans la Mer blanche, il donne encore naissance à deux cataractes. Les rapides et les chutes peuvent au reste se produire dans les lacs aussi bien que dans les fleuves. On en a la preuve par le lac Onéga, qui en présente quatre[2].

C'est au sortir des régions montagneuses que commence le cours moyen des fleuves; la pente s'adoucit alors, et au

1. Ces cataractes, qui comptent, au dire de M. J. D. Hooker, parmi les plus belles du globe, se voient dans la vallée de Mousmai et dans celle de Mamlou. Voy. *Himalayan Journals*, t. I, p. 270, 278.

2. Voy. l'ouvrage de J. Ch. Stuckenberg, intitulé : *Hydrographie de l'empire russe*, t. II.

lieu de se précipiter à travers des obstacles de toutes sortes, les eaux arrosent majestueusement la contrée. Parfois le cours torrentiel venant à se ralentir et les eaux entrant, soit dans un bassin profond, soit dans une région plate, forment des lacs, comme le Rhône le fait pour le Léman et le Rhin pour le lac de Constance. Après les saisons pluvieuses naissent souvent des lacs passagers ; le Drugeon dans l'est de la France en fournit un exemple. Les plus curieux de ces lacs sont les *Olboutes* de la Sibérie. Au sortir de l'hiver, ils se déchargent dans les fleuves par les crevasses dont le sol est sillonné, et l'été, ils se dessèchent et se transforment en pâturages. Les lacs sont habituellement encore alimentés par une foule de sources, de rivières, sans lesquelles ils diminueraient rapidement, l'évaporation enlevant incessamment une quantité d'eau considérable aux fleuves, aux lacs et aux mers ; c'est ce qui explique le niveau constant de la Méditerranée, lequel subsiste malgré les deux courants que cette mer reçoit de l'Océan et de la Mer noire. On a calculé que dans la partie inférieure du cours de la Seine, en aval de la chute de l'Oise, l'évaporation suffirait pour épuiser complètement toute l'eau qui passe sous les ponts de Paris, sans les nombreux affluents qui s'y versent. Au reste l'évaporation rend aux sources des fleuves ce qu'elle enlève à leurs cours moyen et inférieur. L'air saturé d'humidité est porté par les vents sur les hautes montagnes où ils la décomposent sous forme de pluie ou de neige destinée à alimenter les torrents. Ainsi le vent du sud-ouest apporte sur les montagnes de l'Espagne et de la France tout ce que l'évaporation a pris à l'Atlantique ; de là les sources de la Guadiana, du Tage, du Douro, de la Garonne, de la Loire et de la Seine. C'est dans leur cours moyen que les eaux des rivières corrodent les rivages. Si ces rivières coulaient dans des canaux en ligne droite, sur un fond nivelé et entre deux rives parallèles formées d'un terrain bien homogène, il n'y aurait aucune raison pour qu'elles changeassent de direction. Mais en roulant leurs eaux suivant des lignes courbes, sur un fond diversement incliné, elles éprouvent, le long des rivières, des résistances d'autant plus inégales que les matières qui composent les berges sont plus hétérogènes. Ainsi l'eau d'une rivière, après avoir attaqué la rive droite où elle trouvait un terrain meuble et friable, change de direction, dès que la veine du terrain devient résistante, et se porte sur la rive opposée. De là ces changements de cours si frappants dans certains fleuves, notamment dans la Loire et le Méandre.

Tous les fleuves sont soumis à des inégalités dans leur masse liquide; ils ont une ou plusieurs époques de hautes eaux à la suite des pluies, de la fonte des neiges et des glaces. Les grandes crues de la Loire et de la Seine s'élèvent de 6 à 7 mètres vers le milieu de leurs cours; le Rhin au contraire monte beaucoup moins. Ces différences tiennent à ce que le moment des crues des affluents ne correspond pas toujours aux crues du fleuve principal, ou à ce que celles-ci trouvent ailleurs des déversoirs.

Les crues de nos fleuves d'Europe sont peu de chose comparées à celles du Nil et des grands fleuves de l'Asie et de l'Amérique. Le Nil, qui dans son haut cours draine les districts équatoriaux, situés environ par 3° lat. S., et traverse les deux grands lacs jumeaux, Victoria Nyanza et Albert Nyanza, alimentés par des pluies d'une durée moyenne de six mois, reçoit dans son cours moyen les eaux du Nil bleu et de l'Atbara. Ces deux rivières se grossissent périodiquement par les chutes d'eau diluviennes qui se produisent en Abyssinie, du mois de juin au milieu de septembre. Le Nil éprouve donc par suite de l'arrivée de ces affluents une crue soudaine, et ses eaux apportent dans l'Égypte un limon fertilisant, dont les dépôts ont créé le Delta. Dans son inondation annuelle, ce fleuve, dont on a cherché jusqu'à nos jours les sources mystérieuses, s'élève en moyenne à une hauteur d'environ 7 mètres au-dessus de l'étiage. Le phénomène des crues que nous offre le Nil se reproduit pour d'autres fleuves de l'Afrique, mais avec des modifications résultant des différences de latitude, des époques pluviales et de la topographie du parcours. Ainsi le Niger, au lieu d'atteindre comme le Nil et le

Bénoué, grand affluent oriental du Kouara (Niger inférieur), sa plus grande élévation en août et septembre, ne cesse, dans son cours moyen, de croître jusqu'en février, tandis que le Kouara atteint son niveau le plus élevé en août et au commencement de septembre. L'Ogowaï, l'un des grands fleuves du Congo, placé sous l'équateur, a deux crues correspondant exactement avec l'hivernage tropical du nord et celui du sud, car l'Ogowaï est formé de la réunion de l'Okanda, qui vient du nord-est, et du N'gounyaï, qui vient du sud. Le premier de ces affluents donne lieu à la crue qui a lieu de mars à juin, et le second à la crue de septembre et octobre. On peut comparer pour la puissance de ses inondations, le Brahmapoutre au Nil. Ce fleuve, qui descend des hauteurs neigeuses de l'Himalaya et s'en échappe par le côté opposé à celui d'où sort l'Indus, a un volume d'eau presque aussi considérable que le Gange, descendu des mêmes montagnes ; il se grossit de nombreux affluents, et quoique d'un cours moins long d'environ 500 milles, il décharge pendant la saison sèche plus d'un tiers en sus d'eau. Ses inondations périodiques sont prodigieuses. Du 15 juin au 15 septembre environ, le haut Assam est littéralement enseveli sous les eaux. Dans le Bengale, ses ondes venant se confondre avec celles du Gange, les deux fleuves envahissent, par les innombrables canaux qui vont de l'un à l'autre, toute la contrée basse. Des canaux creusés de mains d'hommes mettent, comme les *Jhils*[1], en communication les deux fleuves dans la partie basse de leur cours où la marée remonte jusqu'à une distance de 400 milles. Les inondations du Hoang-Ho et du Yang-Tsé-Kiang, en Chine, doivent être aussi citées comme très-considérables. Les fleuves d'Amérique, surtout ceux de l'Amérique du Sud, produisent des inondations périodiques qui prennent pareillement quelquefois les proportions de véritables déluges. Au Canada, le *Red river* a donné, par ses vastes débordements, naissance à d'énormes

---

1. On appelle *Jhils* les canaux naturels qui réunissent les deltas du Brahmapoutre et du Gange.

alluvions. Le Paraguay est, ainsi que le Parana, sujet à des débordements épouvantables. En 1812, l'abondance des animaux qui y trouvèrent la mort fut telle que l'accumulation de leurs débris causa une épidémie terrible. L'Orénoque est également exposé à de puissants débordements que précèdent ceux de ses nombreux affluents.

Ces inondations déterminent des atterrissements qui bouchent parfois entièrement les bras des fleuves ; les canaux étroits qui lient les rivières voisines changent les points de partage et amènent une distribution nouvelle des eaux. On voit des canaux naturels de communication se diviser peu à peu en deux affluents, et, par l'effet d'un exhaussement transversal, ils acquièrent deux pentes opposées ; une partie de leurs eaux est refoulée vers le récipient principal, et il s'élève entre deux bassins parallèles un contre-fort qui fait disparaître jusqu'aux traces de l'ancienne communication. Dès lors les bifurcations ne lient plus différents systèmes de rivières ; là où elles continuent d'avoir lieu à l'époque des grandes inondations, les eaux ne s'éloignent du récipient principal que pour y rentrer après des détours plus ou moins longs. Des limites, d'abord vagues, commencent à se fixer ; et, avec les siècles, par l'action de tout ce qui est mobile à la surface du globe, par celle des eaux, des atterrissements, des sables, les bassins des fleuves se séparent, comme les grands lacs se subdivisent et comme les mers intérieures perdent leurs anciennes communications [1].

C'est une bifurcation du genre de celles dont il est ici question, qui met en communication l'Orénoque avec le fleuve des Amazones par le Guainia ou Rio-Negro. Fait hydrographique très-remarquable, on peut passer, comme l'a reconnu Humboldt, sans quitter la barque, de l'un à l'autre fleuve. Le Cassiquiare sert de jonction entre eux, au voisinage de San-Carlos.

On observe en Afrique des phénomènes du même genre

---

1. Al. de Humboldt, *Voyages aux régions équinoxiales*, liv. VIII, chap. XXIII.

le Sénégal et plusieurs de ses affluents, tels que la Falémé, donnent naissance à ce que l'on appelle des *marigots*. Ce sont des canaux naturels, véritables dégorgeoirs qui se remplissent et se vident, chaque année, et dont l'étendue est souvent considérable. En temps ordinaire, ces marigots versent leurs eaux dans la rivière; mais quand l'abondance des pluies fait grossir le fleuve, elles remontent dans ces déversoirs et alors la direction du courant change.

Vers leur embouchure, les fleuves prennent des largeurs proportionnelles au volume d'eau qu'ils versent dans la mer; ils forment ce que l'on appelle des *estuaires*, sortes de baies où les eaux douces et les eaux salées se succèdent sur le fond d'un même lit. Ces estuaires peuvent exister, du reste, sans la présence d'une embouchure. Des lagunes que de faibles cordons littoraux séparent de la mer, ont tour à tour été remplies par les eaux de l'Océan ou par des eaux douces. Ce phénomène s'est présenté sur une grande échelle au Liim-Fiord, dans le Jutland, qui a été, pendant un cours de mille ans, par suite des destructions et des déformations quatre fois répétées d'une barre de sable placée entre lui et l'Océan, rempli quatre fois d'eau douce et quatre fois d'eau salée. On l'observe aussi sur la côte est de Madagascar, où une zone de dunes, large de 30 à 40 kilomètres, sépare la région montagneuse de la mer; un cordon littoral barre tous les cours d'eau venus de l'intérieur et encaisse une suite de lagunes qui s'étendent sur une longueur de 330 kilomètres. Pendant la saison des pluies, le trop-plein se déverse par les dépressions de ce cordon et ouvre aux rivières des embouchures nouvelles, que la mer ne tarde pas à refermer.

Dans la Russie méridionale, on nomme *liman* d'assez grands bassins d'eau salée, formés à l'embouchure des rivières que barrent les sables et les galets. Ces limans sont plus ou moins fermés. Le liman du Dniéper, qui se joint à celui du Boug, est un estuaire long de 60 verstes et large de 2 à 10, dont la barre s'avance sans cesse et dont le rivage gagne constamment sur la mer. De là de grands remaniements opérés dans cette partie du littoral depuis plusieurs siècles. Les plaines ne cessent de s'étendre de ce point jusqu'à la côte d'Azow.

Les embouchures des fleuves sont parfois d'une très-vaste étendue, telle est par exemple celle de la rivière des Amazones. M. Alfred Wallace n'estime pas sa largeur, entre Barra et le Rio Branco jusqu'à Sainte-Isabelle, à moins de 10 lieues. Du reste, il résulte de ce qui a été dit à propos des deltas, que presque aucun grand fleuve ne se jette dans la mer par une seule embouchure; tous ont un certain nombre de bras; souvent aussi plusieurs rivières donnent naissance, après leur réunion, à un véritable golfe distinct des rivières dont il est formé; les deltas alors n'existent plus; c'est ce dont nous trouvons un exemple, en France, dans la Gironde, formée de la réunion de la Garonne et de la Dordogne, en Amérique, au Rio de la Plata, véritable golfe large de 50 lieues environ, où viennent déboucher le Parana et l'Uruguay.

D'autres fois, surtout dans les contrées plates, les rivières vont se perdre en de vastes lagunes, comme cela a lieu en Asie pour l'Hilmend qui se jette dans le Hamoun, immense réservoir situé dans le Seïstan : son nom, qui signifie proprement *expansion*, rappelle ce caractère. Le même fait se produit pour le Bulungir göl, qui se jette dans le Kara noor et l'Erguo göl que reçoit le Lob noor, pour l'Ili, qui va se perdre dans le lac Balkach. Tout le centre de l'Asie est en général, rempli de ces vastes lagunes ou marécages qui tiennent lieu d'embouchure aux rivières. La mer d'Aral, qui reçoit l'Amou-Daria et le Syr-Daria, n'est qu'une vaste lagune du même genre. L'Afrique a un grand nombre de réservoirs analogues. Au nord du Sahara, les *schott*, les *sebkhah* appartiennent à cette catégorie. Les lacs Albert Nyanza (Louta-Nzigé) et Vittoria Nyanza (Ukéréwé), les deux grands réservoirs équatoriaux du Nil, qui reçoivent tous les cours d'eau venus de la partie australe, les lacs Tangannyika, Nyassa, Ngami, situés plus au sud, offrent un phénomène du même ordre. La plupart de ces lacs, qui sont comme d'immenses flaques d'eau persistant après l'inondation amenée par les pluies annuelles, varient suivant les saisons d'étendue et de forme. La mer d'Aral a changé notablement de configuration par le passé. Le lac Tchad, situé au centre de l'Afrique, a subi de grands déplacements. Il s'étendait naguère plus à l'E. et au N.-E.; il s'avance aujourd'hui vers l'O., et du grand réservoir du Charri qu'il était autrefois, il n'est plus à cette heure qu'une suite de marais. La haute température détermine à la surface de tels lacs une abondante évaporation, et c'est ce qui explique comment bon nombre d'entre eux reçoivent sans cesse de nouvelles eaux, sans s'accroître sensiblement. L'intérieur de l'Australie offre également de pareils réservoirs qui existent en grand nombre entre le 25° et le 35° lat. S. Plusieurs sont, après les pluies, sujets à de vastes débordements; mais ils ne reçoivent qu'un petit nombre de rivières d'un faible volume, et les plus étendus, les lacs Torrens et Eyre, n'ont point de tributaires comparables aux grandes rivières de l'Ancien monde.

L'Amérique compte un moindre nombre de lagunes servant de réceptacles aux cours d'eaux. Toutefois, au nord, dans le Canada, existent plusieurs de ces réservoirs. Le lac Winnipeg, qui reçoit le Saskatchewan et un ensemble de rivières arrosant une superficie de 400 000 milles carrés, se place en première ligne. Dans l'Amérique méridionale, le lac de Los Porongos, où va se perdre le Rio Dulce, dans la république Argentine, est un des plus importants des nombreux lacs de même disposition dont cette contrée et les pays limitrophes sont remplis. Les lacs communiquent souvent les uns avec les autres par des rivières qui ne sont plus alors que de véritables déversoirs, que des canaux; ce qui leur a valu, chez les Espagnols, le nom de *desaguadero*. Un de ces desaguaderos existe en Bolivie, entre le lac Titicaca et un lac voisin d'Ullagas, ainsi qu'entre différents lacs du sud-ouest de la république Argentine. Dans l'Amérique du Nord, surtout dans la Nouvelle Grande-Bretagne, la région des lacs par excellence, puisqu'on en rencontre plus de cent vingt, de pareilles communications sont nombreuses; on en observe par exemple entre le lac Nipissing, le lac Iroquois, qui n'est qu'un golfe du lac Huron, le lac Temmiscaming et plusieurs autres lacs voisins ; entre le *Great Dog lake*, que le Kaministiquia unit au lac Supérieur et à divers autres beaucoup moins étendus. Les lacs Winnipeg, Saint-Martin, Manitobah, Winnipegoos, Cedar, communiquent par des rivières ; et le premier de ces lacs est uni en même temps à celui des Bois que lie le *Rainy-river* à celui de la Pluie. Au nord de l'Europe, dans la Russie et la Suède, et même en Suisse, on observe un pareil phénomène hydrographique; les lacs Ladoga, Onéga, Saïma, Biélo-Ozéro, Wodlo, Ilmen, sont en communication par des rivières les uns avec les autres.

Les lacs où se déchargent les rivières ne doivent pas être confondus avec ceux qu'on peut appeler *orographiques*, qui se trouvent dans les montagnes et dont la disposition est étroitement liée à la leur. Ce sont des fentes ou des déchirures qui les produisirent, lors du soulèvement des montagnes, et que l'eau a ensuite remplies. Au contraire, c'est l'eau qui a creusé le bassin des lacs situés en plaine et sur la lisière des chaînes montagneuses. Certains lacs comme ceux de Bienne et de Neuchâtel, en Suisse, participent de ce double caractère. Les lacs dus à l'action des eaux sont loin d'offrir les aspects pittoresques ou grandioses des lacs orographiques ; ils ont des rives plus plates ou sont seulement environnés de collines comme le lac de Zurich. Ainsi que l'a noté M. Desor, ce sont les lacs orographiques dont le bassin est formé par des *cluses* ou déchirures coupant transversalement les crêtes, qui donnent lieu aux plus beaux effets de paysage ; cela est manifeste pour les lacs de la Suisse, qui appartiennent en grande majorité à cette catégorie, et en particulier pour celui des *Quatre cantons* dont le bassin est constitué à la fois par une cluse et par une dépression cratériforme, pour le lac de Lugano, dont le bassin résulte simultanément d'une cluse et d'une combe ou déchirure dans le sens de la crête montagneuse. Les lacs de l'Italie offrent le caractère de cluses, mais au lieu d'être formés par une seule excavation de ce genre, leur bassin comprend une suite de cluses liées entre elles par des coupures. Les lacs qui remplissent d'anciens cratères de soulèvement, comme ceux de Bolsena et d'Albano, les lacs-cratères de l'Eifel, et notamment le lac de Laach, le Gemunder Maar, appartiennent à la catégorie des lacs orographiques.

CHAPITRE IV.

DISTRIBUTION DES MINÉRAUX A LA SURFACE DU GLOBE.

Hydrogène, carbone, graphite, anthracite, houille, lignite, bitume, tourbe, acide carbonique. — Calcaire, marbre, albâtre, pierre lithographique, aragonite, dolomie, natron. — Borax. — Silice, quartz, jaspe, argile, feldspath, kaolin, grenat, émeraude, mica, tourmaline, outremer. — Silicates non alumineux, talc, serpentine. — Pyroxène, amphibole, topaze. Métaux : platine, or, argent, mercure, cuivre, fer, étain, plomb, vanadium, bismuth, cobalt, zinc, arsenic, manganèse, antimoine. — Phosphore, iode, soufre ; sel gemme, acide sulfurique ammoniaque, potasse, salpêtre, baryte, magnésie, aluminium, alun, turquoise, cryolite.

Hydrogène, carbone, graphite, anthracite, houille, lignite, bitume, tourbe, acide carbonique.

La forme des minéraux n'est point essentiellement constante ; elle dépend de la température ; et la plupart peuvent s'offrir tour à tour à l'état solide, liquide ou gazeux. Toutefois, entre les limites de température de la surface de notre globe, la grande majorité des corps inorganiques demeurent, d'une manière à peu près permanente, à l'un de ces trois états. Ceux qui affectent la forme solide ont reçu le nom de *minéraux*. Il est impossible d'indiquer ici, même en abrégé, la distribution de ces corps par contrées, les variations de terrains se produisant sans cesse et souvent à de très-petites distances ; ce sont ces variations de terrains qui déterminent surtout la distribution des terres et des substances pierreuses diverses. Les phénomènes géologiques ont donc seuls présidé à la répartition des minéraux dans l'écorce du globe ; les gîtes des métaux se montrent généralement dans telle ou telle roche, suivant leur nature respective. Ainsi, les gîtes d'étain se trouvent surtout dans les roches granitiques, les gîtes aurifères s'observent le plus souvent dans les schistes cristallins, les roches éruptives ou quartzeuses, tandis qu'ils sont très-rares dans le calcaire et la dolomie ; les filons argentifères affectent les schistes cristallins ou les roches argileuses ; les minerais de plomb et de zinc, pauvres en argent, sont intimement liés au contraire aux calcaires dolomitiques. Je me bornerai dès lors, dans ce chapitre, à indiquer, pour les substances minérales, les localités où elles se trouvent en plus grande abondance.

Entre les corps simples qui entrent comme principes constituants dans une foule de minéraux, on doit citer d'abord l'oxygène et l'hydrogène. Je ne dirai rien du premier de ces deux gaz dont le mélange constitue l'air, et qui n'appartiennent pas plus à une région qu'à l'autre. L'hydrogène, existant dans l'eau, se trouve à peu près partout, mais il entre aussi comme élément en d'autres corps d'une présence moins générale dans le sol que l'eau. Combiné avec le soufre ou le carbone, il forme des composés nombreux. L'hydrogène sulfuré, reconnaissable à son odeur d'œuf pourri, se dégage fréquemment, lors des éruptions volcaniques, durant lesquelles s'échappe aussi parfois de l'hydrogène pur. En divers lieux, comme à la *fontaine ardente*, près Grenoble, ce gaz est mêlé à des sources froides ou chaudes qui lui doivent des propriétés médicales. De là, l'existence des eaux minérales sulfureuses, si répandues sur tout le globe, telles que celles de Bagnères-de-Luchon, de Baréges, de Cauterets, d'Ax (Ariége), de Vernet (Pyrénées-Orientales), des Eaux-Bonnes, d'Harrowgate (Yorkshire), d'Aix-la-Chapelle, de

Chiclana (Andalousie). D'autres fois l'hydrogène sulfuré est mêlé à des boues, comme à Saint-Amand (Nord), à Acqui (Piémont), et leur communique des vertus curatives. Ce gaz est surtout abondant dans les solfatares, où il se décompose facilement, et donne naissance à des dépôts de soufre considérables. L'hydrogène protocarboné se dégage également des terrains volcaniques, principalement dans les salzes du Modénais, du Parmesan, du Bolonais, en Sicile, en Crimée, en Perse, dans l'Hindoustan, à Java, à la Trinité, au Mexique et sur la côte de l'Amérique du Sud. Pendant les temps chauds, la décomposition des matières organiques lui donne naissance ; il s'élève à la surface des eaux stagnantes et se dégage abondamment des houillères, où, sous le nom de *feu grisou*, il fait la terreur des mineurs. Dans certaines couches de houille, il est en si grande quantité, qu'un trou percé dans le filon suffit pour déterminer un jet violent.

L'hydrogène se retrouve dans d'autres composés. Sa combinaison plus intime avec le carbone, en diverses proportions, donne naissance à des corps solides ou liquides, par exemple à la cire fossile (*hatchétine*), au suif fossile (*ozokérite*), au *naphte*, au *pétrole*, dont il sera parlé plus loin. On trouve en Europe plusieurs dépôts de cette cire et de ce suif minéraux ; par exemple en Moldavie, près de Slanik, à Gresten, près de Gaming (Autriche) et en Angleterre. On a signalé un dépôt d'ozokérite près Rio-Janeiro.

Le carbone est, sans contredit, un des corps les plus répandus dans la nature. Il apparaît sous toutes les formes ; mais il n'existe à l'état complètement pur que dans le diamant, la plus dure des substances connues, qui raye les autres minéraux et n'est rayée par aucun. Ce corps vitreux, d'un éclat particulier, plus ou moins diaphane, se trouve d'ordinaire mêlé à des cailloux roulés, généralement de diorite et de serpentine, comme on l'observe à la vallée du San Francisco, dans la province de Minas Geraës (Brésil), dans des sables ferrugineux qui appartiennent à d'anciennes alluvions. Ces cailloux forment souvent un ciment ou poudingue ferrugineux dans lequel le diamant est enchâssé.

Les sables diamantifères se rencontrent dans les anciens royaumes de Vizapour et de Golconde (Hindoustan) ; en Sibérie, sur le versant occidental des monts Ourals ; à l'île de Bornéo (province de Landak). Sur les bords du Kapoea, il y est associé à l'or et à l'antimoine sulfuré. Le diamant a été découvert en très-grande abondance dans la contrée du Transvaal (Afrique australe), notamment dans les districts de Pniel, de Klipdrift, de Griqua-Town. A Du-Toit's Pan, les diamants qui, ailleurs dans la même contrée, se trouvent dans le gravier du Vaal, sont associés au péridot et au spinelle. L'Australie contient aussi des gisements de diamant dans d'anciennes alluvions, près du Cudgegond-River (district de Mudgee). Aux États-Unis, on a signalé sa présence dans la Caroline du Nord. Le diamant est parfois coloré en noir par du charbon non cristallisé : on trouve notamment cette variété près Bahia.

Le carbone se présente également à l'état presque pur dans le graphite, qui en contient 96 pour 100. Le graphite est d'un gris métallique qui lui a valu le nom de *mine de plomb*, bien qu'il ne renferme aucune trace de ce métal. En Europe, le gisement le plus vaste et le plus célèbre, à raison de la pureté et de l'homogénéité de la matière, est celui de Borrowdale (Cumberland). Viennent ensuite le gîte de Passau (Bavière), de Montabaur (Nassau). En d'autres parties du monde, on peut citer le dépôt de l'État de New-York et celui de Travancore (Hindoustan).

L'anthracite, où le carbone se présente beaucoup moins pur, constitue des dépôts composés de lits alternatifs de matières arénacées ou schisteuses et de combustibles. Elle se rencontre généralement dans les terrains sédimentaires les plus anciens, surtout dans l'étage devonien. Elle abonde en Virginie. Dans la Pensylvanie, la région anthracifère, située à l'est du Blue Ridge, s'étend jusqu'à la branche septentrionale de la Susquehanna et atteint une longueur d'environ 65 milles sur 5 de large. L'anthracite y constitue des montagnes de plus de 500 mètres de haut, courant parallèlement au Blue Ridge. Des dépôts du même combustible se retrouvent en une foule de lieux, en Russie, en Styrie, dans les Alpes, la Nouvelle-Calédonie, en Irlande, notamment dans le comté de Kilkenny. En France, les gîtes les plus considérables se trouvent entre Angers et Nantes, et se prolongent dans les départements d'Ille-et-Vilaine, de la Mayenne et de la Sarthe.

Les houilles, d'un noir beaucoup plus foncé que les anthracites, sont disposées par bassins dont l'étendue est rarement très-considérable. Il n'y a que les contrées appartenant aux terrains de cristallisation ou aux dépôts sédimentaires modernes, qui en soient complètement privées. Voilà pourquoi ce combustible est très-rare en Italie et manque dans une grande partie de la Suède et de la Norvège. Chaque jour on en signale du reste de nouveaux gisements sur quelques points de l'Europe ou de l'Asie. Il existe en Espagne, dans le nord de l'Afrique. On l'a rencontré jusqu'au Spitzberg et à l'île des Ours. C'est au-dessus du 49e parallèle nord, jusque vers le 56e, que sont accumulés ses plus puissants dépôts. Aussi l'Allemagne, la Belgique, le nord de la France en sont-ils richement pourvus ; la Russie compte un assez grand nombre de bassins houillers ; outre ceux de l'Amour, d'Irkoutsk, du Donetz, qui s'étend de l'est à l'ouest au nord de la mer d'Azow, la Russie présente dans sa partie centrale un vaste plateau de calcaire carbonifère ayant pour centre les monts Valdaï, s'avançant d'un côté dans les gouvernements de Perm et de Vologda, et au sud fort au-delà de Moskou. Cette longue zone houillère qui enveloppe à sa base occidentale l'Oural, de la mer arctique au 50° lat. N., est ensuite recouverte par l'étage permien ; elle reparaît à la surface dans les gouv. de Riazan et de Moskou et remonte au nord jusqu'à la Mer blanche. La Grande-Bretagne abonde en houillères ; elles s'y rencontrent au nord et au centre (Northumberland, Cumberland, Lancashire, Staffordshire et Warwickshire). Le pays de Galles offre les plus riches dans sa partie méridionale, où les couches présentent des épaisseurs qui dépassent 3000 mètres. Quelques comtés de l'Écosse renferment également des mines de charbon (Lanarkshire, Stirlingshire). Le Nouveau monde dépasse encore en richesse houillère la Grande-Bretagne. On recueille ce combustible à Terre-Neuve, au Cap-Breton, au Nouveau-Brunswick, à la Nouvelle-Écosse et jusqu'au Groënland (Ovifak). Dans les États-Unis, on distingue six bassins houillers représentant une superficie de 193 863 milles carrés, à savoir : celui des Appalaches (55 500 m. c.), ceux de l'Illinois, de l'Indiana et du Kentucky (51 100 m. c.), celui du Missouri et de l'Arkansas (73 913 m. c.), celui du Michigan (13 350 m. c.) et celui du Texas (3 000 m. c.). Dans l'Amérique méridionale, la houille a été signalée au Brésil, dans les provinces de Caracas, de Carabobo, de Merida et de Maracaïbo, ainsi que dans celle de Coro, dont le gîte est le plus riche. La Nouvelle-Zélande, la Tasmanie et l'Australie renferment diverses mines de houille entre lesquelles on doit signaler celle de Newcastle près de Sydney, où l'on voit une montagne qui n'est qu'un énorme bloc de houille (mine de Waratah). En Afrique, la houille existe sur divers points, notamment dans la province de Mozambique, dans les colonies du Cap et de Natal. En Asie, on en découvre sans cesse de nouveaux dépôts. Il en existe dans l'Hindoustan (Cutch, l'Assam, la province de Cuttach), à Ceylan, au Japon, notamment à l'île de Kakadima près Nagasaki, à l'île Saghalien, sur la côte occidentale et dans le golfe Terpenia, à l'île Formose, à Bornéo (île de Labouan et province de Sarawak). En Chine, on estime la superficie des terrains houillers à 400 000 milles anglais carrés, sur lesquels la seule province de Chen-Si entre pour 30 000. La formation carbonifère est fort étendue dans la province de Péking.

Les lignites sont des substances carbonées fossiles et conséquemment combustibles, mais d'une origine postérieure au terrain houiller proprement dit ; on les rencontre à tous les étages de l'écorce terrestre où ils se montrent parfois avec le même aspect que la houille, ainsi qu'on l'a constaté pour le lias et l'oolithe. Dans les terrains pliocène et quaternaire les lignites sont associés à la tourbe. D'après M. de Hauer, la valeur combustible des lignites et des houilles croît à peu près régulièrement, à mesure qu'on remonte les étages. Les lignites affectent quelquefois la forme de branches d'arbres et offrent, à l'intérieur, le tissu ligneux des plantes dicotylédonées. Mais les grandes masses sont compactes ou schistoïdes, sans apparence de tissu organique : la matière présente alors une certaine analogie extérieure avec la houille, dont elle diffère par un moindre éclat. Les lignites existent aux îles Vancouver, d'Ounga, Kadiak, à Lal-lal (Vittoria, Australie). En général ils constituent de vastes dépôts dans l'Amérique du Nord, notamment dans la vallée de la rivière Mackenzie, dans le New-Jersey, près la baie d'Amboy, en Californie (comté de Contra-Costa), au Brésil (prov. de Rio Grande do Sul), à l'île Madère. La France et l'Angleterre renferment beaucoup de dépôts de cette substance. On a également signalé la présence des lignites en un grand nombre de points de l'empire d'Autriche ; ils constituent une formation étendue en Esclavonie et en Croatie. On retrouve aussi le lignite en Russie, dans la Nouvelle-Zélande et en Tasmanie. Le *jais*, ou *jayet*, est un lignite fibreux compacte, d'un noir de velours ; le dépôt de France le plus riche en carbone se trouve à Sainte-Colombe-sur-l'Hers (Aude). Il se présente aussi à Whitby et dans le Sussex (Angleterre), en Allemagne, en Espagne.

Les bitumes sont des produits hydro-carburés. Ils se montrent parfois associés aux lignites, plus souvent à des sources salées, notamment sur les bords de la Caspienne, dans le Kentucky, et au grand lac Salé. Ils affectent soit la forme d'une huile minérale, naphte ou pétrole, soit l'apparence de matière noirâtre glutineuse, d'asphalte, matière résultant de l'imprégnation des roches par le pétrole qui s'est épuisé et réduit à l'état de goudron.

Ces deux espèces de naphte se trouvent parfois dans des contrées voisines ; ainsi le blanc se recueille en Perse, tandis que le noir abonde aux environs de Bagdad. Au reste les dépôts de pétrole sont en général épars et indépendants et ils appartiennent à des terrains divers. Au Canada et aux États-Unis, le bitume se rencontre dans les terrains siluriens et devoniens. Il abonde dans la Pensylvanie, où il constitue parfois des puits jaillissants[1], dans l'Ohio et le Kentucky. On en tire du Vénézuela, de l'île de la Trinité, de la Nouvelle-Galles du Sud, du Birmah (près Magweh)) du Ssé-Tchouen (Chine). En Europe, on l'exploite dans la Moldavie (*Pocura* et *Monezti*), la Valachie (*Teskani* et *Plojezti*), à Gabian (Hérault) et en divers points de la Toscane, du Parmesan, notamment à Miano, aux bains de Lesignano, de la Sicile, de l'Allemagne et des Carpathes. Dans la Gallicie occidentale, le pétrole, qui abonde, est de même nature que celui de Pensylvanie ; dans la Gallicie orientale, il est analogue à celui du Canada. L'asphalte se présente sans cesse au voisinage du pétrole ; on l'exploite notamment à Seyssel (Ain), à Manosque (Vaucluse) et au Val-Travers (Suisse). Parfois cette substance sort des eaux à la surface desquelles elle se rassemble, comme on l'observe au lac *Asphaltite* ou *Mer morte*. La présence du bitume dans ce lac et sur son rivage occidental, ainsi que le long de son bassin, se rattache à l'existence d'un système de sources thermales salines et bitumineuses, réparties le long de l'axe de dislocation de ce bassin[2]. Les anciens ont décrit les étangs d'asphalte ou de bitume de l'île de Zante. Sur les bords de la Caspienne, notamment à Balachani, le naphte ou pétrole est exploité depuis une haute antiquité.

Le charbon provenant des végétaux répandus à la surface du globe, se montre sous une forme qui rappelle son origine, et avec moins d'altération encore dans les tourbes et plusieurs terres, telles que la *terre d'ombre*. Cette terre donne naissance, dans les environs de Cologne, à des dépôts considérables de 12 à 13 mètres d'épaisseur, occu-

1. Le pétrole qu'on trouve dans la partie ouest de la Pensylvanie, notamment à Oil-Creek et à Titusville, filtre à la surface du sol ; il était exploité depuis un temps immémorial par les Indiens. La région du pétrole s'étend du sud et de l'ouest de cette province, d'une part dans l'Ohio, d'autre part dans le Canada par delà le lac Érié ; elle reparaît également en Virginie et dans les États d'Indiana et d'Illinois.

2. Ce bitume était connu dans l'antiquité sous le nom de *bitume de Judée ;* il faisait l'objet d'un grand commerce et servait en Égypte aux embaumements.

pant une superficie de plusieurs lieues. La tourbe, matière brune plus ou moins foncée, se forme journellement par l'accumulation de plantes aquatiques, particulièrement de cypéracées, de sphaignes et de conferves, qui vivent toujours submergées. Elle couvre çà et là des espaces immenses, dans les parties basses de nos continents, remplissant les bas-fonds de larges vallées, dont la pente peu considérable s'oppose à l'écoulement des eaux. Les plus grandes tourbières de France existent dans la vallée de la Somme, entre Amiens et Abbeville. Il s'en trouve aussi de considérables aux environs de Beauvais, dans la vallée de l'Ourcq, et près de Dieuze. La plupart des belles prairies de la Normandie reposent sur la tourbe. Dans les Pays-Bas, les tourbières des provinces de Drenthe, Over-Yssel, Frise et Groningue présentent une grande profondeur. Ces tourbières se continuent en Allemagne, s'étendant dans la Westphalie et le Hanovre; on les voit reparaître en Russie et en Sibérie. Parfois les tourbières se rencontrent à une notable altitude; tel est le cas pour les *Hautes-Fagnes* (*Hohe-Veen*), plateau marécageux couvert de tourbe et de bruyères existant entre Montjoie, Malmédy et Spa, et qui sépare l'Ardenne de l'Eifel. Elles abondent en Danemark, où les unes sont formées des détritus des arbres (*scovmoser*), les autres ne sont à proprement parler que des marais (*kiaer-moser*), où s'accumulent des débris décomposés de graminées et de mousses. Ces deux catégories se retrouvent sur les côtes de la Finlande, dans la Scanie et le Groënland. L'accumulation des végétaux dans les eaux a quelquefois été si considérable qu'elle a amené le comblement de bras de mer; c'est ce qui s'est produit dans le nord du Jutland pour les *vild-moser* (tourbières sauvages). On peut rattacher aux tourbières les gisements de bois fossiles existant en Islande, où ils sont connus sous le nom de *surtarbrandur* (bois noirs); ils paraissent provenir des forêts dont l'île était en partie couverte et qui, à la suite d'éruptions volcaniques, furent enfouies et entraînées par les coulées de lave. Ces lignites se trouvent souvent à plus de 300 mètres d'altitude. On y remarque encore l'empreinte des feuilles ; ce qui prouve que ce ne sont pas des bois flottés et accumulés dans les fiords.

L'acide carbonique, dû à la combinaison de l'oxygène et du carbone, est très-répandu dans la nature, soit à l'état gazeux, soit dissous dans l'eau. On a vu que ce gaz se dégage abondamment des terrains volcaniques, soit récents, soit anciens. En certaines contrées, les dégagements se font sur une vaste échelle, comme, par exemple, au volcan de Pasto, dans le district de Quito, et en certains cantons de Java. Un grand nombre de cavernes naturelles offrent une accumulation remarquable d'acide carbonique ; tels sont l'*antre de Typhon* en Cilicie, les *estouffis* et la *cave du Moulin-Joli* aux environs de Clermont-Ferrand, la *grotte d'Aubenas* (Ardèche), la *moufette de Pérault* près de Montpellier, et en Italie la *grotte du chien* sur les bords du lac d'Agnano, plusieurs des *mofete* de la Campanie, les cavernes de Bolsena. A Rhora (île de Cos), on observe des jets d'acide carbonique et d'hydrogène sulfuré à travers les schistes et les trachytes donnant naissance, comme dans les grottes qui viennent d'être nommées, à des accumulations méphitiques.

Lorsque l'acide carbonique est combiné avec des eaux froides ou chaudes, en quantité beaucoup plus considérable que ne le comporte la pression de l'atmosphère, il communique à ces eaux une saveur acidulée. Cette catégorie d'eaux, quoique moins répandue que les sulfureuses, est cependant encore très-abondante. Entre les froides les plus renommées, sont celles de Seltz (Nassau), de Spa, de Pyrmont (Westphalie), de Chateldon, de Pougues, de Saint-Moritz (Grisons), d'Égra (Bohême). Parmi les chaudes, on doit citer celles de Brousse en Asie Mineure, contrée fort riche en sources thermales, de Vichy, du mont Dore, de Vals (Ardèche), dont la température s'élève jusqu'à 56°, de Wiesbaden près de Mayence, qui atteignent 68°, de Carlsbad en Bohême, dont certaines sources sont à 73°; dans ce dernier pays, celles de Marienbad offrent une composition analogue, mais elles sont froides. La source du Gurgitello, à Ischia (ancien royaume de

Naples) s'élève à 60°. Les eaux minérales froides se rencontrent généralement dans les pays de plaines; elles proviennent de l'infiltration à la surface, des eaux qui dissolvent les diverses substances contenues dans les terrains qu'elles traversent. Les eaux minérales chaudes appartiennent à d'autres gisements et leur composition est en rapport avec les roches des chaînes de montagnes où elles émergent. Au reste, presque toutes les eaux fournies par des forages profonds peuvent être considérées comme minérales, ainsi que l'a prouvé l'analyse de l'eau de divers puits artésiens.

La chaux et ses composés.

Le calcaire ou chaux carbonatée est un des minéraux constitutifs de la Terre et l'une des matières les plus répandues dans son écorce. Quelques îles, comme Grande-Terre (Guadeloupe), en sont entièrement formées. Il appartient essentiellement aux dépôts sédimentaires, et se trouve en couches immenses à tous les étages géologiques; tantôt composant des strates plus ou moins puissantes qui alternent avec des dépôts divers, arénacés ou argileux, tantôt formant à elles seules des montagnes, des chaînes entières. Le calcaire se présente sous les apparences les plus diverses : en couches stratifiées, en stalactites et stalagmites, en configurations panniformes, en concrétions pisiformes, en rognons, en incrustations sur des plantes et toute espèce de corps ou dans des aqueducs.

La plus grande partie du sol de la France est calcaire. Les dépôts tertiaires qui comprennent des calcaires grossiers marins et fluviatiles, couvrent les anciennes provinces de l'Ile-de-France et de l'Orléanais, de la Touraine, de la Guyenne et de la Gascogne, jusqu'au pied des Pyrénées. Beaucoup de calcaires fluviatiles se montrent, en outre, par lambeaux, dans l'Auvergne, le Languedoc et la Provence. On retrouve ces mêmes calcaires à l'île de Wight, dans le Hampshire, le Piémont, l'Autriche, les Carpathes, l'Hindoustan.

Les calcaires de l'étage jurassique, qui couvrent la Franche-Comté et la Bourgogne, sont limités en France par les terrains cristallins des Ardennes, des Vosges, des Alpes, du Dauphiné, des Pyrénées, de la Bretagne et entourent de tous côtés ceux qui forment le Limousin, l'Auvergne, le Lyonnais et une partie du Languedoc. En Allemagne, la formation jurassique figure une bande qui s'étend, dans la direction nord-est, de Schaffouse à Ratisbonne, puis remonte au nord jusque près de Hildburghausen ; on la retrouve dans la Haute-Silésie et aux environs de Brunswick. En Angleterre, elle constitue une bande transversale, s'élargissant à son milieu et courant du Dorsetshire au Lincolnshire, et englobant une partie de l'Oxfordshire et du Northamptonshire. En Russie, elle est représentée par une sorte d'île allongée du S.-O. au N.-E., et placée au centre de ce pays ; elle reparaît sur la côte de la Mer glaciale, à l'ouest. On la rencontre encore en Espagne, en Portugal, en Italie, dans l'État d'Indiana et la province de Cutch. La craie, autre forme du carbonate de chaux, entoure le grand dépôt parisien et se prolonge dans la Champagne, la Picardie et l'Artois ; elle constitue la majorité des falaises des deux côtés de la Manche, depuis Calais jusqu'à Honfleur, se continue dans le Maine, la Touraine, une partie du Berry, du Poitou, se retrouve dans l'Angoumois, la Saintonge et la partie méridionale du Périgord. En Angleterre la craie dessine une bande contiguë à l'est à la formation jurassique, et constitue dans le Lincolnshire et l'East-Riding d'autres îlots. Elle se montre dans l'Asie Mineure, sur la côte de Coromandel, à Java, en Égypte, dans l'Amérique septentrionale, au New-Jersey, au Texas, et dans l'Amérique méridionale, à la Nouvelle-Grenade, au Pérou, au Chili.

Les variétés de calcaires à grains fins et susceptibles de poli sont désignées sous le nom de *marbres*. Ces espèces minérales appartiennent en général aux terrains anciens. Cependant, dans les Alpes et les Pyrénées, les formations jurassiques et crétacées en fournissent de très-beaux, mais leurs caractères sont pour ainsi dire exceptionnels. La

Grèce en recélait un grand nombre d'espèces. Le marbre était particulièrement abondant aux environs de Proconnèse et de Cyzique ; circonstance qui a valu son nom à la Mer de Marmara. Les marbres blancs, dits *statuaires*, sont fournis par la chaux carbonatée saccharoïde. Ils existent en abondance sur les confins de la Toscane et de la Ligurie, dans les monts Apuans, autrement dits de la Lunigiane, près de Carrare et de Massa. Là le marbre saccharoïde forme des montagnes entières qui s'avancent jusqu'à la partie occidentale de la province de Garfugnana. La variété la plus recherchée est le *bianco chiaro* dont les plus belles carrières existent à Forno, près Massa.

Les calcaires saccharoïdes des Alpes et des Pyrénées sont d'un grain moins fin et moins homogène. Celui de Paros et celui de l'Attique, dit *pentélique*, avaient chez les anciens une grande célébrité. En Perse, le marbre blanc se rencontre avec le marbre gris près de Sirvan (Khorassan). Dans le Bengale, il forme, près de Djubbulpour, associé à des schistes calcaires, de magnifiques escarpements et des gorges majestueuses que traverse la Nerbuddah. En Amérique, on l'exploite dans le comté de Berks (État de Massachussetts). Certains marbres sont d'un blanc légèrement coloré, soit tirant sur le bleu, comme à Lesbos et à Thasos, soit tirant sur le pourpre, comme à Synnada (Phrygie). D'autres marbres, également unicolores, affectent tantôt la couleur noire, comme celui qui est dit *noir antique* ou *drap mortuaire*, et se trouve à Bergame, à Prato et à Carrare, comme ceux de Dinant, de Namur, de Kilkenny, de Galway (Irlande); tantôt la couleur rouge, tels que le *marbre griotte* d'Italie et ceux de Caunes (Aude), ou la couleur jaune, tels que le *jaune antique*, qui est mélangé d'un peu d'hydrate de fer et provient de Macédoine et de Numidie.

Outre les marbres *simples* ou *unicolores*, il s'en rencontre une grande variété de *veinés*. Quelques marbres verts sont le résultat d'un mélange de calcaire et de schiste talqueux ou *serpentine*. Entre les plus communs se placent ceux dits de *Flandre*, qu'on tire, comme ceux de Dinant, du calcaire carbonifère de la Belgique; la variété la plus répandue est le *marbre Sainte-Anne*, qui présente, sur un fond noir ou gris très-foncé, des veines blanches se croisant dans tous les sens. Une autre espèce, dite *petit antique*, offre un mélange de taches noires et blanches à peu près égales. Ces marbres appartiennent aux terrains de transition du Hainaut belge. En Italie, le *marbre portor* noir veiné de jaune doré est exploité dans les Apennins sur la côte de la Spezzia au village de Porto-Venere. Le *bleu turquin*, à fond bleuâtre et à veines foncées, se trouve à Serravezza (montagnes de la Lunigiane) et près de Filfilah (province de Constantine), où s'exploite aussi un marbre saccharoïde contenu dans le lias. Une variété d'un rouge assez clair et veiné, dite *marbre incarnat* ou *de Languedoc*, se recueille près de Caunes (Aude). Une autre espèce veinée, d'un rouge foncé mêlé de gris et de jaune, connue sous le nom de *marbre de Sarancolin*, appartient aux Pyrénées. En Finlande, à Rouskiala, est un marbre à texture compacte, gris bleuâtre, à petites nuances veinées de gris foncé ou de blanc bleuâtre.

Les *marbres brèches* ou *brocatelles*, que les anciens tiraient de Laconie, de Thessalonique, d'Afrique, d'Égypte, se distinguent des marbres veinés en ce que leurs veines coupent la masse, de manière à simuler des fragments réunis. Les plus connus sont : les *breccie* de la Lunigiane, le *grand deuil* et le *petit deuil*, offrant l'un et l'autre des éclats blancs sur un fond noir et qu'on tire des départements de l'Ariége, de l'Aude et des Basses-Pyrénées; la *brèche d'Aix* ou *brèche de Tolonet* (Bouches-du-Rhône), à grands fragments jaunes et violets réunis par des veines noires; la *brèche violette*, à fond violet avec de grands éclats blancs, dont une des plus belles variétés abondait jadis à la côte de Gênes, se rencontre en Andalousie.

Les *marbres composés*, dans lesquels les matières étrangères sont distribuées par feuillets ou paquets, se trouvent en Italie, dans la région marmoréenne des monts Apuans. Une variété semée de taches ou de bandes verdâtrès répandues dans un calcaire saccharoïde, et connue sous le nom de *marbre cipolin*, existait jadis en Corse, en Égypte et à Caryste en Eubée. Une variété désignée par l'appellation de *marbre de Campan*, du nom de la vallée des Hautes-Pyrénées où il s'exploite, présente des feuillets ondulés de diverses couleurs dans un calcaire compacte. Près de Florence, un marbre formé d'un calcaire argileux, gris jaunâtre, parsemé de fentes et infiltré de fer, est remarquable par des dessins naturels offrant des vues de ruines : de là le nom de *ruiniforme* qui lui est imposé.

Les *marbres lumachelles*, qui doivent leur nom aux petites coquilles analogues à celles du limaçon (en italien *lumaca*) et aux madrépores dispersés dans leur masse calcaire, s'exploitent près Troyes, Brest, dans le Jura, près Narbonne, dans le Derbyshire, et surtout aux Écaussines, près Mons (Belgique), où la variété remplie d'encrinites est connue sous le nom de *petit granite*.

L'*albâtre* calcaire, appelé tantôt *antique*, tantôt *oriental*, suivant ses teintes, est aussi formé de chaux carbonatée. Les anciens le tiraient d'Égypte, où existent encore les riches carrières de Siout et de Beni-Souef, et le connaissaient sous le nom de *marbre onyx*. Il en existe une carrière à Montmartre et d'autres en Algérie (Aïn-Tempalek). Le marbre onyx de Tekali (Mexique) qu'employèrent les Aztèques et dont les nuances varient du blanc pur au blanc teinté de diverses couleurs, où l'oxyde de fer forme des stries, se rapproche de l'albâtre gypseux.

La *chaux carbonatée* formée de calcaire fibreux qui compose certaines stalactites, se dépose dans nombre de fontaines incrustantes, telles que celles de Saint-Allyre, à Clermont-Ferrand, de Saint-Philippe (Toscane), de Carlsbad (Bohême). A Pambouk-Kalessi (Asie Mineure), les eaux, chargées de cette chaux, donnent naissance, près de Karahaït, aux incrustations les plus étendues et les plus curieuses, et ont ainsi formé un grand aqueduc naturel.

Les *pierres lithographiques* sont fournies par un calcaire compacte, à grains fins et serrés, qui se montre dans les terrains jurassiques. Les plus recherchées sont celles de Pappenheim, sur les bords du Danube, en Bavière; on en trouve aussi dans le Vicentin et en France, à Châteauroux (Indre), à Belley (Ain), aux environs de Dijon, de Périgueux, à Montdardier, près Le Vigan (Gard).

L'*aragonite* ne se distingue de la chaux carbonatée que par sa disposition cristalline spéciale qui lui communique une grande dureté et une apparence vitreuse plus brillante. Elle se présente tantôt sous la forme coralloïde, tantôt en petites masses fibreuses. On la recueille dans les gîtes de minerai de fer et les fentes de dépôts basaltiques; mais ses gisements les plus habituels sont les terrains gypseux. Ils existent en Espagne, dans les Landes, les Pyrénées, à Salzbourg, en Sicile, en Égypte; constituent en certains points, comme à Vichy, des tufs formant la partie la plus impure, la plus poreuse des concrétions calcaires. A la même espèce minéralogique appartiennent la pierre tubulaire, dont est construite la ville de Pasti, en Italie, le *travertin* des dépôts de l'Anio et de la solfatare de Tivoli et qu'on rencontre aussi ailleurs, en France, aux environs de Constantine, etc.

La *dolomie*, chaux carbonatée magnésifère, qui paraît devoir son origine à la transformation du calcaire par une action chimique, affecte des formes assez variées, renfermant des proportions inégales de magnésie, offrant des nuances plus ou moins vives. La dolomie appartient aux étages les plus divers; elle se trouve dans des filons à Traverselle (Piémont), à Sainte-Marie-aux-Mines (Alsace), à Tharand (Saxe), où ses cristaux prennent une couleur d'un jaune verdâtre, dans les Alpes et les Pyrénées, notamment au Saint-Gothard, dans le col de la Furka, dans le Tyrol méridional, à *la somma* du Vésuve. Aux environs de Guanaxuato (Mexique), elle existe dans des gîtes d'argent, au Cumberland dans ceux de plomb, au Cornwall dans des mines de cuivre.

L'acide carbonique, par sa combinaison avec la soude, donne naissance à un carbonate nommé *natron*, très-répandu à la surface du globe, surtout en Arabie, en Perse, au Tibet, en Chine, à Bilin en Bohême, en certains lacs dont les eaux le tiennent en dissolution, notamment aux lacs situés au pied du Güsgündag (Arménie), au lac de Loonar, dans la province de Bérar (Hindoustan), en diverses lagunes du Mexique où il est connu sous le nom de *tequezquité*, et est mélangé de sulfate de soude. Ce sel couvre, par les temps secs, la terre d'efflorescences ressemblant à de la neige. C'est ce qui s'observe notamment dans les plaines de Débreczin (Hongrie), la vallée des lacs de Natron (Egypte), les plaines bordant la Mer Caspienne, dans les districts les moins élevés des *doabs*, au nord-ouest de l'Hindoustan, où il est désigné sous le nom de *rêh*. L'*urao*, ou *trona*, ne diffère du natron que par la forme de ses cristaux et sa saveur moins caustique; il se trouve dans les mêmes lacs et abonde au Fezzan, sur le seuil du grand désert. On le recueille encore aux environs de Buenos-Ayres, de Mexico et au Vénézuéla, près du village de Lagunilla.

Borax. — La silice et ses composés.

L'acide borique, formé par la combinaison de l'oxygène avec le corps simple appelé *bore*, existe dissous dans l'eau, en différents lieux, notamment dans certains lacs de la Californie, tels que le *Clear lake*; mais c'est surtout en dissolution dans les fumerolles se dégageant des soufflards volcaniques de la Toscane, qu'on en fait une copieuse récolte. En divers points, les dégagements se présentent simplement sous forme d'épaisses vapeurs blanchâtres sortant des fissures du rocher dans lesquelles ils déposent de l'acide borique. Le borax ou tinkal (borate de soude) abonde en plusieurs lacs de l'Hindoustan; il se recueille dans les monts Kouhmich (Khorassan), et dans certaines mines du Pérou.

La silice, matière infusible, très-répandue dans la nature, se montre sous différentes formes cristallines; les principales sont le quartz, la calcédoine et l'opale.

Le quartz se montre sous sa forme primitive, qui est rhomboédrique, à Chaudfontaine, près Liége; il présente de nombreuses variétés : le *quartz hyalin*, auquel sa limpidité et sa transparence ont valu, quand il est parfaitement pur, le nom de *cristal de roche*, et qui reçoit celui d'*améthyste*, lorsque l'oxyde de manganèse lui donne une teinte violette, ne se rencontre jamais par masses bien considérables; il abonde en une foule de lieux des Alpes, notamment en Tarentaise et en Dauphiné ; on le trouve à Jérischau (Silésie), à l'île des Loups dans le lac Onéga (Russie), en Turquie (eyalet de Salonique), en Amérique, aux environs de New-York, dans les montagnes de Madagascar. Sur les côtes de France, les dunes en sont surtout formées. L'améthyste proprement dite se recueille en Auvergne (Puy-de-Dôme), en Espagne (Asturies), en Sibérie, au Brésil et aux États-Unis (Monticello). A Compostelle, sa couleur rouge a fait donner au quartz le nom de *hyacinthe*. Le *quartz compacte* appartient aux terrains siluriens de la Bretagne, et se retrouve en divers points de la chaîne des Alpes. Le *quartz agate*, très-varié de coloration, doit son nom au fleuve Achatès (le Drillo) en Sicile, où l'ont d'abord rencontré les anciens. Il se présente généralement en rognons ou nodules dont le centre est souvent occupé par du quartz hyalin ; parfois il est disposé en stalactites, comme aux sources du Geyser en Islande et dans quelques mines, notamment à celles de Saint-Just en Cornwall. Les agates gris de perle et de couleur claire désignées sous le nom de *calcédoines*, étaient tirées par les anciens des montagnes du pays des Nasamons et des environs de Thèbes en Égypte. Elles se rencontrent en Islande, aux îles Færoer, à Oberstein (Prusse rhénane), à Pont-du-Château, près Clermont-Ferrand. Les agates rouge de sang, brunes, jaunâtres, claires, nuancées de teintes différentes, appelées *cornalines* se trouvent au Japon, dans le Gouzzerate et la presqu'île de Cambaye ; les Grecs les tiraient des Indes, d'Arabie, d'Épire, de Paros, d'Assos, et des environs de Babylone. Les agates jaune fauve ou d'un rouge orangé dites *sardoines*, du nom de Sardes en Lydie, et qu'on extrait du lit de certaines rivières, provenaient dans l'antiquité de l'Inde et de l'Arabie; on les trouve en Sibérie. On rencontre à Nertchinsk (Sibérie), à Torda et Magyar-Lapos (Transylvanie) des agates bleu de ciel, d'une teinte vive ou pâle et très-transparentes, appelées *saphirines*. Les *chrysoprases*, agates vert-pomme clair et translucides, sont encastrées au milieu de certaines roches magnésiennes, à Kosemütz (haute Silésie) et dans la montagne de Glasendorf. L'*héliotrope*, agate vert-poireau foncé, tachetée de points rouges, que les anciens tiraient de Chypre et d'Éthiopie, se trouve dans le Levant, en Sibérie, en Islande, à l'île de Rum (Hébrides) et à Jasckenberg (Bohême).

On distingue les différentes espèces d'agate non-seulement par leurs teintes, mais encore par la disposition de leurs bandes ondulées et de leurs couleurs. Quand ces bandes sont peu nombreuses, qu'elles ont une certaine épaisseur et que les couleurs en sont tachetées, l'agate s'appelle *onyx*. Les couleurs sont-elles mélangées d'une manière irrégulière, elle reçoit le nom de *jaspe*. En général on applique ce nom à toutes les variétés de quartz compacte opaques, même sur les bords. Les onyx se trouvent en Chine; les anciens les tiraient de l'Inde et de l'Arabie.

Les agates appartiennent généralement aux terrains de grès rouge. On en rencontre aussi dans les roches trappéennes, comme aux îles Agates, près l'île Michipicoten, dans le lac Supérieur. Les carrières les plus célèbres sont celles d'Oberstein (Prusse rhénane). On les trouve encore à Kaiserslautern (Bavière rhénane), aux environs d'Édimbourg, de Figeac (Lot), dans l'île de Sardaigne, en Sicile, où certaines agates présentent une disposition dite *œillée*, à San-Quirico (Toscane), à Nertchinsk (Sibérie).

Le *quartz silex* ou simplement *silex* est disséminé dans les terrains calcaires, principalement les jurassiques et les crétacés. Sur les côtes crayeuses, il se présente en galets qui redescendent jusqu'au niveau inférieur de la marée basse, dans les endroits où la mer est fortement agitée. Certaines variétés de silex forment des amas dans les couches argileuses ou calcaires des terrains tertiaires, et affectent une disposition ondulée et mamelonnée. Ces pierres siliceuses servent à la confection des meules de moulin, d'où leur nom de pierres meulières. Le bassin de Paris en offre deux étages différents. On en rencontre encore sur divers points du Berry, du Poitou, dans le Yorkshire.

L'*itacolumite,* ou quartz flexible, se distingue des quartzites, en ce que les grains de quartz s'y trouvent enveloppés de talc lamelleux, qui donne une grande flexibilité aux lames dans lesquelles la roche se décompose. Ce minéral doit son nom à une montagne du Brésil (Itacolumi) qui en est en partie formée ; on le retrouve à la Guyane française et dans l'Oural.

La principale variété de *quartz terreux,* mélangé de silice et de craie, est appelée *quartz nectique* ; elle se trouve aux environs de Paris, dans les marnes d'eau douce de Saint-Ouen. Quand le quartz terreux est réduit en fragments très-fins et comme écrasés, il forme un composé de particules de silice presque impalpables, dit *tripoli,* et dont le plus célèbre dépôt est à Bilin en Bohême. Il en existe également au Maryland (Nottingham) et aux Bermudes. Le tripoli doit son origine à la décomposition d'animaux infusoires, de foraminifères, dont le microscope fait encore découvrir la structure. Ces animaux, tout microscopiques qu'ils soient, ont, comme les mollusques, beaucoup contribué à accroître la masse solide du globe[1]. La vase qui encombre certains ports est due surtout à la décomposition des foraminifères, des infusoires répandus dans les eaux. Le célèbre naturaliste Ehrenberg a découvert à Berlin d'épais bancs de silice qui ont été ainsi formés. Une couche non moins profonde existe à Ebstorf (Hanovre). Richmond et Pétersburg (Virginie) sont bâtis sur des lits de marnes fort étendus produits par la décomposition de ces mêmes animaux.

Le *quartz résinite,* ainsi nommé de l'analogie qu'il pré-

---

1. D'après M. Lory, certains dépôts de silice ont une origine végétale et sont dus notamment à la décomposition de diatomées. Tel est le caractère d'un dépôt où la silice est associée à un carbonate de chaux très-blanc, signalé dans le lit du lac de Paladru (Isère).

sente avec la résine, est d'une couleur brune ou verdâtre ; il est tantôt transparent (*hyalite*), tantôt compacte (*fiorite*); des variétés d'un blanc laiteux, souvent à reflets irisés très-vifs, parfois bleus et rouges (*girasol*), portent le nom d'*opales*. Le quartz résinite et l'opale appartiennent surtout aux terrains basaltiques et trachytiques, ou aux roches amygdaloïdes ; c'est ce qu'on observe au mont Dore et en Transylvanie. En Hongrie, les gisements d'opales de Czerwénicza près Kaschau, de Tokai et de Telkibanya, situés dans le porphyre trachytique, ont une grande célébrité. L'opale se recueille encore aux îles Færoer, aux Hébrides, dans les monts Euganéens, au Mexique, où elle est d'un rouge hyacinthe qui lui a valu le nom d'*opale couleur de feu*. Outre ces gisements, des variétés blanches, translucides ou opaques de l'opale constituent des filons dans les dépôts de serpentine et le diallage, comme à Mussinet et à Baldissera en Piémont, à l'île d'Elbe, en Silésie, etc. On en trouve aussi dans les parties supérieures des terrains de sédiment, soit en nids dans les calcaires fluviatiles, notamment dans l'Orléanais et à Gergovia en Auvergne, soit en rognons comme dans les couches marneuses des environs de Paris, où la variété bleuâtre à la surface et brune à l'intérieur, qui se recueille à Ménilmontant, a reçu le nom de *ménilite*. Fréquemment encore l'opale est mélangée d'une marne, qui la rend blanche et complétement opaque comme les silex des mêmes localités. Les *tufs d'opale* sont déposés par les eaux thermales. Au Geyser en Islande, il s'en forme des dépôts fort étendus de 3 à 4 mètres d'épaisseur ; le même tuf se trouve à l'île San-Miguel (Açores). Le quartz résinite se présente parfois en petites concrétions globuliformes, analogue aux gouttelettes de gomme qui découlent de certains arbres ; tel on l'observe à Bohünicz (Hongrie).

Le *jaspe*, variété du quartz, s'en distingue par sa complète opacité et ses belles couleurs rouge, brune ou verte ; il participe du silex, de l'agate et de l'opale, dont il partage les gisements. Il appartient aux terrains siluriens et devoniens et se trouve dans les Apennins de la Ligurie, en Sicile, en Saxe, dans le Palatinat et la Bohême. Le *jaspe noir* ou *quartz lydien* fournit la pierre de touche, dite *pierre de Lydie*. Le jaspe égyptien se présente sous la forme de cailloux roulés dans le désert à l'est du Caire. Le jaspe rubané brun ou vert existe dans la chaîne des monts Stanovoï, en Sibérie ; le rouge et blanc s'offre par grandes couches à Saint-Gervais-les-Bains (Savoie).

Les *argiles* sont une des matières les plus abondantes de l'écorce du globe ; elles y forment des masses terreuses plus ou moins solides, en général onctueuses et se durcissant au feu, constituant les terres labourables désignées sous les nom de *terres fortes*, *terres franches*, etc. Entre les argiles grossières, l'*argile plastique* est la plus répandue ; elle recouvre immédiatement la craie ; elle existe en une foule de lieux, notamment à Arcueil (Seine), près de Dreux, de Nevers, à Rochlitz (Saxe), à Christ-Church (Devonshire), à Stourbridge (Worcestershire) où se trouve la plus estimée pour sa nature tenace et réfractaire. Les *terres à foulon* ou argiles calcarifères, dites encore *argiles smectiques*, se présentent en France, à Issoudun (Indre), à Villeneuve, à Septème (Isère), et en divers autres lieux.

Les *feldspaths* comprennent un ensemble de silicates alumineux anhydres doubles formant la base de la plus grande partie des roches sédimentaires, l'*orthose*, l'*albite*, le *pétalite*, le *carnatite*, le *labradorite*, le *rhyacolite*. L'orthose affecte des couleurs variant depuis le blanc de lait jusqu'au vert. Sa variété blanche se rencontre dans la Bretagne ; sa variété couleur de chair à Arendal (Norwège) ; sa variété verte, dite *pierre des Amazones*, en Sibérie. Souvent le feldspath orthose affecte une disposition lamellaire à reflets nacrés et chatoyants. C'est ce qu'on observe dans la *pierre de lune*, abondante à l'île de Ceylan et dans les feldspaths *opalins* de la côte du Labrador. L'orthose compacte ou *pétrosilex* existe dans les Vosges, dans les montagnes de l'Écosse, à la butte des Touches (Loire-Inférieure), à Thann (Alsace), au Schneeberg (Saxe). Le feldspath sonore, appelé aussi *phonolite* (*klingstein*), appartient aux terrains trachytiques, et se distingue par sa cassure esquilleuse, sa couleur gris verdâtre. Il se rencontre en Bohême, à Marienberg (Saxe) et à Tœplitz, abonde dans les montagnes de l'Auvergne et du Vivarais, notamment au mont Mezenc et au mont Dore, où une petite montagne, appelée *Roche Tuillière*, en est presque exclusivement composée. C'est dans la même catégorie de roches qu'on trouve le feldspath résinite, appelé aussi *pechstein* ou *rétinite*, qui est de couleur verte, brun rougeâtre ou gris cendré. Il existe au Cantal, à l'île d'Arran (Hébrides), à Newry (Irlande), au Mont Meissen (Allemagne), près de Tokai (Hongrie).

Les *obsidiennes*, qui affectent une couleur généralement vert foncé ou noirâtre, se distinguent du pechstein par leur éclat vitreux, appartiennent aux terrains essentiellement volcaniques, brûlants ou éteints. Elles forment des coulées étendues aux îles Éoliennes, à Ténériffe, dans les Cordillières du Pérou et du Mexique, à Madagascar, à l'île de l'Ascension. En Hongrie et en Islande, les coulées d'obsidienne, accumulées à de grandes épaisseurs, constituent de véritables montagnes. Ailleurs, l'obsidienne en grains, en boules ou en sphères forme, à la surface du sol, des monceaux épais au milieu d'anciens courants de lave, de ponces, comme on l'observe aux îles Ponzi où elle atteint jusqu'à un décimètre de diamètre.

La *pierre ponce*, désignée en Chine sous le nom de *pierre qui nage*, est une roche légère et spongieuse, ayant également pour base le feldspath orthose; elle appartient aussi aux contrées volcaniques, et abonde aux îles Ponzi, Lipari et Santorin. Le tuf ponceux, dont sont recouverts les champs Phlégréens et sous lequel sont ensevelis Herculanum et Pompéi, se retrouve jusque sur les cimes de la Somma ; il est composé de débris de pierres ponces entraînés par les eaux qui ont fini par se déposer en couches régulières.

Le *feldspath albite*, qui se présente par masses lamelleuses ou grenues, d'un éclat vitreux, et couleur blanc de lait légèrement nuancée de gris, de rouge et de vert, existe dans le Tyrol, à la Saualp (Carniole), à Zöblitz (Saxe), près d'Ekatherininbourg (Russie), près d'Arendal (Norvége), dans le Cornwall, etc. Il forme, en certaines contrées, la plus grande partie des roches trachytiques, notamment dans la Hongrie et dans les Andes ; ce qui a valu à cette roche le nom d'*andésite*. Il se montre par petits filons dans les granites des Alpes, en grands cristaux dans ceux du Forez.

Le *labradorite*, ou labrador, se rapproche des feldspaths, et existe en petits cristaux disséminés dans le basalte et les laves. Celles de l'Etna en sont en grande partie formées. Si, comme cela s'observe à la côte du Labrador, en Suède, à l'île de Skye (Hébrides), dans une partie des monts Ourals, il est associé à l'*hypersthène*, il prend le nom d'*hypérite*. Le *rhyacolite*, espèce de feldspath vitreux, abonde surtout au mont Dore et au Drachenfels. Le *carnatite* se trouve principalement dans les granites et les gneiss de la côte de Coromandel. Le *pétalite* se recueille à la mine de fer d'Utœ en Suède, et à Stirling (Massachusetts).

L'orthose, l'albite, la pierre ponce, sont fréquemment décomposées ; elles produisent des terres de nature analogue, connues sous le nom de *kaolin*, et employées à la fabrication de la porcelaine. Il en existe de grands dépôts à Saint-Yrieix (Haute-Vienne), en d'autres parties de la France, en Angleterre, en Espagne, en Perse, au Brésil (Minas Geraes) ; les dépôts les plus importants sont ceux de la province de Kiang-si (Chine), qui entretiennent les innombrables fabriques de la ville de King-té-tching.

Les *grenats* appartiennent au même groupe de silicates alumineux doubles que les feldspaths. Leurs variétés de diverses teintes sont connues sous les noms de *grenat oriental* ou *escarboucle*, et d'*hyacinthe*. Le plus souvent ils sont disséminés dans les roches de cristallisation, principalement les micaschistes, les gneiss, les pegmatites, les schistes argileux et les roches serpentineuses. On les recueille en Bretagne, dans les Pyrénées et le centre de la France. Il en existe dans les terrains trachytiques, basaltiques et volcaniques modernes, comme à Frascati près de Rome, et dans la *Somma* du Vésuve. Ceux de ce dernier gisement sont le plus souvent à base de peroxyde de fer, c'est-à-dire de l'espèce nommée *mélanite*. L'Hindoustan, la Bohême, la Silésie, la Hongrie, l'Espagne, la Corse, l'Italie, le Groënland sont les pays où l'on trouve le grenat en plus grande abondance. Le grenat syrien vient des environs de Syrian, dans l'empire des Birmans, et existe aussi au Groënland. Le grenat almandin apparaît dans les massifs granitiques de l'Australie, notamment à Hartley et Molong.

Les *idocrases* sont voisins des grenats, mais en diffèrent par la composition et l'aspect extérieur ; ils se trouvent dans les roches talqueuses et calcaires des terrains métamorphiques, notamment dans les Alpes piémontaises (vallée d'Alla) et le Tyrol, dans les terrains laurentiens ou siluriens des Pyrénées, de l'Oural et de la Norvége, au milieu des roches calcaires intercalées dans le tuf ponceux de la *Somma* du Vésuve, d'où le nom de *vésuvienne* donné à la variété qui s'y recueille ; à Hammer-Field près le lac Éker, à Egg près Christiansand ; la variété dite *cyprine* est associée au grenat dans la province de Tellemarken (Hofe-Kleppau). La variété d'idocrase à couleur brune existe au lac Achtaragda (Sibérie) et au bord de la rivière Wiloui.

L'*épidote* constitue deux variétés, l'une à base de chaux et grisâtre, le *zoïsite*, l'autre à base de protoxyde de fer et verdâtre, la *thallite* ; c'est une substance fort répandue. On la trouve par belles masses bacillaires, au Bourg-d'Oysans (Isère), au petit Saint-Bernard, à l'aiguille du Goûter au mont Blanc (Savoie), à Arendal en Norvége, et dans diverses mines, soit de ce dernier pays, soit de la Suède. Sur les bords de la rivière Aranios, près de Muska (Transylvanie), l'épidote se montre en petits grains et sous une forme arénacée. Dans la vallée de Puga (Himalaya occidental), ce minerai forme des filons alternant dans la roche avec le plagioclase.

L'*émeraude*, qui rentre encore dans le même groupe minéralogique que les gemmes précédentes, affecte une extrême variété de couleurs. Il est peu de montagnes granitiques qui n'en contiennent. On en trouve dans l'ouest et le centre de la France. L'émeraude verte connue sous le nom d'*aigue-marine* se recueille au Pérou, dans un schiste argileux, lié à des calcaires ; la Cordillière de Cubillan en présente de vertes et de bleues. Au Brésil, la province de Minas Geraës en est richement dotée. L'espèce d'émeraude dite *béryl*, de couleur bleuâtre, se trouve à Salzbourg et aux environs d'Atonschelon (Sibérie). En général les pierres les plus estimées de cette espèce proviennent de Kangayoum, dans le Malabar (district de Coïmbatour). Une variété rose appartient à l'île d'Elbe ; une variété verte doit son nom d'*émeraude de Bogota* à sa présence dans la Nouvelle-Grenade. La rivière Esmeralda, dans la république de l'Équateur, doit le sien aux carrières d'émeraude de ses bords. Cette gemme était fort abondante dans l'Amérique du Sud, à l'arrivée des Espagnols. On la trouve également à Pening (Saxe), à Wicklow (Irlande), à Finbo (Suède), à Haddam (Connecticut). Les anciens tiraient les émeraudes de l'Afrique, de l'Égypte et de l'Éthiopie, dont les montagnes en recélaient alors abondamment.

Le *mica*, si reconnaissable à sa disposition en feuillets minces et brillants, appartient à la classe des silicates alumineux doubles fluorifères, c'est-à-dire contenant le corps simple appelé *fluor*. Il est propre aux terrains de cristallisation ou aux calcaires qui s'y trouvent enclavés ; il entre dans la composition des granites, des gneiss, des micaschistes et de diverses roches analogues ; par l'accumulation d'une multitude de paillettes disposées à plat, il forme ce qu'on appelle généralement les schistes argileux. Il se rencontre aussi dans les sols volcaniques anciens ou modernes, notamment dans les trachytes, les basaltes, les tufs basaltiques : c'est ainsi qu'il est disséminé dans les roches de la Somma du Vésuve. Les plus grandes feuilles de mica ont été trouvées en Sibérie où elles présentent jusqu'à 3 mètres de longueur.

La *tourmaline* est un silicate alumineux double contenant du *bore*. Elle doit son surnom d'*électrique* à la propriété remarquable dont elle jouit, de s'électriser par la chaleur d'une manière différente, à chacune de ses extrémités. Elle appartient essentiellement aux roches de cristallisation. Au massif granitique de Predazzo (Tyrol méridional), elle prend dans le granite rose la place du mica. Ses plus belles variétés rouge cramoisi et pourpre (*rubellite*) se trouvent en Sibérie et dans les granites de la Suède, spécialement à Utoe, où en existe une seconde variété couleur indigo, l'*indicolite*. D'autres variétés de la dernière nuance sont apportées du Brésil avec des tourmalines bleues, connues sous le nom de *saphirs du Brésil*. Les variétés d'un beau vert clair appartiennent aux dolomies du Saint-Gothard et se rencontrent dans le Massachusetts, où se recueillent également des tourmalines bleu et vert obscur, connues sous le nom d'*émeraude du Brésil*, à cause de leur présence dans ce pays, et des variétés roses qu'on retrouve à Roschna en Moravie, associées à des variétés violâtres. Les espèces d'un noir brunâtre les plus communes s'offrent à la fois à Madagascar, à Ceylan, en Sibérie, en Californie, au milieu des granites qui apparaissent entre San Diego et le désert du Colorado, dans le Devonshire et les Alpes. Une variété de cette espèce, existant en abondance dans une roche quartzeuse de Schorlau en Saxe, a valu à la tourmaline son nom de *schorl*. Diverses variétés se rencontrent à Ceylan, dans l'État de New-York, en Sibérie et au Saint-Gothard. L'*axinite*, distincte du schorl par ses cristaux tranchants en forme de hache, disposition à laquelle elle doit son nom, et par la couleur violette que lui communique le manganèse, se trouve aux montagnes de l'Oysans (Isère), en plusieurs autres points des Alpes, au pic d'Ereslids (Pyrénées), dans le Cornwall, à Kongsberg (Norvége).

La *lazulite*, *lapis lazuli* ou *outremer*, silicate alumineux double, contenant du soufre, et remarquable par sa belle couleur bleue, appartient aux terrains granitiques. Elle existe au lac Baïkal, dans la petite Boukharie, au Tibet, dans plusieurs provinces de la Chine, en Perse, en Asie Mineure et dans l'itacolumite du mont Graves (comté de Lincoln, État de Géorgie).

Les *silicates non alumineux* embrassent les silicates magnésiens, à la catégorie desquels appartiennent le *péridot*, le *talc*, la *serpentine*, le *diallage*, la *stéatite*, la *magnésite*, puis des silicates doubles, tels que le *pyroxène* et l'*amphibole*.

Le *péridot*, autrement dit *olivine*, *chrysolite des volcans*, paraît avoir joué un grand rôle dans la formation de notre globe, et, suivant M. Daubrée, il doit être considéré comme la scorie universelle. Cette substance, dans laquelle la *lherzolite* est associée à l'*enstatite* (bisilicate de magnésie) et au *pyroxène*, se retrouve dans les météorites; c'est un silicate très-basique qui existe dans les basaltes de l'Auvergne, du Velay, du Vivarais, de l'île de la Réunion, et dans les dolérites; elle s'offre par couches, traversant la craie à Teschen (Bohême) près Bergen (Norvége), à Elfdalen (Suède). La lherzolite se montre dans les Pyrénées, au lac de Lherz, dans le Nassau, le Tyrol; à la Nouvelle-Zélande, la *dunite*[1], qui en est composée, constitue une chaîne entière. On recueille le péridot en rognons, en grains disséminés dans le basalte, où il est en quelque sorte caractéristique. Dans l'Australie, il forme un sable fin et très-abondant, provenant de la décomposition de cette roche. Tout donne à penser qu'à une grande profondeur dans les entrailles de la Terre, le péridot est fort abondant; mais, en se répandant dans les couches extérieures, il a dû se transformer en silicates plus acides, tels que l'enstatite et le pyroxène, à raison de son extrême affinité avec la silice.

Le péridot, étant le silicate le plus basique que l'on connaisse, est le premier terme d'une suite de roches qui se terminent au granite. La plus dense de toutes les roches éruptives, il est manifestement le produit le plus direct d'une scorification opérée dès l'origine de notre Terre. Il doit avoir pris naissance de la consolidation de la masse spongieuse, auparavant liquide, qui surnagea durant la

---

[1]. Ainsi appelée de la montagne de Dun. Le péridot y est associé à la serpentine.

fusion des matières dont le noyau terrestre était composé. C'est le péridot qui fait le fond de la *serpentine* ou, pour mieux dire, cette roche n'en diffère que parce qu'elle contient plus de silice et moins de magnésie. D'une couleur verdâtre ou noirâtre, elle se présente par couches dans une foule de montagnes; dans les Apennins, la Corse, les Pyrénées, le Piémont, la Saxe (Zöblitz), l'Écosse (Icolm-Kill), la Scandinavie, la Pensylvanie; elle donne parfois naissance, comme dans le Cornwall et à Firmy (Aveyron), à des collines assez boisées.

Le *talc*, substance verdâtre et onctueuse au toucher, susceptible de se diviser par lames minces, se trouve en amas ou en filons dans différentes roches de cristallisation ou dans les calcaires qui y sont engagés. Très-abondant dans la nature, associé souvent au quartz du feldspath, il se présente sous forme schistoïde au Brésil (Minas Geraës), dans les Alpes (Saint-Gothard), en Bretagne, et sous la forme compacte et dure qui lui vaut le nom de *pierre ollaire*, dans les Alpes rhétiques, les Grisons, diverses localités du Piémont, des Pyrénées Orientales. La *stéatite*, talc affectant une couleur blanc de lait, se trouve dans le Cornwall et à la Montagne Rousse, près Fénestrelles, non loin de Briançon (Hautes-Alpes), d'où son nom de *craie de Briançon*. Une espèce d'un blanc plus sale, parfois rougeâtre, se recueille aux environs de Bayreuth et en Hongrie.

Les *diallages* sont des matières fort analogues aux serpentines, de couleur verdâtre ou d'un brun violacé, d'une texture grenue ou compacte, qui forment, soit des lits, soit des amas dans les étages primaires, soit des filons dans ces roches. Il en existe de compositions différentes : l'une appelée *éclogite* ou *bronzite*, du plus bel aspect, est composée de diallages et de grenats; elle constitue une roche distincte dans la Saualp (Styrie), et se retrouve en Piémont et à l'île de Syra; l'autre, connue sous le nom de *vert de Corse*, fait le fond de la roche appelée *euphotide*, et renferme aussi de l'albite; elle abonde en Corse et dans les Alpes, notamment au mont Chassinet, près de Turin, dans les Apennins; on l'a signalée dans la Nouvelle-

Calédonie, au mont Nogougneto. La variété dite *variolite*, remarquable par ses taches, et d'une contexture plus compacte et plus globulaire, existe au Mont-Genèvre. On rencontre les diallages dans diverses parties de l'Allemagne, le Tyrol, le Harz, spécialement dans le pays de Salzbourg, où se trouve l'espèce appelée *schillerspath*, en Toscane, en Piémont, dans la Valteline, ainsi qu'à l'île de Timor. Dans l'Himalaya occidental, le diallage, uni au feldspath, constitue une roche spéciale dite *diallagite*.

Les *pyroxènes*, dont on connaît diverses espèces, sont surtout produits par les volcans ; ceux-ci en rejettent quelquefois avec profusion, par cristaux isolés qui se déposent sur leurs flancs. La variété noire appelée *augite* appartient aux terrains volcaniques anciens, la variété verte nommée *diopside* aux terrains volcaniques modernes. La Somma est composée en grande partie d'augite, tandis que le Vésuve proprement dit et ses coulées sont formés surtout de diopside. Il existe d'importants gisements de pyroxènes sur l'Etna, dans l'Italie centrale, à Fassa dans le Tyrol, où il constitue une variété appelée *fassaïte*, dans l'Auvergne, dans l'Eifel, au Rhœngebirge (Allemagne), dans le New-Jersey près Baltimore, et au lac Champlain, où se trouve une variété verte appelée *hédenbergite*, à Traverselle, à Alla (Piémont), à Arendal, dans la Finlande et le Groënland. En plusieurs de ces localités, le pyroxène se présente en filons et n'appartient pas aux terrains volcaniques.

L'*amphibole*, produit volcanique comme le pyroxène, dont il se rapproche, apparaît, soit en masses bacillaires ou fibreuses, soit en lames brillantes, variant extrêmement de couleur. Il accompagne les schistes micacés, les gneiss et spécialement les diorites, où il est associé à l'albite. Dans les terrains volcaniques, il est généralement d'un noir intense ; on le connaît alors sous le nom de *hornblende*, variété qui se rencontre en diverses roches éruptives et dans la formation laurentienne du Canada. La *néphrite*, connue aussi sous le nom de jade qui a été également appliqué à certaines variétés d'euphotide, est moins répandue. Le *jade blanc* ou *oriental*, est un silicate composé, se rapprochant par sa composition de la hornblende, mais contenant de l'alumine; il se trouve en Chine, en Australie, à la Nouvelle-Zélande. Une des plus célèbres carrières de jade est à Belakchi, dans la vallée de Karakach (Turkestan). La variété gris verdâtre, dite *actinote*, forme une partie du massif de la Saualp (Carniole). L'amphibole blanche, appelée *trémolite*, se trouve au Saint-Gothard, dans l'Inde et en Turquie. A l'île d'Elbe, l'amphibole apparaît au voisinage de minerais de fer et de roches schisteuses ; dans les Alpes, le Campigliais, elle constitue des dykes, grands filons de lave encastrés dans les crevasses. On en rencontre différentes espèces à Arendal, dans le Wærmland, à Pargas et Ersby (Finlande), à Kostenblatt (Bohême), dans le Zillerthal (Tyrol), au Groënland, aux îles Færoer et près de Stirling (Massachusetts). L'*hypersthène*, dont il a été parlé ci-dessus, constitue une espèce particulière, de couleur foncée, et existe dans le Cornwall, à l'île de Skye, au Groënland, sur la côte de Labrador.

L'*asbeste*, d'une consistance fibreuse ou analogue à de la soie, remplit les fissures des roches cristallines et éruptives. Il se recueille au Brésil (Pomba, Minas Geraës), aux environs du petit Saint-Bernard, dans la Tarentaise. Cette substance forme à elle seule une montagne près de Newianky-Savod (gouv. de Perm). La variété cotonneuse, dite *amiante*, existe en Corse, en Turquie (eyalet de Khodavendighiar, île de Pacha-Liman) et en Sibérie.

Le *spath fluor* ou *chaux fluatée* se présente, soit sous forme cristalline, lamellaire, plus rarement compacte, soit à l'état terreux. D'ordinaire il n'est point incolore, et offre des teintes vives. On le trouve dans presque toutes les formations, depuis la roche du mont Blanc, où il affecte une couleur rose, depuis le granite de Bourgogne, où il revêt une teinte lilas, jusqu'aux calcaires jurassiques du mont Salève, près de Genève, où il s'offre à l'état incolore. Le spath fluor n'est pas non plus étranger aux produits volcaniques; on le rencontre dans ceux du Vésuve ; mais nulle part il ne s'accumule par grandes masses. Les comtés de Cumberland, de Durham et de Derby en fournissent les plus beaux cristaux. A Boston (Lincolnshire), on en recueille qui renferme de l'alumine. L'Auvergne recèle un spath fluor de couleur verte. La même variété se trouve en Sibérie, pays qui possède aussi, dans le granite de Nertchinsk, une variété bleuâtre ou violette très-phosphorescente et connue sous le nom de *chlorophane*.

La *silice fluatée alumineuse* se présente sous forme de cristaux, dans les terrains de cristallisation, comme dans les granites de l'Écosse (Aberdeenshire) et dans quelques amas métallifères, principalement dans ceux d'étain, comme à Schneckenstein (Saxe) ou au Cornwall. A Altenberg (Saxe), la silice fluatée alumineuse ou *topaze* existe en telle abondance, qu'elle forme presque la base de la roche; à Atonschelon (Sibérie), les cristaux de topaze sont associés au quartz et au béryl. Cette gemme, qui présente une extrême variété de coloration, abonde à Capas (province de Minas-Geraës), dans le district de Serro do Frio, aux environs de Villa-Rica (Brésil). On connaît des topazes tricolores, de jaunes roussâtres, dites *rubis du Brésil*, notamment dans les montagnes de la contrée de l'Ouroulga (Transbaïkalie), de bleues, de jaunes, de blanchâtres. La plupart des topazes se tirent de la Saxe, de la Silésie, de l'Écosse, de la Nouvelle-Zélande et de l'Australie. A Finbo et Bredbo, près de Falun (Suède), se trouve une topaze laminaire, en cristaux volumineux, désignée sous le nom de *pyrophysalite*. En Australie, se recueille la topaze blanche, qui existe aussi aux Minas-Novas (Brésil). La topaze picnite ou *béryl schorliforme*, d'un blanc jaunâtre et d'une teinte violette, se rencontre à Altenberg, dans une roche granitique, à Schlockenwald (Bohême), aux environs de Limoges, dans les Pyrénées, en Norvége, dans l'Himalaya occidental et en Sibérie.

Métaux. — Platine, or, argent, mercure, cuivre, fer, étain, plomb, vanadium, bismuth, cobalt, nickel, zinc, arsenic, manganèse, antimoine.

Le *platine* est un des plus importants entre les métaux qui se trouvent dans la nature à l'état libre. C'est le plus lourd et le plus inaltérable. Il se présente presque toujours en grains ou pépites, disséminés dans des alluvions, et existe à l'état natif dans les mines d'or de la Nouvelle-Grenade, notamment aux lavages de Choco et de Barbacoas, à l'ouest des montagnes qui s'élèvent sur la côte occidentale du Cauca, dans [la province de Mato-Grosso (Brésil), au pied des montagnes de Sibao (Haïti), dans le Canada oriental, en Californie et à Bornéo. On le retire en grande abondance des mines de Souko-Visinski et de Nijnei-Tagilsk dans la partie orientale de l'Oural, où d'ordinaire il est mêlé à des grains d'or et de diverses autres matières qui lui servent généralement d'enveloppe. C'est dans cette gangue qu'ont été découverts certains métaux peu répandus, le *palladium*, le *rhodium*, l'*iridium*, l'*osmium*.

L'*or* abonde en bien des points du globe, il se présente sous des formes assez variées : tantôt en cristaux cubiques ou polyédriques, tantôt en filaments déliés, enroulés comme de la laine, souvent en grains ou en paillettes libres, en lames planes ou contournées, quelquefois en ramifications ou dendrites, même en pépites ou petites masses. Le plus ordinairement, ce métal existe disséminé dans d'autres gîtes métallifères ; il est surtout allié à l'argent, moins habituellement au cuivre, au palladium, à l'osmium. L'or est charrié par les eaux de certaines rivières ; il s'offre soit dans des sables, soit en filons, soit en petites veines, dans les roches situées à la séparation des terrains cristallins et des terrains stratifiés.

L'or *natif* se trouve dans les grès de Vörös patak (Transylvanie), dans les minerais d'argent de Schemnitz et de Neusohl (Hongrie), et dans les exploitations de tellure de Nagy-ag (Transylvanie). On le recueille au Harz, dans la principauté de Salzbourg, au Zillerthal (Tyrol), en Piémont et en Suède, dans la province de Nertchinsk (Sibérie), dans les alluvions qui recouvrent les flancs de l'Oural et de l'Altaï, et en plusieurs localités de cette chaîne, où il appartient surtout aux étages carbonifère et devonien, en Chine (Yunnan, Chan-si, l'île d'Haïnam), au Japon (île de Nippon), au Tibet, dans le Birmah septentrional, à Bornéo. On a récemment découvert de l'or dans l'Afrique australe. Il existe dans l'Etbaye. La Côte d'Or, en Guinée, doit son nom au commerce important qui s'y fait de ce métal, tiré surtout du Bambarra; la grande quantité d'or en poudre exportée du centre de l'Afrique prouve qu'il doit abonder au Soudan.

L'Amérique est, de tous les continents, le plus riche en or. Au Chili, au Pérou, au Brésil (Goyaz, Mato-Grosso), on le trouve, soit en pépites, soit en grains, soit en paillettes. Dans ce dernier pays, il est fréquemment associé au platine, à l'iridium, au tellure, au bismuth et surtout au palladium. Dans la province de Minas Geraës, existent des exploitations d'une grande richesse, notamment à Gongo-Socco et à Zaquary. L'or se montre en général en cette partie du Brésil, dans les quartzites; il apparaît surtout avec abondance dans les vallées tourmentées, là où les veines du terrain se contournent. Dans l'Amérique septentrionale l'or, soit en poudre ou pépites, soit engagé dans le quartz, se montre en trois régions. La première zone aurifère longe l'Atlantique; elle s'étend des environs de Québec et de la Nouvelle-Écosse, jusque dans les Alleghanies, et embrasse les Carolines et la Géorgie. La seconde zone est celle des Montagnes rocheuses; elle s'étend depuis le territoire d'Idaho et de Montana, sur les frontières du territoire de la baie d'Hudson, jusqu'à celui de Colorado et au Nouveau-Mexique, et c'est à cette zone que se rattachent les mines d'or du lac Supérieur. La troisième s'éloigne peu du Pacifique et s'étend de la Californie anglaise, par le territoire de Washington, à l'Orégon et la Californie. Elle est surtout riche dans la Sierra-Nevada. En Californie, cette zone occupe une étendue de 9 degrés de latitude. L'or s'y présente dans divers gisements, surtout dans le *drift*, terrain de l'époque la plus moderne, formé de sables et de cailloux roulés. La présence de l'oxyde de fer dans l'argile qui y est mêlée lui donne ordinairement une couleur rouge; il recouvre les sommets les plus élevés des collines et reparaît sur leurs flancs et dans le fond des vallées. L'or s'est offert parfois dans les alluvions en énormes pépites, surtout au bord des rivières. Il y a des *bars* (remous et plages de rivières) d'où l'on en a retiré des quantités prodigieuses, surtout dans des creux de rochers, appelés pour ce motif *poches*. L'or natif s'est aussi présenté en Californie, dans sa gangue originelle, les filons de quartz que contiennent les rochers métamorphiques très-variés constituant les premiers contre-forts de la Cordillère.

L'or abonde encore à la Nouvelle-Galles du Sud et dans le sud-est de l'Australie (province de Victoria); il y affecte généralement la même couleur, la même association qu'en Californie. On le retrouve à la Nouvelle-Zélande, sur la côte occidentale de Tavaï-Pounamou (prov. de Canterbury), ainsi qu'à Wellington et dans le golfe de Souraki, à environ 60 kilom. d'Auckland. Tout fait supposer que ce métal existe également dans la Tasmanie, dont la constitution géologique est la même que celle de l'Australie.

Les mines d'or s'épuisent au reste promptement. Aussi, avant les nombreuses exploitations auxquelles il a été soumis, l'or était beaucoup plus abondant dans l'Ancien monde qu'il ne l'est aujourd'hui. Strabon nous parle des mines d'or du pays des Salasses (Gaule cisalpine) et du pays des Taurisques (Norique), dont il n'y a plus de traces. L'or a disparu de bien des rivières qui en roulaient jadis dans leurs eaux, comme le Pactole et l'Ariége.

L'*argent* existe dans la nature, soit à l'état natif ou libre, soit combiné avec d'autres corps. Il est fort répandu en certaines régions du globe, en Chine (Yunnan, Chan-si, Chan-toung), au Japon, dans le Carnatic (Hindoustan), surtout en Amérique. La zone argentifère y occupe les deux tiers du territoire de Sierra-Nevada, où se trouvent les fameuses mines de Washoe découvertes en 1859;

elle embrasse une partie du territoire d'Arizona, le Nouveau-Mexique, la province du Chihuahua.

L'argent *natif*, qui appartient aux terrains cristallins, s'exploite aux mines de la Souabe, de la Saxe, de la Bohême, de la Norvége. Il est disséminé avec l'argent chloruré, dit argent *corné*, dans les roches ferrugineuses, à Huelgoat (Finistère) et au Pérou, où ces matières argilo-ferrugineuses sont connues sous le nom de *pacos*, au Mexique, où elles sont appelées *colorados*. Ce dernier pays est le plus riche de l'Amérique en argent. Aux mines de Guanaxuato et de Zacatécas, d'une extrême abondance, l'argent se trouve d'ordinaire mêlé à du soufre, association qui s'observe également en Hongrie, en Bohême, en Saxe, notamment à Schemnitz, ou uni à l'or et au plomb, ou encore au milieu de filons, soit répandus dans le trachyte, soit placés à sa séparation avec le grünstein.

En Europe, on recueille l'argent sulfuré à Sainte-Marie-aux-Mines (Alsace), à Himmelfürst (Saxe), à Andreasberg, dans le Harz et à Kongsberg (Norvége), où sont les plus riches dépôts argentifères de cette partie du monde. Toutes ces mines renferment aussi de l'argent natif, de l'argent rouge ou sulfuro-antimonié et différentes autres combinaisons qui appartiennent à presque toutes les mines de la Saxe et du Harz et se retrouvent, pour la plupart, dans le grand district minéral du département d'Oruro (Bolivie), dans celui de Castro-Vireyna (Pérou), à l'ouest de la grande Cordillère. A Oravicza, dans le Banat, et à Schmöllnitz, en Hongrie, l'argent est allié au cuivre; au Carriso (Chili) on le rencontre uni à l'arsenic. D'autres mines d'une singulière richesse sont celles où l'argent natif se présente, comme au Mexique, avec l'argent sulfuré et sulfuro-antimonié noir. L'argent ioduré existe à la mine de Los Algodones, à celles de Chañarcillo, et le chloro-bromure d'argent dans la même localité du Chili, ainsi qu'aux riches mines d'Agua-Amarga. On a signalé de l'argent allié au bismuth à San Antonio de Copiapo (Chili); aux mines de Zméew (Sibérie), l'argent est uni au sulfate de baryte. A celles d'Arqueros (province de Coquimbo), le même métal est fréquemment associé à un minerai particulier formé d'un amalgame de mercure. On retrouve aussi, en d'autres localités, ces deux métaux amalgamés entre eux, notamment à Moschel-Landsberg (Bavière rhénane).

Combiné avec l'arsenic et le soufre, l'argent prend le nom de *proustite*, minerai qui se rencontre aux mines de Joachimsthal (Bohême), uni à une combinaison de fer et de soufre avec le même métal et désignée sous le nom de *sternbergite*. L'argent est associé au sélénium aux mines de Tasco (Mexique); uni à l'iode, on le rencontre à Hiendelincina (prov. de Guadalaxara), et aux mines de Zacatécas (Mexique). Au Pérou, l'argent antimonial est associé à l'argent natif dans les mines de Huayllay.

Plus commun dans l'antiquité que de nos jours, l'argent était exploité par les Grecs en Thrace et au mont Laurium (Attique), apporté par les Phéniciens de l'Espagne, où se trouvaient de riches dépôts de galène argentifère (*Sisapon, Castulo*). Le même minerai abondait en Gaule, au pays des Ruthènes. Les Étrusques retiraient l'argent du plomb argentifère du Campigliais. Au quinzième siècle, il abondait encore à Schneeberg, en Saxe.

Le *mercure*, métal peu répandu sur le globe, où il se présente parfois à l'état natif, est habituellement amalgamé avec d'autres métaux. Ses gisements appartiennent, en Europe, aux terrains siluriens et devoniens; peut-être forme-t-il à une certaine profondeur des dépôts étendus, et, par un effet de la sublimation, le mercure qui en provient arrive alors à la surface du sol et coule dans les détritus des montagnes, comme on l'a observé aux Cévennes (Hérault et Aveyron). Au Pérou et au Chili, il se montre indifféremment dans le granite et les terrains stratifiés. On recueille ce métal à Idria (Carniole) amalgamé avec le soufre, à Moschel-Landsberg (Bavière rhénane) combiné avec le chlore, et constituant le minerai appelé *mercure corné*, à Almaden (Espagne), où il existe dans des quartzites et des schistes, soit à l'état natif, soit sous celui de cinabre ou sulfure, dans les montagnes d'Inatch près Kreschér (Turquie), à Ripa (Toscane), où il se trouve à l'état de cinabre, disséminé dans un schiste micacé, à Huancavelica (Pérou), à Punitaque (Chili). Le mercure se rencontre encore à Zalathna et Schmöllnitz (Hongrie); à l'île de Socotora, dans la chaîne du Bolor, près du mont Absulach, en Chine (Kiang-si), au Japon. Dans les *placers* de la Californie, il s'est présenté presque constamment au voisinage de l'or, notamment à New-Almaden (comté de Santa-Clara).

Le *cuivre* existe soit à l'état natif, comme à Terre-Neuve, au lac Supérieur, à Corroco (Bolivie)[1], dans le Khorassan (Perse), soit combiné avec d'autres minéraux. Ces différentes sortes de cuivre très-fréquemment associées se rencontrent dans certains schistes, dans des filons de granite, des veines ou des rognons de quartz, des couches de grès en amas irréguliers ou encore par filons. La coexistence des divers minerais cuprifères s'observe notamment dans le Cornwall, le pays des Namaquas et des Damas (Afrique australe).

On exploite le cuivre pyriteux dans la Savoie, le Piémont, à Chessy, près de Lyon, et en différents points de la Suède, de la Norvége et de la Russie. A Farankenberg (Hesse électorale) le cuivre sulfuré se présente en épis, dans une argile particulière; il existe aussi aux mines d'Ourinski et de Goumechevski, dans l'Oural.

Les amas irréguliers de cuivre sont en général placés à la séparation des terrains d'ordre différent, quelquefois enclavés dans la stratification même d'un terrain schisteux. La célèbre mine de Falun, en Suède, d'où l'on retire comme au Cornwall la pyrite cuivreuse, constitue un vaste dépôt associé à de l'amphibole et intercalé dans le gneiss. En Toscane, les mines de cuivre sont exploitées sur des amas intercalés dans des terrains de craie; les mines de Monte-Catini, déjà connues des Étrusques, fournissent de la *phillipsite* ou cuivre panaché (cuivre sulfuré associé au

---

1. Les mines de Corocoro étaient déjà exploitées au temps des Incas avec des instruments en pierre (granite ou trachyte) dont on retrouve les débris. Les mines de cuivre du lac Supérieur sont les plus importantes de ce métal dans le Nouveau Monde.

fer), qu'on retire également avec d'autres minerais de cuivre sulfuré du Harz et de la Saxe.

Les carbonates de cuivre bleu (*azurite*) et vert (*malachite*), le cuivre oxydulé, le cuivre hydrosiliceux, souvent même le cuivre natif, forment des rognons ou de simples nodules disséminés dans des couches de grès. C'est ainsi que s'offre ce métal aux mines de Chessy, près Lyon. Les mines de la Sibérie et du Banat de Temesvar (Rezbanya) fournissent les plus belles variétés de malachite, minerai associé à l'azurite, à la *bournonite* (sulfure d'antimoine et d'argent) dans les mines d'Olsa Carinthie), et dans plusieurs de celles de l'Australie méridionale qui sont d'une excessive richesse. Le Harz, la Pensylvanie, le Chili, l'Australie (mines de Kapunda) produisent du cuivre carbonaté bleu et vert. Le cuivre hydrosilicé se trouve à Ehl, près Rheinbreitbach (Prusse rhénane), au cap de Gate, et à Canaveilles (Pyrénées-Orientales), au Chili et à Ekatherinimbourg (Russie). A Nikolevski (Sibérie) se recueille le cuivre oxydulé associé au carbonate de cuivre. Les couches en apparence régulières de minerai de cuivre appartiennent au pays de Mansfeld. Ce sont les schistes calcaires et bitumineux, dits *kupferschiefer*, dont il a été déjà parlé et qui dépendent de la formation du grès rouge; la masse y est imprégnée de cuivre sulfuré ou panaché.

Le cuivre *natif* fourni par les mines du Cornwall et les riches exploitations de l'Oural a aussi ses gisements particuliers; il est disséminé au Canada, dans la formation huronienne, à Oberstein, dans le Palatinat, aux îles Færoer et Shetland, dans les roches trappéennes. Aux mines de Kevena-Point, sur le rivage méridional du lac Supérieur, s'observe aussi ce mode de gisement; le cuivre s'y montre surtout, sous forme de dendrites. Dans quelques-unes des îles qui avoisinent ce lac, les masses de cuivre natif atteignent parfois d'énormes proportions, et l'on a signalé des filons de 22^m de long sur 11^m de haut à la mine de Phœnix.

Le même métal existe en ses différentes combinaisons dans la province de Trébizonde, dans les monts Ourals, la Transbaïkalie, en Chine (Yunnan, Kouang-si, Chan-si), au

Japon, dans l'Afrique australe, à la Nouvelle-Calédonie, au Chili, notamment aux mines de Laramone, du Carrisal, de San-Juan de la Higuera, à la mine de Morococha (Pérou), où le cuivre gris argentifère est combiné à la pyrite de cuivre et de fer, à la pyrite arsenicale, à la galène et à la blende. Les anciens tiraient surtout le cuivre de l'île de Chypre, d'où son nom grec *cypros* qui a passé, sauf quelques altérations, dans presque toutes les langues européennes. L'emploi de ce métal paraît avoir presque partout précédé celui du fer, mais suivi celui de l'or.

Le *fer*, un des métaux les plus répandus dans la nature, ne se trouve dans le sol à l'état natif que dans des conditions tout à fait accidentelles; il provient alors de réductions opérées soit par des gaz combustibles amassés dans des volcans, soit par l'inflammation des houillères. Les météorites seuls nous l'offrent dans cet état, soit associé à des métaux (nickel, cobalt, etc.), et à un sulfure de fer particulier dit *troïlite*, soit répandu comme de la grenaille dans une matière pierreuse, uni au péridot dont il a été question plus haut. Quelquefois le fer météorique se présente en quantité considérable. Ainsi, au mont Kemir (Sibérie), il en existait une masse sphéroïdale pesant 690 kilogrammes, que le voyageur Pallas fit tranporter à Saint-Pétersbourg; à Olumpa, dans le Tucuman (république Argentine), une masse de fer météorique, du poids d'environ 1500 kilogrammes, existe enfoncée dans le sol; à Durango (Mexique), l'on en a signalé une autre masse qui ne pèse pas moins de 1900 kilogrammes. En plusieurs points, au désert d'Atacama, dans le voisinage de la Sierra du Chaco, le sol est couvert d'aérolithes et de petits morceaux de fer météorique provenant probablement de ceux qui se seront fracassés en tombant. Le fer météorique abonde aussi sur la frontière du Mexique et des États-Unis où quelques blocs offrent das dimensions considérables. Au Sénégal, près de Galam, un bloc de fer de même origine fut longtemps exploité par les Maures.

C'est surtout à l'état d'oxyde et combiné avec des métalloïdes, des métaux et des sels, que le fer existe dans l'écorce terrestre. Il est peu de contrées qui n'en recèlent quelque variété. Il est abondant en Abyssinie, au Bornou, au Darfour, en Russie (gouv. de Perm, Finlande, bassin du Donetz). Sous forme de peroxyde, le fer reçoit les épithètes d'*oligiste*, d'*itabirite*, d'*hématite rouge*, de *tapanhoacanga*, suivant ses diverses variétés de composition. Lorsque le fer a une apparence métalloïde et qu'il constitue des masses lamelleuses, il est dit *spéculaire*. S'il est composé de paillettes en masses, il prend le nom de *fer micacé*. Est-il terreux, il donne naissance aux *ocres*. Le fer oligiste métalloïde se trouve en filons puissants, en masses intercalées dans les terrains anciens. On le rencontre très-abondamment dans le grand district minier de Danemora (Suède), en Norvége, en quelques départements de la France (Manche, Aveyron, etc.), à l'île des Princes (Prinkipas) en Turquie, à Ceylan, dans l'État de New-York, au Pérou, au Brésil (Minas-Geraës). Une localité de ce dernier pays, Itabira, donne son nom à la variété qui y est fort répandue et qu'on retrouve en Morée, dans la vallée d'Aoste, dans les Vosges, en Suède, à Ceylan et sur la côte de Coromandel. L'hématite rouge ou *sanguine* a un gîte très-riche dans le département de l'Ardèche, à Framont, dans les Vosges, à la Voulte (Gard), dans l'Herefordshire et la province de Cuttack (Hindoustan). A l'île de Seripho (archipel grec) elle est souvent associée au fer spathique. Mais les gisements les plus considérables d'hématite appartiennent à l'État de Michigan (comté de Marquette), où elle est alliée au fer oligiste et à l'oxyde magnétique de fer. Dans cette même contrée, le fer spéculaire est si abondant, qu'il forme de véritables montagnes de fer (*Iron mountains*). C'est l'hématite ou fer oxydé rouge qui donne leur couleur aux grès rouge et bigarré. Un peroxyde de fer, se présentant sous la forme d'un conglomérat associé à des quartzites et à des roches talqueuses, est connu sous le nom de *tapanhoacanga*; il se rencontre fréquemment dans les provinces de Minas-Geraës où il constitue à la surface du sol une croûte de plusieurs mètres d'épaisseur. Dans les volcans, au Vésuve notamment, le fer tapisse de petites cavités où il forme une espèce d'enduit qui paraît s'être produit par sublimation; sa présence en certaines localités des Pyrénées semble due à une cause analogue. Telle est incontestablement l'origine des beaux cristaux de fer oligiste si abondants à l'île d'Elbe, où il était déjà exploité au temps des Étrusques. Du fer spéculaire se dépose dans les fissures avoisinant le cratère de Stromboli et la solfatare de la Guadeloupe; le fer en paillettes disséminé dans les terrains volcaniques de Volvic (Puy-de-Dôme), et du cap de Gate, a une pareille origine. Le fer spéculaire se rencontre encore dans les granites de Porménas, près Servoz (Savoie), dans les feldspaths du Saint-Gothard, et ceux de Saint-Christophe-en-Oysans, dans les gneiss des monts Nilgherries (Hindoustan méridional) où il est souvent associé à l'hématite. On le trouve, surtout sous forme lamellaire, en diverses mines de la Suède et de la Norvége. Parfois, il constitue des montagnes entières, comme à Gellivara (Laponie). Il remplace, en certains lieux, les micas dans les micaschistes, et cela sur des étendues considérables, par exemple à la montagne d'Itacolumi (Brésil), et dans quelques schistes micacés de la Bretagne.

Le fer *oxydé hydraté*, dit aussi *limonite*, se présente sous des aspects très-divers, généralement en concrétions et en grains, affectant une couleur brune ou jaune, parfois en stalactites, à structure fibreuse ou compacte, connues sous le nom *d'hématite brune*; ailleurs, en gros rognons ou sous forme oolithique, soit à globules libres, soit à globules étroitement réunis entre eux, soit encore en rognons cloisonnés ou géodes, c'est-à-dire creux et renfermant parfois un noyau de même matière (*pierre d'aigle*). Cet hydrate de fer se rencontre également par couches schisteuses ou à l'état friable, mélangé de matières argileuses; il constitue alors l'ocre jaune.

La *limonite* appartient exclusivement aux terrains de sédiment. Elle y forme des amas puissants qui apparaissent dès les parties les plus anciennes, au voisinage des terrains de cristallisation, et s'étendent jusque dans les dépôts les plus modernes. Ce minerai de fer se trouve à la base inférieure du terrain houiller dans l'État d'Ohio ; sous forme oolithique en Angleterre et en France dans le lias et le terrain jurassique, dans la craie et les étages tertiaires, en Provence, dans le Beauvaisis, en Normandie, en Bourgogne, en Lorraine, en Franche-Comté, dans les Pyrénées, notamment dans le département de l'Ariége, au mont Canigou et à Quillan. La limonite se présente en amas isolés ou en couches plus ou moins épaisses, dans les basaltes du Vogelsgebirge (Hesse). La variété compacte et concrétionnée se montre à la séparation des terrains cristallins et des terrains sédimentaires. En Sibérie, le fer hydraté se présente dans des terrains marécageux de formation très-moderne. Enfin, certaines terres ocreuses de l'Italie, existant surtout aux environs de Sienne, et dont plusieurs sont connues sous le nom de *terre d'ombre*, constituent des variétés plus ou moins argileuses de limonite.

L'aimant ou fer oxydulé, substance noire douée d'éclat métallique et remarquable par sa propriété magnétique, est formé de peroxyde de fer, uni en proportion plus que double à du protoxyde. Ce minerai appartient essentiellement aux terrains de cristallisation ; c'est le plus riche en métal. On le trouve associé au fer chromé dans les Montagnes vertes (Vermont). Il est souvent disséminé en cristaux dans les roches qui, en se désagrégeant, finissent par constituer un sable d'un aspect métallique. L'aimant forme en diverses localités, notamment en Suède, en Sibérie, des couches épaisses et des masses considérables ; quelquefois même il comprend à lui seul des montagnes entières, comme au mont Taberg, en Suède, au mont Maymon, près de la rivière Yuna (Haïti). L'aimant qui abonde dans les montagnes du Carnatic, notamment dans la chaîne de Gondumullay, y forme, près de Salem, des pitons de 100 à 120 mètres de haut. On rencontre encore ce même minerai en Chine (Chan-si), dans le royaume de Siam, aux Philippines, aux Etats-Unis, en Angleterre, en Norvége, en Saxe, dans le Thüringerwald, en Piémont (Traverselle), à l'île d'Elbe, où il est associé à l'hématite brune, en Corse et dans quelques départements français

(Gard, Ariége), surtout à Combenègre près Villefranche (Aveyron), dont le gisement est très-riche. Un minéral fort analogue, mais dont l'action magnétique est plus faible, la *franklinite*, qui renferme de l'oxyde de manganèse et de zinc, combiné avec du peroxyde de fer, se trouve à Franklin (New-Jersey).

Le fer *sulfuré* est une des combinaisons minérales les plus abondantes dans lesquelles entre le fer, et comprend deux espèces différant seulement par leurs proportions. Il existe dans les terrains cristallins, soit disséminé, soit en filons. Il se dépose aussi dans quelques eaux thermales, notamment à Chaudesaigues. La pyrite martiale offre une variété jaune (*marcassite*[1]) et une variété blanche (*sperkise*) ; c'est un bisulfure de fer se présentant sous une forme grenue, compacte ou fibreuse et dont les gîtes se retrouvent à divers étages de l'écorce terrestre. La sperkise forme parfois dans le lias, comme près d'Alais (Gard), des bancs de plusieurs mètres d'épaisseur.

Le fer sulfuré magnétique, caractérisé par une faible action sur l'aiguille aimantée, appartient essentiellement aux terrains cristallins. Ses gisements se trouvent au Harz, en Bavière (Bodenmais), en Hongrie, dans le Derbyshire, le Cornwall (Saint-Austle), en Suède, en Norvége (Kongsberg), aux environs de Nantes et de Falaise, près de New-York, où il est combiné avec le phosphate de chaux. Il existe deux espèces de fer *sulfaté*, minerai produit par la décomposition des pyrites de fer : le vert, appelé aussi *couperose* ou *vitriol vert*, qu'on rencontre près de Honfleur et de Noyon, à Rammelsberg, près de Goslar, où la présence de plusieurs autres sulfates lui donne une teinte claire ; le rouge, qui se trouve dans les mines de cuivre de Falun. Un fer sulfaté ocré, désigné sous le nom de *pittizite*, existe aux mines de Huelgoat (Finistère), et près de Freiberg (Saxe).

Le fer *arsenical* se montre fréquemment dans les mines

---

1. On trouve de nombreuses plaques de marcassite dans es tombeaux des anciens Péruviens.

d'étain ou de cuivre et affecte une couleur blanc d'argent. On le trouve aux environs de Saint-Léonard (Haute-Vienne). L'espèce appelée *mispickel* provient du Cornwall (mines de Sainte-Agnès), du Stirlingshire (Alva) et de Sibérie. Une seconde variété, renfermant une moindre proportion de soufre, existe à Loling, près de Hüttenberg (Carinthie), à Reichenstein (Silésie prussienne), à Schladming (Styrie).

Le fer *carbonaté*, appelé vulgairement *mine d'acier, fer spathique, sidérose*, qui se transforme souvent en oxyde de fer, se présente sous des aspects très-divers. Il constitue des filons dans les terrains cristallins et anciens. En France, on exploite un minerai à Baigorry (Basses-Pyrénées), où ses filons traversent le grès bigarré, à Vicdessos (Ariége), à Allevard (Isère). Aux environs de Milhau (Aveyron), le fer spathique forme des rognons dans les marnes supérieures du lias. Les variétés compactes et argileuses se présentent dans les terrains houillers près Saint-Étienne (Loire), à Aubain (Aveyron), à Brassac (Haute-Loire), en Angleterre, dans le pays de Galles. A Newcastle (Northumberland), le carbonate argileux globulaire forme des dépôts de plusieurs lieues d'étendue; on le retrouve aussi à Anzin (Nord). Combiné avec le fer oolithique, le fer spathique existe à Hayange (Lorraine), aux environs de Châtillon (Côte-d'Or) et dans la Haute-Marne. Aux États-Unis, le même minerai a des dépôts dans la Pensylvanie, l'Ohio, la Virginie, le Tennessée et l'Alabama. On peut encore citer comme produisant le fer spathique, la Saxe, la Moravie, le Tyrol, la Valteline (Sondrio), la Toscane, le Carinthie, l'Eisenerz, la Styrie.

Sous forme de silicate, le fer compose deux minerais : la *glauconie*, ainsi nommée de ses grains verts souvent mélangés avec du calcaire (craie verte ou chloritée, et la *chamoisite*, qui tire son nom d'une localité du Valais où elle fut découverte, et affecte une couleur noirâtre ou gris brun. La première roche parfois oolithique (vallée de l'Esteron, Var) existe en divers points de la France, aux États-Unis (New-Jersey) et au Canada; la seconde se rencontre dans le département de la Sarthe et en Bretagne.

Le fer *titané*, qui se rencontre dans l'Hindoustan, à Ceylan, au Brésil, présente un certain nombre de variétés, se distinguant par les proportions d'acide titanique et de matières étrangères, telles que le manganèse ou la magnésie. L'espèce dite *mohsite* ou fer oxydulé titané, existe à Saint-Christophe-en-Oysans (Isère); il recouvre sous forme pulvérulente tout un canton au mont Egmont, sur la côte ouest de la Nouvelle-Zélande; l'espèce appelée *ilménite* doit son nom à sa présence sur les bords du lac Ilmen, en Russie; une autre espèce de fer titané se recueille près d'Aschaffenbourg et au Saint-Gothard; enfin le fer titané proprement dit, dont une variété est dite *nigrine*, se trouve en Transylvanie, à Ceylan et au Brésil.

Combiné à l'état solide avec le corps simple appelé *tantale*, le fer donne naissance à plusieurs espèces minérales qu'on trouve aux États-Unis, en Finlande, en Suède, en Bavière, où se recueille la variété connue sous le nom de *bayérine*. En se combinant avec l'acide tungstique, l'oxyde de fer amène la formation d'un minerai appelé *schéelin* ou *wolfram*, qui se montre associé à l'étain dans les mines de la Saxe, de la Bohême, du Cornwall, du Cumberland et à Montévidéo. Il existe aussi à Saint-Léonard (Haute-Vienne). Combiné avec la chaux, le wolfram se retrouve dans les mêmes contrées, notamment à Shœnfeld et à Zinnwald, dans l'Erzgebirge, à Marienberg et à Altenberg (Saxe), à Puy-les-Vignes, près Limoges. Le minerai que le peroxyde de fer produit par sa combinaison avec le corps simple appelé chrome, s'offre sous l'aspect d'une substance grenue et compacte, en rognons, en couches ou en amas dans les terrains cristallins et les serpentines. Ses plus importants dépôts existent aux États-Unis, non loin de Baltimore.

Le fer *phosphaté* se rencontre, soit à l'état cristallisé, soit à l'état terreux, avec des couleurs très-diverses. Il se présente ordinairement dans les argiles, sous la forme de petits nids remplis de poudre bleue, dans le fer oxydé des marais et les tourbières. Les phosphates de fer qui fournissent la matière connue sous le nom de *bleu de Prusse natif*, se trouvent dans le Cornwall; ils sont souvent disséminés dans les gîtes métallifères, comme en Auvergne, près de Nantes, à Bodenmais (Bavière), à l'île Maurice et près de New-York. Le fer phosphaté vert (*dufrénite*) se recueille aux environs d'Angelard (Haute-Vienne), à Hirschberg et à Eiserfeld (Westphalie).

Le peroxyde de fer est parfois combiné avec le cuivre arséniaté (*scorodite*); on le trouve ainsi à Schwarzenberg (Saxe), à Saint-Austle (Cornwall), à Vaulry (Haute-Vienne); toutes localités où il s'extrait de filons de minerai d'étain traversant le granite. La scorodite existe aussi à San Antonio Perreira, près de Villafranca (Brésil), et près de Marmato (Nouvelle-Grenade, prov. de Popayan).

L'*étain* ne paraît exister à l'état natif qu'associé à l'or, comme on l'a observé dans la Guyane française et la Sibérie; hors ce cas rare, il se présente toujours à l'état d'oxyde ou de sulfure. Oxydé, il forme des filons puissants dans les granites et les terrains les plus anciens; comme en Australie (Queen'sland, New-England, Vittoria) et au mont Bischoff, en Tasmanie; il se rencontre aussi en amas. Les contrées les plus riches en étain sont le Cornwall, où se trouve à Wheal-Rock une exploitation d'étain sulfuré (*pyrite d'étain*), la Saxe et la Bohême. Il est abondant à Sumatra, à Banca, à Billiton, à Karimon et en divers points de la presqu'île de Malaya. Sans doute les Grecs le tiraient de ces contrées, car le nom qu'ils lui donnaient, *cassitéros*, est dérivé du mot sanscrit *kastira*, par lequel ce métal était désigné dans l'Inde. Les Phéniciens l'allaient chercher aux îles Scilly, appelées pour ce motif par les anciens *Cassitérides*.

Le *plomb* se présente à l'état natif sur plusieurs points du globe, notamment dans certains basaltes de la Moravie, à Perote (Vera-Cruz), dans des sables aurifères de Transylvanie et de l'Oural. Allié au soufre (*galène*), il forme des filons, la plupart ouverts dans les terrains siluriens, comme cela se voit dans la vallée du Mississipi supérieur, ou des gîtes placés au contact de terrains différents. Le plomb sulfuré existe en Tyrol (Schneeberg), en Silésie, en Carinthie dans le Harz, l'Erzbirge, à Kapnik (Transylvanie), dans le Flintshire, le Derbyshire et le Northumberland, en Sardaigne, en divers départements de France, notamment aux mines de Poullaouen et de Huelgoat (Finistère), en Espagne, dans la Sierra de Cador, dans les Alpujarras, où ce métal se montre dans tout le chaînon qui s'étend d'Almeria à Berja, sur une longueur de 40 kilomètres et une largeur de 10. Le même minerai s'exploite dans la Caroline du Nord, à Zimapan (Mexique) et dans le Bengale (à 12 lieues de Kalsi, sur les bords du Tonce. Combiné avec l'antimoine, le plomb sulfuré se rencontre dans le département du Gard, en Suède, en Russie, spécialement dans le gouvernement d'Orembourg, dans le Khorassan (Perse); combiné avec le sélénium, on le trouve à Clausthal, dans le Harz; combiné avec le chlore et l'iode (*oxychloriodure*) il se recueille dans la galène argentifère au-dessus d'Atacama (Chili). Allié à l'argent, le plomb se trouve en quelques points de la France, en Kabylie, en Suède (Sala).

Le plomb *oxydé rouge*, ou *minium natif*, existe à Badenweiler dans le pays de Bade, à Brillon (Westphalie) et à Grasshill-Chapel (Yorkshire); le plomb *oxydé jaune*, à Stollberg près d'Aix-la-Chapelle et dans les ravins des volcans du Popocatepetl et de l'Iztaccihuatl au Mexique. Le plomb *carbonaté*, dit vulgairement *plomb blanc* ou *céruse*, se présente en cristaux ou en aiguilles; il est très-abondant dans la nature; on le trouve aux mines de Zellerfeld dans le Harz, à celles d'Eschweiler dans le Brisgau, à Hofsgrund, à Leadhills (Lanarkshire), à Hael-Penrose (Cornwall), dans les Vosges, à Nertchinsk, à Bérézof et à la rivière Gazimour (Sibérie). Le plomb carbonaté associé à l'oxyde de plomb et à l'antimoine forme des amas intercalés dans les couches calcaires, reposant sur des schistes et des quartzites dans l'État d'Utah à plus de 2800 mètres de hauteur. Le plomb *chromaté* ou *plomb rouge*, dont la teinte tire sur l'orange, se trouve à Bérézof et au Brésil. Le *plomb phosphaté vert* existe près de Fribourg en Brisgau, à Badenweiler, à Huelgoat et aux anciennes mines de la Croix dans les Vosges. Le plomb renfermant du molybdène, et appelé vulgairement *plomb jaune*, se recueille en Saxe et en Hongrie, à Bleiberg (Carinthie), en Sibérie, près de Pampelona (Mexique). Le plomb *sulfaté*, qui ressemble beaucoup au plomb blanc carbonaté, existe à l'île d'Anglesey. Ses diverses variétés se trouvent à Leadhills, dans le Derbyshire, en Andalousie, au Harz, à Wolfach (Fürstenberg), en Sibérie, à Southampton (Massachusetts). Combiné avec le *sélénium*, le plomb existe au Harz, à Clausthal et dans la mine de Tilkerode.

Le *vanadium*, corps simple découvert aux mines de Taberg (Suède), s'extrait des scories des usines à Mansfeld et à Bérézof; il se présente combiné avec le cuivre dans les mines de Solomisky (Sibérie), combiné avec le fer et le plomb (*vanadate de plomb*), à Zimapan (Mexique).

Le *bismuth*, métal de couleur intermédiaire entre le plomb et l'étain, d'une extrême fusibilité, et qui se place au premier rang des corps *diamagnétiques*[1], se montre, soit à l'état natif, soit à l'état de sulfure, d'oxyde, dans les mines de la Saxe et de la Bohême, associé au plomb, à l'argent, au cobalt, à Schneeberg (Saxe), à Schapbach (Grand-Duché de Bade). Le bismuth se rencontre encore à Poullaouen (Finistère), à Meymac (Corrèze), à Sainte-Agnès (Cornwall), en Suède, à Bérézoz (Sibérie), et en Bolivie.

Le *cobalt* ne se montre guère dans la nature à l'état pur; mais il entre dans de nombreuses combinaisons ayant presque chacune sa couleur et son gisement propres. Le cobalt *sulfuré*, d'un gris d'acier plus ou moins clair, est le plus rare de tous; il se trouve à Bastnaës, près Riddarshytta (Suède), et à Jungfergrube, près Siegen (Westphalie). Le cobalt *arsenical* constitue généralement des filons dans les terrains cristallins, et il se présente tantôt en mamelons,

---

1. Les corps diamagnétiques sont ceux qui jouissent de la propriété d'être repoussés par l'aimant : tels sont l'antimoine, l'or, l'argent, l'hydrogène; les corps magnétiques, tels que le fer, le nickel, le cobalt, l'oxygène, sont ceux, au contraire, qu'il attire.

comme à Gersdorf et à Schneeberg (Saxe), où le quartz lui sert de gangue, tantôt en filaments plus ou moins grossiers se ramifiant en forme de tiges. On le rencontre à Bieber (Hesse), à Wittichen (Grand-Duché de Bade), à Scuterrud (Norvége), où il est accompagné du bismuth natif, à Huasco, à Sainte-Marie-aux-Mines (Alsace), à Allemont (Isère), et à Juzet-de-Luchon (Haute-Garonne). Le cobalt *gris* (arsenio-sulfure de cobalt) appartient aux amas et aux filons intercalés dans les terrains cristallins. On l'exploite surtout à Tunaberg (Suède), à Scuterrud et dans le Connecticut. Dans les mêmes gisements que le cobalt arsenical, se rencontre le *cobalt oxydé noir*. Ainsi, on le recueille à Bieber, Wittichen, Allemont. Il existe encore à Saalfeld (Thuringe), à Reingersdorf (Lusace), à Freudenstadt (Wurtemberg), à Kitzbüchel (Tyrol).

Le *nickel* fut découvert pour la première fois combiné avec le soufre, aux mines de Johann-Georgenstadt, et formant un minerai connu sous le nom de *nickel natif*. On l'a retrouvé dans les mines de la Saxe, du Harz et du Cornwall. Quelquefois, le nickel *sulfuré* renferme du bismuth, comme à Grünau (comté de Sayn-Altenkirch). De tous les minerais de nickel, le plus répandu est le nickel arsenical que l'on recueille à Shneeberg, à Annaberg, à Marienberg, à Freiberg, à Gersdorf et en plusieurs autres localités de la Saxe, à Allemont, dans le Cornwall, et dans les mines de Leadhills et de Wanlockhead (Dumfriesshire). Le nickel arsenical est généralement à l'état amorphe et d'un rouge cuivré; en certains lieux cependant, il prend une couleur blanche et présente des indices de cristallisation, comme à Riegelsdorf (Saxe). Un autre minerai, le nickel *antimonial*, se trouve à la mine d'Andreasberg. Le silicate de nickel existe dans la serpentine à la Nouvelle-Calédonie. Enfin, on connaît encore diverses variétés de minerais nickelifères en Saxe et en Thuringe; ce métal est de plus associé au cobalt près de Schmöllnitz (Hongrie).

La nature ne fournit guère de *zinc* pur; ce métal se trouve presque toujours à l'état d'oxyde combiné avec le soufre, de carbonate, de silicate, ou associé à d'autres corps.

Les minerais de zinc se présentent soit en filons dans les terrains cristallins, le muschelkalk et des étages moins anciens, soit en amas dans les terrains plus modernes. Le gisement en filons est le plus ordinaire. Quelquefois, le zinc carbonaté est associé au plomb sulfuré. Il existe cependant des filons ne contenant que du zinc carbonaté, comme à Matlock (Derbyshire). Le second gîte, quoique moins fréquent, est de beaucoup le plus productif. On l'a signalé dans les Mendip-Hills, en Angleterre, à la Vieille-Montagne (Belgique), et près de Tarnowitz et de Beuthen, dans la haute Silésie.

En Belgique, le zinc *carbonaté* ou *calamine* forme des amas dans le terrain anthracifère. Les gîtes les plus importants sont ceux de la Vieille-Montagne, de la Nouvelle-Montagne, de Corfali près de Huy, d'Engis et de Membach. La calamine est associée à la galène dans la haute Silésie, et dans le Ssé-tchouen (Chine), aux minerais de fer; la calamine jaunâtre se rencontre dans certaines mines d'argent.

Le sulfure de zinc ou *blende* existe en diverses localités de la France, et est généralement associé soit à du plomb sulfuré, soit à d'autres minerais. On le trouve dans la vallée de Saint-Gervais (Savoie), dans le Brisgau, à Kapnik et à Rodna (Transylvanie), dans le Derbyshire, en Suède, près du lac Wettern (Ammeberg), et près de Mormat (province de Popayan). Ce minerai ainsi que la blende constitue des gisements étendus dans la Biscaye, le Guipuzcoa et les Asturies (Santa Lucia). Le zinc *silicaté* existe à Bleiberg (Carinthie), à Nertchinsk (Sibérie), dans l'Oural. Le zinc *oxydé rouge* ou *brucite*, qui tire son nom des mines de Bruce, au Canada, a été trouvé à Sparta (État de New-Jersey) et à Woodmine (Pensylvanie). Enfin, le zinc *sulfaté*, connu sous le nom de *vitriol de Goslar*, parce qu'il existe près de cette ville, se rencontre en Carinthie, à Schemnitz (Hongrie), et au Cornwall.

L'*arsenic* se présente tantôt à l'état natif, tantôt à l'état de sulfure ou d'oxyde. Dans le premier cas, il affecte un éclat métallique très-prononcé, mais se noircit par l'action de l'air. L'arsenic natif ne forme presque jamais de filons particuliers ; il accompagne ordinairement l'argent sulfuré, l'argent rouge, le cobalt gris et le nickel arsenical. Il ne constitue pas de mines proprement dites ; ses plus grands dépôts existent en Sibérie. A Reichenstein (Silésie prussienne), on le trouve associé au fer dans de la serpentine. On le rencontre aussi dans certaines eaux minérales (Bou-Chater en Tunisie, et plusieurs sources des Pyrénées). L'arsenic *sulfuré rouge* ou *réalgar* se montre en cristaux dans les filons qui contiennent les minerais d'or et de tellure, à Kapnik et à Nagy-ag (frontière de la Transylvanie, à Tajova près Neusohl, et à Felsöbanya (Hongrie). Il existe également aux mines d'Andreasberg dans le Harz, dans la dolomie du Saint-Gothard et les terrains volcaniques du Vésuve, de l'Etna, de la Guadeloupe. On en recueille au Japon et en Chine. L'arsenic *sulfuré jaune* ou *orpiment* appartient, en Hongrie, aux mêmes gisements que le réalgar ; à Sala (Suède), le sulfure d'arsenic est associé au fer. L'arsenic existe aussi combiné avec des bitumes minéraux, comme on le voit à Lobsann (Alsace).

Le *manganèse* ne se trouve qu'à l'état d'oxyde ou de sulfure, de carbonate, de silicate et de phosphate. Ce métal se rencontre en divers points de l'Espagne, soit au contact de schistes argileux siluriens, soit par filons au sein de roches éruptives. Le manganèse *sulfuré*, le moins commun des minerais du manganèse, se recueille principalement à Nagy-ag, où il est accompagné de manganèse *carbonaté*, dans le Mexique et le Cornwall. Entre les diverses espèces d'oxydes de manganèse, la *pyrolusite* ou peroxyde de manganèse noir ou d'un gris noirâtre, est la plus abondante. Ses gîtes appartiennent à la fois aux terrains de cristallisation et à ceux de sédiment ; ils y forment des dépôts plus ou moins considérables. On trouve le manganèse oxydé dans les Alpes, le Nassau, par amas stratifiés, ou à l'état réniforme dans les départements de l'Aude, du Var, et des Hautes et Basses-Pyrénées. L'*acerdèse* ou *oxyde de manganèse hydraté* se montre aux divers étages sédimentaires par gîtes abondants, en Allemagne, en Angleterre, en Picmont, et en diverses localités de la France (Vosges, Mayenne, Ardèche, Allier, Dordogne, etc.). Le manganèse *carbonaté*, bien reconnaissable à sa couleur rose, se trouve à Elbingerode, au Harz, à Freiberg en Saxe, à Kapnik et à Nagy-ag, et à Orletz, en Sibérie. Le manganèse *phosphaté* comprend diverses variétés qui se rencontrent aux environs de Limoges et à Bodenmais (Bavière). Les silicates de manganèse accompagnent les autres minerais de ce métal, et sont fréquemment mélangés aux carbonates. Ils forment ordinairement la gangue des manganèses sulfurés. Une variété dite *dysluite*, renfermant de l'alumine et de l'oxyde de zinc, a été trouvée à Stirling (New-Jersey). Le bisilicate de couleur rose existe à Minas de Fetela (Mexique), en Algérie, au Harz, en Cornwall, à Langbanshytta (Suède), à Saint-Marcel, en Piémont. C'est également de Saint-Marcel que provient le silicate noir exploité aussi à Tinzen (canton des Grisons), où il forme un filon puissant. Le trisilicate se présente en assez grande abondance à Kapnik.

L'*antimoine* existe dans l'écorce terrestre, surtout à l'état d'oxyde et à l'état de sulfure, séparés et réunis. Le premier minerai ou *antimoine blanc* se rencontre à Przibram (Bohême) et à Allemont (Isère), où se trouve aussi l'antimoine natif, substance beaucoup plus rare, qui a été extraite pour la première fois des mines de plomb de Sala (Suède). L'antimoine sulfuré, qui constitue des gîtes assez puissants, se présente dans plusieurs montagnes du centre de la France, notamment à Malbosc (Ardèche), ainsi qu'en Allemagne, en Hongrie (Felsöbanya), dans l'Hindoustan (province de Pechawer), à Bornéo (province de Sarawak), au Cornwall on l'a extrait de la *bourhonite*. Le *kermès minéral* ou antimoine oxydo-sulfuré d'un rouge mordoré, se recueille dans le Harz (mine Carolina), en Hongrie (Malaczka), en Saxe, en Toscane, au Haminat (province de Constantine). Combiné avec l'arsenic, il a été découvert à Allemont, à Andreasberg (Harz), à Cuencamé (Mexique).

L'*urane* est un corps simple qui se rencontre dans la

nature, soit à l'état d'oxyde, soit à l'état de sulfate ou de phosphate. Oxydé, il constitue de petits filons dans les roches cristallines; il y accompagne d'autres substances métalliques, telles que le fer oxydé, l'argent sulfuré, le cobalt arsenical. C'est à cet état de combinaison qu'on le recueille à Freiberg et en d'autres parties de la Saxe, à Joachimsthal (Bohême), où se trouve également l'urane *phosphaté*, qui existe aussi dans le Cornwall. Ce dernier minerai se distingue d'ordinaire, par sa couleur jaune citron, de l'urane oxydulé, qui est d'un brun foncé. On l'a observé encore en Saxe, à Johann-Georgenstadt, à Wissendorf (haut Palatinat), où il est associé à de la chaux fluatée noirâtre, dans le Cornwall, où il affecte une coloration verte, à Marmagne (Saône-et-Loire), et dans les environs de Limoges.

Le *titane* semble être un des plus anciens produits de la nature; il entre dans des gangues de divers minerais. En Hongrie, il se trouve dans le gneiss; en Norvége, en Écosse, dans l'État de New-York, il est contenu dans la serpentine; près de Passau (Bavière), près de Nantes, d'Uzerches (Corrèze), dans le diorite; sur divers points des Alpes de la Savoie et de la Suisse, dans une roche talqueuse; au val Sesia (Piémont), au pays de Salzbourg, aux environs de Limoges et d'Autun, en Espagne, en Norvége et en diverses parties de l'Amérique, dans l'amphibole lamellaire. Le Valais, la Savoie, Madagascar, le Brésil et la Sibérie présentent des variétés capillaires et réticulées, engagées dans le quartz hyalin incolore. La variété dorée de Moutiers (Savoie) se trouve dans un fer carbonaté. Le titane est aussi associé au fer, dans la baie de Saint-Paul, au-dessous de Québec.

Le *tellure* est assez abondant dans l'écorce terrestre, où il se montre soit à l'état natif, soit à l'état de carbonate. Natif, le tellure est associé à l'or et au fer, en Transylvanie, près de Zalathna et de Nagy-ag, et à Bornéo, sur les bords du Kapoea et aux environs de Boedoek; associé à l'or et à l'argent et constituant ce que l'on appelle l'*or graphique*, il se trouve à Offenbanya (Transylvanie), et dans les monts

Calaveras (Californie); associé à l'or et au plomb, il se recueille encore à Nagy-ag; enfin, joint au bismuth, on le recueille à Mosnapomdal (Tellemarke, Norvége). On trouve également le tellure près de Mariana (prov. de Minas-Geraës) à Sawodinsk, dans l'Altaï, et en divers points de l'Angleterre et de l'Allemagne.

Le *tantale*, qui est d'un brun noirâtre tirant sur le gris, se trouve à l'état d'oxyde dans la Finlande et dans la Suède; à l'île de Kimito; dans le premier de ces pays, il est disséminé dans une sorte de granite. C'est aussi dans les terrains cristallins qu'on l'a découvert à Bodenmais et dans le Massachussets. Combiné avec le corps simple appelé *ytrium*, il existe à Ytterby, en Suède et au Groënland. L'ytrium a été découvert, combiné avec le phosphore et le *cérium*, dans les mines de la Scandinavie et du Groënland, notamment à Rhyddarshytta, en Suède. Le cérium se présente également à l'état d'oxyde, et est associé à d'autres corps dans diverses mines de la Russie et de la Suède.

Phosphore, iode, soufre, sel gemme, acide sulfurique, gypse, ammoniac, salpêtre, baryte, strontiane, magnésie, alumine et ses composés.

Le *phosphore* n'existe pas dans la nature à l'état libre, pas plus qu'un certain nombre d'autres corps simples, tels que l'iode, le chlore, le chrome, le brome, etc. : mais il constitue un grand nombre de phosphate dont il a été déjà parlé ou dont il sera question plus loin.

L'*iode* se trouve combiné avec l'argent, le zinc et le mercure, au Mexique et en Sibérie. Associé au sodium et au magnésium, on le recueille dans certaines eaux minérales, notamment à Viterbe, à Voghéra et à Castel-Nuovo d'Asti (Italie), à Saxon (Valais), ou dans les eaux mères de certaines salines, notamment à Schœnbeck, près Magdbourg, et à Guaca (Nouvelle-Grenade).

Le *soufre* est abondamment répandu dans l'écorce terrestre, d'abord à l'état natif, soit par couches, rognons alignés sur le même plan, soit par amas irréguliers, soit encore sous forme de tufs, c'est-à-dire de concrétions spongieuses, de stalactites, ensuite à l'état de combinaison avec d'autres corps, ou en dissolution dans des eaux minérales, dans certaines cavités que forme la roche, et que tapissent ses divers cristaux, ainsi qu'on l'observe en Sicile. Le soufre est produit par sublimation dans les terrains volcaniques, ou par la décompositon des eaux thermales contenant, comme celles de Chaudesaigues et d'Aix-la-Chapelle, de l'hydrogène sulfuré.

Presque tous les volcans donnent du soufre. Ceux de l'Islande, des Cordillères, en produisent en quantité très-considérable et de très-pur. Les anciens volcans en renferment quelques gisements ; on le rencontre, par exemple, dans les trachytes du mont Dore et les basaltes de l'île de la Réunion. En Sicile, la zone du soufre s'étend depuis Trapani jusque vers Noto, sur une longueur de 250 kilomètres et une largeur de 90. En Perse, à l'entour de Meched, presque toutes les montagnes en recèlent des dépôts. Dans ces dépôts, le soufre renferme parfois un sulfate particulier dit *célestine* qui se recueille ainsi qu'un autre sulfate, fréquent dans les gîtes de plomb et de cuivre, l'*anglesite*, aux mines d'Olsa (Carinthie). Le soufre se présente par filons à la montagne de Quito, entre Alausi et Tiscan, découvert dans l'État de New-York, à Corn-Creek, et près de Poughkeepsie (Utah). Le soufre en amas irréguliers, associé à des marnes bleuâtre, appartient le plus ordinairement aux terrains de craie ainsi qu'on l'observe au val de Noto et à celui de Mazzara (Sicile), à Conilla (Catalogne), à Teruel (Aragon), à Salies (Basses-Pyrénées), à Limberg (Sélésie).

Comme le soufre se sublime constamment à travers certaines fissures des terrains volcaniques, il s'amasse dans les anciennes bouches que l'on nomme alors *solfatares*. On en rencontre à Pouzzoles, près de Naples, à l'île de la Réunion, à la Guadeloupe. Le soufre s'y offre souvent à l'état de brèche empâtant d'autres roches. Les tufs sulfureux ont çà et là une grande étendue, comme à Teruel (Aragon). Les eaux sulfureuses se rencontrent le plus habituellement dans les roches plutoniques; aux Pyrénées, par exemple, elles sont réparties vers la limite des massifs granitiques et en rapport avec des ophites. Dans cette catégorie d'eaux, le soufre est combiné avec l'hydrogène (hydrogène sulfuré), ou se trouve dans des sels associé à diverses autres substances, telles que le sodium, le calcium, le fer, etc. La montagne de la soufrière à la Guadeloupe est entourée d'une ceinture d'eaux minérales, où le soufre se trouve combiné avec différents sels et dont quelques-unes doivent à cette circonstance une saveur salée (*Rivière sûre*).

Le *sel gemme* et le gypse sont fréquemment associés au soufre. La première de ces substances est un chlorure de sodium d'une constitution cristalline ou fibreuse. La mer en contient en dissolution une proportion variant de 10 à 25 millièmes. Il en existe des dépôts immenses dans le sein de la Terre. La France, la Sicile, l'Italie (Calabre), l'Espagne, l'Angleterre, l'Allemagne, la Pologne, la Russie, la Moldavie (Okna), la Transylvanie (Maros-Ujvar), la Chine (province de Pétchéli), le Japon et l'Algérie [1] en possèdent des mines très-riches.

Le sel gemme en couches appartient aux terrains de trias, principalement à l'étage des *marnes irisées*, ainsi qu'on l'observe à Northwich (Cheshire) et aux salines de Château-Salins, qui s'étendent le long de la Seille, entre Vic et Dieuze, sur un espace de 25 kilomètres. Plus fréquemment le sel gemme se présente par masses ne faisant pas partie de la stratification et coupant au contraire les couches, en s'étendant à la fois dans plusieurs. Tel est le cas à Bex (canton de Vaud), où il apparaît dans la partie supérieure du lias, près de Salzbourg, où il existe dans le calcaire jurassique, à Cardone, en Catalogne, où il est répandu dans la craie, à Anana, près de Burgos, où il remonte jusqu'aux terrains tertiaires, enfin, à Wiéliczka en Gallicie, dont le gîte de sel dépend du terrain crétacé. Dans les lacs et sources salés, notamment à Dieuze (Lorraine), à Whitby et à Hallowel, au Canada, le chlorure de sodium est associé au brome. Quelquefois les sources qui

---

1. Il faut citer notamment les mines du Djebel-Sahari.

ont traversé des couches de sel gemme, sourdent à la surface du sol, chargées de chlorure de sodium, c'est ce qu'on voit aux *Almeyros*, sources d'eau saumâtre du rivage de l'île de Crète, où ce sel est associé à des sulfates de chaux et de soude.

L'*acide sulfurique* se forme partout où le soufre et les pyrites existent en quelque abondance. Il se dégage en certains lieux à l'état libre et coule sur la roche. C'est ce qui se passe dans les grottes d'Aix en Savoie, à l'Etna, à la montagne volcanique de Zoccolino, près Santa-Fiora (Toscane). Le Rio-Vinagre, qui prend naissance près des bouches du volcan du Puracé, dans la Nouvelle-Grenade, doit son goût acidulé à une certaine quantité d'acide sulfurique que ses eaux tiennent en dissolution.

Il existe dans la nature deux espèces de *sulfate de chaux* ou *chaux sulfatée*, l'une et l'autre cristallisées. La première anhydre et assez dure, la seconde hydratée et très-tendre ; l'une porte le nom de *karsténite*, l'autre celui de *gypse*, *sélénite*, ou pierre à plâtre. Le gypse compose tantôt des couches puissantes dans les terrains tertiaires, tantôt des amas plus ou moins considérables dans les formations secondaires, en particulier dans l'étage permien (zechstein). Les Alpes et les Pyrénées fournissent de nombreux exemples de ce dernier gisement ; les environs d'Aix et le bassin de Paris en offrent un du premier. Quelquefois la même substance, à la suite de la dénudation opérée par les eaux, se creuse en larges entonnoirs, donnant naissance à des lacs où elle se montre en cônes hauts de 15 à 20 mètres et dégarnis de terre végétale, comme on l'observe au Texas, et affecte l'apparence de constructions humaines. Le gypse existe en une foule de points du globe, surtout dans l'Amérique septentrionale. Il forme au nord du Texas, non loin du *Llano estacado*, une bande d'environ 100 lieues de long ; de là, la nature non potable des eaux des rivières qui la traversent, l'Arkansas, la Canadienne, le Brazos, le Colorado, le Pecos. A Volterra (Toscane) se trouve un gypse compacte et blanc, connu sous le nom d'*albâtre gypseux*, et dont on fait des vases. La karsténite, qui se présente souvent mêlée à l'argile, compte beaucoup moins de gisements que le gypse dans lequel elle se transforme, en perdant son eau. Elle est répandue en abondance dans les Alpes et en général à la jonction des terrains de cristallisation et de sédiment, par masses qui paraissent postérieures aux terrains avec lesquels elle est associée. A Vulpino, à 15 lieues de Milan, on l'exploite sous le nom de *bardiglio* ou *marbre de Bergame.*

Le phosphate de chaux ou *phosphorite*, la plus dure des substances calcaires, appartient aux terrains de cristallisation et se montre en grains, en concrétions, en amas, en petits filons, soit dans les mines d'étain comme au Cornwall, en Saxe, en Bohême, dans le fer oxydulé, comme à Arendal (Norvége), parfois dans le schiste talqueux, comme au Zillerthal, ou dans le schiste chloriteux, comme à Alla, dans la craie, comme dans l'Estrémadure espagnole. Il se présente aussi dans des roches volcaniques, ainsi que la chaux phosphatée, comme au lac de Laach (Prusse rhénane), à Albano (Italie), au cap de Gate (Espagne).

Le *sel ammoniac*, dit ausi *ammoniac muriaté*, affecte ordinairement l'apparence de croûtes d'un gris sale, presque toujours caverneuses, quelquefois à texture fibreuse, rarement en cristaux. On ne le rencontre que dans des conditions particulières, dans les volcans après les éruptions, dans quelques fentes de solfatares où il se sublime continuellement, enfin sur certaines houillères embrasées, comme à Saint-Étienne, où il se produit par suite de la décomposition des substances organiques azotées existant dans le terrain houiller. Le Vésuve, l'Etna, le volcan de Lancerote, la solfatare de Pouzzoles, celle de l'île de la Réunion donnent de l'ammoniac muriaté. En Perse, en Tartarie, en Boukharie, on le rencontre à la surface du sol, par efflorescences neigeuses, mélangées d'argile. L'*ammoniac sulfaté* se présente également en efflorescences, dans des circonstances analogues à celles dans lesquelles se recueille l'ammoniac muriaté, sur les laves récentes de l'Etna et du Vésuve; il est abondamment dissous dans les eaux de *lagoni* de Toscane.

Le *nitrate de potasse*, *nitre* ou *salpêtre* est extrêmement répandu dans la nature; on le trouve dans l'eau de pluie, dans la rosée, le brouillard, la neige, la grêle, dans l'eau des fleuves et conséquemment dans l'Océan. Sa présence sur le sol tient en général à celle de matières organiques ou d'éléments feldspathiques. Le salpêtre se présente sur la craie aux environs d'Évreux et de Rouen, près de la Roche-Guyon, à l'entour d'Angoulême, dans la Pouille, province célèbre par ses nitrières naturelles, notamment par celle de Molfetta. Mais ailleurs il apparaît en efflorescences superficielles. On le recueille notamment en Hongrie, en Ukraine, en Podolie, en Égypte, en Arabie, en Perse, dans l'Hindoustan (Bengale, Aoude, Sindh). Aux États-Unis, le salpêtre se rencontre dans les grottes calcaires du Kentucky; dans toutes ces contrées, il n'offre guère d'amas puissants, de gîtes véritables, et c'est seulement au Pérou dans la province de Tarapaca qu'il constitue des dépôts ayant ce caractère. L'Amérique du Sud est au reste riche en nitrières. Il en existe dans la République de l'Équateur (Tacunga), en Bolivie et au Chili. Aux environs de Lima, les pâturages secs, situés sur les bords de la mer, sont couverts d'efflorescences nitreuses.

La *baryte* n'existe dans l'écorce du globe que sous forme de carbonate ou de sulfate, habituellement associé au plomb.

Les filons barytiques et plombeux se montrent en abondance aux environs de Freiberg (Saxe) et se poursuivent dans la partie occidentale de l'Erzgebirge et le Voigtland; on les retrouve dans le Reisengebirge et les montagnes de la Forêt-Noire. On les a aussi observés en Alsace, dans le lias de la Bourgogne, dans le Languedoc et l'Auvergne, en Angleterre, dans le Derbyshire; la baryte carbonatée ou *barolite*, se trouve dans le Shropshire et le Cumberland, dans la Styrie (Steinbauer).

La baryte sulfatée ou *spath pesant*, également abondante en Angleterre, se présente en filons et associée à d'autres substances métalliques, dans le Cumberland et le comté de Durham, où elle accompagne les filons de plomb, dans le Harz, à Pézet en Savoie, à Royat (Puy-de-Dôme), à

Chabrignac (Corrèze). A Almaden en Espagne et dans le Palatinat, le spath pesant constitue la gangue du mercure sulfuré. Ses plus beaux cristaux se recueillent à Felsöbanya en Hongrie ; il y accompagne des minerais de tellure argentifère. La baryte se montre parfois dans les terrains assez modernes, par exemple, dans les argiles de l'île de Sheppey, à l'embouchure de la Tamise.

La *strontiane* se trouve, comme la baryte, à l'état de sulfate ou de carbonate. *Carbonatée*, elle se présente ordinairement en longues aiguilles d'une couleur blanche. A Strontian (Argylshire), localité qui lui a valu son nom, elle traverse le gneiss et fait partie d'un filon renfermant du plomb et du fer sulfuré. Le même carbonate existe à Braunsdorf (Saxe) associé à du cuivre pyriteux, à Salzbourg, à Stromness, dans l'île de Pomona (Orcades), où elle constitue une variété particulière dite *stromnite*. *Sulfatée*, la strontiane est infiniment moins répandue que la combinaison de baryte correspondante avec laquelle elle offre pourtant beaucoup d'analogie. Elle semble appartenir à des formations bien plus récentes et se rencontre dans des couches marneuses, argileuses ou crayeuses, à Bristol, à Toul (Meurthe), dans le silex, à Montmartre, dans la craie de Meudon, à Bougival, près Saint-Germain-en-Laye, à Fessa (Tyrol). La strontiane sulfatée est surtout associée au gypse et au sel gemme, comme on l'observe à Bex (canton de Vaud), dans la principauté de Salzbourg ; en Sicile, elle est unie au soufre. Les roches amygdaloïdes de Monte-Maggiore, dans le Vicentin, contiennent de la strontiane sulfatée, affectant la forme de petites masses lamelleuses, d'un joli bleu céleste, rappelant la variété nommée *célestine*, qui se trouve en Pensylvanie.

La *magnésie* est une terre assez abondante dans le globe. Le magnésium, dont elle est un oxyde et qu'on est parvenu à isoler dans ces derniers temps, entre dans un assez grand nombre de terres à l'état de combinaison. Il a été déjà question d'une roche dont la magnésie est le principal composant, la dolomie. Ailleurs, la magnésie se trouve à l'état pur, mais associée à du protoxyde de fer ;

elle constitue alors le *périclase*, minerai existant au voisinage de certains volcans, notamment à la *Somma* du Vésuve. Hydratée, la magnésie est aussi assez commune; il en existe notamment des dépôts à l'île de l'Unst (Shetland) et à Hoboken (New-Jersey).

La magnésie carbonatée ou *magnésite*, qui joue un si grand rôle dans l'étage permien, appartient aussi aux formations tertiaires d'eau douce et aux terrains serpentineux, affectant tantôt la structure schisteuse et la couleur rosâtre des marnes au milieu desquelles elle se trouve, comme à Coulommiers (Seine-et-Marne), à Saint-Ouen et à Chénevières (Seine), tantôt prenant une couleur de gris-violet prononcée, comme à Salinelles (Gard), à Vallecas, près Madrid, ou encore formant des veines ou plaques dans la serpentine, comme à Baldisserro (Piémont). La grande légèreté et la couleur blanche que la magnésite acquiert parfois, a valu à une de ses variétés dont on fabrique de belles pipes, le nom d'*écume de mer*, et c'est ainsi qu'elle se présente sur les côtes de la Crimée, à Négrepont, à Kiltschik, près Konieh (Asie Mineure), à Rubschitz (Moravie), et dans la Nouvelle-Galles du Sud.

La magnésie sulfatée, vulgairement connue sous le nom de *sel amer*, s'échappe de certains terrains sous forme d'efflorescences blanches et recouvre parfois le sol, comme en Sibérie, à la façon de la neige; elle se trouve en dissolution avec du chlorure de magnésium dans l'eau de mer, à l'amertume de laquelle elle contribue notablement. On a calculé que les sels de magnésium que l'Océan renferme, s'ils en étaient extraits, occuperaient approximativement un volume égal à un cube de treize mille kilomètres de côté. Le sel amer se trouve en dissolution dans nombre de sources minérales, par exemple à Epsom (comté de Surrey), Sedlitz, Püllna, Egra (Bohême), Schwalbach (Nassau), Baden (Autriche).

La magnésie boratée est beaucoup moins abondante que le carbonate de magnésie et ne s'offre guère qu'en cristaux disséminés dans des gypses, comme à Lunebourg (Hanovre) et à Segeberg (Holstein). En général, le gypse est un des terrains où la magnésie se rencontre le plus souvent combinée avec l'acide phosphorique, surtout associée au sel gemme, comme à Fitou (Aude). La magnésie se présente dans la province de Salzbourg et en divers lieux des États-Unis.

L'*aluminium*, corps simple qui, comme le magnésium, le potassium, le sodium, n'a pu être séparé de son alcali que grâce aux découvertes récentes de la chimie, est extrêmement répandu dans la nature, à l'état d'oxyde où il forme ce qu'on nomme l'*alumine*. Pure, l'alumine fournit la pierre précieuse appelée *corindon*. Sa dureté est telle qu'elle raye tous les corps, hormis le diamant ; elle appartient essentiellement aux terrains cristallins. Le *corindon hyalin* se présente, soit à l'état incolore (*saphir blanc*), soit coloré en rouge (*rubis oriental*), ou en bleu (*saphir oriental*) par la présence d'un oxyde de fer. On connaît de plus des variétés violette (*améthyste orientale*), jaune (*topaze orientale*), rouge ou bleue légèrement laiteuse (*rubis, saphir calcédonieux*). Une variété est dichroïte, c'est-à-dire de deux couleurs différentes, suivant qu'on la regarde par réflexion ou par réfraction.

La plupart de ces pierres précieuses sont apportées de Ceylan, de la côte de Malabar, de l'empire Birman, du Khorassan d'où l'on tire notamment la topaze *lal*, d'un rouge brun et qui est fort rare. Elles sont répandues dans le sable et le lit de certaines rivières, par exemple dans le sable volcanique d'Expaly, près du Puy (Haute-Loire). Dans la Caroline du Nord, le corindon se trouve dans des roches de chrysolithe et de serpentine où il affecte de nombreuses variétés diversement colorées. Il se présente aussi dans les États de Georgie et de Montana. En Australie, les saphirs bleu clair et foncé et les rubis orientaux ont été signalés à la Modgee, affluent de la Macquarie.

Le corindon harmophane, vulgairement appelé *spath adamantin*, reconnaissable à son tissu éminemment lamelleux, à sa transparence imparfaite et à sa couleur impure, apparaît dans des roches granitiques de la Chine, du Bengale, du Carnatic, du Mysore, de Ceylan, de l'empire

Birman et du Tibet. Il a été découvert dans le fer oxydulé de Gellivara (Laponie), et sur plusieurs points des Alpes, notamment au Saint-Gothard, près d'Airolo, au glacier des Bois, près Chamounix, à Mozza, sur le mont Baron, et dans le val Sessera (Piémont). Le corindon de forme granulaire, de couleur grise ou brune, dit *émeril*, est plus ou moins mêlé à d'autres matières, notamment au mica et au fer; il se rencontre à l'île de Naxos, à Iseglio (Piémont), à Ochsenkopf, près Schwarzenberg (Saxe) et à Chester (Massachusetts).

Divers aluminates anhydres constituent aussi des pierres précieuses. L'une a pour base la magnésie, le zinc et le fer; c'est le *spinelle*, que sa couleur rouge a fait confondre avec le rubis, et à laquelle on a donné le nom de *rubis spinelle* et de *rubis balais*: on le trouve dans l'Hindoustan, à Ceylan, en Australie, notamment dans la rivière de Mookaerwa. Des spinelles blanc, blanc violacé et blanc bleuâtre, proviennent des pays de Palaon et de Koé (empire Birman). Ceux d'Aker, dans la Sudermanie, sont d'un gris bleuâtre. La variété dite *ceylanite* se tire de Ceylan et d'Amity, près de New-York. Le spinelle noir ou *pléonaste* se rencontre au Tyrol, dans les terrains cristallins, mais appartient surtout aux terrains volcaniques; il existe dans les roches de la Somma du Vésuve et dans celles du Puy-en-Velay. Une variété de spinelle renfermant du zinc a été découverte par Gahn, auquel elle doit son nom (*gahnite*), dans les environs de Falun (Suède); elle s'est retrouvée près de Franklin (États-Unis). On rencontre dans la chaîne de l'Oural, dans l'État de Connecticut, sur les bords de la Macquarie (Australie), et dans les sables des rivières de Ceylan et du Brésil, une combinaison d'alumine, de glucine et d'oxyde de fer appelée *chrisobéril*, *chrysolithe oriental* ou *cymophane*, et remarquable par ses reflets bleuâtres mêlés à une teinte laiteuse.

L'*alun* ou sulfate d'alumine est une substance assez rare dans la nature, quoique les roches qui en produisent par leur décomposition soient fort répandues. La Hongrie, la Suède, l'Espagne (Aragon), l'Italie centrale (la Tolfa), les environs de Sarrebrück en présentent de grandes exploitations. On le rencontre aussi dans les grottes de l'île de Milo. L'alumine sous-sulfatée ou *webstérite* est associée à des lignites, à Halle et à Dolau (Saxe), à New-Haven (Angleterre), près d'Épernay (Marne), à Lunel-Vieil (Gard), et dans les terrains tertiaires d'Auteuil. L'alumine sous-sulfatée alcaline, autrement dite *aluminite* ou *pierre d'alun*, se recueille au mont Dore, en Hongrie et à la Tolfa, non loin de Civita Vecchia; elle se montre surtout dans des argiles un peu schisteuses, de couleur ocreuse, fort répandues dans les terrains crétacés des maremmes de la Toscane, notamment aux environs de Massa-Maritima. L'alun, associé à la magnésie, existe dans l'Afrique australe; associé à la soude, dans la province de Saint-Jean, au nord de Mendoza, sur le revers des Andes. La *wavellite* hydrargilique dans laquelle l'alumine est combiné avec l'acide phosphorique, se présente près de Barnstaple (Devonshire), à Saint-Austle (Cornwall), à Tipperary (Irlande), à la mine Saint-Jacques, près d'Amberg (Bavière), près de Villarica (Brésil).

La pierre précieuse appelée *turquoise* est un autre phosphate d'alumine, mais allié à du phosphate de chaux et à des oxydes de fer ou de cuivre. Il faut toutefois distinguer deux espèces de turquoises : l'une, dite *turquoise de vieille roche*, se trouve dans des fissures ou sous forme de petits rognons, dans des matières argileuses, à Maadan, au nord de Nichâpour, près des montagnes de Djouvein et à Kaléi-Zéri dans celles qui limitent au nord le désert de Lout (Khorassan), dans les montagnes de Taft, près Yezd (Farsistan) et près de Nourata (Boukharie); l'autre, appelée *turquoise de nouvelle roche*, est beaucoup moins précieuse que la précédente; ce n'est point une matière minérale; elle provient d'os ou de dents de mammifères enfouis dans le sein de la Terre, et qui se rencontrent dans le département du Gers, colorés en bleu ou en vert par du phosphate de fer.

Joint au sodium, l'aluminium forme avec le fluor un sel double, le fluorate d'aluminium et de sodium, ou *cryolite*, substance employée dans la fabrication de la porcelaine, et dont une mine célèbre existe dans le Groënland, à Arksut-Fiord, où il est associé à d'autres fluorates.

CHAPITRE V.

DISTRIBUTION DES VÉGÉTAUX A LA SURFACE DU GLOBE.

Conditions de la végétation et limites géographiques des espèces. — Habitations des espèces et stations végétales. — Plantes sociales. — De l'aire des espèces. — Régions végétales. — Plantes marines. — Des changements qui s'opèrent dans l'habitation des espèces : naturalisations. — Origine de la distribution des espèces végétales. — Forêts. — Plantes cultivées.

Conditions de la végétation et limites géographiques des espèces.

Nous avons vu, en étudiant les révolutions par lesquelles a passé le globe, que son sol et ses eaux nourrirent des végétaux, aux différentes époques géologiques. La distribution des végétaux, telle qu'elle se présente aujourd'hui, est étroitement liée à celle des âges antérieurs. Une foule de plantes ayant échappé aux révolutions qui nous en séparent, leur distribution actuelle est la conséquence des phases physiques qu'a traversées la surface des continents. En dehors de ces causes originelles, la répartition des espèces végétales dépend de la constitution présente des différentes parties de l'écorce superficielle du globe, du climat et de l'exposition. Il est incontestable que l'intensité de la lumière et la prédominance de tels ou tels rayons exercent sur les végétaux, sur leur maturation une influence considérable; malheureusement les moyens photométriques sont encore trop imparfaits pour qu'on la puisse mesurer; mais on est assuré qu'elle se lie au climat, l'action chimique de la lumière diffuse apportée par l'atmosphère paraissant suivre une marche concordante avec l'état des nuages. Ainsi, la constitution hygrométrique nous fournit jusqu'à un certain point la mesure de l'activité chimique de l'éclat du jour. On peut donc regarder la distribution de la chaleur dans la dépendance de laquelle est celle de la vapeur d'eau, comme la source principale de celle des végétaux. Au-dessous d'une température déterminée et qui ne saurait être inférieure à $0°$, la végétation s'arrête pour ne reprendre que lorsque la température devient suffisante. Il y a dès lors pour chaque espèce une certaine somme de chaleur nécessaire à son développement. Elle peut lui être donnée dans un temps plus ou moins long. Lorsqu'un mois a été plus froid qu'à l'ordinaire, il suffit que le mois suivant soit plus chaud dans une proportion analogue, pour que la moyenne se rétablisse. C'est ce qui explique comment les horticulteurs arrivent à *forcer* les plantes, c'est-à-dire à hâter par des moyens artificiels leur floraison et la maturation de leurs fruits.

L'air communique directement sa chaleur aux parties de la plante qu'il entoure; mais le sol tempère pour elle les extrêmes de chaud et de froid : car, pendant les grandes chaleurs, il est plus frais que l'air, pendant les grands froids, plus chaud. Il ne s'agit ici, bien entendu, que de l'écorce la plus superficielle, d'une couche d'un mètre environ, la plupart des végétaux ne faisant pas pénétrer davantage leurs racines. L'action solaire joue conséquemment un grand rôle dans la végétation; toutefois, à raison de leur constitution, les végétaux ne subissent pas aussi rapidement l'influence de l'insolation et du rayonnement que le fait un thermomètre. Le tissu végétal est rafraîchi, pendant le jour, par l'ascension continuelle de la séve et l'évaporation : la nuit, ces causes modificatrices cessent presque complètement, et le rayonnement produit son effet. Il s'ensuit que l'exposition ne détermine pas, d'ordinaire, une différence bien notable dans la végétation. C'est dans les montagnes que l'on peut surtout juger de ces différences, en comparant la hauteur des limites auxquelles atteignent les mêmes espèces sur les pentes septentrionales et sur les pentes méridionales. En Europe, sous une latitude moyenne de 44 à 47°, l'exposition directe au soleil, ainsi évaluée, produit sur les plantes une augmentation de température de 1° du thermomètre observé à l'ombre.

L'action du soleil varie suivant les saisons; elle augmente généralement du printemps à l'été. Au delà d'un certain degré de température, la chaleur devient nuisible aux plantes. En général, les transitions trop brusques leur sont funestes et peuvent souvent les anéantir. Il y a un certain milieu de température qui convient à chaque espèce; lorsqu'on s'en éloigne, dans l'un ou l'autre sens, les effets ne suivent point une marche proportionnelle. Enfin, selon l'époque de végétation où se trouve une plante, la température agit sur elle diversement. Ainsi, au printemps, la température de mars venant après un temps froid et un long repos, détermine l'ascension de la sève. Cette même température, en novembre, est accompagnée d'un ralentissement de circulation. Une chaleur intense, capable d'achever la maturation des graines, peut se trouver trop forte, si elle survient durant la première période de la vie d'une plante. La distribution des végétaux ne saurait donc être indiquée par les lignes isothermes, qui sont calculées d'après des moyennes; elle se règle sur les sommes de température utile pour les végétaux. On peut cependant dire d'une manière générale que les contrées intertropicales sont plus favorables à la végétation que les régions tempérées et boréales, car là se trouvent réunies des conditions de chaleur et d'humidité éminemment propres à la croissance des plantes.

Chaque espèce occupe sur le globe une région dont les limites sont dues à des obstacles matériels, tels que la mer, ou à des conditions de climat qui empêchent le végétal de se reproduire. Les plantes, écrit M. Alphonse de

Candolle[1], qui est ici notre principal guide, surmontent quelquefois des obstacles matériels, grâce à leurs moyens de dissémination et aux transports accidentels provenant de l'homme, des animaux et des vents ou des courants; mais elles ne sauraient vaincre l'action continue d'un climat contraire, de sorte que sur la ligne où le combat s'engage avec celui-ci, c'est toujours, ou du moins c'est à la longue toujours le climat qui reste victorieux. Ainsi les espèces annuelles sont arrêtées vers le nord par le froid de l'hiver et par la sécheresse de l'été, autrement dit par le défaut d'une somme de chaleur et d'humidité nécessaire à chaque espèce. Au sud, la sécheresse de l'été et une humidité trop forte, prolongées pendant plusieurs mois, ont les mêmes effets.

Les conditions hygrométriques tendent en conséquence à modifier les lois de distribution des espèces dues à l'action solaire, en sorte que l'humidité est un facteur qui s'ajoute à l'action chimique de la lumière pour modifier les types végétaux et dès lors pour déplacer les limites d'une même espèce, soit dans le sens du méridien, soit dans le sens des parallèles. Ces dernières sont encore bien moins accusées que les limites méridionales et septentrionales. En Europe, la grande humidité des côtes ouest, l'extrême sécheresse de la partie orientale, combinée avec la différence des températures uniformes, autrement dites *maritimes*, et des températures *excessives*, autrement dites *continentales*, amènent des limites obliques propres à chaque espèce.

Rarement les limites des espèces sont parallèles. Le grand nombre de causes qui agissent en sens différents sur leur distribution amène une extrême variété dans la direction des lignes confinant chaque espèce végétale. Ainsi dans une région qui paraît assez uniforme de conditions physiques, celle des plaines de l'Europe, située entre la Garonne et le Volga ou la Néva, les limites d'espèces se croisent suivant toutes les directions et sont indépendantes des lignes isothermes, isochimènes et isothères.

Les montagnes offrent dans leur végétation des suc-

---

1. *Géographie botanique raisonnée* (Paris, 1855).

cessions analogues à celles qui s'observent, en allant du pôle à l'équateur ; d'où il suit que la plupart des espèces ont deux habitations, l'une sur les montagnes, l'autre en plaine dans une région plus septentrionale, habitations affectant une certaine analogie de conditions physiques. Aussi quand on veut rechercher les limites supérieures et inférieures en altitude de certaines espèces, est-on conduit presque aux mêmes faits que nous apporte la recherche des limites en superficie. Le degré de sécheresse, les sommes de température au-dessus d'un certain degré, variable pour chaque plante et qu'on peut appeler le zéro de la végétation, la durée des neiges, sont les trois causes principales qui agissent sur l'étendue des régions végétales en altitude. Les neiges abritent plus ou moins longtemps les petites plantes contre les froids de l'hiver; l'été, elles prolongent plus ou moins une humidité fraîche et modérée, favorable à la végétation. Aussi les limites en altitude tiennent-elles à des causes très-variées; une espèce peut tour à tour être arrêtée par le froid de l'hiver, le défaut de chaleur suffisante durant la belle saison, l'humidité et la sécheresse. Les conditions de température elles-mêmes ne varient pas moins ; elles se combinent avec le degré d'humidité ou avec la durée des neiges et d'autres circonstances. Elles impliquent une action différente, suivant les lieux, de la lumière qui joue dans la nature le rôle d'excitant ; ses rayons dont les éléments constitutifs ou couleurs simples sont inégalement absorbés par l'atmosphère, suivant les matières que celle-ci renferme, agissent chimiquement d'une manière différente; leur action sur les plantes et les végétaux varie avec leur direction et leur intensité. Ainsi, selon la constitution lumineuse de chaque lieu, la force de la végétation, la coloration des plantes et sans doute aussi leurs caractères spécifiques eux-mêmes doivent présenter des différences notables. Le résultat de ces combinaisons varie dans chaque partie de l'habitation de l'espèce, ou du moins peut varier. On s'explique donc pourquoi les mêmes espèces ne disparaissent pas aux mêmes latitudes sur les diverses montagnes, pourquoi elles ne s'arrêtent pas sur les hauteurs, suivant le même ordre qu'offrent leurs limites dans la plaine.

La cause la plus générale de délimitation des espèces est la sécheresse ou l'humidité relative des divers pays. Chez les plantes des régions intertropicales, cette cause est de beaucoup la plus fréquente. Elle a pour mesure le nombre des jours de pluie dans les divers mois de l'année ou dans les diverses semaines. Dans les steppes de la Russie, la sécheresse limite certaines espèces au midi et surtout au sud-est; l'humidité du nord-ouest et de l'ouest en arrête d'autres, dans les îles Britanniques et même sur le continent voisin. Plus au sud, la succession des zones sèches, entre le 20° et le 35° ou 36° lat., et de la zone humide près de l'équateur, devient la cause habituelle des limites.

Sous les latitudes moyennes et polaires, la température joue le rôle principal; mais on ne saurait évaluer cette action par des moyennes de température; car là surtout, il faut tenir compte de deux faits : 1° que chaque espèce est indifférente aux températures inférieures au zéro de végétation; 2° qu'une certaine somme de température au-dessus du minimum lui est nécessaire. Toutefois ces maxima et ces minima de végétation peuvent ne pas garder, pour chaque espèce une fixité absolue. Il existe un certain degré de variabilité dans les minima et les sommes de température nécessaires aux espèces, mais cette variabilité est contenue entre des limites assez étroites.

Chaque espèce a une zone d'habitation, de superficie et de configuration très-différentes. Les espèces dont les habitations sont fort allongées de l'est à l'ouest, se trouvent principalement dans les familles abondantes au nord et sous les degrés moyens de latitude. Celles dont les habitations sont au contraire allongées du nord au midi, se rencontrent de préférence entre les tropiques. En général les familles des zones tempérées et boréales présentent plus souvent le phénomène d'habitations à diamètres fort inégaux.

Les trois directions suivant lesquelles les espèces se propagent ou se sont autrefois propagées paraissent être les suivantes : 1° les pays situés autour du pôle arctique ; 2° la zone de la Méditerranée, prolongée à l'ouest jusqu'aux îles Canaries, Madère et Açores, à l'est vers le Caucase et la Perse ; 3° la grande ligne des Florides ou du Texas à Montévidéo. A ces lignes principales de propagation s'en ajoutent de secondaires, telles sont celles des montagnes de l'Europe et de l'Asie tempérée, celle de la Californie au Chili, enfin celle de l'Inde au Sénégal.

Les espèces dont l'aire est dirigée de l'est à l'ouest, ont une extension généralement très-grande, surtout celles du nord. Ainsi plusieurs font le tour du pôle ou à peu près. Au contraire, les espèces de la seconde catégorie apparaissent plutôt dans des pays contigus, par exemple, les Antilles, la Guyane et le Brésil, plus rarement dans des pays fort éloignés, comme la Californie et le Chili. En général la configuration des habitations spécifiques paraît tenir bien plus aux circonstances physiques et géographiques qu'à la nature propre de ces espèces.

Les conditions locales déterminent ce que l'on appelle les *stations végétales*, c'est-à-dire les localités constituées pour l'accroissement respectif des espèces. Ces conditions sont d'importance diverse. Au premier rang se placent les milieux qui sont les supports indispensables à l'existence de chaque plante, à savoir : les eaux douces, pour les plantes aquatiques, les eaux salées, pour certaines espèces, la terre pour les champignons tubéracés, l'existence des essences sur lesquelles elles se développent, pour les plantes parasites, l'atmosphère ordinaire pour la grande majorité des espèces. Ce sont là des causes réellement d'ordre primaire, car aucune espèce connue ne peut vivre à la fois dans deux des stations qu'elles déterminent ; autrement dit, chacune de ces stations exclut la totalité des espèces des autres stations.

La composition géologique du sol, le degré d'humidité, la présence de matières salines ou azotées, l'abondance de la lumière, sont des causes locales secondaires, qui parfois prennent l'importance des précédentes. La composition géologique, notamment, est pour certains végétaux une condition de premier ordre. Le châtaignier, par exemple, ne peut croître que sur un sol siliceux, qui est le terrain particulièrement propre aux bruyères, aux fougères, à l'ajonc pourpré, au *Spartium scoparium*, à la digitale pourprée. Ces causes locales déterminent ainsi à leur tour des stations nettement caractérisées, telles que : les surfaces des rochers, les rocailles, les sables, les marais, les forêts, les taillis, les prairies, les terrains cultivés, les terrains salés ou azotés. Rarement une même espèce peut vivre indifféremment dans deux de ces stations, au moins sous le même climat. Les modifications nombreuses de ces stations engendrent des causes tertiaires, comme les prairies sèches et les prairies humides, les forêts à feuilles caduques et les forêts à feuilles persistantes, les rocailles et les graviers, etc. Ces stations d'ordre tertiaire qui tiennent surtout à la nature minéralogique des sols et à l'exposition, offrent toujours des transitions ; la même espèce peut en changer, suivant les pays.

Les plantes dites *communes* existent parfois dans une même région à des stations différentes d'ordre secondaire ou tertiaire. Peu d'espèces vivent constamment et exclusivement sur une seule station, si celle-ci n'est pas d'ordre primaire. Plus une région est habituellement humide ou froide, plus la proportion des espèces communes devient considérable ; car l'humidité excessive et le froid sont alors des causes dominantes qui réduisent la valeur des causes locales. Au contraire, dans les régions sèches et chaudes, les disparates étant plus marqués entre les stations, la végétation est moins uniforme. Dans une région chaude, la même station doit être très-vaste, comme le montrent le Sahara africain et les Pampas de l'Amérique méridionale, pour que l'uniformité se produise.

La fréquence des espèces peut se manifester sur le globe de deux façons : ou c'est dans une localité qu'elles abondent, groupés que sont les individus au voisinage les uns des autres, ou c'est dans un pays qu'elles prédominent. Dans le premier cas, elles sont dites *sociales* ; dans le second, elles sont dites *fréquentes* ou *répandues*.

CHAPITRE V.

Plantes sociales.

L'agglomération des individus d'une même espèce tient à la constitution de l'espèce elle-même et aux conditions de chaque station locale. Il y a des plantes qui nuisent beaucoup à leurs voisines par la rapidité de leur croissance (notamment, parmi les arbres, les saules et autres bois blancs), par la durée de leurs souches (graminées et cypéracées vivaces), par l'ombre de leur feuillage (hêtre, sapin). D'autres espèces ont une abondance extraordinaire de graines que le vent ne peut disperser aisément ou qui germent promptement et constamment (arroche, mercuriale, coquelicot, etc.). Enfin certaines plantes sont pourvues de moyens de multiplication extraordinaires, par subdivisions ou ramifications (potamogéton, renoncule aquatique, fraisier, etc.). Dans ces divers cas, la nature elle-même des espèces tend à les rendre sociales.

Quant aux conditions de chaque station locale, la présence de matières favorables à la végétation de telle ou telle espèce, doit la multiplier, tandis que l'absence de telles autres matières nécessaires à la vie d'autres espèces, exclut celle-ci. Voilà pourquoi l'on voit les légumineuses abonder dans les terrains renfermant de la chaux, les bruyères s'étendre dans les lieux stériles, les plantes nivales dominer sur le sommet des montagnes. Au contraire, les circonstances qui tiennent au climat n'influent pas sur la sociabilité des plantes. La proximité du point où la température, par exemple, ne permet plus à une espèce de vivre, ne l'empêche pas d'être sociale. Ainsi, dans les pays septentrionaux, il y a des forêts de telle ou telle essence d'arbres, jusque près de sa limite géographique. Quand on s'avance du centre de la France vers le midi, les espèces sociales de cette zone, telles que les cistes, les térébinthes, les lavandes, se présentent brusquement à l'état d'agglomération. En général, plus il y a dans un pays d'espèces différentes pouvant se disputer la place sur chaque station, moins il y a d'espèces agglomérées. Ce qui explique pourquoi on rencontre moins d'espèces sociales dans les contrées équatoriales, dont la végétation est plus riche en espèces, que dans les boréales.

La vulgarité ou la rareté d'une espèce en un pays tient à la nature de chaque espèce et à des influences extérieures. Les observations faites jusqu'à présent semblent indiquer, au moins pour l'Europe, que les monocotylédonées ont une proportion plus faible d'espèces très-communes que les dicotylédonées. Ordinairement les espèces très-communes appartiennent à des familles spécifiquement riches dans le pays. Les espèces sont rarement communes dans un pays voisin de leur limite géographique, d'où l'on peut inférer que les individus sont plus rapprochés vers le centre de l'habitation de l'espèce. Les plantes sociales appartiennent surtout, pour nos climats tempérés, aux familles suivantes : polygonées, labiées, scrofularinées, borraginées, chénopodées, joncées, amentacées, rosacées, graminées, renonculacées.

Si les conditions des localités ne changent pas, les mêmes espèces y continuent d'année en année. Le nombre des individus peut augmenter ou diminuer, par une foule de causes; mais les espèces ne disparaissent guère tant que l'homme ou les animaux domestiques n'interviennent pas. Par une sorte de rotation, celles qui abondent et qui excluent les autres, en certaines localités et à certaines époques, passent à l'autre extrême et y deviennent rares. Ainsi, dans une prairie, il s'établit souvent une alternance de légumineuses et de graminées. Chez les plantes forestières cette succession est encore plus frappante. On voit par exemple les bois résineux céder d'eux-mêmes la place à d'autres espèces, et, réciproquement, des forêts de chênes ou de hêtres remplacées par des essences résineuses.

De l'aire des espèces.

L'aire de chaque espèce a ses limites précises et ces différentes aires représentent à la surface du globe comme une suite de réseaux enlacés entre eux. Le calcul a montré que l'aire moyenne d'une espèce est d'autant plus petite que la classe à laquelle elle appartient a une organisation plus complexe, plus développée, autrement dit plus parfaite. Cette loi est confirmée par l'évolution des végétaux aux différentes périodes géologiques. Aux époques anciennes, les espèces qu'on rencontrait à de grandes distances paraissent avoir été plus semblables entre elles qu'elles ne le sont aujourd'hui ; elles appartenaient à des classes moins parfaites. Aux époques récentes, elles se sont plus cantonnées, en même temps qu'elles ont offert pour la majorité une organisation plus complexe. Ceci explique pourquoi les cryptogames présentent l'aire la plus étendue. On retrouve, par exemple, à l'isthme de Panama, les mêmes algues que possèdent à la fois l'Europe et l'Asie ; et des hépatiques que possède l'Amérique centrale, les trois quarts sont communes avec nos climats, tandis que c'est à peine si cette contrée produit le septième de nos genres de dicotylédonées.

Les espèces aquatiques ou marines semblent avoir une aire moyenne plus grande que les autres ; elles sont, avec les plantes des terrains cultivés, celles dont l'aire est la plus vaste. L'aire des plantes annuelles est plus étendue que celle des bisannuelles qui passent à cet égard avant les plantes vivaces ; puis viennent les arbrisseaux et les arbustes, enfin les arbres, dont l'aire est la plus restreinte. L'aire moyenne des végétaux phanérogames semble donc être d'autant plus grande que leur durée est plus petite. Et si l'on songe, observe M. A. de Candolle, auquel on doit la constatation de ces lois curieuses, à l'extension de l'aire géographique des mousses et des lichens, les plus petits cryptogames, les plus petites des plantes en général, si l'on fait attention à la taille relative des espèces phanérogames annuelles, vivaces, arbrisseaux, arbustes et arbres, on reconnaît que l'aire moyenne des espèces du règne végétal est d'autant plus grande que leur taille moyenne est moindre. Les graines petites et nombreuses étant favorables à l'extension géographique des végétaux, les plantes qui en sont pourvues ont naturellement une aire étendue.

M. A. de Candolle a aussi noté que l'aire moyenne des espèces diminue à mesure qu'on s'avance du pôle arctique aux extrémités australes des continents. Cela paraît tenir en partie à ce que, dans l'hémisphère boréal, les terres sont plus rapprochées les unes des autres, tandis qu'elles vont en divergeant, à mesure qu'on se rapproche du pôle antarctique. Bien d'autres causes ont contribué au même fait : les unes physiques, les autres tenant à l'organisation, à la nature des plantes ; les unes actuelles, les autres antérieures, et remontant peut-être à l'origine des espèces.

Le nombre élevé des espèces d'une famille en une région est l'indice d'une aire restreinte pour la moyenne des espèces dont cette famille se compose. Les régions les plus séparées des autres par des mers ou des déserts, sont ordinairement celles qui offrent le plus d'espèces propres et le moins d'espèces appartenant à d'autres. Le Cap de Bonne-Espérance et l'Australie sont, entre les plus grandes régions, celles qui offrent de beaucoup les proportions les plus faibles d'espèces communes à d'autres pays.

Parmi les espèces phanérogames, aucune n'est répandue sur la totalité de la surface terrestre. Il semble même qu'aucune ne pourra jamais l'être, dans les conditions actuelles, malgré la diffusion amenée pour quelques espèces très-communes, par le progrès de l'acclimatation et des cultures. Il y a, en effet, des espèces qui s'étendent de la région arctique aux régions tempérées, et se retrouvent dans l'hémisphère austral ; il y en a d'autres qui occupent la zone équatoriale et dépassent de beaucoup les tropiques ; mais nulle ne vit à la fois sous l'équateur, au moins dans les plaines, et aux extrémités opposées des continents, vers les deux pôles. La *Stellaria media*, par exemple, qui supporte des climats fort rigoureux et se naturalise de plus en plus dans les régions tempérées, ne croît ni à l'île Melville, ni au Labrador, ni sous l'équateur. L'ortie (*urtica*), que l'on regarde comme la compagne de l'homme, ne supporte pas ainsi que lui les extrêmes de chaud et de froid ; elle manque au Labrador et à l'île Melville, comme aux plaines de la zone torride. La *Portulaca oleracea*, les *Sonchus* ou laiterons, le *Lamium amplexicaule*, le *Chenopodium album*, le *Cynodon dactylon*, toutes plantes presque universellement répandues à la surface du globe, ne peuvent cependant s'acclimater dans les régions complétement boréales. Le *Sonchus oleraceus* ou *levis*, la plante la mieux organisée pour supporter tous les climats, a besoin d'un sol cultivé ou de décombres et manque aux régions les plus boréales.

On n'estime guère qu'à 117 le chiffre des espèces occupant le tiers environ de la surface terrestre, et celles qui en occupent la moitié ne dépassent pas le chiffre de 18. Au nombre de celles-ci on peut citer : la *Capsella bursa pastoris*, la *Cardamine hirsuta*, l'*Erigeron canadense*, le *Samolus valerandi*, le *Solanum nigrum*, le *Juncus bufonius*, etc.

Aucun arbre ou arbuste ne figure parmi les plantes de ces deux dernières catégories. Le thym serpolet (*Thymus serpyllum*) est la seule plante un peu ligneuse qui soit comprise dans ce chiffre de 117, et à peine mérite-t-il le nom de sous-arbrisseau. L'*Hibiscus tiliaceus* paraît être le plus répandu des arbustes, puisqu'on le retrouve à la fois en Asie, en Afrique et en Amérique, entre les tropiques et même au Cap. Les familles les plus richement représentées dans le même chiffre sont : les renonculacées, les droséracées, les primulacées, les convolvulacées, les verbénacées, les solanées, les plantaginées, les salsolacées, les polygonées. La portion des dicotylédonées aux monocotylédonées est de 73 à 44, c'est-à-dire que, sur 100 phanérogames, il y a 62 dicotylédonées et 38 monocotylédonées. La proportion comparative est donc plus faible pour les dicotylédonées, puisque, sur 100 phanérogames, il y a environ 83 dicotylédonées et 17 monocotylédonées. Ainsi l'aire moyenne des monocotylédonées est la plus vaste.

Les aires spécifiques les plus petites se trouvent ordinairement dans les îles, surtout dans celles de peu d'étendue et situées à de grandes distances des autres terres. A Sainte-Hélène, sur 169 espèces phanérogames qui composent la flore, on en a compté jusqu'à 40 exclusivement propres à l'île et appartenant à 17 genres qui ne se trouvent nulle part ailleurs. Une espèce même ne s'est rencontrée que dans un ravin très-escarpé, et ne tardera peut-être pas à disparaître. L'île de Kerguelen renferme certaines espèces bien tranchées qui lui sont propres, et en particulier un genre à part, le *Pringlea*, crucifère apétale. Les îles Tristan d'Acunha, Juan-Fernandez, Madère, et plusieurs autres également isolées, ont des espèces non moins spéciales et non moins limitées. Des archipels, comme les Galapagos, les Canaries, présentent ce singulier phénomène d'espèces propres à une seule des îles, même à de petites localités de l'une d'elles. Dans le premier de ces archipels, plus d'un tiers des espèces composant la flore totale n'appartient qu'à l'une des quatre îles. Les Açores ont déjà moins de plantes spéciales que Madère et les Canaries. Les îles Færoer n'en ont plus aucune. Ce qui est plus étrange, c'est de rencontrer, au milieu des terres les plus connues et les plus explorées, des espèces végétales également très-limitées. Par exemple, la *Campanula excisa* n'a été trouvée que dans un petit district des Alpes du Valais, compris entre la Furka et le mont Rose ; la *Campanula isophylla* n'existe que sur la côte de Gênes, en un certain promontoire ; la *Wulfenia carinthiaca* n'a été signalée qu'en un seul point de la vallée de Gail, dans la Carinthie supérieure ; la *Linaria thymifolia* est une espèce annuelle confinée au littoral sud-est de la France. Dans les pays où la végétation est plus variée qu'en Europe, les habitations des plantes sont généralement plus petites, et il est probable que beaucoup d'espèces y sont bornées à une seule localité.

Régions végétales.

On a souvent partagé le globe en un certain nombre de régions végétales correspondant aux aires moyennes absolues des différentes espèces. Mais cette distribution ne saurait jamais être rigoureuse, les habitations spécifiques ne coïncidant pas avec les divisions par régions. Il est, en effet, des régions fort étendues qui présentent sensiblement la même flore, à raison de leur conformité topographique ; il en est d'autres, au contraire, où la variété des altitudes, des expositions et celle des climats qu'elle entraîne, amènent, dans un espace relativement circonscrit, des flores différentes et établissent des affinités multiples entre la physionomie de leur végétation et celle de régions diverses, souvent éloignées les unes des autres. Tel est le cas, par exemple, pour l'Abyssinie, dont la flore renfermant un grand nombre de plantes spéciales, se rattache à la fois par d'autres espèces aux flores de la Nubie, de la Sénégambie, du Congo, de l'Arabie, des Indes orientales, du littoral méditerranéen et même de l'Europe moyenne. Les régions végétales empiètent donc les unes sur les autres et il est malaisé d'en tracer la carte. On peut toutefois arriver approximativement à une division du globe par régions végétales, en caractérisant chacune par les familles prédominantes. M. A. Grisebach distingue ainsi 24 régions bien tranchées, subdivisées elles-mêmes en un certain nombre de provinces : 1° la zone arctique ; 2° la région des forêts du continent européen oriental et du nord de l'Asie ; 3° la rég. méditerranéenne ; 4° la rég. des steppes asiatiques ; 5° la rég. de la Chine et du Japon ; 6° la zone des moussons de l'Inde ; 7° le Sahara ; 8° le Soudan ; 9° le Kalahari ; 10° la rég. du Cap de Bonne-Espérance ; 11° l'Australie ; 12° la rég. des forêts de l'Amérique septentrionale ; 13° la rég. des prairies de l'ouest des États-Unis ; 14° le littoral de la Californie ; 15° le Mexique ; 16° les Indes occidentales ; 17° les pays de l'Amérique méridionale sis au sud de l'équateur ; 18° l'Hylæa ou rég. équatoriale du Brésil ; 19° le Brésil ; 20° la rég. tropicale des Andes de l'Amérique ; 21° la rég. des Pampas ; 22° la rég. de transition du Chili ; 23° la zone des forêts antarctiques ; 24° les îles océaniques situées entre les deux grands continents de l'est et de l'ouest.

Les provinces ici énumérées se partagent elles-mêmes en plusieurs districts ; ainsi la zone des Indes occidentales se décompose en zone de Bahama et zone des grandes Antilles ; celle de la partie ciséquatoriale du Brésil en zone forestière de la côte septentrionale de l'Amérique du Sud et zone des savanes de la Guyane et des llanos du Vénézuéla ; la zone des Andes tropicales se subdivise en zone privée de forêts du versant occidental des Cordillères de la côte, et zone des cinchonées ; la zone des moussons de l'Inde se partage en zone de la mousson sèche à hivernage court, et zone de la mousson humide. On peut assigner à ces diverses provinces une délimitation assez précise, et des types végétaux caractéristiques.

Un pareil mode de distribution est d'autant moins imparfait que l'on se rapproche davantage des pôles; car, sous des latitudes extrêmes, les flores étant restreintes, un petit nombre de familles fournissent pour chaque région végétale un caractère suffisant.

La présence de ces types s'explique par les conditions climatériques spéciales à chacune des provinces végétales qu'ils caractérisent, conditions auxquelles est assujetti le mode de développement et de croissance de ces végétaux respectifs. La durée de la période de végétation que comporte la succession des températures, la rigueur des hivers et la sécheresse de l'été sont des causes qui font obstacle à la croissance de certaines espèces et qui favorisent la production d'autres.

La loi générale paraît être que plus une flore est riche en espèces d'une manière absolue, plus il faut énumérer de familles, en commençant par les plus nombreuses, pour comprendre la moitié du nombre total des phanérogames. La grandeur relative des pays influe naturellement sur ces rapports. Les contrées très-étendues présentent un nombre considérable de familles prédominantes, et, inversement, les sommités de montagnes et les petites îles en ont un nombre réduit.

Il existe donc pour diverses parties du globe des familles caractéristiques, c'est-à-dire offrant la plus grande proportion d'espèces dans l'ensemble de celles qui en composent la flore. Voici d'après M. A. de Candolle les familles qui offrent la proportion de 10 à 19 pour 100 dans la flore :

Caryophyllées (Spitzberg) ; crucifères (Spitzberg, île Melville) ; légumineuses (dans presque tous les pays intertropicaux ou voisins des tropiques) ; rubiacées (Sierra-Leone) ; protéacées (Australie) ; mélastomacées (côtes occidentales de l'Amérique tropicale, Brésil ?) ; saxifragées (Spitzberg, île Melville) ; solanées (Ascension, où elles sont toutes d'origine étrangère) ; myrtacées (Brésil ?) ; cypéracées (Laponie, Islande, mont Brocken) ; orchidées (Nouvelle-Guinée, Java, île Maurice, Mexique méridional).

La famille des graminées atteint jusqu'à 18 pour 100 au Spitzberg, 21 dans l'île Melville, et 27 dans l'île de Kerguelen ; celles des composées jusqu'à 18 et demi pour 100 en Californie et au Mexique, 19 aux îles Malouines, 21 au Chili, 22 à Quito, 25 au midi de Buenos-Ayres, 27 à l'île de Juan-Fernandez. Enfin, les familles qui dépassent 30 pour 100 sont seulement (et dans des localités exceptionnelles) les composées (dans les régions hautes du Chili) et les cypéracées (à l'île Tristan-d'Acunha).

Les zones équatoriale, tempérées et polaires ont chacune, sous le rapport des familles, leurs caractères distincts. Dans les régions équatoriales on voit d'abord prédominer les légumineuses dont la proportion varie de 10 à 12 pour 100 et s'élève même, au Congo, jusqu'à 17. Viennent ensuite les graminées, qui offrent des proportions généralement un peu inférieures. A côté de ces deux familles, se placent les composées, très-abondantes dans la zone torride américaine. Cette famille végétale, faiblement représentée dans nos montagnes, prend, au contraire, une énorme prépondérance dans les parties élevées des Andes, chaîne dont la végétation offre avec celle de nos altitudes correspondantes des différences assez remarquables. Ainsi, tandis que les saxifragées, si multipliées dans les Alpes, y manquent presque complétement, les malvacées naines, étrangères à nos formes alpines, y foisonnent. Les composées sont au reste beaucoup moins nombreuses dans la région équatoriale proprement dite, que dans les zones tropicales, dont la flore est également caractérisée par les familles, moins répandues toutefois, des orchidées, des cypéracées, des rubiacées, des mélastomacées, des euphorbiacées, des urticées, des scrofularinées. Les convolvulacées, les malvacées, les pipéracées, les scitaminées, les solanées entrent dans la végétation intertropicale pour une proportion moindre, sans cesser d'y être caractéristiques. Enfin les fougères, plus abondantes dans cette région que partout ailleurs, achèvent de donner à sa flore un cachet propre.

La zone tempérée boréale affecte beaucoup moins d'uniformité, à raison de la diversité de son climat. Au centre de cette zone, dans les régions qui ne subissent ni grands froids ni grandes sécheresses, prédominent les composées, puis les graminées qui finissent par être les plus nombreuses dans les régions tout à fait boréales. Au midi, les régions sèches comptent une proportion plus grande encore de composées, au moins en Europe et en Amérique, augmentation qui se fait surtout sentir dans les régions montueuses, par exemple, les Pyrénées, l'Altaï, les Andes, etc. Les cypéracées diminuent, en avançant vers le midi, où cette famille finit par n'être plus du tout caractéristique. Le contraire se produit pour les légumineuses; elles décroissent de taille et de nombre du sud au nord. La proportion des crucifères est en moyenne de 5 pour 100 dans les régions tempérées de l'Europe et de l'Asie; et sous toutes les zones, cette proportion varie entre 4 et 6 pour 100. Les ombellifères et les caryophyllées entrent à peu près pour la même proportion. Puis viennent, pour un chiffre moins constant et moins important, les labiées, les rosacées et les scrofularinées. Les autres familles n'atteignent jamais 5 pour 100, ou n'arrivent à ce chiffre que dans un seul pays, dans des conditions locales exceptionnelles, comme cela s'observe par exemple pour les salsolacées dans les terrains salés.

La flore arctique qui s'étend au delà du 60° lat. est caractérisée par l'abondance de trois familles : graminées, crucifères et saxifragées, à côté desquelles se placent, dans une proportion moindre, variant de 5 à 7 pour 100, les caryophyllées, les renonculacées, les rosacées, les cypéracées et les composées. Cette dernière famille prend un rang plus élevé au N. O. de l'Amérique, entre 67° et 71° de lat., et au N. O. de la Russie de 64° à 70°. Au delà du 71° lat. N., dans le Nouveau monde, la végétation décroît si rapidement, que le nombre des espèces y tombe au huitième de ce qu'il est dans la zone immédiatement précédente. Au Spitzberg, on ne rencontre plus qu'environ 60 espèces phanérogames.

La flore de la zone tempérée australe présente peut-être encore plus de diversité que celle de la zone tempérée boréale. Cela tient à des différences plus tranchées de climat, à l'existence de régions, les unes humides et insulaires, les autres toutes continentales, par conséquent sèches. Dans ces dernières, qui comprennent le Cap de Bonne-Espérance, l'Australie, le Chili, la république Argentine, prédominent les composées et les légumineuses. La première famille se montre surtout au Cap et en Amérique; la seconde, en Australie. Les graminées et les cypéracées ont là, au contraire, totalement perdu leur prédominance caractéristique. En revanche, on voit figurer certaines familles spéciales ou tout au moins peu communes ailleurs, et qui tendent à devenir dominantes : ce sont, au Cap, les protéacées, les iridées, les liliacées, les éricacées, les restiacées ; en Australie, les myrtacées (*melaleuca*, *metrosideros*, *eucalyptus*, etc.), dont la tribu à fruits capsulaires prédomine dans la partie tempérée, et diminue beaucoup dans la partie tropicale, les épacridées, à peine représentées au contraire en Polynésie, les stylidiées, les cunoniacées et les goodénoviacées ; dans la Nouvelle-Calédonie, les pittosporées, certaines ombellifères. Dans les régions australes humides qui embrassent toute la Polynésie et une foule d'îles de l'Océan, les légumineuses, les composées, les myrtacées, les protéacées, les stylidiées diminuent, à mesure qu'on s'avance vers le pôle antarctique. Les graminées, les cypéracées, les composées vont au contraire en augmentant. En

Tasmanie on voit aussi grossir le chiffre des orchidées et des restiacées ; en d'autres îles, le même fait se produit pour les rubiacées, les joncées et les malvacées. Mais ce qui est plus caractéristique, c'est la prépondérance des fougères. Dans les îles australes, elles dépassent en nombre les familles de phanérogames les plus considérables.

Les fougères arborescentes forment des forêts dans l'Australie orientale, et le représentant de ces végétaux atteignant la plus haute taille, le *Dicksonia antarctica*, qui résiste mieux que les autres fougères en arbre à la sécheresse, s'étend de la Tasmanie jusqu'à la Nouvelle-Galles du Sud.

L'ensemble de ces faits montre qu'il est difficile d'assigner à chaque région du globe des familles qui les caractérisent botaniquement. On n'en trouve notamment aucune qui puisse dénommer les régions suivantes : les contrées arctiques, l'Afrique et la Polynésie intertropicales, la Nouvelle-Zélande, les îles Norfolk, Broughton, Auckland, Campbell, Kerguelen, celles d'Amsterdam, de Saint-Paul, du Prince-Édouard, Malouines et Tristan-d'Acunha, enfin la Patagonie.

L'Amérique septentrionale tempérée est caractérisée par les familles des podophyllées, des hippocastanées, des hydrophyllées, qui chacune ont cependant quelques représentants dans d'autres régions. Les crucifères, les tamariscinées, les ombellifères, les dipsacées, les orobanchées, les plombaginées, caractérisent en général les régions tempérées de l'Ancien monde. Dans la partie occidentale prédominent surtout les cistées, les résédacées, les frankéniacées les caryophyllées, les globularinées. La région sud-ouest comprenant les îles Canaries et Madère, le pourtour de la Méditerranée, l'Anatolie et la Perse, renferme presque exclusivement les cistées, les résédacées, les frankéniacées et les globularinées. La partie orientale, à savoir la Chine et le Japon, se distinguent moins par des familles qui leur sont propres que par des familles qui leur sont communes avec l'Amérique septentrionale, telles que les magnoliacées, les philadelphées et les berbéridées.

L'Amérique intertropicale est spécialement caractérisée par les marcgraviacées, les vochysiacées et les loasées. Moins exclusivement caractéristiques, mais encore très-significatives y sont les érythroxylées, les malpighiacées, les sapindacées, les tropéolées, les simaroubées, les samydées, les passiflorées, les gessnériacées, les théophrastacées, les hydroléacées, les aristolochiacées, les bégoniacées, les broméliacées. Les balsaminées, les jasminées, les cyrtandrées, surtout les aurantiacées, forment le trait botanique saillant de l'Asie intertropicale. L'Australie et la Tasmanie sont caractérisées par les trémandrées, exclusivement propres à la première de ces contrées, les stylidiées, les goodénoviacées, les épacridées et les myoporinées. L'Afrique australe extratropicale a pour types botaniques particuliers les familles suivantes, peu nombreuses d'ailleurs et pauvres en espèces : bruniacées, syphiacées, stylbacées, sélaginées, pénéacées. Enfin le Chili, la république Argentine et le Brésil extratropical n'offrent qu'une seule famille qui leur soit propre, celle des calycérées.

A côté de ces familles caractéristiques, il faut tenir compte de celles qui entrent comparativement pour une proportion plus forte dans l'ensemble des phanérogames, bien que sous le rapport du chiffre absolu elles y soient moins nombreuses qu'ailleurs. Ainsi les pittosporées figurent pour 2 pour 100 dans la flore de la Nouvelle-Zélande ; mais elles présentent une proportion moindre dans la flore australienne, qu'elles caractérisent spécialement. Il y a plus de cypéracées dans la vaste région tempérée de l'Ancien monde qu'autour du pôle ; en revanche dans nos contrées, la proportion à l'égard des phanérogames n'approche jamais de celle de 9 à 13 pour 100 observée dans les flores polaires. La physionomie que présente la flore de chaque contrée tient, on le voit, et à la différence des types et à la prédominance relative de tel ou tel type ; mais ces types, le chiffre en augmente à mesure que des pôles on s'avance vers l'équateur, et la différence est marquée par un plus grand nombre de représentants de la végétation. Ce qui a lieu pour les types botaniques a généralement lieu aussi pour les types zoologiques. D'ordinaire il y a d'autant plus de variétés dans la faune et la flore de pays situés sous la même latitude, que cette latitude s'éloigne plus du pôle. La flore de la zone arctique est presque partout la même ; l'on observe sensiblement les mêmes espèces dans le Finmark, la Sibérie, le nord de l'Amérique septentrionale. Dans la zone boréale, sous la même latitude, on retrouve les mêmes genres, si les espèces diffèrent le plus souvent. Sous les parallèles plus chauds, l'identité n'existe plus qu'entre les familles végétales, et sous l'équateur les familles mêmes diffèrent fréquemment.

La mer constitue une région botanique à part, caractérisée par la prédominance des algues, par une végétation d'une nature spéciale, et ne comprenant guère que les plantes placées aux plus bas échelons de l'organisation végétale. La grande uniformité de la composition des mers entraîne nécessairement une uniformité correspondante dans leur flore, dont les légères variations tiennent seulement aux variations de température. Aucun de ces végétaux, si l'on en excepte le *Fucus pyriferus*, n'atteint de grandes dimensions. Les deux centres principaux de la végétation des algues marines sont, l'une au sud des Açores, l'autre au voisinage des Bermudes. Le *Sargassum natans* s'y rencontre par couches épaisses depuis les temps les plus anciens, et cette circonstance avait valu, comme il a déjà été dit, à la première de ces régions marines le nom de *mer d'herbes* et à la seconde le nom de *mer de sargasse*.

Des changements qui s'opèrent dans l'habitation des espèces ; naturalisations.

Les espèces anciennement introduites sur un continent s'y sont propagées de proche en proche. Elles n'ont été arrêtées que par les limites résultant des effets qu'a le climat sur chaque organisation particulière. Ces limites ne varient que peu, et sont soumises à une sorte d'oscillation, en raison des différences que présentent, suivant les années, la chaleur et l'humidité. Certaines espèces, le dattier, par exemple, luttent sur la même limite moyenne, depuis des milliers d'années, attestant ainsi la permanence des climats pendant l'époque géologique actuelle, et celle de l'organisation des végétaux. Toutefois, des faits accidentels, mais importants, viennent s'ajouter à cette cause lente de propagation. Une espèce habitant quelque pays lointain, transportée par une cause connue ou inconnue, se montre comme plante spontanée, et se multiplie dans un pays où elle n'existait pas auparavant. Elle y résiste durant une succession d'années qui comprend toutes les variations possibles du climat; elle y devient de plus en plus commune, s'y répand dans tous les sens, jusqu'à ce qu'enfin elle rencontre sur cette nouvelle terre une limite qu'elle ne franchit plus, tant que les conditions extérieures demeurent les mêmes. Les faits de ce genre constituent ce qu'on appelle des naturalisations. Ils prouvent deux choses également importantes : d'abord que chaque région n'a pas reçu à l'origine toutes les espèces qu'elle peut nourrir et conserver; ensuite que les causes physiques actuelles, même supposées prolongées pendant des siècles, ne sauraient engendrer toutes les espèces appropriées à un pays, soit en les tirant de la matière inorganique, soit en modifiant des espèces existantes. Ces naturalisations, opérées à petite ou à grande distance, sont dues généralement aux transports des graines, effectués par le vent, les rivières, les courants, les blocs de glace flottant sur la mer, les animaux, et surtout l'homme, c'est-à-dire par ses cultures, ses vaisseaux, ses marchandises, ses voyages de plus en plus multipliés. C'est ainsi, pour n'en citer qu'un exemple, que l'importation des laines étrangères en France, notamment aux environs de Montpellier, y a introduit quelques plantes, dont les graines, contenues dans ces laines lavées en plein air, ont pu se répandre sur notre sol. Une foule de graines munies d'ailes, de poils ou d'aigrettes peuvent être transportées par le vent, avec une grande facilité et parfois à une distance considérable; ou elles se fixent au moyen de supports à des objets divers et voyagent avec eux. Plus une graine, un germe végétal est, à raison de sa nature et de son poids, susceptible d'être porté par le vent, plus l'espèce qui l'engendre doit se répandre. C'est ainsi que les cryptogames dont les spores sont aisément charriées par l'air offrent en général des aires spécifiques plus étendues que les phanérogames. Les courants et les fleuves sont des agents de naturalisation moins efficaces, les graines perdant le plus habituellement dans l'eau leur faculté germinative. Ainsi le coco de mer (*Lodoïcea Seychellarum*) qui tend aujourd'hui à disparaître des Seychelles, quoique transporté, depuis des siècles, par un courant, des îles Praslin aux Maldives, ne s'est pas naturalisé sur ce dernier archipel dont le climat est cependant analogue à celui des premières îles[1]. Mais il n'en est pas de même pour les espèces aquatiques, elles ont généralement une aire bien plus étendue que les espèces terrestres : ce qui prouve que les eaux peuvent être un moyen puissant de propagation. C'est aussi parmi ces plantes, par exemple chez les naïades et les algues, qu'on observe le plus de faits de disjonction, c'est-à-dire l'existence en des régions fort éloignées d'espèces communes ne se retrouvant pas dans les régions intermédiaires.

Les oiseaux qui emportent tant de graines dans leur estomac, ou attachées à leurs pattes, à leurs plumes, sont des agents plus actifs de naturalisation. Mais ces naturalisations ont à lutter contre une foule d'obstacles, et des plantes introduites en vertu d'une cause accidentelle, finissent par disparaître de la localité où elles étaient venues s'installer. Bien des naturalisations, même dirigées par la main de l'homme, ont complétement échoué.

D'après les recherches de M. A. de Candolle, l'Ancien

---

1. Toutefois il y a des espèces arborescentes qui paraissent s'être naturalisées naturellement de fort loin ; tel est le cas, à Madagascar, pour les cycadées et les casuarinées, les premières venues de la Malaisie, les secondes de l'Australie, où ces arbres, sans feuillage, sont un des types les plus remarquables de la flore ; ils se sont propagés à l'est et à l'ouest de ce continent jusqu'à une fort grande distance de leur foyer primitif.

monde a reçu plus d'espèces du Nouveau que celui-ci de l'Ancien; mais le chiffre des espèces naturalisées dans les deux mondes est une quantité insignifiante, eu égard aux flores. Avant l'intervention de l'homme, le mélange des espèces entre l'Ancien et le Nouveau continent était presque nul dans la région tropicale; il y a tout au plus 15 ou 20 espèces qu'on puisse croire transportées par la mer, et dans ce nombre quelques-unes le sont sans doute depuis peu, tandis que d'autres doivent, selon une égale probabilité, leur transport à l'action humaine. Ce résultat indique que la séparation entre l'Amérique et l'Ancien monde est antérieure à l'apparition des espèces actuelles, et montre qu'il n'a jamais existé, depuis ces espèces, de grandes îles et des archipels intermédiaires. Il semble aussi que les courants, il y a quelques milliers d'années, n'aient point été plus actifs que de nos jours. Les transports les plus nombreux se sont opérés d'Amérique à la côte d'Afrique, résultat qu'il faut attribuer au grand courant de l'Atlantique et à la traite des nègres. Les plantes transportées appartiennent d'ordinaire à la catégorie de celles qui se répandent aisément; car la majorité d'entre elles, après avoir gagné l'Ancien ou le Nouveau monde, s'y sont propagées sur une étendue considérable. Celles d'Amérique se trouvent en majorité à la fois en Afrique et en Asie; celles de l'Ancien monde sont ordinairement asiatico-africaines.

Dans les régions tempérées, les espèces du littoral, celles qui répandent beaucoup de graines dans les décombres, les jardins, les champs cultivés, ont été le plus souvent transportées. Il est à noter que ce ne sont pas les plantes de la naturalisation la plus facile dont l'aire moyenne est la plus vaste et réciproquement : nouvel indice que la distribution géographique des espèces est due à des causes antérieures à celles qui agissent actuellement.

Si plusieurs espèces se sont naturalisées en des contrées où elles étaient dans le principe inconnues, en revanche nombre d'autres finissent par disparaître de celles où elles se rencontraient. Ainsi, tandis que par certains côtés les flores s'étendent, par d'autres elles se rétrécissent. Des espèces actuellement éteintes ont encore végété, depuis l'époque quaternaire, puisque leurs débris se sont conservés dans la tourbe. Les essences s'éteignent souvent avec les forêts dont les progrès de la civilisation amènent graduellement le défrichement. C'est ainsi que le *Pinus mughus* qui manque aujourd'hui dans toutes les îles Britanniques, à l'ouest du continent européen, et à la péninsule scandinave, a laissé des vestiges de son existence dans les tourbières de l'Irlande. Les tourbes des îles Shetland renferment des restes du *Pinus picea*, arbre qui n'y croît plus. Au Danemark, la composition des tourbières nous montre que le bouleau était, à une époque fort reculée, très-prédominant; il a été remplacé par le hêtre alors inconnu. L'épais ombrage de celui-ci a chassé l'autre essence qui a besoin de lumière. De plus, il est à noter que dans les pays froids et humides, la destruction d'une forêt donne naissance à de la tourbe, laquelle s'oppose à la reproduction des espèces ligneuses.

La naturalisation et la culture ont donc produit des zones spéciales de distribution végétale. Il y a des aires d'espèces que l'on peut appeler artificielles et qui s'agrandissent naturellement avec les progrès de la culture. L'homme, surtout l'homme civilisé, défriche incessamment, et substitue, par conséquent, aux espèces sauvages des espèces potagères, des céréales ou des essences dont il tire une utilité. Cette éviction graduelle de divers végétaux, au profit d'autres, est un fait parallèle à la substitution, opérée par l'homme, des animaux domestiques aux animaux sauvages et nuisibles.

Forêts; leur influence; déboisement.

La destruction des arbres est ce qui modifie le plus l'aspect d'une contrée. Les végétaux arborescents forment en effet les traits principaux du paysage. Ce sont tour à tour des buissons, des taillis, des arbres de haute futaie. Une foule d'essences arborescentes servent d'intermédiaires entre ces trois étages de la vie végétale ; de leur réunion naissent les diverses sortes de forêts qui recouvrent la surface des continents. Il est des essences qui peuvent à elles seules constituer des forêts, telles que le pin sylvestre, le sapin, le chêne, le *Shorea robusta*, qui peuple en grande partie le *Saul forest* et le bois de tek (*Tectonia grandis*) qui en forme d'autres, plus au sud de la presqu'île gangétique.

En Californie, le *Wellingtonia* ou *Sequoia gigantea* constitue, surtout sur le versant occidental de la Sierra Nevada, de magnifiques forêts séculaires. L'élévation de quelques-uns de ces arbres accuse en effet une vieillesse de 3 à 4000 ans. Ce sont les patriarches du monde végétal, et ce n'est pas sans raison que les Américains les ont surnommés arbres-mammouths (*Mammoth-tree*). Tel sequoia atteint jusqu'à la hauteur de 100 mètres, et a 25 ou 30 mètres de circonférence au tronc. Dans l'Orégon, les pins s'élèvent parfois jusqu'à 100 mètres et plus haut, et leurs cônes ont jusqu'à $0^m,4$ de longueur. Il est une autre contrée où la végétation arborescente atteint également ces proportions gigantesques : c'est le *Queen's land* en Australie, là où coulent les rivières Johnstone et Dintree. L'on y a signalé, au mont Bellenders, à 1300 mètres environ d'altitude, les plus grandes fougères arborescentes connues. Dans l'Australie occidentale, le kaori (*Eucalyptus colossea*) arrive jusqu'à la hauteur de 120 mètres que dépasse encore quelquefois l'*Eucalyptus amygdalina* qui croît en Tasmanie et dans la Nouvelle-Galles du Sud. Entre ces arbres géants que nous offrent certaines régions, il en est un qui constitue presque à lui seul une forêt entière : c'est le figuier des Banians (*Ficus indica*), dont les branches en se repiquant dans le sol poussent de nouvelles racines et produisent des arbres demeurant unis au tronc qui les a engendrés. Sur les bords de la Nerbuddah existe, au dire du voyageur Forbes, une forêt formée par un seul de ces arbres, se décomposant de fait en 350 troncs, sans compter 3000 petites souches, de façon à occuper une superficie de 600 mètres. Le palétuvier (*Rizophora*), qui croît sur les bords de la mer des Indes, forme aussi par ses surgeons gigantesques de véritables forêts marécageuses ; il en est de même du *Pandanus* ou vaquois, qui, dans les marais de l'Afrique, de l'Inde et de Madagascar, élève ses spirales de feuilles ensiformes à l'entour de troncs dont les racines s'échappent à la façon des cordages d'un mât tour à tour dressé comme une pyramide (*P. obeliscus*), ou s'abaissant, chez quelques espèces, jusqu'aux proportions d'un arbuste (*P. pygmæus*).

Il a été parlé, au chapitre III, des grandes plaines dépourvues de végétation arborescente. Là où la sécheresse diminue assez pour permettre aux arbres de végéter, mais où cependant l'humidité n'est pas suffisante pour entretenir une végétation tout à fait forestière, se montrent des bois clair-semés, dont le caractère varie suivant les contrées. Dans le Brésil, ces bois, connus sous le nom de *catingas*, offrent, selon la saison, l'aspect de bois desséchés par les feux du soleil et privés de feuillages, comme nos arbres en hiver, ou le spectacle d'une végétation active et florissante. Là où l'humidité se mêle à une température élevée, la végétation devient luxuriante : on a alors les forêts vierges de l'Amérique du Sud et les jungles de l'Hindoustan. Quelques forêts de ce dernier pays n'ont pas pourtant le même caractère, et comme le *Saul forest*, dont la sécheresse contraste avec l'humidité du *Teraï*[1], au pied duquel il s'étend, elles présentent une sorte de four végétal. Les forêts humides et chaudes se retrouvent dans l'Indo-Chine et dans les îles de la Sonde. Bornéo en est presque entièrement couvert. Leurs parties basses sont sillonnées d'une multitude de cours d'eau et de lacs, dont les débordements font de ces forêts une suite continue de marais et d'immenses deltas, recouverts d'une masse compacte de végétation de haute futaie, périodiquement submergés, à plusieurs centaines de lieues à la ronde, par quelques décimètres d'eau. C'est là que vivent en grand nombre les orangs-outangs et

---

1. Le *Teraï* est une vaste zone située au pied de l'Himalaya et toute couverte de graminées.

les semnopithèques. Dans la zone tempérée, ce sont les hauteurs que les forêts recouvrent de préférence. Les arbres s'y offrent dans un ordre presque régulier, suivant l'altitude, qui reproduit à peu près celui que suivent, dans leur disparition successive, les mêmes essences, quand on s'élève en latitude. Viennent d'abord, dans nos climats, les noyers et les châtaigniers; puis, quand ces espèces commencent à disparaître, se montrent les chênes, les hêtres, les bouleaux. Les chênes cessent les premiers, vers 800 mètres ; les hêtres un peu plus tard, vers 1000 mètres. Ensuite les bois ne sont plus composés que de conifères, de sapins, de mélèzes, de pins communs, qui s'arrêtent à des étages successifs jusque vers 1800 mètres, et auxquels se mêle souvent le bouleau, qui persiste d'ordinaire jusqu'à 2000 mètres. Un conifère, le *pin cembro*, s'observe encore quelquefois pendant une centaine de mètres. Au delà de cette limite, les arbres s'abaissent pour ne plus former que d'humbles taillis ; alors apparaissent les aunes verts, puis les rhododendrons. Dans la Sierra-Nevada (Californie), la végétation arborescente offre quatre zones sur le versant occidental et cinq sur le versant oriental. Ces étages sont pour le premier versant : 1° la zone du *Pinus Sabiniana* et du *Quercus sonomensis* (Black oak), qui atteint jusqu'à 1000 mètres environ; 2° la zone du *Pinus ponderosa* et du *P. Lambertiana* (pin à sucre), de l'*Abies Douglasii*, qui constitue la région des forêts proprement dites et dépasse 1600 mètres; 3° la zone des *Picea* (*grandis, amabilis, contorta*), qui se termine vers 2000 mètres aux lignes que dessinent les *Pinus Geffreyi* et *monticola;* 4° la zone du *Pinus albicaulis*, que remplace à l'exposition du sud le *Pinus aristata*, zone au-dessus de laquelle apparaît la région des neiges.

En Scandinavie, la Gothie est la région du hêtre ; la Suède moyenne est celle du chêne ; le Norrland au-dessus du Dot elf et la Laponie représentent la région de l'aune blanc, des conifères et du bouleau. En d'autres contrées, l'ordre est un peu différent. Comme l'a remarqué M. Andersson, autour de chaque essence typique se groupent un certain nombre de végétaux que l'on ne rencontre guère les uns sans les autres. Ainsi là où poussent en abondance le hêtre et le charme, se trouvent presque infailliblement l'alisier, l'érable, le houx, le troëne et la ronce; à côté du chêne se montrent d'ordinaire le frêne, le tilleul, l'orme, le prunellier, l'aubépine, le néflier; tandis que le saule, l'arbousier, le groseiller, le framboisier accompagnent les conifères. Ces derniers végétaux composent souvent de grandes forêts qui caractérisent généralement la végétation arborescente des contrées subboréales, la Suède, la Russie occidentale, la Sibérie, les États-Unis du Nord et le Canada, ou même des contrées beaucoup plus méridionales, mais d'une notable altitude. Ainsi, une partie de l'Himalaya, surtout la région occidentale, est couverte de forêts de *Cedrus deodara*. Le Brésil, entre les 15° et 25° parallèle, a ses forêts d'araucarias (*Araucaria brasiliensis*). En Californie, les forêts que peuple l'*Oreodaphne* forment la transition des sombres forêts de l'Amérique du Nord à la végétation tropicale qui se montre déjà dans cet État et atteint son plus grand éclat dans la *zona do mato*.

Dans les contrées qui se rapprochent de l'équateur, la variété infinie des essences imprime aux forêts, et surtout à celles qui ne sont point exploitées, aux forêts vierges, un aspect remarquable. Ce ne sont plus des agrégations de deux ou trois essences qui, comme dans la zone tempérée, ombragent le sol sur un espace de plusieurs lieues, mais des milliers d'espèces, les unes ligneuses, les autres sousfrutescentes; les unes se dressant comme des colonnes couronnées d'un chapiteau de feuillage; les autres se ramifiant en une foule de branches qui servent de supports à une multitude de plantes parasites. A la place des conifères, des amentacées, des térébinthacées, déjà plus méridionales que les deux premières familles, se montrent les palmiers, les scitaminées, les fougères arborescentes, les myrtacées, les melastomacées, les broméliacées, les ébénacées, les gessnériacées, les guttifères, les figuiers. Dans les forêts du Brésil, les légumineuses arborescentes, qui fournissent une multitude de bois de construction, se mêlent aux laurinées, aux cédrelées, aux anacardiacées, aux sapotées et à quantité d'essences employées par l'ébénisterie, ou fournissant des résines, des gommes, des huiles végétales. Les palmiers, entre lesquels se distingue le *carnahuba*, qui produit une cire comme celle des abeilles, peuplent les forêts brésiliennes. Au reste, la famille des palmiers est une de celles qui impriment à la végétation tropicale son cachet le plus particulier. C'est en effet par excellence un arbre de la zone torride. On le retrouve, avec des variations de types constituant des genres et des espèces différents, presque sur tout le contour du globe dans la zone intertropicale. En Asie, il s'avance jusqu'au 30e parallèle et a pour frontière l'Himalaya. Dans l'hémisphère austral, il dépasse sensiblement le tropique du Capricorne. On le retrouve jusqu'au nord de la Nouvelle-Zélande et aux îles Chatham, par le 42° lat. S., où sa limite se confond avec celle des fougères arborescentes. Dans l'Amérique du Nord, le palmier s'avance jusqu'à New-York, et en Europe jusqu'aux bords septentrionaux de la Méditerranée. La variété des espèces de palmiers est en quelque sorte indéfinie, et, comme l'a remarqué Humboldt, on ne saurait faire 50 milles en Amérique sans voir changer l'espèce dominante. Chaque contrée tropicale a son palmier caractéristique. Sauf le *Cocos nucifera* et l'*Elaïs guineensis*, aucune espèce de palmier n'est commune aux deux mondes. Même observation pour l'Asie et l'Afrique occidentale qui n'ont de commun que le *Borassus flabelliformis*.

La famille des palmiers, si cosmopolite, est aussi une de celles qui fournissent à l'homme la plus grande variété de produits, et dans la région où elle croît, elle pourrait presque suffire seule aux besoins de la population. L'*Elaïs guineensis* donne l'huile et le beurre de palme; le *Ceroxylon andicola*, la cire végétale, l'*Areca catechu*, la noix de bétel, le *Phytelephas macrocarpa* fournit l'ivoire végétal; les fibres du tronc de l'*Attalea funifera* servent à fabriquer des cordages excellents; la largeur des feuilles du *Sabal umbraculifera* est telle qu'on les emploie comme vêtements; les feuilles du *Borassus flabelliformis* fournissent aux Hindous leur papier ; l'on tisse des hamacs avec les fibres de l'*Astrocarium vulgare* du Brésil ; le *Sagus lœvis* des Moluques et des Philippines donne une farine nourrissante que fournit aussi le *raphia* (*Sagus pedunculata*), dont les feuilles, suivant leur degré de consistance, servent aux Malgaches d'aliment, de substance textile et de couvertures pour les cases. Tout le monde connaît les propriétés nutritives du fruit du dattier. Les figuiers offrent presque une aussi grande variété de types que les palmiers ; sur certaines montagnes de Java, par exemple, on n'en compte pas moins de 100 espèces différentes.

En Afrique, la végétation des forêts n'offre pas à beaucoup près la variété de celle du Brésil, et certains arbres sont parfois presque exclusivement prédominants. Nous citerons le dattier (*Phœnix dactylifera*), au nord de l'Afrique ; le palmier Doum (*Cucifera thebaïca*), dans l'Égypte méridionale ; le baobab (*Adansonia digitata*), dans le Soudan ; le *Chamœrops humilis*, espèce éminemment sociale, qui constitue dans l'Afrique septentrionale des suites de buissons à perte de vue. A Ténériffe, la forêt d'Aqua Garcia ne se compose guère que de laurinées et d'autres arbustes verts, dont quelques-uns, notamment le *Viburnum rugosum*, prend les proportions d'un arbre. En Australie, une essence, les *eucalyptus*, forme surtout le fond des forêts. En Tasmanie, le pin Huon (*Dacrydium Franklini*) dont le bois est si recherché des constructeurs de navires, peuple les forêts comme en Provence le chêne-liége (*Quercus suber*) et dans presque toute l'Europe méridionale, le chêne vert (*Quercus ilex*).

Ce qui ajoute encore à la richesse des forêts tropicales, c'est l'abondance des lianes : elles ressemblent à de magnifiques guirlandes suspendues d'un arbre à l'autre, et enlacent les stipes élevés, à la manière des anneaux d'un serpent ; tels sont les *cissus*, les *banisteria*, les *bignonia*, les *passiflora*. La famille des orchidées fournit aussi une foule de ces plantes lianes dont, dans nos climats, la vigne et le lierre ne peuvent donner qu'une faible idée. Les forêts s'avancent, dans les *Terres-chaudes* de l'Amérique, jusque sur les bords des fleuves qui coulent entre deux véritables murailles ou haies gigantesques composées d'un impénétrable lacis d'arbres et de lianes. C'est ce que l'on peut notamment observer sur les côtes du Yucatan et sur celles de Costa Rica. Les contrées chaudes ont également des forêts semblables à celles des contrées tempérées ; mais pour les rencontrer, il faut s'élever davantage au-dessus du sol. A une certaine altitude, sur les montagnes du Mexique, sur celles de l'Himalaya ou de Java, on voit reparaître des essences identiques ou analogues à celles de l'Europe, appartenant à des régions d'autant plus tempérées que l'on est plus élevé au-dessus du niveau de la mer. Sur la côte est de l'Afrique australe, dans la colonie de Natal, la région forestière ne correspond qu'au troisième étage des terrasses qui se succèdent depuis la mer ; le premier, d'aspect tout tropical, où l'on cultive la canne à sucre, l'indigo et le café ; le second où prédominent les buissons et où l'on sème le maïs, comprend une succession de vastes gradins par lesquels on s'élève jusqu'à des cimes de 3000 mètres, qui se chargent de frimas en hiver.

Les forêts exercent sur la constitution climatologique d'un pays une influence marquée, et leur disparition est toujours accompagnée de changements météorologiques, de sécheresses plus grandes ou plus fréquentes, de pluies plus abondantes en masse, mais plus inégalement réparties dans le cours de l'année. Le régime des eaux subit aussi le contre-coup du déboisement. Les rivières débordent davantage, les torrents se ravinent ; enfin les vents locaux se modifient. Tantôt le déboisement assainit le pays où l'humidité des forêts, combinée avec la haute température, entretient la *malaria*, tantôt il permet à la contagion de se répandre par des courants d'air dont la forêt, ainsi que le fait le *Saul forest* au pied de l'Himalaya, empêchait la propagation. L'homme, par son travail, agit donc comme puissance modificatrice sur l'atmosphère. En substituant la culture artificielle des céréales à la végétation naturelle des arbres, il amène graduellement des changements dans la constitution générale du pays, et l'on ne saurait citer un exemple plus frappant de ce fait que les changements que le déboisement a apportés dans le climat de la Chine, contrée d'où presque toute végétation forestière a disparu et où l'on ne plante plus dans bien des provinces un arbre, même un arbre fruitier.

Distribution des plantes cultivées.

Les céréales, que l'homme civilisé porte partout avec lui, et dont il s'efforce d'introduire la culture sous tous les cieux, trouvent cependant dans les climats extrêmes des limites qu'elles ne sauraient dépasser. Chaque espèce a une frontière infranchissable. Les céréales proprement dites doivent être annuelles pour donner tous les ans une récolte; aussi ne peuvent-elles être cultivées, sous la zone intertropicale, qu'en des régions assez élevées pour que le froid puisse faire périr, tous les ans, les chaumes. Ailleurs elles deviennent vivaces, comme l'herbe, et se propagent par rejetons, sans produire ni grains ni épis. En certaines contrées, à la Jamaïque par exemple, l'extrême sécheresse opère le même effet que le froid.

L'orge, l'avoine et les pommes de terre ne dépassent pas en Europe une ligne qui coupe le Finmark, les districts montagneux de la Scandinavie, les îles Færoer et Shetland, autrement dit une ligne qui s'élève en certains points jusqu'au 70° lat. N., et s'abaisse en Écosse jusqu'au 57°, en Irlande même jusqu'au 52°. Le seigle, dont la culture est répandue dans la plus grande partie de l'Europe, au nord des Alpes, et qui forme, en beaucoup de cantons de la région centrale, la nourriture principale, ne remonte pas aussi haut que les céréales précédentes; il ne franchit pas le 65° parallèle Nord, et en beaucoup de points redescend jusqu'au 48°. Le froment, originaire comme l'orge, l'avoine et le seigle, de l'Asie centrale, occupe une zone encore plus méridionale; sa culture s'arrête du 48° au 57° de lat. N.; il a aussi une frontière au sud. Dans la région intertropicale de l'Afrique et de l'Amérique, il cesse d'être cultivé; déjà, dans le midi de l'Égypte, le froment est remplacé par le doura et ne reparaît que vers 23° de lat. S. Dans les contrées chaudes, le maïs et surtout le riz prennent la place de nos céréales européennes. Le riz, représenté dans l'Asie méridionale et orientale par des variétés, dont une même peut croître dans les montagnes, ne dépasse guère le 40° lat. N. Au Brésil, où sa culture est très-répandue, sa limite s'abaisse beaucoup plus et s'arrête au 30°.

Les céréales ont des limites en altitude comme en latitude. Sur l'Himalaya, le riz cesse de pouvoir être cultivé à une hauteur d'environ 1000 mètres, tandis que l'orge et l'avoine réussissent à plus de 4000 mètres. En Amérique, le maïs s'arrête à 2000 mètres et les céréales ne dépassent guère en général 3000. Au Pérou et au Mexique, les pommes de terre viennent encore à près de 3500 mètres.

Le maïs et la pomme de terre, cultivés depuis la plus haute antiquité par les tribus du Nouveau monde, se sont propagés à la surface du globe avec une prodigieuse rapidité. Le maïs, introduit d'abord dans l'Europe moyenne, a rayonné de là jusqu'en Asie, mais il paraît avoir été porté directement de l'Amérique, dans la partie orientale, au Japon et en Chine; d'Europe, il s'est aussi avancé jusque dans l'intérieur de l'Afrique. Une autre céréale américaine a vu son domaine s'étendre avec le progrès des colonies, c'est le manioc (*jatropha*), maintenant naturalisé dans les parties tropicales de l'Afrique et de l'Asie. Pareil transport de plantes alimentaires s'est opéré dans toute la région chaude du globe. Le café, originaire de l'Arabie et de l'Asie occidentale, a été, depuis trois siècles, naturalisé dans toutes les contrées qui comportaient sa culture. La canne à sucre, originaire de l'Asie méridionale, a été de même transportée dans la zone chaude de l'Afrique et du Nouveau monde : elle peut être cultivée jusqu'à une altitude de 800 mètres, mais exige une chaleur moyenne supérieure à celle que demande le café.

La vigne, le tabac, le thé, le cotonnier, le lin, le poivrier, les épices sont sortis, depuis plusieurs siècles, de leur patrie originelle et se cultivent actuellement en une foule de contrées. La vigne est, de toutes ces plantes cosmopolites, celle dont les émigrations remontent aux temps les plus reculés ; mais, malgré la haute antiquité de son apparition en Europe, elle est restée confinée dans les climats toujours un peu excessifs, nécessaires à la maturation de ses fruits. Partout où un froid trop vif sévit en hiver, où l'été n'est marqué que d'une température modérée, la vigne cesse de croître. De là son peu d'importance dans l'Amérique du Nord, où sans cesse font défaut les conditions qui lui sont absolument nécessaires. Les premiers navigateurs y trouvèrent plusieurs espèces de vignes croissant spontanément, mais cette plante ne dépasse pas, au nord, 37 à 38° et au sud 26 à 32°. Dans l'Asie orientale (région de l'Oussouri), la vigne ne franchit pas la zone méridionale dont la limite septentrionale s'étend de l'embouchure de la Khounjari dans l'Amour à l'Océan oriental. Dans l'hémisphère austral, elle s'arrête au 50° ; mais en Australie et au Cap, elle n'atteint guère au delà de 34°, tandis qu'en Europe, elle remonte dans la direction de l'Océan vers l'intérieur, depuis le 47° 20' jusqu'au delà du 51°. Les limites de la vigne en altitude varient aussi naturellement, suivant les contrées. Dans le Wurtemberg, elle ne dépasse pas une hauteur de 400 à 500 mètres ; en Suisse de 600, en Sicile de 700 à 1000, et dans l'Himalaya, elle réussit encore à des altitudes de plus de 3000 mètres.

En dépit des efforts de l'homme, la nature végétale conserve donc toujours, sur certains points, son empire, et la culture ne peut modifier le sol qu'à la condition de respecter les lois générales qui régissent la croissance des végétaux. On va voir, au chapitre suivant, des fait analogues se produire pour la distribution des animaux.

CHAPITRE VI.

DISTRIBUTION DES ANIMAUX.

Considérations préliminaires. — Distribution des insectes et des arachnides. — Distribution des poissons, des amphibies, des zoophytes, des mollusques et des crustacés. — Distribution des reptiles. — Distribution des oiseaux; leurs migrations. — Oiseaux d'Europe. — Oiseaux d'Asie. — Oiseaux de l'Australie, d'Afrique et d'Amérique. — Distribution des mammifères terrestres et provinces mammalogiques.

Considérations préliminaires.

Les questions soulevés par la distribution des plantes à la surface du sol se représentent pour la distribution des animaux. Y a-t-il eu un seul centre de création ou plusieurs? Les espèces se transforment-elles graduellement sous l'action de climats différents, par suite de changements dans l'habitat, l'alimentation? Leurs caractères ont-ils toujours été permanents? On ne saurait encore résoudre ces questions. Tout ce qu'il est permis d'affirmer aujourd'hui, c'est que des migrations ont été amenées chez les espèces par des révolutions de climats et les changements de forme des continents, à la suite des soulèvements qui se sont opérés dans les chaînes de montagnes, des abaissements de certains plateaux.

L'état actuel de la distribution des animaux a vraisemblablement, comme la répartition des plantes, son point de départ dans les anciennes révolutions géologiques; avec les conditions qui s'observent aujourd'hui, les causes de migrations sont comparativement faibles. Si la plupart des animaux sont pourvus de moyens de locomotion bien plus puissants que n'en ont les graines des végétaux, s'ils sont doués d'un instinct qui leur permet, suivant les lieux, de modifier leur mode de nourriture et les procédés pour y pourvoir, en revanche, par l'effet de leur organisation plus complexe, de leurs besoins plus nombreux, ils se prêtent peut-être moins que les plantes à des changements dans les conditions externes nécessaires à leur développement. Aussi les monuments anciens qui nous ont conservé, d'un grand nombre d'animaux, des figures beaucoup plus exactes que celles qu'ils nous donnent des plantes, montrent-ils que, depuis quatre à cinq mille ans[1], les formes animales n'ont point changé et qu'elles sont encore aujourd'hui, en Égypte, dans la Babylonie, la Perse, l'Inde, la Chine, la Grèce, ce qu'elles étaient il y a bien des siècles. Si chaque contrée a ses animaux propres, les faunes se lient pourtant les unes aux autres et l'on constate que des contrées voisines n'offrent jamais des faunes radicalement tranchées. Des espèces identiques se retrouvent sur de vastes continents et ne présentent, d'une région à l'autre, que des différences ayant tout le caractère de variétés locales dues à des influences particulières. Par exemple, le chacal du Cap (*Canis mesomelas*) est remplacé dans les parties septentrionales de l'Afrique par une variété à teinte claire, n'ayant pas de noir sur le dos (*Canis variegatus*); le daman et le zorille du Cap ne diffèrent de ceux du nord de l'Afrique que par des teintes plus foncées. La genette du Cap, qui habite aussi l'Espagne, est remplacée au Sénégal et en Abyssinie par une variété à teinte plus pâle. Au lieu de l'ichneumon d'Égypte, on trouve, à la pointe australe de l'Afrique, une variété locale à pelage plus foncé. Chaque contrée de l'Afrique a, pour ainsi dire, sa variété propre d'antilope. Notre corbeau est remplacé aux îles Fœroer par une variété à teinte mêlée de blanc.

Ce qui paraît indiquer la dispersion des mêmes espèces animales en des contrées fort différentes, c'est qu'une foule

---

1. Les bas-reliefs chargés d'hiéroglyphes des ive et v^e dynasties égyptiennes, où ces animaux sont représentés, remontent au moins à cette antiquité.

d'oiseaux et que plusieurs mammifères se trouvent exactement les mêmes dans l'Amérique du Nord et en Europe, ainsi que dans une grande partie de l'Asie.

Les nombreuses îles du grand archipel de la Malaisie nourrissent bien des espèces toutes semblables et qui se retrouvent dans les deux presqu'îles indiennes, ainsi qu'à Ceylan. Certains mammifères du Japon, pays pourtant si éloigné de nos contrées, ne se distinguent guère de ceux d'Europe. Nombre d'espèces sont communes aux deux Amériques. En revanche, il existe des régions, telles que Madagascar, le Cap, l'Australie, les Andes, ayant des espèces animales toutes spéciales, et dont les représentants ne reparaissent point ailleurs. La présence de ces variétés contiguës ne prouve rien de plus qu'une relation nécessaire entre l'organisation de l'animal et la patrie qui lui est assignée, relation d'ailleurs parfaitement démontrée. Là où les conditions nécessaires à l'existence de certaines espèces se trouvent réunies, ces espèces s'y répandent, quelque vaste que soit le pays. Ces conditions, au contraire, viennent-elles à être extrêmement circonscrites, ne dépassent-elles pas certains cantons, les espèces animales auxquelles elles sont nécessaires y demeurent confinées. Ainsi, suivant la remarque du naturaliste H. Schlegel[1], à Bornéo et à Sumatra, l'ourang-outang et le semnopithèque nasique se retrouvent toujours dans les lieux analogues et ne fréquentent jamais les localités, même voisines, d'une autre nature que celle qui leur convient, quoiqu'il n'y ait guère d'obstacles physiques qui les en empêchent. Partout où existe une certaine affinité dans les conditions d'habitat, sans qu'il y ait précisément complète identité, des races, des variétés d'une même espèce se rencontrent. C'est ainsi que certaines espèces communes dans l'Amérique du Nord se rencontrent sous la latitude australe correspondante, dans l'Amérique du Sud; tandis que les animaux de deux contrées bien plus rapprochées, ceux de la pente occidentale des Cordillières et ceux du Brésil, diffèrent spécifique-

---

1. *Essai sur la physionomie des serpents*, p. 233 (Amsterdam, 1837).

ment. L'influence du climat et de l'habitat se réduit généralement à un développement plus ou moins complet de certaines parties et à une diversité dans les teintes. Cette influence se fait sentir, du reste, inégalement, suivant les genres ou les espèces ; chacune ayant une puissance de conservation du type plus ou moins prononcée. Il y a, pour certains types bien déterminés, des barrières actuellement insurmontables, mais dans les limites assignées par la nature, ce type subit des modifications légères, sans qu'on puisse encore être tout à fait assuré que ces variétés sortent d'une même souche.

Distribution des insectes et des arachnides.

La classe des insectes constitue l'une des populations zoologiques les plus abondantes de notre globe, car le nombre de leurs espèces s'élève environ à 300 000. Les insectes sont répandus tant à la surface des terres qu'à celle des eaux ; diverses espèces changent d'habitat, à certaines époques de leur vie, et ne sont aquatiques qu'à telle ou telle. Plusieurs sont parasites, c'est-à-dire qu'elles vivent sur des animaux et à leur détriment. Les unes sont carnivores, les autres, et ce sont de beaucoup les plus nombreuses, ont une nourriture végétale. La même raison qui fait que l'habitat des insectes varie suivant leurs métamorphoses, liées elles-mêmes aux saisons et à la température[1], amène un changement dans leur alimentation ; tel insecte qui dans son premier âge est carnivore redevient herbivore, frugivore ou lignivore dans la dernière phase de son développement.

En général le nombre des genres entomologiques et celui des individus qui y appartiennent croît à mesure que l'on s'avance du pôle à l'équateur. Même pour les insectes parasites que l'homme et les animaux domestiques qui en

---

1. Ainsi le naturaliste Wagner a observé à Kazan que si le froid se prolonge, la chrysalide ou nymphe, au lieu de donner naissance à un insecte parfait, produit une larve semblable à celle dont elle était issue.

sont la proie tendent à propager sous toutes les latitudes, la même loi se produit. Plus le climat est chaud, plus ils se multiplient, et un certain nombre d'entre eux ont aussi des aires de distribution qu'ils ne dépassent pas. Ainsi la chique (*Rhynchoprion penetrans*) insecte de l'ordre des aphaniptères, assez voisin de notre puce et propre au Nouveau monde, ne dépasse pas au sud le 28° 40 lat. S. et dans l'Amérique du Nord le 30° lat. N. Les insectes terrestres disparaissent à peu près en même temps que la vie végétale, ou du moins que les plantes offrant une organisation assez développée ; en sorte que les limites de la faune entomologique coïncident sensiblement avec celles des végétaux phanérogames. A l'île Melville, un séjour de onze mois n'a fait rencontrer au capitaine Parry que six espèces ; et pourtant chaque espèce de plante paraît propre à nourrir un grand nombre d'insectes différents. L'ortie commune à elle seule en nourrit, dit-on, quarante. Toutefois la proportion croissante des insectes, à mesure que l'on s'approche de l'équateur, ne suit pas constamment une loi régulière, et la distribution de ces animaux est fort inégale dans les diverses parties du globe. Les régions arctiques européennes et l'Australie comptent à la fois peu d'espèces et peu d'individus ; tandis qu'au Groënland il y a comparativement un assez grand nombre d'insectes. Ces animaux abondent dans l'Afrique septentrionale, le Chili, et, par-dessus tout, dans l'Amérique intertropicale. Les provinces de l'Amérique du Nord possèdent moins d'espèces que les contrées de l'Europe situées sous les mêmes latitudes ; l'Asie n'a, relativement à son étendue, qu'un petit nombre d'espèces.

Les coléoptères forment une exception à la loi de progression qui régit, du nord à l'équateur, la faune entomologique, le nombre de leurs espèces ayant son maximum dans les contrées tempérées de l'hémisphère boréal. Même aux îles Açores, Madère et Canaries, les coléoptères affectent encore une physionomie européenne. Sur les 275 espèces qu'on compte dans le premier de ces archipels, plus de 80 se retrouvent dans les deux autres ; ce qui montre clairement que la mer n'est pas un obstacle à la propagation de ces insectes et peut expliquer comment les espèces des régions tempérées se sont avancées au sud. De même, sur les 6 genres de carabiques que possède l'île Juan Fernandez, il y en a 9 qui lui sont communs avec le Chili qui en est éloigné de plus de 100 lieues[1]; une des familles de la classe des coléoptères, les *mélasomes*, caractérise toutefois une région subtropicale, le Sahara; plusieurs genres, tels que les Brentes, si remarquables par l'allongement de leur corps, sont propres aux contrées tropicales. Madagascar est d'une véritable richesse en coléoptères; la tribu des cétoines n'y compte pas moins de soixante-trois espèces, toutes caractérisées par de certains traits communs qui les séparent complétement de leurs congénères du reste de la Terre. Divers autres genres, tels que les *hexodons*, aux pattes épineuses, propres à fouir, les *psilocères*, coléoptères carnassiers qui ne comprennent pas moins de quinze espèces, sont aussi exclusivement propres à cette grande île. Plusieurs de ces espèces présentent d'énormes proportions. L'un des plus grands coléoptères connus, appartenant à un genre voisin des cétoines, le *Scarabée-Goliath*, hante la Sénégambie, et répond, pour ce pays, à l'espèce géante des Indes orientales, l'*Énoplocère épineux*. L'Archipel indien a aussi de grandes espèces d'insectes du même ordre, certaines lucanides notamment. L'une d'elles, le cerf-volant, représente dans nos climats la catégorie des gros coléoptères. Le premier des coléoptères par les dimensions est, en Malaisie, le *Mormolyce phyllode*, qui n'existe qu'à l'île de Java. L'Égypte où se rencontre l'*Ateuchus*, si révéré, aux temps pharaoniques, comme un symbole du démiurge, parce qu'il enfouit soigneusement ses œufs après les avoir transportés dans une boule de fumier, nourrit un autre scarabée de dimensions énormes, le *Copris-midas*, qui est avec le *Bucephalus Antenor* et le *Bucephalus gi-*

---

[1]. Une des preuves de la propagation des insectes par la mer à travers des distances parfois considérables nous est fournie par la faune entomologique de Ceylan, qui rappelle beaucoup plus celle de la région malayenne que celle de l'Hindoustan.

gas, le plus grand coléoptère de la zone équinoxiale de l'Ancien monde. Dans l'hémisphère austral, la province de Tucuman est le centre d'une autre famille dont il vient d'être question, les mélasomes et en particulier des *nyctélies*. Ces coléoptères y tiennent là la place des *zophosis* africains et des *erodius* d'Europe. Aux environs de Buenos-Ayres, les *scotobies* remplacent les mélasomes qui ont complétement disparu. Ces gros insectes, comme sans doute aussi les plus petits, ont leur rôle dans le grand laboratoire de l'univers et influent conséquemment sur la végétation et par suite sur le climat. Dans les forêts de l'Inde et de l'Amérique du Sud, on voit les grands scarabées travailler, en désagrégeant le bois mort, à répandre dans l'air ou à verser dans le sol les éléments solubles et gazéiformes qui y sont engagés. D'autres insectes accomplissent la même tâche pour les charognes. On s'explique, au reste, que les coléoptères et en général les insectes dont les larves vivent dans les trous des arbres, doivent se multiplier sous les tropiques, là où la végétation arborescente est luxuriante et que les genres s'y diversifient comme les espèces, malgré la loi énoncée ci-dessus. A Madagascar, par exemple, l'abondance des plantes ligneuses amène un grand développement de la famille des buprestes qui y affectent des caractères particuliers qu'on ne retrouve pas chez les mêmes insectes de l'Inde et de l'archipel de la Sonde, sur lesquels ils l'emportent par leur éclat incomparable et dont ils se distinguent par leurs formes épaisses et la grandeur de leurs élytres [1].

En réalité, chaque contrée a sa faune entomologique propre ; mais il existe entre celles de divers pays des affinités et des analogies. Les insectes de l'Asie orientale et de la Chine diffèrent de ceux de l'Europe et de l'Afrique ; ceux des États-Unis se rapprochent spécifiquement de ceux de la Grande-Bretagne, mais en demeurant cependant

---

1. En général, chez les animaux, remarque M. Em. Blanchard, les parties les plus apparentes sont les plus ornées ; celles qui offrent les couleurs les plus vives ; c'est le contraire chez les buprestes de Madagascar.

distincts. Dans l'Amérique septentrionale, plus on s'avance vers le nord et plus la physionomie des espèces se rapproche de celle des espèces européennes; cette similitude va même, pour beaucoup d'espèces, jusqu'à l'identité. Les contrées chaudes de la Nouvelle-Grenade et du Pérou n'offrent pas les mêmes espèces que la Guyane. L'Australie, comme Madagascar, compte plusieurs espèces qui lui sont propres et sa faune entomologique présente cette même physionomie étrange qui caractérise ses autres faunes; bon nombre de ses espèces d'insectes se retrouvent en Malaisie, mais elle en diffère surtout sous le rapport entomologique par la prédominance des scarabées à trompe.

Les montagnes forment souvent les lignes de frontière entre les faunes entomologiques. La locomotion des insectes étant beaucoup moins puissante que celle des mammifères et des oiseaux, on comprend qu'ils ne puissent franchir ces barrières naturelles. Ainsi, Th. Lacordaire remarque que Mendoza, situé au pied des Andes, n'a presque aucune espèce commune avec Santiago du Chili, placé sous le même parallèle et qui n'en est pas à 50 lieues de distance, en droite ligne. Par un fait singulier encore, on voit la faune entomologique n'être pas la même sur les deux versants du col de Tende, dans la chaîne des Alpes. Les cours d'eau, au contraire, même les plus larges, ne font point obstacle à la propagation des insectes, et on rencontre fréquemment des espèces identiques sur leur deux rives.

Les altitudes, modifiant les lignes isothermes, comme le fait la latitude, produisent sur la distribution des insectes un pareil effet. Souvent une espèce qui, dans les régions boréales, fréquente les plaines, paraît dans les montagnes de contrées plus méridionales, sans exister pour cela dans les pays intermédiaires. Ainsi le *Parnassius Apollo*, dont la patrie propre est la Suède, où il vit dans les plaines et sur les collines peu élevées, se retrouve sur les hauteurs des Alpes, des Pyrénées, et même de l'Himalaya. Par la même raison, le *Carabus auratus* des plaines de France ne se rencontre en Italie que sur les plus hautes montagnes.

Si chaque contrée possède ses insectes propres, il y a aussi des espèces cosmopolites ; tel est le papillon appelé *Vanessa cardui*, qui se rencontre à la fois dans l'Europe méridionale, la Barbarie, le Chili et l'Australie.

L'existence de la majorité des espèces d'insectes étant liée à celle des plantes où elles puisent leur nourriture, la distribution de ces animaux se rapproche beaucoup de celle des espèces végétales. Tel groupe entomologique demeure confiné dans l'étroit canton où pousse la plante sur laquelle il vit, quoique doué de puissants moyens de locomotion, parce que, hors de ce domaine, il ne trouve plus le végétal qui lui fournit sa nourriture. Voilà pourquoi la propagation de certaines espèces végétales a amené celle des insectes dont elles constituent l'aliment.

Les larves du hanneton (*Melolontha vulgaris*), qui vivent sous terre, deux ou trois ans, selon la température à laquelle elles sont soumises, avant de passer à l'état d'insecte parfait, ne peuvent subsister dans les terrains en friche [1], de sorte que les progrès de la culture ont multiplié cet insecte dont la larve est si fatale aux récoltes et qui à l'état de coléoptère dévaste nos arbres. Depuis qu'on a multiplié dans le bassin de Paris les plantations de pins, on y rencontre la *Lamia ædilis*, insecte du nord de l'Europe, auparavant étranger à la France. C'est un phénomène du même genre qui amène avec la naturalisation de certaines plantes celle des insectes qui trouvent sur ces végétaux une alimentation quasi identique à celle que leur fournissait leur patrie primitive. Le fléau de nos vignobles du midi, le phylloxera, est une sorte de puceron originaire de l'Amérique qui s'est répandu sur nos vignes parce qu'elles sont analogues aux arbrisseaux du Nouveau monde qui lui fournissent sa nourriture. En revanche lorsqu'une plante est transportée hors de son climat, elle est respectée

---

1. Durant les cinq ou six mois qui s'écoulent entre l'éclosion de ces larves ou vers blancs et leur première mue, elles vivent en famille, de sorte que, dans les terrains bien ameublis, où la femelle du hanneton a le soin d'aller pondre ses œufs, cette population ne peut manquer de foisonner.

par les insectes, s'il ne se rencontre pas déjà dans le pays de végétaux d'une organisation analogue [1].

La chaleur et la lumière exercent sur les insectes une influence très-prononcée. Pour ce qui est de l'action du premier agent, ces animaux rappellent plus les fruits que les fleurs. Comme les premiers, ils ont besoin plutôt d'un été chaud que d'une température moyenne annuelle élevée. A l'état de larve ou de chrysalide, les insectes bravent souvent l'action d'un grand froid dont ils savent aussi se garantir dans l'état parfait, en choisissant des stations spéciales. De courtes chaleurs suffisent pour en déterminer la multiplication, et c'est ce qui explique pourquoi les insectes de la zone torride s'avancent plus au nord sous les climats extrêmes, que sous les climats marins. La lumière embellit les couleurs de l'insecte, et sous la zone torride, on voit s'accroître le nombre de ceux qui offrent les teintes les plus brillantes. Toutefois, c'est toujours dans sa patrie originelle que chaque espèce déploie sa plus vive coloration. En général, dans les climats froids ou tempérés, l'apparition des insectes coïncide avec le retour de la végétation. Sous les tropiques, ces animaux se montrent à la fin de l'hivernage et disparaissent avec les fortes chaleurs. Il semble qu'une haute température plonge les germes ou les larves dans un état de torpeur analogue à celui que détermine l'extrême froid, car dans nos climats, on voit les insectes reparaître presque aussi nombreux à l'automne qu'au printemps.

La faune entomologique de chaque pays tire ses caractères de l'ensemble des espèces qui la composent ; mais il est quelques espèces qui en forment comme les traits les plus distinctifs, tandis que d'autres, à raison de leur cosmo-

---

1. C'est ce que l'on observe à Cayenne pour nos choux, nos carottes, la vigne, le manguier, le giroflier, le muscadier, le caféier, qui y ont été introduits et n'ont point à souffrir des attaques des insectes. — Voy. Th. Lacordaire, *Introduction à l'entomologie*, t. II, p. 533. Audubon a remarqué de même que l'extension des cultures et toutes les révolutions qu'elle entraîne dans le Nouveau monde ont modifié les migrations de certains oiseaux, tels que les oies, les canards, les pélicans.

politisme, ne caractérisent spécialement aucune contrée. Telle est, par exemple, la mouche commune, qui existe presque partout et que les navires européens ont apportée en grand nombre dans les îles de la Mer du Sud, où elle était originairement inconnue. Le moustique et le cousin (*culex*) sont dans le même cas ; mais les espèces et les variétés en sont multipliées. L'Europe centrale est, de toutes les régions, celle qui a le moins à souffrir de ces insectes qu'on trouve au contraire par myriades dans la zone intertropicale, et qui constituent une des plaies de l'Égypte [1]. Dans les districts du haut Orénoque, les moustiques sont tellement abondants qu'ils rendent le pays presque inhabitable. Les contrées boréales en sont infestées durant la saison chaude. En Laponie, pendant le court été, la haute température amène le développement de myriades de cousins (*culex pipiens*) dont les larves ont échappé dans les eaux à l'action destructive du froid. Les coléoptères, qui vivent plus longtemps à l'état d'insecte parfait et passent dans le sein de la terre ou des végétaux leurs premières métamorphoses, ne rencontrent pas des conditions si favorables sous la zone glaciale ; aussi en voit-on dans les régions arctique et antarctique un nombre comparativement plus petit que dans les autres régions, et ce sont eux avec les lépidoptères qui, dans le nord, disparaissent les premiers de la faune entomologique. Toutefois la zone boréale est encore fort riche en insectes, et Zetterstedt a compté en Laponie 3470 espèces, dont 1001 coléoptères, 1245 diptères, 429 lépidoptères et 426 hyménoptères. Le Groënland possède encore 160 espèces d'insectes.

La famille des *carabiques* étend sa domination sur les parties boréales et tempérées de l'Ancien continent ; elle y occupe une zone qui le traverse en entier, comprise, à peu près, entre le 63° et le 43° de lat. N. De là, ses

---

1. Il faut toutefois excepter l'Inde, où les Européens ont beaucoup moins à souffrir des attaques des insectes même qu'en Europe. On n'y rencontre point de puces et la vermine n'infecte que les naturels. Mais dans le royaume de Siam, les rivières sont renommées pour l'abondance des moustiques.

branches se prolongent sur tout le globe, ne s'arrêtant qu'au point ou finit la vie végétale. Alors on voit se cantonner, dans des parties distinctes, les diverses tribus qui ont chacune leur distribution propre. Il en est de même pour une foule d'autres groupes. Chacun d'eux a un point du globe où il domine, c'est-à-dire où ses éléments sont rassemblés en plus grand nombre que partout ailleurs. Puis, à partir de ce centre, il envoie en diverses directions des rayons ou rameaux d'autant plus nombreux, et s'étendant en général d'autant plus loin, que ce groupe est d'un ordre plus élevé. L'Europe entière et la Sibérie ne possèdent guère que 260 lépidoptères ou papillons diurnes, tandis que les parties explorées du Brésil, qui ne les égalent pas, à beaucoup près, en étendue, en ont déjà fourni plus de 1000. Le même pays est une mine inépuisable d'hyménoptères et d'hémiptères. Mais dans les régions tempérées, les orthoptères, les névroptères et les diptères entrent pour une proportion moins inégale, comparés aux individus de ces classes dans les contrées tropicales. Les *staphylins* forment, avec les carabiques, le gros de la population entomologique de l'Europe moyenne, laquelle offre en général une assez grande uniformité ; bien des espèces se rencontrent les mêmes, depuis l'Oural jusqu'à Paris.

L'Amérique méridionale est la région la plus riche en papillons : sur les 16 familles de lépidoptères qu'on compte dans toute la Terre, 13 y sont représentées et 3 lui sont exclusivement propres. Dans l'Amérique septentrionale, les papillons, les diurnes surtout, sont au contraire peu répandus ; parmi les nocturnes, on voit prédominer le genre *Saturnia* et quelques *sagaristas*, genre dont l'Australie est la patrie par excellence. Mais ce dernier continent est pauvre en lépidoptères, et le nombre des espèces s'appauvrit encore en Tasmanie. Dans la Polynésie, un groupe de lépidoptères, les nymphalides, fournit, par le grand nombre d'espèces spéciales, un des traits caractéristiques de la faune entomologique.

Les migrations des insectes jouent nécessairement un grand rôle dans leur distribution ; mais elles constituent plutôt des apparitions soudaines et passagères que des changements périodiques dans leur habitat. Ces animaux arrivent parfois en masses innombrables dans des pays où on ne les connaissait point auparavant, formant une véritable armée dont rien ne peut arrêter la marche précipitée. Les invasions se produisent non-seulement pour les insectes ailés, mais encore pour des insectes dépourvus d'ailes, des chenilles, par exemple. Au Canada, près de la rivière de la Pluie, J. Richardson vit, en 1847, s'avancer une innombrable procession de ces insectes qui, traversant les cours d'eau, dévora toutes les feuilles sur son passage, depuis cette rivière jusqu'au *Winnipeg river*. Les contrées voisines des déserts sont les plus exposées à de tels fléaux. Les sauterelles y arrivent par nuées, en portant sur leur passage la dévastation. Lorsque l'ardeur du soleil vient favoriser l'éclosion des œufs déposés par ces insectes dans le sable, les nouveau-nés s'amoncellent par myriades. Dès qu'ils ont atteint leur maturité et que les ailes leur ont poussé, il suffit d'un vent continu dans une direction, pour les entraîner dans les airs, à la suite les uns des autres. On en a vu traverser tout le canal de Mozambique et venir s'abattre sur Madagascar. D'autres bandes franchissent parfois la Méditerranée et passent de Barbarie en Italie. Les Etats-Unis ont été maintes fois désolés par les invasions de l'*acrydium femur rubrum*, qui se sont souvent avancées jusqu'au 53e parallèle, et désolent périodiquement le Nebraska. La faim paraît être la cause qui oblige ces innombrables légions d'insectes à se transporter ainsi d'un lieu à un autre. Rien n'égale leur voracité, et après avoir transformé en désert les contrées les plus luxuriantes, ces animaux se dévorent souvent entre eux. Leur masse est telle qu'elle offre quelquefois jusqu'à 15 ou 16 mètres d'épaisseur; ils obscurcissent le soleil et produisent dans les airs un bruit assourdissant, analogue à celui du petillement de la flamme. Quoique la patrie par excellence de ces insectes soit les déserts de l'Asie centrale, c'est surtout dans le bassin méditerranéen qu'ils se développent, et ils ne dépassent guère une ligne qui va de l'Espagne par la

Suisse, la Bavière, le centre de la Pologne jusqu'au nord de la Chine. Au reste les espèces émigrantes ne sont pas toutes identiques. On retrouve encore parmi elles la diversité de caractères suivant les lieux, dont j'ai parlé, et chaque désert a, pour ainsi dire, les siennes. Il n'y a pas jusqu'aux insectes ordinairement sédentaires qui n'émigrent en certains cas.

L'homme est un des plus puissants agents de la propagation des insectes. Il emporte avec lui, à son insu, leurs larves et leurs œufs, ou les naturalise par intérêt. C'est ce qui est arrivé pour les abeilles d'Europe, qui ont été transportées dans l'Amérique du Nord, où elles sont, en grande partie, redevenues sauvages. Dans ces derniers temps, on les a naturalisées à la Nouvelle-Zélande et en Tasmanie. Mais, le plus souvent, ces transports ont été purement fortuits, comme cela est arrivé pour les termites, grandes fourmis blanches de l'ordre des névroptères, qui, de l'Afrique australe, où elles élèvent des nids ayant jusqu'à 5 et 6 mètres de haut, sont venues à bord des navires s'installer aux environs de Rochefort ; c'est ce qui a eu lieu encore pour le papillon appelé *Nymphalis bolina*, propre à l'Afrique et à l'Inde équatoriale, et qui se trouve maintenant à Cayenne. Il arrive quelquefois que des espèces introduites par l'homme chassent ou détruisent celles qui étaient indigènes. En Sibérie, par exemple, la *Blatta germanica* apportée par les Russes d'Europe a chassé la *Blatta orientalis*.

La classe des arachnides semble augmenter en espèces dans les contrées chaudes. La région de l'Afrique septentrionale est marquée par les plus grosses du genre *Scorpion*, qui a aussi en Europe quelques petits représentants. Les scorpions américains le cèdent par la taille à ceux de l'Afrique, mais en revanche les araignées de la région brésilienne, celles des déserts du Nouveau-Mexique, comptent parmi les plus grosses que l'on connaisse, et on ne saurait guère leur comparer que celles de l'Archipel indien. C'est dans l'Amérique centrale et méridionale que vit la célèbre mygale, désignée par les colons sous le nom d'*araignée-*

crabe, le géant de son espèce. Aux îles de la Sonde, on peut citer en pendant l'*acrosome*, si remarquable par l'étrangeté de ses formes. Le nombre des araignées fileuses est tel, dans cet archipel, que l'accumulation de leurs toiles arrête souvent la marche du voyageur. Certaines espèces sont répandues sur des parties considérables du globe; telle est l'araignée fileuse (*Ar. domestica*) qui habite aussi bien la zone torride que les régions tempérées et froides.

Non-seulement la surface du sol, les eaux courantes et stagnantes nourrissent une multitude d'arachnides et d'insectes, mais il en est qui résident exclusivement dans les profondeurs de la Terre ou restent confinés dans les cavernes; des coléoptères privés d'yeux (*anophthalmus, adelops, leptoderus*) habitent les cavernes du Kentucky, du Carniole et du département de l'Ariége; ils appartiennent à cette faune souterraine, manifestation de la vie dans les lieux privés de lumière, où l'on compte quelques arachnides, quelques crustacés, quelques mollusques, deux poissons et un reptile.

Les mollusques, les zoophytes; les poissons, les amphibies et les crustacés.

La vie est répandue dans toutes les eaux, car il n'en est pour ainsi dire pas d'où des êtres vivants soient absents. Celles mêmes où l'homme n'aperçoit point à l'œil nu d'animaux, en renferment des milliers qui ne sont visibles qu'au microscope et ces animalcules ne se rencontrent pas seulement dans les eaux courantes ou stagnantes, on les trouve encore dans la neige. Au Spitzberg on a constaté sur le rivage, la présence par milliers dans la neige et la glace, à une température qui descend au-dessous de —15°, de crustacés microscopiques. Cette population innombrable des eaux et des mers est nécessaire à l'équilibre de leur composition, car elles nourrissent une multitude de végétaux. Les plantes aquatiques absorbent, de même que les plantes terrestres, l'acide carbonique exhalé par les poissons, et rendent aux eaux l'oxygène qui y entretient la fraîcheur et la pureté nécessaire à l'existence des animaux marins. A la surface du sol, cette influence réciproque des végétaux et des animaux est beaucoup moins marquée, la quantité d'acide carbonique exhalé par les animaux étant fort petite à l'égard de la masse de l'atmosphère. Avant le voyage de James Ross on croyait encore que, dans les profondeurs les plus inaccessibles de l'Océan, il n'était pas possible de rencontrer de poissons ; l'observation a démontré que c'était là une erreur, et des êtres vivants se sont présentés à des fonds de près de 2500 mètres. On a constaté que dans les parties où l'Océan atteint 1800 et même 2700 brasses de profondeur, son fond est formé par des débris de foraminifères et d'infusoires[1]. Là où les plantes ne peuvent plus vivre, parce que la lumière ne pénètre pas, des animaux invertébrés, tels que des éponges, de petits mollusques, des crustacés qui font leur pâture d'autres animaux, trouvent encore des moyens de subsister. La présence de ces êtres dans les eaux de la région arctique nous fait comprendre que des espèces analogues puissent vivre encore à une profondeur d'une température très-basse et dépassant à peine 0°. Les mers profondes ne sont pas des barrières aussi infranchissables, opposées à la migration des poissons et des animaux marins, qu'on pourrait le supposer ; car si les grands poissons et les cétacés recherchent d'ordinaire des eaux peu profondes et le voisinage des côtes, s'ils n'aiment point à traverser ces abîmes qui les éloignent des conditions de leur habitat, ils peuvent cependant suivre les courants d'eaux chaudes que la

1. Lorsque l'on a retiré de l'Océan le câble sous-marin établi entre Cagliari et Bône, on a rencontré à sa surface de nombreux mollusques et coraux qui s'y étaient développés, alors que son immersion dépassait 2000 mètres. Quelques-uns de ces animaux étaient presque identiques aux espèces fossiles du terrain supérieur du même bassin. Dans le golfe de Gascogne, la sonde a ramené des échinodermes d'une profondeur de 4431 mètres, c'est-à-dire de couches liquides où la pression de l'eau sur chaque centimètre carré égale celle de 472 kilogrammes. On a signalé parmi ces échinodermes une espèce particulière de crinoïde qui se rapproche, comme le *rhyzocrinus*, des apiocrinites de l'étage oolithique.

surabondance des sels alourdit et qui se rendent, par de grandes profondeurs, d'une mer à l'autre. Ce sont ces voies sous-marines que suivent notamment les baleines, quand elles passent de la baie d'Hudson dans le détroit de Behring, comme l'ont montré les harpons qu'elles avaient gardés dans leurs flancs.

Il en est de la distribution des animaux marins comme de celle des espèces terrestres; chaque région a les siens. Les mers polaires et méditerranéennes, l'Océan équinoxial ont leur faune ichthyologique spéciale. Les deux hémisphères présentent des espèces et souvent des genres différents. Dans de mêmes conditions climatologiques et atmosphériques, apparaissent des espèces analogues: mais elles sont rarement tout à fait identiques, chaque mer imprimant à ses habitants un type particulier. La différence de conditions biologiques est plus prononcée entre les mers des zones intertropicales et tempérées qu'entre les mers glaciales. James Ross a retrouvé dans les profondeurs des mers antarctiques plusieurs des espèces de la faune arctique.

La forme et la composition des côtes exercent une grande influence sur la distribution des poissons; elles viennent se joindre à la nature du climat, à la profondeur et au degré de salure des eaux, à la qualité du fond, pour modifier les conditions de l'existence ichthyologique. La constitution géologique du littoral est-elle la même dans deux contrées, fournit-elle aux animaux marins une nourriture semblable et de semblables abris, les traits caractéristiques de leurs habitants aquatiques se rapprochent, et l'on observe les mêmes espèces. Nous ne connaissons malheureusement que très-imparfaitement la population de l'Océan et les merveilles de la création qu'il recèle. Si l'on en croit le célèbre plongeur Green, les bancs de coraux y constituent de magnifiques grottes qu'on dirait décorées de mille rinceaux, de stalagmites, de colonnes et de guirlandes, aux nuances changeantes les plus variées, et dans l'intérieur desquelles vivent des milliers de poissons et de plantes que nous ne soupçonnons pas.

Les insectes dont on a fait voir la distribution à la surface des continents, et une foule prodigieuse d'animalcules, entrent également dans la population marine. L'abondance de tous ces petits animaux dans la mer lui donne souvent un aspect rougeâtre ou laiteux[1]. Dans les mers glaciales, là où les eaux offrent une transparence parfaite, on rencontre de vastes espaces de 20 à 30 milles marins carrés et d'une profondeur de plus de 500 mètres, tout remplis d'une foule d'animalcules ; le capitaine Scoresby, voulant donner une idée de leur nombre prodigieux, estimait qu'il ne faudrait pas moins de quatre-vingt mille personnes, travaillant pendant près de cinq mille ans, pour compter les animaux que renferment environ 2 kilom. carrés de cette eau en quelque sorte vivante. Ainsi, vers les pôles, tandis que la vie abandonne les continents, elle semble se réfugier au sein des mers. Là, des myriades de mollusques et surtout de zoophytes sont incessamment balancés dans l'abîme et poussés souvent, par le courant ou la tempête, en des lieux très-éloignés de ceux qu'ils habitent d'ordinaire. Doués chacun de leurs moyens propres de locomotion, ils s'avancent à l'aventure, comme des bancs de plantes marines ou comme une immense masse inerte et inanimée. Le voyageur Pœppig parle d'une couche d'eau de mer qu'il observa près du cap Pilarès, laquelle avait 24 milles de long et 7 de large, et présentait dans toute son étendue une couleur d'un rouge foncé produite par une multitude de petits points brillants se mouvant en spirale dans cette masse liquide. Lorsque le navire traversa cette autre Mer Rouge, la teinte prit l'aspect du plus beau pourpre, et le sillage se dessina en une ligne rosée. Le naturaliste Ch. Darwin fut témoin, dans la mer du Chili, de phénomènes analogues. A côté de cette population si petite, il en existe, dans l'Océan, une plus petite encore, celle des infusoires, non moins développée dans les eaux douces. Le microscope fait découvrir dans la boue formée par les détritus des îles de corail, des milliers de ces animaux qui

---

1. Voyez ce qui a été dit p. 98 et suiv.

ont aussi leur distribution particulière. Plusieurs ne vivent qu'en certaines mers.

Si donc la flore ne compte, dans l'Océan, que peu de représentants, la vie animale, en revanche, s'y développe outre mesure. A toutes les hauteurs, il y a des êtres animés. La différence des profondeurs paraît toutefois exercer sur leur nature une influence sensible. D'après les observations des derniers naturalistes, et en particulier celles d'Ed. Forbes, on peut reconnaître, jusqu'à une profondeur de 230 brasses, huit régions distinctes, ayant chacune sa végétation particulière et ses habitants. A mesure que l'on s'enfonce dans les eaux, le nombre des coquillages diminue. Depuis la surface jusqu'à une profondeur de 2 brasses, s'étend la région la plus peuplée, au moins pour les animaux appréciables à nos recherches. Là, on rencontre plus d'espèces et d'individus que dans toutes les autres régions prises ensemble. Entre une profondeur de 105 brasses et une de 230, on ne signale plus que huit espèces de coquillages. Dans la Méditerranée, suivant les observations de William B. Carpenter, à 360 mètres de profondeur, toute vie animale a disparu, tandis que les êtres animés persistent jusqu'aux dernières profondeurs de l'Atlantique. Cette anomalie paraît tenir à la différence de température des eaux des deux mers, à une grande profondeur. En général, on peut constater dans les mers des principes de distribution zoologique analogues à ceux qui se reconnaissent pour les terres. Chaque zone possède sa faune; certaines espèces appartiennent en même temps à plusieurs; mais on n'a encore observé que huit espèces communes à toutes. Les limites qui séparent ces régions zoologiques ne sont pas d'ailleurs nettement tranchées, et les aires des espèces propres aux diverses régions empiètent les unes sur les autres.

Ce qui rapproche encore les lois de la distribution vitale dans les eaux et sur les terres, c'est que l'altitude correspond, de même que la profondeur, à l'échelle des latitudes. On a vu qu'une montagne élevée offre, à ses différentes stations, des flores analogues à celles que l'on rencontre successivement, en se rendant de l'équateur aux pôles ; pareillement dans l'Océan, à mesure que l'on s'enfonce, on trouve une faune plus voisine de celle des mers polaires. A la surface, par leurs formes et leurs couleurs, les animaux rappellent ceux des mers tropicales. Au fond des eaux, à une grande profondeur, ils offrent, au contraire, la physionomie de ceux des contrées boréales. Et par la plus curieuse confirmation des grandes lois de la distribution des êtres, de même que les espèces des contrées arctiques peuplent presque toute l'étendue de ces régions glacées, tandis que les espèces des contrées chaudes ou tempérées ont leur empire circonscrit et confiné à certains lieux du globe, les espèces marines, répandues à la surface de l'Océan, n'offrent qu'un rayon de dispersion assez court, et les espèces sous-marines s'étendent sur de vastes surfaces liquides. On peut donc dire que l'aire habitée par chaque espèce est proportionnelle en étendue à la profondeur à laquelle elle est située. Enfin, ce qui complète la ressemblance des lois de la faune et de celles de la flore, de même que l'on retrouve, presque au niveau des mers boréales, les plantes qui habitent les sommets des Alpes, et, en général, des altitudes élevées, sous la zone tempérée, on pêche, dans les courants d'eau qui arrosent les contrées boréales, les mêmes poissons qui fréquentent les torrents des Alpes et des hautes montagnes.

Outre cette division dans le sens de la profondeur, les mers ont aussi leur faune différente suivant leur position par rapport à la surface du globe. Chacune des zones tempérées paraît posséder ses mollusques spéciaux, quoique la population coquillière des deux mers affecte une physionomie analogue. Les mers tropicales et les mers polaires constituent, au contraire, des régions bien séparées ; et, sous de mêmes latitudes, les espèces se modifient suivant la longitude. Les côtes orientale et occidentale de l'Amérique équinoxiale ont une faune malacologique tellement différente, qu'une seule espèce habite à la fois l'Atlantique et l'Océan Pacifique. En s'avançant dans la mer du Sud, vers l'occident, la population change de nouveau, et les parages des

Galapagos et des îles de la Polynésie possèdent leurs faunes propres. Aux Philippines, les animaux marins sont déjà tout différents de ceux de la partie est de l'Océanie. Quelques espèces de mollusques seules se rencontrent à la fois dans la mer de cet archipel et dans celle des Galapagos. Remonte-t-on la côte orientale de l'Amérique, vers des régions plus tempérées, les différences deviennent moins tranchées, et parmi les mollusques, d'ailleurs peu nombreux, qu'on y rencontre, la majorité presque appartient aussi aux côtes de l'Europe. Certaines mers doivent à leur position intermédiaire une faune malacologique participant à la fois de celles de régions assez éloignées. Tel est le cas pour la mer du Japon, où se présentent à la fois des types qui lui sont propres et d'autres appartenant soit à la faune tropicale, soit à celle des mers tempérées ou même des mers boréales. Dans ces grandes zones de semblables caractères ichthyologiques, il faut en distinguer de plus petites qui ont leurs types spéciaux et sont quelquefois très-circonscrites. Sur les seize espèces de coquilles qu'on a recueillies sur la côte de l'île Sainte-Hélène, sept ne se trouvent point ailleurs.

Les mollusques terrestres sont comme les plantes dans une étroite dépendance du climat, dont ils portent à un haut degré l'empreinte. Un simple changement dans la constitution minéralogique du sol peut arrêter leur propagation, d'autant plus que leurs moyens de locomotion sont très-bornés. Il en résulte que chaque espèce occupe généralement une aire fort limitée, et que les formes spécifiques varient d'autant plus dans un pays qu'il présente des conditions plus variées. Ces faunes malacologiques comme les autre faunes et les flores propres à chaque contrée, possèdent un certain nombre de genres et d'espèces identiques et la physionomie de chacune de ces faunes fait reconnaître à quelle province zoologique la région qu'elles caractérisent doit être rattachée. Ainsi les mollusques terrestres comme les plantes des îles Açores, montrent que ces îles appartiennent encore à l'Europe sous le rapport biologique, tandis que les mollusques et les plantes des

Canaries et de Madère, rattachent ces îles à l'Afrique. Certaines espèces réellement sporadiques se propagent au loin, malgré des obstacles en apparence insurmontables. Ainsi le *Bulimus oblongus* vit sur toute l'étendue de l'Amérique du Sud, et se retrouve dans la partie méridionale de l'Amérique du Nord. Parmi les mollusques marins, surtout dans la classe des céphalopodes et dans celle des ptéropodes, il y a des espèces qui émigrent et se transportent à des distances considérables, douées qu'elles sont d'une puissance de locomotion assez énergique. Néanmoins on ne voit qu'un petit nombre de mollusques habiter toutes les mers ; comme cela a lieu pour la *Cypræa moneta* qui peuple à la fois la Méditerranée, les mers du Sud, de la Chine, des Indes et les parages de l'Afrique méridionale, la *Ianthina communis* qui marie sa belle couleur violette aux ondes des mers tropicales et tempérées.

La faune malacologique de l'Amérique septentrionale est beaucoup moins riche que celle de l'Europe, à laquelle quelques-uns de ses genres ou espèces sont communs, par exemple, le *Limax variegatus*, le *Nerites fluviatilis*, plusieurs espèces d'*Helix*, d'*Hymnæus*. Toutefois les coquillages y sont encore fort abondants, et l'on a compté jusqu'à près de 600 espèces vivantes dans le golfe de Californie. La famille des hélices entre dans la faune malacologique américaine pour les deux tiers. Des gastéropodes pectinibranches du Nouveau monde, le genre *Melania* est le plus répandu ; entre les moules d'eau, le genre *Unio* est beaucoup plus nombreux dans l'hémisphère occidental que dans l'oriental.

En Afrique, les mollusques des fleuves et des côtes de la région ouest offrent une grande ressemblance, parfois une complète identité, avec ceux des cours d'eau et des mers de la région est. Ainsi les Iridines et l'*Anodonta rubens* du Nil se retrouvent au Sénégal, l'*Helix flammea* de Nubie se présente sur les bords de la Gambie.

Les zoophytes entrent pour un contingent considérable dans la population des mers, mais c'est surtout sous de chaudes latitudes, qu'ils rencontrent les conditions propres à leur existence. On ne les voit guère en effet atteindre de grandes proportions et se propager largement que dans la Mer des Indes et la Mer du Sud, dans les parages de l'Amérique équinoxiale. C'est dans cette région océanique que foisonnent les holothuries, dont une espèce, le *tripang* ou *biche de mer* (*Holothuria edulis*), qui se rencontre depuis les Carolines et la côte méridionale de l'Australie, jusqu'à Ceylan et à l'île Maurice, fait l'objet d'une pêche importante. En s'amoncelant, les zoophytes donnent naissance à des récifs, des atolls qui deviennent bientôt des îles. Sous la zone tempérée, leur nombre diminue sensiblement, et, dans la Méditerranée, on n'observe plus que des espèces de petites dimensions.

On a tenté d'assigner les limites respectives des diverses provinces de la faune ichthyologique, mais ce ne sont là que des essais imparfaits. La distribution actuelle des poissons comme celle des autres animaux ne saurait être expliquée, si l'on ne se reporte à la configuration des mers et des terres aux anciennes époques géologiques. C'est ce que nous montre le savant ouvrage de M. Alfred R. Wallace sur *la distribution géographique des animaux*[1]. Tout ce que l'on peut constater aujourd'hui, c'est l'existence de certaines provinces ichthyologiques différant soit quant aux espèces, soit quant aux genres, soit quant aux familles, car la création ichthyologique présente, suivant les régions, certains types si tranchés que près de la moitié des familles de poissons ne se retrouve pas dans les diverses parties du globe. Sur 80 familles de poissons marins connues, il y en a à peine 50 qui appartiennent à toutes les mers. Ces régions distinctes sont d'étendue fort inégale. Le docteur J. Richardson en a signalé une qui occupe dans l'Océan pacifique une zone de 42 degrés au nord et au sud de l'équateur et comprend l'ensemble des

---

1. Voy. *The geographical distribution of animals*. Lond. 1876. — Ainsi, à l'âge tertiaire, l'Océan indien communiquait avec la Méditerranée, ce qui a permis aux poissons de la première mer de se répandre dans la seconde et de là dans l'Atlantique.

eaux dont sont baignés l'Australie, la Nouvelle-Zélande, l'archipel Malais, la Chine et le Japon. Cette vaste région offre à peu près les mêmes genres. A ses extrémités, en apparaissent d'autres, propres aux contrées polaires, et qui se mêlent en certains points aux espèces tropicales. L'existence des courants tend à agrandir les limites de ce vaste empire ; certaines espèces de l'Océan Indien sont ainsi portées jusqu'au Japon. Mais, suivant les directions, le rayon de cette province naturelle se resserre ou s'agrandit. De l'Archipel malais, la faune des mers polynésiennes pousse des reconnaissances jusque dans la Mer rouge et sur la côte orientale d'Afrique ; en sorte que le long d'une bande qui n'embrasse pas moins des trois quarts de la circonférence du globe et recouvre 60 degrés de latitude, se retrouvent généralement les mêmes poissons et les mêmes mollusques. Le Cap de Bonne-Espérance forme comme la grande barrière à laquelle vient se terminer ce gigantesque empire. Un très-petit nombre de poissons de l'Océan pacifique pénètrent dans l'Atlantique. Cette dernière mer n'offre pas l'homogénéité de la faune de la Mer du Sud. Sur la côte de l'Amérique et sur celle de l'Afrique, les espèces diffèrent notablement. L'absence d'îles, l'extrême profondeur des eaux semblent être un obstacle à leur extension ; car au delà du 44e parallèle nord, dans la partie la plus resserrée de l'Atlantique, les espèces communes aux deux Mondes augmentent en nombre. Par exemple le saumon de l'Amérique est identique à celui qui fréquente les côtes des îles Britanniques, de la Norvége et de la Suède ; la morue se pêche dans tous les parages de cette partie de l'Océan. D'autres tribus, communes au littoral de l'Amérique et à celui de l'Europe, voient leur nombre et leurs variétés s'accroître, à mesure qu'on s'approche des mers polaires. Entre l'Asie et l'Amérique septentrionale, les deux faunes maritimes tendent à se confondre.

Il existe aussi, entre la faune des deux hémisphères, quelques espèces ichthyologiques communes qui servent comme de points de jonction aux créations boréale et australe. On voit apparaître dans les mers du Sud des espèces du genre *Gadus* ou morue ; et lorsque la tempête fait sortir des profondeurs des eaux les poissons qui se dérobent d'ordinaire à la vue de l'homme, on pêche sur les côtes du Groënland deux espèces que l'on a retrouvées sur celles de la Nouvelle-Zélande et de l'Australie. Ce sont principalement les poissons cartilagineux, dont la patrie offre une superficie si étendue. On rencontre, par exemple, dans la mer de Chine les mêmes espèces de requins qui fréquentent les côtes de l'Australie. Ce qui n'empêche pas que chaque grande mer n'ait son espèce de requin particulière, le genre Squale étant fort répandu et comptant environ quinze espèces. Presque partout le requin poursuit de sa voracité la population des mers, accompagné bien souvent d'un petit poisson qui navigue de conserve avec lui et lui sert en quelque sorte d'éclaireur, le *fanfre* ou pilote (*Naucrates ductor*) qu'on retrouve depuis la Méditerranée jusqu'au Cap. Le parcours si étendu de certaines espèces de poissons explique comment la Méditerranée en présente qui affectent une physionomie toute tropicale à côté d'autres, comme le thon, qui lui sont propres. Dans la zone équatoriale de l'Atlantique, on voit décroître peu à peu le chiffre des espèces qui caractérisent la Mer du Nord et même l'Océan Pacifique, les saumons, les harengs, les gades : toutes familles qui reparaissent ensuite au delà des tropiques, dans les mers australes, mais avec des variétés. Au contraire, dans la zone intertropicale prédominent davantage les labroïdes, les scombéroïdes, les percoïdes, les sciénides, les squammipennes et les plectognathes. Le poisson volant ou *exocet* caractérise par excellence les mers équatoriales et est représenté dans la Méditerranée par une espèce particulière (*E. exiliens*). Il en est de même des balistes, poissons de l'ordre des plectognathes, reconnaissables à leur peau grenue ; ils sont propres aux mers tropicales et ne se montrent dans la Méditerranée que dans des temps d'une chaleur exceptionnelle. Au reste, il est des points de l'Océan que les poissons fréquentent de préférence, parce qu'ils y rencontrent une nourriture plus abondante : ce sont les bancs, les bas-fonds, les archipels. Ces animaux, au contraire, n'apparaissent que rarement dans les mers très-profondes et peu fournies d'îles.

C'est par la constitution spéciale de certaines mers, la nature de leur lit et des éléments alibiles qui s'y touvent, que s'explique l'absence de telle ou telle espèce dans des régions océaniques placées à une latitude et dans une situation analogues à celles d'autres régions qui la nourrissent. L'hippocampe ne se montre pas, par exemple, dans la Mer Baltique, quoique ce lophobranche singulier appartienne à presque toutes les mers de la zone tempérée. La même observation est applicable aux eaux douces. Ainsi le brochet (*Esox lucius*), qu'on trouve à la fois dans l'Europe moyenne et boréale, dans toute l'Asie du Nord, est absent des rivières du Kamtchatka. Certaines mers offrent des espèces qui leur sont propres; tel est le *Sparus insidiator* pour l'Archipel indien, le *Tetrodon electricus* pour la mer des Indes jusqu'à la côte d'Afrique, le *Centropristis nigricans* pour la partie de l'Atlantique qui baigne l'Amérique du Nord ; telles sont les espèces du genre *Eques* pour la mer des Antilles.

Dans les eaux comme dans les airs, la nécessité de chercher leur nourriture et d'assurer leur reproduction oblige les animaux à de longues pérégrinations. Les espèces de poissons qui émigrent, et dont la distribution varie par conséquent suivant les saisons, sont nombreuses et font de la faune marine quelque chose de mobile et de périodique. Au reste la plupart des poissons sont comme les oiseaux plus ou moins de passage; peu d'espèces demeurent absolument confinées dans un même canton, et, suivant les saisons ou les variations atmosphériques, ces animaux changent de résidence. Il y a même des poissons que le besoin de frayer fait passer des eaux salées dans les eaux douces. Ainsi les lamproies, qui abondent dans l'Océan et la Méditerranée, remontent dans les fleuves qui s'y jettent; les saumons en font autant et s'avancent fort loin dans les rivières, franchissant les cataractes. Les jeunes anguilles quittent la mer au printemps pour venir habiter les eaux douces. Au Cambodge, où la faune ichthyologique est extrêmement riche, une foule d'espèces marines vivent dans les eaux douces du grand lac Toanlésap, situé à plus de 100 lieues de la mer et à 30 des plus hautes marées. Des poissons, les uns voyagent isolément, les autres émigrent en masse. Tels sont les maquereaux, les sardines, surtout les morues. Tant que les conditions géographiques et atmosphériques n'éprouvent pas de changements notables, l'itinéraire suivi par les poissons migrateurs demeure le même. Quelques espèces se déplacent seulement en altitude marine. Ainsi les harengs, que l'on prit longtemps pour des poissons migrateurs, se tiennent à de grandes profondeurs et n'apparaissent par troupes à la surface que pour frayer ; leur patrie est l'Océan tempéré et non les mers arctiques.

Les lacs, hormis ceux en très-petit nombre dont les eaux sont trop froides pour nourrir des poissons, ont aussi leur population ichthyologique indigène. Elle est plus originale encore que celle des fleuves, parce qu'ils ne présentent le plus souvent point de communication avec d'autres amas d'eau, et il ne peut s'opérer entre eux d'échange d'habitants. Ainsi le lac Baïkal est peuplé d'espèces particulières, entre lesquelles il faut citer le *Comephorus baïkalensis*. La Mer Caspienne a une population ichthyologique moins particulière ; elle est habitée en partie par des espèces propres aux fleuves qui s'y versent, en partie par des espèces qu'on rencontre dans la Mer noire ou dans ses affluents. Les squales et les raies y manquent complètement ; au contraire, les familles des esturgeons et des cyprins y abondent. Le lac de Titicaca renferme sept ou huit espèces que l'on ne trouve que dans les rivières ou les torrents qui arrosent la Cordillière. La faune ichthyologique des grands lacs de l'Amérique du Nord possède ses espèces propres, entre lesquelles figure un poisson rappelant, par son épaisse armure, ceux des premières époques géologiques. Tel petit lac est habité par un assez grand nombre d'espèces qu'on ne retrouve pas ailleurs. Dans le lac Hyanuary, situé dans la région comprise entre l'Amazone et le Rio-Negro, Agassiz n'a pas compté moins de deux cents espèces différentes ; le même naturaliste a constaté dans le Brésil septentrional jusqu'à des espèces particulières aux vastes mares qui se forment dans les forêts vierges et qui persistent pendant la saison chaude. Les lacs de l'Irlande nourrissent une sorte de truite, nommée *gillaroo*, qui est la seule que l'on connaisse pourvue d'un gésier. Certains lacs ont une population ichthyologique qui rappelle celle de cours d'eau placés sous une latitude analogue, mais en étant pourtant assez éloignés et n'ayant avec eux aucune communication. On en a un exemple dans le lac de Tibériade qui renferme beaucoup d'espèces habitant le Nil et plusieurs autres qui se rencontrent dans les lacs et les rivières de l'Afrique orientale.

En général, il y a peu d'espèces communes aux eaux douces des deux mondes; l'on ne saurait guère citer que le brochet et le saumon; encore, le premier est-il inconnu à l'ouest des Montagnes rocheuses, et le second ne dépasse-t-il pas, sur la côte orientale de l'Amérique septentrionale, le 45ᵉ parallèle. En revanche, il y a des poissons qui reparaissent à de très-grandes distances et dont les berceaux sont en quelque sorte disjoints. Certains types ichthyologiques d'eau douce rapprochent la population fluviatile de l'Australie de celle du sud de l'Amérique méridionale, de la Terre de Feu et des îles Malouines. Ainsi, le genre *Haplochiton* qui habite ces trois dernières régions rappelle beaucoup le *prototrectes* de l'Australie qui a aussi un représentant à la Nouvelle-Zélande. Dans quelques grands fleuves, dans l'Amazone par exemple, diverses espèces de poissons se rapprochent notablement de celles qui habitent la mer. Dans l'Ancien monde, l'aire du saumon, que le besoin de frayer entraîne à de longues migrations, est beaucoup moins resserrée; on le rencontre depuis la baie de Biscaye jusqu'au Cap Nord, aussi bien que sur les côtes de tout l'Océan arctique, depuis la Mer blanche jusqu'au Kamtchatka. La *Lota vulgaris* se montre dans les eaux douces des deux côtés de l'Atlantique et les épinoches se trouvent dans l'Ancien et le Nouveau monde. Non-seulement les deux continents, mais les diverses parties de l'un et l'autre présentent une faune fluviatile, comme une faune lacustre spéciale. Il y a aussi des différences quant à la richesse. Ainsi la faune ichthyologique de l'Europe moyenne est plus abondante en espèces que celle de l'Europe méridionale. Les zones fluviatiles distinctes ne sont parfois déterminées par aucune différence géologique, botanique et climatologique bien accusée. Le bassin de l'Amazone, qui est peut-être le plus riche sous le rapport ichthyologique que l'on connaisse, car Agassiz a reconnu dans le fleuve plus de deux mille espèces, c'est-à-dire un nombre presque double de celles que nourrit la Méditerranée, comprend diverses régions ichthyologiques assez tranchées : Les poissons qui habitent la rivière du Para et les bords de la mer jusque vers l'embouchure du Tocantins, diffèrent spécifiquement de ceux du réseau d'anastomoses aquatiques unissant le Para à l'Amazone propre. Même différence entre la faune d'au-dessus et celle d'au-dessous l'embouchure du Chingo ; le *Sudis gigas* est seul commun à tout le bassin. En revanche, les poissons de certains bassins assez éloignés offrent une notable similitude. Par exemple, les rivières de la Chine et celles de l'Hindoustan nourrissent des espèces analogues, mais pourtant jamais identiques ; ces espèces diffèrent de celles du Cap de Bonne-Espérance et de l'Amérique méridionale.

Presque chaque grande région de la Terre a des espèces ou au moins des familles qui impriment à sa population ichthyologique une physionomie particulière. Dans les eaux douces de l'Europe tempérée, la famille des carpes prédomine ; dans l'Europe orientale c'est celle des esturgeons ; les saumons, dont la famille domine aussi dans l'Europe moyenne, fournissent un des traits caractéristiques de la faune fluviatile de l'Asie. Dans l'Asie méridionale, les siluroïdes disputent aux cyprinoïdes l'empire des eaux douces. L'Hindoustan est caractérisé par les platoses, les labyrinthodontes et a ses espèces propres, telles que le *Synbranchus immaculatus*. Un des types les plus remarquables de ses eaux est l'*anabas*, qui grimpe, dit-on, sur les arbres. L'archer (*toxotes*) qui, comme certains chétodons, a la faculté de lancer des gouttes d'eau contre les insectes dont il veut faire sa proie, remonte les cours d'eau de l'Inde et de la Chine. Au Nouveau monde, on compte un grand nombre de zones, et l'on rencontre divers genres absolument étrangers à l'Ancien, tels sont les gymnotes, les loricaires, les embiotocides, poissons vivipares de l'Amérique du Nord (*Ditrema*). Dans l'Amérique septentrionale, les esturgeons sont remplacés par le polyodon feuille (*spatularia* du Mississipi). Les poissons du genre *Amia* caractérisent les cours d'eau de la Caroline et de l'Ohio. Dans les cavernes souterraines de l'Amérique septentrionale vivent les *hétéropygies*; la Louisiane, la Caroline du Sud ont des espèces vivipares particulières. La Guyane a aussi la sienne, l'*anableps*; si remarquable par la conformation de ses yeux. Dans l'Amérique méridionale, prédominent les saumons, les silures et les labroïdes. Il est à remarquer qu'il n'y existe aucun poisson herbivore ; en revanche, les poissons carnassiers, armés de puissants appareils dentaires, s'y montrent par troupes.

A la population propre des mers et des grands cours d'eau, essentiellement composée des espèces ichthyologiques, se rattachent l'ordre des mammifères amphibies et celui des mammifères ichthyoïdes ou cétacés. Le premier surtout appartient aux régions polaires, et se montre au voisinage des terres. Dans l'hémisphère arctique, les amphibies sont représentés par le phoque commun et le morse ; dans l'hémisphère antarctique, par le genre *Otaria*. La patrie des cétacés est plus étendue. Tandis que les lamentins et les dugongs hantent les estuaires des fleuves des tropiques, où ils broutent l'herbe et les plantes marines, les dauphins et les marsouins se trouvent dans toutes les mers. Les mammifères marins étaient naguère fort nombreux ; mais la guerre acharnée que leur fait l'homme en dépeuple peu à peu l'Océan. Ainsi, les phoques, qui venaient jadis folâtrer par milliers sur les côtes désolées des régions polaires, lorsque quelques rayons de soleil perçaient le brouillard dont elles sont enveloppées, n'apparaissent plus que de loin en loin.

Le *Phoca vitulina* (*Callocephalus vitulinus*) ou veau

marin (*Sea-dog* des Anglais) se rencontre dans toute l'étendue des mers arctiques depuis les côtes des États-Unis et du Canada jusque dans la Mer du Nord et au voisinage de la Scandinavie, mais il fait complètement défaut sur les côtes de l'Asie, quoiqu'il habite la Mer Caspienne et le lac Baïkal et que d'autre part il s'avance sur les côtes du Spitzberg. L'abondance de ces animaux est telle que le Danemark estime à une moyenne annuelle de 70 000 ceux que produit la pêche. Il est vrai que dans ce chiffre est inclus celui des individus de l'espèce appelée *Phoca fœtida* (*Pogomys fœtidus*, *Flat-rat* des Écossais). La plus petite du genre, qu'on rencontre également au lac Baïkal où elle est désignée sous le nom de *Kuma* et dont l'aire est fort étendue, ne descend pas en Europe au-dessous du 70° lat. Le Groënland, où ce phoque abonde, a aussi son espèce caractéristique, le *Pagophylus groënlandicus*, dont le domaine n'est pas moins étendu, mais qui émigre suivant les saisons. Une espèce voisine, le *Phoca barbata* (*Callocephalus leporinus*) se rencontre au N. E. de l'Amérique septentrionale, de la baie de Baffin jusqu'au Groënland; elle est remplacée en Europe par le *Halichœrus grypus*, dont l'aire va de la côte de Groënland à celle de l'Écosse et à la Scandinavie. Le morse ou walrus (*Trichechus rosmarus*) si remarquable par le développement de ses dents et qui est une des espèces les plus fortes d'entre les phoques, s'éloigne peu de la zone polaire arctique et hante à la fois les mers boréales de l'Amérique et de l'Asie. Sa limite la plus méridionale est le 50° lat. N. On l'a pris quelquefois au voisinage du fleuve St-Laurent. Le *Cystophora cristata* ou phoque à capuchon, qui atteint parfois jusqu'à plus de 2 mèt. de long et se défend avec une rare énergie, émigre comme le *Pagophylus groënlandicus*, mais dépasse rarement le 70° lat. N. et se rencontre des côtes de Groënland et d'Islande jusqu'au Spitzberg.

Les terres australes ont jusqu'à présent conservé davantage leur population amphibie. Les otaries pullulent dans la partie australe de l'Océan pacifique; le lion de mer ou otarie à crinière hante par troupes les îles situées au-delà du 50° lat. S. Un petit nombre d'espèces de phoque appartiennent aux deux hémisphères et se transportent à de très-grandes distances, comme on le remarque pour l'*Arctocephalus ursinus*, qui des îles Malouines s'avance jusque sur les côtes méridionales de l'Australie.

Si, entre les cétacés, plusieurs paraissent avoir disparu des eaux et des embouchures qu'ils fréquentaient, d'autres semblent conserver leur distribution originelle. L'*ayou* ou lamentin habite encore les eaux du Benoué et peut-être quelques autres fleuves de l'Afrique. On le rencontre également dans le delta de l'Orénoque; il habitait jadis les rivières du Vénézuéla. D'après la remarque de M. Van Beneden, la distribution des baleines n'a pas varié depuis un temps fort éloigné; car ces cétacés ont des migrations constantes, à peu près comme les oiseaux voyageurs, les hirondelles, par exemple, qui reviennent toujours dans les mêmes lieux. Seulement, il faut distinguer les espèces. Les pêcheurs scandinaves constatent qu'on a beau faire la chasse à la baleine, elle ne change pas pour cela d'itinéraire[1]. F. Maury a montré que les baleines ne franchissent jamais l'équateur et que chaque espèce demeure cantonnée dans sa zone. Les baleines de l'Océan austral passent l'hiver au Cap de Bonne-Espérance et se rendent en été sur la côte de l'Amérique du Sud. Dans l'Océan pacifique, la baleine hante pendant l'été les parages de la Nouvelle-Zélande et pendant l'hiver les côtes de l'Amérique. Dans la zone boréale, les baleines se rapprochent des côtes d'Europe en hiver et se rendent en été sur la côte d'Amérique. La baleine de Groënland, dite de grande pêche, ne quitte jamais les glaces[2].

---

[1]. Aussi suppose-t-on que la baleine pêchée au moyen âge dans le golfe de Gascogne, et qui a disparu, était une espèce particulière que la chasse qu'on lui a faite a anéantie.

[2]. Ajoutons à ce qui a déjà été noté plus haut que les Danois ont retrouvé sur la côte du Spitzberg des baleines qui avaient été harponnées au Groënland et portant encore le harpon dans leur flanc. Comme ces cétacés ne se rencontrent jamais au sud du Groënland, on a eu là l'indice d'une mer libre située au nord de cette terre, car la baleine, en sa qua-

Les dauphins ont des représentants presque dans toutes les mers. Le Gange a même son espèce particulière, qui en remonte assez haut le cours. Le *Delphinus leucas* et un autre cétacé de la même tribu, le narval (*Monodon monoceros*), ne descendent guère au sud de la zone glaciale proprement dite, comprise entre le 68° et le 74° et qui s'abaisse dans le Groënland jusqu'à 65°.

Les poissons s'élèvent moins en altitude que les mammifères, les oiseaux et les insectes. La congélation perpétuelle de l'eau ou même son extrême froidure devient, à de grandes hauteurs, un obstacle à leur existence. Les espèces du genre *Saumon* sont extrêmement rares au Spitzberg et à l'île Melville. Dans nos régions tempérées, la truite est de tous les poissons celui qui s'élève le plus haut; on l'a rencontrée au lac Luzendro sur le Saint-Gothard, à une altitude de plus de 2100 mètres.

Le système de distribution des crustacés offre certains traits particuliers qui ne sont pas sans analogie avec ce qu'on observe pour la distribution des poissons. La section des brachyures compte un grand nombre d'espèces dans la zone torride et disparaît presque entièrement dans les eaux de la zone boréale; les isopodes et les amphipodes ont au contraire leur maximum de genres dans les zones tempérées. M. Dana établit pour la faune des crustacés cinq régions naturelles : 1° la région occidentale, embrassant les côtes américaines de l'Océan Atlantique et du Pacifique; 2° la région européenne et occidentale africaine, s'étendant du cap Agulhas aux Shetland; 3° la région orientale, comprenant la côte orientale d'Afrique, les côtes sud et est d'Asie, les îles de la mer des Indes et du Pacifique; 4° la région arctique, allant du Kamtchatka à la Norvége; 5° la région antarctique, à laquelle se rattachent la Terre de Feu, les Malouines et la Nouvelle-Zélande méridionale. Chacune des trois premières régions peut elle-même se

---

lité de mammifère, a besoin de respirer à la surface de l'eau. Un autre indice de la mer libre arctique nous est fourni par ce fait que les baleines pêchées dans le détroit de Behring sont identiques à celles d'Europe; elles doivent donc passer au nord de l'Amérique septentrionale.

subdiviser en trois parties : méridionale, moyenne et septentrionale. Dans la région occidentale prédominent les brachyures maioïdes; la seconde est caractérisée par quatre genres de macroures (*Axius, Calocaris, Ephyra, Gnathophyllum*), le genre *Polybius* parmi les cancroïdes, et quatre genres de maioïdes et de grapsoïdes; dans la troisième les brachyures cancroïdes et leucosoïdes prédominent. La présence du grand genre Crabe (*Cancer*) et celle du genre *Homard* séparent les deux premières régions de la troisième; les genres *Maia, Inachus, Thelphusa* et quelques autres, communs à la deuxième et à la troisième région, ne se retrouvent pas dans la première. Dans la section des décapodes macroures, certaines espèces de langoustes et de scyllares caractérisent, avec une espèce géante d'homole, de la section des décapodes anomoures, la faune crustacéenne de la Méditerranée, mer où manquent au contraire les homards, qui abondent dans l'Océan.

Les crabes de terre ou *gécarcins*, dont plusieurs espèces se rencontrent aux Indes, caractérisent la région zoologique de l'Amérique centrale; ils habitent les marécages voisins du littoral. Au temps de la reproduction, ils se rendent par milliers à la mer, recouvrant alors, à plusieurs lieues d'étendue, le rivage d'une poussière rouge. Les seules Antilles comptent neuf espèces de ces crabes terrestres.

Le mode de distribution des crustacés paraît tenir en grande partie à la nature et à la température des eaux; car il n'existe qu'un fort petit nombre d'espèces cosmopolites telles que le *Grapsus pictus*, le *Plagusia squammosa*, le *Bernhardus streblonyx*; mais on saisit entre les faunes crustacéennes de régions fort éloignées, par exemple entre celle de la mer du Japon et celle de la Méditerranée, entre celle de la Nouvelle-Zélande et celle des mers britanniques, une notable affinité. Les espèces communes aux îles Hawaï et aux côtes de Port-Natal ne se rencontrent pas dans la région maritime qui les sépare. Ces régions de faune similaire n'ont pourtant pas des eaux de même température; la différence est surtout frappante pour la Grande-Bretagne et les Canaries, dont les mers offrent pourtant beaucoup d'espèces communes. Il est donc à croire que les migrations ont aussi joué un rôle dans la distribution de ces invertébrés.

Distribution des reptiles : ophidiens, sauriens, batraciens, chéloniens.

La distribution des reptiles à la surface du globe est, entre celles de toutes les classes d'animaux, la plus propre à nous fournir les notions les plus exactes sur la relation intime existant entre chaque contrée et sa faune respective. En effet, les reptiles n'ont que faiblement subi les influences qui tendent sans cesse à agrandir et à modifier la sphère d'habitation des animaux et des plantes. Privés, en majorité, des moyens d'effectuer des voyages lointains, transportés rarement par l'homme, qui a pour nombre d'entre eux une répulsion instinctive, ils restent en quelque sorte attachés au lieu qui les a vus naître; l'on n'observe point chez eux la tendance qui porte d'autres êtres à quitter le sol natal, quand la température change et les moyens d'alimentation leur font défaut. La faculté d'hibernation les dispense de la nécessité d'émigrer. Lorsque le froid leur enlève la nourriture, ils tombent dans une léthargie profonde; et la nature veille ainsi, d'une manière simple, pendant l'hiver, à leur conservation. Si l'on excepte quelques tortues terrestres dispersées sur divers points du globe, les scinques, les géckos, qui peuvent se glisser dans les vaisseaux, les tortues de mer, qui émigrent au loin, à certaines époques de l'année, enfin les crocodiles et les boas, qui ont été quelquefois entraînés par des courants, loin de leur habitat, on peut dire que les reptiles demeu-

---

1. Disons pourtant que W. H. Hudson a fait remarquer que le bois flotté sur les fleuves et les rivières de l'Amérique du Sud transporte quelquefois des serpents, des alligators et des batraciens à une grande distance de leur lieu d'habitation, aussi bien que des insectes et même de gros mammifères, comme les jaguars.

rent confinés dans les contrées d'où ils sont originaires[1].

Les reptiles appartiennent par excellence aux contrées intertropicales. Le nombre des espèces et des individus diminue à mesure que l'on s'avance vers les pôles, et dans les régions les plus froides, ces animaux disparaissent tout à fait. Déjà on n'en rencontre plus à la Terre de Feu, aux îles Malouines, à la Nouvelle-Zemble. En Sibérie, entre le 71° et le 75° 35', la présence d'aucun reptile n'a été constatée. Dans la région arctique, la faune erpétologique se réduit à une espèce de grenouille, à 2 espèces de lézards et 2 de serpents. Toutefois, l'ordre des tortues, dominant dans la zone torride, semble avoir plus à redouter un été trop frais qu'un hiver trop froid. Les batraciens sont de tous les reptiles ceux qui s'avancent davantage vers les pôles et dont l'aire totale a le plus grand rayon. Les grenouilles et les salamandres habitent les rives du Mackenzie, dans l'Amérique du Nord, sous un ciel glacé; et dans l'hémisphère austral, vers les bords du Santa-Cruz, par 50° lat. S., les premières continuent de se montrer.

On estime que le nombre des espèces de reptiles de la zone torride est double de celui des espèces des zones tempérées. De toutes les contrées de l'Ancien monde, il n'en est aucune qui puisse être comparée, pour l'abondance de ces animaux, à Java. L'Amérique renferme à elle seule plus de la moitié des espèces connues, et entre les divers pays de ce vaste continent, le Brésil occupe le premier rang pour la richesse erpétologique. Les types tropicaux et les types septentrionaux viennent se confondre dans l'Amérique centrale. Les premiers remontent au N. par la région brûlante des côtes, les seconds descendent par le plateau central; mais ce sont les premiers qui prédominent.

Pour l'ordre des batraciens, l'Amérique est celle des cinq parties du monde, qui compte le chiffre le plus élevé d'espèces, l'Europe le plus bas. Chaque région, sui-

---

1. Voy. H. Schlegel, *Essai sur la physionomie des serpents*, partie générale, p. 199.

vant la loi ordinaire, possède les siennes. Très-peu d'espèces sont cosmopolites ; toutefois la majorité des batraciens d'Europe, région qui n'offre que quatre espèces à elle propres, se retrouvent en Amérique et en Asie. En même temps que le genre *Grenouille* s'avance le plus loin dans le nord, il est celui qui s'élève le plus haut vers la région des neiges ; la *Rana temporaria* se rencontre dans les Pyrénées et les Alpes, à des altitudes de plus de 2000 mètres.

En Asie, la distribution des batraciens est nettement accusée. Sur ses 12 espèces de grenouilles, 5 appartiennent à la région centrale, 1 au Japon, 5 à Java, entre lesquelles 1 se retrouve à Amboine et 4 au Bengale. 8 espèces de rainette ou grenouille de terre habitent l'Asie continentale ; 5 Java et 1 le Japon. L'Asie Mineure présente une espèce voisine de la rainette, l'*Hyla viridis*, et nourrit 8 espèces de crapauds. Avancez vers l'Océanie, quittez les îles de la Sonde, et toute cette population de batraciens disparaît ; c'est à peine si vous en rencontrez quelques-uns en Australie, où ils prennent une physionomie particulière. Quant à la faune des batraciens de l'Afrique, elle est mal connue ; on y compte 8 espèces de grenouilles, 3 de rainettes, 3 de crapauds. Sur les 2 espèces constatées de *pipas*, batracien dont la laideur dépasse encore celle des crapauds, 1 est cantonnée au Cap de Bonne-Espérance.

La vaste étendue de marais, de rivières et de forêts dont est couverte l'Amérique, jointe à sa constitution thermométrique, en fait la terre promise des batraciens ; ces reptiles y atteignent des proportions plus grandes que partout ailleurs. Sur 23 espèces de grenouilles, 27 de rainettes et 21 de crapauds habitant le Nouveau monde, aucune ne se retrouve sur l'Ancien continent. Chacune des deux Amériques a au reste sa faune batracienne propre dont les espèces offrent toutefois beaucoup d'analogie.

Les salamandres, qui constituent, avec les tritons, le second groupe des batraciens, prédominent surtout en Amérique. L'Europe n'en compte que quelques espèces, entre lesquelles il faut citer le *Proteus anguinus*, confiné dans les cavernes souterraines du Carniole. La plus grande espèce du groupe, qui atteint jusqu'à 1 mètre de long et rappelle la salamandre fossile des schistes d'Œningen, se trouve au Japon (*Sieboldia maxima*). Elle vit sur les montagnes, à une hauteur de 1300 mètres. Une espèce voisine (*Sieboldia Davidiana*) a été retrouvée dans l'Asie centrale sur les frontières de la Mongolie et de la Chine, dans la Ssé-tchouen, le Yunnan et le Tibet. Une autre salamandre (*Dermodactylus Pinchoni*) qui habite les forêts de conifères de l'Asie centrale, se rattache aux types américains. Certaines espèces de batraciens caractérisent plus spécialement la faune erpétologique américaine. Un des types les plus singuliers de cette famille nous est fourni, au Mexique, par l'axolotl dont les formes rappellent les têtards de salamandre et qui foisonne dans les lacs de cette contrée. Les cécilies[1] ne se rencontrent que dans les parties tropicales de l'Ancien et du Nouveau monde. Enfin, le *lépidosiren*, animal intermédiaire entre les batraciens et les poissons, est également inconnu à nos climats, et, des deux espèces dont on a constaté l'existence, l'une appartient au Brésil, l'autre à la Sénégambie.

Les ophidiens ou serpents suivent sensiblement les mêmes lois de distribution que les autres reptiles, classe dont ils fournissent par excellence le type. Il est à noter qu'ils font presque totalement défaut dans les nombreuses îles de l'Océan Pacifique; fait d'autant plus singulier que les îles de l'Archipel indien en possèdent plus que toute autre région. Un fait non moins remarquable, c'est que les espèces ophidiennes du Nouveau monde sont constamment différentes de celles de l'Ancien; tandis que plusieurs de nos serpents se retrouvent, dans l'Asie tempérée et jusqu'au Japon, absolument avec les mêmes caractères.

---

1. Les *cécilies* manquent complétement de membres comme les serpents; mais elles ont des branchies dans leur jeune âge. Leur peau est lisse et visqueuse. Cette famille curieuse est un intermédiaire entre les serpents et les batraciens.

Non-seulement le Nouveau monde a ses espèces propres qui ne reparaissent point ailleurs, mais l'Amérique du Sud nourrit, en général, des espèces autres que celles de l'Amérique du Nord, bien que plusieurs leur soient communes. Quelques espèces de l'Amérique méridionale habitent aussi les Antilles, et remontent même jusque dans les parties méridionales des États-Unis, où existent des variétés particulières dues au climat. D'autres espèces, fort répandues dans l'Amérique du Nord, s'avancent jusqu'au Mexique et se retrouvent aux Antilles. Cet archipel joint à la Guyane, au Brésil et au Paraguay possède 80 espèces d'ophidiens, c'est-à-dire autant que les archipels de la Malaisie et des Moluques réunis. Java ne compte pas moins de 60 espèces, c'est-à-dire plus qu'aucun autre pays. L'Australie présente peu de variétés dans sa population ophidienne; la majorité de ses espèces habite toute l'étendue de ce continent, la côte méridionale exceptée; en général, le genre vivipare *Hoplocephalus*, de la famille des *Élaps*, y prédomine; quelques espèces sont exclusivement propres à cette partie du monde. Au Japon, les serpents appartiennent presque sans exception à des espèces particulières. Les espèces de la Malaisie sont souvent absolument identiques à celles de la presqu'île de Malaya, du Bengale, de Ceylan et du Nouveau monde. Quelquefois cependant on constate, entre les espèces de ces diverses contrées, des différences plus ou moins tranchées, d'où naissent des variétés locales. Madagascar a sa faune ophidienne propre La famille des dryadides qui y est représentée se retrouve aussi en Amérique et fournit aux îles Galapagos le seul serpent qu'elles connaissent (*Herpetodyas biserialis*). L'Afrique est assez pauvre en serpents; les espèces de sa région méridionale différentes de celles de l'Europe et des autres parties du monde se retrouvent souvent dans toute sa région centrale, et s'avancent parfois jusque dans sa région septentrionale. Celle-ci se rattache, pour le reste de la faune ophidienne, à l'Europe méridionale, spécialement à celle du bassin de la Méditerranée. La faune ophidienne présente dans l'Europe et dans l'Asie tempérée un caractère commun, ces deux régions comptant un grand nombre d'espèces identiques.

Il est bon d'observer ici qu'on ne saurait faire reposer la distribution des serpents sur la distinction des serpents venimeux et de ceux qui ne le sont pas ; car partout où existent des serpents, il se trouve des espèces venimeuses. Elles existent même souvent aussi loin vers le nord que les espèces inoffensives : ce qui se présente notamment pour les vipères et les crotales. Toutefois la proportion de ces deux catégories de reptiles varie selon les contrées; mais le chiffre des serpents non venimeux l'emporte partout sur celui des venimeux, excepté en Australie où le rapport des seconds aux premiers est de $\frac{17}{14}$. Au total, sur environ 300 espèces d'ophidiens connues, il n'en est guère que $\frac{1}{6}$ qui soit armé de crochets empoisonnés. On dirait qu'il en est du poison distillé par les reptiles, comme des épines, qui se développent d'autant plus sur certains végétaux, que le terrain est plus sec ou plus stérile. Plus le pays est découvert, exposé aux ardeurs du soleil, plus la proportion des espèces venimeuses s'accroît. En Afrique, sur 3 espèces, il y en a 1 au moins de venimeuse; tandis qu'à Ceylan, sur 20 espèces, 4 seulement le sont. D'autre part, le nombre des individus des espèces venimeuses est beaucoup plus borné que celui des espèces sans venin. A l'exception des serpents marins, les serpents à poison vivent toujours isolés; ils ne se développent en grand nombre que dans des circonstances particulières, comme cela a lieu pour le trigonocéphale lancéolé, aux îles à sucre des Antilles, ou pour la vipère ammodyte, en Dalmatie.

La locomotion lente des serpents, les conditions biologiques spéciales à chaque espèce, font comprendre pourquoi il n'existe pas d'espèces indifféremment répandues sur toute la Terre. Il n'y a d'exception qu'à l'égard des *tortrix* ou serpents-rouleaux, sorte d'ordre intermédiaire entre les ophidiens et les sauriens. Plusieurs de leurs espèces se rencontrent sur les points les plus distants. Non-seulement chaque espèce, mais encore chaque tribu a, en quelque sorte, sa région particulière, exclue qu'elle est vraisemblablement d'autres régions, par la nature des lieux et les conditions climatologiques. Les couleuvres proprement dites, par exemple, qui ne vivent que dans des contrées boisées ou marécageuses, qu'en des cantons d'une végétation abondante, n'ont point été observées en Australie et sont presque inconnues dans l'Afrique méridionale, qui n'en nourrit qu'une espèce, s'éloignant beaucoup d'ailleurs du type de la tribu, et se rapprochant au contraire des serpents propres aux contrées désertes ou sablonneuses. Il en est de mêmes des *coronelles*, ophidiens qui recherchent les plaines marécageuses et couvertes de bruyères. L'Australie n'en compte qu'une seule espèce ; dans l'Afrique méridionale, les espèces s'éloignent tout à fait de leur type. Les serpents d'arbres sont plus particulièrement propres aux contrées équinoxiales où abondent les grandes forêts. Ils sont peu répandus en Australie et n'ont que des représentants éloignés dans l'Afrique méridionale. Les serpents d'eau douce manquent de même dans les contrées faiblement pourvues de rivières et de lacs. De là, leur absence en Australie, leur extrême rareté en Afrique, leur prédominance dans les deux Amériques. Les *boas*, qui ont un genre de vie particulier, sont confinés dans l'Amérique méridionale. Les *pythons* les remplacent dans l'Ancien monde. Les dipsades, les dendrophis restent, comme les boas, limités, dans leur habitat, aux parties chaudes de l'Amérique, et ne s'élèvent guère plus au Nord que les Antilles. On en retrouve quelques-uns en Australie et en Malaisie. Aux Indes, la tribu des boas et des pythons est représentée par des individus de plus petite taille, tels que le *python à deux raies*, qui se montre depuis les îles de la Sonde, la Chine et Nicobar jusqu'en Sénégambie. Les acrochordes, qui tiennent, par un côté, à la famille des boas, par un autre, à la tribu des serpents marins, sont propres à l'Asie intertropicale. Habitant continuellement les eaux, ils ne sauraient subsister dans des contrées sèches et désolées. Les vipères sont, pour les régions froides et tempérées de l'Ancien monde, comme des représentants abâtardis des terribles espèces venimeuses qui infestent les contrées tropicales. La vipère commune habite toute la partie centrale de l'Europe, et paraît être répandue dans l'Asie tempérée jusqu'au lac Baïkal. Elle vit aussi en Angleterre et en Suède; mais, vers l'ouest, elle ne se trouve guère au delà de la Seine, et ne dépasse pas les Alpes au sud. Dans la partie méridionale de l'Europe occidentale, elle est remplacée par la vipère-aspic qui se rencontre depuis Trieste jusqu'en Espagne, depuis Chypre et la Sicile, jusqu'en Suisse et dans le nord de la France. Les parties méridionales de l'Europe orientale produisent à leur tour une troisième espèce, la *vipère ammodyte*. Chacune de ces trois espèces affectionne une nature particulière de sol, dont la prédominance dans telle ou telle contrée explique leur distribution respective. Les *crotales*, ou serpents à sonnette, ne se rencontrent que dans la Nouveau continent. Chacune des deux Amériques a son espèce propre.

Des serpents venimeux colubriformes, il n'y a que le genre *Élaps* qui habite les deux mondes, et encore les élaps de l'Amérique forment-ils un petit groupe distingué par le système de coloration et de légères particularités de forme. Les élaps des Indes sont rayés longitudinalement, au lieu d'être annelés de rouge et de noir; ceux de l'Australie s'éloignent beaucoup du type générique. Les *bongares*, qui rappellent par leur port les élaps, demeurent confinés dans les Indes orientales. Les *najas* se rencontrent dans les mêmes contrées; le plus grand nombre des espèces de cette tribu recherche les plaines arides et sablonneuses : ce qui explique pourquoi elle prédomine dans l'Afrique et l'Australie.

Si les crotales constituent pour le Nouveau monde comme l'équivalent de ce que sont les vipères pour l'Ancien, les trigonocéphales, serpents à tête en forme de cœur ou de triangle, constituent dans les deux continents le chaînon entre les reptiles des régions équatoriales et ceux des régions humides. Étrangers à l'Afrique et à l'Australie, ils fourmillent au contraire dans les contrées boisées, les grandes forêts de l'Amérique méridionale, de l'Asie intertropicale et de l'Archipel indien. Une espèce, le *Trigonocephalus halys*, s'avance jusque dans les steppes de la Turcomanie, contrée qui est aussi caractérisée par le *Psammosaurus caspius*, et le *Tomyris oxiona*, qui rappelle les formes du naja. Le *Tropidonotus persa*, dont la couleuvre des murailles de l'Europe méridionale semble n'être qu'une variété abâtardie, se rencontre surtout dans les steppes situées au sud du Kour, et toujours sur les côtes de la mer. L'abondance de ces reptiles empêcha jadis, au dire de Pline, l'armée romaine de pénétrer en Albanie.

La plupart des régions de l'hémisphère boréal ont chacun des représentants différents du genre *Couleuvre*. Le Japon en compte trois espèces particulières. Java, Sumatra, Célèbes, sont habités par une belle couleuvre à queue noire. On rencontre le *Coluber constrictor* dans l'Amérique du Nord et jusqu'aux Antilles. L'Amérique du Sud a aussi ses couleuvres. Les coronelles, qui s'en rapprochent, ainsi que les xénodons et les lycodons, comprennent un grand nombre d'espèces, propres surtout aux climats tropicaux, et ayant chacune sa sphère d'habitation particulière. Ainsi, la coronelle corail (*C. venustissima*) est confinée dans le Brésil et la Guyane; la coronelle lisse est la seule qui se trouve en Europe, souvent en société avec la couleuvre à collier et les vipères. Les xénodons ne sortent pas de l'Amérique méridionale et de la Malaisie.

Les *hydrophis* ou serpents de mer, si redoutables à raison de leur venin, mais dont la taille dépasse rarement un mètre, se montrent par bandes nombreuses à l'est de la côte de Malabar, sur presque tous les points des mers du Sud, des Indes et de la Chine, depuis Tahiti jusqu'aux Philippines. Tout à fait caractéristiques pour ces mers, ils sont complétement inconnus dans l'Atlantique.

Les sauriens, qui comprennent l'ensemble des animaux d'une conformation analogue à celle du crocodile, sans être aussi cosmopolites que les batraciens, ont cependant des représentants dans les diverses contrées chaudes et tempérées. Les plus grands d'entre eux sont les crocodiles, les alligators, les gavials, vivant dans les estuaires, les lacs les fleuves et les marais. Les premiers abondent dans les rivières et les lacs de l'Afrique centrale, et fourmillaient naguère dans le Nil; une petite espèce exista jadis en Palestine. On en rencontre deux espèces particulières à Madagascar : une à Sierra-Leone (*Crocod. biscutatus*), et une autre aux Seychelles. Les alligators ou caïmans, dont l'armure est moins dure et moins riche de plaques que celle des crocodiles, habitent l'Amérique. Plus voraces et plus féroces que leurs représentants de l'Ancien monde, ils remontent les cours d'eau jusque dans des contrées situées à une grande altitude. Les alligators pullulent dans les eaux du Mississipi, dans les marais de la Floride et de la Caroline, où ils atteignent de grandes dimensions (4 mètres). Ne pouvant avaler ni broyer leur broie, ils attendent que le cadavre de l'animal, de l'homme tombé en leur pouvoir ait été décomposé par l'eau, pour se repaître à terre de sa chair putréfiée. La nature des lieux paraît exercer sur le caractère de ces sauriens une influence notable; car on voit en tel canton audacieuses, les mêmes espèces qui se montrent timides dans un canton voisin. L'alligator a la voix du taureau, et cette voix se fait entendre à l'approche des orages. Son caractère farouche s'exerce même parmi ses semblables; car les caïmans se livrent entre eux de terribles combats, et quand les petits, que la mère surveille avec soin et dont elle défend courageusement la couvée, viennent à s'essayer dans les eaux, le mâle parfois les dévore.

Les gavials rappellent les crocodiles; mais ils ont le museau plus grêle et plus allongé, les proportions beaucoup moins massives; ils sont peu redoutables à l'homme. Le Gange est par excellence leur patrie; ils y atteignent jusqu'à 10 mètres de long. Une espèce plus petite, qui n'a que 3 à 4 mètres, hante les étangs. Dans l'Indo-Chine, dans le Meïnam et ses affluents notamment, et l'Archipel indien, reparaissent les vrais crocodiles. A Bornéo, une espèce intermédiaire entre le gavial et le crocodile, le *Tomistone* de Schlegel, habite les grands lacs. Deux autres espèces se rencontrent dans la partie occidentale de l'Archipel indien; une troisième e crocodile à deux arêtes (*C. bipor-*

catus), se trouve depuis Ceylan jusque dans la Nouvelle-Guinée et la Polynésie.

Les monitors ou varans sont propres à la région malayo-australienne. L'Afrique en possède aussi un assez grand nombre d'espèces. Le *Monitor exanthematicus* et le *niloticus* se rencontrent dans l'Égypte et la Sénégambie. Au Cap, des espèces à teinte plus prononcée, telles que les *tupinambis* et le *lacerta du Cap*, prennent leur place. En Amérique, ils sont représentés par un genre formant un groupe distinct, l'*Héloderme*, qui comprend diverses espèces habitant les marais de la Guyane et le Mexique.

Les lézards sont les plus répandus d'entre les sauriens. L'Europe en compte 63 espèces, dont 17 habitent l'Italie, et une s'élève dans les Alpes jusqu'à l'altitude de 1000 mètres. Aussi ne saurait-on considérer ces animaux comme caractérisant des faunes spéciales; ils appartiennent, en général, à l'Ancien monde. En Amérique, ils sont remplacés par les *ameivas* et les *dragonnes* ou *thorcètes*., et différents autres genres. Dans les climats tropicaux, les lacertiens prennent des proportions plus fortes, une physionomie plus bizarre et même repoussante. Là se trouvent : les *iguanes*, répandus dans toute l'Amérique et l'Archipel indien; les *dragons*, petits lézards ailés propres à l'Inde, offrant quelque ressemblance avec les chauves-souris et dont une espèce habite l'Afrique occidentale; les *basilics*, sorte d'iguanes à grandes crêtes, qui peuplent la Guyane; le *chlamydosaure*, qui rappelle l'iguane par sa taille, le dragon par ses formes, et se rencontre en Australie. Une espèce marine, le seul lézard de mer connu, l'*amblyrhynque*, n'existe qu'aux îles Galapagos.

A ces sauriens de la tribu des lacertiens peuvent être rattachés d'autres reptiles de formes singulières, souvent hideuses, mais inoffensifs, et que, pour ce motif, l'homme laisse parfois s'attacher à sa demeure, tous animaux qui comptent dans chaque foyer de création erpétologique quelques genres caractéristiques. Le bassin de la Méditerranée a ses *géckos* qui grimpent le long des murailles (gécko des murailles), ou se logent dans les parties humides et sombres des maisons ; ses caméléons, non moins grimpeurs que ces petits reptiles ; l'Amérique a ses *anolis*, aux couleurs changeantes comme les caméléons, et dont les membres sont pourvus d'un appareil qui leur permet de grimper à la façon des géckos ; l'Australie a ses *phyllures*, dont la queue est aplatie horizontalement en forme de feuille ; enfin, les contrées sablonneuses de l'Afrique et de l'Arabie nourrissent des *scinques*, représentés dans l'Archipel indien et l'Australie par des espèces particulières (*trachysaure rugueux, cyclode* de Boddaert). Les genres de lacertiens qui forment la transition des sauriens aux serpents, à savoir : les bipèdes, les chalcides, appartiennent exclusivement aux zones tropicales ou subtropicales ; l'Amérique méridionale, dans la partie ouest de sa région équatoriale, nourrit une espèce voisine de la même catégorie de reptiles, le *riama*, type propre à cette région.

Les tortues ou chéloniens ne constituent pas un ordre moins caractéristique pour les diverses faunes erpétologiques que les deux ordres précédents. Habitant les terres, les fleuves ou les mers, ces animaux se répartissent en diverses tribus dont la distribution est dans un rapport assez étroit avec celle des autres reptiles. Suivant M. A. Strauch, on peut rapporter la distribution des chéloniens à trois zones : la *méditerranéenne et africaine*, où dominent les tortues de terre ; l'*asiatique et nord-américaine*, où prévalent les émydes et où est représenté le groupe des tryonix, répondant pour cet ordre à ce que sont les crocodiles chez les sauriens ; la *sud-américaine et australienne*, caractérisée par les chélydes ou tortues de marais. La première et la seconde zone ont de nombreux points de contact, et renferment beaucoup d'émydes communes. La région africaine se lie d'autre part à la troisième zone. Mais il est à noter que, dans les trois zones, les tortues paludines sont presque exclusivement représentées par des émydes dans l'hémisphère septentrional, et par des chélydes dans l'hémisphère austral. En Afrique, la grande variété de teintes que l'on observe chez les tortues affecte une relation assez étroite avec les lieux. Tortues de terre et tortues d'eau douce offrent des couleurs d'autant plus foncées, que leur patrie se rapproche davantage de la région australe. Dans la partie nord de ce continent, les chéloniens, comme une foule d'autres animaux, ne portent plus qu'une livrée d'un gris ou d'un jaune pâle, semblant refléter la couleur du désert qu'ils habitent.

L'Amérique a ses tortues propres, de terre et d'eau douce, dont les grandes proportions et l'organisation complexe font des espèces essentiellement différentes de celles qui avoisinent notre méridien. Leur abondance est extrême sur ce continent. La Guyane a sa *chelide matamata* ou tortue à gueule; l'Amérique du Nord possède également des espèces terrestres particulières, et dans les îles Galapagos, la célèbre *Testudo indica* atteint des proportions énormes, et souvent le poids de 200 à 300 kilogrammes. Cette tortue semble, du reste, du petit nombre des reptiles naturalisés d'un pays dans l'autre. C'est, selon toute probabilité, une espèce venue de Madagascar, terre jadis peuplée de tortues gigantesques dont on retrouve les débris, et qui a été acclimatée dans cet archipel, comme elle l'est en Californie et sur beaucoup de points de la côte occidentale de l'Amérique du Sud.

Les *trionyx* ou tortues d'eau douce, qui manquent à l'Amérique du Sud, se distinguent de celles du Nil, dans l'Amérique du Nord, par leur incroyable voracité. Dépourvues d'écailles, couvertes seulement d'une peau molle, comme les serpents, elles dévorent des oiseaux, des reptiles, de jeunes crocodiles, et se servent même parfois l'une à l'autre de pâture. Du Nouveau monde, leur habitat s'étend jusque dans l'Archipel indien; l'on en rencontre des espèces particulières à Java, à Bornéo et aux Célèbes; on les retrouve dans le Gange, l'Euphrate et le Nil.

Les tortues marines sont répandues dans toute la zone des mers tropicales, mais ne remontent pas au delà du 50ᵉ parallèle. Elles abondent dans les parages des Antilles, et arrivent en été, par grandes troupes, sur plusieurs îlots. Elles fourmillent également dans toutes les îles de la même zone, à l'archipel du Cap-Vert, à l'Ascension, à l'île Maurice, à Madagascar, aux Seychelles, aux Sandwich, aux Galapagos. On en rencontre aussi dans la Méditerranée, mais en petit nombre, et elles n'y atteignent pas des dimensions aussi considérables que sur les côtes occidentales d'Afrique et dans les mers d'Asie. La nourriture de ces tortues se composant de mollusques et de plantes marines, on comprend que leur distribution soit subordonnée à celle de ceux-ci.

Distribution des oiseaux; leurs migrations.

La distribution des oiseaux n'accuse pas à beaucoup près autant que celle des reptiles l'existence de faunes spéciales à divers pays. Les puissants moyens de locomotion dont les premiers sont en majorité pourvus leur permettent de se transporter à de grandes distances et de changer fréquemment d'habitat. Il est constant que certains oiseaux peuvent traverser tout l'Atlantique, et se rendre en volant de l'Amérique sur la côte d'Angleterre, sauf, s'ils sont épuisés par cette course incroyable, à se reposer momentanément sur les flots. Telle est la rapidité de leur vol dans ce voyage d'outre-mer, qu'il ne leur faut souvent pas plus de seize heures pour aller de Terre-Neuve en Irlande. La grande majorité des espèces ornithologiques émigre, suivant les saisons, à des distances plus ou moins éloignées; en sorte que leur distribution change aux différents mois de l'année, et subit autant de variations que la géographie erpétologique en subit peu.

On connaît environ 6000 espèces d'oiseaux réparties sur tout le globe. L'Amérique tropicale et la Malaisie en sont pourvues le plus richement; vient ensuite l'Europe, qui occupe, avec l'Amérique, le premier rang pour le nombre des oiseaux de proie ou rapaces. Les oiseaux chanteurs et grimpeurs y sont également très-multipliés. L'Ancien et le Nouveau continent comptent, dans l'hémisphère septentrional, surtout au voisinage des régions arctiques, une foule d'espèces communes; quant aux espèces qui ne le sont pas, elles offrent cependant encore entre elles une assez frappante analogie. A mesure que l'on descend en latitude, le chiffre des espèces locales va en augmentant, et les caractères des faunes ornithologiques, suivant les différents méridiens, deviennent plus tranchés, de façon que sous les tropiques, les formes des oiseaux d'Asie, d'Afrique et d'Amérique, diffèrent notablement. Plusieurs contrées de la zone tropicale présentent un chiffre assez élevé d'espèces particulières. Ainsi, la seule île de Ceylan en a 38. Il existe pourtant quelques espèces qui se retrouvent dans la plupart des contrées équinoxiales : ce sont généralement des rapaces et des palmipèdes. La *soubuse* (*Falco pygargus*) hante à la fois l'Afrique, l'Amérique et l'Europe ; le domaine de l'autour commun (*Falco palombarius*) s'étend depuis la France jusqu'en Afrique et en Sibérie. Le faucon ordinaire se rencontre dans presque toutes les contrées tempérées et chaudes de l'Europe ; il s'avance, d'un côté jusqu'au Cap de Bonne-Espérance, de l'autre, jusqu'en Amérique et en Australie. De là son nom de *faucon pèlerin*. Dans l'ordre des échassiers, le héron commun n'est pas moins cosmopolite. Les flamants ou phénicoptères se montrent en Europe, dans l'Hindoustan et au Nouveau monde, dans les conditions atmosphériques les plus différentes. On les voit pêcher dans les plus grands fleuves de l'Amérique tropicale, et s'élever sur les Andes à une hauteur qui dépasse 4000 mètres. Mais le plus vaste domaine appartient aux palmipèdes de la tribu des longipennes. Le pétrel géant se montre depuis le cap Horn jusqu'au Cap. Diverses espèces de mouettes fréquentent à la fois les mers des deux hémisphères. Enfin, on doit citer encore, comme un des oiseaux les plus cosmopolites, notre moineau, répandu depuis l'Europe jusqu'au Bengale.

C'est la nécessité de pourvoir à leur nourriture, beaucoup plus que les variations de température, qui oblige les oiseaux à émigrer ; dans leurs voyages périodiques, ils parcourent souvent des espaces considérables, passant l'hiver dans un pays, l'été dans un autre, et pondant quelquefois dans tous deux. Mais les oiseaux des régions arctiques, qui descendent plus au sud en hiver, y reviennent d'ordinaire couver au printemps. Comme ces animaux sont en majorité insectivores, ils quittent un canton, lorsque le froid vient à tuer les insectes ou à les faire tomber dans un état de torpeur, durant lequel ils restent cachés, à l'abri des poursuites des volatiles. Même fait dans les contrées tropicales. Quand l'excès de la sécheresse a détruit la population entomologique, les oiseaux sont forcés d'aller chercher leur subsistance ailleurs. Suivant l'apparition plus ou moins hâtive du froid, ils quittent plus ou moins tôt les hautes latitudes; et, selon que les êtres qui leur servent de pâture ont péri en plus ou moins grande abondance, les individus qui émigrent varient en nombre; car chez bien des familles tous les individus n'émigrent pas; plusieurs, trop jeunes ou trop âgés pour entreprendre de longs voyages, passent l'hiver dans les régions froides, ou, inversement, l'époque de la sécheresse dans les régions tropicales, errant seulement d'un canton à un canton voisin. D'autres oiseaux, qui font leur proie d'espèces ornithologiques plus petites, sont obligés par cela même d'émigrer avec elles.

Là où disparaissent les petits animaux, les graines, les bourgeons, qui fournissent leur pâture aux oiseaux, ceux-ci disparaissent forcément. De là l'influence qu'exercent sur les migrations des oiseaux l'extension des cultures, le défrichement des forêts. Dans les solitudes glacées de la Russie septentrionale, à peine quelques espèces ailées terrestres se montrent-elles de loin en loin. Déjà, dans les forêts du gouvernement d'Arkhangelsk, le voyageur est frappé, au retour du printemps, du morne silence qui contraste avec le gazouillement des oiseaux dans nos contrées, à la même époque.

Chaque espèce a, pour ainsi dire, son mode spécial de migration. Quelques-unes émigrent simplement par couples, plusieurs par petites compagnies, beaucoup par grandes bandes, comprenant souvent des milliers d'individus. Fréquemment les jeunes, les petits, voyagent séparément. Chaque bande ou vol a d'ordinaire un chef et affecte dans sa marche un ordre constant.

Les oiseaux voyageurs se réunissent généralement en un

lieu déterminé, pour prendre leur essor, et les préparatifs du départ sont annoncés par la plus étrange agitation. Ils se dirigent à peu près en ligne droite, vers les lieux de leur destination. Presque toujours, ils reviennent, chaque année, prendre possession des localités, même des nids qu'ils avaient abandonnés une année auparavant. C'est ce qui a été notamment constaté pour les grues et les hirondelles, espèces dont les époques de migration sont d'une remarquable régularité. Il semble qu'un instinct particulier fasse retrouver aux oiseaux leur route à travers les espaces de l'air; l'on a vu des individus appartenant à certaines espèces d'un pays, transportés en captivité dans un autre, reprendre immédiatement la route de leur patrie, dès qu'ils étaient rendus à la liberté [1].

L'Amérique septentrionale présentant des variations atmosphériques plus prononcées que nos climats, on comprend que les espèces voyageuses y soient plus nombreuses, que leurs migrations s'y opèrent en plus grandes masses que partout ailleurs. C'est par milliers que les canards, les oies et les pigeons fuient la sévérité des hivers des États septentrionaux de l'Union ; et quand les graines, dont le plus grand nombre fait sa nourriture, viennent à manquer dans le sud, on voit soudain ces oiseaux remonter vers le nord. Par exemple, la perdrix de Virginie, lorsque les semences font défaut dans le New-Jersey, traverse la Delaware et passe en Pensylvanie. Toutefois, dans ces migrations fréquentes, beaucoup d'individus, surtout parmi les espèces d'un vol lourd, exténués de fatigue et de faim, finissent par périr. Ainsi les perdrix américaines se noient souvent dans les rivières, en tentant de les remonter à la nage. Les dindons, lorsqu'ils arrivent sur les bords de l'Ohio, du Missouri et du Mississipi, épuisés par un vol auquel ils sont peu propres, se laissent prendre par milliers. Les espèces essentiellement émigrantes sont douées, au

---

1. Le fait a été notoirement observé aux États-Unis pour des chardonnerets, des rouges-gorges et des troupiales, qui avaient été apportés du Canada et qui, mis en liberté, ont repris immédiatement la direction du nord.

contraire, d'une puissance de locomotion incroyable. Le
pigeon et le canard sauvage peuvent parcourir 500 ou 600
kilomètres par jour. Les grues et quelques autres espèces
ne s'arrêtent pas pour prendre du repos, avant d'avoir
atteint leur destination, et l'on voit divers palmipèdes marins voler presque indéfiniment. La chaleur, comme le
froid, amène chez les oiseaux des migrations. En été, les
bandes innombrables d'oiseaux aquatiques qui fréquentent
les lacs et les rivières de l'Hindoustan et du Pendjab disparaissent tout à coup et se transportent dans l'Asie centrale. Cet instinct de sociabilité des oiseaux se manifeste
même entre espèces fort différentes; et dans le Nouveau-
monde, on voit les gobe-mouches, les grimpereaux, les
pies, les trogons, etc., chasser de concert les insectes et
pourvoir en commun à leur défense contre de redoutables
ennemis.

Oiseaux d'Europe.

La faune ornithologique de l'Europe n'a pas une physionomie bien tranchée; elle se lie en beaucoup de points
à celle de l'Asie, de l'Afrique, même des îles de l'Océan,
et à celle de l'Amérique du Nord. Ainsi, à l'île Madère, les
espèces d'oiseaux ne sont guère que des varités de celles
d'Europe. Sur les 600 espèces que ce continent présente,
150 environ lui sont communes avec le Nouveau monde.
La faune ornithologique du N. O. de l'Europe est surtout
composée d'oiseaux marins. Ils entrent dans la population
volatile pour les 3[4, et pour une bien plus forte proportion si, au lieu de considérer les espèces, on évalue le
chiffre des individus, au Groënland, en Islande et aux îles
Færoer. Ces terres ne sont en effet qu'occasionnellement vi-
sitées par des oiseaux terrestres, venus, pour la plupart, de
la Grande-Bretagne. En hiver, tous les petits oiseaux abandonnent le Groënland; mais plusieurs des grandes espèces y passent la saison froide. Du nombre des oiseaux qui
ne quittent jamais la région arctique, est l'orfraie (*Aquila
albicilla*) ou *aigle pêcheur*, qu'on rencontre dans les forêts
septentrionales, au voisinage de la mer ou des grands lacs;

il descend parfois en hiver jusque sur les côtes de l'Angleterre et de la France. Une des espèces les plus caractéristiques des contrées boréales est le *lagopède* ou perdrix de neige ; appartenant aux latitudes élevées des deux mondes, il se retrouve dans la zone tempérée, à des altitudes d'une température correspondante. Les tetraos blancs ou *ptarmigans* hantent également la zone arctique et fournissent presque seule la population ailée au voisinage des pôles.

La famille des corbeaux est l'une des plus cosmopolites de l'Ancien monde. Le choucas (*Corvus monedula*) est répandu dans toute l'Europe et dans l'Asie occidentale ; le freux (*C. frugilegus*) a une aire aussi étendue en longitude, mais plus septentrionale ; le corbeau mantelé (*C. cornix*), sans être moins boréal, redescend plus au sud et abonde au Caucase ; la corneille (*C. corone*) ne remonte point jusqu'en Suède, mais est commune à l'Europe et à l'Asie. Le *Corvus graculus* (chocard), le *C. pyrrhocorax*, habitants des hautes régions de l'air, se rencontrent dans les Alpes, à plus de 3000 mètres. La pie, sans avoir un domaine aussi spacieux, appartient à toutes les parties de l'Europe et compte dans l'Asie centrale divers représentants. Mais le cosmopolitisme d'aucun de ces animaux ailés n'est comparable à celui du corbeau commun (*C. corax*). Il supporte indifféremment les extrêmes de chaud et de froid, et se rencontre du Groënland au Cap de Bonne-Espérance, de la baie d'Hudson au golfe du Mexique. Les individus des contrées septentrionales ne se distinguent de ceux des climats plus chauds que par leur extrême voracité.

Les palmipèdes, couverts d'un épais duvet, sont plus à l'abri du froid, et font par ce motif le fond de la population ornithologique de la zone polaire. Ces volatiles viennent pondre aux bords de la Mer glaciale en quantité prodigieuse. Dans la Sibérie, à l'embouchure de la Kolyma, il n'est pas rare qu'un chasseur tue en une seule journée un millier d'oies sauvages, et dans ces régions glacées, un seul coup de fusil suffit pour faire partir dans toutes les directions une nuée et, comme on dit dans le nord, une montagne d'oiseaux (*Vogelberg*). Les plus grands d'entre eux, les cygnes, habitent les régions froides des deux continents, et descendent par bandes, pendant les hivers rigoureux, jusque dans nos climats. Le *Cygnus musicus* ou à bec noir passe l'hiver en Islande. En Amérique, il voyage par troupes; dans le calme des nuits polaires, ces palmipèdes s'annoncent de loin par leur cri ou plutôt leur chant, qui rappelle le son du violon. Le *Cygnus ferus* et plusieurs autres palmipèdes du nord se rencontrent dans le midi du Groënland, mais ne s'avancent pas jusque dans sa partie septentrionale. Il est au reste à noter que cette terre offre deux zones ornithologiques différentes et qu'elle l'emporte, pour le nombre des espèces, sur l'Islande et le Spitzberg.

Diverses espèces de canards vivent en troupes à des latitudes très-élevées. L'eider commun, qui fournit l'*édredon*, habite les mers glaciales, et abonde surtout en Laponie, en Islande, au Groënland, au Spitzberg d'où il redescend jusqu'aux Orcades, aux Hébrides et en Suède; il s'aventure même parfois plus au sud, tandis qu'en Amérique il ne dépasse guère le parallèle de New-York.

Les oiseaux à doigts complétement palmés entrent pour une forte part dans la population ornithologique du nord de l'Europe. Les cormorans y volent par troupes, au bord des eaux, à la poursuite des poissons; les *fous* ou *boubis* nichent par masses sur les rochers que baignent les mers septentrionales, et s'égarent quelquefois au sud jusque sur nos côtes. Les *goélands* ou grandes mouettes, de passage sur notre littoral, abondent dans les mêmes mers. Le *fulmar* ou pétrel gris-blanc et l'*oiseau des tempêtes*, citoyens des mers boréales, se rabattent de temps en temps sur nos parages. La famille des brachyptères ou plongeurs caractérise tout particulièrement les contrées froides des deux hémisphères. Les pingouins [1], et surtout le *grand pingouin*,

---

1. Un groupe particulier de pingouins (*Eudyptes*) est propre à la Tasmanie et fournit presque le seul trait qui distingue la faune ornithologique de ce pays.

se plaisent au voisinage de la Mer glaciale. Le *grand manchot* habite, au contraire, l'autre hémisphère, et se montre depuis le détroit de Magellan jusqu'aux îles de la Polynésie. Le *sauteur* existe à la fois aux environs des îles Malouines et en Australie ; le *sphénisque* appartient au Cap. Le *grand plongeon* fréquente les mers arctiques des deux mondes, et est surtout commun aux Hébrides et sur les côtes de la Norvége. Une autre espèce, nommée *lumme*, abonde sur les lacs de la Sibérie et de l'Islande, au Groënland et sous les plus hautes latitudes de l'Amérique septentrionale. Enfin les guillemots et les grèbes, qui nichent dans les rochers escarpés du nord, redescendent davantage vers les climats tempérés, quand l'hiver devient par trop rigoureux.

La direction habituelle des vents exerce une influence notable sur la distribution des oiseaux, en particulier sur celle des palmipèdes. Les oiseaux volent à l'encontre du vent, quand ils vont à la mer ; ils en reviennent fatigués, et se tournent de façon à avoir vent arrière ; ils doivent dès lors placer leurs nids sous l'exposition directe des vents prédominants ; c'est ce que l'on a constaté en plusieurs îles, notamment aux Færoer, où pas un nid d'oiseau marin ne se trouve placé sur les rochers exposés à l'est, tandis que 25 espèces nichent à l'ouest et au nord-ouest, direction habituelle des vents dans cet archipel. D'ordinaire les oiseaux marins marchent en troupes et nichent en société. Ils s'établissent de préférence sur les récifs, les falaises, les dykes et les anfractuosités. Toutefois, chaque espèce évite de se mêler aux autres ; l'on a signalé, par exemple, au Fugel-Berg, dans les îles Færoer, un rocher dont les divers étages sont habités chacun par des espèces marines différentes. La Grande-Bretagne doit à son caractère essentiellement marin l'abondance de sa population ornithologique, surtout celle de ses palmipèdes, car aucune contrée de l'Europe n'est aussi riche en oiseaux, et des 600 espèces européennes, elle n'en possèdent pas moins de 280.

Les rapaces, qui grâce à la puissance de leur vol peuvent s'écarter considérablement de leur patrie spéciale, forment comme le trait d'union qui lie la faune ornithologique de l'Europe à celle des autres parties du monde. Ainsi le vautour arrian (*Vultur monachus*), qui, en Europe, hante de préférence la région méditerranéenne, des Pyrénées à la Mer noire, appartient à la fois à l'Afrique et à l'Asie centrale. Oiseau solitaire, comme la plupart des rapaces, il est pour l'atmosphère ce qu'est l'hyène pour la Terre. Une autre espèce, le vautour fauve (*Gyps fulvus*), a une aire encore plus vaste et se rencontre depuis la Sibérie jusqu'en Nubie et en Sicile. Au contraire le *Gyps occidentalis* est essentiellement européen. Le percnoptère ne sort guère en Europe du bassin méditerranéen, mais il s'avance davantage en Afrique et en Asie. Les gypaëtes ne sont représentés en Europe que par une seule espèce, le *G. barbatus*, dont l'aire se rapproche de celle du percnoptère, mais est plus étendue en Afrique et en Asie, puisqu'il se montre jusqu'au Cap et en Daourie.

On dirait que la famille des vautours a été destinée par le Créateur à purger la Terre des cadavres d'animaux dont la putréfaction empeste l'air; car ces rapaces, quoique attaquant quelquefois les êtres vivants, se repaissent surtout de charogne. Les aigles, au contraire, se nourrissent de proie vivante et sont les vrais lions, les vrais tigres des airs. Ils comptent en Europe 11 espèces, dont aucune ne lui est propre. L'aigle impérial (*Aquila heliaca*), qui habite à peu près les mêmes contrées que le vautour *arrian*, paraît avoir le domaine le plus étendu; toutefois les individus de son espèce ne se rencontrent qu'en petit nombre. L'*aigle fauve*, qu'on retrouve en Asie et dans l'Amérique septentrionale, est le seul qui remonte vers le nord. Il vit sédentaire dans les Alpes, pénètre rarement dans les Pyrénées. L'aigle criard (*Aquila nævia*), beaucoup moins à redouter, est l'oiseau par excellence des arbres élevés; il se montre depuis la Russie méridionale et la Lithuanie, où il est assez commun, jusqu'en Suisse et à la Baltique; il se plaît sur les chênes et les sapins, mais fréquente aussi les steppes et y fait son nid à terre. Les pygargues ou aigles pêcheurs (*haliæetus*) aiment au contraire les rochers escarpés. On a vu plus haut que le pygarg (*albicilla*) habite le nord et le nord-ouest de l'Europe, ainsi que toute la Russie méridionale. Mais changeant, à l'instar d'autres rapaces, de pays, suivant les saisons, on le rencontre de passage dans toute l'Europe centrale, et en certains points de l'Amérique méridionale. L'espèce à tête blanche (*leucocephalus*) est plus exclusivement américaine. Le genre de vie de plusieurs de ces rapaces dépend des localités qu'ils habitent. Ainsi, dans le nord et le nord-ouest de l'Europe, le pygargue ordinaire vit sur les rochers, non loin de la mer et dans les forêts voisines des grands lacs et des rivières ; il s'y nourrit spécialement de poissons et d'oiseaux aquatiques. Dans la Russie méridionale, au contraire, il se tient au milieu des steppes, ne s'approche pas des eaux, et fait sa pâture des oiseaux, des taupes et de petits rongeurs.

Le balbuzard fluviatile ou aigle pêcheur (*Pandion haliœetus*), le plus redoutable ennemi des poissons, hante toute l'Europe. Le busard harpaye (*Circus œruginosus*) et le busard Saint-Martin (*Circus cyaneus*) passent de l'Afrique dans les contrées septentrionales de l'Europe et de l'Asie, tandis que le busard cendré ne sort pas de la région tempérée de ces deux continents. Les buses ne s'éloignent guère, en Europe, du bassin de la Méditerranée ; mais un genre voisin, l'archibuse (*Archibuteo lagopus*), est propre à la zone froide de l'Ancien monde. Les milans se tiennent dans la même région moyenne que les buses ; l'épervier et l'autour ont un habitat plus vaste, le premier ne remonte toutefois que peu au nord. Enfin la grande famille des faucons, à côté d'espèces dont l'aire embrasse la plus grande partie de l'Europe, de l'Asie centrale et de l'Afrique septentrionale, telles que le *Falco peregrinus*, le *Falco vespertinus*, le hobereau, l'émerillon, la cresserelle, en compte d'autres dont le domaine est plus circonscrit : les gerfauts, habitants surtout du nord ; le sacre, propre à l'Europe orientale et à l'Asie ; le faucon lanier, qui, outre cette région, hante aussi le sud-est de l'Europe.

Les rapaces nocturnes sont moins nombreux que les diurnes. L'Europe en connaît 15 espèces. L'effraie (*Stryx flammea*) y est cosmopolite. La tribu des chouettes épervières est propre aux régions arctiques; l'une d'elles doit à sa patrie le nom de *chouette laponne*; la chouette harfang (*Stryx nyctea*), qui porte, comme le gerfaut du Groënland, la livrée de son climat, appartient aux contrées arctiques de l'Amérique, et se montre accidentellement sur nos côtes. Ces chouettes épervières ou accipitrines se distinguent par leur queue étagée; à l'inverse de leurs congénères, elles voient et chassent pendant le jour. C'est que dans les contrées polaires, où les jours sont souvent ténébreux, où les nuits sont remplacées, à un moment de l'année, par un jour continu, les rapaces nocturnes perdent les habitudes de leur race; ils vont, comme les espèces diurnes, chercher leur proie à la lumière d'un soleil que tempère une atmosphère chargée de vapeurs. Aussi dans les contrées arctiques, où les oiseaux de proie sont en général peu abondants, les chouettes tiennent-elles lieu de vautours et d'aigles.

Les chouettes véritablement nocturnes appartiennent surtout à la partie tempérée de l'Europe; elles descendent peu dans le sud, tandis que plusieurs remontent jusqu'en Laponie. La tribu des hiboux, oiseaux nocturnes que distinguent leurs aigrettes, est moins boréale; le hibou commun (*Otus vulgaris*) se montre même jusqu'en Sicile. La seule espèce de scops qui visite l'Europe ne quitte point la région tempérée moyenne. Le hibou grand-duc (*Bubo maximus*), dont la taille atteint quelquefois jusqu'à 70 centimètres, se trouve dans l'Europe méridionale comme dans l'Asie septentrionale.

L'ordre des grimpeurs ou zygodactyles n'est que faiblement représenté en Europe. Citons d'abord le genre *Picus*, qui compte le plus grand nombre de ses espèces dans les forêts humides de l'Amérique méridionale. Le *pic noir* fréquente les forêts montagneuses de la région tempérée. Le domaine du *pic vert* est plus étendu; il en faut dire autant de l'épeiche (*Picus major*). Le pic cendré (*Picus canus*) habite seulement le nord de l'Europe ou les hautes cimes de la Suisse, qui en reproduisent le climat. Le coucou gris se montre en Europe pendant l'été. L'Afrique a aussi son espèce, le *Cuculus glandarius*, qui hante l'Égypte, la Barbarie et la Syrie; l'Amérique du Nord a également le sien, le *Cuculus americanus*, qui va passer l'été aux Antilles. Un autre grimpeur, le torcol (*Yunx torquilla*), se trouve dans les trois parties de l'Ancien monde où il fait une guerre active aux fourmis.

L'ordre des passereaux, de beaucoup le plus riche, compte en Europe d'innombrables représentants. Entre les dentirostres, qui se distinguent par un bec échancré de chaque côté à la pointe, on rencontre certaines espèces caractéristiques : les *pies-grièches*, vrais rapaces offrant les caractères des passereaux et qui font aux autres oiseaux de cet ordre, même à de plus gros qu'eux, une guerre acharnée, se hasardent parfois à attaquer les petits rapaces, sont représentées en Europe par de nombreuses espèces. La pie-grièche grise (*Lanius excubitor*) et la pie-grièche écorcheuse (*Lanius collurio*) habitent indifféremment toutes les parties de l'Europe tempérée ou chaude; deux espèces, la pie-grièche méridionale et la pie-grièche d'Italie, demeurent cantonnées dans les contrées sud de l'Europe. Les gobe-mouches proprement dits (*Muscicapidæ*) constituent un genre tout européen, habitant de préférence la région méridionale. Un autre dentirostre, le jaseur (*Bombycilla garrula*), répandu dans toute l'Asie septentrionale, s'avance en Europe jusqu'en Allemagne; on le rencontre notamment en Bohême, circonstance qui lui a valu un de ses surnoms. Le genre Merle (*Turdus*) se ramifie en de nombreuses espèces, appartenant en majorité aux contrées froides; le merle à plastron (*Turdus torquatus*), à la fois citoyen de l'Asie et de l'Europe, se plaît surtout dans les régions boréales ou les parties les plus élevées de nos principales chaînes de montagnes; le merle à gorge noire (*Turdus atrigularis*) habite la Sibérie et paraît accidentellement dans l'est de l'Europe, ainsi que d'autres espèces, le merle pâle, le merle brun (*Turdus eunomus*), le merle doré, qui s'avance jusqu'au Japon. Au contraire, le domaine du merle erratique (*Turdus migratorius*), ou litorne du Canada, s'étend de l'Amérique du Nord à l'Europe occidentale. Un genre voisin du merle, la grive, est plus migrateur et voyage par couples ou par petites bandes, de Sibérie en Europe.

A la faune ornithologique de la même partie du monde appartiennent de nombreuses espèces de fauvettes, de rubiettes et de traquets dont quelques-unes, telles que la rubiette rouge-gorge (*Erithacus rubecula*), sont essentiellement cosmopolites. La fauvette à tête noire (*Sylvia atricapilla*), ainsi que celle des jardins et l'accenteur mouchet, habitent presque toutes les régions européennes; mais cette fauvette est plus particulièrement caractéristique de nos contrées. D'autres espèces sont confinées dans les pays chauds : notamment la fauvette de Sardaigne, celle de Provence, celle des fragons (*melanocephala*) et celle à lunettes (*conspicillata*); une espèce, celle *de Rüppell*, s'avance des bords de la Mer rouge et du Nil jusqu'en Grèce. Le rossignol habite toutes les parties chaudes et tempérées de l'Europe, et se trouve en Afrique et en Asie; la gorge-bleue (*cyanecula*), qui s'en rapproche beaucoup, a une aire plus septentrionale, mais qui s'étend aussi à la fois sur l'Europe et l'Asie. Même communauté dans la faune ornithologique de ces deux parties du monde pour des espèces voisines. Dans la tribu des traquets ou saxicoles, plusieurs espèces ne sortent guère de l'Europe méridionale ou du bassin méditerranéen; telles sont le traquet oreillard, le traquet rieur, le traquet stapazin; d'autres de l'Europe moyenne, par exemple, le traquet motteux (*Saxicola œnanthe*). L'Europe orientale a aussi ses espèces caractéristiques, le traquet leucomèle, qui s'avance jusqu'en Daourie, le traquet sauteur (*saltator*).

Le sous-ordre des passereaux fissirostres est beaucoup moins nombreux que le précédent. Il renferme les hirondelles et les martinets. Le martinet noir (*Cypselus apus*), le martinet melba habitent de préférence l'Europe méridionale. Tous ces oiseaux émigrent à de si grandes distances, qu'on ne peut assigner à leur distribution géographique de caractères permanents. Dans les premiers jours d'avril, nous voyons apparaître chez nous l'hirondelle de cheminée (*Hirundo rustica*), celle de fenêtre (*Hirundo urbica*), et les diverses autres espèces d'hirondelles. Venus en nos climats dans le seul but de se reproduire, ces oiseaux nous quittent en septembre ou en octobre, pour se rendre dans des pays plus chauds. Le témoignage des anciens atteste que depuis bien des siècles il en est ainsi; d'où il faut conclure que les causes qui amènent les hirondelles en Europe n'ont pas changé. Lorsque les froids se prolongent, ces oiseaux n'arrivent que plus tard. Tandis qu'en automne la majorité des hirondelles se rend en Afrique, notamment au Sénégal, où elles prennent un nouveau plumage, une espèce, l'hirondelle de rivage, remonte beaucoup plus haut dans le nord de l'Europe et se retrouve jusqu'en Sibérie; elles passent souvent l'hiver en Sicile, ou sur les côtes de la Barbarie. L'hirondelle de rocher (*Biblis rupestre*) appartient à la fois aux trois parties de l'Ancien monde, et s'observe, en été, dans toutes les contrées chaudes de notre hémisphère. L'engoulevent (*Caprimulgus*), oiseau crépusculaire, sorte de type intermédiaire entre les passereaux et les rapaces nocturnes et que l'on rattache à la section des fissirostres, se montre dans les parties tempérées de l'Europe, pendant la belle saison, et passe l'hiver dans les pays chauds.

Dans le sous-ordre des conirostres, prennent place une foule d'oiseaux dont l'aire est aussi fort étendue. Les alouettes comptent en Europe douze à treize espèces, en majorité répandues sur toute sa superficie. Une espèce, le sirli des déserts (*Alauda bifasciata*), s'avance, de l'Afrique et de l'Asie occidentale, dans le bassin méditerranéen; l'alouette calandre commune occupe à peu près le même domaine; deux autres espèces, la calandre nègre et la calandrelle de Sibérie, pénètrent de la Sibérie dans l'Europe orientale. Les mésanges (*Parus*) comptent des représentants dans une grande partie de l'univers. La mésange bleue et la mésange charbonnière fréquentent d'ordinaire la France, où elles demeurent pendant toute l'année. La mésange noire, la mésange nonnette (*Parus palustris*) traversent l'Europe de part en part et se rendent jusqu'en Sibérie, pays qui a aussi sa mésange propre (*Parus sibericus*). Dans le Languedoc, habite une espèce particulière, remarquable par le mode de construction de son nid, le rémiz (*Parus pendulinus*), et dont le domaine s'étend du midi de la France jusqu'en Pologne, de la Crimée jusqu'en Italie. La mésange moustache (*Parus biarmicus* ou *Colophilus barbatus*) n'est pas moins répandue que le rémiz, mais préfère des contrées plus chaudes. Le roitelet (*Troglodytes*), dont on compte en Europe plusieurs variétés, est fort cosmopolite; il se rattache aux pouillots (*Phyllopneuste*), dont quelques espèces sont propres à l'Europe et au nord de l'Afrique.

Les bruants (*Emberiza*) sont, comme les mésanges, des oiseaux très-cosmopolites; toutefois le bruant zizi, le bruant fou, le bruant des marais (*Emberiza* ou *Cynchramus*) appartiennent plus particulièrement au midi de l'Europe. La Sibérie compte plusieurs espèces caractéristiques qui s'avancent jusque dans l'Europe orientale. Les contrées boréales ont également trois espèces particulières, le *bruant* ou *plectrophane de neige* (*Emberiza nivalis*), aussi habitant des Alpes suisses, et le *bruant lapon* (*Plectrophanes lapponica*), qui se montre au nord de la France et de l'Allemagne. Le pinson (*Fringilla*) compte plusieurs espèces boréales ou qui s'élèvent, comme le pinson niverolle, à de hautes altitudes. Le même caractère de cosmopolitisme appartient aux chardonnerets, aux linottes, et à une foule d'autres conirostres européens. La seule distinction qu'on puisse en général établir dans la distribution de ces oiseaux, habitants de l'Europe et de l'Asie, c'est la hauteur à laquelle ils remontent en latitude, dans la zone septentrionale. Mais cette zone est réellement variable, et, suivant que le froid se fait plus ou moins sentir, chaque année, les migrations s'avancent plus ou moins vers le nord.

La section des passereaux ténuirostres n'offre en Europe que peu de représentants. L'espèce la plus répandue, le grimpereau (*Certhia familiaris*), hante les forêts du nord de l'Europe et des Alpes; une espèce voisine (*C. brachydactyla*) occupe une aire plus spacieuse. Certaines espèces asiatiques, telles que les sitelles de l'Oural et de la Syrie, se montrent dans l'Europe occidentale. La huppe est plutôt un oiseau de l'Afrique orientale et septentrionale et de l'Asie que de l'Europe, où elle se montre seulement quelques mois; l'échelette (*Tichrodoma muraria*) fréquente les contrées méridionales de l'Europe et l'Asie occidentale. Entre les syndactyles, une seule espèce est véritablement répandue dans toute l'Europe, le martin-pêcheur (*Alcedo hispida*). Les guêpiers sont plus exclusivement confinés dans l'Europe méridionale.

L'ordre des gallinacés, quoique comprenant des espèces très-caractéristiques pour la faune européenne, embrasse en majeure partie des espèces d'une distribution plus étendue que ne le feraient supposer le vol lourd et les facultés locomotrices peu vigoureuses de ces volatiles. Les pigeons ont, il est vrai, un vol puissant; les colombes d'Égypte nous arrivent dans l'Europe méridionale, la colombe voyageuse traverse l'Océan boréal et étend sa course de l'Amérique septentrionale en Russie, la tourterelle, le pigeon biset sont répandus dans toutes les contrées européennes; mais les pigeons forment une tribu distincte des gallinacés proprement dits. Entre ceux-ci, il en est encore quelques-uns dont l'aire est fort spacieuse; la caille appartient à toute l'Europe, au nord de l'Afrique et à la Syrie. La majorité a toutefois un domaine plus restreint: tel est le cas pour les nombreuses espèces de perdrix d'Europe; le francolin et le turnix ne sortent pas du bassin méditerranéen; les lagopèdes restent confinés dans les hautes altitudes ou les contrées boréales. La tribu des tétraonides caractérise la zone boréale méridionale et disparaît avec les arbres à bourgeons dont elle se nourrit; une espèce de gelinotte (*Tetrao bonasia*) s'avance jusque dans les Alpes et les Pyrénées, mais habite plus ordinairement les montagnes du nord-est de l'Europe. Quant aux gros gallinacés, ils sont pour cette partie du monde d'origine exotique, mais on les a depuis longtemps domestiqués. Citons le faisan, originaire de la Colchide [1], le coq et la poule, venus de l'Asie, vraisemblablement de la Perse [2], le dindon, emprunt fait à l'Amérique [3], le paon, importé de l'Inde [4], et la pintade, originaire d'Afrique [5]. L'outarde peut être toutefois comptée comme un gallinacé ; et, dans ce cas, elle nous représente le plus gros des oiseaux européens de cet ordre; de ses deux espèces, l'une est exclusivement européenne (*Otis tetrax*), et de la Russie méridionale s'avance jusqu'en Espagne; l'autre (*Otis tarda*), quoique connue en France, se tient surtout à la frontière de l'Europe et de l'Asie. Remarquons que le genre outarde (*Otis*), qui manque à l'Amérique, se retrouve en Australie.

L'Europe compte des représentants de la plupart des genres de l'ordre des échassiers; mais il n'est qu'un petit nombre d'espèces qui soit propre à chacune de ses régions. Aussi est-il difficile d'en marquer la distribution, d'autant plus que la grande majorité émigre à des distances considérables. Quelques espèces, telles que l'huîtrier, qui ne sort guère de l'Islande, sont toutefois assez sédentaires. Le genre Héron est assurément le plus répandu.

Le héron cendré, le héron butor, le petit héron (*Ardeola* ou *Ardea minuta*), le héron roux ou pourpré, habitent à la fois l'Europe, l'Asie et l'Afrique; le héron aigrette

---

1. D'après les anciens, leur introduction en Grèce date de l'expédition des Argonautes aux bords du Phase.
2. On retrouve cet animal à l'état sauvage dans les Ghâtes. Il en existe plusieurs espèces, tant dans la presqu'île gangétique que dans l'Archipel indien. Aristophane, dans sa comédie des *Oiseaux*, appelle le coq *l'oiseau de la Perse*.
3. Le dindon a été apporté en France, à la fin du seizième siècle, par les missionnaires qui avaient parcouru l'Amérique septentrionale.
4. Il passe pour avoir été apporté lors de l'expédition d'Alexandre.
5. La pintade (*numida*) était déjà acclimatée en Europe du temps d'Aristote ; les Grecs l'appelaient *méléagride*. Cet oiseau, ainsi que la poule, a depuis suivi l'Européen dans ses migrations. Il est notamment naturalisé aux Antilles et au Mexique.

(*Ardea alba*) demeure confiné davantage dans le sud-est et le nord de l'Europe, tandis que le héron crabier ne quitte pas le bassin méditerranéen. La cigogne blanche et la spatule (*Platalea leucorodia*) habitent toutes les parties chaudes et tempérées de l'Europe, l'Asie occidentale et le nord de l'Afrique; la cigogne noire appartient surtout à l'Europe orientale. Entre les grues, une seule espèce fait réellement partie de la faune d'Europe, c'est la grue cendrée qui étend son domaine jusqu'en Asie et dans l'Afrique septentrionale. Le phénicoptère, ou flamant, est un des types ornithologiques qui peuvent servir à caractériser le mieux la faune du bassin de la Méditerranée. Les bécasses (*Scolopax*) et les bécassines appartiennent à la faune septentrionale d'Europe. La bécassine commune (*Scolopax gallinago*), dont l'aire est la plus étendue, apparaît dans nos contrées vers le mois de mars, et nous quitte en avril, pour aller pondre dans le nord; la bécasse commune, également de passage en France, peut, au contraire, se reproduire dans nos climats; la maubèche, genre voisin des bécasses, les *tringa* ou bécasseaux, ne quittent guère les régions arctiques que l'hiver; d'autres espèces du même genre descendent plus au sud. Le cocorli et le cincle arrivent même jusqu'en Afrique. Le sanderling (*Arenaria*), bécasse à trois doigts, répandu dans l'Europe boréale et dans la région froide du Nouveau monde, émigre en hiver pour des contrées plus douces. On observe de pareilles migrations chez d'autres espèces aquatiques qui, pour ce motif, ne sont pas particulières à l'Europe, les harles, les pluviers, les chevaliers, les combattants, les vanneaux, tous oiseaux plutôt propres au nord qu'au midi; les courlis, auxquels se rattachent les ibis d'Afrique, sont au contraire des types vraiment méridionaux; les barges (*Limosa*) se placent, quant à leur habitat, à peu près entre les uns et les autres; enfin, les râles, les poules d'eau et les foulques, qui forment la transition des échassiers aux oiseaux aquatiques, sont répandus dans toute l'Europe moyenne et méridionale, mais ne s'avancent guère plus au nord que la France et l'Allemagne.

Oiseaux d'Asie et d'Australie.

On vient de voir qu'une foule d'oiseaux de l'Europe se retrouvent en Asie. Mais certaines espèces caractérisent la région zoologique formée par le bassin de la Mer Caspienne et les steppes environnantes. De ce nombre sont la poule des sables (*Syrrhaptes paradoxus*) et le guignard (*Morinellus asiaticus*). Le *Tetraogalle caspius* se montre sur la lisière des steppes, où il suit en troupes la chèvre du Caucase (*Capra caucasica*) La région élevée du centre de l'Asie est aussi pauvre en oiseaux qu'elle est riche en mammifères. Dans les déserts du Kuen-Lun et de Karakorum, on ne rencontre guère que quelques rapaces. La rareté des insectes y éloigne la gent ailée, et les oiseaux de passage ne s'y montrent jamais. Plus on avance vers la partie méridionale de l'Asie, plus la faune ornithologique prend une physionomie particulière, et quand on pénètre en Hindoustan, on se trouve transporté dans un monde ornithologique tout différent de l'Europe, et que caractérisent les espèces aux couleurs les plus brillantes, aux formes les plus originales. Non-seulement cette contrée a ses espèces à elle, mais des genres entiers lui sont propres. Les *ceyx*, par exemple, genre voisin des martins-pêcheurs, remarquables par l'absence du doigt interne, sont exclusivement indiens. La tribu nombreuse des perroquets apparaît déjà sur les bords du Gange. Le chiffre des espèces va grossissant, à mesure qu'on s'avance au sud-est. L'Asie n'en compte que 18 espèces, les Moluques et la Papouasie en renferment 85 ; l'Australie en a encore 50. Entre toutes les espèces asiatiques ou malayo-polynésiennes, les loris se distinguent par la vivacité de leurs couleurs ; ils disparaissent à Timor, Célèbes et aux Philippines. La perruche verte, à collier rouge, est de ces oiseaux asiatiques le premier qui ait paru en Europe, où le rapportèrent les soldats d'Alexandre. Les kakatoës, dont le nom malais signifie *frère aîné* (*Kaka-toua*), marquent en quelque sorte la séparation entre l'Inde proprement dite et l'Archipel indien, d'où ces oiseaux s'étendent jusqu'en Australie.

Quoique l'Inde soit pourvue d'une population ornithologique abondante, elle ne saurait être comparée à cet égard à la Malaisie. Là est la grande patrie des volatiles. Cette région renferme à elle seule plus d'oiseaux que l'Europe entière. Le nombre de ses espèces dépasse celui que nourrit l'Asie septentrionale et centrale, et peut être évalué au dixième de toutes les espèces connues. La seule île de Java compte 300 espèces. Une foule d'îles ont leurs oiseaux particuliers; c'est notamment ce qui s'observe pour les perroquets. La Papouasie est caractérisée par le perroquet à trompe, et il n'est pas jusqu'à la petite île de Puynipet qui n'ait la sienne. Aux deux régions entre lesquelles se partage l'Archipel indien, beaucoup d'espèces sont communes, surtout parmi les échassiers et les palmipèdes; mais elles offrent aussi leurs espèces spéciales. Selon M. A. Wallace, le détroit qui sépare l'île Bali de l'île Lombok constitue la ligne de partage de ces deux régions ornithologiques. La région occidentale se rapproche de la faune de l'Hindoustan, la région orientale tenant au contraire à la faune australienne.

L'île Bali est caractérisée par la présence des pics et de divers passereaux frugivores, par les *surucus;* l'île Lombok, par les colibris, les petites espèces de loris, les kakatoës et les mégapodides. Java a une faune ornithologique en partie indienne; son paon spécifère se retrouve non-seulement dans l'Hindoustan, mais jusqu'au Japon. Il est absolument inconnu dans la partie orientale de l'Archipel malais. Cet oiseau appartient à tout un groupe de gallinacés qui répond à une région ornithologique qu'on pourrait qualifier de malayo-indienne. Dans ce groupe se place le *monaule* ou lophophore resplendissant, aux couleurs d'un éclat métallique si magnifique, et dont une espèce, le *Lophophorus Lhuysii*, s'avance jusqu'au cœur de l'Asie, dans la région du Khoukhou-noor, à des altitudes de 4 000 m. par-delà la limite de la végétation arborescente. Deux gallinacés du même groupe caractérisent le Népâl, le *francolin ensanglanté* (*Phasianus Gardneri*), et le *trapogan*, au plumage d'un rouge éclatant, parsemé de petites taches blanches. L'*argus*, dont les pennes ou plumes des ailes sont semées de taches en formes d'yeux et atteignent en longueur un remarquable développement, habite les montagnes de Sumatra. Le *Phasianus Reevesii* hante la Cochinchine. Les paons-faisans ou *polyplectrons*, au plumage si gracieux, ont des représentants dans l'Hindoustan et l'Archipel indien. D'autres espèces se distinguent par les huppes ou aigrettes dont elles sont décorées; tels sont les houppifères, oiseaux de couleur noire ou bleue, qui appartiennent à l'Himalaya et à l'Indo-Chine, le cryptonyx couronné ou *rouloul* de la presqu'île de Malaya. Dans tous ces gallinacés se reconnaissent les cousins germains de nos coqs et de nos faisans. L'étude de la distribution ornithologique vient donc corroborer la tradition qui fait venir les derniers d'Asie. Ce genre y compte un assez grand nombre d'espèces; l'Himalaya en nourrit plusieurs.

La Chine et le Japon ont une faune ornithologique d'un cachet particulier et offrent quelques types assez tranchés; mais les genres y sont en majorité les mêmes que dans nos climats tempérés. Le premier de ces pays a ses canards (sarcelles de Chine), ses poules (poules de Nanking); le Japon a son paon spécial (*Pavo nigripennis*), qui n'est peut-être qu'une variété domestique. Cinq espèces de faisans appartiennent à ces deux pays, entre lesquelles il faut citer le faisan doré (*Phasianus pictus*), le *Phasianus Sœmmeringii* du Japon et le faisan à collier dont une variété existe en Mongolie. Au nord de Péking s'étend le domaine de la grue de Mandchourie (*Grus Montignesia*) que les Chinois ont domestiquée. Le Japon a sa cigogne propre (*Ciconia boyciana*), qui s'avance sur le continent voisin.

Au delà de la région malayo-indienne, en remontant vers le nord, les gallinacés prennent une physionomie différente; alors apparaissent des espèces nouvelles, caractéristiques d'une autre faune; tel est le syrrhaptès ou *Tetrao paradoxus*.

La famille des pigeons, intermédiaire entre les gallinacés et les passereaux, a dans l'Asie orientale, la Chine, le Japon, l'Hindoustan et l'Archipel indien, ses plus élégants représentants. De ce nombre sont : le *goura* ou pigeon couronné, habitant de Bornéo, le plus gros oiseau de sa famille, le *pigeon de Nicobar*, qui se retrouve dans plusieurs cantons de l'Inde et s'avance jusqu'à la Nouvelle-Guinée. En général, cette tribu est fort richement représentée dans l'Archipel indien, mais elle commence à disparaître à l'extrême orient, ainsi que presque tous les oiseaux à plumage brillant qui caractérisent la région opposée, tels que l'irène magnifique, le calyptomène, les jolies pincrocotes. C'est surtout à la division des colombigallines qu'appartiennent les pigeons de la partie orientale de cet archipel. En Australie, la tribu des pigeons trouve de nombreux représentants. Gould y a compté vingt et une espèces, dont l'une, le wonga-wonga (*Leucosarcia picata*), est tout à fait caractéristique.

Plusieurs types ornithologiques distinguent la faune de l'Australie de celle de la Malaisie : tel est le scythrops, qui appartient à l'ordre des grimpeurs, et dont l'aire s'étend de Célèbes jusqu'en Australie. Les kakatoës, dont une espèce noire est tout australienne, prennent dans cette dernière région la place des grimpereaux. La ménure ou oiseau-lyre, la plus grande espèce de l'ordre des passereaux, habite aussi l'Australie. La famille des paradisiers ou oiseaux de paradis, à laquelle M. Elliot a montré que se rattachent certains genres qu'on en séparait dans le principe (*Epimaques*, *Tectonarchines*) caractérisent la Papouasie et les contrées limitrophes ; mais une tribu de cette famille, les Tectonarchines, fournit les types d'oiseaux d'une région plus resserrée, le nord et l'est de l'Australie. A cette tribu appartiennent le *chlamydodera*, l'*æluredus* et le *Ptilonorhynchus holosericeus* (*bower-bird*), oiseau dont le mode de nidification est si remarquable. Le *Dacelo gigantea* ou martin-pêcheur-rieur est aussi un type très-caractéristique pour l'Australie. Les mégapodes, ces oiseaux qui enterrent leurs œufs dans un petit tertre qu'ils construisent avec art, occupent une aire qui s'étend d'Australie, de Papouasie et de Timor jusqu'aux Philippines. En Australie, ils ont pour représentant le *talegala*, qui se retrouve jusqu'aux îles Nicobar, archipel dont la faune, comme celle des Andaman, participe plus de celle de l'archipel de la Sonde que de celle de l'Hindoustan.

Si la famille des struthions ou brévipennes fait complètement défaut dans l'archipel de la Sonde, elle est en revanche représentée dans la Papouasie et les îles Arrou, par le casoar, oiseau qu'on dirait plutôt couvert de crins que de plumes et dont d'autres espèces congénères se rencontrent plus au sud. En sorte que les trois continents de l'hémisphère austral ont chacun leur struthion particulier. En effet, l'autruche caractérise l'Afrique et se rencontre depuis le Cap de Bonne-Espérance jusque dans les déserts de l'Arabie[1] ; le *nandou* ou autruche à trois doigts habite les pampas de l'Amérique du Sud. On connaît quatre ou cinq espèces de casoars : l'une, le casoar à casque, appartient à Céram et à l'Australie septentrionale ; le *mouruk*, qui a sur la tête une plaque nacrée (casoar de Bennett), est propre à l'île Birara et à la Nouvelle-Bretagne. L'émeu (*Dromajus*), qui se rapproche du casoar à casque, est confiné dans l'Australie méridionale. Le plus petit des représentants de cette étrange famille est l'*aptéryx* de la Nouvelle-Zélande (*Kiwi* des indigènes), oiseau complètement privé d'ailes, sorte d'oiseau-hérisson qui occupe un rang intermédiaire entre les casoars, les gallinacés et les bécasses.

Par leurs dimensions presque gigantesques, les brévipennes rappellent les oiseaux qui ont habité notre planète, aux anciennes époques zoologiques, dont ils semblent être les derniers restes. Tout nous indique, en effet, que les espèces de cette famille ont disparu ou disparaissent gra-

---

1. Cet oiseau occupait originairement une aire plus étendue : il se rencontrait dans les déserts de l'Asie occidentale et centrale. On le trouve encore, bien qu'en petit nombre, dans le Turkestan, dans le Kerman et le bassin de l'Euphrate.

duellement. A une époque peu éloignée de nous, on en rencontrait encore plusieurs, actuellement éteintes. Le *dodo* ou *dronto*, n'existe plus dans les îles Mascareignes, à l'île Maurice, à l'île Rodriguez, où l'avaient vu les navigateurs hollandais. La Nouvelle-Zélande était habitée, aux époques pliocène et quaternaire, par une population abondante de struthions, dont les ossements se retrouvent en grand nombre. Elle comptait 6 espèces de *dinornis*, dont l'une, le *moa* ou dinornis géant, analogue par son plumage au casoar, n'avait pas moins de 3 mètres de haut. La région australienne renfermait 4 espèces de *palaptéryx*, genre voisin du dinornis; l'une était par la taille peu inférieure au dinornis géant. Une troisième espèce à peu près éteinte, le *notornis*, égale en grosseur l'outarde, et se rattache par son organisation aux poules d'eau.

On doit encore citer comme types ornithologiques propres à l'Australie, l'aigle à queue cunéiforme (*Aq. audax*), le *Porphyrio melanotus*, lié de près au *notornis*, un oiseau bizarre, tenant à la fois des gallinacés et des échassiers, et dont le bec est garni d'une singulière membrane mobile, la vaginale (*Chionis*). Les échassiers cultirostres et longirostres n'ont que peu de représentants dans l'Asie méridionale. L'Indo-Chine a sa cigogne *antigone*, Ceylan son *tantale* particulier, l'Hindoustan ses *becs-ouverts* (*anastomus*), qui répondent pour son climat à nos hérons d'Europe.

Entre les volatiles les plus caractéristiques de la région malayo-indienne, se place la salangane (*Hirundo esculenta* ou *Collocalia fuciphaga*), hirondelle à queue fourchue, célèbre par ses nids de substance gélatineuse, fort recherchés des gourmets chinois; elle niche dans les archipels des Nicobar et de Mergui.

L'Australie compte un grand nombre d'espèces, soit parmi les palmipèdes, soit parmi les passereaux, qui lui appartiennent en propre, notamment, le *Cereopsis* et la *Berincla jubata*. Les îles de la Polynésie sont au contraire assez pauvres en oiseaux terrestres. L'archipel des Sandwich a ses héorotaires. La Nouvelle-Zélande, outre l'aptéryx, a son brillant *tui* (*Prosthemadera*), noir comme le jais, et plus habile encore à imiter la voix de l'homme que le perroquet. L'ordre des palmipèdes est peu nombreux en Australie, bien qu'une espèce, le cygne noir (*Anas plutonia*) soit propre à ce continent et à la Nouvelle-Guinée, et une autre (*Tadorna tadornoïdes*) caractérise la faune de l'Australie méridionale; mais en revanche, l'Océan Pacifique est sillonné par les longipennes qui, grâce à leur vol puissant, peuvent se transporter de l'une à l'autre des mers les plus éloignées. Quelques échassiers fournissent des traits particuliers à la faune polynésienne. La Nouvelle-Calédonie a son kagou (*Rhinochetus jubatus*), oiseau qui se rapproche du héron dont il diffère pourtant à bien des égards. L'ordre des gallinacés ne compte, dans la Polynésie, que fort peu de représentants; la poule y manque complètement. Quelques îles offrent des espèces spéciales de la tribu des pigeons. Par exemple, l'archipel des Amis nourrit la *Columba cristata* et la *Columba spadicea*, qui se trouve aussi à l'île Norfolk. Quant aux rapaces, ils font à peu près totalement défaut à l'Océanie. Dans l'ordre des grimpeurs, la Polynésie possède d'assez nombreuses espèces de perroquets; car elles y surpassent en nombre celles de l'Asie; mais elles disparaissent au nord de l'équateur. C'est seulement dans cette partie du monde qu'on rencontre les perroquets nocturnes, inconnus à l'Asie (*Strygops* de la Nouvelle-Zélande). Ce caractère nouveau chez certains représentants de la tribu des psittacides se montre déjà dans la faune australienne où les perroquets sont presque les uniques types de l'ordre des grimpeurs; la majorité des espèces, dont on ne compte pas moins de 50, y vit à terre comme les gallinacés, et, au lieu de nicher, dépose ses œufs dans des trous. On doit particulièrement citer les *Grass-parakeets* qui ne quittent pas la terre et qui émigrent par troupes, à certaines époques de l'année. Une espèce, le parakeet-zébré (*Molopsittacus undulatus*), l'un des plus communs entre les perroquets australiens, se distingue par son chant d'une nature particulière. La tribu des psittacides s'avance jusqu'en Tasmanie et aux îles Aukland.

Oiseaux d'Afrique.

Ce qui a été dit des migrations des oiseaux montre que bon nombre de nos espèces européennes se transportent l'hiver en Afrique; la faune ornithologique de la partie septentrionale de ce continent est conséquemment en grande partie commune au bassin méditerranéen. Sous les tropiques, apparaissent de nouvelles espèces que d'autres remplacent dans la partie australe. A égalité de latitude, on constate entre les oiseaux de l'Afrique et ceux de l'Amérique une analogie marquée, qui n'arrive pourtant presque jamais à une complète identité, sauf pour certains rapaces. Les oiseaux qui perchent sont notablement différents.

L'Afrique occidentale compte environ 80 espèces d'oiseaux qui lui sont communes avec l'Europe, tandis que l'Afrique orientale n'en a que 60. Un genre est exclusivement propre à ce continent, c'est le *Messager* ou *Secrétaire*, dont l'habitat s'étend de l'Abyssinie à la Gambie et au Cap, oiseau *sui generis* qui forme comme la transition des rapaces aux échassiers. Quant à la distribution de ses oiseaux l'Afrique peut être partagée en régions assez tranchées, mais qui ont bien des traits communs avec les autres régions ornithologiques de l'Ancien monde. On évalue à 150 espèces le chiffre de celles qui se retrouvent ailleurs, tandis qu'il n'existe que 15 espèces communes à l'Afrique orientale et à l'Afrique occidentale qui soient exclusivement africaines. On ne connaît qu'un assez petit nombre d'espèces telles que le *Falco Dickensonii*, pouvant caractériser la région occidentale de ce continent. Des types assez saillants de la faune occidentale, le *Gypohierax angolensis*, par exemple, se rencontrent sur la côte orientale. Nous mentionnerons entre les oiseaux caractéristiques des régions africaines: l'hirondelle du Cap, celle du Sénégal, distinctes de nos hirondelles par des formes plus élégantes; le *Cecrophis striata*, reconnaissable surtout aux plumes de sa queue, deux fois aussi longue que son corps; les *calaos*, si remarquables par leur énorme bec dentelé, et qu'on trouve à la fois en Afrique et aux Indes orientales, mais dont les espèces africaines n'offrent généralement pas les proéminences énormes qui garnissent le bec de la plupart des espèces asiatiques. D'autres syndactyles, les martins-pêcheurs, parent de l'éclat de leurs couleurs les lacs et les rivières de l'Afrique. Une espèce propre à Madagascar (*Alcedo Vinsioïdes*) est toute resplendissante d'or et d'azur. Les forêts de la même île sont hantées par un martin-chasseur particulier (*Ispidina madagascariensis*). Les guêpiers (*Merops*), qui appartiennent au même ordre et font complètement défaut à l'Amérique, caractérisent la faune commune de l'Afrique et des Indes orientales. C'est aussi ce qui a lieu pour les souï-mangas (*Cinnyris*), charmants petits oiseaux aux couleurs métalliques, répondant pour l'Ancien monde à ce que sont les colibris pour le Nouveau. La huppe, qui se place, comme les souï-mangas, dans la section des ténuirostres, n'appartient qu'à l'Afrique, mais vient au printemps visiter l'Europe ; une espèce reste confinée aux environs du Cap. Parmi les passereaux chanteurs, le *canari*, dont le nom rapelle les îles d'où il est originaire, continue depuis longtemps d'être porté en Europe, sans qu'on ait réussi à l'acclimater, bien que cette région nourrisse une foule de linottes, d'une organisation presque identique. Le capirote au chant si harmonieux est également indigène aux Canaries. L'Afrique compte plusieurs espèces de pies-grièches : la pie-grièche dite *fiscale*, celle de Madagascar, la pie-grièche *boubou*, celle de Nubie. Le grand batara ou baratra (*Thamnophilus magnus*) ne se montre qu'aux Açores. Il existe une foule d'espèces africaines de merles, vivant comme les étourneaux, en troupes nombreuses et bruyantes. Quelques espèces de gros-becs (*Loxia*) africains sont très-caractéristiques, notamment le *Loxia textor*. Les moucherolles, au plumage élégant, se rencontrent dans une grande partie de l'Afrique et jusqu'à Madagascar, île dont la population ailée se rattache à beaucoup d'égards à celle du Malabar et de la Malaisie, mais qui constitue une province ornithologique distincte, ayant ses types d'oiseaux à elle (*Euryceros, Bernieria, Auriolia, Mesites, Brachypteracias, etc*). Là vivait, à une époque qui n'est pas très-éloignée, l'*Æpyornis*, dont une espèce gigantesque a laissé dans les sables ses os et ses œufs, doubles de ceux de l'autruche.

Dans l'ordre des grimpeurs, la faune de l'Afrique ne se distingue de celle de l'Asie méridionale que par un petit nombre d'espèces. Les barbicans, les coucales lui sont communs avec les Indes orientales. Sur les 23 espèces de perroquets que compte l'Afrique, et dont la majorité appartient à la région occidentale, une seule, le *Palæornis torquatus*, ou perruche à collier, en dépasse de beaucoup les limites et se rencontre également dans l'Inde, occupant une aire qui s'étend de Tenasserim à l'Indus et à la Sénégambie. Mais tandis que dans le Cachemire, le *palæornis* s'élève jusqu'au 34° lat., dans l'Afrique il ne dépasse pas le 16°. Madagascar, qui possède son grimpeur spécial, le *vouroudriou* ou courol, nourrit six espèces de perroquets, d'un type à part, dont l'une (*Coracopsis nigra*) se distingue par son plumage noir et son bec rouge[1]. Les *indicateurs*, ces curieux oiseaux qui servent de guides pour découvrir les abeilles sauvages, sont tous africains et se rattachent au genre *Coucou*, qui compte en Afrique ses plus jolies espèces. Les couroucous (*Trogon*), dont plusieurs espèces habitent l'Amérique, sont nombreux en Afrique, et s'y distinguent par la disposition particulière des mandibules. Les *touracos*, les *musophages*, placés sur la limite de l'ordre des gallinacés et de celui des grimpeurs, sont exclusivement africains. La tribu des pigeons est richement représentée dans la même faune, qui n'en compte pas moins de 13 espèces; c'est elle qui paraît avoir originairement donné la *tourterelle à collier* ou *rieuse*. Les gallinacés proprement dits sont en revanche peu nombreux sur le continent africain. On y trouve cependant diverses es-

1. L'île Rodriguez, située à environ 300 milles de l'île Maurice, avait aussi, il y a un siècle, sa grande espèce de perroquet, voisine des *loris*; elle paraît avoir disparu, par suite de l'appauvrissement remarquable de la faune et de la flore de cette île qui s'est effectué depuis deux siècles.

pèces de gangas, de perdrix et de cailles, sans parler de la pintade dont il a été question plus haut. Le francolin se rencontre à Madagascar et aux îles Mascareignes. Le *mesites*, particulier à la première île, se rattache aux gallinacés.

L'ordre des échassiers est de toutes les classes d'oiseaux celle qui compte en cette partie du monde le plus d'espèces particulières. Il a été déjà question plus haut de ses brévipennes. Entre les pressirostres, on doit citer l'*outarde houbara*, qui s'avance jusque dans l'Arabie, contrée que sa faune lie plus à l'Afrique qu'à l'Asie. Parmi les cultrirostres, la grue couronnée, la demoiselle de Numidie (*Ardea virgo*), les cigognes à sac ou marabouts, les ombrettes (*Scopus*), les dromes, le tantale d'Afrique (*Tantalus ibis*), doivent être comptés au nombre des espèces africaines les plus caractéristiques. La majorité de ces oiseaux appartient au Sénégal et à l'Afrique moyenne. L'ibis sacré, jadis si vénéré des Égyptiens, se trouve en Afrique presque sous toutes les latitudes, jusqu'à Madagascar, qui a, de plus, son espèce d'ibis particulier, l'ibis huppé. Sur le haut Nil blanc vit une espèce, le *Balœniceps rex*, qui forme la transition des échassiers aux palmipèdes, et tient du pélican, du héron et de la grue.

Plusieurs types sont propres à l'Afrique dans la division des macrodactyles, point de suture entre les oiseaux de rivage et ceux d'eau. La poule sultane (*Fulica porphyrio*) est d'origine africaine. Entre les palmipèdes lamellirostres, on doit citer comme exclusivement africaines diverses espèces d'oies : l'oie de Guinée, l'oie de Gambie, l'oie armée ou d'Égypte (*chenalopex* des anciens); la *Bernicla cyanoptera*, qui hante les prairies humides et les marais de l'Abyssinie, entre 2500 et 4000 mètres d'altitude. Le *Tadorna rutila*, aux couleurs si billantes, est au contraire purement méditerranéen, et se retrouve depuis l'Asie mineure, où il abonde, jusqu'en Égypte et dans l'Europe orientale. Les pélicans, auxquels la disposition de leur bec donne une physionomie étrange, appartiennent à l'Afrique comme à l'Amérique et à l'Australie. Aux environs du Cap, vit une espèce de pétrel, le *damier*, qui se montre quelquefois sur nos côtes. En général dans la région des lacs africains, les oiseaux aquatiques (échassiers et palmipèdes) abondent, et le voyageur D. Livingstone a particulièrement signalé pour le grand nombre des oiseaux qui les hantent, les marais du Schiré, affluent du Zambesi, où existe une espèce spéciale, le canard *soriri* (*Dendrocygna personata*).

Oiseaux d'Amérique.

L'Amérique du Nord compte près de 600 espèces d'oiseaux, dont une centaine se retrouve en Europe. Sans revenir sur ce qui a été dit ci-dessus des espèces communes aux deux mondes, remarquons seulement que, tandis qu'une grande partie des rapaces et des palmipèdes habitent les deux continents, les vautours américains sont complétement étrangers à l'Europe.

Comparée à l'Amérique du Sud, l'Amérique du Nord ne possède qu'un nombre assez restreint de volatiles ; car sur toute sa surface on ne rencontre pas plus d'espèces qu'en offrent les seuls environs de Rio Janeiro. Ce continent est pauvre en espèces au plumage étincelant et c'est seulement au Mexique que sa faune ornithologique commence à prendre une physionomie qui la rattache à celle de l'Amérique méridionale. On compte au Mexique 26 espèces d'oiseaux-mouches et 8 ou 10 espèces de perroquets dont deux au moins s'avancent jusque sur le territoire de l'Union. Quelques genres, quoique fort répandus sur le globe, le genre *Cigogne* notamment, y font totalement défaut.

Bien que très-riche en lacs et en rivières, l'Amérique du Nord ne nourrit qu'une seule espèce de martin-pêcheur. En revanche, les forêts nord-américaines sont fréquentées par 70 espèces de becs-fins, de fauvettes et de gobe-mouches, entre lesquels le *Todus viridis* constitue un genre à part. Les espèces de corbeaux, de pies, de geais abondent là comme dans nos climats. L'Amérique du Nord a son espèce de corbeau particulière (*Corvus. americanus*, Barking-crow), dont le croassement est si étrangement bruyan.

qui s'avance dans la Colombie britannique jusqu'au delà du 49° lat. Toute une tribu de grimpereaux, celle des picucules, appartient exclusivement à l'Amérique ; leur nombre, dans le continent septentrional, ne s'élève pas à moins de 16 espèces qui prennent rang parmi les plus grosses. Huit espèces de pigeons habitent l'Amérique du Nord. Les perdrix proprement dites y manquent complétement; elles sont remplacées par des colins, au bec plus gros et plus court. Les dindons, qui constituent diverses espèces, se rencontrent depuis la baie de Honduras jusqu'en Virginie.

La vaste étendue de lacs et de marais dont l'Amérique septentrionale est couverte, offre aux échassiers et aux palmipèdes les conditions les plus favorables : aussi les espèces en sont-elles singulièrement multipliées. Presque tous ces oiseaux émigrent en hiver dans la Californie. Leurs genres rappellent ceux de nos climats, l'Amérique septentrionale comptant des représentants de presque tous ceux qui habitent l'Ancien monde. Il n'y a même qu'un nombre comparativement assez petit d'espèces qui appartiennent en propre à ce continent ou ne fassent que s'égarer en Europe, tels sont le courlis boréal (*Numenius hudsonicus*), l'actiture rousset (*Actiturus rufescens*). Le plateau mexicain nourrit toutefois quelques genres spéciaux, ou au moins des espèces très-caractéristiques. Une espèce de canard est propre à l'archipel de Bahama, aux Antilles et à l'Amérique centrale.

Une soixantaine d'espèces d'oiseaux sont communes aux deux continents américains, mais le nombre des espèces particulières à l'un et à l'autre est bien plus considérable. L'Amérique méridionale, en effet, l'emporte sous ce rapport et de beaucoup sur l'Amérique septentrionale; elle possède la faune ornithologique la plus riche du monde. Dans le seul Brésil, Pelzeln compte 1680 espèces dont 70 de l'ordre des rapaces. Elle ne comprend pas moins de 30 genres qu'on ne rencontre pas hors de ses limites, et dans le seul ordre des passereaux plus de 1000 espèces lui sont propres. En première ligne, se placent, parmi les rapaces, le condor, l'Hercule des oiseaux de proie. Il se tient sur les cimes les plus élevées des Andes et construit son nid à plus de 4000 mètres au-dessus du niveau de la mer. Dans son vol puissant, il s'élève, au dire de Humboldt, jusqu'à une altitude dépassant 6000 mètres. Cet oiseau géant se montre depuis les Terres Magellaniques jusqu'au 7° de lat. nord. Il ne franchit jamais l'isthme de Panama; toutefois la Californie en possède une espèce plus petite, le *catharte vautourin*. Le *roi des vautours* (*Sarcorhampus papa*) ne s'élève pas aussi haut que le condor, mais a une aire bien moins resserrée qui s'étend de l'Amérique centrale au Paraguay. Les vautours d'Amérique se distinguent en général de ceux de l'Ancien monde par les caroncules qui surmontent la membrane fixée à la base de leur bec, et qui ne s'observent pas chez les vautours de l'Afrique, tels que l'oricou et le percnoptère. L'urubu remplit dans les parties chaudes et tempérées de l'Amérique le même office que ce dernier oiseau en Égypte : il purifie l'air, en dévorant les cadavres et les immondices. La grande harpye, ou aigle destructeur, répond pour la Guyane au condor des Andes, qu'elle rappelle par la puissance de son bec et de ses serres. Au Paraguay et au Brésil, le *caracara*, inconnu à l'Europe, est de tous les rapaces le plus abondant. Le genre *Milvago*, dont une espèce abonde aux Malouines, se distingue entre les rapaces, essentiellement américains, par son incroyable voracité. Dans les marécages de ce même continent, l'autour rieur (*Falco cachinnans*) fait une chasse active aux reptiles et aux poissons. Un fissirostre qui se rapproche des rapaces, le *gachero*, demeure confiné dans la province de Cumana. On le rencontrait jadis par centaines à la caverne de Caripé. Dans la même catégorie des oiseaux nocturnes, propres à l'Amérique, se range le *hibou-terreur*, fort répandu dans les Pampas et au Chili.

Les *troupiales* répondent pour le Nouveau monde aux aurioles de l'Afrique et de l'Asie, aux bécardes, aux baratras et aux pies-grièches de l'Ancien. Ils sont représentés jusqu'en Patagonie (*Curæus aterrimus*). L'élégante tribu des *tangaras*, qui compte un si grand nombre d'espèces et se fait admirer par la beauté de ses couleurs, remplace en Amérique nos merles, à la famille desquels se rattache l'oiseau moqueur de l'Amérique du Nord (*Mimus polyglottus*), si habile à imiter, en les modulant, les chants des autres oiseaux. Les *cotingas*, si remarquables par la vivacité des couleurs que prennent les mâles pendant la saison des amours, ont dans l'Amérique méridionale des représentants très-variés. Entre les ténuirostres, à côté des sucriers (*Nectarinia*), l'innombrable tribu des oiseaux-mouches caractérise par excellence la partie méridionale du Nouveau monde. Ces petits animaux se mêlent aux colibris, genre voisin du leur et qui ne se partage pas en un moindre nombre d'espèces, mais s'en distingue par la courbure du bec. On évalue à plus de 300 l'ensemble des espèces de ces deux genres répandues du détroit de Magellan jusqu'au 38e parallèle nord. Ces oiseaux nains sont au Brésil comme autant de fleurs animées qui parent le ciel; en rasant dans leur vol les fleurs qu'ils recherchent, ces *Beja-flores* (baise-fleurs), comme les appellent les Portugais, marient leurs teintes diaprées à celles des plantes.

Entre les genres les plus caractéristiques de passereaux de l'Amérique du Sud, il faut encore citer le gymnocéphale de la Guyane, le céphaloptère des bords de l'Amazone, le coq de roche (*rupicola*) et le manakin (*pipra*), qui rappellent, tous deux, pour la disposition de leurs doigts, les syndactyles de l'Ancien monde, mais l'emportent sur eux pour la vivacité des couleurs. Alcide d'Orbigny compte 14 espèces de passereaux communes à toutes les zones de température de l'Amérique méridionale; 24 à la première, comprise entre le 11° et le 28° latitude australe et à la seconde, comprise entre le 28° et le 34°; 18 communes à la seconde et à la troisième, comprises entre le 34° et le 45°; 14 communes aux trois zones. Le nombres des espèces diminue à mesure que l'on s'éloigne de l'équateur. Dans la première zone, on ne trouve pas moins de 240 espèces de passereaux; près du tiers du nombre total des espèces observées, qui est de 395 : proportion considérable due à la variété de la végétation dans cette partie de l'Amérique et au grand nombre d'insectes qu'elle renferme. La seconde zone ne possède au contraire que 27 espèces ; la troisième que 37. Cette diminution des espèces de passereaux, à mesure qu'on s'élève en latitude, s'observe également quand on s'avance en altitude, et l'on peut, jusqu'à un certain point, assimiler la troisième région d'altitude de la première zone à la première région dans la troisième.

L'ordre des grimpeurs, si pauvre d'espèces en Europe, fournit, au contraire, à la population ailée de l'Amérique du Sud un contingent considérable. Ce sont d'abord les *jacamars*, qui habitent également l'Archipel indien, mais dont les espèces américaines se distinguent généralement par un bec plus long et droit ; puis les *tamatias* à l'air stupide, les anis (*crotophaga*) qui, comme les bergeronnettes et les pique-bœufs de l'Ancien monde, vont chercher dans la peau du bétail les insectes qui leur servent de nourriture. Les *toucans*, au bec monstrueux, répondent aux calaos des Indes et de l'Afrique. L'Amérique est de tous les continents le plus riche en perroquets : sur 350 espèces connues, elle en possède 142, remarquables pour la plupart par l'éclat de leur plumage. L'abondance de ces oiseaux au Brésil le fit surnommer *Terra Papagalli*. Les espèces de psittacides des deux mondes sont différentes, voire même les genres. Les aras à la queue longue et aux joues dégarnies de plumes, les perruches-aras (*conurus*) à la queue étagée comme les aras, s'écartent peu en Amérique de l'équateur, ces derniers surtout. Le perroquet qui s'avance le plus au sud, le *Psittacus hyacinthus*, ne dépasse guère le 20° austral. En revanche ces grimpeurs s'élèvent, dans les Andes, jusqu'à 3500 mètres. A la Terre de Feu, les perroquets ont totalement disparu ; ils sont remplacés par une espèce particulière de grimpeurs, le *Synallaxis Tupinieri*, qui foisonne dans les forêts épaisses de cette terre froide et reculée, où il poursuit le voyageur de son cri perçant.

Les gallinacés sont représentés, dans l'Amérique centrale et méridionale, par des espèces tout à fait différentes de celles de l'Amérique du Nord. Leur distribution fournit une nouvelle démonstration de ce fait, que moins par son organisation un animal est propre à la locomotion, plus les individus de son espèce sont confinés sur un point circonscrit du globe. Dans la tribu des alectors, les hoccos (*crax*), les pauxis (*ourax*), les guans ou yacous (*penelope*), les hoazins, les parrakouas répondent, pour l'Amérique centrale et méridionale, aux faisans de l'Ancien monde, aux dindons de l'Amérique septentrionale. De même, les *tinamous* et les espèces voisines sont, sous les tropiques, pour le Nouveau continent, ce que les cailles, les perdrix et les tétras sont pour l'Ancien.

L'ordre des échassiers compte, dans l'Amérique du Sud, des espèces caractéristiques. Le cariama (*Dicholophus cristatus*) est, pour le Nouveau monde, ce que le *messager* est pour l'Afrique, une sorte d'échassier rapace, ennemi juré des reptiles; il fournit, avec le *chunga* (*Dicholophus Burmeisteri*) de la région argentine, un type ornithologique à part. L'agami, qui forme la transition des échassiers aux gallinacés, vit par troupe dans les forêts de l'Amérique équinoxiale, qu'il fait retentir de son cri bruyant, analogue à celui de la trompette : ce qui lui a valu son nom, *Psophia crepitans*. Citons encore les jacanas et les kamichis (*palamedea*) si remarquables par la tige cornée qui surmonte leur bec. La région privée d'eau et d'un sol aride appelée *Travesia* forme la limite qui sépare l'aire du nandou dont il a été question plus haut, de celle de la petite autruche (*Rhea Darwinii*).

Entre les diverses espèces d'oiseaux aquatiques qui hantent par milliers les fleuves de l'Amérique méridionale, nous nous bornerons à mentionner les plus remarquables; ce sont des flamants (le petit phénicoptère et le flamant d'Amérique), des spatules (la spatule rose), des hérons, des savacous, des tantales, tous ennemis acharnés des poissons. L'ordre des palmipèdes est moins largement représenté dans le Nouveau monde. Les cormorans, les becs-en-ciseaux (*rhynchops*), les paille-en-queue, les anhingas sont les principaux genres qui distinguent la faune ornithologique de l'Amérique équinoxiale. Certaines espèces de canards émigrent par milliers de l'Amazone et de l'Orénoque. Notre canard à bec rouge (*Dendrocygna autumnalis*) est originaire de la Guyane et du Brésil. Les Terres Magellaniques ont deux espèces propres de bernache (*Chloëphaga poliocephala* et *magellanica*), genre représenté aux Malouines par l'oie à tête cendrée et dont une espèce se retrouve aux Sandwich. Enfin, l'île de Chiloé a son genre de canard particulier (*Mareca chiloensis*). Les grands voiliers de la côte occidentale sont presque tous communs à la Mer du Sud. Les pétrels, entre lesquels il faut citer le pétrel géant et le pétrel équinoxial, étendent leur vol hardi de la Terre de Feu aux archipels de la Polynésie.

Placées entre l'Amérique et l'Océanie, les îles Galapagos ont une faune ornithologique correspondant à cette position intermédiaire. Les trente espèces d'oiseaux environ qui les fréquentent offrent, à fort peu d'exceptions près, un type à part se rapprochant toutefois des types américains. En général, la Polynésie possède sa faune ornithologique spéciale, mais l'on n'y retrouve pas, même sous les tropiques, malgré le sol volcanique de la plupart de ses îles, la puissance de création, l'éclat de couleurs qui distinguent la faune américaine. De sorte que cette région terrestre est placée entre deux autres, l'Amérique et l'Archipel indien, beaucoup plus riches en oiseaux. Au reste ce n'est pas seulement par l'élévation du chiffre des espèces que peuvent s'évaluer les populations volatiles de ces deux parties du monde, c'est encore par celui des individus. Or ce chiffre atteint pour l'Amérique à des quantités considérables. Le célèbre naturaliste Audubon, observant un jour le passage des pigeons sur les bords de l'Ohio, compta, en 21 minutes, 163 colonnes de ces oiseaux voyageurs et en évalua le nombre total à 2 115 150 000. Le guano formé par les déjections des oiseaux sur les îles de la Mer pacifique, voisines de l'Amérique, les côtes de la Patagonie, et quelques îlots de l'Océan, constitue des dépôts souvent de plusieurs mètres d'épaisseur; il atteste l'abondance prodigieuse de la population ailée qui fréquente ces parages.

Distribution des mammifères terrestres.

On constate, dans la faune mammalogique des diverses contrées polaires, l'unité qui a été déjà signalée, tant pour les autres classes d'animaux que pour la végétation; cependant le relief du terrain est loin d'être le même sur tous les points de l'hémisphère arctique. Cette région boréale comprend les *toundras* de l'Asie et de l'Europe, la Scandinavie septentrionale, le Groënland, le Labrador et les pays situés à l'ouest et au nord de la baie d'Hudson. Sa limite se trouve peu au sud de la ligne isotherme 0°. Toutefois la région subarctique américaine se lie à la région tempérée du même continent; aussi devrai-je revenir sur sa faune, en traitant de la faune de celle-ci; je ne m'attacherai ici qu'à celle de l'Ancien monde.

Dans la région boréale européo-asiatique, le chiffre des mammifères n'est pas moins réduit que celui des autres vertébrés. Ce chiffre va en décroissant chaque jour et déjà un grand nombre d'espèces ont disparu de Sibérie. Ils ne sont représentés que par trois ordres : les ruminants, les rongeurs et les carnassiers, animaux auxquels l'homme fait une chasse active, en vue de s'approprier leur riche fourrure. Cette région peut pour ce motif être appelée la région des pelleteries. Au sud-ouest, dans les montagnes de la Daourie, la faune mammalogique n'offre plus qu'à demi le caractère boréal. On y rencontre la gerboise, l'antilope saïga et l'argali (*Ovis ammon*). Aux environs du lac Baïkal, les mammifères sont même abondants, et l'on trouve le loup commun, d'une variété plus petite et à pelage plus clair que le loup d'Europe, l'ours arctique, le renard, le lynx, l'once (le *kourik* des Tongouses), le glouton, la loutre et le castor, l'élan, le cerf, le chevreuil ; le sanglier revêt là un pelage gris argenté ; il ne se montre point en troupes. Les rongeurs du lac Baïkal ont un caractère très-distinct, et comptent parmi leurs types principaux, le *Lepus alpinus*, au cri perçant, le *Lepus dauricus*, le *Lepus variabilis*, le rat des steppes, celui des champs, le souslik, la zibeline, la marmotte, l'hermine et l'écureuil commun. Dans la zone subarctique, la faune prend une physionomie plus boréale ; les carnassiers insectivores ne sont plus qu'en nombre très-restreint ; alors apparaissent les types mammalogiques par excellence de cette zone : l'ours blanc, qui hante les plages désertes de la Mer glaciale, s'élève jusqu'au 82ᵉ parallèle et ne dépasse pas au sud le 55ᵉ qu'il n'atteint même qu'au Labrador ; le renard polaire (*Canis lagopus*) occupe un domaine qui suit dans ses ondulations la ligne de frontière des arbres avec laquelle il redescend parfois jusqu'au 51º. Le glouton, représenté dans l'Amérique septentrionale par le volverenne (*Luscus*),[1] s'avance plus au sud ; en hiver on le trouve encore par 70º ; il semble pouvoir descendre en été jusqu'au 55º ; son aire est ainsi comprise entre la Mer glaciale, le Kamtchatka d'une part, les montagnes de la Scandinavie, de l'autre. Le glouton s'est même parfois montré en Allemagne, venu sans doute de Lithuanie, où il habite la forêt de Biélowieza. A la zone méridionale, celle des forêts, appartient la nombreuse famille des martres, également multipliée dans tous les cantons de la région froide tempérée, et dont le chiffre va en décroissant, à mesure que l'on s'avance vers la zone tropicale. La loutre remonte dans la Sibérie orientale jusque vers le 60ᵉ parallèle.

Des rongeurs, ce sont les lemmings et les lièvres polaires qui poussent le plus au N. leurs migrations. On les rencontre encore aux îles Georges par 73° lat. Au Nouveau monde, le *Lepus americanus* prend la place du lièvre polaire et s'avance aussi haut. Les ruminants n'ont pour représentants dans cette zone que le renne (*Cervus tarandus*) et l'élan. Le premier occupe une aire large de 16 degrés en latitude. Existant avant l'époque historique en France, en Suisse, en Allemagne, en Angleterre, où son espèce était représentée par des variétés différentes de celle qui habite aujourd'hui les contrées boréales, il n'a pas dé-

---

1. Le volverenne se rencontre surtout dans le Michigan, de là le nom populaire de cet État : *Volverine state*.

passé en Europe depuis une haute antiquité le 62° lat. qui forme sa limite inférieure ; mais dans l'Asie orientale, il descend jusqu'au 46ᵉ parallèle ; c'est en Amérique et en Europe qu'il atteint sa limite la plus septentrionale (île Melville, Groënland, Spitzberg). L'élan (*Cervus alces*) s'avance beaucoup moins vers le N. que le renne ; en Norvége et en Suède, il demeure confiné dans les forêts des provinces méridionales ; on le rencontre par troupeaux dans l'Oural septentrional ; au temps de César, il habitait la Germanie, d'où il s'est peu à peu retiré vers le N. E. La frontière supérieure de son aire touche à la frontière inférieure de celle du renne, et la coupe en certains points, notamment dans la Sibérie orientale. C'est par cette dernière région que la faune boréale européo-asiatique se lie à la faune boréale américaine ; aussi rencontre-t-on de l'un et l'autre côté de la mer de Behring l'argali américain (*Ovis americana*), le *Spermophilus Parryii*, l'*Ursus arctos*, l'élan et le polatouche.

La région mammalogique de l'Europe moyenne est bornée au N. par la frontière du renne, à l'O. par l'Océan, au S. par les Pyrénées, les Cévennes, les Alpes, le Balkhan et le Caucase ; à l'E. les limites n'en sont pas si nettement tracées, car l'Oural ne forme, entre l'Europe et l'Asie, qu'une frontière imparfaite, et la région zoologique de l'Europe moyenne s'avance au delà jusqu'en Asie. Les vastes plaines qui s'étendent au S. O. de la Sibérie constituent, avec les steppes de la Russie d'Europe, une seule et même région, caractérisée principalement par l'apparition de l'antilope saïga, la prédominance des rats fouisseurs et des campagnols.

L'ordre des chéiroptères ou chauves-souris, étranger aux contrées polaires, commence à se montrer au N. de l'Europe ; il devient de plus en plus spécifiquement nombreux, à mesure que l'on s'approche de sa frontière méridionale. Les insectivores se multiplient aussi beaucoup dans la même région, car l'Europe moyenne en compte dix espèces. C'est là, en particulier, que s'observent les espèces les plus petites du genre *musaraigne*, qui nous fournissent des types pygméens de la classe des mammifères (*Sorex etruscus*, *Sorex pygmæus*), l'une propre à l'Italie, l'autre à la Russie centrale et à l'Allemagne, et dont la longueur, de l'extrémité du museau à la naissance de la queue, ne dépasse pas 3 centimètres. Sur les quatre espèces d'insectivores que nourrissent les steppes de la Russie, trois sont répandues dans l'Europe moyenne, entre lesquelles il faut citer le hérisson, remplacé, au delà de l'Oural, par l'*Erinaceus auritus*. L'Europe moyenne est assez pauvre en carnassiers carnivores. L'ours brun y prend la place de l'ours polaire, pénétrant dans l'Oural et la Scandinavie jusqu'à la ligne frontière des forêts. Cette région nourrit de plus sept espèces de martres, le blaireau, le glouton, le loup commun, et trois espèces du genre *Felis*, à savoir : le loup cervier (*Felis cervaria*), qui se rencontre dans les principales montagnes de l'E. de l'Europe, depuis le Caucase jusqu'aux Alpes scandinaves, le lynx commun, jadis répandu dans toute l'Europe, et qui se montre encore parfois dans les Carpathes et les Alpes suisses et françaises, enfin le chat sauvage. En revanche, l'ordre des rongeurs prédomine dans la faune européenne. L'écureuil commun s'élève, comme l'écureuil volant, de la région orientale de l'Europe, jusqu'à la limite de la végétation arborescente ; les sousliks (*Spermophilus*) appartiennent à sa région S. E. ; la marmotte (*Arctomys marmotta*) ne franchit la région des arbres que dans les Alpes et au mont Tatra dans les Carpathes occidentales ; le bobak se rencontre dans la direction N. E., depuis la Vistule jusqu'au Kamtchatka ; les loirs (*Myoxus*) manquent complétement au N. et en grande partie à l'E. de l'Europe ; les rats sauteurs et les rats fouisseurs prédominent, au contraire, dans le S. E. de l'Europe et caractérisent surtout la faune des steppes ; le *Spalax typhlus* seul pénètre dans les plaines de la Hongrie, et l'*Elobius talpinus* dans la Russie septentrionale jusqu'au 55°. Un autre genre de rongeurs, le *Hamster*, fournit à cette région un des traits distinctifs de sa faune ; le hamster commun appartient à l'Europe, mais se montre jusqu'en Asie, où habitent trois autres espèces. Le castor occupe une zone qui s'étend entre le 33° et le 67° lat. N. ; la chasse active qu'on lui a faite a amené sa disparition d'une foule de contrées, telles que le N. de la France et de l'Allemagne, l'Angleterre, la Suisse, les bords de la Mer noire. La Sibérie est maintenant sa patrie par excellence. On le rencontre néanmoins encore sur les bords du Rhône, en Espagne et surtout dans les provinces de la monarchie autrichienne. Le lièvre commun manque complétement à l'Europe septentrionale et aux extrémités de sa partie orientale. D'autres espèces prennent sa place dans le N. : le *Lepus variabilis*, le *Lepus aquiloneus*, en Irlande le *Lepus hibernicus*. Quant au lapin, quoiqu'on le trouve à l'état sauvage dans l'Europe moyenne, il n'en est point originaire ; sa véritable patrie est le bassin méditerranéen.

Le porc est le seul pachyderme qui soit propre à l'Europe ; au N. il ne dépasse pas le 55° de latitude ; à l'E., il pénètre jusqu'au lac Baïkal ; au S. jusque dans l'Himalaya et l'Afrique septentrionale. Quatre genres de ruminants, constituant huit espèces, appartiennent à l'Europe moyenne, entre lesquelles se place en première ligne l'élan, dont il a été question plus haut. La région qu'il habite a pour limites, au S. O. les marais de Pinsk, au N. les forêts de la Norvége ; à l'E. elle s'avance en Asie jusqu'au golfe de Penjina et aux bords de la Kolima inférieure. Le cerf (*Cervus elaphus*) se montre depuis les îles Britanniques et le midi de la Scandinavie jusqu'aux Alpes ; mais, plus à l'E., il devient chaque jour plus rare ; au delà de la Vistule, le nombre des cerfs décroît rapidement, et ce ruminant semble manquer complétement à la Russie propre. L'aire d'habitation du chevreuil est presque aussi vaste, elle s'avance même davantage au S. E. Le chamois et le bouquetin, qui tendent aujourd'hui à disparaître, demeurent confinés dans les montagnes, surtout dans les Carpathes et les Alpes. L'antilope saïga, dont le domaine s'étendait jadis du Caucase aux frontières de la Pologne et s'élevait jusqu'au 52° lat., ne se rencontre plus que dans les steppes de l'Oural. Il abonde encore dans la steppe des Kalmouks, entre le Don et le Volga, mais sa véritable patrie se trouve dans les steppes de la Caspienne. L'urus (*Bos bonasus*), autrefois répandu dans l'Europe orientale et qui se montrait jusque dans les forêts de la Bohême, ne se voit plus actuellement qu'au Caucase, vers les sources du Kouban et plus au S. dans quelques cantons montagneux; on continue de le parquer dans la forêt de Biélowieza, en Lithuanie.

La région européo-asiatique tempérée peut être regardée comme ayant pour limite au S. une bande que l'on a appelée l'*équateur zoologique* et qui répond à ce que Jean Reynaud nomme l'*équateur de contraction*. Cette ligne qui passe entre l'Europe et l'Afrique, traverse en Asie la dépression de la Mer morte, les déserts de la Syrie, de la Perse et de Gobi, et se prolonge entre les deux Amériques. Voilà pourquoi la faune du bassin de la Mer Caspienne participe des caractères de la faune de l'Europe tempérée orientale, tout en ayant des affinités avec celle de l'Asie plus méridionale. J'ai signalé plus haut le rapprochement, en cette région, des lignes isothermes appartenant à des échelons fort éloignés de l'échelle thermique.

La faune de la Sibérie orientale se distingue, à certains égards, de celle de la Sibérie occidentale. Au delà du Ienisseï, on voit apparaître des formes mammalogiques nouvelles, en même temps que des changements s'opèrent dans la sphère géographique de celles qui sont communes à la partie antérieure. Le chevrotain, le musc, l'argali remontent plus au N.; le premier dépasse le 67° lat. Le *Lagomys hyperboreus*, étranger à la Sibérie occidentale, rattache la Sibérie orientale à la région arctique; le *Mus casaco*, le *Sciurus ulensis*, le *Viverra aterrima* caractérisent cette même région dont la faune, surtout au Kamtchatka, se lie à celle de l'Amérique du Nord. Les rongeurs y sont l'ordre dominant, et nombre de leurs espèces se retrouvent dans la même région. L'absence de l'écureuil s'explique par l'absence de forêts. En revanche, le genre *Rhombomys*, inconnu à l'Europe, est ici représenté par trois espèces. L'aire asiatique du porc-épic s'étend du plateau de l'Iran aux steppes de Bokhara, région à laquelle appartiennent deux espèces de hérissons : l'*erinaceus auritus*, ou hérisson à longues oreilles, et l'*hypomelos*. Une espèce de musaraigne hante la steppe des Kirghises, où les grands carnassiers ne pénètrent qu'accidentellement. Entre les ruminants les plus caractéristiques, il faut compter l'antilope saïga, le *Procapra subgutturosa*, ou antilope *tseyrain*, variété de l'antilope *kével*, qui s'avance moins à l'O.

Le Khorassan forme la limite entre l'aire d'habitation du dromadaire et celle du chameau à deux bosses ou bactrien, ainsi appelé de la région de l'Asie centrale d'où il paraît originaire. Plus fort que le dromadaire, mais moins bon marcheur, le chameau à deux bosses se rencontre sur les frontières N. E. de la Chine et dans les déserts qui la séparent de l'Hindoustan. Il ne prospère véritablement que dans le Turkestan et la Dzoungarie. Au delà, dans la Mongolie orientale, sa taille devient petite ; il dépérit en Daourie et dans le bassin de l'Amour ; il fait complétement défaut en Mandchourie. Au S., le chameau disparaît, dès que se montre l'éléphant, de même qu'au N. il a pour frontière la limite méridionale du renne. La patrie du cheval est vraisemblablement la région qui s'étend du Caucase au Tibet, en embrassant les steppes de la Mongolie. On l'y rencontre à l'état sauvage (*Kyang*) jusqu'à une altitude de 4000 à 6000 mètres. L'hémione ou *dchiggetai* parcourt par nombreux troupeaux les plateaux de la haute Asie et les steppes de l'Asie centrale ; dans l'antiquité, elle s'avançait, ainsi que l'onagre ou âne sauvage, jusqu'en Asie Mineure. La patrie de ce dernier (*Koulan* des Chinois) est aujourd'hui comprise entre l'Hindoustan, l'Iran et les bords de l'Irtych. On doit encore citer dans l'ordre des ruminants, comme type de cette faune, le tserayn ou *houang-yang* nommé plus haut et dont une variété (*A. picticauda*) appartient au Tibet, l'antilope d'Hodgson et le musc qui habite les montagnes sises à l'E. de la même région. Un ruminant très-caractéristique est le yak (*Bos grunniens*), ou bœuf à queue épaisse, qui s'élève aux mêmes altitudes que le kyang et s'avance jusqu'aux bords des glaciers des montagnes du Tibet. Sa patrie paraît être la même que celle du *bœuf arni*, à cornes énormes, introduit d'Ourga en Mongolie, dans d'autres parties de l'Asie. La cause qui a appauvri la faune ornithologique de l'Asie centrale en a éloigné la plus grande partie des chéiroptères et des carnassiers insectivores.

La faune du bassin méditerranéen n'offre d'unité que par quelques types ; elle se diversifie dans ses différentes régions, pour se rapprocher de la faune des régions contiguës. Ainsi le magot, *Inuus ecaudatus*, qui de l'Afrique s'avance jusqu'à Gibraltar, est absolument étranger à toute la partie de l'Europe située au S. des Pyrénées, des Alpes et du Balkhan, région liée au contraire par une certaine conformité de faune au N. de l'Afrique. Sur le littoral africain de la Méditerranée, apparaissent déjà certaines espèces tropicales de chéiroptères.

Il n'est que peu de carnassiers qui soient répandus sur l'ensemble du littoral méditerranéen, et l'on ne retrouve pas, entre les représentants de leur ordre dans les diverses parties de ce bassin, la conformité de physionomie qui frappe chez les végétaux et les oiseaux, sans doute parce que l'extension de ceux-ci ne rencontre pas les mêmes obstacles qui s'opposent à l'expansion des mammifères. Aussi la région méditerranéenne se subdivise-t-elle, sous le rapport mammalogique, en plusieurs provinces assez tranchées. L'ours brun, un des animaux de cette zone dont l'aire d'habitation a le plus d'étendue, est remplacé, dans le nord-ouest de l'Asie, par une autre espèce, l'*Ursus syriacus*. Le *Rhabdogale mustelina* constitue une espèce exclusivement africaine. La Sardaigne a son espèce de martre propre, la *Mustela boccamela*; l'Egypte en nourrit une autre, la *Mustela subpalmata*. Le genre Martre s'appauvrit, lorsqu'on s'avance au sud, et ses espèces se réduisent à 2 en Afrique. Le genre *Genette* s'y substitue graduellement et finit par le remplacer tout à fait. L'ichneumon, propre surtout à l'Égypte, a été retrouvé en Andalousie (*Herpestes Widdringtoni*). Le loup, si commun dans l'Asie occidentale et jadis fort répandu en Europe, manque au contraire totalement à l'Afrique. Dans la Sardaigne et l'Italie méridionale, le *Canis melanogaster* prend la place du renard qui habite les autres parties du bassin méditerranéen. Le chacal semble avoir graduellement disparu de la côte septentrionale de ce bassin ; on le rencontre encore parfois cependant en Dalmatie et en Morée ; mais son centre d'habitation est aujourd'hui la Syrie et l'Afrique septentrionale. A l'est, il ne dépasse pas le Térek et le Kouban. Le lion n'existe plus en Grèce, depuis les temps historiques, et est maintenant un animal purement africano-asiatique. D'autres carnassiers de la même région ont été également éloignés par l'homme. L'hyène a déjà presque abandonné le littoral sud de la Méditerranée ; ses deux espèces, l'hyène *rayée* et l'hyène *crocota*, ne se trouvent plus, la première que dans l'ouest de l'Asie et de l'Afrique septentrionale, la seconde qu'au sud du Sahara ; le chat pard (*Felis pardina*) devient rare dans la péninsule hispanique et se montre surtout dans l'Asie occidentale ; le lynx ou loup cervier a presque totalement abandonné les Pyrénées, mais dans l'Asie Mineure, la Perse et le nord de l'Afrique, le caracal ou lynx roux (*Felis caligata*) tient encore sa place. Quant au *Felis chaus*, ou lynx des marais, quoique s'avançant jusqu'au nord de l'Afrique, il ne saurait être considéré comme appartenant au bassin de la Méditerranée. L'Égypte et l'Asie Mineure semblent être la véritable patrie du chat sauvage (*Felis catus*), souche d'une foule d'espèces domestiques[1]. La panthère au contraire, étrangère à l'Europe, abonde en Afrique et désolait jadis l'Asie Mineure.

L'ordre des rongeurs affecte, dans la faune méditerranéenne, des caractères variés suivant les régions. Ainsi en Barbarie le *Sciurus getulus* remplace notre écureuil commun d'Europe ; l'Asie méditerranéenne nourrit 3 espèces qui lui sont propres. Les gerboises rattachent la faune de l'Afrique septentrionale à celle des steppes de l'Asie. Des

---

1. M. Hehn a montré que le *Felis catus*, originaire, selon toute apparence, d'Égypte, n'a été domestiqué qu'au IIIe siècle de notre ère, en Italie et en Grèce, d'où il s'est répandu dans tout le monde civilisé.

3 espèces de rat qui habitent la région méditerranéenne, l'une, le *Mus tectorum*, se montre depuis l'Italie moyenne jusqu'aux bords de la Mer rouge ; l'autre, le *Mus orientalis*, habite l'Égypte, et la troisième, le *Mus barbarus*, appartient au nord-ouest de l'Afrique. Le hamster, qui se trouve encore dans l'Asie antérieure, est étranger à l'Europe méridionale et à l'Afrique. Le porc-épic, signalé plus haut en Asie, se retrouve en Afrique et dans l'Italie moyenne. Le lièvre est représenté dans la région méditerranéenne par trois espèces. Même diversité pour la distribution des ruminants méditerranéens. Le daim se montre à côté du cerf dans l'Asie antérieure, où vit aussi une autre espèce, le chevreuil de Tartarie (*Cervus pygargus*), qui, au midi du littoral méditerranéen, a complètement remplacé le cerf. Les antilopes sont, pour l'Afrique, ce que ce dernier animal et le chevreuil sont pour l'Europe ; mais le chiffre de leurs espèces n'atteint son maximum qu'au delà du Sahara. La chèvre paraît originaire de l'Asie occidentale, car l'ægagre, ancêtre de notre chèvre domestique, se trouve à l'état sauvage dans les montagnes de la Cilicie et de la Cappadoce. Le genre dont elle est le type a pour représentant spécial l'isard, dans les Pyrénées, et le *Capra beden* à l'île de Candie. Le mouflon, qui paraît être la souche de nos brebis, se rencontre encore dans les montagnes de la Corse et de la Sardaigne, de l'Espagne et de Chypre. Le mouflon d'Afrique (*Ovis tragelaphus*) prend sa place dans l'Atlas, tandis qu'en Asie Mineure c'est l'*Ovis orientalis* qui y correspond. La domestication a, du reste, si fort propagé l'espèce *Ovis* et tant altéré ses caractères originels, qu'il est difficile de savoir où l'on doit en chercher le berceau.

La faune comme la flore de la Chine et du Japon offrent bien des traits communs avec la faune et la flore de la presqu'île transgangétique ; tandis que les animaux de ces pays se distinguent en général par leurs espèces et même leurs genres de ceux qu'on rencontre au N. O. de l'Asie et en Europe. L'abbé David, sur cent dix espèces de mammifères sauvages observés par lui dans la Chine septentrionale, n'en a pas noté dix qui fussent européennes. Au contraire, bon nombre de mammifères, le tigre par exemple, se trouvent à la fois dans la Chine et l'Indo-Chine. Un des types qui distinguent le plus profondément la population mammalogique de la Chine de celle des contrées européennes, situées sous les mêmes latitudes, est un édenté, le pangolin, qui se retrouve également dans l'Assam, à Formose et au Japon. Un autre type est le tapir, qui est en Chine comme l'avant-garde de la faune malayo-polynésienne. La Chine a aussi son pachyderme particulier, le *Sus vittatus*, distinct de l'espèce porcine existant au Japon. Une autre espèce du même genre, le *Sus moupinensis*, abonde dans les forêts qui s'étendent entre la Chine, la Mongolie et le Tibet. Les quadrumanes fournissent encore, pour la même contrée, un anneau qui rattache étroitement sa faune à celle de l'Indo-Chine. Dans la Chine méridionale, vit le *Cercopithecus cynomolgus*, qui remonte assez loin au nord et se trouve jusqu'au Japon. Un autre singe, l'*Inuus speciosus*, variété de l'*Inuus ecaudatus*, appartient également aux deux pays. Le *Rhinopithecus Roxellana* et le *Macacus tibetanus* habitent les forêts froides des montagnes des Mantzé, tribus barbares répandues entre la Chine, la Mongolie et le Tibet. Ainsi la Chine paraît être comme le point de jonction de la faune de la zone tempérée et de la faune de la zone tropicale. Les types de l'une et l'autre faune s'y mêlent. Il en est de même au Japon. Mais là les genres et les espèces qui appartiennent au tropique prennent une physionomie qui dénote déjà le voisinage des régions froides; par exemple, les chéiroptères frugivores, qui sont communs au Japon et aux contrées de l'Asie plus méridionales, sont couverts d'un poil laineux, et les chéiroptères insectivores y ont une physionomie qui les rattache tout à fait à la faune de la zone tempérée. Si l'ours noir du Tibet se retrouve au Japon, l'*Ursus ferox* de l'Amérique septentrionale habite l'île d'Yeso. Quelques espèces doivent à ce caractère intermédiaire de la création mammalogique au Japon et en Chine, une physionomie à part. Tel est le cas pour le loup, pour le renard, pour le chien, qui représentent au Japon autant d'espèces à part. Non-seulement le *Canis nippon* est un type spécial à cet archipel, mais le Japon a encore un autre chien, le *Canis viverrinus*, très-voisin du *Canis procyonoïdes* de la Chine méridionale, avec lequel, à raison de l'identité de leur système dentaire, on l'a réuni pour constituer le genre *Nyctereates*. C'est surtout dans le pays des Mantzé que les types septentrionaux viennent au contact des types quasi tropicaux. L'abbé David a signalé dans les montagnes de ce pays un ours blanc (*Æluropus melanoleucus*) dont le squelette rappelle notablement par ses formes une espèce fossile (*Hyænarctos*). Dans la même contrée, existent plusieurs espèces particulières d'antilopes et de cerfs, notamment le *Nemorhedus Edwardsii*, l'*Elaphus cephalophus*, et une beaucoup plus petite, le *Cervulus lacrymans*. Le *cerf milu* de la Chine, qui se rapproche du renne, paraît avoir été importé de la Mandchourie. Le Japon a également ses ruminants caractéristiques; ce sont des antilopes, qui par la disposition de leurs bois, participent d'un côté de l'antilope cambtan de Sumatra et de l'autre de l'antilope lanigère de l'Amérique septentrionale. Un cerf propre au Japon lie la faune mammalogique de ce pays à celle des contrées tropicales; c'est le *Cervus sika*, qui tient à la fois du *Cervus taiouanus* de l'île Formose, du *Cervus pseudo-axis* des îles Soulou et du *Rusa javanica* de la Malaisie. Les écureuils volants ou polatouches (*Pteromys leucogenys* et *Pteromys momoga*) lient de même les rongeurs japonais à ceux des contrées tropicales.

La faune mammalogique de l'Amérique septentrionale participe et de la faune boréale et de la faune subtropicale, mais ce continent offre à ses deux extrémités orientale et occidentale, des différences assez tranchées. Les hauts plateaux déserts qui vont s'abaissant vers l'est et les Montagnes rocheuses, forment une barrière naturelle qui s'oppose à ce que les mêmes espèces se répandent sur le littoral des deux Océans. Cette chaîne de plateaux et de montagnes lie, au contraire, les hautes latitudes de l'Amérique du Nord à sa partie méridionale, et sert comme de pont entre la faune boréale et la faune tropicale du Nouveau monde, ainsi que le montre la faune de l'Anahuac. Au nord des lacs, le plateau de rochers qui sépare les plaines du Canada des contrées environnant la baie d'Hudson n'est pas à beaucoup près une frontière aussi infranchissable pour les animaux de l'est ou de l'ouest de l'Amérique septentrionale. Dans cette région zoologique, les cheiroptères présentent des caractères analogues à ceux qu'ils ont en Europe, sous des latitudes et dans des conditions climatologiques correspondantes. De même que l'on voit une espèce de la région tropicale, le *Dysopes Cestonii*, s'avancer jusqu'en Italie, on rencontre au Mexique et aux États-Unis des espèces du même genre et d'un genre voisin, le *Desmodus rufus* ou *murinus*. Quelques chauves-souris américaines ont une aire d'habitation fort étendue; tel est, notamment, le *Vespertilio subulatus*, qui de l'Arkansas s'avance jusqu'au grand lac de l'Esclave. Les carnassiers insectivores, qui abondent dans l'Amérique du Nord, impriment à sa faune un de ses traits les plus saillants. On n'y compte pas moins de 15 espèces de musaraignes. Une espèce à part pouvant constituer un genre, le *solenodon*, habite Cuba et Haïti; les *scalops* et les *rhinaster*, qui vivent de vers de terre, remplacent les *myogale* ou desmans de l'Ancien monde. Les carnassiers carnivores offrent en cette région de l'Amérique un caractère moins original; ils reproduisent des types de l'Europe et de l'Amérique du Sud. Comme cet ordre d'animaux est moins lié, par son mode d'alimentation, à des conditions déterminées de sol et de végétation, sa zone d'habitation est naturellement plus vaste. Certaines espèces sont identiques dans l'Ancien et le Nouveau monde, ou du moins ne présentent que des différences légères; tel est le cas pour les loutres, l'ours brun, qui dépasse dans l'Amérique la limite de la flore arborescente, pour le loup et le glouton. Quelques espèces se rencontrent à la fois à l'est de ce continent et à l'ouest au delà des Montagnes rocheuses, sur le littoral de l'Océan pacifique. L'identité devient presque complète pour les genres. Outre ceux déjà mentionnés, citons, comme communs à l'Amérique septentrionale et à l'Europe, les genres *Canis*, *Felis*, *Meles*, *Mustela*, *Enhydris*. Les types exclusivement américains nous sont fournis par le Raton (*Procyon*), le Coati (*Nasua*), le Kinkajou (*Cercoleptes*), le *Galidictis*, la Mouffette (*Mephitis*), habitant au sud et au nord de l'isthme de Panama; le *Bassaris* est le seul viverrin américain dont le genre appartienne en propre à la péninsule septentrionale.

On trouve dans les deux Amériques le *Felis concolor* ou couguar, qui remontait jadis jusqu'en Pensylvanie, le *Felis pardalis* ou ocelot, le *Felis jaguarundi* ou petit jaguar, le *Galictis barbara* ou taïra, le *Nasua socialis*, espèce de coati, et le *Caudivolvulus cercoleptes*, espèce particulière de kinkajou. L'ours brun américain dont il vient d'être parlé, et l'*Ursus ferox* qui vit dans les Montagnes rocheuses et sur le haut Missouri, caractérisent la région nord-américaine, comme le raton laveur (*Procyon lotor*), qui ne sort point de l'Amérique septentrionale et s'avance jusqu'au 60°; le glouton s'élève plus au nord et se trouve encore par 75° de latitude, sur l'un et l'autre littoral. Les mouffettes restent cantonnées davantage dans la partie méridionale de ce continent. Le renard tricolore ou *kit fox* (*Canis cinereo-argentatus* de John Richardson) s'avance jusqu'au 55° lat. N. Le lynx roux est répandu dans toute l'étendue des États-Unis, et est remplacé plus au nord, entre le 43° et le 66°, par le lynx boréal.

Les marsupiaux sont étrangers à la faune de l'Amérique septentrionale proprement dite; mais un didelphe se montre au Mexique, que son climat rattache à l'Amérique du Sud; l'opossum ou sarigue de Virginie (*Didelphis virginiana*) remonte même parfois jusqu'aux grands lacs. Les rongeurs composent le gros de la population mammalogique de l'Amérique du Nord, car ils en forment près des trois cinquièmes, comprenant plus de 130 espèces. Le genre Écureuil est spécifiquement un des plus riches. Certains écureuils volants sont abondamment représentés dans ce continent et remontent fort avant dans le nord (*Pteromys alpinus* et *sabrinus*). Les sousliks et les marmottes foisonnent dans les *prairies*; mais deux espèces seulement pénètrent jusqu'à la région polaire. Les gerboises comptent dans l'Amérique septentrionale 2 représentants appartenant au genre Mérione. Le castor occupe encore en Amérique une aire assez vaste, comprise entre la baie d'Hudson, l'Orégon et les États de Nébraska et de Colorado. Jadis on le rencontrait dans toute l'Amérique du Nord, de la mer Glaciale au Mexique. Les *Arctomys*, si remarquables par les poches dont leurs joues sont pourvues, fournissent à la faune nord-américaine un autre type fort caractéristique. Entre les diverses espèces du genre, on distingue surtout l'*Arctomys ludovicianus*, répandu en Californie et au Texas; il est désigné communément, à raison de son cri analogue à l'aboiement, sous le nom de *chien des prairies*; il construit, comme le castor, des huttes en terre dont l'assemblage forme de véritables villages (*dog-towns*). Ce genre, ainsi que le genre *Haplodon*, manque complétement à l'Amérique du Sud. Il en était de même du genre *Mus*, qui, bien qu'indigène en Océanie, n'existait point en Amérique, et y a été introduit par les Européens. En revanche, le Nouveau monde possède le hamster; mais l'espèce y est plus petite que celle d'Europe. Citons encore parmi les rongeurs exclusivement américains, le *neotomus*, voisin du castor, le *sigmodon*, voisin du campagnol, et dont une espèce, le *Neotomus Drummondii*, habite les Montagnes rocheuses. L'urson (*Erethyzon*), rongeur acléidien, répond pour le Mexique à ce que le porc-épic est pour l'Ancien monde. Le genre *Lièvre*, qui appartient au même ordre, est un des plus richement représentés dans l'Amérique septentrionale; il n'y comprend pas moins de dix-sept espèces, tandis qu'à peine en compte-t-il quelques-unes dans l'autre Amérique. Le *Lagomys princeps* est pour les Montagnes rocheuses ce qu'est le lièvre *siffleur* pour les steppes de l'Asie. Quant aux édentés, ils sont étrangers à cette région, et c'est accidentellement que le *Dasypus novemcinctus* s'avance jusqu'au Mexique.

L'Amérique septentrionale n'a pas la variété des ruminants de l'Ancien monde. Le genre Antilope n'y est représenté que par deux espèces. L'une d'elles, le cabril ou *Antilope furcifer*, paît par troupes nombreuses dans les prairies jusqu'à la rivière Saskatchawan, et émigre comme le renne, avec la saison froide. C'est aussi par troupes, quelquefois de plusieurs milliers d'individus, que vit dans les prairies le bison (*Bos americanus*) dont la chasse active qu'on lui fait menace d'anéantir l'espèce; il s'avance jusqu'au 61°. L'antilope et le mouflon américains descendent au sud jusque sous la latitude du plateau des Cordillières. Entre les espèces de cerfs que nourrit l'Amérique du Nord, une des plus typiques est le wapiti dont l'aire s'élève jusqu'au 57° lat.

L'Afrique affecte dans sa faune mammalogique une assez grande unité; les diverses provinces de cette faune n'ont pas des caractères bien tranchés; elles se fondent graduellement les unes dans les autres. Ainsi la faune de l'Afrique occidentale diffère peu de celle du Sahara et se lie étroitement à celle de l'Afrique intertropicale, qui est rattachée par une foule d'espèces à celle de la partie australe de ce continent. La faune mammalogique de la Sénégambie a d'autre part plus d'un trait de ressemblance avec celle de l'Hindoustan.

Les singes constituent un des ordres de quadrupèdes les plus répandus sur le sol africain. Rares encore dans la Barbarie, ils se multiplient beaucoup, à mesure qu'on se rapproche de l'équateur; mais on ne signale dans cette partie du monde que deux représentants des lémuriens (genre Galago, *Otolicnus*). En revanche, elle ne renferme pas moins de 17 espèces de guenons (*Cercopithecus*), 6 de *colobus*, dont l'une (*Colobus Satanas*) est propre à l'île de Fernando-Po, et 2 de cynocéphales. Le chimpanzé (*Simia troglodytes*) se rencontre depuis la Gambie jusqu'au 13° parallèle sud; la variété chauve dite *nschiego* (*Troglodytes calvus*) occupe une aire beaucoup plus resserrée; on ne le trouve que dans les forêts les plus épaisses de l'Afrique occidentale, où il se construit une demeure au sommet des arbres. Le gorille paraît cantonné dans une zone assez restreinte de la même région africaine; il ne s'approche guère des côtes; en revanche il s'avance peut-être plus à l'est que le chimpanzé. Le plus grand des singes connus, le gorille le cède en intelligence au nschiego, surtout à la variété dite *koulou kamba* dont la capacité crânienne l'emporte sur celle de tous les autres quadrumanes. Le cynocéphale mandrill, qui se place après le gorille, dans l'échelle d'organisation, le *colobus*, voisin du semnopithèque, et les guenons fournissent les types les plus caractéristiques de la famille simienne dans l'Afrique occidentale où le gibbon (*hylobates*), le semnopithèque et le loris (*stenops*) manquent complétement.

Les ruminants ont sur le sol africain de fort nombreux représentants; au centre et au sud, ils constituent, avec les pachydermes, les principaux types de la faune mammalogique. Dans les forêts humides de l'Abyssinie vivent de grands troupeaux de buffles; dans l'Afrique moyenne habite une espèce bovine particulière, le *Bos brachyceros*; le zébu (*ésou* des Touâreg) est très-commun au Soudan. Le *Bos cafer* prend dans la zone australe la place du buffle; l'*Ovis tragelaphus* appartient à la Nubie où il atteint jusqu'au 18° latitude. Le *Moschus aquaticus* caractérise la faune de l'Afrique moyenne. Les antilopes remplacent, en Afrique, les cerfs qui n'y trouveraient plus les grandes forêts pour y brouter leur nourriture. Ces animaux sont, dans les parties centrale et australe, plus multipliés qu'en aucune autre région du globe; on les dirait placés là pour servir de pâture aux carnivores qui leur font une guerre acharnée. Dans la haute Afrique seule, on compte près de 30 espèces d'antilopes. L'antilope *leucoryx* occupe une aire qui s'étend de la Gambie à l'Abyssinie, et est remplacé dans la région australe par le gemsbock (*Oryx gazella*). L'antilope *dorcas* ou gazelle est propre au nord de l'Afrique et au Soudan; le springbock (*Ant. euchore*), le buntbock (*Ant. pygarga*), le blesbock à cornes en lyre, appartiennent à l'Afrique australe ; l'antilope *sylvatica* habite l'Afrique occidentale ; l'antilope strepsicéros (*coudous*) se rencontre à la fois au Cap, en Guinée, en Abyssinie. Dans les plaines de l'Afrique centrale, vivent l'antilope *orcas* et l'antilope bubale, dont une espèce, l'éland, atteint les proportions de la vache ; le *gnou* ou *niou*, *catoblépas* des anciens, est représenté par 3 espèces qui ne remontent pas d'un côté, au delà de la rivière Orange, de l'autre, au nord du cours du Vaal. L'antilope pygmée ou *guévei* caractérise la région du Cap ; l'antilope *léché* (*Adnota leché*) hante la région du lac Ngami, et l'antilope *Ugogo* la côte de Zanguebar. Le plus grand de tous les ruminants africains, la girafe, vit dans les plaines, depuis le Kordofan jusqu'à la pointe méridionale de l'Afrique.

Les rongeurs africains ont pour la plupart des caractères qui les différencient nettement de ceux des autres régions zoologiques. L'Afrique occidentale se distingue par des espèces propres : l'*Anomalurus Fraseri*, l'*Aulacodus swinderianus* qui mine de ses galeries souterraines les côtes de la Sénégambie, et se retrouve jusqu'en Nubie et dans la région du Nil blanc comme sur les bords du Zambési, le hamster de Gambie (*Crycetomys gambianus*). Favorisés par l'abondance des broussailles, les lièvres se multiplient singulièrement dans la région centrale et australe, qui compte un nombre fort considérable d'espèces. Les rongeurs ont en général pour représentants en Afrique des espèces dont l'organisation est adaptée à la vie des steppes et des déserts. Les espèces à vie souterraine l'emportent en nombre dans ce continent sur les espèces épigées. L'écureuil n'y a qu'un seul représentant dans la partie australe (*Sciurus setosus*) ; mais en Abyssinie il en compte 4. Quant au *pteromys* du Cap, il constitue la seule espèce africaine d'écureuils volants. L'hélamys (*Pedetes cafer*) remplace au Cap les gerboises de l'Afrique septentrionale. Le *Petromys typicus*, qui habite les cavernes de la région australe, en est également une des espèces caractéristiques. Les rats-taupes ou *spalax* sont représentés par un oryctère (*bathyergus*) et plusieurs espèces du genre *Georhychus* ou Lemming. En Abyssinie, un genre remarquable, l'*Heterocephalus*, et 3 espèces du genre *Rhizomys* appartiennent à la même catégorie de rongeurs. L'*Oreomys typicus* est propre à la haute région de l'Abyssinie. 2 espèces de *dendromys*, ou rats d'arbre, font encore partie de la population des rongeurs de l'Afrique méridionale. Les campagnols (*hypudæus*) y manquent aussi bien que dans toutes les contrées tropicales ; en revanche, les rats fouisseurs atteignent dans les déserts de l'Afrique leur maximum numérique. Les mériones se rencontrent au midi de la vallée du Nil, mais elles se rattachent surtout à la faune asiatique ou plutôt elles forment un des caractères particuliers de la région zoologique assez tranchée qui s'étend des bords de la Mer rouge à l'Inde et comprend l'Arabie occidentale. Le *psammomys* en Égypte, le *malacothrix*, le *mystromys* et l'*euryotes* dans l'Afrique australe, constituent autant de formes caractéristiques du genre Rat. Le *rhombomys*, dont le centre d'habitat se trouve dans les steppes de l'Asie, ne dépasse guère le midi de l'Abyssinie. L'*Hystrix cristata* occupe une aire très-vaste, qui s'étend depuis le Cap jusque dans l'Europe et l'Asie méridionale ; c'est le seul représentant, dans la haute Afrique, du genre Porc-épic. Les édentés africains sont représentés par 2 genres, le pangolin (*manis*), dont le domaine embrasse aussi l'Asie, et l'oryctérope du Cap qui appartient à l'Afrique méridionale et occidentale.

Entre les chéiroptères, animaux qui foisonnent en Afrique, nous devons citer un genre (*Rhinopoma*), presque exclusivement propre à cette région[1]. Les autres genres lui sont communs avec l'Asie ou l'Amérique. Les insectivores ont dans l'Afrique occidentale un représentant spécial, le *Potamogale velox* du Vieux Calabar qui rappelle la loutre par son port, et est voisin des *solenodons*, animaux dont le seul représentant dans l'Amérique équi-

---

1. On a récemment découvert un *rhinopoma*, celui d'*Hardwick*, dans l'Hindoustan. Voy. Cantor, dans le *Journal of the Asiatic Society of Great Britain*, vol. XV, p. 178.

noxiale est le *solenodon* des Antilles, mais dont les espèces sont nombreuses en Afrique. Le hérisson et la musaraigne se rencontrent depuis les bords du Nil jusqu'au Cap. A l'extrémité australe, un insectivore, remarquable par l'éclat métallique de sa robe, le *chrysochloris*, fournit à la faune de cette partie du monde un de ses types les plus originaux.

La grande abondance de rongeurs et de ruminants assure en Afrique aux carnassiers une alimentation facile et contribue beaucoup à leur multiplication. Toutefois dans cette faune, l'ours n'est représenté que par une espèce qui ne sort point de l'Abyssinie; les martres le sont par deux genres voisins, le putois rayé (*rhabdogale*) et le *ratel*. Les loutres appartiennent à l'Abyssinie et à l'Afrique australe. La genette, déjà signalée dans la région méditerranéenne, est répandue sur presque toute la surface du continent africain. Les mangoustes (*herpestes*) comptent 10 espèces dans l'Afrique australe, 3 en Abyssinie. Dans l'Afrique méridionale, l'*octocyon* fournit un type particulier de la famille des chiens; une autre espèce, le *Canis mesomelas*, prend, au sud de l'équateur, la place du chacal. L'hyène mouchetée (*crocota*) se trouve dans toute la haute Afrique et notamment en Abyssinie où elle est très-abondante. Plus au nord, elle fait place à l'hyène rayée (*H. striata*), qui s'avance jusque dans l'Hindoustan et l'Anatolie; l'hyène brune (*H. brunea*) demeure cantonnée au contraire dans l'extrémité australe de l'Afrique. Le genre *Proteles* est pour ce continent l'un des plus caractéristiques. Quant au lion, la partie montagneuse de l'Abyssinie paraît être à peu près la seule de l'Afrique qu'il ne hante point. Le léopard, le caracal et le *Felis guttata* se montrent depuis la vallée du Nil jusqu'en Sénégambie; le *Felis serval* et le *Felis cafra* appartiennent, au contraire, à la pointe australe. La Nubie et le Kordofan nourrissent le *Felis maniculata*, l'un des ancêtres de notre chat domestique.

Trois espèces de solipèdes correspondent en Afrique à l'hémione d'Asie, le couagga, le dauw (*Equus Burchelli*), confinés l'un et l'autre dans la région du Cap, et le zèbre qui se rencontre jusqu'au 10° lat. nord. Le sol africain nourrit les plus grands pachydermes; c'est là qu'ils sont le plus multipliés. Ils fournissent des traits communs aux trois régions, du centre, de l'est et du midi. L'éléphant, dont l'espèce est répandue depuis la frontière méridionale du grand désert jusqu'au Cap, et qui abonde dans la région des lacs de la partie orientale, se distingue de celui d'Asie par la grosseur, la présence de défenses chez la femelle, mais il lui est inférieur en intelligence. Il semble être le rejeton dégénéré de l'*Elephas meridionalis* de l'époque quaternaire, tandis que l'éléphant de l'Inde rappelle l'*Elephas antiquus* de la même époque. Il y a deux mille ans, l'éléphant s'avançait jusque dans la région méditerranéenne. Le rhinocéros compte en Afrique quatre espèces : le *R. simus* qu'on trouve dans le pays des Bechuanas; le *R. bicornis* qui habite les montagnes de la Table, et le *R. ketloa* qui s'avance jusqu'au 25° lat. S. L'hippopotame est plus exclusivement africain; ses espèces ou ses variétés se rencontrent depuis la Sénégambie jusque dans l'Abyssinie et la vallée du Nil, depuis le lac Tchad jusqu'aux lacs situés au sud de l'équateur; il a existé à Madagascar, d'où il a disparu, ainsi que de divers pays du nord de l'Afrique. Notre sanglier est représenté dans l'Afrique orientale et méridionale par le phacochère dont il existe au moins 2 espèces, et le cochon à masque (*Sus larvatus*), qui se retrouve à Madagascar. Le daman (*hyrax*), dont une espèce, le *clipdaas*, habite le Cap, offre une forme intermédiaire entre les rongeurs et les pachydermes et constitue un des types zoologiques les plus accentués de l'Afrique, où l'on en connaît 5 espèces.

Madagascar, bien que réunie par les géographes à l'Afrique, est, sous le rapport de ses productions, un continent à part, une sorte de sixième partie du monde. On observe chez la plupart de ses mammifères un type particulier, qu'affectent également ses autres animaux et qui fait de sa faune une faune spéciale; elle n'a presque aucun trait commun avec celle de l'Afrique australe et se distingue nettement de celle des Indes orientales, dont elle se rapproche pourtant par sa physionomie générale. Dans cette grande île, les singes proprement dits ont disparu ; ils sont remplacés par une tribu ou plutôt un ordre qui tient presque le milieu entre les quadrumanes et les rongeurs, c'est la nombreuse tribu des lémuriens. Ces animaux, dits autrefois singes à museau de renard, sont séparés des singes par des particularités anatomiques notables ; ils comptent à Madagascar de fort nombreuses espèces et variétés ou races locales. Mayotte a aussi son lémure particulier. Si quelques espèces voisines se retrouvent en Afrique ou à Ceylan et dans l'archipel de la Sonde, la grande majorité est exclusivement propre à Madagascar ; tels sont les indris (*lichanotus*), les makis (*Lemur*), le genre *Habrocebus*, les *chirogales* qui tombent en léthargie durant la saison sèche. Il en faut dire autant du *Cheiromys* ou aye-aye, animal nocturne, aux yeux de hibou, et de la taille du chat, qui participe des lémures et de l'écureuil. Les rongeurs sont représentés à Madagascar par une espèce particulière, l'écureuil gris, et par l'*Hypogeomys*. Quant au *Mus Alexandrinus*, il a probablement été importé. Moins typique est la physionomie des chéiroptères, car leurs genres se retrouvent presque tous sur le continent africain, toutefois avec des différences spécifiques. Ainsi le *Vespertilio madagascarensis* a ses correspondants dans diverses espèces de l'Afrique et de l'Asie. Des trois espèces de roussettes malgaches, l'une, le *Pteropus rubricollis*, appartient aussi à l'Afrique australe, l'autre, le *Pteropus Edwardsii*, s'avance jusque dans l'Assam. Les carnassiers insectivores sont caractérisés à Madagascar par trois genres : l'*Échinogale*, l'*Ériculus* et le *Centenes* ou tenrec. Les carnivores y ont pour représentants : la civette (*Viverra Schlegelii*), une espèce du genre *Felis* propre à l'île, la *fossa* (*Cryptoprocta ferox*), le seul carnassier plantigrade, de la famille des chats, que l'on connaisse, le *Galidictis striata*, plusieurs espèces de mangoustes qui s'en rapprochent, une espèce de mangue (*crossarchus*). Aucun ruminant n'est indigène dans l'île. Quant aux pachydermes, les seuls qu'on y trouve sont le sanglier à masque et le *Potamochærus Edwardsii* ; mais, à une époque ancienne, les cours d'eau étaient habités sur certains points par une petite espèce d'hippopotame dont on a découvert des débris (*Hippopotamus Lemerlii*).

L'Inde, quoique offrant des conditions climatologiques assez variées, selon les provinces, garde cependant dans sa faune une certaine unité qui fait de la péninsule gangétique une région zoologique nettement déterminée. Malgré le lien qui rattache l'Hindoustan à la Perse et à l'Arabie, l'Indo-Chine à la Chine et à la Malaisie, la faune mammalogique des deux presqu'îles est commune pour beaucoup d'espèces ; mais par sa partie méridionale, la péninsule transgangétique tient plutôt à la faune de l'Océanie. La province de Tenasserim semble être le nœud qui unit les deux grandes régions zoologiques de l'Inde.

On a vu que l'archipel de la Sonde, pour les reptiles, et le Brésil, pour les oiseaux, occupent le premier rang ; l'Inde peut le revendiquer pour les mammifères. Presque toutes les familles y sont en effet représentées. Les espèces diffèrent cependant pour la plupart de celles de l'Europe et de l'Asie septentrionale. Les analogies spécifiques sont plus marquées avec l'Afrique, si l'on excepte certaines espèces particulières à l'Afrique australe. L'Hindoustan compte, en outre, une foule d'espèces qui lui appartiennent exclusivement. La faune y est d'ailleurs assez différente suivant l'altitude, et l'Himalaya offre à chacun de ses trois étages, inférieur, moyen et supérieur, une population mammalogique particulière. Toutefois, même à une altitude élevée, on retrouve dans cette chaîne des types tropicaux ou subtropicaux ; tel est le singe dit *Semnopithecus schistaceus*, qui se voit encore sur les pins couverts de neiges à une altitude de 3500^m. Les genres *Felis*, *Canis* et *Viverra* constituent aux Indes, avec les singes et les pachydermes, les types prédominants. Les quadrumanes entrent dans la faune pour un contingent de trente espèces environ, entre lesquelles les espèces grimpantes figurent pour la plus grande proportion ; mais ces animaux disparaissent là où le sol se dépouille de végétation arborescente. Le semnopithèque, auquel les Hindous rendent un culte, est le plus répandu des singes de la péninsule gangétique ; il existe aussi à Ceylan et au Népâl. Le genre Gibbon (*Hylobates*) qui n'est pas moins caractéristique pour l'Asie, compte dans l'Inde cinq espèces : l'*Hylobates houlouk* habite l'Aracan et l'Assam, l'*Hylobates lar*, le Pégou jusqu'au détroit de Malacca. Le genre Magot (*Inuus*) est représenté dans la même région par huit espèces, et la tribu des lémuriens seulement par 2 espèces de loris (*stenops*). Les galéopithèques forment dans l'Inde le trait d'union entre cette tribu et l'ordre des chauves-souris représenté par 6 espèces de roussettes, 4 de vespertilions, 4 de nyctères, 3 de *pachysomas* et une espèce de chacun des genres *Macroglossus*, *Megaderma*, *Dysopes*, *Rhinolophus*. Ce dernier genre devient spécifiquement très-nombreux dans l'Archipel indien et lie la faune de la Malaisie à celle de l'Inde, de même que le genre Taphien (*Taphozoüs*), représenté dans ce dernier pays par deux espèces, la rattache à celle de l'Afrique. L'île de Ceylan a son espèce particulière, l'*Hipposideros ater*.

L'Inde est l'un des principaux foyers de production des carnassiers carnivores. On a fait connaître plus haut les genres qui y prédominent. Si nous en recherchons la composition spécifique, nous trouvons d'abord 6 espèces d'ours, dont plusieurs sont identiques à celles d'Europe et se rencontrent dans l'Asie centrale. L'*Ursus labiatus* du Dekkan et du bas Himalaya ne s'avance pas à l'ouest jusqu'au Sindh ; il est remplacé dans la presqu'île transgangétique et aux îles de la Sonde (Java excepté) par l'ours malais. Plus au nord, au Tibet, le genre Blaireau est représenté par le *tumpha* (*Taxidia leucurus*). Les *ictides* correspondent dans l'Hindoustan à ce que sont les ratons pour l'Amérique. L'Assam et l'ouest de la presqu'île transgangétique présentent un genre vraiment caractéristique, le binturong (*Arctictis binturong*), animal nocturne que les Birmans ont surnommé le singe-tigre (*Miouk-Kija*). La région orientale des forêts de l'Himalaya et celle du Tibet oriental caractérisées par un carnassier particulier, le *panda* (*Ælurus fulgens*), petit animal qui tient du chat et de l'ours, et est le type d'une famille à part.

L'un de ses genres, qui se retrouve dans la faune chinoise, l'*Æluropus*, est un carnassier d'une taille plus élevée et à pelage presque complétement blanc; il habite les montagnes du Tibet oriental. Les martres, dont une espèce seulement se rencontre dans la partie nord de l'Inde, sont remplacées, dans les plaines, par les civettes, entre lesquelles l'espèce appelée *chat-civette* est la plus répandue. La présence des mangoustes rapproche les carnassiers digitigrades de l'Hindoustan de ceux de l'Afrique. A leur famille appartiennent la mangue de l'Inde (*Crossarchus rubiginosus*), qui habite la presqu'île gangétique, et le *paradoxure*, propre à l'Asie méridionale, et dont on connaît 6 espèces dans les Indes, et une aux îles Andaman. Le chien compte dans cette région 8 ou 9 espèces; une seule se retrouve en Chine (*Canis procyonoïdes*); les autres sont propres à la presqu'île gangétique. Entre celles-ci, l'une habite le Bengale; une seconde, le chien paria (*Canis primævus*), a été considérée comme la souche de l'espèce *Canis*. Des trois espèces de renard de l'Hindoustan, l'une est caractéristique, c'est le *Vulpes montana*, qui ne quitte pas la région montagneuse. L'hyène rayée se rencontre depuis l'Asie occidentale jusque dans le Népâl; mais elle est étrangère à la presqu'île transgangétique. Le genre *Felis* ne compte pas dans l'Inde moins de 14 espèces, entre lesquelles le lion, la panthère et le caracal appartiennent aussi à l'Afrique. Le domaine du lion fut jadis fort étendu; cet animal s'avançait, il y a vingt ou trente siècles, jusqu'en Assyrie et en Phénicie, où on l'a rencontré quelquefois depuis. Aujourd'hui il ne dépasse pas même le Gouzzerate et le Ramjour. Le tigre a gardé au contraire à peu près ses anciennes frontières; il appartient à la vaste superficie qui s'étend du Mazandéran jusqu'à l'archipel de la Sonde, depuis la Corée et la Sibérie orientale, où ce carnassier revêt, lorsqu'il s'y aventure, une épaisse fourrure, jusqu'à Ceylan, d'où il a été extirpé assez récemment. Dans l'Himalaya, le tigre s'élève jusqu'à la limite des neiges perpétuelles. Le Dekkan était autrefois le centre de sa propagation; il abonde actuellement sur la frontière du Pendjab. L'Assam possède une espèce très-caractéristique, inférieure en taille et en force à la panthère, le *Felis macrocelis* (*Rimaou dahan*), qui habite aussi Sumatra et Bornéo, et vit sur les arbres. Elle rappelle par son organisation le genre fossile *Machærodus*. Une variété plus petite de ce chat à longue queue, à membres assez courts et à fortes canines, habite le Népâl. La panthère et le tigre royal font défaut à Bornéo. L'*arimaou* ou panthère noire (*Felis melas*) est propre à Java. Le léopard ne s'avance pas au delà de la presqu'île transgangétique; il présente diverses variétés dont l'une remonte jusque dans le nord du Tibet et la Tartarie; une autre pénètre en Perse jusque dans le Mazandéran; une troisième habite Ceylan.

L'Hindoustan compte un certain nombre de carnassiers insectivores et de rongeurs. Le premier ordre y est représenté par deux espèces de hérissons, une de taupes, et quelques espèces de musaraignes fort supérieures par leur taille à celles de l'Europe (*Sorex giganteus*, *Sorex myosurus*). Dans la presqu'île transgangétique, les insectivores grimpeurs apparaissent avec le tupaie (*cladobates*); leurs espèces se multiplient dans l'archipel de la Sonde. Les rongeurs sont nombreux dans l'Inde; il faut citer parmi les espèces les plus remarquables les écureuils volants. On y compte 10 espèces du genre *Sciurus*, 12 espèces du genre *Mus*, 3 du genre *Mérione*, 2 du genre *Arctomys* confinées dans les montagnes de l'Himalaya, 2 du genre *Porc-épic*, 5 du genre *Lièvre*, dont une espèce, le lièvre épineux, existe aussi dans la région malayo-polynésienne, 2 du genre *Lagomys*, cantonnées dans l'Himalaya. Les édentés ne sont guère représentés dans la même région que par les pangolins; chacune des deux presqu'îles de l'Inde a son espèce propre.

L'éléphant est par excellence le pachyderme indien; on le rencontre jusqu'à Sumatra et dans l'empire d'Annam; l'espèce de Ceylan se rapproche de celle d'Afrique.

Cet animal remplace, comme bête de monture, le cheval, que, dans l'Hindoustan, on ne trouve guère en dehors du pays des Mahrattes. L'éléphant se montre parfois, notamment à Ceylan, sur des plateaux d'une assez grande altitude, quoiqu'il ne s'élève point dans l'Himalaya jusqu'à l'étage moyen. Dans les régions froides, le pelage de ce pachyderme devient plus épais; mais il disparait, au contraire, complétement dans l'état de domesticité. Quelquefois la peau de l'éléphant passe au blanc par un effet de l'albinisme, affection surtout commune à Siam, et à laquelle sont également exposés d'autres animaux, tels que les cerfs, les buffles, les singes. L'Hindoustan ne nourrit qu'une espèce de rhinocéros, mais une autre se trouve à Sumatra. Un troisième pachyderme, le tapir, dont l'aire s'étend de Sumatra jusqu'en Chine, rapproche la faune de l'Hindoustan de celle de l'Amérique.

Les ruminants sont assez nombreux dans l'Inde. A l'inverse de ce qui s'observe en Afrique, le cerf s'y montre dans les solitudes arides. Ce genre ne compte dans cette partie de l'Asie pas moins de 12 à 14 espèces; l'*Axis* caractérise le nord de la presqu'île. Le Cachemir a son cerf particulier, le *hungul*, qui hante les montagnes de cette province, et dont les beaux bois, qui rappellent ceux du wapiti et du cerf de Perse (*Cervus maral*), font l'objet d'un grand commerce. Le cerf barasingha (*Cervus Duvaucelii*) se rencontre dans le Népâl et l'Assam; le cerf-cochon, une des plus petites espèces connues, habite le Bengale et descend jusqu'à Ceylan, île où vivent 3 espèces de muscs, dont une, le *Moschus memina*, se retrouve dans l'Himalaya, le Dekkan, et les épaisses forêts des Ghâtes occidentales, et trois cerfs particuliers, le muntjac (*Stylocerus*), l'*Axis maculata*, et le grand axis ou *Rusa Aristotelis*. Les antilopes sont représentées, dans la péninsule gangétique, par 4 espèces; les plus remarquables sont l'antilope tchicara et le nylgau. Peut-être l'Hindoustan est-il le berceau de notre bœuf dont la domestication a du altérer les caractères originels. Le genre auquel il appartient y est actuellement représenté par le zébu ou bœuf à bosse, le

Bos gaurus et le *Bos frontalis* que certains naturalistes tiennent pour la souche de l'*urus* européen. Le bubale a sa véritable patrie dans les deux presqu'îles de l'Inde, d'où il s'est répandu dans toutes les directions. Le Pendjab possède une espèce particulière de brebis sauvage, l'*Ovis cycloseros*.

La faune mammalogique de l'Archipel indien offre les deux grandes divisions déjà signalées pour les autres classes d'animaux; mais, à mesure qu'on s'avance vers l'est, cette faune va s'appauvrissant, au moins pour les grandes espèces. Ainsi, tandis que la région qu'on peut appeler malayo-indienne nourrit 170 espèces de mammifères, suivant A. Wallace, Timor n'en a plus que 22, et Célèbes que 17. Célèbes et Bornéo forment une sorte d'arête de partage : d'un côté, à l'ouest, les grandes forêts; de l'autre, une végétation arborescente amoindrie. Aussi les gibbons, les orangs et les semnopithèques ne se rencontrent-ils plus à Célèbes ni à Timor. Le macaque commun (*Macacus cynomolgus*) s'avance, au contraire, jusque dans cette dernière île, en sorte que son aire s'étend de l'Hindoustan jusqu'au delà de l'archipel de la Sonde. Mais l'animal caractéristique de cet archipel est l'orang-outang (*Simia satyrus*); car cette espèce, assez pauvre en individus, ne sort pas de Sumatra et de Bornéo. Les chéiroptères atteignent dans le même archipel une multiplication prodigieuse. Java seul en compte 37 espèces, Sumatra 24, Bornéo 10, Célèbes 6, Amboine 14, et Timor 13. Les écureuils volants, liés de fort près aux chéiroptères d'une part, et à certains makis de l'autre, ont, comme ces derniers, dans la Sonde, divers représentants. Les lièvres et les porcs-épics n'appartiennent qu'à la région occidentale. Toutes les espèces de carnassiers de l'Inde se retrouvent dans cette région insulaire, mais elles ne dépassent guère la partie orientale de Java et la partie occidentale de Bornéo. La martre des palmiers (*Paradoxurus musanga*) s'avance jusqu'à Timor, et la civette jusqu'à Amboine. Bornéo nourrit un animal particulier, intermédiaire entre les paradoxures et les loutres, le *Potamophi-*

lus barbatus, remarquable par son aspect velu et l'épaisseur de ses moustaches et de ses soies sourcilières. Le genre *Felis*, encore représenté à Java par le tigre, n'a plus pour échantillon à Timor qu'un petit chat. Les tupaies (*cladobates*), qui remplacent dans la région occidentale les insectivores, rappellent à la fois les rongeurs grimpeurs et les marsupiaux. Ceux-ci commencent à se montrer dans la région orientale, où ils sont représentés par les phalangers frugivores habitant Célèbes et Timor. Ils se lient, à certains égards, aux chauves-souris, et surtout à la famille des galéopithèques dont l'Archipel indien compte plusieurs espèces. Les Moluques sont le centre du sous-genre *Couscous*, dont la queue n'est point velue, et qui s'avance jusque dans les îles Arrou. Bornéo possède une espèce propre de cochon, le *Sus barbatus* ou *babi-puti* (cochon blanc); Sumatra a deux espèces du même genre (*S. verrucosus* et *vittatus*). Le *babiroussa* accuse par son nom une origine malaise (*babi-rouça*, cochon-cerf). On le rencontre jusqu'à Célèbes, île dont la faune affecte un cachet assez distinct, et où des types de caractère africain se trouvent au contact de types asiatiques. Le tapir, répandu à Bornéo et dans la presqu'île de Malaya, se retrouve à Sumatra avec une espèce particulière d'éléphant; mais ces animaux sont inconnus à Java. Les deux îles se distinguent également par leur espèce de rhinocéros : bicorne à Sumatra, unicorne à Java, mais différent de celui de l'Hindoustan. Des îles de la Sonde, Sumatra est la seule qui ait une antilope (*Kambing oëtan*); Bornéo compte trois espèces de cerfs; Sumatra, deux, dont une lui est commune avec Java, où existe en outre une espèce naine, le *Cervus Kuhlii*, propre au petit archipel de Bavian. A Célèbes, on a signalé une sorte d'antilope aussi naine qui participe du buffle, le sapi-outan (*Anoa depressicornis*). Les Mariannes ont également leur cerf spécial qui est de fort petite taille. Timor a le sien (*Cervus Peronii*), qui se retrouve à Lumbok et à Ternate. Enfin, les Philippines ont la leur (*Cervus philippinus*).

La faune australienne présente, comme celle de Madagascar, un caractère à part, quoiqu'elle soit liée par certains traits à celle des Indes orientales. La faune de la Nouvelle-Guinée fait la transition entre celle de l'Australie et celle de l'Archipel indien. Les mammifères ne sont guère représentés en Australie que par quatre ordres : des rongeurs et des chéiroptères dont le domaine est fort circonscrit, des marsupiaux et des monotrèmes presque exclusivement propres à cette partie du monde. Une espèce sauvage de chien dont il a été parlé plus haut, le *dingo*, se rencontre surtout dans l'Australie septentrionale.

Les marsupiaux composent les trois quarts de la faune mammalogique australienne; car, sur 131 espèces de mammifères qui habitent la Nouvelle-Hollande, 102 appartiennent à cet ordre; plusieurs espèces y sont singulièrement multipliées. Il semble que la disposition abdominale si particulière qu'on remarque chez les marsupiaux soit intimement liée à la création zoologique de cette terre, puisque Meyer a retrouvé quelque chose d'analogue jusque dans l'émeu ou casoar, qui répond, pour ce continent, ainsi qu'on l'a vu plus haut, à l'autruche de l'Afrique. Les animaux didelphes tiennent lieu en Australie et dans la région zoologique qui s'y rattache, de presque tous les autres ordres de mammifères terrestres. Les kangourous proprement dits semblent y remplacer les ruminants qui y faisaient complétement défaut avant l'arrivée des Européens. La forme de leur tête, leur système dentaire, leur genre de vie, rappellent ceux de la biche. On en compte un grand nombre d'espèces, assez distinctes pour qu'on puisse les partager en des genres différents. D'autres animaux du même ordre, les genres *Myrmecobius* et *Tarsipes*, représentent les insectivores. Les carnivores sont à leur tour représentés par les *dasyures*, véritables martres de ce qu'on pourrait appeler le règne marsupial, par les *thylacines*, qui, dans la terre de Van-Diémen, répondent à nos loups, et par les *péramèles*, qui participent des blaireaux et des mangoustes. Les phalangers tiennent dans cette faune la place des makis; leur espèce la plus caractéristique, le *couscous* (*ceonyx*) qui, ainsi qu'il vient d'être dit, appartient aussi à l'archipel indien, s'avance depuis Célèbes jusqu'à la Nouvelle-Irlande, mais n'atteint pas l'Australie. Les pétauristes ou phalangers volants se rapprochent davantage des singes, dont ils ont le mode d'alimentation; les phalangers proprement dits, au contraire, se rattachent aux rongeurs, et surtout aux rongeurs grimpeurs, tels que les tupaies. Pourvus d'une membrane qui leur permet de voler, les pétauristes, quoique alliés aux marsupiaux, tiennent des chéiroptères, surtout des galéopithèques, qui sont pour l'Archipel indien ce que les pétauristes sont pour l'Australie. Les chéiroptères proprement dits ne sont pas pour cela exclus de cette région; ils y comptent diverses espèces, réparties en six tribus; mais le petit nombre de leurs individus tranche avec l'extrême multiplicité des mêmes animaux dans l'archipel de la Sonde.

Les rongeurs peuvent être considérés comme ayant en Australie pour équivalents marsupiaux le potorou (*hypsiprymnus*) et le *wombat* (*phascolomis*), dont il existe trois espèces; ce dernier animal tient des ours par sa disposition plantigrade, et des rongeurs par son alimentation et son usage de terrer. Les vrais rongeurs possèdent au reste sur le continent australien des représentants véritables, appartenant à 4 genres; trois, *Hydromys*, *Hapalotis* et *Pseudomys*, sont caractéristiques pour l'Australie; le quatrième est le genre *Mus*, dont l'aire est si étendue.

Par les thylacines, la faune australienne se rapproche de celle de l'Amérique, qui a aussi ses carnassiers marsupiaux particuliers, les *didelphes* ou sarigues. Les monotrèmes prennent en Australie la place des édentés des autres parties du globe; ils constituent deux genres tout à fait à part, l'*échidné* et l'*ornithorhynque*, animaux des plus bizarres, se rattachant à la fois aux oiseaux et aux reptiles par la présence d'un cloaque. L'échidné tient par un côté du fourmilier, par l'autre du hérisson; l'ornithorhynque, propre à l'Australie et à la Tasmanie, participe du castor et de la taupe; il est pourvu du bec et des pattes d'un palmipède dont il a en même temps les habitudes aquatiques;

il est ovo-vivipare et n'a que des glandes mammaires très-peu développées.

La faune mammalogique de l'Amérique centrale et méridionale se distingue nettement de celle de l'Amérique du Nord, en sorte que ces deux régions forment des provinces zoologiques réellement séparées. Le point de partage peut être tracé vers le 20º lat. nord. Il n'y a en effet qu'un petit nombre d'espèces qui aient franchi cette frontière pour s'avancer plus au septentrion; tels sont le puma, l'opossum, le kinkajou, le pécari. Tandis que l'Amérique du Nord nourrit plusieurs ruminants à cornes creuses, l'Amérique méridionale n'en possède pas un seul [1]. Cette différence des faunes était beaucoup moins marquée à la période quaternaire; mais aujourd'hui le continent austral participe plus de la faune de l'Archipel indien que de celle des États-Unis. Les singes sont un des types les plus caractéristiques de l'Amérique du Sud. En effet, ils se distinguent de ceux de l'Ancien monde par la disposition de leurs narines, ouvertes sur les côtés, et qui leur a valu l'épithète de *platyrhinins*, par l'absence d'abajoues et de callosités, la longueur de la queue, qui est le plus habituellement prenante. L'Amérique centrale en compte environ six espèces. Une seule, l'*Ateles marginatus*, se retrouve aux Antilles et particulièrement à Cuba. L'ordre des chéiroptères est largement représenté dans la même région. Le *mormops* qui habite Cuba et la Jamaïque, le *phyllostoma* qui s'avance jusque dans l'Amérique australe, le *macrotus* dont une espèce (*M. Waterhousii*) appartient à Haïti et à la Jamaïque, sont les trois types qui caractérisent la faune de l'Amérique centrale. Un genre, le *Pteropus*, ne se rencontre qu'à l'île de la Trinité. Il a été question plus haut des didelphes américains; ajoutons seulement ici que le sarigue de Virginie se montre aussi dans les contrées basses du Mexique et jusqu'aux Antilles. Les carnivores sont nombreux dans la région mexicaine; toutes les espèces américaines du

---

1. Le *Cervus mexicanus* de l'île Margarita est le seul ruminant indigène des Antilles.

genre *Felis* y ont des représentants. Les genres Glouton, Kinkajou, Raton et Loutre, appartiennent à la fois au continent et aux îles. Les carnassiers insectivores sont moins multipliés; aux Antilles, ils ne sont représentés que par le *Solenodon paradoxus.* Les rongeurs fournissent, dans cette partie de l'Amérique: quelques types à signaler. Le Mexique a le *dipodomys* et le *macrocolus.* Le *Mus pilorides* constitue aux Antilles une espèce à part entre celles que l'Européen y a amenées avec lui. Le monax, voisin de la marmotte du Canada, appartient au même genre et est particulier à l'archipel de Bahama; l'agouti et le paca (*cœlogenys*) se rencontrent aux Antilles. Au Mexique, le *Cercolabes Liebmani* habite les arbres; il tient la place du porc-épic. Une espèce de paresseux, l'*Aï* (*Bradypus tridactylus*), remonte de l'Amérique méridionale jusque dans les forêts du Honduras et sur les côtes du Mexique.

La faune brasilio-chilienne, et en général celle de toute l'Amérique méridionale, ont de nombreuses analogies avec celle de l'Hindoustan; sans avoir les mêmes espèces, elle présente des types assez exactement correspondants. L'absence de grands mammifères, la multiplicité des animaux grimpeurs sont les deux caractères qui distinguent essentiellement la classe des mammifères au Brésil. Non-seulement les singes, mais des rongeurs de la famille des rats, des édentés, de celle des porcs-épics, et jusqu'à des carnassiers, sont dans cette région pourvus d'une queue qui peut saisir et aider à grimper sur les arbres. C'est l'indice d'une zone où les forêts prédominent, et en effet la majorité des espèces y est arboricole, fait qui s'observe également pour les reptiles. Les guenons (*cercopithecus*) sont, dans cette partie du Nouveau monde, remplacées par les atèles ou singes-araignées à queue prenante, qui s'avancent jusque dans le Nicaragua. Les sagouins (*geopithecus*), qui n'offrent point cette disposition de la queue, y répondent aux semnopithèques de l'Inde. Le Brésil, le Pérou, le Chili et le Paraguay comptent environ 85 espèces de singes, tous platyrhinins; ils sont inférieurs généralement en taille aux espèces de l'Ancien monde, mais les surpassent en agilité et même en ruse. Plusieurs espèces sont propres au Brésil, d'autres s'étendent sur toute la surface de l'Amérique du Sud; tels sont le caspour, les alouates (*mycetes*) ou singes hurleurs, si remarquables par la disposition de leur appareil vocal, et qui répondent, pour le Nouveau monde, aux papions de l'Ancien. Une autre famille, celle des sajous (*cebus*), bien connue pour son tempérament irritable, appartient également au Brésil, et est pourvue, comme les alouates et les atèles, d'une queue prenante. Les sakis (*pithecia*), ou singes de nuit, communs au Brésil et à la Guyane, forment le passage des sagouins aux ouistitis; ils rappellent quelque peu, par la disposition de leur queue, les écureuils, animaux rares au Brésil, et dont les ouistitis, plus remarquables encore par leur queue touffue, tiennent réellement la place en ce pays.

Les chéiroptères frugivores font défaut à la région brésilienne. En revanche, les espèces de phyllostomes, qui sucent le sang des animaux endormis, même celui de l'homme, y abondent. Ils se montrent quelquefois par bandes innombrables, au sortir de leurs repaires, comme on l'a observé sur les bords du Rio San-Francisco, dont ils habitent les grottes calcaires, et sur la sierra de Parime, où des anfractuosités granitiques leur servent de refuge. Au Pérou, le *Phyllostoma hastatum* se distingue entre les plus grands; il a 0^m,70 d'envergure. En s'approchant du littoral du Pacifique, le nombre des espèces diminue notablement. Les insectivores, rares déjà dans l'Amérique centrale, manquent ici complétement comme en Australie. Parmi les carnassiers, il en est de même des hyènes, des civettes et des martres; car la seule espèce de cette dernière famille qu'on trouve dans l'Amérique du Sud ne hante que les Andes; le sarigue en prend la place, et le *Galictis barbara* ou taïra y tient lieu du glouton. Le genre *Bassaris* joue dans cette région américaine le même rôle que le genre Civette dans l'ancien continent, il compte 2 ou 3 espèces et s'étend fort au nord et au sud. L'*Ursus ornatus* ou Trermarctos, habite les montagnes du nord-ouest de cette région; l'*Ursulus frugilegus* appartient aux Andes; une espèce de raton, le crabier, le coati (*nasua*) dont on compte plusieurs espèces, le kinkajou à la queue longue et prenante, comme les sapajous, le chien d'Azara, qui de l'équateur s'avance jusqu'aux Terres Magellaniques [1], le *chien crabier*, qui passe pour la souche du chien des Antilles (*Canis caraïbicus*), et 15 espèces du genre *Felis*, complètent la population des carnassiers du Brésil. Le cougouar ou puma (*Felis concolor*), qui remonte parfois jusqu'au nord des États-Unis, y représente le lion de l'Ancien monde, et le jaguar le tigre ; la variété noire de l'once, qui se trouve aussi dans l'Amérique centrale, est pour ces contrées ce qu'est la panthère noire pour l'Inde ; l'ocelot (*Felis pardalis*) y prend la place du lynx de l'ancien continent ; citons encore dans la population féline de l'Amérique méridionale, le *Felis celidogaster* et le *Felis macroura*.

Si, au Brésil, les grimpeurs et les espèces terrestres prédominent parmi les rongeurs, les fouisseurs sont, au contraire, assez rares ; ils ne se montrent guère que sur les plaines sablonneuses du nord-ouest. Les spermophiles, les tamias, les marmottes sont complétement étrangers à cette partie de l'Amérique ; il en est de même des écureuils volants. Les échimys (*loncheres*) y remplacent nos loirs ; les épines, dont leur poil est entremêlé, dénotent déjà chez cette faune le passage aux rongeurs épineux ; ce groupe en est un des plus caractéristiques ; il a pour principal type le coendou (*synetheres*), animal plus petit que le porc-épic, et s'en distinguant par une queue prenante. Le genre Rat (*Mus*) ne compte au Brésil que deux espèces qui y ont probablement été importées par les Européens. Le représentant indigène de cette catégorie de rongeurs est l'*Hesperomys*, qui compte un très-grand nombre d'espèces. Le *Myopotamus bonariensis*, habitant de la partie méridionale du Brésil, y tient lieu de notre castor. Mais un groupe de rongeurs plus caractéristique

---

1. Une variété du chien sud-américain, signalée par Tschudi, et distincte du *guara* (*Canis campestris*), variété à poil long et à nez pointu, le *Canis Ingæ*, aboie comme le chien européen.

encore pour la faune brésilienne, est celui des cabiais ou capivards. (*hydrochœrus*), mammifères onguiculés qui se rapprochent du cochon par les formes et s'en séparent par des habitudes aquatiques et une nourriture exclusivement composée de poissons. Les cabiais sont les plus grands rongeurs du globe. Les pacas (*cœlogenys*) s'en éloignent peu, quant aux caractères et aux mœurs ; leur aire s'avance jusqu'aux Antilles ; plus au nord, les lièvres prennent définitivement leur place. Quant au lapin, il a, au Brésil, en quelque sorte des équivalents dans l'agouti (*chloromys*) et le cobaye (*anoema*), ancêtre de notre *cochon d'Inde*.

L'ordre des édentés fournit, comme il a été dit ci-dessus, plusieurs des types de la faune péruvo-brésilienne. Le plus saillant est le genre *Bradypus* ou Paresseux, si étrange par ses formes et qui semble être le reste abâtardi d'une catégorie d'animaux largement représentée aux époques géologiques antérieures à la nôtre. Les paresseux habitent les forêts ; l'on en connaît 3 ou 4 espèces, dont une, l'*aï*, présente une particularité ostéologique fort remarquable ; il a deux vertèbres cervicales de plus que les autres mammifères. Le tatou (*Dasypus*), plus cuirassé encore que le pangolin, dont il tient la place dans le Nouveau monde, y compte plusieurs espèces, propres surtout à la faune du Brésil, mais dont quelques-unes se rencontrent dans les pays limitrophes et jusqu'en Patagonie. L'aire du fourmilier (*myrmecophaga*), qui doit son nom à la guerre acharnée qu'il fait aux termites, et que caractérisent la forme allongée de sa tête et la disposition de sa langue, ne s'étend pas autant vers le sud, mais s'élève en revanche jusqu'aux Antilles.

Les pachydermes n'ont dans l'Amérique du Sud que fort peu de représentants ; ce sont : 1° le tapir brésilien (*Tapirus americanus*) ; une espèce du même genre (*Tapirus Bairdii*) se rencontre à l'isthme de Panama et jusqu'au Nicaragua ; 2° le pécari (*dicotyles*), genre qui offre deux espèces se rapprochant du genre Cochon, mais s'en distinguant par l'absence de queue et la fente du dos. Les ruminants ne sont guère plus répandus au Brésil ; leurs représentants se réduisent à quelques espèces de cerfs. Cet ordre fournit, au contraire, à la région des Andes ses types mammalogiques les plus saillants. C'est là que se trouvent le lama et ses diverses espèces, le guanaco, l'alpaca, la vigogne, qui tiennent lieu, au Nouveau monde, du chameau et de la brebis. Les cerfs ont, au Pérou, des représentants plus nombreux qu'au Brésil : le *Cervus humilis*, le *Cervus rufus*, dans la région du littoral, et le *Cervus andisiensis*, sur les plateaux. La présence des marsupiaux rapproche la faune sud-américaine de celle de l'Australie. Il a été déjà parlé des sarigues. Les didelphes du Nouveau monde se distinguent en général par des habitudes nocturnes. Au Pérou et au Chili, la population des rongeurs n'est plus la même qu'au Brésil. Les chinchillas pullulent dans les montagnes de la Bolivie, et les viscaches y remplacent nos lapins. Les forêts sont peuplées par des espèces caractéristiques d'écureuils et de rats d'arbre, notamment le *Drymomys parvulus*. Dans les pampas, ce même ordre mammalogique offre une physionomie à part ; les fouisseurs tendent à prendre la place des grimpeurs, la végétation arborescente ayant disparu et avec elle les singes. Le type le plus caractéristique est fourni par le genre *Lagostomys*. La viscache, qui en constitue une des espèces, est par excellence l'animal des pampas, dont elle défonce le sol, au point de rendre parfois les routes impraticables. Les rats fouisseurs n'ont d'autres représentants dans cette région que le genre *Echinomys* ou *Leptosoma*, dont le domaine s'étend du Brésil au sud de la Patagonie, et qui répond, pour l'Amérique, au *Georhychus* de l'Afrique australe.

La Patagonie, également rattachée par sa faune aux contrées qui la confinent au nord, compte quelques espèces originales, telles que le mara (*Dolichotis patagonica*), qui y tient lieu de notre lièvre, le grison (*Galictis vittata*), qui appartient au genre Glouton. Le guanaco, qu'on trouve dans l'Amérique du Sud jusqu'à la Terre de Feu, parcourt les plaines de la Patagonie, comme l'antilope parcourt les déserts d'Afrique, par troupes nombreuses de cent femelles et plus, sous la conduite d'un seul mâle.

Faunes souterraine et aérienne.

Telle est, en résumé, la distribution des espèces animales à la surface du globe. Cette distribution montre que chaque espèce a son aire d'habitation plus ou moins déterminée. Mais le sol, les mers, les régions basses de l'atmosphère ne sont pas seulement parcourus par les animaux, semés de végétaux de toute sorte ; il existe encore, cachés dans les profondeurs de la Terre, circulant dans l'atmosphère, une foule d'êtres vivants. Leur accumulation corrompt parfois l'air et engendre des contagions. Il est très-probable que les miasmes qui s'exhalent des eaux stagnantes doivent à la présence de ces microzoaires leur action morbifique. Les infusoires s'introduisent dans notre économie, dans le corps des animaux, à la surface ou à l'intérieur desquels vivent divers parasites. En sorte que l'homme n'est pas seulement un microcosme par les phénomènes physiques dont son organisme est le théâtre, il en est encore un par les êtres vivants dont il est la sphère d'existence. Les infusoires, qui naissent par myriades, constituent une création microscopique aussi abondante que la grande, mais elle est à peine étudiée. Leurs germes portés en tous lieux viennent soudain se fixer sur les points du sol, dans les milieux propres à leur croissance, sur des végétaux, des animaux au détriment desquels ils se développent. C'est ainsi que de très-petits champignons prennent en quelque sorte pour sol la surface du corps des vers à soie, qu'ils frappent par là de la maladie appelée *muscardine*, que la *torrubia sobolifera* lève comme une véritable tige dans la substance du corps des larves de certaines cigales d'Amérique, de manière à faire croire à l'existence d'animaux-plantes, que chez l'homme une sorte de champignon microscopique, en se propageant dans la membrane muqueuse des voies digestives, détermine la maladie appelée *muguet*. C'est également aux germes végétaux et animaux qu'est due la fermentation acide et putride. En quelques instants une substance animale ou végétale, placée dans une atmosphère qui n'est point pure, se décompose par l'action d'une multitude d'infusoires, se recouvre de végétation microscopique, phénomène qui avait fait d'abord admettre des générations spontanées. Ces germes ou ces animalcules, résistant parfois à une forte élévation de température, peuvent être frappés de mort apparente, puis revivifiés[1].

Ainsi la vie est répandue dans tout l'univers, et qui sait si ses germes ne sont pas de nature à être portés par des révolutions cosmiques d'une planète dans l'autre, si Dieu n'a pas établi entre les mondes une relation cachée qui fait apparaître dans un astre la vie, alors qu'elle s'éteint dans un autre?

CHAPITRE VII.

DISTRIBUTION DES RACES HUMAINES A LA SURFACE DU GLOBE.

Grandes divisions de l'espèce humaine; races principales et races secondaires. — Race nègre; races guinéennes, soudaniennes; race éthiopienne et égypto-berbère; race hottentote; races papoue et australienne. — Race jaune : Mongols, Chinois, Indo-Chinois, Tibétains, Dravidiens et Turcs. — Race malayo-polynésienne. — Race boréale. — Race rouge. — Race blanche : Branches sémitique et indoeuropéenne.

Grandes divisions de l'espèce humaine ; races principales et races secondaires.

On a recherché dans le chapitre précédent les lois de la

---

1. Suivant l'observation de M. Davaine, la revivification après dessèchement n'est possible que pour les animalcules qui ne vivent pas

distribution des animaux à la surface du globe. Cette étude nous a amené à constater l'existence de régions zoologiques ayant chacune leurs caractères propres, mais liées les unes aux autres par des caractères communs. Pour la distribution de l'espèce humaine, on peut établir des distinctions analogues, quoique beaucoup moins tranchées. Au point de vue de l'histoire naturelle, l'homme constitue une espèce zoologique unique; mais cette espèce embrasse une foule de variétés. Il ne faut point voir dans ces variétés quelque chose de plus marqué que les caractères qui distinguent entre elles certaines espèces domestiques. La civilisation ou plutôt la vie sociale, qui répond pour l'homme à ce qu'est la domesticité pour l'animal, produit une grande diversité de traits physiques, et détruit en partie l'uniformité des caractères spécifiques qu'on observe chez les animaux sauvages. Les variétés, bien que fort multipliées et fort disparates, de bœufs, de chevaux, de chiens, de moutons, n'en sont pas moins respectivement dérivées d'une espèce unique de chacun de ces mammifères. Toutes ces variétés qui font race se sont engendrées sous l'influence de l'habitat et du genre de vie dont l'action apparaît parfois la même dans des espèces différentes. C'est ainsi qu'on constate que les diverses races de bestiaux sont légères dans les montagnes, petites dans la Bretagne, fortes et pesantes dans le Cotentin et la Flandre, que dans quelques cantons on observe certains traits physiques communs aux hommes et aux animaux. Ainsi, le voyageur Schweinfurth a remarqué que des tribus de l'Afrique orientale, les Nuer, les Chillouks, les Dinkas, qui habitent une région marécageuse, ont dans la forme de leurs membres inférieurs, dans la disposition allongée de leur cou et plusieurs de leurs habitudes, des caractères rappelant les oiseaux échassiers qui vivent dans les mêmes marais. Nous nous bornons à constater ces faits dont s'est appuyé Ch. Darwin pour soutenir sa théorie[1]. Nous n'avons pas

plongés dans l'eau. Voy. *Annales des sciences naturelles*, 4ᵉ série, t. XVIII (1858).

1. Voy. *De l'origine des Espèces*, trad. Royer, 2ᵉ édit., p. 246.

ici à les expliquer[1]. Une sélection calculée dans le croisement et des soins spéciaux peuvent faire passer chez les petits des caractères que présentaient accidentellement les parents, les rendre ainsi permanents, de façon à constituer une race, comme cela est arrivé pour les moutons du Massachusetts, issus d'un agneau mâle, né en 1791 avec le type particulier qu'affecte aujourd'hui cette race ovine. Des phénonènes analogues ont dû se produire pour l'homme, chez lequel, à travers la diversité des races, se retrouve toujours la même constitution physique et morale. Des individus de sexe différent, à quelque race qu'ils appartiennent, peuvent s'unir entre eux et procréer des rejetons. Tous les hommes sont susceptibles de s'entendre et de vivre en une société commune ; tous enfin présentent la faculté du langage, qui sépare profondément l'homme des animaux et est la source ou plutôt l'expression de son intelligence.

On ne saurait donc répartir les hommes en races d'une origine radicalement différents ; on ne peut même pas toujours distinguer les plus anciennes races, celles qui sont pures ou du moins constituées depuis des milliers d'années, de celles qui résultent de croisements. Toutefois,

---

1. Un fait paraît décider la question en faveur de l'opinion qui ne voit dans les différentes races humaines que des variétés et non des espèces, c'est que les espèces différentes ne donnent par des croisements que des mulets, c'est-à-dire des métis qui finissent par devenir stériles au bout d'un certain nombre de générations. Cela a été observé notamment pour les différentes espèces du genre *Equus* (le cheval, l'âne, l'hémione, le dauw, etc.), et entre les espèces si voisines du chacal et du chien. Or, rien de semblable entre les races humaines. Toutes les races croisées sont plus ou moins fécondes, et si quelquefois on a observé dans ces croisements de races mulâtres des unions plus habituellement infécondes ou des rejetons très-débiles, on n'a là rien que d'identique à ce qui se passe pour le croisement de certaines races qui ne sont incontestablement que des variétés, en quelque sorte factices, d'une même espèce. L'extrême multiplicité des races de chiens, qui se croisent pourtant toutes entre elles, ne semble pas plus un fait primordial que la variété des races humaines. On est conduit à regarder les chiens comme constituant, ainsi que les hommes, une seule espèce, puisque leurs croisements ne donnent pas lieu à des mulets.

en s'appuyant sur ce fait, fourni par la physiologie végétale, que les espèces pures varient peu ou restent dans leurs variations soumises à des lois générales, tandis que chez les hybrides la forme se dissout, d'une génération à l'autre, en variations individuelles, on peut admettre que les races humaines dont le type est le plus persistant, sont les moins mélangées. En tenant compte de toutes les valeurs spécifiques, et en rangeant les unes à côté des autres, par ordre d'affinités, les diverses races humaines, on arrive à reconnaître qu'elles se groupent autour de trois types principaux : un type blanc, un type jaune et un type noir. On passe de l'un à l'autre type par une série de types intermédiaires qui représentent des races mixtes. Quoique à certains égards indépendant du climat et de la latitude, quoique persistant, un laps de temps fort long, quand il est transporté en d'autres régions que celui où il est indigène, le type ne saurait être considéré comme ayant une origine étrangère à la constitution du pays où il se produit. Au contraire, tout donne à penser aujourd'hui que la race, émigrée sous un autre ciel, revient peu à peu au type propre à ce nouveau climat. C'est ainsi que l'Anglo-Américain tend à se rapprocher du type indien, qu'il perd chaque jour davantage de sa physionomie européenne pour prendre celle des anciens indigènes avec lesquels il évite pourtant de se croiser ; de même le nègre établi dans les contrées froides, perd, après plusieurs générations, en partie le pigment noir de sa peau et prend une couleur grisâtre. Ce phénomène nous explique comment les populations aryennes ont pu en Europe revêtir un type tout septentrional[1], et il tend à faire attribuer un caractère plus géographique que physiologique à la distinction des races[2].

1. Inversement, les Portugais établis depuis plusieurs générations dans l'Inde, sans se croiser avec les Hindous, ont pris peu à peu, par 'action du climat, la coloration et le type de ceux-ci.
2. La persistance du type paraît s'être continuée pour des espèces autres que l'homme, depuis des époques géologiques antérieures à la nôtre. Darwin *ouv. cit.*, p. 410.

Le type blanc semble avoir son berceau dans le plateau de l'Iran, d'où il a rayonné dans l'Inde, l'Arabie, la Syrie, l'Asie Mineure et l'Europe, circonstance qui a fait donner à la race blanche le nom de *caucasique*. Le type jaune existe en Chine depuis la plus haute antiquité ; il se présente dans toutes les contrées habitées par les populations mongoliennes ; de là l'épithète de *mongolique*, appliquée à la race chez laquelle il s'observe. Cette race s'est répandue, au sud, jusque dans les deux presqu'îles de l'Inde et dans la Malaisie ; au nord, elle confine aux régions polaires. Le type noir répond à l'Afrique centrale et occidentale, et paraît s'être étendu sous la zone intertropicale, depuis la côte orientale de l'Afrique jusqu'en Australie.

On ne saurait passer ici en revue toutes les variétés qui sont sorties des innombrables mélanges opérés entre les trois races primordiales, ou qui sont nées de l'action combinée des influences sous lesquelles chacune de ces trois grandes races a pris naissance. Quelques-unes ont cependant des caractères spécifiques assez tranchés, assez permanents pour constituer des sous-races particulières ; ce sont : 1° la race boréale, embrassant toutes les populations habitant au voisinage du cercle arctique, et qui est intermédiaire entre les races blanche et jaune ; 2° la race malayo-polynésienne, qui participe à la fois des types nègre, mongol et blanc, et dont le domaine s'étend, de chaque côté de l'équateur, depuis Madagascar jusqu'en Polynésie ; 3° la race égypto-berbère, qui a peuplé le nord et le nord-est de l'Afrique ; elle participe des races blanche et noire, et présente un grand nombre de variétés où l'un ou l'autre élément est prépondérant ; 4° la race américaine qui participe des races noire, jaune et blanche, mais où l'élément noir n'entre que pour une très-faible proportion ; elle se rapproche par quelques-uns de ses rameaux du type mongol, par d'autres du type caucasique ; 5° la race hottentote, qui se place entre la race nègre et le race jaune ; 6° la race papoue, qu'on peut considérer comme une branche de la race nègre. On est ainsi conduit à reconnaître neuf types, tant secondaires que primaires, qui, dans leur distribution actuelle, répondent sensiblement à neuf régions zoologico-botaniques assez nettement tracées.

Nous décrirons ces neuf grandes familles, et les variétés intermédiaires principales qui peuvent être, suivant les caractères auxquels on attache le plus d'importance, rapportées à l'une ou à l'autre d'entre elles.

Race nègre ; population de l'ouest, du centre et de l'est de l'Afrique.

Les Noirs ne présentent ni un type, ni une coloration identiques, et se subdivisent en une foule de variétés, de caractères physiques et de teintes différents. Les nuances de la peau passent du noir au brun, au jaune, au chocolat clair, et cela parfois dans une même contrée, ainsi que H. Barth l'a remarqué dans le Marghi. Cette variation de coloration ne tient pas seulement au croisement, elle tient encore à l'habitat. Les nègres qui vivent sur le littoral n'ont pas la même teinte obscure que ceux des hauts plateaux, et Livingstone a noté chez les Nègres des pays calcaires une peau moins foncée que chez ceux des sols granitiques et plutoniens[1]. Cette influence locale se constate aussi, en certains cantons, pour la peau des animaux, et la teinte du sol répond même parfois au genre de coloration de ceux qui l'habitent, comme Schweinfurth l'a observé pour les Bongos et les Dinkas.

C'est au centre et à l'ouest de l'Afrique, dans le Soudan, la Sénégambie, la Guinée, que la race nègre africaine se présente avec le type qui la caractérise par excellence : crâne allongé, comprimé, étroit surtout aux tempes, mais la dolichocéphalie, trait constant chez le Nègre d'Afrique, ne se retrouve pas chez le Nègre pélagien. La forme du visage affecte chez le premier deux types différents qui se

---

1. On a même observé des variations dans la couleur du Nègre, suivant les saisons. Voy. Th. Lefebvre, *Voyage en Abyssinie*, t. V, part. II, p. 298.

lient par des types intermédiaires. Chez le plus grand nombre, l'os de la mâchoire supérieure se projette en avant, de façon que la tête étant vue d'en haut, la partie de la mâchoire où les dents sont insérées dépasse la ligne frontale; les branches de ce même os maxillaire, très-écartées inférieurement, sont au contraire rapprochées supérieurement, au point de gêner le développement des os du nez, lesquels sont placés assez haut et médiocrement développés, disposition ostéologique qui détermine les autres caractères propres du visage nègre : le peu de saillie du nez, son épatement à l'endroit des narines, la direction des dents, qui, de verticales, deviennent inclinées et soulèvent la lèvre supérieure, offrant, ainsi que l'inférieure, un excès de volume observé chez beaucoup d'individus de notre type, mais d'une constitution très-lymphatique. Chez plusieurs tribus, la mâchoire supérieure s'éloigne moins de la verticale, et par compensation les pommettes sont plus saillantes. Les narines et l'orbite de l'œil sont ordinairement larges et de forme anguleuse; les dents, toujours très-longues et d'une grande blancheur, n'affectent pas la même inclinaison aux deux mâchoires. Le squelette du Nègre, plus blanc que celui des autres races, parce que les os renferment sans doute plus de sels calcaires, reproduit en général la laideur et la massivité si apparentes dans l'ostéologie de la face ; aussi pèse-t-il plus que le nôtre. Toutefois les muscles destinés à le mouvoir ne répondent pas à ces fortes dimensions. Le cou du Nègre est court; sa poitrine, large et bien constituée, est plus convexe que celle de l'Européen, et se rapproche, par la forme, du cylindre. Le bassin est étroit, disposé un peu en arrière, sa cavité est conique. Les extrémités des doigts sont fort allongées; les jambes affectent une courbure assez sensible; le mollet est haut et aplati. La stature du Nègre est généralement au-dessus de la moyenne. Sa complexion passe, comme la nôtre par tous les degrés, depuis une force herculéenne jusqu'à l'extrême faiblesse. La peau présente un velouté particulier, à raison du développement considérable de l'appareil glandulaire. Elle doit sa couleur à un dépôt de matière colorante, ou *pigmentum*, dans des cellules qui sont régulièrement polyédriques; elle est plus épaisse que celle de l'Européen, surtout sur le crâne, à la paume de la main et à la plante des pieds. Le tissu cellulaire est très-abondant, principalement dans les organes érectiles, tels que le sein, les lèvres, les lobes de l'oreille et du nez. Enfin les muscles ne présentent pas cette couleur rouge-vif qu'on observe chez l'Européen. Le système pileux du Nègre est très-peu développé, caractère qui se retrouve chez les mammifères propres à la région qu'il habite. Les cheveux, noirs, courts et crépus, ne sont point un des traits les moins distinctifs de cette race. Cette tendance laineuse de la chevelure paraît avoir sa cause dans la forme aplatie de la tige des cheveux. Le sang du Nègre est épais, noir, et circule lentement; aussi ne jaillit-il guère sous la lancette et se coagule-t-il immédiatement dans le vase où il est versé [1].

A ces caractères anatomiques se joignent des caractères intellectuels et moraux : une intelligence beaucoup moins développée chez l'homme arrivé à la puberté [2] que celle des races jaune et blanche, infériorité intellectuelle qui se lit sur le visage hébété du Nègre, ou tout au moins dans sa physionomie dépourvue d'expression et de mobilité. Le Nègre est un enfant insouciant, impressionnable, mobile,

---

1. L'albinisme, affection inverse du mélanisme, et à laquelle les animaux sont sujets comme l'homme, est si commun chez les Nègres de l'Afrique, que les anciens voyageurs se sont imaginé qu'il existait dans cette partie du monde une race ou un peuple d'Albinos. Cette affection, qui consiste en un défaut de coloration de la peau, qui donne aux cheveux une teinte paille claire et aux yeux une couleur très-bleue, est, au reste, une preuve des modifications profondes que l'altération du tempérament, conséquence ordinaire d'un changement de climat, peut apporter au type de l'espèce.

2. Fr. Müller fait remarquer que, dans les premières années de son enfance, le Nègre paraît l'emporter en intelligence sur l'enfant blanc ; sa mémoire est fort développée ; il apprend facilement les langues étrangères, mais il ne montre aucune aptitude pour le calcul. C'est ce qui explique pourquoi on n'a rencontré chez aucune tribu un comput ou un calendrier. Arrivé à l'âge de puberté, le Nègre paraît subir dans son intelligence un arrêt de développement.

sensible aux bons traitements, susceptible d'un grand dévouement, mais qui sait, dans certains cas, haïr et se venger cruellement. L'état dans lequel nous rencontrons les peuples nègres qui sont restés livrés à eux-mêmes prouve qu'ils ne sont guère susceptibles de dépasser le niveau de la vie de tribu, et les faits contemporains donnent à penser que, sans la tutelle des Européens, ils ne pourraient conserver les bienfaits de la civilisation. La race nègre existe depuis un temps immémorial en Afrique. Certains auteurs, notamment sir Samuel Baker, la regardent comme datant d'une époque antérieure à celle où est apparue la race blanche et la tiennent pour le reste d'une création ayant précédé la faune actuelle. Dans cette hypothèse, les Nègres seraient contemporains de la formation du grand plateau africain qui n'a point participé aux révolutions géologiques auxquelles est dû le sol que nous habitons. Ce qui est certain, c'est que les Nègres existaient déjà en Afrique il y a 4 ou 5 mille ans. On les voit figurés sur les peintures pharaoniques avec les mêmes caractères qu'ils offrent aujourd'hui. Les inscriptions hiéroglyphiques les désignent sous le nom de *Nahasou* ou *Nahasiou*. Le prophète Jérémie parle de *la peau noire de l'Éthiopien (Couschite) qui ne peut changer*. Hérodote représente ceux qu'il appelle les *Éthiopiens de Libye* comme ayant les cheveux plus crépus qu'aucune autre race, et se distinguant surtout en cela des *Éthiopiens orientaux*, qui avaient les cheveux lisses. On peut partager les Nègres d'Afrique en trois branches : 1° la branche nègre proprement dite, dont le domaine s'étend des côtes de la Sénégambie jusqu'au tropique du Capricorne, a pour limite au nord une courbe qui, des bords du Sénégal, s'abaisse sensiblement jusque vers le 10° lat. N. qu'elle rencontre vers le haut Bénoué et qu'elle suit jusqu'au Dâr-Fertit, sa frontière extrême au nord-est. Cette frontière, en descendant au midi, ne dépasse pas le haut Nil blanc et le lac Tanganyika; mais plus au sud, le domaine de la race nègre atteint jusqu'au littoral de la mer des Indes, en sorte qu'entre le 8° et le 20° lat. S., elle occupe toute la superficie de l'Afrique.

A la pointe australe, elle est confinée exclusivement à l'est par la race hottentote dont le territoire forme pour ainsi dire enclave dans le sien ; 2° la branche négroïde ou nègre rougeâtre qui occupe une région sise au nord de la précédente, large de 6 à 7°, n'atteignant pas à l'ouest jusqu'au Sénégal, s'abaissant légèrement en allant vers l'est, de façon à constituer une bande à laquelle est concentrique la frontière nord de la branche précédente. A la branche négroïde peut être rattachée une population qui forme comme un îlot circulaire au nord-est de la zone à laquelle appartient cette branche et qui est enveloppée, sauf au sud, par le territoire de la race berbère ; 3° la branche zingienne ou éthiopico-nègre dont le domaine est situé à l'est de ceux des deux branches déjà nommées, s'étend jusqu'à la mer des Indes, qu'elle atteint entre le 10° lat. N. et l'équateur, ne dépassant que peu cette dernière ligne, mais en se rétrécissant et faisant place à la race nègre proprement dite. Toutefois la population nègre qu'on rencontre au sud des Nègres zingiens se lie encore à certains égards avec eux et la séparation n'est pas nettement tranchée entre les deux races, dans la région avoisinant la côte jusqu'à la Cafrerie[1].

C'est sur la côte de Guinée, qui vient se terminer au fond de la baie de Bénin, que vivent, non loin de tribus d'un type bien supérieur, les représentants de la race nègre aux traits les plus repoussants et à la peau la plus rude : les *Papels*, les *Bissagos*, les *Biafares* ou *Iolas*, les *Ibos* ou *Yébous*. L'invasion des populations de races sémitiques et autres s'étant opérée en Afrique par l'isthme de Suez et la mer Rouge, conséquemment de l'est à l'ouest, il est naturel de supposer que les indigènes de ce continent ont été repoussés de plus en plus vers son extrémité occidentale ; de cela on peut induire que les Nègres de la Guinée et du Congo sont des descendants de la souche noire primitive. Il est constant que, depuis plu-

---

1. Voyez la carte de M. Kiepert, jointe à l'ouvrage du Dr A. Bastian, intitulé : *Das Beständige in den Menschenrassen* (Berlin, 1868).

sieurs siècles, les populations purement nègres ont été refoulées à l'ouest par des invasions de populations noires plus rapprochées des Éthiopiens et des Arabes. Mais, à côté de ces tribus, s'en présentent d'autres placées moins bas sur l'échelle de l'organisation physique et intellectuelle. Les *Feloup*, par exemple, qui vivent au milieu des bois, sur les bords de la Casamance, non loin de la côte de Sierra-Leone, offrent dans leurs traits une régularité rappelant quelque peu celle du type hindou. Les *Timmanis* et les *Susus*, qui habitent sur la même côte, sans avoir des formes aussi belles, se distinguent pourtant de leurs voisins par moins de laideur et des habitudes plus policées.

La supériorité est encore plus marquée pour l'ensemble des tribus que l'on désigne sous le nom de race *Amina*, et qui comprend les *Fantis*, les *Aquapim*, les *Intas* et les *Aschantis*. Chez ces Nègres, établis sur la côte de Guinée, entre les rivières Assini et Volta, le visage prend une forme ovale, les lèvres perdent de l'épaisseur qu'elles ont chez les autres Nègres et présentent une grande fraîcheur; les cheveux sont longs, les dents et les oreilles petites. Chez les Fantis, la force musculaire est singulièrement développée. Les Aschantis joignent à cette supériorité de formes une supériorité intellectuelle que dénote leur organisation sociale plus avancée. Mais dans le Dahomey et le Bénin, pays situés à l'est de la région occupée par la race Amina, le type nègre reparaît, avec sa laideur, quoique le niveau intellectuel des indigènes ne soit pas aussi abaissé que chez les Papels et les Bissagos.

En général, même dans cette partie de l'Afrique, les Nègres présentent, sous le rapport du type et du degré d'intelligence, de grandes inégalités, suivant les cantons. Les *Achiras*, qui se rencontrent au sud de la Guinée et plus à l'intérieur que les populations citées précédemment, sont des hommes magnifiques, qui passent pour très-intelligents. Non loin des Nègres du Dahomey se trouvent les *Yébous*, peuple agriculteur et industrieux, qui bien que païen ne le cède pas quant à l'état social aux

Nègres musulmans. Les *Mãhis*, peuplade vouée au commerce et qui excelle à travailler le fer, sont également assez avancés.

Ces inégalités paraissent tenir à divers croisements. Les Nègres de la Guinée et du Congo se sont alliés avec des populations négroïdes venues du nord-est et de l'est qui leur étaient fort supérieures. Ainsi les Mahis se reconnaissent, comme issus d'un mélange de nègres et de négroïdes (les Fellatas), à la couleur plus claire de la peau, à la régularité du nez, au peu d'épaisseur du crâne. Mais la forme allongée de la tête, en arrière des oreilles, l'absence fréquente de divisions dans le crâne, les rapprochent des Dahomans [1].

Tandis que les Nègres appartenant aux races les plus caractérisées semblent avoir été repoussés à l'ouest, d'autres, qui présentent le type nègre, presque aussi marqué, se rencontrent sur le littoral de l'Afrique opposé, à la côte de Mozambique. On trouve là, en effet, des représentants de diverses races noires. M. de Froberville en a signalé trois groupes distincts : le premier rappelle les formes des Noirs de la Guinée, mais de manière à remonter d'un cran dans l'échelle; le second se rattache à un type dont il sera question plus loin, les Australiens; le troisième est représenté par les Cafres.

La contrée comprise entre la côte de Mozambique et le golfe de Guinée est également occupée par diverses races nègres. Les Bachingés, qui se trouvent à l'est de Cassange, sont d'un noir sale ; leur front est bas, leurs lèvres sont épaisses ; c'est un des plus vilains types nègres. Les Balondas, qui s'étendent de Kasaï au pays de Cazembé, sont fort noirs; leur tête est très-allongée ; ils offrent à un haut degré les caractères essentiels du Nègre. Les tribus qu'on rencontre à l'entour de Kabébé et de Loanda, au centre

---

1. Gratiolet remarqué que chez les Nègres les sutures s'ossifient plus tôt que chez les races blanches. L'oblitération de ces sutures est précoce chez la plupart des Noirs; ce qui s'observe aussi chez certains crétins. Voyez *Comptes rendus de l'Académie des sciences*, 1856, t. I, p. 430.

de l'Afrique australe, sont des Nègres bien accusés. La tête des Nègres du Congo, c'est-à-dire du Loango, de l'Angola et du Benguela, commence à s'élargir aux pommettes et à la région des orbites; en s'élargissant, elle s'aplatit au bas du front, à la naissance du nez, et prend, des tempes au vertex, un peu de la forme pyramidale, conséquence d'un grand développement latéral de l'arcade zygomatique. La partie supérieure du crâne est aussi plus arrondie et moins droite que chez le Nègre de Guinée. M. le Dr Hamy a constaté la brachycéphalie chez des tribus nègres établies à l'entour de l'estuaire du Gabon, principalement dans l'Oroungou. Dans le Loanda, le type se relève notablement et se rapproche de celui de la race éthiopienne dont il sera parlé ci-après. La peau y est olivâtre, et l'on remarque fréquemment chez les femmes une légère obliquité des yeux.

La Nigritie ou Soudan, la Sénégambie, la Guinée, le Congo, sont les contrées des Nègres par excellence, et on retrouve dans ces différentes régions les principales variétés de leur type. Les Masa, qui habitent au sud du Bornou, vers le 11e parallèle, et qui comprennent diverses nations, les Mussgous, les Kotokos, les Mandara, les Logones, les Gamerghous, les Bad'a ont la laide physionomie du Nègre, le visage plat. Les Kanouris semblent descendre d'un ancien croisement du sang berbère avec le sang nègre indigène. Des restes de la population primitive du Bornou sont représentés par les *Biddouma*, qui habitent des îles du lac Tchad. Les *Mancawah*, qui fournissent des esclaves aux Kanouris, ont un type physique qui se rapproche beaucoup du leur. Les Merghis ont des formes mieux proportionnées et des traits plus réguliers. Une affinité physique et probablement d'origine les rattache aux *Babour* ou *Babir*, qui habitent à l'O. S. O. de ce peuple. Le Kanem, qui a formé un empire puissant, renferme diverses tribus, notamment les *Kanembou*, qui semblent en représenter la population la plus pure et habitent sur les bords du lac Tchad. Leur peau est d'un brun très-foncé, comme celle du peuple du Bornou, mais avec une teinte rougeâtre ou jaunâtre; leur nez est aplati à son extrémité et assez long; leurs lèvres sont fort épaisses et charnues. Les habitants du Wadaï sont des Nègres d'un type qui rappelle celui des indigènes du Bornou; leur nez est aussi épaté, mais il a les narines bien plus ouvertes; le prognathisme est chez eux très-marqué. Les Nyam-Nyam, population guerrière et anthropophage qui se donne le nom de *Sandé*, ont la tête ronde, le visage plat, les lèvres épaisses. Leur type participe à la fois de celui des populations nubiennes et de celui du Soudan méridional. Suivant Schweinfurth, les *Fan* de la côte de Guinée seraient issus de la même souche. Les Nègres du Haoussa constituent un rameau étendu qui peuple le Katzena, le Zalia, le Zaria, le Noupé, l'Yoruba, le Drébou, l'Eko. On a cru reconnaître en eux les descendants des Atarantes dont parle Hérodote. Le prognathisme de leur face est très-accusé, leur nez est aplati, leurs narines sont ouvertes, leurs lèvres épaisses. Leur complexion est athlétique comme celle des Kanouris, auxquels leur langue les rattache aussi bien que leurs caractères physiques. C'est une race intelligente qui a exercé sur ses voisins une action civilisatrice. Les Sonrhaï, qui occupent la région s'étendant de Tomboktou à Agadès, avaient fondé, dès le dixième siècle, un puissant empire, qui eut Koukia pour capitale et subsista jusqu'au seizième siècle. Ce peuple a les traits plus fins que les Haoussa. Leur peau est noire, tirant sur le brun; leurs cheveux sont crépus, mais longs; leurs formes sont grêles; leurs jambes manquent de mollet.

Les Malinkés ou Mandingues, qui s'appellent *Wakoré* ou *Wangaro*, et étaient le plus puissant peuple de l'Afrique occidentale avant l'invasion des Fellatas, avaient fondé l'empire de Melli sur les ruines de l'empire berbère de Ghanata; ils absorbèrent les populations par eux soumises, et perdirent ainsi quelque peu leur caractère originel. Aujourd'hui la couleur de leur peau varie du chocolat au brun café; leur chevelure est crépue, mais assez longue; leur barbe assez abondante. Les Mandingues habitent le versant septentrional de la région montagneuse d'où sortent le Niger, le Sénégal et la Gambie. Les Wolofs et les Sérères sont les plus beaux Noirs de toute l'Afrique occidentale; leur berceau paraît avoir été les grandes plaines alluviales qui s'étendent entre le Sénégal, la Falémé et la Gambie. Leurs traits sont réguliers et rappellent parfois ceux des Européens. Les Wolofs, qui forment la population des provinces de Walo, de Cayor, de Dsolof et de Dakar, ont jadis fourni les premiers indigènes des îles du cap Vert.

Les Peules, Fulbe [1], Foulahs ou Fellatas ont une physionomie encore plus voisine de la nôtre que les Wolofs; leur peau est plutôt bistrée que noire, leur taille est élevée. Race pastorale, ils ont embrassé l'islamisme, dont ils sont en Afrique les grands propagateurs; ils se distinguent des Nègres par un état social plus avancé. Ce sont les représentants les plus caractérisés de la branche négroïde ou brun-rouge qui s'est vraisemblablement formée du croisement des races nègre et berbère. Les Fellatas offrent tous les caractères d'une race mixte; leur tête est bien proportionnée et leur os frontal très-carré; mais leur chevelure est encore épaisse et laineuse. Ce peuple reçut l'islamisme des tribus berbères qui se mêlèrent à lui dans le royaume des Sonrhaï et qui embrassèrent à leur tour l'islamisme, vers l'an 1009. Depuis, les Fellatas ont fondé des États importants, tels que le Macina, le Fouta sénégalais, le Bondou, le Fouta djalon. Ils ont pénétré jusque dans le Bornou, le Baghermi, le Mandara, et dominent surtout dans l'État de Sakkatou ou Sokoto. Dans l'Adamawa et diverses parties du Soudan, ils sont connus, au dire de H. Barth, sous le nom de *Fulbe*. Au Sénégal, mêlés avec les races nègres pures, ils ont absorbé la race métisse des *Toucouleurs*. En s'avançant de l'ouest à l'est, ils ont pareillement absorbé nombre de tribus d'origines diverses, telles que les Jawambi ou Zoghoran. Les Torodes ou Torunkawa, qui forment l'aristocratie de plusieurs États fulbe, paraissent être issus du mélange de cette race avec

---

1. *Fulbe* est le pluriel de *Poulo*.

les Wolofs. On a cru reconnaître dans les Fellatas les *Pyrrhi Éthiopes* de Ptolémée.

Les Mombouttous, qui habitent au S. des Nyam-Nyam, entre le 3° et le 4° lat. N., rappellent beaucoup les Fulbe; la teinte de leur peau, plus claire que celle des Nyam-Nyam, varie du chocolat à l'olive foncé; ils ont la complexion moins athlétique, la barbe plus abondante que ceux-ci. On rencontre chez eux, à côté de cheveux noirs, des cheveux couleur de chanvre, qui paraissent dus à une sorte d'albinisme qu'on observe aussi chez les Berbères du Maroc.

En général, les Nègres de la Sénégambie, les Aschantis, les Dahomans, les Yorubas ont la peau très-noire, mais d'une teinte parfois moins foncée que les Nègres du bassin du haut Nil; leur barbe est plus fournie; leur complexion est parfois vigoureuse, surtout chez les Feloup. Mais les formes sont grêles chez les Timani, les Bullom, les Krou, les Fanti, les Dahomans, les Yorubas, les Egba et les Nègres du Gabon. Ces derniers, qui embrassent de nombreuses tribus (*Sekiani, Kammi, Bakalé, Apono, Nawi*, etc.), ont une teinte de peau variant de la couleur terre d'ombre au brun rougeâtre. Leur prognathisme est prononcé; toutefois, chez les *Isocco*, les traits ne sont pas sans beauté. Les Mpongwé offrent également des traits assez réguliers. Les Pahouins ou Fan, établis sur les cours d'eau qui se jettent dans l'estuaire du Gabon, présentent, comme il a été dit plus haut, une grande ressemblance de type et de couleur avec les Nyam-Nyam. Les Nègres du Congo ont la peau très-noire, le nez généralement épaté, la bouche proéminente, les lèvres épaisses, les cheveux crépus, les membres grêles. Plus à l'intérieur de l'Afrique, les Balondas, bien que nègres, ont, suivant Livingstone, un type qui rappelle celui des Égyptiens. Chez les Kimboundas, qui sont établis entre les 9° et le 14° 30' lat. S. et le 10° 39' et le 15° long. E., le type se relève sensiblement; le nez est droit, les lèvres sont assez minces, la barbe est touffue, la taille élevée, les membres sont bien développés. On rencontre, au contraire, des types fort laids dans le Dâr-Fertit, le sud du Dâr-Four et du Kordofan

Mais, dans le premier de ces pays, les Cangarah, d'un noir souvent assez clair, se distinguent par une supériorité intellectuelle qui dénote un mélange avec la race égypto-berbère. Les habitants du Dâr-bina ou *Binca*, contrée située sous le 10⁰ lat. N., se rapprochent des Cangarah.

Les Bongos ou Dôr, tribus de la région du Nil blanc, sont d'un noir tirant sur le rouge et se rattachent à la branche négroïde à laquelle appartiennent les Fellatas. Les Tibbous, Tibous ou Tedas, n'offrent, pas plus que certaines des populations précédentes, le type nègre pur, surtout là où ils sont restés exempts de mélange avec les races complétement nègres, notamment dans le Tibesti et le Borkou. Leurs formes ont plus d'élégance que celles des nègres; ils sont mieux bâtis, bien que leurs membres soient souvent grêles. Leur peau varie du bronze clair au noir, leurs traits sont fins et réguliers. Les Tibous paraissent être les descendants des anciens Garamantes; ils se sont mêlés aux nègres dans le Koouar et le Kanem. Le type de certaines peuplades du Bornou et du Baghermi est aussi beaucoup plus relevé que celui des nègres de la Guinée; les femmes baghermiennes ont une grande réputation de beauté.

A cette même branche des négroïdes peuvent être rattachés les Gallas [1], qui lient ceux ci à la branche zingienne, ils constituent une population de six à huit millions d'âmes, divisée en soixante tribus, répandues du 8⁰ lat. N. au 3⁰ lat. S. Ils ont les cheveux crépus et laineux, mais les lèvres moins épaisses et la peau moins foncée que les nègres proprement dits. Ils se distinguent par leur haute taille, leurs yeux vifs et enfoncés. Ils sont nomades et guerriers et fort supérieurs intellectuellement aux nègres purs; ils ne doivent pas être confondus avec les Changallas, fixés près des bords du Takazzé et de l'Atbara, et qui ont le type entièrement nègre. Speke regarde les Gallas

---

1. *Galla* signifie dans la langue galla, *émigré;* ce n'est pas leur nom national; ils s'appellent *Orma,* c'est-à-dire *les forts.*

comme issus d'un croisement d'Abyssins et de Nègres, et pense qu'ils se sont étendus du nord et du nord-est au sud. H. Barth les croit, au contraire, originaires de la région où s'élèvent les monts Kénia et Kilimandjaro, dans laquelle existent encore des populations de race analogue, les Wakouafi et les Wamasaï. Les Gallas ont pénétré en Abyssinie depuis le seizième siècle; au sud, ils se sont avancés jusque dans le Fipa; au nord, ils avaient jadis fondé le puissant empire de Kittara, où ils empruntèrent aux indigènes l'usage de s'arracher les incisives inférieures et adoptèrent le nom de *Wahuma*. Ils dominent dans les pays d'Urinza, de Karagué, d'Uganda, d'Unioro, sur les bords du lac Tanganyika et à l'ouest du lac Ukéréwé.

Les Gallas ne sont pas au reste la seule population de la région des grands lacs africains; on y rencontre encore plusieurs tribus d'une teinte tout à fait noire et qui ne peuvent pour ce motif être rattachées au rameau négroïde. Telles sont les Wazariha, les Wakimbou, les Wajyé, les Watatouros. Les Wazaramos, qui habitent un canton situé entre l'océan Indien et la chaîne de l'Usugura, sont des nègres bien caractérisés; leur mâchoire est très-prognathe, leur face de forme rhomboïdale, leurs yeux sont obliques; une forte odeur sébacée s'exhale de leur peau.

Les Somâl ont été rangés dans le même embranchement que les Gallas, mais comme ils tiennent de plus près aux Éthiopiens, nous en parlerons, à propos de cette race. Le croisement de la race éthiopienne et de la race nègre apparent chez les Gallas, se reconnaît aussi chez les Chillouks, grands, bien faits, et n'offrant que rarement l'épaisseur des lèvres et l'aplatissement du nez. Les Chillouks s'arrachent les incisives inférieures comme leurs voisins et ennemis, les Dinkas, établis entre le Sobat et le Nil bleu. Ces deux peuples ont été tour à tour regardés comme nègres ou simplement comme noirs. Quant aux Foundji, qui habitent le Sennaar méridional, et à la race desquels on a rattaché les peuples du Djebel-Goulé et du Fazogl, ils constituent un rameau à part de la branche zingienne; leur peau est moins noire que celle des Dinkas; ils sont vraisemblablement issus, comme les Gallas, d'un croisement d'Éthiopiens et de Nègres [1].

Le même caractère de race mixte apparaît chez les noirs de l'Afrique australe qu'on connaît sous le nom générique de Cafres. Leur teint n'est pas aussi foncé, leur nez n'est pas aussi épaté que celui des noirs soudaniens. Plusieurs des tribus de cette famille se rapprochent, par la couleur de la peau, des Fellatas. Sous le rapport intellectuel, les Cafres occupent également un rang bien supérieur aux Nègres proprement dits, à la race desquels ils sont pourtant rattachés. Au lieu de vivre dans des hameaux isolés, ils sont réunis par grandes communautés; chacune obéissant à un seul chef. Quoique généralement nomades, ils construisent des villes d'une notable étendue, et plusieurs ont fort populeuses. Les Cafres se livrent à l'élève des bestiaux et à l'agriculture; ils connaissent l'usage des métaux, fabriquent des ustensiles. Leurs vêtements sont toutefois aussi simples et aussi grossiers que ceux des peuplades nègres les moins intelligentes. Ce qui témoigne surtout de la supériorité intellectuelle des Cafres, c'est que leurs progrès dans la civilisation n'ont point été dus, comme ceux des populations du Soudan, au mahométisme. Les Cafres sont encore païens : ils pratiquent, il est vrai, de même que les musulmans, la circoncision, mais cet usage ne paraît pas leur avoir été apporté par les Arabes; il se rattache vraisemblablement à des habitudes anciennes, et comme la circoncision existait depuis un temps immémorial chez les Égyptiens, il y a là un nouvel indice que la race cafre est sortie du mélange de Nègres et d'Éthiopiens émigrés au sud. Cet usage de la circoncision se retrouve aussi chez les Watatouros, qui habitent près du lac Tanganyika. Au reste certaines populations cafres, telles que les Matébélés,

---

1. Il règne encore assez d'incertitude sur le caractère ethnologique de ces tribus. Pour le voyageur G. Lejean, les Chillouks, les Goûmous, les Béroun, les habitants du Taby et quelques autres populations voisines appartiennent à la race nègre pure, tandis que, selon R. Hartmann, ces diverses nations rentrent dans la famille Foundji comme celles du Fazogl.

les Mahasélys, semblent être issues d'un croisement d'Arabes et de Zingiens.

La race cafre qu'on doit plutôt appeler *makoua* ou *bantou*, car le nom de Cafre (*Kafir*, infidèle) est un nom générique que les Arabes ont imposé aux Noirs de la côte de Mozambique, n'offre point une unité spécifique comparable à celle de certaines autres populations ; on peut la diviser en quatre rameaux : 1° le rameau *zoulou* ou *zulu*, le plus élevé et le plus beau, dont la couleur est tellemeut claire qu'elle rappelle souvent celle des Arabes. Dans ces derniers temps, les Zoulous ont étendu assez loin leur empire. A ce rameau appartiennent les Matabélés ou Amandébélés et les Wanikas, dans les caractères physiques desquels on reconnaît une parenté avec les Gallas et les Somâl; 2° le rameau *cafre méridional*, comprenant les Amakosas, les Amathymbas, les Amapondas, etc.; 3° le rameau *cafrohottentot*, qui avoisine déjà la race hottentote, dont le sang s'est vraisemblablement mêlé au sien; il a pour principaux représentants les *Béchuanas*. Ceux-ci comprennent un grand nombre de tribus, notamment les *Makololos*, établis sur la rive gauche du haut Zambési, les *Basoutos*, les *Bakwenas*, les *Barolon*, les *Bak'lapi*, les *Balalas*, etc. La plupart de ces populations sont industrieuses; leur peau est brun clair. Elles ont émigré du nord au sud, chassant devant elles ou soumettant les Hottentots. Les Damaras ou Damas des plaines sont aussi de la même famille. Les Ova-Héréro sont les représentants les plus méridionaux à l'ouest de la race bantou. Population pastorale, à la peau brun-noir et au type presque éthiopien, mais à la chevelure laineuse, ennemie des Namaquas, ils paraissent être une des branches les plus élevées du rameau nègre austral et former la transition entre la race nègre et la race éthiopienne; 4° le rameau *sofalien*, dont le type se retrouve surtout chez les tribus de la baie de Lagoa. Ces tribus tiennent davantage des nègres, tant par leur barbarie que par leur laideur.

Les Souahili, qui forment la population dominante de la côte de Zanguebar, représentent par excellence le rameau zingien; ils se rapprochent moins des Gallas que des Cafres, quant à la conformation physique. Mais ainsi que l'a remarqué Ch. Pickering, ils ont reçu une infusion de sang arabe.

De nombreux croisements se sont opérés entre les tribus gallas et celles qui habitent plus au nord ou plus au sud; de là une foule de races participant des caractères des divers rameaux de la souche noire et de la souche tout à fait nègre. C'est ce qui explique comment la race galla se lie par divers chaînons à la race bantoue ou cafre.

Races égypto-berbère et éthiopienne.

Le type caucasique apparaît associé à une couleur de peau, passant du brun rouge au noir, dans la race égypto-berbère. Aussi les hommes qui y appartiennent sont-ils désignés en arabe par le nom d'*El-Ahmar*, les *rouges*, tandis que les Arabes se donnent le nom d'*El-Asfar*, les *jaunes*[1]. C'est, selon toute vraisemblance, cette race que la Genèse personnifie sous le nom de Cham, et dont les rameaux se répandirent, dès les premiers âges de l'humanité, dans une partie des contrées que les Sémites occupèrent ensuite. Le rameau couschite qui en est sorti, paraît avoir constitué la population primitive de l'Assyrie, de l'Éthiopie et d'une partie de l'Arabie. Il s'étendit également dans la Palestine, qui fut plus tard envahie par le rameau chananéen, originaire des bords de la mer Érythrée et que les Hébreux rattachaient pareillement à Cham. Les descendants des Couschites de l'Assyrie, appelés par les Grecs Cosséens, subsistèrent à côté des Chaldéens et des Sémites, qui avaient successivement dominé dans la région de l'Euphrate et du Tigre. Le type chamite devait s'être conservé plus pur chez

---

1. Cette dénomination peut être rapprochée de la couleur qui est donnée, dans le tombeau de Seti I, à Biban el Moulouk, aux quatre races humaines différentes que distinguaient les Égyptiens, 1400 à 1500 ans avant notre ère. Les Égyptiens y sont peints avec la peau rouge, les *Aamou* ou Syro-Arabes avec la peau jaune, *Nahusiou* ou nègres avec la peau noire, les *Tamhou*, *Tahennou*, ou Libyens avec la peau blanche.

les hommes de la terre de Misraïm, les *Lut* (*Ludim*[1]) ou *Rut*, c'est-à-dire les anciens Égyptiens. Dès l'époque la plus reculée, ceux-ci avaient passé vraisemblablement de l'Assyrie et de la Syrie dans la contrée du bas Nil et peu à peu soumis les indigènes ou *Anou* (*Anamim* de la Genèse) avec lesquels ils se fondirent. La race chamitique se croisa d'un autre côté avec les Nègres et donna ainsi naissance à divers rameaux de la famille éthiopienne.

Les Égyptiens ont, depuis la conquête arabe, entièrement perdu leur nationalité; mais on retrouve dans les fellahs des bords du Nil les descendants des sujets des Pharaons, dont les traits et jusqu'à la couleur nous sont offerts par les monuments; car des peintures datant de quatre à cinq mille ans, donnent aux habitants de la terre de Kemi ou de Misraïm, à peu près le même type qu'ont les Égypto-Arabes, qui constituent la population actuelle de l'Égypte et chez lesquels se retrouve en partie l'unité de type qui avait frappé Hippocrate.

Les Barabras ou *Kenous* de la basse Nubie, dont la physionomie rappelle beaucoup celle des Égyptiens, figurés sur les anciens monuments des bords du Nil, ont les traits tout à fait caucasiques; mais chez plusieurs, à une peau couleur de bronze, se joignent des lèvres fort épaisses, sans être toutefois très-proéminentes, un menton fuyant, une barbe clair-semée, des cheveux très frisés, non pourtant crépus. Ce qui décèle en eux les descendants des Éthiopiens dont les anciens avaient vanté la beauté. Ces formes quasi européennes se rencontrent surtout au pays de Dongola. Les femmes y gardent la coiffure en nattes des anciennes Égyptiennes; leur taille est svelte, leurs yeux sont d'un noir velouté.

Le véritable type nègre apparaît déjà, en remontant le Nil, par 15° lat. nord. Mais, à côté de populations de cette race, qui s'étendent jusqu'à 5°, existent, surtout au nord de l'Abyssinie, une suite de peuplades dont la peau passe

---

[1]. Il ne faut pas confondre *Ludim* autrement dit Lut avec les Lydiens représentés dans la Genèse par Lud, fils de Sem et frère d'Aram.

du bronze au rouge ou au brun clair : elles font la transition entre les anciens Égyptiens, les Éthiopiens et les Nègres et se rattachent à la branche négroïde dont il a été parlé plus haut. Les nomades des steppes de Baïoudah, improprement appelés Arabes, les Ababdeh, les Bedjah ou Bedjarin, doivent être classés dans la race éthiopienne. Ces derniers, établis dans l'Etbaye et connus en Europe sous le nom de *Bicharieh*, ne doivent pas être confondus avec certaines tribus arabes voisines, venues du Hedjaz ; ils ont le teint plus foncé et les traits plus européens que celles-ci, et descendent vraisemblablement des Blemmyes, dont les incursions inquiétaient l'ancienne Égypte.

Les Abyssins forment una utre rameau de la race éthiopienne. Plusieurs de leurs tribus, quoique noires, ont un type presque caucasiques ; ils ont subjugué des populations sauvages nègres, en se les assimilant. Les Bari, qui habitent le pays de Gondokoro, se reconnaissent à la minceur de leurs lèvres et à leur nez droit pour un croisement d'Éthiopiens et de Nègres ; leurs cheveux sont laineux et leur peau fort noire. Les Schohos, population pastorale qui embrasse un assez grand nombre de tribus répandues entre la mer et les montagnes de l'Abyssinie, offrent de même l'association d'une chevelure laineuse à des traits et à des formes qui rappellent ceux des Arabes. Les Somâl et, jusqu'à un certain point les Gallas, dont il a été parlé ci-dessus, peuvent être rattachés à la même race. Les Somâl se distinguent, par la régularité de leurs traits et leur belle constitution physique, de la plupart des peuples noirs qui les avoisinent, notamment des Danakils et des Souahili. D'après leurs traditions, ils sont originaires de l'Hadramaout. Les traditions des Gallas tendent à faire croire qu'ils sont, eux aussi, venus de l'Arabie et se sont croisés en Afrique avec les Nègres. Les Wakouafi et les Wamasaï, ou, comme ils s'appellent, les *Orlaïcob*, qui habitent dans la contrée des monts Kenia et Kilimandjaro et dont il a été question plus haut, paraissent, à en juger par le type physique et la couleur de la peau, être alliés d'assez près aux Somâl. Ils constituent une population pastorale qui vit de l'élève des bœufs et des buffles et peuvent être regardés comme formant l'anneau qui lie la race éthiopienne au rameau nègre, zingien et cafre. Les Danakils ou, comme ils s'appellent, les *Afers*, se rapprochent de ceux-ci et doivent dès lors être plutôt placés dans le rameau éthiopico-nègre, quoique leur pays, dit Côte d'Adel, soit plus voisin de l'Éthiopie que celui des Somâl.

Les Égyptiens et les Berbères représentent le type le plus élevé de la race sémitico-éthiopienne. Le croisement des deux races à peau blanche et à peau brune a donné la peau rougeâtre des Égyptiens, teinte qui était aussi celle de la peau des anciennes populations établies de chaque côté du détroit de Bab-el-Mandeb, les Himyarites, c'est-à-dire, comme le signifie ce nom, *les rouges*. Il faut reconnaître ceux-ci dans les Éthiopiens orientaux dont parle Hérodote. Leurs descendants sont demeurés dans l'Yémen, à l'état de caste inférieure, et s'appellent les *Akhdam*; leur type se rapproche de celui des Noirs. Selon toute vraisemblance, c'étaient ces Arabes primitifs que les Hébreux désignaient sous le nom de *Phut*, les Égyptiens sous celui de *Punt*, et qui, sur les monuments pharaoniques, apparaissent de couleur rouge, comme ces derniers, mais sont aussi peints bruns ou même noirs, sans doute parce que, dès la plus haute antiquité, ils avaient passé la mer Rouge et s'étaient croisés avec les Nègres.

La population actuelle du Kordofan est issue du croisement des premiers indigènes qui paraissent avoir été de la même race que les Nobas, population noire du Djebel-Noba, et d'Arabes déjà mêlés aux Noirs sur les bords du Nil, métissage qui reçut une nouvelle infusion de sang blanc par l'arrivée des Arabes *Hadedjât* et *Djumma*.

Les Berbers, ou pour les appeler par le nom qu'ils se donnent, les *Amazig*, c'est-à-dire *les nobles*, sont les descendants des Numides mêlés aux Gétules. Les *Touâreg* ou plutôt les *Imouchag*, car telle est leur véritable dénomination, ont, comme leurs frères les Kabyles, une teinte foncée qui annonce un antique croisement avec la race noire ; mais la disposition lisse des cheveux, qui prédomine chez ces peuples et leurs traits accusent dans leur sang un élément sémitique ou indo-européen.

Les tribus arabes, qui pénétrèrent en Afrique, se mêlèrent aux populations nègre et négroïde, tout en se conservant çà et là assez purs ; de là de nombreuses races croisées. Dans le Dâr-Four, on rencontre plusieurs de ces tribus arabes, les unes nomades, les autres sédentaires. Dans le Wâdaï et le Bornou, elles ont soumis les tribus nègres. L'émigration des Arabes au Soudan doit remonter à une époque déjà ancienne, car les *Tundjour* qui dominaient dans le Wâdaï, avant que ce pays eût reçu l'islamisme, se regardent comme d'origine arabe. Ce sont aussi des chefs d'extraction arabe qui, dès le dixième siècle, fondèrent le royaume de Bornou. Ce courant de populations originaires de la Syrie et de l'Arabie, en Afrique, date de la plus haute antiquité. La tradition voulait que des colonies sorties du pays de Chanaan, notamment des Amalécites, se fussent avancées dans la contrée où l'on trouve plus tard établis les Maures, et qui devait alors être occupée par les Gétules, lesquels furent repoussés ensuite plus au sud. D'autres traditions disent que ces colonies ont été suivies de colonies mèdes ou perses, dont on faisait descendre les Maures, par un croisement avec les populations antérieures. Ceux-ci reçurent, lors de la conquête, arabe, une nouvelle infusion de sang asiatique. Peut-être faut-il reconnaître les Amazig dans les *Mazices* des anciens et dans les *Maxitains*, que les Phéniciens, qui fondèrent Carthage, trouvèrent à leur arrivée, et qui paraissent identiques aux *Maxyes* ou Libyens laboureurs, réputés d'origine troyenne.

La race amazig s'étendait jadis jusqu'aux Canaries ; mais les indigènes de cet archipel, qui sont connus sous le nom de *Guanches*, ont été anéantis par les colons espagnols. La même race soumit les populations nègres avec lesquelles elle se mêla en plusieurs cantons. Certaines tribus amazig se sont avancées, dès l'antiquité, jusqu'au Sénégal, auquel l'une d'elles, les *Senaga*, a laissé son nom. L'importance de ceux-ci commença à déchoir au septième siècle, et les Sénaga subirent, au treizième, le joug de la tribu arabe des Béni-Hassan ; ils se fondirent ensuite avec eux, après avoir embrassé l'islamisme. De ce mélange sont issus les Trarzas, les Bracknas, les Douaïchs. Plus tard, les mélanges s'opérèrent entre les descendants des Sénaga et les Nègres. Les Serracolets, ou pour prendre leur nom véritable qu'ont altéré les Européens, les *Séréhulé* ou *Serawouli*, qui habitent au N. E. des Wolofs, et dont le nom signifie *hommes blancs*, sont issus du croisement de tribus d'origine berbère avec des tribus nègres indigènes. Soumis ensuite par les Mandingues, ils durent recevoir à cette époque une nouvelle infusion de sang noir. Ces croisements répétés expliquent l'élimination graduelle du type berbère dans le Soudan et sur le haut Niger, où des tribus de même origine ne se laissent plus distinguer d'avec les nègres.

Les monuments égyptiens nous apprennent que 1500 à 1600 ans avant notre ère, la Libye et sans doute une partie de la Mauritanie étaient déjà habitées par une population blanche, à yeux bleus, les *Tahennou* ou *Tamehou*, caractères qui dénotent une race indo-européenne. Les peuples ainsi désignés avaient atteint, dès cette époque reculée, un certain degré de culture. Les colonies mèdes et perses, dont parle Salluste, et qui n'étaient peut-être que des mercenaires au service des Phéniciens en Espagne, ne semblent pas remonter aussi haut. Il y a donc lieu de supposer que les tribus d'origine chamitique de la Libye avaient reçu une première infusion de sang caucasique. Leurs descendants, au temps d'Hérodote, peuvent avoir été ces Troglodytes éthiopiens auxquels les Garamantes faisaient une guerre acharnée et qui étaient plongés dans une extrême barbarie. Les colonies phéniciennes et les émigrations chananéennes qui paraissent dater du temps de Josué, apportèrent chez la population libyque une nouvelle infusion de sang chamitique qui donna sans doute naissance à la race numide. Les Grecs, les Romains et les Vandales versèrent en Afrique un contingent aryen ou iranien ; enfin les Arabes y firent pénétrer un élément sémitique; mais le fond indigène ou libyque a dû toujours l'emporter. Quelques auteurs pensent que des populations proto-celtiques avaient alors pénétré en Afrique par la même voie que suivirent, bien des siècles plus tard, les Vandales, rapportant à ces prétendus Celtes les monuments mégalithiques qu'on a découverts en Algérie. Mais il semble plus probable que ces constructions ont été élevées par la race à laquelle appartenaient les Gétules et les Nasamons, d'autant plus que ceux-ci, au dire d'Hérodote, enterraient leurs morts assis, attitude qu'on trouve aux cadavres découverts sous quelques-uns de ces monuments. La population primitive de la Sardaigne et de la Corse passait pour être d'origine libyque, mais elle avait reçu une infusion de sang ibère. De l'ensemble de ces faits, il résulte que la race égypto-berbère est née de la triple alliance des souches noire, sémitique et indo-européenne.

Race hottentote.

La race hottentote, quoique devant être considérée comme secondaire, est d'une formation très-ancienne et caractéristique de l'Afrique australe. Elle habitait jadis plus au nord, vers le 18° de lat. austr., notamment sur les bords du Zambési et du Cunéné; elle a été repoussée par la race cafre à laquelles se sont mêlées quelques-unes de ses tribus, par exemple les *Nou-ais* ou Koranas noirs, qui passent pour enchanteurs. Les Hottentots se distinguent par leur petite taille, leur peau d'un jaune sale, leur physionomie repoussante. Leur tête est plus longue que celle du Nègre, leur front bombé, leur œil petit, enfoncé et exprimant la ruse. Leur nez est extrêmement aplati; leurs lèvres sont épaisses et saillantes, leurs pommettes très-proéminentes. Les femmes, surtout en vieillissant, prennent un aspect repoussant, à raison de la flaccidité de leurs mamelles et de l'abondance de graisse qui recouvre la partie postérieure de leur corps[1]. L'appareil génital extérieur

---

1. Cet aspect repoussant n'est pas au reste particulier aux femmes de

affecte chez ces femmes une disposition anatomique spéciale désignée sous le nom de *tablier*. On a souvent noté chez les Hottentots la perforation de la fosse olécranienne de l'humérus, particularité aussi signalée dans le squelette des Guanches de Ténériffe.

Les Hottentots proprement dits sont répandus dans la région occidentale de l'Afrique australe jusque vers le 19° lat. S.; ils se désignent simplement entre eux sous le nom de *Khoikhoin* ou *Quaiqua*, qui signifie *hommes*. La plupart des tribus hottentotes vivent dans une abjection qui tient plus à la misère et à la paresse qu'au défaut d'intelligence, car l'état de quelques-unes de leurs peuplades place celles-ci à un degré de l'échelle sociale peu inférieure à celui des Cafres. Les Hottentots peuvent même devenir d'habiles cultivateurs. Ils paraissent avoir habité dans le principe le creux des rochers, où ils ont laissé gravées quelques figures grossières d'animaux. Aujourd'hui ils se construisent des huttes basses où l'on ne pénètre qu'en rampant; ils ne portent pour vêtement, la nuit comme le jour, qu'une peau de bœuf ou de mouton appelée *caross*. A l'E., les Hottentots, qui occupaient le cap de Bonne-Espérance, à l'arrivée des Européens, ainsi que le décèlent beaucoup de noms de lieux, ont été refoulés par les Cafres Béchuanas et Amakosas. Le plus misérable rameau de la population hottentote est représenté par les Zaab (sing. *Zăn*) que les Hollandais désignèrent sous le nom de *Boschjemans*, c'est-à-dire hommes des buissons, et que nous appelons les Boschimans; ce sont ceux que les Cafres nomment *Aba-toua*. La tribu la plus puissante des Hottentots est celle des Namaquas ou Namas, qui s'avance jusqu'à la rivière Orange; c'est elle qui conserve le type le plus pur de la race. Les Koranas ou Koras décèlent par leur physionomie une infusion de sang boschiman; ils sont répandus

---

la race hottentote; on l'observe chez des femmes d'autres tribus de l'Afrique, par exemple le développement des fesses est monstrueux chez certaines femmes bongos; certaines femmes dinkas présentent une flaccidité des mamelles dégoûtante. Voy. la figure donnée dans G. Schweinfurth, *Im Herzen von Afrika*, t. 2, p. 130.

entre la rivière Orange et la rivière Vaal. Du mélange des indigènes hottentots et des colons hollandais sont issus les *Oerlams* et le *Griquas*. Les Damaras, ou mieux les Damas des collines, semblent être le produit d'un croisement de sang nègre et de sang hottentot. Une partie d'entre eux ont été soumis par les tribus hottentotes dont ils ont adopté l'idiome. Ceux qui ont conservé leur indépendance et habitent plus au nord, les *Ovampos*, les *Bayéyés*, établis sur les bords du lac Ngami, se rattachent manifestement à la famille cafre.

Certains ethnologues regardent les Hottentots comme la véritable race autochthone de l'Afrique équatoriale; ils se fondent sur ce que l'on retrouve, en différents points de cette vaste région, des tribus offrant avec eux une grande affinité de type, ayant également une fort petite taille et une peau de couleur suie. Tels sont les Ka-ssekel ou Moukankolo, signalés par le voyageur L. Magyar, les Obongo, tribu chasseresse de l'Aschongo, et les Akkas, tribu naine qui habite au sud du pays des Mombouttous, entre le 1° et le 2° lat. N., et dont la taille n'excède guère 1^m,20. Toutefois ces tribus, où l'on a cru reconnaître les Pygmées dont parlent les anciens et qui se rapprochent quant au type des Négritos et des Mincopies, dont il sera question ci-dessous, sont loin de présenter une conformation physique parfaitement uniforme. Ainsi, les Boschimans sont dolichocéphales, tandis que les Akkas sont brachycéphales. Ceux-ci se font surtout remarquer par leur agilité et leur habileté à la chasse, qui rappellent ce que l'antiquité nous a dit des Pygmées.

Race papoue-australienne ou noire pélagienne.

Cette race, de couleur noire comme les Nègres africains, s'en distingue par des caractères assez importants; elle semble répondre à la faune, d'une physionomie spéciale qui est propre aux terres australiennes. Elle embrasse deux grandes divisions, les Papous et les Nègres australiens. Le rameau papou se décompose en plusieurs variétés, dont une peuple les îles Timor et Florès; une tribu papoue existe même à Sumbawa, dans le voisinage des monts Timboro; mais plus à l'ouest, le type papou disparaît et on ne le retrouve plus que dans la péninsule malaise, chez les Sémangs ou Mawas, qui occupent quelques districts montagneux des provinces de Kédah, de Pérak et de Kalatan[1]. Aux îles Philippines et Soulou, des tribus d'une race voisine, repoussées à l'intérieur, sont connues sous les noms d'*Aïtas* (noirs), d'*Igolotes* et de *Negritos del monte* ou *negrillos*. C'est à la même race qu'appartiennent les peuplades, à peau noire et à cheveux crépus, de l'intérieur de la grande Nicobar. Les Mincopies ou indigènes des îles Andaman en forment vraisemblablement une autre branche; ils ont la peau d'un noir lustré, les cheveux laineux et naissant par petites touffes; leurs lèvres sont épaisses, mais leurs dents ne font pas saillie et l'on ne retrouve pas chez eux le prognathisme et l'absence de talon, un des caractères du Nègre. Leur crâne est brachycéphale et très-raccourci, ce qui les différencie des Papous qui sont dolichocéphales comme les Nègres d'Afrique. Leur petite stature (1^m,52 environ) les rapproche des Negritos. Ils vont nus et sont dans un état de barbarie profonde; leur agilité à grimper aux arbres et à sauter de branche en branche, rappelle celle des singes.

Les Nègres australiens peuplent la Nouvelle-Hollande, la Nouvelle-Irlande, la Nouvelle-Calédonie, la Nouvelle-Bretagne, la Nouvelle-Guinée. A cette même race appartenaient les sauvages de la Tasmanie maintenant éteints. Elle s'avance au nord jusque vers le 11° lat. S. et forme la population indigène des îles Melville et Bathurst. Il n'est pas impossible que, tandis que cette race s'avançait vers l'est, elle ait été graduellement chassée des deux presqu'îles de l'Inde; on a cru reconnaître, en effet, des restes de ces Nègres australiens dans des tribus sauvages de l'Hindoustan, à peau noire et ayant toute la laideur des

---

1. Il existe aussi, dans les montagnes de la Cochinchine, des populations noires que l'on suppose se rattacher à la même race.

singes dont on leur a même parfois donné le nom, les *Varalis*, les *Euroulars*, les *Koroumbars*, qui habitent soit le *Téraï*, soit les Nilgherries ; elles semblent plutôt cependant se rattacher à la famille dravidienne. Les plus hideuses de ces populations indo-nègres se rencontrent entre Palmow et Sumbhulpoure et aux sources de la Nerbuddah. Elles ont le nez aplati, des proéminences ridées au coin de la bouche ; un poil roux leur couvre tout le corps. Peut-être sont-ce les derniers restes des Éthiopiens orientaux qu'Hérodote décrit comme fort barbares et voisins des Indiens. Il est à remarquer que des traces du type nègre sont encore saisissables chez les Brahouis du Beloutchistan et même chez une tribu de la côte d'Oman, les Gabas. D'autre part, on rencontre, sur la côte de Mozambique, des Nègres qui rappellent les Noirs océaniens : quelques-uns offrent même une disposition de la chevelure fort analogue à celle des Papous. On a également signalé une grande ressemblance de types entre les Australiens et les Bakalaharis, qui paraissent appartenir à la même race que les Béchuanas dont ils sont voisins.

Bien que noirs les uns et les autres, les Papous et les Australiens diffèrent cependant assez notablement entre eux. Chez les derniers, la chevelure, beaucoup plus touffue, ressemble à celle des Cafres ; les formes sont maigres, mal venues. Aussi ces peuples présentent-ils une grande infériorité musculaire. Leur tête n'affecte pas la disposition prognathe des Nègres. Leur chiffre décroît de jour en jour et représente aujourd'hui à peine 3000 âmes. La race australienne paraît rebelle à toute civilisation, et l'on dirait qu'elle est condamnée à disparaître avec la culture que les Européens introduisent sur leur continent [1]. Cette race, toute clairsemée qu'elle est, présente de nom-

---

[1] On a constaté la curieuse coïncidence de la disparition de la race australienne et de celle du bounya, sorte d'ananas, mûrissant tous les trois ans et que l'odeur des troupeaux, le voisinage de l'habitation des blancs semblent frapper de mort ; aussi les Australiens, dans les fêtes qu'ils célèbrent encore pour aller chercher le fruit du bounya, disent-ils que le dernier de ces arbres disparaîtra avec le dernier d'entre eux.

breuses variétés quant à la couleur, aux formes et aux aptitudes intellectuelles. Quelques peuplades sont d'une peau simplement cuivrée et se rapprochent, au moral et au physique, des Polynésiens; tandis que d'autres sont fort dégradées. Les Papous habitent la Nouvelle-Guinée et les îles qui l'avoisinent (îles Arrou, Key, Mysol, Salwaty, Waigiou). Des tribus, d'un type assez différent, ont été, par l'invasion des Malais, repoussées à l'intérieur de Luçon, dans la partie nord et sur la côte orientale. Les Negritos, dont il vient d'être parlé et qui existaient jadis à Mindoro, sont les débris d'une population autochthone qui lie les Papous proprement dits aux indigènes d'Andaman. C'est à une race analogue qu'il faut rapporter les *Arfaks* qui habitent la partie montagneuse du nord-ouest de la Nouvelle-Guinée et ont été également repoussés par les Malais établis sur la côte. Les Arfaks sont distincts des Papous proprement dits qui se rencontrent surtout du cap Valich au cap Possession. Ceux-ci n'ont pas la chevelure épaisse des Australiens; leurs cheveux croissent par petites touffes séparées et se roulent les uns dans les autres, de manière à former une boule ou une spirale. Ils doivent leur nom à cette disposition de leur chevelure; car le mot *papou* est dérivé du malais *pouapoua*, qui signifie cheveux frisés. La Nouvelle-Guinée est pour les Malais la *Tanna-papoua*, c'est-à-dire la terre des hommes à cheveux frisés. Plusieurs tribus papoues, celles notamment qui habitent l'intérieur des îles dont les côtes sont occupées par des races plus civilisées, auxquelles elles empruntent des instruments tranchants, coupent leurs cheveux fort court. Les touffes prennent alors la forme de petites houppes, de la grosseur d'une fève environ; ce qui donne à la tête la plus singulière apparence.

L'instinct sauvage de l'Australien est tel qu'on a beau donner à celui-ci, dès sa première enfance une éducation européenne, lui enseigner un métier, à vingt ou vingt-cinq ans, il s'échappe des villes, gagne les bois, où il reprend la vie de ses pères, chassant l'opossum avec des piques ou des arêtes de poisson, dévorant gloutonnement sa proie, puis restant plusieurs jours sans manger, vautré sur le sable et dormant au soleil.

D'autres peuplades, principalement celles de la côte méridionale de la Nouvelle-Guinée et des îles du détroit de Torrès, se taillent les cheveux et se coiffent, de façon à faire croire qu'elles portent une énorme perruque; mais la disposition de la chevelure est encore plus singulière chez les Papous de la côte septentrionale de la Nouvelle-Guinée et de quelques îles adjacentes. Ces sauvages séparent leurs cheveux, au moyen d'un peigne de bambou, ayant la forme d'un trident garni de fourches latérales, mode de coiffure qui détermine promptement un grand accroissement des cheveux. Non-seulement la chevelure, mais encore les moustaches, les favoris, affectent chez les Papous la même tendance à croître par petites touffes, tendance qui se manifeste également dans le poil dont une partie du corps des hommes est couverte. La disposition du système pileux est éminemment caractéristique pour les Papous. Dès qu'ils se croisent avec la race malayo-polynésienne, elle disparaît; et le métis se reconnaît à l'absence de cette particularité.

La peau des Papous, quoique d'une nuance noire ou brun foncé, n'arrive jamais à la couleur absolument noire du nègre pur. Leur visage est un peu allongé, leur front aplati, leur nez épais et assez arqué, mais écrasé à la base, leurs sourcils sont très-saillants, leurs narines ouvertes, mais quelque peu cachées par la pointe allongée du nez; leur bouche est grande, leurs lèvres sont épaisses: en somme leur physionomie, vue de profil, approche plus de celle des Européens que celle du Malais. Les populations de cette race qui habitent le littoral du détroit de Torrès ont des traits qui ne sont pas sans beauté; leurs yeux sont d'un beau noir, leurs sourcils bien arqués, leur tête est bien proportionnée, leur nez aquilin, leurs formes sont élégantes, mais ils gardent leur chevelure laineuse dont la disposition reparaît quand ils négligent de les couper. Les Papous, à la différence des Négritos, sont d'une stature au moins égale à celle des Européens. Il y a, au reste, quant à la taille, entre les diverses tribus de la race papoue et des races congénères, des différences notables.

Au S. O. de la côte de la Nouvelle-Guinée, existent des tribus d'une stature gigantesque ; d'autres sont de véritables pygmées. Cette différence semble ne tenir qu'au genre de vie ; car les Papous de haute taille sont précisément ceux qui ont maintenu leur indépendance et reçu de leurs voisins, les Malayo-Polynésiens, la connaissance de l'agriculture et des arts mécaniques ; tandis que les Papous rachitiques habitent les solitudes des montagnes et sont tombés sous la domination d'autres races. Mais les Papous, même les plus grands et les plus forts, présentent une conformation vicieuse ; leurs extrémités sont mal formées, leurs genoux cagneux, leurs tibias souvent arqués.

La même différence qui s'observe entre les Papous, quant à la complexion et à l'apparence, se retrouve, pour le caractère et l'état moral. Ceux qui vivent indépendants, sont d'un naturel vindicatif et perfide ; ils évitent en général les étrangers, ou feignent pour eux des sentiments d'amitié, dans l'intention de les attaquer ensuite à l'improviste. Aussi portent-ils une haine implacable à quiconque tente de s'établir sur leur territoire, haine qui survit jusque dans le dernier homme de leur tribu. Pareille aversion des étrangers existe chez les Mincopies, chez les Australiens, chez les indigènes de l'île Melville et existait chez les sauvages de la terre de Van Diemen, populations toutes de la même race. Cette circonstance n'a pas peu contribué à leur destruction ou à leur émigration dans les montagnes.

Les Papous paraissent avoir été, dans le principe, des populations littorales, vivant de la pêche et devenues fort habiles à construire et à conduire des radeaux ou des canots, aptitude que l'on constate notamment chez les Papous de la côte méridionale de la Nouvelle-Guinée. Des tribus papoues, les unes habitent dans des huttes coniques ; d'autres savent construire des demeures moins grossières, qu'elles établissent sur des pieux, et qui rappellent celles des Dayaks de Bornéo. Plusieurs ont appris des Malayo-Polynésiens à cultiver des fruits, à élever des porcs et de la volaille. Tandis que la coutume du tatouage est propre aux Polynésiens, l'usage des scarifications sur diverses parties du corps, sur les épaules, la poitrine, les fesses et les cuisses, distingue la population papoue. On trouve aussi chez elle l'habitude de s'aiguiser les dents; mais cette coutume est moins caractéristique; car elle se rencontre chez beaucoup de peuplades malayo-polynésiennes.

La race des nègres pélagiens à laquelle appartiennent les Australiens et diverses tribus insulaires, énumérées ci-dessus, a une physionomie qui participe à la fois de celle des véritables nègres et de celle des Malais. En général leurs yeux sont petits et enfoncés, leur nez est aquilin et écrasé à la base, leurs pommettes sont saillantes, leurs mâchoires proéminentes; leur bouche est grande, leurs lèvres sont épaisses, leur cou est court, leur crâne dolichocéphale est très-épais; la teinte de leur peau varie du brun rougeâtre au chocolat foncé. Aux îles Fidji, la race nègre pélagienne paraît avoir reçu une infusion de sang polynésien, car les habitants de cet archipel étaient, lors de l'arrivée des Européens, aussi avancés que les indigènes des îles des Amis, dont ils avaient la force musculaire et la stature élevée. Pareil mélange est manifeste aux Nouvelles Hébrides.

Les Alfourous, habitent Bornéo, Célèbes, où ils sont appelés *Turajos*, les Moluques, Mindanao et quelques autres îles. Les véritables Alfourous, tels qu'on les trouve à Célèbes, sont une race fortement bâtie, à la peau brun clair. Ils sont braves, assez intelligents, bien supérieurs, sous le rapport des qualités morales, aux Papous. Leur nom est une altération du portugais *Alforès*, *Alforias*, qui signifie *esclaves* ou *affranchis*. Possesseurs d'Amboine, les Portugais l'imposèrent d'abord aux indigènes, plus tard on l'étendit à des populations de diverses races de la Malaisie et de l'archipel indien; mais il doit être restreint à la race malayo-papoue. Aux Moluques, aux Philippines, et jusqu'à Bornéo, les Alfourous ont repoussé dans les montagnes les indigènes papous. Toutefois le mélange avec les Papous purs ou métis n'a pas cessé de s'opérer depuis de longues années; il se continue encore de nos jours. M. de Boudyck-Bastiaanse remarque, dans son *Voyage aux Moluques*, qu'à partir du détroit de la *Princesse Marianne*, en remontant vers le nord, la population, d'abord exclusivement papoue, se mélange graduellement de Céraméens, de Javanais et d'autres races originaires des diverses parties du grand archipel d'Asie. La ligne des Papous qui sont entrés en relations avec les Malais, s'étend le long de la côte nord de la Nouvelle-Guinée et des îles à l'est, et s'avance circulairement à l'ouest, le long de la côte méridionale, jusqu'au détroit de Torrès.

On doit peut-être rattacher à la race des Nègres pélagiens certaines tribus noires de la Californie, qui étaient établies sur les bords du Sacramento et chez lesquelles on a observé un grand développement du système pileux, sans que leur chevelure très-abondante soit laineuse. Ces Indiens, à la forte stature, au nez épaté, aux lèvres épaisses, aux yeux obliques, au front bas, affectent néanmoins un type qui les rapproche plutôt des races boréales. L'on ignore si la couleur de leur peau est due à une influence particulière du climat, ou résulte d'un croisement avec quelque race polynésienne noire.

Race jaune.

La race jaune a son berceau dans l'Asie orientale dont elle constitue la population, depuis un temps immémorial. Les Chinois, qui en sont les principaux représentants, existaient comme peuple à part, il y a déjà trois à quatre mille ans, et rien n'indique que les caractères physiques qu'ils offrent actuellement, ne soient pas ceux qu'ils ont eus dès l'origine. On comprend sous le nom générique de Mongols, altération de celui de *Mo-Kho*, un ensemble de peuplades, répandues au nord et au nord-ouest de la Chine, dès le commencement de notre ère. Vers le xive siècle, elles se constituèrent en une véritable nation, à laquelle on impose fort improprement le nom de Tartares, étendu aussi à des peuples voisins, et qui est dérivé du nom de *Ta-ta* porté par celle de leurs tribus dont était issu Tchingkis-Khan. Les Mongols fournissent aujourd'hui avec les Chinois le type par excellence de la race jaune. Leur tête s'éloigne beaucoup par sa forme de celle des Nègres prognathes; mais les Nègres à pommettes saillantes et à face pyramidale sont un échelon intermédiaire entre eux et les Nègres guinéens. Chez les populations du Congo, comme chez celles de l'Asie centrale et orientale, on observe un grand développement de l'arcade zygomatique, qui détermine la saillie des pommettes et relève les joues vers les tempes. La courbure de cette arcade amène également pour la face supérieure une apparence pyramidale; en même temps, l'angle externe des yeux étant un peu élevé, les paupières sont comme bridées et demi-closes par l'étirement qu'elles éprouvent. La disparition du prognathisme n'est pas cependant complète dans la race jaune, et, pour ce qui est de la saillie des mâchoires, les Mongols et les Chinois occupent une place intermédiaire entre la race blanche et la race noire.

Le Sino-Mongol, à la différence du Nègre, a le crâne de forme arrondie; l'ovale de sa tête est plus large que ne l'est celui de la tête de l'Européen; car il semble tronqué en avant sur l'aplatissement du front au-dessus des yeux. Les autres caractères du Sino-Mongol sont: le nez écrasé vers le front, le menton court, les oreilles démesurément grandes et très-détachées de la tête, les poils peu abondants sur le corps, la barbe rare, les cheveux durs, et presque constamment noirs comme les yeux. La couleur de la peau dans cette race est généralement jaune, mais elle passe au brun dans divers rameaux.

Les migrations que les populations de la race jaune ont accomplies à travers l'Asie, et jusqu'au delà du Volga, et cela parfois très-rapidement, comme l'histoire le montre pour les Kalmouks de la Chine, entraînèrent de bonne heure de nombreux croisements. Les diverses populations sino-mongoles s'étant ainsi mêlées, on ne saurait distinguer dans leur race des embranchements bien tranchés. On peut toutefois y reconnaître six rameaux principaux désignés par les noms de mongol, chinois, tibétain, dravidien, indo-chinois et turc. Ils sont ici classés suivant l'ordre dans lequel ils s'éloignent du type primitif. Ajoutons que les trois derniers ont été pénétrés d'éléments étrangers à la race, éléments caucasiques, malayo-polynésiens et vraisemblablement aussi nègres pélagiens.

Le rameau mongol se partage en deux familles : les Tongouses dont sont sortis les Mandjours ou Mandchoux et les Mongols proprement dits, qui ont eu pour souche principale les Ma-ho ou Mo-kho établis, au voisinage des premiers dans la région qu'arrosent le Sangari Oula, le Khilka et le Kherlon, affluents de l'Amour. A la fin du xiv° siècle et au commencement du xv°, ces hordes tartares se subdivisèrent en plusieurs nations dont les principales furent les Dzoungars et les Eleuths. Ceux qui s'étaient fixés dans l'Altaï, reçurent des Musulmans le nom de Kalmouks, qu'on a aussi appliqué plus tard aux Mongols émigrés dans la Russie. Aujourd'hui l'on distingue entre les Mongols, les Bouriates, répandus au voisinage du lac Baïkal, les Khalkas, les Ourdous et les Eleuths ; c'est aux Mongols qui habitent au voisinage de la Russie d'Europe et de la Mer Caspienne, que l'on donne plus particulièrement le nom de Kalmouks, étendu improprement à quelques tribus ougriennes ou altaïques qui leur sont limitrophes. En se dirigeant vers l'est, c'est au delà de la Katoune, que le type chinois devient très-accusé chez les Mongols. Ces peuples ont en général les membres grêles et le corps svelte. Quoique guerriers, ils sont d'un naturel doux et ouvert. Essentiellement nomades, les Mongols ont même pénétré jusque dans l'Afghanistan, où ils sont représentés par les deux tribus des Hazâreh et des Aimâks, établis au sud-est de Hérat, dans la chaîne occidentale du Paropamisus et dont le type comme la langue décèlent l'origine. Une autre population de sang mongol, les Berberis, se rencontrent à Bendi-Ali, au nord-est de Caboul et ont adopté la langue persane.

Les Boréalo-mongols comprennent les Tongouses et les Mandchoux. Les premiers doivent leur nom à une corruption du mot Tonki, c'est-à-dire *hommes*, sous lequel se désignent plusieurs de leurs tribus. Ils se distinguent par une complexion plus maigre et plus souple, des Bouriates qui ont le visage plus large, le corps plus ramassé, et diffèrent physiquement peu des Iakoutes. La famille mandchoue n'est qu'une branche de la famille tongouse, composée seulement, dans le principe, de tribus séparées et dont l'existence nationale, de même que celle des Mongols, ne remonte pas au delà du moyen âge. Les Tongouses, peuple généralement nomade, se lient à la race ougrofinnoise et existent comme race distincte depuis l'époque la plus reculée. Longtemps avant la formation de l'empire mandchou, qui date du xvi° siècle, des peuples appartenant à cette branche paraissent avoir dominé sur les frontières septentrionales de la Chine. C'est à eux probablement qu'il faut attribuer l'établissement de l'empire de Kin, au commencement du xii° siècle, et de l'empire de Liao, deux siècles auparavant. Le visage des Tongouses, plus aplati et plus grand que celui des Mongols, leur longue chevelure, les rapprochent des Chinois. Une des tribus qui ressemble le plus à ceux-ci, est celle des Orotchones, répandue sur les rives de l'Amour, depuis sa source jusqu'à l'Oldoï et la Khoumara. Les Orotchones sont plus grêles que les autres Tongouses ; ils ont le ventre proéminent, les extrémités très-maigres. Il faut rattacher aux Mandchoux, les Lamoutes ou Tongouses maritimes qui habitent sur le littoral de la mer d'Okhotsk et qui ont été graduellement repoussés plus au nord vers le Kamtchatka.

Il est vraisemblable que c'est de la race tongouse, tout au moins d'une race très-voisine, que sortirent les Huns qui envahirent au v° siècle l'Europe, où ils ne tardèrent pas à se fondre avec les races blanches. La patrie originelle de ce peuple doit être cherchée à l'entour du lac Baïkal, depuis l'Altaï jusqu'à l'Amour supérieur. De là, à une époque fort ancienne, ils se répandirent dans la Sibérie et au nord de la Chine.

Les Chinois ont le nez moins aplati, le corps mieux fait, la taille plus élevée que les Mongols ; mais ils conservent les yeux obliques, l'iris de l'œil d'un brun foncé, la face large, les pommettes saillantes. Leur peau est aussi plus claire et leur intelligence bien plus développée. Établis dans le bassin du Hoang-ho, depuis une époque immémoriale, leur domaine ne cesse de s'accroître. Ils ont absorbé une foule d'autres races, et entament maintenant la presqu'île transgangétique où ils se mêlent au rameau indo-chinois.

Le rameau chinois embrasse les Chinois proprement dits, les Japonais, qui leur ressemblent extrêmement, et les Coréens qui se distinguent assez profondément des Chinois, et sont incomparablement beaucoup moins intelligents, mais ont un caractère plus hardi et plus guerrier. Les Coréens, qui ont un type mongol assez accusé, sont issus du mélange des Sien-pi qui avaient envahi la presqu'île de Corée par le nord, et des San-han établis depuis longtemps dans la partie méridionale. En Corée, comme au Japon, la population indigène a été absorbée ou soumise par des populations venues de l'intérieur de l'Asie. Dans tout l'est de cette partie du monde, il s'est opéré un grand déplacement, un extrême mélange de peuples. La puissance politique acquise depuis une haute antiquité par la nation chinoise, formée d'éléments originairement distincts, mais appartenant tous à la race jaune, explique comment les hommes de cette nation se sont avancés peu à peu dans le centre de l'Asie, où ils ont dû se mêler de très-bonne heure à d'autres branches de la race jaune. Encore aujourd'hui, les Chinois débordent en Mongolie et, dans la partie où ce pays confine à la Chine, ils tendent à supplanter la population mongole qui se retire dans l'intérieur, comme cela a lieu notamment au pays des Ourdous. Les Chinois ont également pénétré dans la presqu'île transgangétique et émigré en grand nombre dans la Malaisie. On s'explique par là les nombreuses affinités qui lient le groupe indo-chinois au rameau chinois proprement dit, lequel se rattache à son tour au rameau mongol par une série de nuances intermédiaires. Les guerres et les émigrations qui précédèrent l'établissement du royaume de Mangli, doivent avoir déterminé des mélanges chez les tribus du Ssé-tchouen, du Yunnan et du Tonkin. Ces races mixtes ainsi nées se sont avancées jusque sur les bassins du Meïnam, du Mékong et de l'Iraouaddy. D'après leurs traditions, les Karens sont sortis des déserts de la Mongolie. A une époque beaucoup plus ancienne, les *Talain* ou *Môn*, indigènes du Pégou, doivent avoir quitté l'Asie intérieure, pour s'avancer le long des grands cours d'eau, dans le Birma méridional[1].

Au rameau indo-chinois appartiennent les Annamites, les Siamois ou *Thaï*, les Barmans ou Birmans et les *Khmer* ou *Khom* (Cambodgiens). Il existe dans l'Assam un certain nombre de tribus sauvages, telles que les Daphlas, les Akas, les Bors, les Abors, les Michmis, les Miris, les Khassias ou Kassaïs, qui sont de la même race ou se placent du moins entre le rameau chinois et le rameau indo-chinois[2]. La stature des Indo-Chinois est petite, leurs formes sont athlétiques, leurs mollets et leurs genoux très-développés; ils ont le nez épaté, les narines ouvertes, les pommettes saillantes, les yeux obliques, mais moins que les Chinois. Toutes les peuplades assamaises ont peu ou point de barbe. Leur physionomie est farouche; elles se coupent généralement les cheveux court, ne conservant au sommet du crâne qu'une longue mèche.

Les Indo-Chinois sont vraisemblablement sortis de mélanges dans des proportions diverses, de tribus de race sino-mongole avec d'autres appartenant aux races dravidienne et malaise, qui avaient dû elles-mêmes recevoir un élément nègre pélagien. En certains cantons de la péninsule transgangétique, on voit déjà la couleur de la peau passer au noir, les cheveux offrir une tendance vers cette disposition particulière qui caractérise la chevelure des Papous. Les Moï ou Ka-moï, qui habitent au nord du bas-

1. On a constaté l'affinité de leur langue avec les idiomes dravidiens, notamment avec le kôle et le sonthal.
2. Les Lo-lo, population aborigène de la province chinoise de Yunnan paraissent devoir être rattachés à ce même groupe de tribus intermédiaires entre les Chinois, les Indo-chinois et les Tibétains.

sin du Mékong, offrent même, assure-t-on, un type papou assez prononcé. La forme de la tête, chez les populations indo-chinoises, présente une variété qui atteste le grand nombre de croisements dont elles sont issues. La tête est large, allongée ou carrée chez les Siamois; chez les Annamites et chez les Nagas ou *Kouaphyi*, qui habitent les montagnes à l'entour du Manipour, la tête est ovoïde, souvent même presque orbiculaire. Les Binouas ont la face très-large et le front fort étroit.

Les Birmans ou *Myammas* auxquels se rattachent les Aracaniens, sont d'une complexion plus forte, d'une couleur plus foncée que les Annamites; l'expression douce et timide de leurs regards les en distingue aussi nettement. Ils tiennent, par leur type, des populations de l'Assam, les Sing-phos, les Kachars, les Manipouris, et paraissent avoir leur berceau au nord-est de l'Hindoustan. Les Annamites offrent avec les Chinois quelque ressemblance. On n'observe pas chez eux la large face, l'occiput plat, le front bas, la bouche petite, le regard dur et l'expression grave des Siamois; la forme de leur tête les rapproche des Tibétains. Le sang annamite paraît avoir pénétré dans la Malaisie; car on retrouve la forme de tête qui le caractérise, dans la partie orientale de Java; c'est là un nouvel indice que la race jaune s'est mêlée en cette région du globe à la race noire australienne. Et quand on s'avance dans l'Archipel indien, on observe une foule de types intermédiaires entre le type birman et le type australien. Notons encore que la petitesse de taille propre aux Siamois, aux Annamites et aux Birmans, caractérise aussi les Malais; elle a été signalée précédemment chez les Papous.

Les Siamois, le peuple le plus important de l'Indo-Chine, constituent une famille bien distincte qui se place entre les Chinois et les Birmans. Ils ont la peau d'un brun rougeâtre, couleur que rappelle le nom sous lequel ils sont connus, *Thaï sayam*, c'est-à-dire les hommes couleur d'ocre. On observe chez eux une tendance marquée de la tête à l'allongement dans le sens vertical. Les anneaux de la chaîne qui lie les Chinois à ce peuple se retrouvent dans les restes de la population indigène des provinces méridionales de la Chine, aujourd'hui envahies par la race chinoise proprement dite. Et en effet, d'après le Dr A. Bastian, la race siamoise est originaire du Laos, d'où elle s'est avancée jusque dans l'empire birman. Les Siamois forment, d'un autre côté, comme le point de départ de la race malaise, à laquelle se rattache aussi, par plusieurs de ses rameaux, le groupe birman. Les tribus sauvages, répandues dans les montagnes du Laos, se distinguent des habitants du Laos ou Laociens proprement dits; ceux-ci, qui occupent des villes et des villages échelonnés le long du Mékong, participent des Chinois et des Tibétains, et semblent issus du croisement de ces deux peuples avec une race indigène qui se rattache aux populations primitives du sud de la Chine, les Miao-tseu (fils du sol). Parmi les tribus montagnardes du Laos, il en est plusieurs qui ont un type tout différent et quasi européen. Dans la contrée où prédominent les Annamites, se rencontrent d'autres populations indigènes, les *Quanto* qui habitent dans le Tonkin sur le haut Mékong, les *Kha* ou *Moï*, répandus dans la chaîne de montagnes longeant ce fleuve, et qui constituent diverses tribus.

Le passage de la race birmane à la race tibétaine s'opère graduellement. Cependant, pris en masse, les Tibétains se distinguent nettement des populations transgangétiques. Chez ces dernières, la petitesse de taille est caractéristique, tandis que les Tibétains sont de haute stature. Il faut ici remarquer que les Chinois occupent, sous le rapport de la taille, un rang intermédiaire entre les Tibétains et les Indo-Chinois.

Le rameau tibétain embrasse un assez grand nombre de populations, à savoir : les *Bothias*, *Bodpas*, ou Tibétains proprement dits, qui s'étendent jusque dans le Boutan d'une part, et le Kumaon de l'autre; les *Lepchas-Tibétains* ou *Kampas*, qui occupent le Sikkim, habité aussi par des tribus de même race que les populations indochinoises de l'Assam ; les principales tribus du Népâl, les

Lhopas, les *Serpas*, les *Tchépangs*, les *Kusundas* et les *Haiyus*, peuplades réduites à un grand état de dégradation; quelques tribus de l'Assam, pays dans lequel on rencontre des populations croisées de sang indo-chinois et tibétain. Au delà du Kali, le type tibétain disparaît; mais il est encore très-prononcé dans le Bisahir. Le Dhansri peut être regardé comme servant de frontière aux deux races tibétaine et indo-chinoise.

Les Tibétains ou *Bod*, c'est-à-dire les *forts*, comme ils se nomment eux-mêmes en commun avec les Boutaniens et les Népâlais, tiennent plus des Mongols que des Indo-Chinois. Les Lepchas purs du Sikkim, qui passent pour les véritables indigènes du pays, et se donnent le nom de *Rong*, ont un type mongol tout à fait accusé. Il y a donc lieu de regarder les Tibétains comme une race intermédiaire entre la belle et grande variété des Chinois du nord et les Mongols purs. Toutefois, par la largeur de leur tête, la rudesse et la disposition angulaire de leurs traits, leurs oreilles proéminentes, la tendance prognathe de leurs mâchoires, ils se rapprochent déjà du type malais. Leurs yeux sont plus larges et moins obliques que ceux des Chinois; leurs lèvres sont si proéminentes que, vues de profil, la saillie en paraît égale à celle du nez.

Les tribus Si-fan, répandues entre le Khoukkou-noor et les frontières du Yunnan, forment un type intermédiaire entre les rameaux chinois et tibétain. Le même caractère mixte appartient aux *Hor* ou *Horpa*, qui habitent entre les chaînes du Nyenchhen-tangla et du Kouen-lun et s'avancent jusque dans la petite Boukharie, aux *Sok* ou *Sokpa* qui s'étendent au N. E. du Tibet, et peut-être aux *Miao-tseu*.

Le rameau proto-hindou ou *dravidien* se confond par beaucoup de points, avec le rameau tibétain. M. Fr. Müller le partage en deux embranchements, les peuples de souche *munda* et ceux de souche dravidienne proprement dit. Le premier est représenté par les tribus indigènes de l'Hindoustan, qui ont été réduites à l'état sauvage; les seconds, bien qu'ayant adopté la civilisation hindoue et s'étant mêlés à diverses populations conquérantes, gardent leurs idiomes d'une famille étrangère au sanscrit, et offrent encore quelques traits de la race dont ils sont issus. Les populations de cette race ont précédé dans l'Hindoustan les Aryas qui désignèrent les tribus de la race brune qu'ils y rencontrèrent, sous le nom de *Nichadas*. A en juger par les descendants de celles-ci, elles avaient des caractères physiques fort voisins de ceux des Tibétains. Sans doute que l'analogie entre le type tartare et le type tamoul serait aujourd'hui encore plus prononcée, si les populations primitives de l'Hindoustan ne s'étaient quelque peu mêlées à la race aryenne ou blanche. Il en est cependant plusieurs que leur retraite dans les montagnes, dans des cantons peu accessibles, a séparées davantage des conquérants et chez lesquelles reparaît, fort accusé, le type mongol, à savoir : le front bas, les pommettes saillantes, le nez presque aplati, les narines relevées, la rareté ou même l'absence de barbe. Ce type même semble s'être encore enlaidi chez les tribus qui mènent la vie la plus misérable. C'est ce qui se produit pour les Tchépangs et les Kusundas, répandus dans les forêts du centre du Népâl. Il a été question plus haut de quelques-unes de ces peuplades qu'on a voulu rattacher à la race australienne. Entre celles qui conservent davantage leur cachet original, il faut citer les Gonds ou Gounds, dont le nom signifie *habitants des cavernes* et qui ont valu son appellation à la province de Gondwana; ils s'étendent sur le cours supérieur de la Nerbuddah jusqu'au massif de l'Amarkantak et aux monts Sâtpoura. Leur type est des plus laids et leur existence fort sauvage ; ils ne conservent aucun souvenir de leur origine. Ils sont distincts des Kounds ou Khonds, population dont la peau est d'une teinte plus noire encore que la leur et qui rappelle les Négritos. Le pays des Kounds est séparé du Gondwana et resserré entre le Sumbalpore et l'Orissa, s'étendant du Bengale au Gumsour. Un ensemble d'autres tribus de la même race est désigné sous le nom de *Kôles* ou *Kolh;* elles sont répandues sur le plateau de Chota-Nagpour et ont valu à la province de Kolhan son nom ; il s'en trouve des débris jusque dans le Gouzzerate.

On peut rattacher à l'embranchement munda les *Sonthals* ou *Santâl*, qui habitent les monts Rajmahal sur la frontière occidentale du Bengale, mais qui sont pour l'état social bien supérieurs aux Gonds et forment aujourd'hui une population de 85 000 âmes. Leurs voisins, les Mâlers, réfugiés dans les parties les plus élevées de ces montagnes, et dont le chiffre n'est pas à beaucoup près aussi considérable, vivent dans un état beaucoup plus barbare. Les Bhîls, qui atteignent le chiffre de 2 à 3 millions, peuplent le Bàghar, une partie de la chaîne des Aravalis, et sont répandus dans les monts Vindhyas ; ils représentent le gros de la population de race mongole de l'Inde, que les Rajpouts ont repoussés ; mais ils ont subi déjà d'assez nombreux mélanges. Quoique exerçant le brigandage, ils l'emportent de beaucoup sur les Gonds et d'autres tribus congénères, telles que les Katodis ou *Katkari*, établis dans les jungles de la partie du Konkan septentrional située au pied des monts Sahyadri, les *Chenchwars*, qui vivent dans les forêts des Ghâtes orientales et que l'on dit issus du croisement de la race dravidienne ou indigène de l'Inde avec une population de la presqu'île de Malaya, les *Jacouns* tombés dans un état non moins dégradé. Ces diverses peuplades auxquelles on peut rattacher les *Brahouis* du Béloutchistan, répandus sur le versant sud de l'Himalaya, et qui se font remarquer par leur face ronde et leur figure aplatie, sont regardées par les Hindous comme étant de race impure. L'une des raisons de l'aversion de ceux-ci pour elles, c'est que plusieurs d'entre elles se nourrissent indifféremment de toute espèce d'aliments ; quelques-unes même, comme les Katodis et les Bhïls mangent des animaux immondes.

Chez plusieurs des tribus indigènes de l'Hindoustan, habitant au voisinage de l'Himalaya, à l'ouest de la Gandaki jusque vers Gilgit, telles que les *Kha*, les *Garhwali* et les *Dom*, on reconnaît un mélange de sang tibétain et de sang hindou. Dans l'Assam et vers les frontières de l'empire birman, se rencontrent aussi des tribus qui représentent des rameaux de la même famille, et dont plusieurs sont originaires de cantons plus septentrionaux que ceux qu'ils occupent aujourd'hui ; tels sont les Kotchs, les Dhimal, les Bodo ou Katchari, les Garrows ou Garos ; ces peuplades forment comme le chaînon qui rattache entre eux les rameaux tibétain, dravidien et indo-chinois ; elles ont même des affinités avec la race malayo-polynésienne dont il sera question plus loin. Chacune présente des caractères qui lui sont propres et qui tiennent surtout à la vie qu'elle mène et à la nature des lieux qu'elle habite. Cette influence est surtout manifeste pour les Méchis, dont la constitution maladive tient à l'action délétère du Téraï où ils vivent. Le mélange chez ces tribus indigènes d'éléments analogues à ceux dont le croisement donna naissance aux races de la Malaisie et de l'Australie, explique la ressemblance physique signalée entre plusieurs des peuplades primitives de l'Hindoustan et celles de la presqu'île de Malaya. Tel est le cas pour les *Varalis* dont il a été question plus haut et qui habitent les montagnes d'Akrani et de Kâti près de la Nerbuddah. Les *Malers* et les *Kôles* rappellent tout à fait les Binouas ; ils sont, comme eux, généralement de petite stature, présentent une disposition allongée de la tête, au-dessus de la ligne des arcades zygomatiques.

Le type le plus pur de la souche munda nous est fourni par les *Parias* ou *Paharias* des monts Satpoura, chaîne qui sépare la vallée de la Nerbuddah de celle du Tapti. Ils sont petits, grêles, ont la figure plus plate que les Hindous, les lèvres épaisses, et offrent en général tous les caractères physiques indiqués plus haut, comme appartenant aux autres peuplades du même embranchement.

On peut encore ranger dans le rameau dravidien les Todawars, Todars ou Todas, aborigènes des Nilgherries qui vivent exclusivement de l'élève des buffles. Ils ont la peau brun cuivré, le nez aquilin, la barbe touffue, le front fuyant, la stature haute, le corps bien proportionné. Ils se sont mêlés aux *Kothers*, et aux *Vuddaghurs*, venus du nord et qui en sont fort distincts. Par un côté, ils semblent tenir de la race aryenne, par un autre, de la race dravidienne à laquelle les rattache leur idiome.

A Ceylan, existe aussi une population primitive, les *Veddahs*, qui paraissent être les descendants des anciens Yakkas, véritables indigènes de l'île. Maintenant retirés dans les montagnes, ils ont été jadis refoulés par les Singhalais, qui sont de souche dravido-aryenne. Cette population chétive, de petite taille, et que la misère a ramenée à une extrême barbarie, rappelle les *Maravars*, tribu vraisemblablement de la même souche, qui habite au nord du cap Comorin, sur la côte orientale, jusque vers Ramnad. Les uns et les autres sont d'une extrême laideur et ont été souvent comparés à des singes.

Le rameau turc se rapproche bien plus du rameau mongol que du dravidien; il embrasse : les Turcomans ou Turkmènes, établis au sud de l'Oxus et qui s'avancent d'un côté jusqu'en Asie Mineure et de l'autre jusqu'au Khorassan; les Uzbeks, dont le domaine s'étend de la Boukharie et de la Tartarie chinoise jusqu'à la Mer Caspienne et à l'Oxus et qui dominent dans le Fergahnah et le Khanat de Khiva; les Karakalpaks qui se trouvent au sud de la Mer d'Aral et le long du Syr-Daria; les Tartares ou Turcs de Kazan et diverses tribus de la Russie d'Europe et d'Asie. Chez les hommes du rameau Turc, le teint est plus brun que jaune, le nez est très-épaté, parfois même son sommet est entièrement plat, les yeux sont allongés et couverts, le front est très-saillant à la partie inférieure, fuyant à la supérieure, la barbe est rare, le corps peu musculeux, la taille médiocre. Mais ces caractères ne s'observent guère que chez les Turcomans, c'est-à-dire les Turcs primitifs et chez certains Uzbeks que leur face plate, leurs yeux petits rattachent physiquement aux Mongols. En émigrant à l'ouest, et surtout en se mêlant à la race blanche, les Turcs ont vu singulièrement s'améliorer leurs caractères physiques. C'est ce qui a eu lieu notamment pour ceux des Uzbeks qui se sont croisés avec les Tadjiks et qui sont grands et bien constitués. Le changement est plus frappant encore pour les Turcs osmanlis ou Ottomans qui se sont unis à des femmes grecques et géorgiennes.

Les Turcs apparaissent en Asie, plusieurs siècles avant notre ère, sous le nom de *Chiongnou* ou *Hiong-nou*; ils habitaient d'abord la Mandchourie; plus tard, ils s'établirent dans l'Altaï, sous le nom de *Toukiou*, d'où l'appellation de *turc* est dérivée. Mêlés aux Tongouses, ils donnèrent naissance aux Ouïghours, répandus de Karakorum au Tourfan, et confondus mal à propos par quelques auteurs, avec les Ougriens que mentionnent les écrivains byzantins. Ils furent soumis par les Chinois, puis par Tchingkis-Khan. De l'union des Toukiou avec diverses autres tribus congénères, sortirent les *ourdous* ou camps des Turcs, qui pénétrèrent en Europe. Les Khazares qui fondèrent, dans la région de la Caspienne et de la Mer Noire un empire florissant, appelé par les chroniqueurs byzantins *Berzelie* et qui subsista du ve au xiie siècle, empire dont Okak était la capitale, paraissent avoir été formés d'un ensemble de populations appartenant surtout à la souche turque [1]. Les Ghouzes ou Ouzzes, nation nomade, mentionnée au xiie siècle, leur succédèrent; ils venaient, comme eux, du Turkestan et s'établirent au nord de la Mer Caspienne, avant de pénétrer dans la Russie méridionale; ils disparurent au siècle suivant. Les Turcs Seldjoucides paraissent en avoir été un rameau. Les Petchénègues ou Patzïnakes, que les Ghouzes avaient repoussés de la contrée du Volga, à la fin du xie siècle, et qui établirent leur domination au nord de la Mer Noire, appartenaient vraisemblablement à la même race; ce sont eux qu'on trouve désignés, au xiiie siècle, sous le nom de *Kangli* ou *Cangites*. Les Komans, dont il sera question plus loin, et qui firent leur apparition en Europe, en 1061, n'étaient que l'arrière-garde de la même invasion.

Les tribus turco-mongoles pénétrèrent un siècle plus

---

[1] M. Vivien de Saint-Martin a cru y reconnaître les Agathyrses d'Hérodote.

tard dans la Russie d'Europe, et les fils de Tchingkis-Khan y fondèrent, durant le premier quart du XIII° siècle, un empire, celui du Kiptchak ou de la Horde d'Or, dont Séraï était la capitale et dans lequel l'élément mongol semble avoir prédominé sur l'élément turc. L'empire du Kiptchak dura jusqu'à la fin du XIV° siècle et fut remplacé par l'empire de Tamerlan, qui substitua à la domination mongole celle d'une race turque. L'élément mongol fut ainsi peu à peu éliminé de la Russie, mais il a laissé des traces chez plusieurs populations du midi de cet empire, notamment chez les Kirghises. Les débris de ces diverses populations se sont conservés, en se mêlant, chez les Nogaïs qui constituent une tribu d'environ 50 000 âmes, et répandue sur les bords du Kouban, de la Kouma, du Volga inférieur et dans la Crimée. Les Balkarzes ou Malakarzes, établis aux sources du Tchégem et du Térek, les Koumykes, nation caucasienne dont le territoire est situé à l'E. du pays des Tchétchenzes, qui, si l'on en croit ses traditions, aurait reçu des colons abyssins, les *Huns blancs* ou Hephthalites qui, vers le V° siècle de notre ère, vinrent se fixer à l'O. de la Mer Caspienne et étendirent leur domination jusque dans la Bactriane, paraissent avoir appartenu en majorité à cette même branche du rameau turc.

Les Kirghises, issus du mélange des Hakas qu'on suppose être les descendants des anciens Massagètes, avec les Mongols et surtout les Turcs qui les subjuguèrent, sont des nomades formant une vaste confédération (environ 1 500 000 âmes). Un mélange de sang analogue à celui dont ils sont sortis, apparaît chez les Barabintses qui occupent la steppe de Baraba, chez les Kaïbales, les Katchinzes, les Kizilzes établis dans la Sibérie méridionale, tous désignés sous le nom générique de Tartares. Les Turcs ou Tartares de Kazan, qui dominaient dans ce qu'on appelait dans le principe la grande Boulgarie, ou *Boulgarie noire*, et qui habitent actuellement les gouvernements de Kazan, d'Orembourg, de Samara, de Simbirsk, etc., peuvent être considérés comme les frères aînés des Nogaïs. Les Bulgares étaient aussi selon toute apparence de race turque, mais ils durent se croiser avec des populations ougriennes. Établis d'abord sur le Volga, ils s'avancèrent sur le Danube et y fondèrent, du v° au ix° siècle, un État assez puissant. Leurs descendants, quoique s'étant mêlés à des Slaves dont ils adoptèrent la langue, ont conservé dans leur type quelque chose de la physionomie turque ou mongole. Ils sont petits, ont les yeux peu ouverts et fendus obliquement, les cheveux bruns et frisés, mais leur nez est aquilin et leur barbe bien fournie. Ils représentent aujourd'hui un chiffre de 5 à 6 millions d'habitants qui s'étendent d'un côté jusqu'en Bessarabie et de l'autre jusqu'aux environs de Temesvar. *Bulgares* Une autre tribu ougro-turque, sortie de la même région du Volga, les Khvalisses, imposa pendant quelque temps son nom à la Mer Caspienne ; on les a regardés comme congénères des Khazares. A ces populations turques, il faut rattacher d'autres tribus de la Russie méridionale parlant turc, les Beltyres, les Téléoutes ou Kalmouks blancs qui habitent le gouvernement de Tomsk. Les Iakoutes, qui furent, à raison de leur idiome, regardés comme la plus septentrionale des tribus turques de l'Asie, ont été depuis représentés comme tout à fait distincts de la race mongole et comme appartenant à la race rouge ou américaine ; ce serait des Peaux-Rouges qui auraient passé en Asie. Il est en effet à remarquer que les Iakoutes offrent, surtout dans leur caractère, beaucoup de ressemblance avec les Indiens de l'Amérique du Nord. La région qu'ils habitent est en quelque sorte au point de jonction des races américaine, ougro-finnoise et turque ou mongole.

La race mongole et la race ougro-finnoise se sont mêlées sur bien des points où elles se fondent l'une dans l'autre. Leur mélange est très-marqué chez les Mechtchériaks et les Bobyles. Chez les Bachkirs, répandus dans les gouvernements de Perm, de Viatka, de Samara, surtout dans celui d'Orembourg, et qui occupent la contrée où se forma, au ix° siècle, la confédération hongroise, on discerne l'alliance des types turc, mongol et ougrien. Plus d'un de leurs traits rappelle les Argippéens d'Hérodote, qui habitaient les mêmes lieux. Lindner les prend pour un rameau séparé et comme perdu de la nation hunnique dont le portrait, tracé par les anciens, répond assez au leur; mais celle-ci ne devait pas présenter plus d'homogénéité que les autres nations altaïques. Le chiffre des Bachkirs s'élève aujourd'hui à 392 000 âmes. Le nom d'*Ostiaks roux* que leur donnent les tribus voisines, fait penser que le fond de cette population est ougrien. C'est son croisement du même genre que ceux qui viennent d'être indiqués, et dans lequel est entré un élément russe ou moscovite, qui a donné naissance aux tribus connues sous le nom fort impropre et très-vague de Kosaks. On verra plus loin qu'il faut encore rattacher à la famille turque une partie des Scythes, dont parlent les écrivains de l'antiquité. Sir Henry Rawlinson regarde notamment les Hazareh dont il a été question ci-dessus, comme descendant des anciens Sacès ou Scythes d'Asie. Ceux-ci ont laissé leur nom à la partie de l'Asie où habitaient les Hazareh, le Seïstan dont le nom est une corruption du nom de *Sagastène* ou *Sacastène*, que portait la Prétacène, c'est-à-dire la région montagneuse comprise entre le Caboul et Hérat.

Race malayo-polynésienne.

Ce qui a été dit précédemment des divers rameaux de la race jaune, a déjà fait comprendre la formation de la race malayo-polynésienne; il y a évidemment dans cette race secondaire un mélange de sang jaune et de sang noir. De là, la couleur brune de la peau des populations répandues depuis Madagascar jusque dans l'Océanie. Ces populations se fondent ailleurs dans les Indo-Chinois, avec lesquels elles se sont croisées par des unions multipliées; toutefois le type chinois, plus primitif, garde dans ces mélanges la prépondérance. Aussi une démarcation est-elle presque impossible à tracer entre les uns et les autres : ajoutons que les Malayo-Polynésiens se rattachent encore aux Noirs australiens.

Chez les Malais proprement dits, habitants de Sumatra, le crâne est aplati inférieurement, les os malaires sont écartés, les lèvres grosses et saillantes, le nez est épaté, le front assez haut et un peu en saillie au-dessus des yeux; le teint, d'un jaune plus ou moins bruni, se blanchit considérablement à l'abri des ardeurs du soleil, surtout chez les femmes. Il existe, au reste, une foule de variétés dans ce type ; quelques-unes tiennent certainement à des mélanges avec le sang hindou. Par exemple, les Bouguis ont des traits bien plus réguliers que les Malais véritables; leur nez est plus élevé, leurs yeux sont plus larges et plus noirs; les femmes ont même souvent le nez grec.

Les Malais étaient originairement dans un état trèssauvage. Distribués par petites peuplades qui s'établissaient de préférence sur les bords ou à l'embouchure des rivières, ils composaient des milliers de tribus. Ces agrégations de quelques familles subsistèrent jusqu'à ce que des dissensions, des calamités ou des intérêts communs eussent amené une répartition nouvelle. Un des types les plus curieux des Malais à leur état primitif nous est offert par certaines tribus aborigènes, errant aujourd'hui dans les jungles de Sumatra ou des îles voisines et dont le chiffre est évalué à 6,000 âmes; ce sont les Orang-Loubou, que les Battaks ont repoussés de Pertibi. Établis encore sur les grands cours d'eau de la côte E. de Sumatra, ils rappellent par leurs traits les peuplades sauvages de la presqu'île de Malaya.

Chez un grand nombre de populations malaises, on observe des coutumes propres aux Polynésiens et qui témoignent de leur barbarie originelle, notamment le cannibalisme et le tatouage. Les Pagais, aborigènes de Sumatra, se tatouent le corps et, comme les Nagas de l'Assam, s'y font de nouvelles marques, chaque fois qu'ils ont tué un ennemi. Comme les Michmis, autre tribu de l'Assam, ils exposent les restes des morts sur des espèces d'échafaud et les y laissent pourrir; usage également fort répandu chez les Polynésiens. La race malaise dut sa civilisation à l'influence des Hindous, et notamment à celle des habitants de la côte de Malabar. Ce sont même ceux-ci qui imposèrent aux Malais leur nom, dérivé du mot *malé*, montagne; les

Malabars appelant *maléala*, c'est-à-dire contrée montagneuse, la côte O. de Sumatra, où ils rencontrèrent pour la première fois les populations malaises. Les habitudes hindoues ont fortement pénétré, dans le royaume d'Achen, et les Malais de Ménangkabau ont adopté, depuis un temps fort ancien, des usages particuliers aux Malabars.

Aucune différence spécifique bien tranchée n'existant entre les Malais des îles et diverses tribus indigènes de la péninsule de Malaya et de l'Assam, on est fondé à supposer que la race malaise tire son origine des populations de l'ouest de l'Indo-Chine qui se sont avancées graduellement par le bassin de l'Iraouaddy et la presqu'île jusque dans l'archipel de la Sonde. Mais cette race ne paraît s'être constituée, avec les caractères qui lui appartiennent aujourd'hui, qu'à Sumatra, d'où elle rayonna ensuite dans les îles environnantes, et d'où sortit notamment au xiie siècle une émigration qui envahit la péninsule malaise à laquelle elle valut son nom de *Tanah malayou* (terre malaise). Les traits des Malais se retrouvent, avec quelques légères variantes, dans ceux de plusieurs peuplades de l'Assam établies sur la rive gauche du Brahmapoutre jusqu'au grand coude que forme ce fleuve. La parenté originelle de certaines tribus de cette partie de l'Hindoustan et de la race malayo-polynésienne, peut expliquer l'identité de divers usages existant chez les deux catégories de peuples et qui forment un trait commun à plusieurs tribus de l'Archipel indien. Ainsi la coutume de laisser pourrir les cadavres dans des espèces de berceaux formés de branchages, ou sur des plates-formes disposées tout exprès, est fort répandue chez les Malais et suffirait à faire reconnaître comme appartenant à leur race les Dayaks de Bornéo.

Le rameau malais embrasse une grande partie de la population des îles de la Sonde et des Moluques, et presque partout on saisit dans sa physionomie quelque chose du type jaune. Les Dayaks, nation douce et assez paisible, malgré sa barbarie, offre certains traits du type mongol, à savoir : les yeux obliques, les pommettes proéminentes, les jambes courtes, le front large et aplati. Mais les Dayaks ont pour caractère propre la forme de leurs pieds, courts, larges, plats et tournés en dedans. Au moral, les Malais sont fort inférieurs aux races dont ils paraissent issus. Ils passent pour perfides et corrompus; toutefois celles de leurs tribus qui n'ont point encore été en contact avec des populations étrangères, telles que les Binouas, les Dayaks et les Battaks, présentent plus de simplicité et de franchise.

Il est vraisemblable que les Malais, en s'avançant dans l'archipel des Philippines et au delà, rencontrèrent des populations papoues ou polynésiennes avec lesquelles ils se mêlèrent. De là le caractère mixte qui s'observe chez les aborigènes de plusieurs îles de cette région du globe, notamment chez ceux de l'île Formose, dont le type dominant ressemble à celui des Malais, auxquels ils sont toutefois supérieurs par la taille et les formes. Les tribus méridionales de Formose qui ont conservé davantage le type malais, sont d'une taille inférieure à celles du nord, caractérisées par de longs bras et des pieds énormes. Dans la Nouvelle-Guinée, le croisement des Malais et de certaines tribus indigènes nous est offert par la population de la côte nord-est et des îles adjacentes, fort supérieure en intelligence et en industrie aux Papous auxquels elle confine vers le cap Possession, mais différant des Malais purs, établis aussi sur le littoral de cette terre. Elles sont de plus petite taille que ceux-ci, ont les traits plus grossiers, les cheveux plus crépus.

Les Hovas ou Ovas nous présentent à l'autre extrémité du domaine occupé par la race malayo-polynésienne, un type différent de race métisse de Malais et d'indigènes noirs, mais où l'élément malais prédomine notablement. Les Ovas, qui constituent à cette heure une nation assez importante, occupaient anciennement une partie de la côte orientale de Madagascar; ils s'étendent aujourd'hui dans toute la région de l'île située à l'E. du 44° long. et au N. du 22° lat. A la même race qu'eux appartiennent diverses autres tribus, les Antamays, les Betanimena, les Betsilés, les Ibara, etc. Ces populations ont, comme les Ovas, un type mongolique assez prononcé : leurs yeux sont allongés et bridés, leurs pommettes saillantes, leurs cheveux lisses et raides. La teinte de leur peau est jaune cuivré. Tout dénote en eux des descendants des Malais qui, dès une époque antérieure à notre ère, se sont avancés fort à l'O. et entretenaient des relations de commerce avec Ceylan. Les Malais ont formé également la population indigène des Maldives, des Laquedives, des Tchagos et des Seychelles. Leurs barques étaient poussées par le grand courant marin qui, des côtes de l'Inde, porte à la pointe N. de Madagascar, depuis le mois d'octobre jusqu'en avril. L'autre branche de la population malgache, les Sakalaves, rappellent les Cafres ; ils en ont la peau noire, et les caractères physiques ; leur face est plate, leur nez épaté. Quelques-unes de leurs tribus, telles que les Antanosses, ajoutent encore à la disposition crépue de leur chevelure par l'habitude qu'elles ont de la diviser en un grand nombre de petites tresses. Les Sakalaves sont répandus dans la partie de Madagascar comprise entre la rivière Anoulahine et le cap d'Ambre. Ils constituent de nombreuses tribus dont quelques-unes ont subi la domination des Ovas, et leur chiffre dépasse de beaucoup celui des autres tribus jadis indépendantes (*Mahafales, Antandrouis*, etc.). Il s'est opéré certainement à certaines époques dans l'île des mélanges des races ova et sakalave, ce qui a amené entre elles deux une certaine communauté de traits d'où quelques-uns ont conclu à l'unité de la population malgache ; celle-ci a reçu des éléments arabes auxquels les Ovas doivent surtout leur avancement intellectuel.

Les insulaires de la Polynésie sont vraisemblablement issus d'une souche malaise, mais ils ont subi durant leur marche, de l'ouest à l'est, l'influence d'un croisement avec les Nègres pélagiens, même avec les races américaine et ougro-japonaise. D'après les recherches de M. Oratio Hale, c'est dans les archipels Tonga et Samoa que la race polynésienne s'est constituée ; de là elle a passé dans les autres archipels à une époque qui se place environ entre le troisième siècle avant J. C. et le quinzième siècle de notre ère. On s'explique donc que plus on s'avance à l'est, plus on trouve que le type polynésien s'éloigne du type malais. Cependant, prise dans son ensemble, la race polynésienne affecte une assez grande homogénéité depuis les îles Sandwich ou Hawaï jusqu'à la Nouvelle-Zélande. Le Polynésien ou Kanak[1] est de couleur cuivrée ou bois de chêne, parfois même plus claire. Ses traits sont ordinairement plus réguliers, plus beaux que ceux des Malais proprement dits, et conséquemment que ceux des Australiens. Ses yeux sont noirs, sa barbe rare, ses cheveux noirs, lisses, rarement crépus, en certains cas rougeâtres, son nez est court, droit, quelquefois aquilin, mais toujours élargi et déprimé à l'extrémité, ses lèvres sont tantôt épaisses, tantôt minces, ses pommettes saillantes, sa face est ovale, sa tête courte et large (brachycéphale), plate par derrière surtout chez les femmes, son front bien développé. Aux îles de la Société, le type se rapproche beaucoup du type caucasique. Les cheveux présentent les différentes teintes des nôtres. Les enfants qui n'ont point encore subi les opérations du tatouage sont presque aussi blancs que les Européens. Les femmes, déjà belles et bien faites, aux yeux bien fendus, dans l'archipel hawaïen, prennent aux îles de la Société une physionomie quasi européenne.

A côté des variétés brun-clair, il en existe d'autres dans la Polynésie d'un brun très-foncé et tirant sur le noir; ce qui montre que ces insulaires se sont mêlés, ici et là, à la race noire australienne, sur laquelle leur supériorité intellectuelle et physique leur assurait la domination. Aujourd'hui, c'est entre les îles Viti et Tonga qu'existe la ligne de démarcation qui sépare les Kanaks des Nègres australiens. Dans le premier de ces archipels, la peau est noire; dans le second, elle est cuivrée.

Des croisements, en proportions diverses, entre les différentes variétés des races malaise, australienne et peut-

---

1. Ce mot, employé pour désigner tous les individus de la race polynésienne, est emprunté au dialecte des îles Sandwich et signifie *homme*. On appelle les Néo-zélandais, *maoris*.

être ougro-japonaise, peuvent, comme il a été dit plus haut, expliquer l'origine des variétés polynésiennes. Car tandis que la Polynésie tirait la majeure partie de sa population de l'Archipel indien, de la Papouasie et des Philippines, elle a pu recevoir des émigrés du Japon, de la Mandchourie et de la Sibérie, qui se seront avancés peu à peu par les archipels des Liou-khiéou, des Mariannes et des Carolines. Mais pour comprendre l'apparition du type qui prévaut aux îles Marquises et des Amis, il faut encore avoir recours à un autre mélange, à l'alliance du sang malayo-polynésien et du sang américain. Il est à noter, en effet, que l'on rencontre ce type précisément dans les îles les plus voisines de l'Amérique. Les Polynésiens de l'Océan pacifique occidental sont doués au reste d'une remarquable intelligence qui leur a fait promptement accueillir la civilisation chrétienne.

Race boréale ou ougro-sibérienne.

On a vu, au chapitre précédent, que la faune des contrées boréales présente une remarquable unité. Il en est, à cet égard, des hommes comme des animaux. Dans tout le nord de l'Asie, de l'Europe, de l'Amérique, nous retrouvons presque la même race. Les populations qui y habitent se fondent graduellement par le rameau tongouse avec la race jaune. On observe, en effet, chez la plupart de celles de la Sibérie, un type qui rappelle beaucoup le type mongol et auquel on pourrait donner le nom d'*ougrien*[1]. La race boréale s'étendait, au reste, jadis beaucoup plus vers le sud que de nos jours. Aux dixième et onzième siècle, elle occupait encore le centre de la Russie, et dix ou douze siècles auparavant, descendait probablement en

---

1. On désignait sous le nom d'Ougrie ou d'Iougrie, déjà usité au sixième siècle, une contrée assez mal délimitée, qui s'étendait du Volga à la Mer glaciale. Ce mot est dérivé de l'ostiak *ogor* signifiant *haut*, congénère du turc *ioughor*, *ouïghour*, et qui a été appliqué à la région ouralienne. C'est de ce même nom que sont dérivés les noms de *Vogoul* et de Hongrois (*Ungari*).

Asie jusque dans le Turkestan et les contrées du Caucase. Il y a même lieu de supposer qu'avant l'arrivée des Indo-Européens en Europe, elle pénétrait jusqu'au centre de cette partie du monde.

L'unité de la race boréale n'empêche pas qu'on n'y distingue plusieurs branches bien caractérisées. La première peut recevoir le nom d'ouralienne; elle comprend les Ostiaks, les Vogouls, les Tchérémisses et les Mordvines qui constituent ensemble une subdivision distincte. Peut-être faut-il y rattacher les Hongrois primitifs ou Ouïgours, Ouroges, qui habitaient au sud de l'Ougrie, avec leurs congénères, les Saragoures et les Ounogoures, croisés avec la race mongole. La seconde branche, dite *permienne*, embrasse les Permiens, les Zyriaines et les Votiaks ou Otiaks. La troisième, qu'on peut appeler *baltique* ou *finnoise*, comprend les Lapons, les Suomalais ou Finlandais, les Esthoniens, les Lives et les Tchoudes ou Tchoukhares. La quatrième est représentée par les Samoïèdes.

Les Ostiaks ont reçu des Tartares leur nom qui est une corruption du mot *Ychtek* (étranger). Ils se subdivisent en un grand nombre de tribus, les unes nomades, les autres vivant de pêche, mais issues toutes d'une souche commune; les premières habitent les toundras; les secondes vivent sur les rives de l'Ob et de l'Irtych. Leur nombre ne dépasse pas aujourd'hui 25 000. C'est une race de taille peu élevée, aux cheveux roux, parfois blonds, à la peau brune et d'une physionomie assez laide. Les Ostiaks proprement dits ne doivent pas au reste être confondus avec les Ostiaks du Ienisseï, auxquels se rattachent les Arines ou Arinzes, les Assanes des steppes des monts Sayansk et les Kottes, actuellement à peu près éteints. Ces Ostiaks ont les traits plus fins que ceux de l'Ob, et leur physionomie rappelle plus le type turcoman que le type mongol; leur caractère les rapproche des Finnois de la Baltique.

Les Vogouls, qui se donnent entre eux le nom de *Mansi*, forment une population de quelques milliers de chasseurs, répandus vers l'Oural septentrional (gouvern.

d'Ekatérinenbourg) et vivant dans un état très-misérable. Leur type rappelle le type kalmouk ; ce qui paraît indiquer un croisement avec la race mongole ; leurs traditions mythologiques sont analogues à celles des Lapons.

Les Tchérémisses ou Maari, c'est-à-dire *les hommes*, comme ils se désignent eux-mêmes, habitent sur la rive gauche du Volga moyen, dans les gouvernements de Kazan, Kostroma et Nijneï-Novogorod. Autrefois nomades, ils exploitent aujourd'hui les forêts de chênes de la Russie septentrionale. Leur peau est généralement d'une couleur très-foncée, comme leurs cheveux, qui sont assez soyeux ; leur taille est médiocre, leur face large, leur barbe rare. Les Mordvines, dont le nom signifie dans leur langue *hommes*, forment la plus méridionale de toutes les tribus ougriennes ; ils habitent sur les bords de l'Oka et de la Sura, et s'avancent jusque dans le gouvernement d'Astrakhan et la Tauride. Leur complexion est plus forte que celle des Tchérémisses ; leur chevelure est plutôt brune que noire et passe souvent même au roux. Ils sont beaucoup plus nombreux que ces derniers ; car tandis que les Tchérémisses ne dépassent guère 165 000 âmes, les Mordvines s'élèvent à 480 000. Ils se subdivisent en deux branches, parlant des idiomes assez différents : les Mokches, les plus méridionaux, et les Erzes qui, par leur type et leur langue, représentent le rameau le plus pur ; ce sont vraisemblablement les descendants des anciens Ertsayens, jadis établis à l'est de l'Oka. On peut rattacher au rameau mordvino-tchérémisse, les Tchouvaches, qui s'appellent entre eux *Vereyal* ou *Khirdyal*, et paraissent être issus d'un croisement turco-ougrien ; 300 000 habitent le gouvernement de Kazan ; leur chiffre total s'élève à près de 430 000.

Les Zyrianes ou Zyriaines, fixés dans le bassin de la Dvina, diffèrent peu des Permiens, qui forment une partie de la population du gouvernement de Perm ; comme presque tous les peuples ougriens, ils se donnent simplement le nom d'hommes (*komi* ou *mort*). Le chiffre de leur population s'élève actuellement à 90 000 âmes, répandues dans les gouvernements de Vologda et d'Arkhangelsk. Ils vivent de chasse, et ont adopté en partie la langue russe. Les Permiens, ou, pour les désigner par leur nom originel, les Biarmiens, c'est-à-dire *hommes du Biarmaland*, telle est l'ancienne désignation du pays qu'ils habitent, atteignent à un chiffre de 60 000 âmes. Adonnés à la pêche et à l'élève des bestiaux, ils se sont quelque peu mêlés, depuis une époque déjà reculée, avec les Scandinaves. Les Votiaks, dont le nom véritable est les *Voutmort*, habitent, au nombre d'environ 235 000, le gouvernement de Viatka; ils sont venus, suivant leurs traditions, du nord-ouest. En effet, ils rappellent, à beaucoup d'égards, les Finlandais; ils ont presque tous les cheveux noirs et raides, la peau brune; leur type se rapproche de celui des Tchérémisses; c'est une population laborieuse, opiniâtre et fortement constituée, livrée à la vie agricole.

La branche baltique ou finnoise est celle qui a le plus subi l'influence européenne. Il est à croire qu'elle a émigré, à une époque très-ancienne, des toundras des bords du Ienisseï, appelé dans ses traditions *Kemi*, nom qui, comme Castren l'a remarqué, est resté avec le sens de *rivière* dans le dialecte lapon.

Les Esthoniens tirent leur nom de l'Esthonie, province de la Russie dont ils constituent la population indigène. Il faut voir en eux les descendants des *Mélanchlènes* dont parle Hérodote; car les Lettes les nomment *Melleswarki*, et ils ont conservé l'usage des vêtements noirs. Ils forment aujourd'hui une population de 635 000 âmes. Les Lives qui ont valu son nom à la Livonie, se sont fréquemment croisés avec les Russes et les Lithuaniens. Anciennement ce peuple, dont le nom rappelle celui que se donnent les Caréliens du gouvernement d'Olonetz, occupaient la Samogitie, le Semigalle, la Livonie, la Courlande; et dans la partie septentrionale de cette dernière province subsistent encore 2000 Lives de race assez pure. Les Tchoudes, dont le nom est étendu, dans les anciennes traditions russes, à toutes les populations altaïques et ouraliennes, comprennent les Vades qui ont constitué la population primitive du gouvernement de Saint-Pétersbourg, et dont la langue ne se parle plus que dans quelques villages (5200 individus), les Vepses ou Vesses, et les Lundes, établis dans le gouvernement d'Olonetz (16 000 âmes).

Les Finlandais se rattachent par leur type aussi bien que par leur langue, à la branche tchoude, dont ils ne sont vraisemblablement qu'une simple subdivision ayant fini par se constituer avec des caractères propres. Dès l'antiquité, la race tchoudo-finnoise devait être répandue sur tout le littoral E. et S. E. de la Mer Baltique, et c'est elle que les Germains désignaient sous le nom de *Fenni*, traduction teutonique du nom de *Suomi* que se donnaient les populations de cette race ; il signifie hommes de *Suomen-maa*, c'est-à-dire de la terre des lacs ou des marécages. Ce que Jornandès nous dit, au sixième siècle, de la douceur du caractère des Fenni, qui vivaient, au dire de Tacite, de chasse et dans un état fort sauvage, convient encore aux Finnois modernes. Les Finlandais se divisent en *Hæmælæis* ou *Tavastes* (600 000 âmes) habitant au S. O., *Kainu* ou Qvenes habitant au N. (50 000), Savolais (840 000) au S. E. et Caréliens ou *Kyriales* (100 000) à l'E. Ces diverses populations se distinguent en général par des cheveux blonds ou brun clair, des yeux gris, une peau brunâtre. Le diamètre latéral de leur crâne est presque égal au diamètre allant du front à l'occiput. Leur taille est moyenne, leurs membres sont fortement musclés. Les Finlandais sont laborieux, ont des manières rustiques et un caractère opiniâtre. Sur les bords du golfe de Finlande, dans l'Ingrie, la Carélie, les Finnois ont un type moins pur et se sont mêlés aux Russes. Ailleurs, ils offrent dans leurs traits une alliance des types tchoude et scandinave.

La branche laponne s'étend au nord de la Finlande ; elle y constitue aujourd'hui l'avant-garde européenne de la race boréale. Les Lapons se donnent le nom de *Sabmi*; ils n'occupent plus actuellement que la partie de la Finlande, située au N. du cercle polaire, la péninsule de Laponie sise au N. O. de la Mer Blanche, et l'intérieur de la péninsule scandinave au delà du 63° lat. N.; réunis, ils représentent un chiffre de 26 000 âmes. Ils paraissent avoir jadis occupé une grande partie de la Finlande, mais ils se sont retirés devant la civilisation[1]. En divers cantons, notamment dans la Bothnie orientale, ils se sont mêlés aux Finnois, quoiqu'ils manifestent maintenant pour cette population un certain éloignement. Les Lapons sont de fort petite taille; leurs traits ressemblent à ceux des tribus ougriennes les plus misérables : comme plusieurs de celles-ci, ils vivent de l'élève des rennes. Leur nom national de *Sabmi* ou *Sami*, analogue au finnois *Suomi*, rappelle celui du pays dont les Samoïèdes se disent originaires; il signifie *landes*, *bruyères* et fait allusion aux toundras. Il n'a pas en conséquence de sens géographique précis, non plus que le nom de *Tioukoum*, « gens des marais », que se donnent les Ostiaks. Les Norvégiens appellent les Lapons simplement *Finnois*; quant à ce dernier nom, qui leur vient des Suédois, il paraît avoir signifié *habitants du pays des lichens*.

La branche samoïède lie la race ougrienne à la race tongouse; elle embrasse plusieurs populations : les *Soiot* ou Samoïèdes du sud; les Samoïèdes proprement dits, comprenant les Nyenekh et les Mokasi; les Ouriang-Haï (*Ouræntché* des Russes), les plus méridionaux de cette famille, fixés dans le bassin du Kossogöl, et qui se sont croisés avec les Turcs et les Mongols. Les Samoïèdes mènent la vie nomade. Leurs traits rappellent beaucoup ceux des Kalmouks; leur berceau paraît avoir été la région où le Ienisseï prend sa source. Sans doute lors de l'extension des Mongols, ils furent poussés plus au nord, et allèrent s'établir dans les toundras, refoulant probablement plus à l'ouest les Permiens ou Biarmiens; ils se sont même avancés jusque dans le gouvernement d'Arkhangelsk.

On peut échelonner entre les races mongole et borealo-

---

1. C'est ce qui résulte de l'appellation d'une foule de localités dont le nom commence par *Lap*. Le souvenir des Lapons s'est conservé dans plusieurs traditions de la Finlande et se rattache également à d'anciens monuments du pays.

ougrienne, une suite de tribus qui participent à la fois des deux. A ces races intermédiaires appartiennent plusieurs des peuplades des bords du Ienisseï, dont il a été question plus haut.

Scythes Ce qu'Hérodote rapporte des Scythes d'Europe ou Scolotes, les noms empruntés à leur langue que les anciens nous ont conservés, font reconnaître en eux une population en majorité indo-européenne. Mais le type scythe que nous fournissent les monuments antiques découverts en Crimée, est analogue à celui des populations actuelles de la Russie méridionale ; ce qui indique que les Scolotes avaient dû se croiser avec des populations ougriennes, et même mongolo-turques. Hippocrate signale la taille petite et ramassée, la peau brune des Scythes. Le Sace figuré sur le célèbre bas-relief de Bisoutoun offre un type caractéristique rappelant tout à fait celui des Kirghises actuels. Au reste, c'est une question fort obscure que celle de savoir si les Saces ou Scythes d'Asie appartenaient à la famille indo-européenne, ou doivent être classés parmi les peuples-ougro-turcs. Les populations qui habitaient au nord de la Scythie, au temps d'Hérodote, devaient être en majorité ougriennes ; les Neures, par exemple, qui étaient renommés pour leurs enchanteurs. Les anciens Russes ont appliqué le nom générique de Tchoudes à ces diverses populations, qui se sont avancées graduellement de l'Altaï vers le Volga, et ont laissé de nombreuses traces de leur industrie métallurgique.

Il est constant qu'une fusion n'a cessé de s'opérer, depuis plus de mille à quinze cents ans, entre les nombreuses tribus de souche ougro-turque et de souche caucasique, établies dans cette région. On verra plus loin que les Russes sont eux-mêmes issus du croisement des populations finno-ougriennes avec les Slaves. Les Vesses, les Mériens, les Mouramiens et, en général, les tribus qui, du neuvième au douzième siècle, furent repoussées par les Slaves, étaient ougriens ; ils furent ensuite absorbés par leurs vainqueurs ; ils occupaient dans le principe toute la Moscovie proprement dite (gouvernements de

Moscou, de Vladimir, de Kostroma, de Nijnei-Novogorod, etc.). Les Ougriens ne furent complétement convertis au christianisme qu'aux onzième et douzième siècles, époque à laquelle ils perdirent leur langue nationale. Ces diverses populations se rattachaient de près aux Mordvines, dont il a été question plus haut et qui, jusqu'au quinzième siècle, demeurèrent une nation puissante. Durant le cours du treizième siècle, elles subirent l'influence turco-mongole; l'islamisme pénétra alors chez les Mordvines orientaux et chez les Bulgares.

Une partie des nations nomades qui s'établirent au troisième siècle dans la Sarmatie européenne, et envahirent l'Europe, aux siècles suivants, doivent avoir appartenu à la souche ougrienne; de ce nombre ont été les Sabirs, auxquels se rattachaient les Siriakes, les Avares. En pénétrant dans l'ancienne Dacie et dans la Pannonie, ces peuples se mêlèrent aux indigènes d'origine thraco-celtique et sans doute aussi aux Slaves, qui avaient commencé à s'avancer vers le Danube, dès le quatrième siècle. La domination de ces conquérants ne fut pas assez prolongée, elle embrassa un trop vaste espace, pour avoir pu profondément modifier la population antérieure. La même observation est applicable aux Avares ou *Ouar-Khoumi*, branche collatérale des Huns, qui franchirent le Volga en l'an 555, étendirent leur domination sur les bords de la mer d'Azow, et soumettant les Bulgares et les Slaves, s'avancèrent jusqu'à l'Elbe et au bord de l'Adriatique. Mais les éléments antérieurs reprirent ensuite le dessus, et en 635, les Bulgares rentraient en possession de la domination dans la partie orientale de l'empire avare. Peu après, les Slaves conquéraient l'Illyrie et la Bohême. C'est sur ces couches successivement déposées comme des alluvions par les barbares, que s'établirent, en Hongrie, au neuvième siècle, les Magyars ou Hongrois, venus également des contrées du Volga.

De la Sibérie, la race boréale s'avance jusque dans l'Amérique septentrionale, où elle est représentée par les Eskimaux, les Groënlandais et quelques autres peuplades. Tous offrent des traits rappelant ceux des Mongols, mais altérés et abâtardis. La tête, osseuse, prend chez les Boréalo-Américains une forme pyramidale, plus prononcée que chez les Mongols de la haute Asie ; ce qui, suivant l'avis de M. H. Hollard, dépend du rétrécissement latéral du crâne, l'écart des pommettes demeurant considérable.

Les Eskimaux ont la face plate et presque circulaire, plus large aux pommettes qu'au front, la bouche large et toujours béante, les yeux petits, le nez généralement aplati et peu développé, rarement aquilin ; leurs formes sont trapues et ramassées ; les mains et les pieds sont petits, les cheveux varient du noir au blond. Chez ces peuples, le teint est assez clair. Quelques tribus ont la barbe épaisse, mais elle est rare chez les Eskimaux du Labrador. L'intelligence des Eskimaux est peu développée ; elle paraît cependant plus susceptible de culture que celle des Peaux-Rouges. Le type des Groënlandais, qui n'atteignent plus aujourd'hui qu'un chiffre de sept mille âmes, diffère peu de celui des Eskimaux.

Les populations embrassées sous ce dernier nom se lient par une chaîne continue à celles de la Sibérie, dont elles ne forment en réalité que l'expansion la plus orientale. On trouve sur la côte N. E. de la Sibérie, dans les îles Aléoutiennes et le territoire d'Alaska, des tribus, telles que les Koniagues de l'île Kadiak, qui se rapprochent par les caractères physiques comme par la langue des tribus les moins sauvages et les mieux douées des Eskimaux. Les Tchouktchis ou Touskis qui habitent les plaines de mousses et les vastes forêts s'étendant de l'Anadir au détroit de Behring, appartiennent aussi à la même race, tout au moins à une race très-voisine ; ils se distinguent seulement des Eskimaux par une taille plus élevée. Les Koriaks ne sont qu'une branche des Tchouktchis. Les Kamtchadales, dont le nombre diminue de jour en jour et qui finiront par disparaître, doivent être rangés dans la même catégorie ; mais ils se rattachent par un autre côté à la race mongole.

Un rameau de la race boréale qui paraît avoir formé la population primitive du Japon et qui s'étend aujourd'hui dans les îles Kouriles, dans la partie sud de l'île Saghalien [1], dans l'île Iturup et l'île d'Yeso ou Matsmai nous est connu sous le nom d'Aïnos. Les hommes de cette race sont de petite taille ; leurs traits sont assez réguliers. Ce qui frappe surtout en eux c'est l'extrême développement du système pileux. Leur barbe retombe sur leur poitrine ; leur cou, leurs bras, leur dos sont couverts de poils. Les Aïnos, qui vivent dans un grand état de barbarie, rendent, comme les Ostiaks, un culte à l'ours et ignorent l'emploi du cheval. Ils offrent une assez grande affinité avec l'ancienne population indigène de la Corée et ils se rencontraient encore au commencement de notre ère à l'île de Nippon, dans la province de Sendaï.

Lorsque l'on rapproche les Eskimaux du Labrador des tribus indiennes de l'Amérique du Nord, on ne trouve entre les deux populations aucune ressemblance ; mais si l'on compare les Tchouktchis à certaines tribus américaines, on est frappé de l'analogie, sinon toujours de type, au moins de mœurs, de croyances et de langage. Les Tchouktchis, gouvernés par des chefs héréditaires, comme les tribus indiennes, paraissent avoir même une communauté d'origine avec les Pawnis des bords de la rivière Plate et de la rivière Rouge. On verra d'ailleurs au chapitre suivant, que la langue des Tchouktchis appartient à une famille qui se rapproche beaucoup des langues polysynthétiques de l'Amérique.

Tout donne donc à penser que la race ougro-sibérienne, jadis si répandue dans l'Ancien monde, s'est avancée dans son existence constamment nomade, jusqu'en Amérique, par l'archipel des îles Aléoutiennes. Ne rencontrant plus de rennes au delà de la mer de Behring, cette race dut changer de genre de vie, et de même qu'en certains lieux, sur les bords de la mer, elle était devenue ichthyophage, elle devint chasseresse dans le Nouveau monde. Ainsi, la race nord-américaine apparaît comme n'étant autre qu'un rameau de la race boréale.

---

1. Le nord de l'île Saghalien autrement Caraftou est occupé par les Giliékes.

Race rouge ou américaine.

On a désigné sous le nom de race rouge, l'ensemble des populations américaines; mais ce nom ne saurait convenir qu'à un certain nombre de tribus de l'Amérique du Nord, la couleur de la peau étant loin d'être la même chez toutes. Du pôle à la Terre de Feu, il n'est pour ainsi dire pas de nuances entre le noir et le jaune que l'on n'ait constatées dans la couleur de la peau des tribus indiennes. Les indigènes, suivant leur nation, apparaissent brun-olivâtres, brun-foncés, bronzés, jaune-pâles, jaune-cuivrés, rouges, blancs, etc. Leur stature ne varie pas moins. Entre la taille, non pas gigantesque, mais élevée du Patagon et la petitesse des Changos, on rencontre une foule de statures intermédiaires. Les proportions du corps présentent les mêmes différences; quelques peuplades ont le buste fort long, comme les tribus des pampas, d'autres court et large, comme les habitants des Andes péruviennes; il en est de même pour la forme et le volume de la tête. Chez les Léni-Lênapes, les Iroquois, les Chérokis, la tête était petite, arrondie ou pointue, particularité qui tend à se reproduire chez les Anglo-Américains, établis depuis plusieurs générations aux États-Unis[1]. Pourtant, on saisit entre les différentes populations américaines, un air de parenté; certains traits généraux les distinguent des races de l'Ancien continent; c'est notamment la forme pyramidale de la tête et l'étroitesse du front, caractères qui s'observent déjà chez les crânes que M. Lund a trouvés dans des cavernes du Brésil, associés à des ossements d'espèces éteintes.

La race rouge ne saurait être regardée comme pure; selon toute apparence, elle a reçu des infiltrations de sang jaune, blanc et nègre pélagien. Ce qui vient d'être dit montre qu'elle se lie aux races ougro-japonaise et mongole, que

---

[1]. L'Anglo-Américain tend également à prendre les autres caractères physiques de cette race : peau sèche comme du cuir, développement des os zygomatiques, yeux enfoncés, doigts fort allongés, etc.

son type rappelle à beaucoup d'égards. Des colons normands s'étaient établis, dès le onzième siècle, à la Terre de *Vinland* et au Groënland, et l'on a cru, de nos jours, en reconnaître les descendants dans des *hommes blancs à cheveux blonds* mentionnés en Amérique par quelques voyageurs; les auteurs chinois et japonais ont parlé du pays de Fou-Sang qu'ils représentent comme ayant reçu des missionnaires bouddhistes et qui paraît être quelque contrée du Nouveau monde [1]. On a signalé l'analogie de plusieurs des traditions religieuses des anciens Mexicains et de quelques croyances chrétiennes ou bouddhiques, la conformité de certains monuments et de certains symboles de l'Amérique centrale avec des figures et des emblèmes chrétiens et japonais. Les populations boréales trouvaient vers le Nouveau monde un chemin tout tracé par le détroit de Behring et les îles Aléoutiennes. On s'explique donc que les Eskimaux puissent être congénères des populations du Kamtchatka et de la Sibérie orientale. Les anciennes tribus indiennes arrivèrent probablement par le nord-ouest; l'examen de leurs langues qui sera fait au chapitre suivant conduit à le supposer. Mais ces migrations ne sauraient remonter à moins de deux mille ans, et la population émigrée de l'Asie s'est, par l'action du temps et du climat, transformée en une race tout à fait distincte de la race que nous appelons rouge et dans laquelle l'on peut reconnaître sept embranchements : les rameaux septentrional indien ou peau-rouge, californien, mexicain, brasilio-guaranien, pampéen, ando-péruvien et araucanien.

Le rameau septentrional embrasse toutes les peuplades indiennes dites *Peaux-Rouges* répandues jadis sur le territoire des États-Unis et sur une partie de la Nouvelle-Grande-Bretagne. Le chiffre de ces tribus qui formait, au

---

1. C'est ce qu'a établi M. le marquis d'Hervey dans un Mémoire où il montre que dès le deuxième siècle avant notre ère, on savait en Chine qu'il existait à une grande distance à l'est un vaste continent baigné à l'orient et à l'occident par la mer.

seizième siècle, un total d'environ un million et demi d'hommes, est aujourd'hui si réduit que d'ici à un petit nombre d'années, ces tribus auront complétement disparu, les Anglo-Américains après les avoir repoussées graduellement à l'O. et au N. O, leur faisant aujourd'hui une guerre d'extermination. Les *Peaux-Rouges*, dont le caractère moral et le genre de vie tranchent d'une manière frappante avec les habitudes des races européennes, en sont réduits à vivre de brigandage et sont devenus sur le territoire de l'Union des espèces de *outlaws*. Bon nombre de leurs tribus sont totalement éteintes. Les Indiens de l'Amérique du Nord se distingue par la forme pyramidale de la tête qui est assez accusée ; l'occiput est aplati au-dessous de la protubérance et renflé latéralement ; l'arcade zygomatique conserve un peu de l'excès d'écartement latéral si manifeste chez les peuples de type mongol : les fosses nasales sont grandes, et tout y indique un large développement de la surface olfactive ; l'arcade maxillaire supérieure est avancée ; mais les incisives n'ont pas de proclivité sensible ; les deux branches de la mâchoire inférieure, assez forte, déterminent non un angle prononcé, mais une courbe ; l'expression du regard respire une férocité calme. La grande variété de formes, observée dans les crânes de certaines tribus de l'Amérique du Nord, tient à l'usage, très-répandu chez ces aborigènes, de soumettre la tête de l'enfant à une déformation systématique. De là, chez beaucoup, une disposition plate de la tête qui frappait particulièrement chez les Choctaws, tribu alléghanienne, et leur avait valu des Européens le surnom de *Têtes-plates*, nom imposé aujourd'hui à une tribu de l'Orégon, les *Wakisch*. Cette particularité était encore plus marquée chez les Natchez, exterminés par les Français en 1730, et qui, depuis un temps immémorial, aplatissaient le crâne des nouveau-nés. La même coutume existait chez les Waxsaws, les Criks ou Muskhoghis, les Catawbas, les Attacapas ; on la retrouve chez la plupart des populations du rameau californien, notamment chez les tribus des îles Quadra et Vancouver. Cette coutume fournit un indice de parenté entre les tribus du nord-ouest de l'Amérique et celles du rameau ando-péruvien; car l'inspection des crânes, retirés des anciennes sépultures péruviennes, a fait reconnaître l'existence d'un pareil usage chez les Aymaras.

Le trait le plus caractéristique du type nord-américain, et qui le sépare du type mongol, c'est la proéminence, la forme arquée du nez, disposition moins prononcée, il est vrai, chez les femmes peaux-rouges ou *squaws*. Le célèbre ethnologiste, S. G. Morton, voit là le plus décisif argument contre la doctrine qui fait dériver cette race de la race jaune asiatique. Mais, ainsi que l'a remarqué le comte A. de Gobineau, malgré l'apparente opposition existant entre les deux types indien et mongol, on trouve des familles intermédiaires qui permettent d'établir un lien entre les deux races; il ne faut choisir pour cela ni les Iroquois, ni les Algonquins, ni les Criks, dont les formes nobles et belles se rapprochaient plus du type caucasique que du type mongol, mais les populations du N. O. de l'Amérique, les Tchinouks, les Dacotas, sous la carnation cuivrée desquels on retrouve un fond évidemment jaune. La couleur noire des cheveux de ces dernières tribus, leur peau sèche et roide, la constitution lymphatique de leur tempérament, leurs yeux légèrement obliques sont autant de caractères qui appartiennent à la race mongole.

C'est surtout dans la Californie et l'Orégon que se trouvent les tribus chez lesquelles le type nord-asiatique est le plus prononcé. Les Indiens de cette partie du Nouveau monde ont le front bas, les yeux enfoncés, le nez court, élargi à sa base, déprimé à sa racine, les pommettes saillantes, la bouche assez grande, les lèvres épaisses. Ils se fondent, par diverses tribus de sang mixte, avec la race boréale, notamment avec les Eskimaux. Les Goloutches ou Kolotches, dont le nom est une altération de l'athapaskan *Goltsani*, signifiant étranger, circonstance qui indique qu'ils étaient émigrés, se désignent entre eux par le nom de *Thlinkithes*. Ils se partagent en un grand nombre de tribus, Tonguas, Haïdas, Stikins, Sitkas, etc., dont les caractères physiques sont tout à fait ceux de la race boréale; ils ont des cheveux longs et soyeux, ordinairement de la barbe et des moustaches. Ils diffèrent peu des autres peuplades de l'Alaska, Malegmioutes, Miednowzes, Tchougatches, Aléoutes, Ougalenzes, Kwichpachzes, etc. Le nom de *Thlinkithes*, qui signifie *hommes*, celui de *Tnaï* ou *Atnaï*, qui a le même sens et que portent les Athapaskans, celui d'*Innuit*, par lequel se désignent les Eskimaux[1], les divers noms que se donnaient les tribus de la famille Chippewaye ou mieux Chippewayenne, rappellent le nom, de signification identique, que s'attribuent les Tongouses et diverses autres populations ougro-japonaises. C'est là un nouvel indice de la parenté qui lie les peuplades nord-américaines à celles du nord-est de l'Asie. Bien des traits de mœurs communs les rattachent également; il existe au reste entre elles des communications journalières par les archipels des Kouriles et des Aléoutiennes[2]. Toutefois, ces populations, sous le rapport moral, présentent une différence assez profonde. Tandis que la race boréale est d'une grande douceur, les Peaux-Rouges se font remarquer par une énergie sauvage, déjà bien accusée chez les Athapaskans.

Le rameau nord-américain se partage en deux branches : la branche peau-rouge proprement dite et la branche californienne. Mais le passage graduel qui s'opère de l'une à l'autre s'oppose à ce que l'on puisse établir entre elles deux une division bien tranchée. La souche commune

---

1. Le nom d'*Eskimau* est celui que les Abenakis donnaient à cette population, il signifie *mangeur de viande crue*. Les noms par lesquels les indiens Chippewayiens se désignaient variaient suivant l'idiome respectif de leur tribu, mais ils signifiaient toujours *homme*. C'étaient : *Féné*, chez les Montagnais ou Chippewayiens proprement dits, *Daneh* chez les Indiens Castors, *Dindjy* chez les Indiens Loucheux, etc.

2. On peut citer à ce sujet un fait curieux rapporté par M. Silas E. Burows, qui trouva chez les habitants de l'île de la Reine-Charlotte l'habitude d'exécuter des figures sculptées dont le style et le faire avaient une telle ressemblance avec celles qu'on exécute au Japon, que les Japonais eux-mêmes prirent plusieurs de ces figures pour leur propre ouvrage. Voy. E. Bachman, *An examination of Prof. Agassiz's sketch of the natural Provinces of the animal World*, p. 47.

paraît devoir être représentée par les Athapaskans dont des tribus, les Apaches, par exemple, se retrouvent à de grandes distances du berceau primitif. Si l'on ne tient pas compte des Eskimaux et des tribus du littoral N. O. de l'Amérique, on trouve entre toutes les autres, tels que les Choctaws, les Dacotas, les Ogibwais, les Wyandots, les Algonquins, les Iroquois, les Chippéways, les Iowas, les Catawbas, les Navajos, les Comanches, les Lipans, etc., une homogénéité physique assez frappante, et une organisation sociale, des mœurs et des croyances religieuses presque identiques. Guerrières et fières, ces peuplades rappelaient, sous le rapport moral, les tribus, comme elles cannibales, de la Nouvelle-Zélande et des Marquises. Les Peaux-Rouges avaient et manifestent encore une grande aversion pour notre civilisation, aversion qui ne s'est effacée que chez un petit nombre de peuplades devenues chrétiennes, telles que les Chérokis, qui ont accepté la tutelle des Européens.

Le rameau mexicain se rattache au rameau rouge proprement dit par le type physique comme par ses traditions. Déjà chez certaines tribus de la côte S. E. de l'Amérique du Nord, telles que les Pimos des bords du Rio-Gila, la couleur de la peau s'éclaircit et devient simplement brune. Chez les Céris de l'île Tiburon, voisine de Gueymas, on trouve même des individus à cheveux blonds. Les tribus de la souche mexicaine, les Toltèques, les Chichimèques, les Aztèques, descendus dans le Mexique, de la Californie et de l'Orégon, durent se croiser avec les populations qu'ils rencontrèrent, telles que les Othomis, les Culhuas, les Olmèques, émigrées vraisemblablement de la Floride et des grandes Antilles dans l'Amérique centrale où elles avaient fondé les premiers empires. Les portraits des Mexicains primitifs, fournis par les peintures nahuatles, nous offrent un front déprimé qui rappelle celui des Peaux-Rouges. Les anciens historiens nous apprennent que les Téo-Chichimèques, alliés des Chichimèques, avaient le teint olivâtre, les cheveux noirs et fournis, la barbe touffue, le corps musculeux. A ces peuplades, arrivées du nord-est, se mêlèrent plus tard quelques-autres, venues du sud, dont les *Huaves*, d'origine péruvienne, sont des restes. Les descendants des Aztèques-Chichimèques existent encore autour du lac de Patzcuaro [1].

On a retrouvé chez diverses populations de l'Amérique septentrionale les premiers linéaments de la civilisation qui atteignit un grand développement chez les anciens Mexicains : par exemple, le commencement d'un système de peintures idéographiques qui est comme l'embryon des hiéroglyphes nahuatls. Les États de Sonora, de Chihuahua et de Durango sont encore habités par de petites nations indiennes, industrieuses et intelligentes, dans lesquelles on est enclin à reconnaître des descendants des populations toltèques dont Téo-Culhuacan était la capitale ; de ce nombre sont : les *Opatas* ou *Tequimas*, les *Yaquis*, les *Mayos* et les *Tarahumaras*. De nombreuses ruines dans le sud et l'ouest de l'Amérique du Nord, telles que les célèbres *Casas grandes* du pays compris entre le Rio-Gila et le Rio-Verde, attestent une civilisation disparue dont quelques traces subsistaient chez les plus avancées des tribus de cette partie du Nouveau monde.

Chez le rameau mexicain, la taille est assez bien proportionnée, les pommettes sont saillantes, le front est étroit, les lèvres sont épaisses, les cheveux offrent la même couleur et la même rudesse que chez la plupart des races mongoles ; la barbe est peu abondante, la peau a une teinte olivâtre qui s'éclaircit beaucoup chez les femmes des villes. Quelques tribus, notamment les Guatusos du Rio-Frio et les Zapotèques de l'isthme de Téhuantépec, ont gardé, moins altérés, les caractères qui paraissent avoir appartenu aux premiers conquérants du Mexique.

Les instincts de cruauté qu'en dépit de leur civilisation, les Mexicains conservaient dans leur culte et leurs guerres,

---

1. On a cru reconnaître des descendants des anciens Aztèques dans des Indiens à peau rouge et à cheveux blonds dont un voyageur, M. Marcou, a signalé la présence au pueblo de Zuni (Nouveau Mexique).

les rattachent encore, par le côté moral, aux Peaux-Rouges. Il semble que la vie sauvage développe dans la race américaine une férocité de mœurs qui disparaît, au contraire, lorsqu'elle se groupe en corps de nation et adopte un état social plus régulier. On ne saurait donc regarder l'esprit d'indépendance et l'humeur farouche des Peaux-Rouges comme un caractère générique. Par un phénomène inverse, les populations ougro-tartares, de mœurs généralement simples et douces, une fois organisées en hordes guerrières et fanatisées par l'islamisme, sont devenues des nations féroces qui versaient le sang avec une épouvantable facilité, comme l'ont montré les Tartares de Tamerlan, les Turcs Osmanlis.

Le rameau brasilio-guaranien s'étendait jadis depuis les Petites-Antilles jusqu'au Paraguay. Il a pour caractères génériques une coloration de la peau passant du rouge et du rouge cuivré au jaune, une tête carrée, une face pleine, circulaire, un nez court, étroit, généralement très-épaté, des yeux petits, souvent obliques et relevés à l'angle extérieur, des traits efféminés, la barbe et le poil rares. La majorité des Indiens de cet embranchement ont le corps massif, trapu, les épaules et la poitrine large, les pieds et les mains parfois d'une délicatesse extrême. Quelques tribus, telles que les Apiacas du Brésil, offrent toutefois les formes sveltes des Européens.

Ce rameau se subdivise, selon Martius, en neuf groupes qui présentent entre eux de grandes analogies :

1° Les Tupis ou Guaranis, dont la famille, fort étendue, paraît s'être avancée du sud au nord. Son berceau fut probablement la contrée qu'arrosent le Parana et le Rio-Grande do Sul. Les tribus de souche tupie, fixées à l'embouchure de l'Amazone, ont été jadis désignées sous le nom de Tupinambas. Dès le seizième siècle, des peuplades de même origine étaient établies en Guyane. Les Tupis, qui se partagent en une foule de peuplades, dont une des principales porte le nom d'*Omaguas*, occupent au centre de l'Amérique méridionale, les régions du Tocantins, du Madeira, du Tapajos supérieur, et ont pénétré jusque sur la frontière du Pérou. Leur type rappelle beaucoup celui des Peaux-Rouges de l'Amérique du Nord. 2° Les Gés ou Crans (*Cayapos, Chavantes, Mongoyos, Cotochos*, etc.) sont dispersés du Rio-Pardo et du Rio de Gontas jusqu'au Solimoes supérieur et au Jurua, d'une part, jusqu'au N. du Goyaz et au Maranhon, de l'autre. 3° Les Goyatacas, très-dispersés et en grande partie éteints. 4° Les Crens ou Guérens (*Puris, Coroados, Ararys*, etc.), qui paraissent représenter la plus ancienne population du Brésil et dont une tribu, les Aymoures, ont reçu de l'ornement singulier qu'ils s'implantaient dans les lèvres et les oreilles, le nom de *Botocoudos*. 5° Les Parichis ou Poragis, répandus sur le plateau où s'opère le partage des eaux entre le Tapajos, le Madeira et le Paraguay. On y rattache des tribus d'un caractère moins tranché (*Guachis, Cabixis, Mequens, Tamaris*, etc.). 6° Les Guaycurus ou Lengoas, famille très-étendue qui redescend au sud du grand Chaco et se lie au rameau pampéen. 7° Les Gucks ou Coco, non moins étendus et dispersés entre la rivière de Cayenne et l'Amazone. 8° Les Arouâk qui habitent la Guyane française et s'avancent jusqu'au Rio-Negro. 9° Les Caraïbes, qui habitent la contrée du Bas-Orénoque; leur type rappelle celui des Gucks dont ils sont peut-être issus; ils en diffèrent toutefois par une taille plus élevée, des formes plus belles et un teint plus clair. Ils constituaient anciennement la population des Petites Antilles, qu'ils avaient envahies, en exterminant les Taïnis, indigènes de cet archipel qui paraissent avoir appartenu au groupe arouâk et qui étaient déjà anéantis, à l'arrivée de Christophe Colomb[1]. Chez la plupart des hommes du rameau brasilio-guaranien, surtout chez les Botocoudos, on observe une grande analogie de traits avec les Mongol.

Le rameau pampéen est composé, dans la classification d'Alcide d'Orbigny, d'un ensemble de tribus répandues à l'est de la grande Cordillère, depuis le Paraguay jusqu'à

---

1. Le nom de Caraïbes a été improprement étendu à des Indiens d'un autre rameau, notamment à certaines peuplades mosquitos.

la pointe du continent. Les unes sont nomades ; les autres, sédentaires, ont atteint sous l'influence des missions une sorte de civilisation. Le type du rameau pampéen est le suivant : formes larges, massives, quelquefois athlétiques, tête forte, ronde, front peu développé, nez un peu gros et épaté, bouche grande, bordée de grosses lèvres, yeux petits avec l'angle des paupières un peu bridé en dehors. Ce type, il est vrai, subit bien des variations dues à des conditions différentes de vie et à des changements de climat. Félix d'Azara nous peint les Abipones du Chaco comme se rapprochant du type européen, et ayant de beaux traits, un nez à peu près aquilin, des formes assez bien dessinées, en même temps qu'une nuance de peau plus claire que la généralité des autres Pampéens. Entre ceux-ci se distingue les Patagons, nomades équestres des Pampas et des plaines arides, la plupart de haute stature, aux membres robustes. Une de leurs tribus, les Téhuelches, se distingue surtout par la largeur des pieds et de la bouche, la longueur du buste et la brièveté des jambes. Les Patagons, dont la peau est olivâtre, le nez épais, les yeux longs et peu ouverts, annoncent par leur physionomie un courage farouche, une grande indépendance de caractère, des mœurs incompatibles avec la civilisation ; tandis que, plus au nord, les Chiquitos, habitants d'un pays moins uni, plus arrosé et plus boisé, mènent une vie plus sédentaire, ont un caractère sociable, et pratiquent aujourd'hui le culte catholique. Leur type est aussi quelque peu différent ; leur bouche est mieux formée que celle des Patagons. Les Moxos, qui vivent principalement de pêche, dans un pays plat, souvent inondé, ont conservé plus de coutumes païennes et d'indépendance que leurs voisins les Chiquitos, auxquels ils sont supérieurs sous le rapport de la taille et des formes ; ils se rapprochent davantage des tribus des Pampas. Les Tobas, nomades de la partie moyenne du Chaco, race belle et nombreuse, ont le nez aquilin, les yeux noirs, jamais obliques, le teint cuivré clair ; leur stature est assez haute.

Le rameau ando-péruvien est caractérisé par une peau

d'un brun olivâtre plus ou moins foncé, une taille peu élevée, un front fuyant, des yeux horizontaux qui ne sont point bridés à l'angle externe. Des populations appartenant à cette race, les unes habitent les hautes régions de la Cordillère, des plateaux de 3 ou 4000 mètres d'altitude, ou les forêts qui recouvrent les montagnes, les autres parcourent les pentes du versant oriental des Andes, les côtes et les îles de la pointe du continent. Dans toutes ces stations, écrit M. Hollard, les Ando-Péruviens présentent le même caractère de prédominance des formes élargies, propre aux peuples de l'Amérique centrale.

Les deux principales subdivisions du rameau ando-péruvien sont les Quichuas et les Aymaras. Les Aymaras paraissent être la plus ancienne population du Pérou. Divers monuments témoignent de leur antique civilisation, notamment les ruines de Tiaguanaco, situées à 4000 mètres d'altitude. Elle précéda celle des Quichuas à laquelle répond la domination des Incas, et qui a laissé des monuments si nombreux à Cuzco. Les traits des Quichuas, remarque A. d'Orbigny, sont bien caractérisés ; ils ne ressemblent en rien à ceux des nations pampéennes et brasilio-guaraniennes ; c'est un type tout à fait distinct, qui ne se rapproche que de celui des peuples mexicains. La tête des Quichuas est oblongue d'avant en arrière, comprimée latéralement ; le front est légèrement bombé, court, fuyant un peu en arrière ; le crâne est néanmoins assez volumineux et annonce un notable développement du cerveau ; il est généralement large, mais sans être arrondi ; son ellipse approche beaucoup plus du cercle que de l'ovale. Chez les Quichuas, le nez est remarquable par sa forme ; il est constamment saillant, assez long, fortement aquilin, et comme recourbé à son extrémité sur la lèvre supérieure ; il est en même temps creusé à sa racine, épaté inférieurement, avec les narines largement ouvertes ; la bouche est plutôt grande que moyenne, sans que les lèvres soient très-grosses ; les dents sont toujours belles, persistantes dans la vieillesse ; le menton est assez court, sans être fuyant. La physionomie de cette race est généralement uniforme, sérieuse, réfléchie, triste même, sans cependant annoncer d'indifférence; les sentiments ne se trahissent guère à l'extérieur. L'ensemble des traits reste toujours dans le médiocre. Rarement observe-t-on chez les femmes quichuas une figure relativement jolie, quoiqu'elles n'aient pas le nez aussi saillant et aussi courbé que les hommes. Les Aymaras rappellent à beaucoup d'égards les Quichuas, tout en leur étant physiquement fort inférieurs; ils sont plus petits et plus barbus, d'une couleur plus foncée et d'un naturel beaucoup moins communicatif. Un voyageur, M. Weddel, les déclare même les plus laids de tous les peuples américains.

Il est vraisemblable que les Aymaras sont, comme les Quichuas, émigrés de l'Amérique centrale. Les premiers paraissent être des descendants des Toltèques dont la religion, les traditions et les monuments rappellent les leurs. Subjugués par une seconde invasion, arrivée plusieurs siècles plus tard, ils subirent la domination des Incas; mais ils conservèrent leur existence séparée, et demeurent encore animés contre la domination espagnole, qui succéda à celle des Quichuas, de la même haine que les Peaux-Rouges nourrissent contre les Européens.

Le rameau araucanien n'est en quelque sorte qu'une expansion plus méridionale du précédent; il s'en sépare néanmoins par certains caractères physiques et, sous le rapport moral, s'en distingue par la résistance qu'il a toujours opposée à la civilisation. Les Araucaniens habitent les Andes du Chili et les plaines de l'est; ils s'étendent du 30° Lat. sud jusqu'au voisinage de la Terre de Feu, où existe la famille la plus abâtardie de ce rameau puissant, les Pécherais. Race guerrière et nomade, les Araucaniens, ont la tête forte et le visage élargi des Américains du sud : leurs pommettes sont hautes et saillantes, leur nez est court et épaté, leur bouche grande, bordée de fortes lèvres, leurs yeux ne sont pas sensiblement relevés à l'angle externe. Leur couleur est un peu moins foncée que celle des races voisines; plusieurs même ont un teint assez clair. A ce rameau appartiennent au nord les Moluches, les Picunches, au sud les Aucas, les Ranqueles, les Huilliches.

Les Pécherais ou Fuégiens sont répandus sur toutes les côtes de la Terre de Feu et les deux rives du détroit de Magellan; ils sont séparés des Patagons par la mer et la chaîne de montagnes qui réunit la péninsule de Brunswick au continent. L'état d'abâtardissement dans lequel les Pécherais sont tombés, au physique comme au moral, tient au genre de vie misérable qu'ils mènent. Ils ne se nourrissent guère que de poisson. On retrouve pourtant chez eux tous les traits des Araucaniens; mais leur couleur est plus pâle; leur maigreur est généralement très-grande, leur taille petite, leurs jambes sont fortement arquées; ils n'ont que peu de barbe. Leur physionomie respire la douceur et la naïveté.

Chez différentes tribus de ce rameau et d'autres appartenant au rameau pampéen, on voit reparaître certains caractères du rameau californien et par conséquent de la race boréale. Il y a plus, la teinte foncée de la peau, signalée chez quelques peuplades de la Californie, s'observe au sud de l'Amérique, dans le groupe que le célèbre ethnologiste Prichard a nommé *méditerranéen*. Les Puelches et les Charruas ont la peau tout à fait noire. On est donc encore conduit ici à admettre un croisement du même genre que celui qui paraît s'être opéré en Californie.

Race blanche; branches sémitique et aryenne.

La race blanche a été désignée, par G. Cuvier, sous le nom de race *caucasique*, parce qu'il lui attribuait pour berceau la région du Caucase. Elle est caractérisée par la beauté de l'ovale que forme sa tête; la partie crânienne y domine, en effet, complétement la région faciale, qui ne fait jamais saillie, soit par une disposition prognathe, soit par suite du développement des pommettes. Dans le type caucasique, les yeux sont horizontaux et plus ou moins largement découverts par les paupières, le nez est plus saillant que large, la bouche petite ou modérément fendue; les lèvres sont assez minces; la barbe est fournie, les cheveux sont longs, lisses ou bouclés et de couleur variable; la peau, d'un blanc rosé, présente plus ou moins de transparence, selon le climat, les habitudes et le tempérament. Serres a cru remarquer que, dans la race blanche, le bassin, le foie, le cœur sont toujours de forme ovale, avec le grand diamètre en largeur; tandis que, dans la race jaune, la forme de ces parties est à peu près carrée, et dans la race rouge, sensiblement ronde. Suivant le même anatomiste, cette forme serait aussi ovale dans la race noire, mais avec le grand diamètre en longueur.

Sous le rapport intellectuel et moral, la race caucasique a une supériorité marquée sur les autres. C'est parmi les peuples qui lui appartiennent que s'est rencontré, depuis une haute antiquité, l'état le plus avancé de civilisation, que se sont manifestées les tendances les plus progressives.

La race blanche apparaît, de bonne heure, partagée en deux grandes familles encore subsistantes aujourd'hui, mais dont le développement a été très-inégal : la famille sémitique ou syro-arabe, et la famille japhétique ou indo-européenne. Ces deux races qui empruntent leur nom à Sem et à Japheth, les deux fils de Noé par lesquels la Genèse les a personnifiées, étaient sans doute originairement sorties d'un même berceau qui fut aussi celui des Chamites ou peuples de Cham. Ce sont là les trois races les plus anciennement civilisées que nous offre l'Asie occidentale. Mais tandis que les caractères physiques des Égyptiens, des Berbères et surtout des Éthiopiens, en font une race tout à fait séparée, les caractères physiques qui diffèrencient les deux autres familles primordiales (Sémites et Japhétites) ne sont pas assez tranchés pour qu'on puisse tenir celles-ci comme ayant été, dès le principe, profondément séparées, bien que, sous le rapport du langage et sous le rapport moral, ainsi qu'on le verra aux chapitres suivants, elles se distinguent nettement.

La race sémitique, malgré son antiquité, ne saurait être regardée comme pure. Par son établissement dans le pays de Chanaan, elle a subi des croisements avec les familles couschite et chananéenne, et d'autres rameaux du tronc chamitique. Pour retrouver le véritable Sémite, il faut prendre l'Arabe du désert. C'est à lui que s'applique ce tableau qu'a tracé des Sémites un historien éminent de leur langue, M. Ernest Renan :

« Sous le rapport de la vie civile et politique, la race des Sémites se distingue par le même caractère de simplicité, elle n'a jamais compris la civilisation dans le sens que nous donnons à ce mot : on ne trouve dans son sein ni grands empires organisés, ni commerce, ni esprit public, rien qui rappelle la πολιτεία des Grecs ; rien aussi qui rappelle la monarchie absolue de l'Égypte ou de la Perse. La véritable société sémitique est celle de la tente et de la tribu : aucune institution politique et judiciaire, l'homme libre, sans autre autorité et sans autre garantie que celle de la famille. Les questions d'aristocratie, de démocratie, de féodalité, que renferme toute l'histoire des peuples aryens, n'ont pas de sens pour les Sémites. L'aristocratie, n'ayant pas chez eux une origine militaire, est acceptée sans contestation et sans la moindre répugnance. La noblesse sémitique est toute patriarcale ; elle ne tient pas à une conquête, elle a sa source dans le sang. »

Les Sémites sont aujourd'hui représentés par les Arabes et les Juifs. Les premiers doivent leur nom aux déserts (en hébreu *arâba*) où ils sont fixés depuis un temps immémorial ; les seconds tirent leur nom (en latin *Judæi*) du royaume de Juda où ils étaient jadis établis, et doivent plutôt être désignés par leur appellation nationale d'Israélites.

Sous le rapport physique, les Arabes sont à peu d'exceptions près, plutôt maigres que d'apparence robuste. Leur visage est généralement long et mince, leur front peu élevé, souvent avec une protubérance arrondie vers le sommet, leur nez aquilin, la bouche et le menton sont fuyants : ce qui donne au profil un contour arrondi plutôt que droit. Leurs yeux sont enfoncés, noirs et brillants, leurs membres grêles, peu musculeux. La petite taille des Sémites paraît leur avoir fait regarder comme des géants les populations couschites dont ils rencontrèrent les débris à leur arrivée en Palestine et qu'avaient déjà en partie anéanties les Chananéens.

D'autres populations que leur langue fait ranger dans la famille sémitique, doivent être sorties de son mélange avec des races étrangères. Tels sont les Amalécites, les Phéniciens, venus en Syrie, des bords de la Mer Érythrée et qui se croisèrent avec les Chananéens, puis envoyèrent des colonies en Cilicie où ils se mêlèrent à des Ioniens. La population de Chypre, les *Kittim*, dont le fond était vraisemblablement ionien ou pélasgique, dut recevoir des colonies phéniciennes une infusion de sang sémitique. Les Khétas ou peuple de Heth, que la Bible rattache à la souche chananéenne, formaient, il y a mille cinq cents ans, ainsi que nous l'apprennent les textes hiéroglyphiques, une nation puissante, établie dans le pays d'Alep. Elle se croisa et se fondit même probablement avec les Syriens sémites. Plus tard, à la population issue de ces mélanges, s'unirent des Grecs, dont les colonies datent à Chypre des temps héroïques. Quant aux Philistins (*Pelichtim*) qui donnèrent leur nom à la Palestine et qui étaient vraisemblablement émigrés de la Crète (*Caphthor*), ils paraissent être issus d'un mélange d'Égyptiens, de Chananéens et de Sémites.

En somme, il est assez difficile d'assigner des caractères bien définis à la population actuelle de la Syrie et de la Palestine ; car la langue et la religion qui y servent de base à la classification des tribus, ne correspondent pas toujours aux divisions vraiment ethnologiques. Tout ce qu'on peut affirmer, c'est que l'ancien fond araméen ou syro-arabe y domine.

Lorsque l'esprit de conquête et de prosélytisme religieux, qui se développa après l'établissement de l'islamisme, conduisit les Arabes en Afrique et jusqu'en Espagne, un nouvel essaim d'enfants de Sem alla se mêler aux populations berbères de la Libye et de la Mauritanie. Déjà depuis une époque immémoriale, quelques-unes de leurs tribus passaient périodiquement en Égypte, où elles sont désignées sous le nom de *Bédouins*, c'est-à-dire nomades ; elles ont, de tout temps, inspiré à la population indigène une aversion profonde. Dans la contrée qui s'étend depuis les frontières de l'Égypte jusqu'au détroit de Gibraltar, les Arabes trouvèrent des populations d'origine africaine, celles du Maghreb, déjà pénétrées de sang sémitique par la présence des colonies phéniciennes, et qu'avaient ensuite modifiées les invasions venues d'Europe. Ils perdirent donc, en sortant de l'Asie, une bonne partie de leurs caractères originels. D'autres migrations arabes, opérées en sens inverse, ont porté, des environs d'Alep dans le Béloutchistan, l'ancienne Gédrosie, des tribus qui, en se croisant avec les Afghans, donnèrent, suivant certains auteurs, naissance aux Béloutchis. Cette population subdivisée en plusieurs tribus (*Nharui*, *Rind*, *Maghtsi*) à nez généralement aquilin et aux yeux enfoncés, comprend des peuplades ayant la peau claire et d'autres à peau très-basanée, à nez peu proéminent, à figure plate, mais aux yeux assez bien fendus; ce qui dénote une origine très-mêlée. Les Béloutchis sont comme les Turcomans, d'incorrigibles brigands, et leur cruauté est singulièrement redoutée. Les Afghans, de race incontestablement iranienne, se sont également croisés avec des Arabes; ils s'étendent aujourd'hui des bords de l'Helmend au Sindh; ils ont repoussé du Caboul les *Kafirs*, les *Jats* ou *Djats*, les *Souvatis* qui se sont, sur certains points, croisés avec les Béloutchis, les Djats notamment.

Race nomade, les Arabes sont pourtant susceptibles d'adopter la vie sédentaire. Dans l'Arabie méridionale, au sud du pays de Djaouf, on voit les Bédouins disparaître à peu près complétement et remplacés par des populations fortement centralisées. Le fanatisme religieux en a fait des guerriers et des conquérants. Mais déjà avant Mahomet les Arabes avaient porté leurs armes jusqu'en Syrie et en Assyrie. Dans l'Yémen, les Arabes himyarites se croisèrent avec les Abyssins qui pénétrèrent souvent sur leur territoire.

La famille japhétique ou indo-européenne, dont le domaine originel s'étend du Caucase jusque dans la Bactriane, s'est divisée de bonne heure en plusieurs branches qui ont poussé dans des directions diverses. Les premiers représentants de cette race, les Aryas, à en juger par leurs traditions et l'étude du fond que leur langue a de commun avec les autres idiomes de la même souche, menaient une vie pastorale dans les hautes vallées du Belour-tag. De ce premier berceau sortirent les Aryas qui s'avancèrent graduellement par l'Hindou-Koh et le Pendjab (l'*Arya-Vartta*), et plus de mille ans avant notre ère, descendirent jusque sur les bords du Gange; ils en repoussèrent ou soumirent les populations indigènes, appelées par eux *Mlechhas*. D'autres Aryas pénétrèrent dans le Khorassan, l'Iran et la contrée qui s'étend entre la Mer Caspienne et le Tigre. En Médie où ils établirent leur domination sur les tribus touraniennes qui occupaient le pays au huitième et septième siècle avant notre ère, ils conservèrent longtemps leur nom national d'Aryens. Il faut vraisemblablement rattacher à la même race les Bactriens dont parle Hérodote et quelques-unes des peuplades désignées par les Perses sous l'appellation générique de Saces, par les Grecs sous celle de Scythes d'Asie, mais chez lesquels l'élément ougro-turc dominait. Dès une époque fort reculée, on trouve donc les Japhétites divisés en deux rameaux principaux, les Aryas ou Aryens et les Iraniens.

Les caractères physiques qui appartenaient originairement aux Aryens ne se démêlent qu'imparfaitement chez les Hindous qui se sont le moins mêlés à la race dravidienne. Ces Hindous nous offrent un type de tête tout à fait européen et d'une belle conformation, à savoir : prolongement de la région occipitale, faible développement des os malaires, dépression assez prononcée entre le front et la racine du nez. Les traits ont de la délicatesse; le nez est étroit dans toute sa longueur, légèrement aquilin; la bouche est petite, bordée de lèvres minces; le menton, de forme arrondie, est ordinairement marqué d'une fossette; les yeux sont grands et surmontés de sourcils arqués, les paupières bordées de longs cils. En général, les Hindous de la plaine sont d'une complexion faible et d'une taille médiocre; mais peut-être faut-il attribuer ce caractère à l'influence d'un premier croisement avec les Dravidiens. Les Brahmanes, ceux des Hindous qui sont restés le plus purs de toute alliance, surtout dans les cantons de l'Himalaya, ont la peau blanche et les cheveux clairs, blonds ou roux comme les peuples européens, Mais à côté de ces descendants véritables des Aryas, vivent des populations visiblement mêlées. Ainsi dans la même chaîne de montagnes, les Khassias, dont il a été question plus haut, population qui paraît émigrée d'une contrée sise plus à l'ouest et voisine du Boutan et du Népâl, laissent apercevoir des traces de croisement avec le sang indo-chinois[1]. Le type européen reparaît chez une autre population de montagnards, les Kafirs ou Siahpochs, qui forment un ensemble de tribus habitant les vallées étroites situées entre le 34⁰ et le 37⁰ Lat. N.; leur territoire est borné au N. par les pays uzbeks du Badakchan et de Koundouz, à l'E. par le Chitral et le Kachgar; la rivière Caboul les sépare au S. de l'Afghanistan. Ce peuple a les yeux bleus ou noirs, les cheveux variant du noir au châtain, le front large et développé, la taille bien prise. Il semble avoir constitué la population originelle de l'Afghanistan, d'où les a chassés la conquête musulmane. Professant de nom l'islamisme, ils conservent encore en réalité le naturalisme védique et parlent un idiome aryen. Retirés dans leurs montagnes, ils ont su y garder leur indépendance.

Les Iraniens, qui constituèrent la souche des Mèdes et des Persans, ne se distinguaient guère, dans le principe, des Aryas. Les Perses et les Mèdes se désignaient sous le nom commun d'Aryens ("Αριοι); ils parlaient la même langue, avaient les mêmes usages et la même façon de se vêtir; aussi les Grecs et les Arméniens les ont-ils constamment confondus. Toutefois les Iraniens paraissent avoir devancé de beaucoup les Aryas proprement dits dans la voie de la civilisation. Tandis que ceux-ci menaient encore la vie nomade dans l'Hindou-Koh, les Iraniens

---

[1]. L'idiome des Khassias se distingue de ceux de leurs voisins par sa construction directe et l'emploi des prépositions.

avaient déjà fondé un empire puissant et s'étaient vraisemblablement mêlés en Assyrie aux Sémites. En effet, à en juger par les bas-reliefs de Khorsabad, de Nimroud et de Koïoundjik, les Assyriens appartenaient à une race intermédiaire entre les Sémites et les Iraniens. Leurs traits fort réguliers sont plus massifs que ceux des Persans et des Arabes; ils ont la barbe et la chevelure touffues, les yeux grands et bien faits. Le peuple assyrien doit être né du mélange des races couschite, chaldéenne, sémitique et iranienne; il parvint de bonne heure à un haut degré de civilisation et dut absorber des tribus de races diverses.

C'est chez les Persans modernes[1], que semble s'être le mieux conservé le type iranien. Une grande stature, un profil long et vertical, un développement remarquable du système pileux les distinguent des Hindous, avec lesquels ils se fondent graduellement dans l'Afghanistan. Les *Tadjiks*, répandus aujourd'hui du Turkestan jusque dans le Caboul méridional et la province de Hérat, forment une population agricole qui paraît issue soit des anciens Aryas, établis sur le plateau de Pamir, soit plutôt des Iraniens primitifs. On les désigne souvent encore en Asie sous le nom de *Parsevan* ou Perses. Population très-commerçante, ils se rencontrent d'un côté jusqu'à Orembourg, de l'autre jusqu'en Chine, pays où ils furent naguère connus sous le nom de *Tao-tchi*. C'est la race qui est désignée sous celui de *Tat* dans l'Aderbaïdjan, où ses descendants continuent à mener la vie agricole. Les Tadjiks se distinguent par la beauté et la régularité des traits, l'expression vive de leurs yeux noirs. Déjà, dans l'antiquité, les Perses et les Mèdes étaient renommés pour leur beauté; mais d'incessants mélanges avec des populations d'autres races ont rapidement altéré, en divers lieux, ce

---

1. D'après les recherches de M. Khanikof, la nationalité iranienne s'est répandue vers le nord et l'est des pays qui forment maintenant les territoires du Hérat et du Seïstan. Au sud, l'expansion iranienne n'a jamais été très-considérable. Le même savant a établi que la différence de type qui frappe aujourd'hui chez les habitants de la Perse occidentale était déjà marquée dans l'antiquité.

type primitif; il s'est perpétué cependant avec une remarquable ténacité, dans certaines provinces de la Perse, ainsi que l'a remarqué M. de Khanikof. Les Hératiens et les Guèbres notamment se rapprochent beaucoup du type tadjik. A mesure que l'on s'écarte, observe le même voyageur, des pays dont les populations ont gardé le type primitif ou tadjik, les formes s'ennoblissent au détriment de la taille : ainsi les Persans méridionaux, les Hindous sont plus petits que les Persans orientaux. Aussi chacune des populations iraniennes a-t-elle son type propre. Les Kurdes, dont le nom donne à penser qu'ils descendaient des anciens Carduques, mais dont les tribus se sont certainement croisées avec d'autres populations, à la suite de leurs fréquents déplacements, ont le nez fortement aquilin et obtus; leurs yeux sont noirs et assez larges, mais plus écartés que chez les Persans occidentaux et les Tadjiks. Les Afghans rappellent les Kurdes quant à l'ensemble de la physionomie; mais ils ont les yeux plus petits, les mains et surtout les doigts très-longs. Les Bakhtiaris, qui constituent la principale tribu de l'ancienne nation des Loures et qui sont établis dans le Louristan et le Chuzistan[1], ont une longue chevelure noire, ondulée, l'œil couvert et ombragé de sourcils épais, le front fuyant et l'occiput taillé en pic, disposition tout à fait différente de celle des Aryens, et due à une influence turque.

Un embranchement de la souche iranienne plus éloigné est constitué par les Arméniens, race jadis pastorale et divisée en de nombreuses tribus; elle est actuellement fort dispersée, comme les Juifs, et se livre surtout au commerce; quelques groupes de cette nation, tels que les *Zëïtoun* de la Cilicie, sont adonnés à l'agriculture. Hérodote représente les Arméniens comme émigrés de la Phrygie; or les Phrygiens qui, dans l'antiquité occupaient sous différents noms la Bithynie, la Mysie et la Troade, étaient

---

1. Les Bakhtiaris parlent un dialecte du persan. Les autres tribus loures sont les *Kouchgelou*, les *Maamasenis*. A côté de ces tribus iraniennes, il s'en rencontre, dans le Chuzistan et le Louristan, de turques (les *Goundouzlou*) et d'arabes (les *Schab-arabes*).

les frères des Bryges, peuple de la Thrace; ce qui conduit à reporter leur berceau primitif dans ce dernier pays. C'était une population de souche indo-européenne qui s'avança, vers le septième siècle avant notre ère, dans la contrée de l'Ararat ou Urarti, à laquelle elle imposa son nom; elle déposséda les tribus touraniennes qu'elle y rencontra, tribus dont les débris subsistaient encore, du temps d'Hérodote, sous le nom d'Alarodiens. Les croisements répétés qui se sont opérés entre les Arméniens, les Sémites, les Turcs et les Persans, ont altéré le type primitif des premiers. L'étude des monuments tend à nous faire supposer qu'ils avaient originairement la tête longue et plate et les cheveux blonds[1]. On retrouve, à l'origine, chez ce peuple, l'organisation féodale des premiers Perses et divers traits de mœurs les en rapprochent.

Les anciennes populations du nord et du centre de l'Asie Mineure, les Phrygiens dont il vient d'être parlé, les Mariandyniens, les Caucones, qui paraissent leur avoir été congénères, les Paphlagoniens, les Cappadociens étaient tous de souche indo-européenne et formaient une race intermédiaire entre les Iraniens et les Grecs. Ceux-ci étaient issus du mélange des Doriens et des Pélasges. Des liens primitifs de parenté les rattachaient aux populations de la côte occidentale de l'Asie Mineure, que la Genèse nous montre avoir été occupée, ainsi que la Cilicie, par la race de Javan ou Ion, à laquelle appartenaient sans doute les Pélasges. Mais tandis que les nations indo-européennes s'avançaient sur les deux rives, nord et sud du Pont-Euxin, et s'établissaient dans la Bithynie, la Mysie, d'autres nations d'origine sémitique, assyrienne et chananéenne s'avançaient graduellement par la côte méridionale et les îles et se mêlaient en Lydie aux Méoniens, d'origine carophrygienne. De bonne heure, la Crète reçut des habitants, de souche pélasgique et hellénique, qui s'y fondirent avec

---

1. Tigrane Ier (Dikran) contemporain de Cyrus est célébré, dans les chants populaires de l'Arménie, comme un héros aux cheveux blonds, argentés par le bout.

une population antérieure, de race inconnue. C'est de cette île que sortirent les Lyciens qui allèrent s'établir sur la côte S. O. de l'Asie Mineure, où ils durent se confondre avec les Cariens. On voit donc que des mélanges s'opérèrent, dès une haute antiquité, sur les bords de la Méditerranée, entre les Sémites, les Japhetites et les Chamites. En sorte que déjà, six ou sept siècles avant notre ère, il ne se trouvait en Asie mineure, dans l'Archipel grec et en Crète, aucune race pure de croisement. Les Cariens, dont une fraction fut connue sous le nom de Léleges, devaient par exemple leur origine à un fond indo-européen imprégné d'éléments sémitico-chamitiques. La nation hellénique finit par absorber toutes ces races et elles avaient déjà disparu au commencement de notre ère.

Le Caucase renferme un grand nombre de peuples qui appartiennent en majorité à la souche indo-européenne (aryenne ou iranienne), mais dont plusieurs se sont croisés avec des tribus turques et ougriennes, telles que les Koumykes, qui ont envahi cette région. La famille caucasienne par excellence est celle que l'on peut nommer *Grusienne*, et qui comprend les Géorgiens, les Iméréthiens, les Gouriens, les Mingréliens et les Souanes, et dont l'ensemble composait la population de l'ancien royaume de *Karthli* ou Djourdshistan, appelé par les Russes *Grusie*. Tous ces peuples présentent le type dit *caucasique*, bien accusé. Les Georgiens, les Iméréthiens, surtout les Gouriens, se distinguent par leur haute taille, la régularité de leurs traits, la belle forme de leurs yeux, la noblesse de leur port; les femmes gouriennes passent pour des beautés accomplies. Les Souanes ou Souanèthes, population d'environ 1 600 000 âmes, dont le pays est la plus élevée des vallées habitées du Caucase, confinent d'un côté à la Mingrélie et à l'Abkhasie, de l'autre au territoire des Tartares Balkarzes et à la Kabardie; ils ont un caractère assez distinct. La fréquence parmi eux des yeux bleus et des cheveux blonds donne à penser qu'ils sont un débris laissé par la race germanique sur la route qu'elle suivit pour se rendre en Europe. On peut donc faire des Souanes, déjà mentionnés par les auteurs byzantins sous le nom de *Tzanes*, un rameau à part de la famille caucassienne. A cette même souche appartiennent aussi les Tcherkesses ou Circassiens qui se donnent le nom d'*Adiges*, et atteignent aujourd'hui le chiffre de 290 000 âmes, réparties entre diverses tribus (*Kabardiens, Mokhosch, Shan, Khatiukaï*, etc.); on reconnaît en eux les descendants des Zyches, dont les géographes anciens nous parlent comme d'un peuple fort adonné au brigandage. Dans l'antiquité, ils étaient établis à l'ouest du Caucase et s'avançaient jusqu'en Crimée. Au seizième siècle, on les trouve encore sur la côte méridionale de la mer d'Azow, du Bosphore cimmérien au Don. Repoussés peu à peu par les Tartares-Turcs, ils se sont retirés dans les plaines qui s'étendent du Kouban au Térek et sur le versant septentrional du Caucase, dans la grande et la petite Kabardie. Les Abkhases, Abases, Obes ou *Asega* paraissent devoir être rattachés aux Adiges qu'ils touchent au sud, car ils s'étendent jusqu'à la rivière Kapoeti et confinent d'autre part à la Mingrélie. On distingue parmi eux diverses tribus : les *Dsigètes* ou *Ssadses*, les *Oubyches*, etc. Cette dernière, qui atteint à un chiffre de 25 000 âmes, s'est croisée avec la tribu tcherkesse des Abadsèches, dont elle est séparée par un chaînon du Caucase. Les Abkhases offrent toutefois un type assez différent de celui des Tcherkesses; ils ont les traits plus irréguliers, les membres plus grêles, la taille plus petite; ils paraissent être les descendants des *Abzoæ*, que Pline cite comme voisins des Sarmates et des Udins. L'histoire ne fait mention des Abkhases que lors de leur conversion au christianisme, au sixième siècle. On a cru reconnaître en eux les Achéens[1] ou les Hénioques, dont le territoire s'étendait, dans l'antiquité, sur le littoral S. E. du Pont-Euxin. Les Kistes, qui représentent un ensemble de 140 000 âmes, comprennent diverses tribus, dont la principale est celle qui se donne le nom de

---

1. Ces Achéens ('Αχαιοί) ne doivent pas être confondus avec les Achéens du Péloponèse dont la tradition les faisait descendre.

Nakhtchuoï, que les Russes connaissent sous le nom de Tchetchenzes, et les Lesghes sous celui de *Mizdjeghes*. Les Kistes occupent un pays situé au sud du Térek, à l'est de la Kabardie et sont séparés des Lesghes par l'Aktach. Mais leur véritable berceau est l'Itchkérie, canton situé aux sources de l'Akssaï. Ils sont fort adonnés au brigandage. On retrouve chez eux la taille élancée, la noblesse de maintien et l'agilité des Tcherkesses. Il faut citer parmi les autres tribus kistes, les *Ingouches*, les *Archtés* ou *Karaboulaks*. On rattache encore à la race caucasienne les Touchines, établis vers les sources de l'Alazan, probablement identiques aux *Tousques* (Τοῦσχοι) que Ptolémée place dans cette même région, les Pchawes, qu'on rencontre vers le confluent de l'Aragva et de la Jora, enfin les Khewssoures, dont le territoire avoisine les sources de la première rivière et de l'Argoup. Ces trois peuplades, depuis longtemps renommées par leur bravoure, représentent une population de 11 000 âmes et descendent vraisemblablement des tribus de l'est du Caucase que les anciens désignaient sous le nom collectif d'Albaniens ou montagnards. On reconnaît dans les Lesghes ou Lekhes, dont le nombre s'élève à 400 000 environ et qui occupent la plus grande partie du Daghestan, les *Lèges* (Λῆγαι) mentionnés par Ptolémée comme habitant un pays situé plus au sud que cette province, et répondant à peu près au Chirwan. Les Lèges se trouvaient déjà dans la même région au temps de l'expédition de Pompée.

Les Ossètes, petit peuple du Caucase, qui se donne le nom d'*Iron*, établis sur le versant septentrional du Caucase, dont ils occupent quelques hautes vallées au sud des Kabardiens, ont été regardés par les uns comme des descendants des Alains, dont l'appellation nationale était *Ir* (Iran), par d'autres, comme un reste des Méotes. Les Ossètes comprennent plusieurs tribus. Leur type les rapproche des Tcherkesses; ils ont la peau brune, sont forts et bien bâtis. On ignore si les Colches ou Colchidiens qui étaient d'origine égyptienne, au dire d'Hérodote, ont laissé des descendants assez purs pour pouvoir être regardés comme représentant leur race. Il n'est pas impossible que les Souanes, mentionnés ci-dessus, soient en partie issus des Colches; car ceux-ci s'étaient croisés avec d'autres populations du Caucase, et Ptolémée place dans la même région une tribu des *Souanno-colches* (Σουαννοχόλχοι). Les Lazes, autre peuple de l'ancienne Colchide, qui y étaient déjà établis au commencement de notre ère, et ont laissé leur nom au Lazistan, sont sans doute des descendants plus directs des Colches. Ils se rattachent comme les Mingréliens et les Imeréthiens à la famille *géorgienne*, et ne sont guère moins remarquables par la beauté du type.

La souche caucasique doit être cherchée chez les anciens Ibériens, qui étaient voisins des Albaniens. Issus de la population qui s'étendait de l'Halys à la Mer Caspienne avant l'arrivée des Arméniens, les Ibériens sont dans la Genèse personnifiés sous le nom de *Togorma*. Le livre saint les fait sortir, comme les races qu'il appelle *Achkenas* et *Riphath*, de Gomer, personnification manifeste des anciens Cimmériens, établis dans la Tauride et repoussés plus tard sur la côte sud et sud-est du Pont-Euxin. Ajoutons à l'égard des populations de cette partie de l'Asie, qu'il a dû s'opérer de très-bonne heure, entre les diverses tribus du Caucase, des mélanges qui purent notablement altérer leur type originel. Ces tribus, dans leur état actuel, nous offrent une image de ce qu'étaient les nations iraniennes et aryennes, quand elles pénétrèrent en Europe; car malgré la conversion des unes au christianisme, des autres à l'islamisme, elles ont gardé leur existence semi-barbare et sont demeurées aux trois quarts païennes. Les nations qui constituent aujourd'hui, en majorité, la population de l'Europe, s'étaient, selon toute apparence, fondues avec les peuplades qui les avaient précédées sur ce continent. Ce mélange, joint à l'action du climat, dut modifier singulièrement leur type. C'est ainsi que prirent naissance les cinq grandes familles ethnologiques de l'Europe qui se sont, sur plusieurs points, entregreffées, à savoir: les Grecs, es Latins, les Celtes, les Germains et les Slaves.

Les Grecs ou Hellènes, produit du croisement des Pélasges et des populations indo-européennes venues de l'Asie après. eux, les Doriens, les Macédoniens, semblent avoir été, dans le principe, une race congénère des Thraces et des Arméniens. Leurs anciens héros, de même que ceux de l'Arménie, sont représentés comme ayant des cheveux blonds. Un Père de l'Église, Théodoret, donne aux Thraces, qui avaient avec les Phrygiens, ainsi qu'avec les Hellènes, de nombreux liens de parenté, des yeux bleus et des cheveux roux. Quant aux Pélasges proprement dits, qui avaient formé la première population du Péloponèse, et s'étaient répandus dans l'Archipel grec, sur la côte occidentale de l'Asie mineure, en Thessalie et en Épire, on ignore quels étaient leurs caractères physiques. Les Ioniens en devaient conserver le type, puisque, au dire d'Hérodote, ils en descendaient. La population du centre du Péloponèse, les Arcadiens, les Éoliens, étaient demeurés, de son temps, des Pélasges presque purs. Le nom de Javan, donné par la Genèse aux anciennes populations de l'Asie Mineure et de la Grèce, paraît devoir s'appliquer aux Pélasges qui s'étendaient originairement sur une grande partie du littoral européen et asiatique de la Mer Égée. Ceux-ci avaient pénétré en Italie où ils se mêlèrent aux aborigènes et aux Sicules, dont un débris fournit une partie de la population primitive de la Sicile[1]. Les Latins, les Sabins, les Samnites, les peuplades dites sabelliques (Marses, Vestins, Péligniens, etc.), les Ombriens, les Osques ou Opiques, les Lucaniens, sortaient d'un même rameau de la souche européenne, croisée vraisemblablement avec le fond de la population aborigène de la presqu'île. Les Ausones, les Aurunques, en grande partie exterminés par les Romains, descendaient vraisemblablement de celle-ci. Ces tribus qui occupaient la partie centrale et sud-est de l'Italie, s'étaient mêlées sur bien

---

1. Les Sicules sont distincts des Sicanes, race que les anciens donnaient comme ibérique et qui avait précédé les premiers en Trinacrie. Voy. L. Diefenbach, *Die alten Völker Europas*, p. 94.

des points aux Pélasges. Quant aux Étrusques ou Raséniens, leur origine est fort incertaine; ils avaient envahi une partie du territoire occupé originairement par les Ombriens, et l'antiquité les représente comme venus de la Lydie. Les peuples italiotes furent latinisés dans les derniers siècles avant notre ère; les Romains, qui n'étaient, dans le principe, qu'une des petites nations du Latium, se les assimilèrent graduellement, après les avoir soumis à leur domination.

A en juger par les monuments antiques, le type latin s'est conservé assez pur à Rome et dans la Campagne romaine, de même que le type hellénique a persisté chez les Grecs modernes. On retrouve en ceux-ci, presque sans altération, la beauté et la noblesse de formes que nous admirons dans les statues des anciens : front élevé, espace interoculaire assez grand, offrant à peine une légère inflexion à la rainure du nez, qui est droit ou faiblement aquilin; yeux grands et largement ouverts, surmontés d'un sourcil très-arqué; lèvre supérieure courte; bouche petite ou médiocre et d'un gracieux contour; menton saillant et bien arrondi. Sous le rapport intellectuel et moral, l'Hellène a aussi peu changé; c'est toujours la même souplesse d'esprit, la même facilité à apprendre, le même caractère artificieux et turbulent.

Si le type romain fourni par les médailles et les statues s'est conservé dans la classe inférieure qui habite le *Trastevere* à Rome et la campagne de cette ville, on retrouve dans le royaume de Naples les habitudes molles et voluptueuses qui caractérisaient déjà dans l'antiquité les habitants de Sybaris et de Capoue. Dans les campagnes de la Toscane, l'œil reconnaît çà et là les formes pleines, arrondies, un peu lourdes, que nous montrent les figures couchées sur les sarcophages étrusques; type tout à fait distinct du type romain proprement dit, lequel est reconnaissable au nez aquilin vers son sommet et s'abaissant en ligne droite à partir de son milieu, au menton saillant, à la tête large, aux tempes proéminentes, au front peu élevé.

Ces caractères disparaissent peu à peu à mesure qu'on

s'avance vers le nord de l'Italie. Dans le Milanais et le Piémont, c'est-à-dire dans l'ancienne Gaule cisalpine, le type se rapproche davantage du nôtre, du moins de celui de la France méridionale. Cela tient à l'infusion du sang gaulois. Déjà les Ombriens s'étaient mêlés à la race celtique; aussi l'énergie des Romagnols contraste-t-elle encore aujourd'hui avec la mollesse des Toscans, héritiers du caractère efféminé et du génie artiste des Étrusques.

Le type des Ligures ou Ligyens ne nous est connu physiquement que par les restes découverts dans d'anciennes sépultures. Les Ligures, qui s'étendaient dans le principe du Rhône inférieur à l'Arno, avaient peuplé, outre la côte de Gênes, la Corse, la Sardaigne et les Baléares; ils ont transmis aux insulaires de ces îles leur caractère énergique et sauvage. Leurs crânes brachycéphales les distinguent des Étrusques, qui avaient la tête plus forte et plus allongée, et des Basques, chez lesquels la dolichocéphalie prédomine; cependant, il y a lieu de croire que, comme les anciens Sicules, qui d'Italie passèrent en Sicile, ils étaient venus de l'Espagne. M. R. de Belloguet, dans son *Ethnogénie gauloise*, a montré que toutes les vraisemblances doivent faire chercher leur berceau en Libye et en Numidie, et qu'ils constituaient le fond de la population de la Gaule subjuguée par les Celtes. Les Ligures ou Logriens avaient également pénétré dans Albion avant les Celtes-Belges. Même après leur croisement avec les Celtes, ils gardaient leur type, resté celui des Majorcains et des Corses : cheveux noirs, peau brune, tête ronde. Les Ibères, qui s'étaient avancés jusque dans le sud-ouest de la Gaule, formaient, avec les Cantabres, la population indigène de la péninsule. Tacite représente les Ibères comme une race basanée, aux cheveux bouclés, traits qu'il prête aussi à une population du sud-ouest de la Grande-Bretagne, les Silures, distincts des Celto-Bretons, et sans doute d'origine ibérique. Les Ibères, en divers points du nord et de l'ouest de la péninsule hispanique, se mêlèrent aux Celtes et donnèrent ainsi naissance à une population mixte, les Celtibères. C'est chez les Basques et les Catalans qu'il faut aller chercher leurs descendants. Les Basques sont moins grands que les Béarnais, leurs voisins; mais leur corps est plus vigoureux, leurs muscles sont plus saillants; leur démarche décèle davantage la souplesse et l'agilité. Dans l'ouest de l'Espagne, les Ibères s'étaient mêlés aux Lusitaniens, dont l'origine est inconnue. Strabon vante l'agilité et l'adresse de ceux-ci, circonstance qui tend à faire supposer qu'ils étaient alliés de près aux Ibères. Les Espagnols et les Portugais actuels sont issus du croisement des populations ibère, celtibère et lusitanienne, avec des Latins, puis avec des populations germaniques, les Goths et les Vandales. A ces éléments s'associa ensuite l'élément maure ou arabo-berbère, qui dans l'Andalousie et le Portugal a laissé quelques traces.

Les Français, les Irlandais, les Écossais, les Gallois, descendent incontestablement d'une même souche, la souche celtique, à laquelle appartenaient les Gaulois. Les Celtes envahirent la Gaule, plusieurs siècles avant notre ère, et en soumirent la population ibère et surtout ligure. Nombre de leurs tribus passèrent dans l'île d'Albion, tandis que d'autres s'étaient avancés jusqu'à l'extrémité de l'Espagne; partout ils repoussèrent ou subjuguèrent la race indigène, avec laquelle ils se confondirent. La partie sud-ouest de la Gaule, ou Aquitaine, et certains cantons de l'Espagne gardèrent seuls à peu près pure leur population antérieure. Plus tard, dans la Grande-Bretagne, les Celtes-Belges se mêlèrent aux conquérants anglo-saxons et danois. Dans la Gaule, les Celtes, qui s'étaient partagés en deux rameaux, le rameau gallique, issu du croisement des Celtes, des Ligures et des Ibères, les Belges, issus du croisement des Celtes et des Germains, reçurent une infusion successive de sang latin, franc, burgunde et goth. Des croisements fréquents s'opérèrent alors entre les deux races gauloise et germanique. Il y avait eu déjà antérieurement des migrations fréquentes de Germanie en Gaule et de Gaule en Germanie. Dans le premier de ces pays, les Belges étaient pénétrés de sang germanique; dans le second, les Boïens passaient pour

Celtes, les Gothins parlaient le gaulois, les Estyens le dialecte belge, les Pannoniens avaient une grande affinité avec les Celtes[1], de la souche desquels étaient sortis les Vindéliciens, les peuples du Norique et les Scordisques. Il est probable que les Celtes étaient entrés en Europe par les contrées danubiennes, et que, ce qu'on vit faire plus tard aux Goths, ils s'avancèrent graduellement de là jusqu'aux Pyrénées. Postérieurement, les Gaulois firent des expéditions dans la région danubienne qu'ils avaient primitivement occupée. Trogue-Pompée rapporte que, quatre à cinq siècles avant notre ère, ils étaient allés s'établir dans la Pannonie, dont ils avaient soumis les habitants[2].

Il est donc difficile de déterminer ce qu'a été le type celtique, le croisement avec le type ligure et le type germain ayant dû le modifier. Strabon, Hérodien, Ammien Marcellin, nous représentent les Gaulois comme un peuple de haute stature, aux cheveux blonds. On retrouve cette chevelure chez quelques Bas-Bretons aux yeux bleus; mais ceux-ci n'ont ni la haute taille, ni la mobilité d'esprit, ni la souplesse de corps des Gaulois. Les Bas-Bretons aux cheveux noirs et à peau brune se rapprochent, au contraire, des Welches ou Gallois, dont ils parlent la langue. Ces derniers, quoique descendants des Silures, de race ibérique ou plutôt ligure (Logriens), avaient adopté

---

1. L'origine des Pannoniens paraît être toutefois différente de celle des Celtes. Les Grecs leur ayant donné le nom de Péoniens, on les a regardés comme étant de la même nation que les Péoniens, tribu pélasge de la Macédoine et originaire vraisemblablement de la Thrace méridionale. Il est constant qu'à une époque reculée, il y eut un déplacement des populations qui les portait du voisinage de l'Hellespont vers le Danube; et l'on a rapproché, non sans vraisemblance, les Mysiens et les Dardaniens de l'Asie mineure des Mysiens ou Mœsiens et des Dardaniens qui occupaient une partie de la Servie actuelle. Les Pannoniens peuvent donc avoir été congénères des Thraces ou des Pélasges.

2. Les anciennes armes et les autres objets en bronze et en fer découverts dans la partie de la Hongrie répondant à la Pannonie, ainsi que ceux qui ont été trouvés dans l'Autriche, la Bohême, la Bavière, le Wurtemberg, sont presque absolument semblables aux armes et ustensiles faits des mêmes métaux qu'ont fournis les antiques sépultures gauloises.

l'idiome des Belges, émigrés du nord de la Gaule dans Albion, et avec lesquels ils s'étaient mêlés. Les traits principaux du caractère moral des Gaulois, la légèreté, la turbulence et la bravoure, se sont, au contraire, conservés chez les Français.

Les Germains sont dépeints par les anciens sous des traits analogues à ceux des Gaulois. Mais ils étaient plus grands; leurs yeux bleus avaient un caractère plus farouche; leur chevelure tirait sur le roux (*rutilæ comæ*), couleur qui se retrouvait chez les Calédoniens, dans lesquels s'était peut-être opérée de bonne heure une infusion de sang germanique. Le portrait qu'Ammien Marcellin trace des Alains, aux cheveux blonds, à la haute stature, dénote une race alliée des Germains. Établi sur les bords du Tanaïs, au commencement du quatrième siècle de notre ère, ce peuple appartenait peut-être à la race sarmatico-slave dont il sera question plus loin. En partie anéantis par les Huns, les Alains se fondirent en France et en Espagne avec les populations qu'ils envahirent. On a vu plus haut que les Ossètes en sont regardés comme un débris.

La famille germanique était, au commencement de notre ère, spécialement représentée par trois confédérations de peuples, habitant le nord et le centre de l'Allemagne actuelle, à savoir : les Ingévons établis dans la Basse-Saxe et la Frise; les Istévons occupant l'Allemagne orientale, et les Herminons répandus au centre de l'ancienne Germanie et comprenant les Hermundures, les Cattes, les Chérusques; il y faut rattacher les Suèves, la plus populeuse de toutes les nations germaines, et qui repoussèrent les tribus celtiques du sud de la Germanie ; ils étaient établis, au premier siècle avant notre ère, dans la Souabe et les contrées voisines. Les Suèves étaient de haute stature, d'un caractère fort belliqueux; à leur famille appartenaient les Semnons, les Oses et les Buriens. On doit ranger parmi les Ingévons les Bataves, les Tenctères, les Chauques, les Frisons, les Cimbres, etc. Les Istévons comprenaient les Sicambres. En dehors de ces trois rameaux se placent les Marcomans, les Quades, et quelques autres peuplades. Il faut encore rattacher aux Germains les Bastarnes ou Peucins, qui occupaient la contrée s'étendant des Carpathes aux bouches du Danube, et les Vandales, peuple croisé de Germains et de Slaves, à en juger par son nom (*Vindali, Vindili*), et fixé, dans le principe, sur les bords de la Mer Baltique. Alliés des Quades et des Marcomans, les Vandales ou Vindiles s'étaient, au deuxième siècle de notre ère, établis aux sources de l'Elbe. De là, ils se portèrent au sud-est, puis au sud-ouest, pénétrèrent en Espagne et passèrent dans le nord de l'Afrique. Une branche des Germains du nord-ouest, les Francs (Saliens et Sicambres), fixés originairement sur l'Elbe, le Weser et au nord de l'Ardenne, absorbèrent une grande partie des peuples ingévons et istévons, conquirent la France septentrionale et s'y mêlèrent aux Gallo-Romains. D'autres Germains, les Burgundiens ou Burgundes, de la même famille que les Vandales, les Varins et les Carins, tous émigrés aussi des bords de la Baltique, envahirent au commencement du cinquième siècle la Bourgogne, la Suisse, la Savoie, se mêlèrent aux Séquanes, aux Helvètes, aux Allobroges, populations gauloises. Le type burgunde se conserve vraisemblablement, bien qu'altéré, chez les populations blondes des campagnes de la Franche-Comté.

Les Goths, mentionnés par Pline l'Ancien sous le nom de Gutons, par Tacite sous celui de Gothons, et rattachés à la même famille que les Vandales, étaient établis d'abord dans la Suède méridionale et sur les bords de la Mer Baltique. Ils s'avancèrent à travers les contrées slaves, daciques et suéviques jusque sur les rives du Danube, où on les trouve au quatrième siècle de notre ère; de là ils pénétrèrent en Italie, dans la Gaule méridionale et en Espagne, où les avaient précédés les Suèves. En Scandinavie, ils s'étaient sans doute mêlés aux Suions et à d'autres peuplades germaniques qui avaient subjugué les premiers indigènes. Les Hérules et les Gépides appartenaient à la même souche. L'élément gothique fut complétement absorbé en France par la population gallo-romaine du midi, en Espagne par la population ibère, en Italie par la population latine. Il en fut de même des Lombards ou Longobards, la plus orientale des nations suéviques, encore peu nombreuse au premier siècle de notre ère et qu'au sixième siècle son esprit de conquête poussa au nord et au centre de l'Italie dont elle soumit les populations, à l'instar de ce que les Francs avaient fait en Gaule. Les Lombards ne constituèrent au reste qu'une caste militaire qui fut absorbée peu à peu par le fond gaulois-cisalpin, étrusque et latin des habitants de la presqu'île italique.

Les Angles et les Saxons devaient appartenir à la famille ingévone; car les seconds paraissent n'avoir été que la fraction de la nation des Chauques ou des Cimbres qui occupait, au commencement du troisième siècle de notre ère, le Holstein et la Frise orientale; les premiers sont nommés par Tacite comme un des petits peuples qui habitaient près des Lombards et sur le littoral de l'Océan. Ptolémée place les Saxons entre les bouches de l'Elbe et le Schleswig. Aux cinquième et sixième siècles de notre ère, les Angles et les Saxons s'emparèrent de divers cantons de l'Angleterre, s'y mêlèrent à la population britannique, surtout à l'est, au sud et au nord de l'île. De ce croisement qui reçut, aux neuvième, dixième et onzième siècles, une infusion de sang danois et normand, sortit la nation anglaise, chez laquelle se retrouvent ce caractère patient et persévérant, un des traits les plus saillants du génie germanique, cet esprit sérieux, ce goût de la vie de famille, qui tranchent avec la légèreté et l'impressionnabilité des Celtes, persistant chez les Irlandais.

Ces divers mélanges ont donné naissance en Angleterre à un type physique assez remarquable : les têtes y ont pris une forme longue et élevée très-distincte des têtes carrées des Allemands, surtout de ceux de la Souabe et de la Thuringe. Les Anglais ont la peau généralement claire et transparente, les cheveux châtains, les formes élancées, la taille svelte, la démarche roide et la physionomie froide. Les femmes n'offrent pas la noblesse et la plénitude de formes des femmes grecques et romaines, mais leur peau surpasse en transparence et en éclat celle de la population féminine des autres contrées européennes.

Transplanté dans le Nouveau monde, l'Anglais a déjà pris un type quelque peu différent. Les *Yankees*, comme les Indiens les appelaient, c'est-à-dire les *Taciturnes* (*Ya-no-ki*), ont perdu, dans la Virginie, leur caractère et la physionomie qu'ils tenaient de la mère-patrie ; un type physique et moral nouveau, rappelant plus le type méridional, s'est formé chez l'homme du Sud, type qui s'est exagéré chez l'homme de l'Ouest plus rude et plus grossier.

Les Allemands actuels sont sortis du mélange des diverses populations germaniques. Ils ont emprunté leur nom national (*Deutsch*) soit à celui que les Germains attribuaient à leur patrie, *Tuistland*, c'est-à-dire « la terre du dieu Tuisto », soit à celui d'un peuple ingévon, les Teutons, et qui paraît avoir simplement signifié *peuple* (en gothique, *Theod*). Les descendants des Gallo-Romains leur ont donné le nom d'Allemands, dérivé de celui d'Alamans, par lequel les Romains désignaient les peuples germains établis sur le Haut-Rhin et le Haut-Danube et qui devaient être en majorité Suèves ; car c'est, selon toute apparence, de la branche suévique que descendent les Souabes, les Alsaciens et une partie des Bavarois, tandis que les populations de la Westphalie et du Hanovre appartiennent surtout à la branche istévone. En Livonie, en Courlande et dans la Prusse proprement dite, l'élément allemand s'est mêlé à un fond primitif finno-vinde. Chez les Danois, un fond cimbre s'est allié à un élément gothique. En effet Jornandès nous dit que les Danes (*Dani*) avaient d'abord chassé les Hérules de leur territoire et appartenaient à la même famille que les Goths ; ils envahirent ensuite la Chersonèse (*Jutland*) occupée auparavant par les Cimbres. Aussi observe-t-on chez les Danois actuels un caractère tout à fait germanique : leurs formes sont massives, leurs muscles forts, leur taille est très-élevée, leurs cheveux sont blonds. En remontant davantage vers le nord, en Suède, la peau prend plus de transparence, mais le type germanique persiste encore. Le sang gothique a dû y laisser une forte empreinte; car aux indigènes vraisemblablement finnois, que mentionne Jornandès, s'étaient mêlés divers peuples germains, entre lesquels on peut citer, outre les Suions rappelés tout à l'heure, les Sitons ou Suéthons, les Theustes, les Gautigoths, les Thuringiens.

La famille scandinave a jadis poussé ses migrations jusqu'en Angleterre et sur le littoral de notre pays. Sous le nom de Normands et de Danois, ces peuples, devenus navigateurs, comme l'étaient leurs ancêtres les Suions, se sont répandus en Écosse et dans le nord de l'Angleterre et de l'Irlande, où ils se sont mêlés aux Pictes et aux Scots, qui appartenaient sans doute à une race distincte des Kymris ou Celtes belges de la Grande-Bretagne. En France, ils se sont fixés dans la Normandie où, malgré leur mélange avec la population gauloise, on retrouve en certains villages, surtout chez les enfants et les femmes, un type dont la parenté avec le type scandinave se saisit au premier coup d'œil.

Au centre et au sud de l'Allemagne, la race germanique, déjà altérée par des croisements avec les Celtes, a dû être singulièrement modifiée par son mélange avec la race slave, qui s'avançait jadis jusque sur l'Elbe et forme encore de nos jours la population de la Lusace et de la Bohême.

Les Slaves constituent certainement, de toutes les races indo-européennes de l'Europe, celle qui a le plus d'unité et que les croisements ont le moins altérée. M. W. Edwards nous trace du type slave le portrait suivant : « Le contour de la tête, vue de face, représente assez bien la figure d'un carré, parce que la hauteur dépasse peu la largeur, que le sommet est sensiblement aplati et que la direction de la mâchoire est horizontale; le nez est moins long que la distance de sa base au menton; il est presque droit, à partir de sa dépression à la racine, c'est-à-dire sans courbure décidée; mais, si elle était appréciable, elle serait légèrement concave, de manière que le bout tendrait à se relever ; la partie inférieure est un peu large, et l'extrémité arrondie. Les yeux, légèrement enfoncés, sont exactement sur la même ligne, et, lorsqu'ils offrent un caractère particulier, ils sont plus petits que la proportion de la tête ne semblerait l'indiquer. Les sourcils, peu fournis, sont très-rapprochés, surtout à l'angle interne ; ils se dirigent de là obliquement en dehors. La bouche, qui n'est pas saillante, et dont les lèvres ne sont pas épaisses, est beaucoup plus près du nez que du menton. Un caractère singulier, qui s'ajoute aux précédents, et qui est très-général, se fait remarquer dans leur peu de barbe, excepté à la lèvre supérieure. » Ajoutons à ce portrait que la constitution des Slaves est généralement sèche, que leur peau, quoique présentant des teintes variables, n'offre jamais la transparence de celle des Scandinaves et des Anglais.

L'établissement des Slaves en Europe se perd dans la nuit des temps ; mais ils ne commencèrent à jouer un rôle et à s'organiser qu'après la chute des Romains et des Huns. Race agricole et sédentaire, ils occupaient, au commencement de notre ère, une partie des contrées danubiennes de la Hongrie actuelle et s'étendaient jusqu'au Dniéper et à la Mer Baltique. Ils portaient tantôt le nom de Vindes ou Venèdes, tantôt celui de Sorbes ou Serbes. Ils paraissaient avoir reçu ce dernier nom d'une population (Σέρβοι) que mentionne Ptolémée comme habitant près du Palus Mæotis et appartenant à la nation Sarmate. Car les Sarmates ou Sauromates s'avancèrent graduellement des bords du Don inférieur jusqu'au centre de la Pologne où ils se mêlèrent aux Vindes. Population nomade et cavalière, les Sarmates étaient alliés de près aux Scolotes ou Scythes d'Europe que les mots à nous connus de leur langue font reconnaître pour une nation indo-européenne. Diodore de Sicile et Pline donnent les Sarmates pour d'origine médique[1] ; ceux-ci se sont probablement croisés

---

1 Il se peut, au reste, que les Vindes soient eux-mêmes de souche mède : car Hérodote, parlant des peuples qui habitaient au nord de la

avec les Méotes, établis au nord et au sud du Palus Mæotis. Ces derniers étaient vraisemblablement sortis du même rameau que les Tcherkesses, population chez laquelle se retrouvent des usages rappelant ceux que les anciens prêtent aux Amazones, représentées par eux comme Sarmates.

Placés au voisinage des populations germaines et finnoises, les Slaves durent se croiser sur plusieurs points avec elles. On a signalé de bonne heure chez cette race l'esprit de particularisme, la tendance à l'anarchie qui firent le malheur de la Bohême et de la Pologne. Aussi les Slaves se sont-ils divisés en un certain nombre de peuples distincts chez lesquels prédominait un communisme de famille sous la direction d'un chef ou ancien, genre de communauté que les Slaves du Sud appellent *Zadrouga*. Dans la Turquie d'Europe, où les Slaves forment plus de la moitié de la population (8 millions et demi de Slaves sur 16 millions d'habitants), ils ne constituent guère de nationalités compactes et sont partagés en un grand nombre de communautés isolées. La plupart, comme les populations serbes, vivent de la culture du sol, toujours repoussés du littoral et refoulés à l'intérieur par les Turcs et les Grecs qui les molestent.

Les Slaves occupent aujourd'hui une grande partie de l'Europe orientale; ils s'étaient avancés antérieurement jusqu'au centre de l'Allemagne. Les descendants des Slaves de la Germanie sont représentés par les Sorabes ou Vindes de la Lusace, les Tchèques ou habitants de la Bohême, les Vindes ou Slovènes de la Carinthie et du Carniole. Peut-être le type le plus pur de la race slave se conserve-t-il chez les Esclavons ou Serbes, population de

---

Thrace, au delà de l'Ister (Danube), mentionne les Sigynnes, qui s'habillaient à la manière des Mèdes et qui nourrissaient des chevaux ; la description qu'il fait de ceux-ci rappelle les chevaux russes. Les Sigynnes étaient voisins, selon l'écrivain grec, des Venèdes, qui prétendaient être une colonie mède. Ces Venèdes, qu'Hérodote confond avec ceux des bords de l'Adriatique, sont probablement les Vindes, que Pline l'Ancien nomme *Venedi*, et place près de la Vistule. Il n'est pas impossible qu'ils descendissent des Enètes ou Venètes de la Paphlagonie.

la Servie, de l'Herzégovine et de l'Esclavonie hongroise. Les Bosniaques, les Monténégrins sont également slaves et ont jadis envoyé en Croatie des colonies connues sous le nom d'Uscoques (émigrés). Les Serbes ou Rasceniens sont des Slaves qui descendirent, vers le septième siècle, de la région des Carpathes en Illyrie et débordèrent dans le sud de la Pannonie et l'ouest de la Mœsie. Ils avaient d'abord subi, comme les autres Slaves, le joug des Avares. Les Croates ou Khorvates, fixés plus à l'ouest et qui reçurent le christianisme des Latins, tandis que les Serbes le durent aux Grecs byzantins, appartenaient au même rameau slave; ils absorbèrent vraisemblablement la population d'origine pannonienne et dalmate qui les avait précédés en Illyrie. Au cinquième et au sixième siècle, les Antes, appelés d'abord Spores (Serbes) par les Grecs, s'étaient cantonnés entre le Dniéper et le Dniester, et durent se mélanger avec les Bastarnes et les Daces. Les Serbes furent soumis au onzième siècle en partie par les Hongrois, occupèrent la Sirmie, et dans la *vieille Serbie* (Pachalik de Novi-Bazar), ils conservèrent leur indépendance et formèrent, du treizième au milieu du quatorzième siècle, un État assez puissant.

Une branche tout à fait distincte de cette grande race et qu'on pourrait considérer comme faisant souche à part est représentée par les Lithuaniens, population dont la douceur et l'indolence semblent impliquer un croisement primitif avec le sang finnois, même avec le sang goth. Les Lithuaniens, qu'il faut peut-être reconnaître dans les *Liothides* que Jornandès cite parmi les nations de *Scanzia* (la Scandinavie), s'étendirent sur les bords de la Mer Baltique, de la Duna à l'Oder, et donnèrent naissance à plusieurs nations, absorbées plus tard, soit par les Slaves, soit par les Germains, et mêlées sur d'autres points aux populations finnoises de l'Esthonie. La présence des Slaves dans le pays de Kiew amena le croisement de cette race avec les populations de souche finno-ougrienne. Ces Slaves, répandus du Dniéper au pied de l'Oural, appartenaient au grand rameau polanien ou polonais, que représentaient, dans le principe, les Lekhes, les Radimitches, les Drèvliens, les Sévériens, les Drégovitches, etc. D'autre part l'émigration scandinave des Varègues dans le pays de Novogorod apporta en Russie l'influence nordique. Ces Varègues s'assimilèrent les Slovènes établis dans ce pays, et les Tchoudes qui les avaient appelés. C'est sous cette double action que prit naissance la nation russe, mentionnée pour la première fois par les Grecs en 839, et dont les éléments furent ensuite modifiés en divers points par l'infusion du sang turc et mongol; elle emprunta vraisemblablement son nom à la contrée située aux environs d'Upsal dont les émigrés scandinaves étaient originaires (*Ros-Lagen*, le *Ruotsimaa* des Finnois). La population de la Grande-Russie paraît être constituée surtout par une race finno-slave; chez les Malo-Russiens ou habitants de la Petite-Russie (Kosaks de l'Ukraine), l'élément polanien prédomine. C'est chez ces Russes qu'il faut aller chercher la souche des Russes qui s'établirent plus au nord dans la Grande-Russie, dont la population les absorba par la suite. Les Biélo-Russiens ou habitants de la Russie blanche qui occupent la plus grande partie des gouvernements de Mohilew, de Minsk, de Witepsk, de Grodno et de Wilna, constituent une race intermédiaire entre les Russes et les Polonais. Ceux-ci, descendants des Lekhes, n'apparaissent dans l'histoire qu'avec la dynastie des Piasts vers 860. Les Slovaques, qui s'étendent au nord-ouest de la Hongrie jusqu'à la Gallicie autrichienne, appartiennent, ainsi que les Tchèques, à ce même rameau polonais. Les Ruthènes, fixés au nord de la Transylvanie, sont issus du mélange des premiers Slaves établis en ce pays, et de Polaniens émigrés, au douzième siècle, de la Gallicie ou Russie rouge.

Les Roumains ou Moldo-Valaques qui apparaissent dans l'histoire, au treizième siècle, sous le nom de Valaques, constituent la population des Principautés danubiennes, d'une partie de la Transylvanie, du Banat. Ils se rencontrent aussi dans la Bessarabie et la Bukowine, sous le nom de Zinzares ou Valaques noirs; ils se trouvent dispersés dans la Bulgarie, la Macédoine, la Servie, l'Épire. Ces derniers Valaques, qu'on a distingués des Roumains proprement dits par l'épithète de *Macédo-Valaques*, comprennent les *Dassarètes* ou *Massarètes*, établis dans les montagnes qui séparent la Macédoine de l'Épire, les *Grands Valaques*, répandus au sud-est de Janina, représentant un chiffre de 50 000 âmes, et les *Boviens*, qui s'avancent jusque dans la Thessalie méridionale (près de Zeitoun) et sont au nombre d'environ 11 000. L'origine des Moldo-Valaques est encore incertaine, mais tout donne à penser qu'ils descendent des anciens Daces, latinisés par les colonies que les Romains envoyèrent, au second siècle de notre ère, dans la Mœsie et la Dacie. En effet, le type et le costume des paysans roumains actuels rappellent les figures de prisonniers daces que nous a léguées l'antiquité. Au cinquième siècle et aux siècles suivants, les Daco-Romains se sont croisés avec les Slaves et peut-être avec des populations ougriennes établies dans leur pays. Une population qui porte encore leur nom, les *Walachen*, se trouve au sud de Troppau, sur la rive droite du Waag. Quant aux Schypétars ou Albanais, appelés par les Turcs *Arnaoutes*, ils constituent une race à part, vraisemblablement alliée aux anciennes populations de l'Épire et de l'Illyrie (Pélasges, Liburnes, etc.). Ils sont partagés en un certain nombre de tribus ou clans, dont les membres sont étroitement unis, et qui se répartissent en deux branches, les *Ghegh*, habitant au nord du Drin, et les *Toski*, fixés plus au sud. Cette population, guerrière et fort indépendante, a un type qui se rapproche du type grec ; elle a reçu, selon toute apparence, une infusion de sang slave.

Il est difficile de savoir dans quelle branche de la famille indo-européenne il faut ranger les Daves ou Daces qui étaient de la même race que les Gètes. Ces deux peuples appartenaient sans doute à la famille thrace, personnifiée dans la Genèse par le dernier fils de Japheth, Thiras.

Les Thraces étaient, dans l'antiquité, une population fort nombreuse, en majorité de race indo-européenne, mais qui avait reçu des apports étrangers, des éléments cimmériens (les Trères), macédoniens, gètes, celtes, etc. Et, en effet, on voit par la Genèse que Thiras était uni par d'antiques liens de parenté aux Cimmériens, personnifiés par Gomer, aux Mosches, personnifiés par Mosoch, aux Tibarènes, personnifiés par Thubal, tous peuples habitant le littoral du Pont-Euxin. Les Gètes devaient s'étendre dans le principe plus à l'est. Il est digne d'attention que l'on retrouve dans l'antiquité au delà de la Caspienne un peuple appelé Massagète qui a joué un assez grand rôle dans l'histoire de cette partie de l'Asie et où l'on a cru reconnaître les *Grands Gètes*. Ces Gètes étaient voisins des Dahes qui ont laissé leur nom au Dahistan, contrée située au sud-est de la Caspienne et que traverse l'Atrek. Le nom de Dahes se rapproche de celui des Daces ou Daves. Probablement dès une haute antiquité s'était déjà opéré dans la région qui répond au Turkestan le croisement de tribus touraniennes avec les Aryens, mélange qui devait s'observer chez les Saces et chez les Scythes d'Europe, où l'élément indo-européen paraît toutefois avoir prédominé.

Du Danube à la mer Noire, il s'est effectué de nombreux croisements entre les races indo-européennes et asiatiques. La nation actuelle des Magyars ou Hongrois s'est formée du mélange des Hongrois primitifs dont il a été question plus haut, et des peuples qui vinrent s'établir dans le bassin du moyen Danube, du neuvième au treizième siècle. De ce nombre étaient les Petchénègues, les Comans ou Koumans, qui ont laissé leur nom à la *Grande* et à la *Petite Koumanie*. M. Blau a montré que l'idiome des Komans était turc et devait appartenir à la même branche que celui des Parthes. Il est à croire que ce dernier peuple venait du Turkestan et était originairement voisin des Dahes; ils sont mentionnés par Hérodote sous le nom de Parthyens ou Parthyéniens, et les inscriptions cunéiformes désignent le pays de ceux-ci par le nom de *Parthva*, mot qui, dans les contrées voisines, a pris la forme *Pahlav*, *Pahlavi*, lequel a été appliqué à un idiome dérivé de celui que parlaient les Parthes, le pehlvi. Le nom de Polowzes, donné au moyen âge aux Komans, n'est qu'une autre altération du même vocable. Il est donc à croire que tandis que certaines tribus touraniennes du rameau turc, habitant le bassin de l'Atrek, s'étaient avancées au S. E. vers le second siècle avant notre ère, d'autres, plusieurs siècles après, remontèrent au nord de la Caspienne et vinrent inonder la Russie méridionale, s'avançant jusqu'à la Theiss et au Danube. Les Sicules ou *Szekler* de la Transylvanie, qui tirent leur nom des districts judiciaires (*Szek*) suivant lesquels ils étaient divisés, et dont le nom ne s'applique plus aujourd'hui qu'à des gardes-frontières, sont regardés par certains auteurs comme descendant des Huns. Quant aux Morlaques, fixés au fond de l'Adriatique, ils sont issus du croisement des Avares et des Croates.

Ces superpositions de peuples rendent très-difficile de démêler l'origine des populations de l'Europe orientale ; la difficulté est encore accrue par l'obscurité et le vague qui s'attachent dans l'antiquité aux dénominations de *Scythes* et de *Sarmates*, dans les temps modernes à celles de Tartares, de Kosaks, arbitrairement appliquées à des populations fort différentes.

Les Métis. Du croisement des races.

Le type des races n'est pas d'ordinaire assez fixe pour que dans chacune on ne trouve pas des individus isolés, rappelant les caractères d'autres races. Les anciens, et notamment Hippocrate, avaient déjà remarqué que la constitution et les traits de l'homme sont dans une dépendance étroite des lieux qu'il habite, c'est-à-dire du milieu dans lequel il vit. Qu'un milieu spécial se fasse pour certains individus, ils présenteront un caractère à part qui pourra rappeler celui d'autres races nées de l'action plus générale de causes analogues. A l'influence du milieu il faut ajouter celle de la transmission héréditaire de certains caractères qui persistent plus ou moins chez les représentants successifs d'une même famille, transmission qui s'opère souvent, en sautant une ou plusieurs générations. Ce phénomène se produit dans les deux règnes. D'après les expériences de M. Naudin, lorsqu'on croise deux espèces végétales qui peuvent donner naissance à des hybrides féconds, ceux-ci ont une notable ressemblance avec les parents, mais à la seconde génération succède la plus étonnante diversité; le lien de l'espèce est pour ainsi dire rompu, et leur type tantôt rappelle le type de l'un des parents, tantôt affecte une physionomie toute nouvelle. Ce phénomène d'*atavisme*, déjà relaté par Aristote, explique pourquoi l'homme, ainsi que l'animal, reproduit souvent les traits de ses grands-parents, pourquoi tel enfant ressemble à son oncle, à sa tante, héritiers comme lui d'un aïeul commun. Des Nègres, qui comptaient des blancs parmi leurs ancêtres, ont donné naissance à des enfants blancs. L'atavisme lutte contre l'effet modificateur du milieu; car il en est de la race comme de diverses maladies épidémiques, elle naît dans de certaines conditions locales ou particulières; une fois produite, elle se propage même dans des contrées où elle n'aurait pu naître, et ne perd qu'à la longue ses symptômes primitifs. Cette double action explique pourquoi le croisement direct d'individus de races distinctes a pour effet, non de ramener toujours à des races mères, mais de produire un type bâtard, participant des deux types primordiaux. Il existe une foule de ces types résultant du croisement de races très-différentes, et qui ne donnent pas naissance à des races proprement dites, parce que le croisement a été isolé. C'est ce qu'on appelle des métis.

La conquête européenne a amené dans le Nouveau monde une nombreuse population de colons. La race anglaise a repoussé devant elle les Indiens; mais la race espagnole, après avoir fait à ceux-ci une guerre cruelle, a fini par se mêler à eux en bien des lieux. Et là où ils ont évité d'altérer leur sang par des alliances avec la race rouge, les Espagnols ont du moins laissé le sol aux indigènes qui se sont parfois unis aux esclaves noirs introduits par les colons, et avec lesquels ces derniers ont à leur tour contracté des unions interlopes. Les produits si divers du croisement des trois races sont désignés par des noms différents. Ainsi, l'on appelle *cholos* les métis de Blanc et d'Indien, qui portent au Brésil le nom de *mamalucos*. Les *Gauchos*, population grossière et ignorante établie dans les *estancias* de la région Platine, sont issus pour la plupart de pareils métis. Il en est de même au Mexique de la majorité de la population, dite *blanche*, distincte des créoles de sang pur espagnol. On appelle ailleurs ces métis *ladinos*. Dans l'Amérique du Nord, les enfants nés du commerce des aventuriers blancs avec les femmes indiennes, et connus sous le nom de *bois-brûlés*, ont beaucoup contribué à altérer le sang de certaines tribus. Le métis de Nègre et d'Indien est désigné au Brésil sous le nom d'*ariboco*, et au Mexique sous celui de *chino*. On a donné le nom de *Cafusos* à une population métisse, issue d'indigènes et de Nègres du même pays qui s'étaient réfugiés dans la forêt de Taranca. Dans la Nouvelle-Grenade, le métis nègre-indien porte le nom de *zambo*. Au Mexique, la classe nombreuse désignée sous le nom de *leperos*, véritable Bohême de ce pays, est formée en grande partie de sangs-mêlés de Nègres et d'Indiens. Ces métis, généralement animés d'une haine violente contre les *ladinos*, se distinguent des Indiens par une coloration plus foncée de la peau, qui participe de la couleur cuivrée propre à la race américaine, et de la couleur noire du Nègre. Un fait digne de remarque, c'est que, tandis que chez les mulâtres la disposition crépue des cheveux, qu'ils tiennent des Nègres, persiste pendant plusieurs générations, chez le zambo, la chevelure devient lisse, sitôt après le premier croisement. Les Mosquitos, qui habitent, dans l'Amérique centrale, la côte à laquelle ils donnent leur nom, sont en grande partie une race zambo. En se croisant avec les vrais Indiens, ils ont donné naissance à de nouveaux métis qu'on a appelés *zambaigos*. Des esclaves marrons s'y sont alliés jadis avec les indigènes; un pareil mélange s'était vraisemblablement déjà opéré à l'île Saint-Vincent, lorsqu'elle fut visitée pour la première fois par les Européens. Des esclaves fugitifs s'étaient mêlés aux Caraïbes de l'île, et quand on y aborda, on distingua, malgré l'identité de langue, deux populations, les Caraïbes blancs et les Caraïbes noirs. Ces derniers, dont les descendants subsistent encore aujourd'hui sur la côte d'Honduras, dans les îles de Roatan, où ils ont été transportés en masse en 1796, sont d'une stature plus élevée et d'une complexion plus forte que les véritables Caraïbes.

Tous les degrés de croisement du Blanc et du Noir, toutes les variétés de mulâtres portent des noms très-caractéristiques. Après le mulâtre proprement dit, né d'un Blanc et d'une Négresse, vient le quarteron, puis l'octavon, lequel, en se croisant à son tour avec l'Européen, produit le *puchuelo*. La Négresse unie au mulâtre donne le *griffe* ou *cabro*, et uni à une femme du sang, le mulâtre engendre le *marabout*, tandis que la Négresse et le griffe engendrent le *sakatra*. L'Indien pur et encore sauvage est soigneusement distingué de l'Indien civilisé, dont le sang a déjà pu être mêlé; il en est de même du Nègre d'Afrique transporté dans le Nouveau continent; on ne le confond pas avec celui qui y est né.

En d'autres parties du monde, où un grand nombre d'individus de races très-différentes vivent mêlés, on retrouve des classes de métis analogues. Ainsi, dans le Sindh, le nom de *gaddo* est appliqué à l'enfant issu du commerce d'un indigène et d'une des femmes noires africaines qu'y ont introduites les Arabes. Ces mulâtres ont un type magnifique. L'émigration des Chinois en Californie et au Pérou et leur croisement avec les Nègres, les Indiens et les Blancs, ont donné naissance à de nombreuses variétés de métis.

Toutefois, la plupart des croisements ci-dessus mentionnés ne s'étant opérés que passagèrement, ils n'ont pu produire de véritables races. Le sang qui finit par prédominer davantage ramène peu à peu au type qu'il représente. C'est ainsi que dans certaines parties de l'Amérique centrale et méridionale l'infusion toujours de plus en plus grande du sang indien chez les créoles d'origine espagnole tend à faire reparaître, à l'état presque pur, la vieille race qui avait été d'abord repoussée dans les forêts et les savanes, et à rendre au Nouveau monde sa population indigène. Mais là où le métissage se reproduit sans cesse avec les mêmes éléments, une race croisée tend à se constituer qui prend même parfois la place de la race indigène. En Polynésie, la population primitive est graduellement remplacée par un croisement d'Européens et de Polynésiens. Aux Philippines, notamment à Luçon, les métis de Tagals, de Chinois et d'Espagnols, voient leur chiffre incessamment grossir, et ils se substituent peu à peu aux insulaires primitifs. Un fait analogue a été signalé chez les Hottentots. Un phénomène tout semblable s'est certainement produit en beaucoup de lieux, dans l'antiquité, et plusieurs des races étudiées plus haut n'ont pas d'autre origine.

Migrations, acclimatation.

Dans le cours de ce qui vient d'être dit, il a souvent été question de migrations. Cette cause a joué assurément un grand rôle dans la formation des races humaines. De si nombreuses migrations attestent que l'homme, malgré la variété d'organisation qu'il présente suivant la race, peut s'acclimater dans des régions fort diverses. Je renverrai, pour les preuves de ce fait, au savant *Rapport de M. de Quatrefages sur les progrès de l'anthropologie*, me bornant à rappeler quelques principes généraux. L'expérience montre que l'acclimatation est possible dans un climat donné pour des hommes de toute race, mais qu'elle s'opère d'autant plus facilement que la race à laquelle ils appartiennent trouve des conditions plus analogues à celles de son berceau et adopte un genre de vie plus conforme à celui que nécessite sa nouvelle patrie. Ce qui se produit pour certains animaux, tels que les bœufs et les chevaux, revenus à l'état sauvage en Amérique, y prospérant, s'y propageant aussi bien que sur la terre natale, a également lieu pour l'Européen, établi aux États-Unis et dans l'Amérique du Sud, pour le Chinois transporté en Californie et le Nègre dans le Nouveau monde. Seulement cette acclimatation exige une *véritable lutte pour l'exis-*

tence dans laquelle un grand nombre succombe. Les individus émigrés sous un ciel très-différent du leur, comme cela s'observe pour les animaux et les plantes exotiques, languissent d'abord et ne retrouvent qu'après plusieurs générations leur fécondité native. Il y a d'ailleurs des races qui sont plus propres à s'acclimater que d'autres. Il y a des contrées malsaines où toutes les races dépérissent, comme la côte de Gabon; il en est, comme l'Australie, qui conviennent à toutes, parce qu'elles offrent des conditions moyennes auxquelles les races les plus distinctes peuvent s'adapter. Mais l'acclimatation est loin d'avoir toujours réussi. L'influence délétère des agglomérations trop nombreuses, des vices qu'apporte aux sauvages le contact de la civilisation européenne, des guerres d'extermination et bien d'autres causes de destruction ont amené l'anéantissement de certaines races qui avaient émigré. Malgré ces faits, n'en subsiste pas moins la loi générale qu'à quelque race qu'il appartienne, l'homme peut se faire à tous les milieux auxquels s'est déjà accommodé son semblable, qu'il peut se reproduire sous tous les climats. Cette loi permet donc d'admettre que des migrations se sont opérées dans les sens les plus divers, que les races ont dû non-seulement se mêler, mais se substituer les unes aux autres, qu'aucune, en un mot, n'est irrévocablement attachée à une contrée déterminée.

CHAPITRE VIII.

DES LANGUES ET DE LEUR DISTRIBUTION GÉOGRAPHIQUE.

Origine et caractère du langage. — Langues monosyllabiques : familles chinoise et tibétaine. — Langues dravidiennes et australiennes. — Langues ougro-japonaises. — Langues polysynthétiques : langues américaines. — Langues africaines. — Langues hottentotes. — Langues malayo-polynésiennes. — Langues à flexions : 1° Souche sémitique ; 2° souche indo-européenne : Langues aryennes et iraniennes. — Groupe gréco-latin. — Langues slaves, germaniques. — Langues celtiques. — Langues caucasiennes.

Origine et caractère du langage.

La parole est un des caractères essentiels de notre espèce, celui qui la sépare complétement des autres êtres animés. L'homme peut, à l'aide de son larynx, émettre des sons que modifie le jeu des organes buccaux. Le souffle que produit l'effort volontaire de ses poumons, par suite des mouvements de la langue, des lèvres, des dents, résultant de la compression des parties molles et mobiles de la bouche contre les parois fixes qui l'entourent, donne naissance à des sons, profondément distincts par leur nature, leur extrême variété, du cri des animaux, du chant des oiseaux. C'est ce que l'on appelle la *voix humaine*. Mais là ne s'arrête pas le don de la parole. L'homme peut combiner ces sons, en y attachant l'idée de signes de sa pensée. C'est ce qui constitue le langage, produit d'un instinct qui se manifesta, au plus haut degré, dans les premiers temps de l'apparition de notre espèce sur la Terre. Il fut l'œuvre d'une faculté créatrice qui a été se perdant de plus en plus. L'homme primitif a formé graduellement le langage, autrement dit sa langue, sans effort et sans réflexion. Les langues, comme le remarquait déjà Turgot en 1750, ne sont pas l'ouvrage d'une raison présente à elle-même. De même que tous les instincts, qui décroissent à mesure que la raison grandit, la faculté du langage s'est épuisée peu à peu dans sa force créatrice; et la réflexion a substitué par degrés ses règles et ses opérations aux résultats immédiats de l'instinct. Dans l'homme, chaque émotion, chaque effort, chaque acte de la volonté ou de la sensibilité, se reflétèrent, dès l'origine, ainsi que nous le montre ce qui se passe chez l'enfant, en une interjection plus ou moins articulée. Cette interjection, souvent imitée du son rendu par l'objet qui le provoquait, du bruit de la pierre, de l'agitation de l'arbre, du cri de l'animal (*onomatopée*), devint le signe du mouvement de l'âme auquel il était dû et de l'idée qui est la trace que ce mouvement laisse dans l'esprit.

L'homme émit donc des sons d'abord monosyllabiques dont il associa la production à l'idée de certains objets déterminés. Ces sons constituèrent les racines primitives de la langue. Ils fournirent un premier vocabulaire qui fut le fond, d'abord très-pauvre, de chaque idiome respectif. Ces monosyllabes n'exprimaient, dans le principe, que des idées concrètes; mais de très-bonne heure, en vertu de sa faculté de généralisation, l'esprit humain les appliqua à certains ensembles d'objets dont ils servirent alors à représenter la qualité commune la plus frappante. L'on observe, en effet, que les plus anciennes racines des langues indo-européennes parlées par des peuples arrivés de bonne heure à un certain développement intellectuel offrent toutes une signification générale et ne désignent jamais un objet particulier ou individuel; mais cette idée générale se rapporte constamment à quelque chose de physique, et le mot qui la rend ne prend un sens abstrait que par l'effet de la dérivation, par une métaphore, un détournement du sens primitif. Les monosyllabes qui ont constitué la matière primordiale du langage, ses premiers rudiments, et dont un grand nombre furent éliminés par la prédominance d'autres, n'ont pas tardé à être soumis, dans leur association et leur emploi, à des lois qui s'offrent en grande partie les mêmes dans tous les idiomes, vu qu'elles découlent de la constitution de l'intelligence humaine, partout la même. La phrase est devenue plus complexe, à mesure que la pensée dont elle est le miroir se compliquait. Quand les premières racines furent arrivées à cette période de sens général et indéterminé, d'autres racines y furent adjointes pour leur donner un sens plus spécial.

Depuis cette époque primitive, les langues ont passé par des modifications innombrables, et il est aujourd'hui aussi impossible de remonter à l'ensemble de racines ou de sons qui constitua la langue primitive, qu'à la première race humaine. On peut tout au plus retrouver dans les plus vieilles langues que nous connaissons des traces du procédé par lequel le langage prit naissance, et quelques racines héritées de l'idiome primitif. Dans plusieurs, comme l'observe M. E. Renan[1], on saisit surtout la prédominance de la sensation dans le choix du signe. Dans toutes on retrouve des racines prédicatives et démonstratives, s'agrégeant plus ou moins intimement entre elles et subissant plus ou moins d'altération, par le fait de cette agrégation.

Le monosyllabisme a été la phase primordiale; l'emploi des démonstratifs prépara la création des catégories grammaticales; et de très-bonne heure, chez la plupart, l'habitude se prit d'agglutiner les racines accessoires avec les racines primitives. Le résultat se produisit d'autant plus vite, comme l'observe M. F. Baudry[2], que la pensée étant fort pauvre, les mêmes formules se représentaient sans cesse. C'est à cette époque que s'effectua ce qu'on peut appeler la corruption des sons. La racine principale subsistait encore sans altération, mais, sous l'influence de l'accent tonique qui donne l'unité aux éléments multiples du mot, la prononciation des accessoires s'obscurcit, s'abré-

---

1. *De l'origine du langage* (Paris, 2ᵉ édit.), p. 120.
2. *De la science du langage et de son état actuel* (1864).

gea et s'altéra, en même temps que leur signification indépendante s'oubliait. Dès lors le polysyllabisme se constitua, et le langage entra dans sa période synthétique. Celle-ci présenta plusieurs degrés. D'abord, comme l'observe M. Max Müller, les accessoires étaient seuls altérés et la racine principale gardait son intégrité. Puis la racine principale et les accessoires se confondirent par une égale altération dans l'unité du mot. Ces deux phases constituent, la première, *l'état agglutinant*, la seconde, *l'état flexionnel* ou *amalgamant*, celui-ci laissant voir les sutures et les fissures par où les petites pierres ont été jointes ensemble, celui-là présentant les mots composés comme faits tout d'une pièce. Les deux divisions ne sont pas, au reste, nettement tranchées, et l'on passe de l'une à l'autre par une foule d'intermédiaires; car toutes les langues n'ont pas franchi ces trois degrés successifs. Plusieurs ont subi un arrêt de developpement; il en est même qui sont demeurées presque à l'état monosyllabique. Une nouvelle évolution amena les idiomes synthétiques à une forme analytique dans laquelle les éléments composants se désagrégèrent, se séparèrent et se coordonnèrent suivant un ordre logique, né du besoin croissant de clarté. C'est le moment de l'emploi des prépositions pour indiquer avec plus de précision les rapports; les cas n'ayant plus d'utilité, on les brouilla et l'on finit par les laisser tomber tout à fait; dans la conjugaison, l'emploi des verbes auxiliaires se substitua aux terminaisons et aux préfixes qui indiquaient les temps et les personnes.

Dans les langues monosyllabiques, il n'existe encore que des sons rendus par une seule émission de la voix; ce sont les racines ayant à la fois le caractère de substantif et de verbe; ils expriment la notion, l'idée indépendamment de l'emploi du mot, et c'est la manière dont ce mot est mis en relation avec d'autres qui marque son rôle dans la phrase. Il ne serait donc pas exact de classer les langues suivant l'état grammatical auquel elles sont parvenues, puisque des idiomes, sortis de la même souche, peuvent s'être arrêtés à des étages différents; mais, quand toute une famille de langues est demeurée à une même période de développement, on doit faire intervenir cette donnée avec celle que fournissent les caractères génériques, comme les formes grammaticales et la prononciation, pour définir les traits qui la spécifient.

Certaines langues se sont engendrées les unes les autres; la langue souche se distingue de la langue dérivée, en ce que celle-ci reproduit, sous une forme plus ou moins modifiée, l'organisme de la langue mère qui fournit l'étymologie d'une foule de noms propres au vocabulaire de la langue dérivée, chez laquelle ils ne trouvent plus l'explication de leurs racines.

Outre les causes d'altération et de transformation des langues qui tiennent à l'évolution de l'entendement humain, liée à celle de la société, il y en a qui résultent de la constitution morale et physique des races auxquelles ces langues sont passées. L'organisation physique propre aux Celtes, aux Ibères, par exemple, les a obligés à modifier la prononciation du latin. Cette modification a amené graduellement la métamorphose des mots. Le génie intellectuel d'un peuple a pu même donner à la phraséologie, à la syntaxe, un caractère nouveau. C'est ainsi que les Anglo-Américains, qui altèrent tous les jours la prononciation de leur idiome d'origine anglo-saxonne, y introduisent des tournures abrégées (*standard-phrases*), rappelant le génie des langues des indigènes de l'Amérique dont on a vu plus haut qu'ils tendent à reprendre la constitution physique.

Idiomes monosyllabiques ; chinois, langues de la presqu'île transgangétique. Langues tibétaines et himalayennes.

La langue chinoise est le seul véritable représentant, encore subsistant aujourd'hui, des idiomes monosyllabiques; mais, pour la retrouver dans toute sa pureté, il faut remonter à sa forme ancienne; car, dans le chinois moderne, se montre déjà une tendance marquée vers l'agglutination, tendance moins apparente dans les dialectes de Canton et du Fo-Kien. En chinois, les mots sont tous monosyllabiques, et chaque mot ne commence que par une seule consonne; plusieurs consonnes même, fort répandues dans nos langues, telles que *B*, *D*, *R*, n'existent pas dans des patois locaux. Chaque mot chinois, autrement dit chaque syllabe chinoise, se compose d'un son initial et d'un son final; le son initial est une des 36 consonnes chinoises; le son final est, soit une voyelle qui supporte une consonne nasale, un *l*, un *k* mis à la fin, soit une double voyelle ou diphthongue. Le chinois ne comprend pas toutes les combinaisons possibles des consonnes et des voyelles et ne se compose plus, aujourd'hui, que de 450 combinaisons, nombre moitié moindre de ce qu'il était jadis. L'accent se manifeste par une sorte d'intonation chantante, qui peut se rendre de quatre manières différentes; ce qui permet à chaque mot de se faire entendre à l'oreille comme quatre mots différents; il y a, toutefois, des syllabes non susceptibles des quatre intonations. On voit par là que la syllabe chinoise réunit des significations très-distinctes, et qui, bien souvent, ne peuvent être indiquées que par sa position dans la phrase.

Le chinois, quoique monosyllabique, tend à sortir de cet état, par l'emploi multiplié de mots composés ayant un sens assez différent des éléments dont ils se composent et qui constituent de vrais polysyllabes; mais les éléments sont juxtaposés, non liés entre eux, et ne subissent que fort peu de changements dans leur tonalité, quand ils sont ainsi réunis.

L'écriture phonétique, c'est-à-dire celle dans laquelle les signes représentent des sons et des articulations, ne pourrait exister en chinois, sans donner lieu à d'innombrables confusions : une foule de mots seraient écrits de même et pourraient faire croire à une même signification. Aussi, chez le peuple chinois, l'écriture n'est-elle pas sortie de la période purement idéographique, durant laquelle les idées étaient représentées par des images ou des signes en offrant la forme abrégée, période qui succéda à celle où l'on se servait de nœuds faits à des cordes pour se rappeler les choses et les notions dont on voulait se souvenir. Aujourd'hui l'écriture chinoise comprend environ cinquante mille signes, formes altérées ou abréviatives de la figure des objets représentés, mais qui, dans les temps anciens, la laissaient encore reconnaître. Peu à peu, l'emploi du langage métaphorique a, de la langue parlée, passé dans la langue écrite. Les nombreux rapports qui exprimaient, par le rapprochement avec des choses sensibles, des idées métaphysiques, ont été rendus par la combinaison des signes figuratifs. De la sorte sont nés des signes *tropiques* ou *métaphoriques*. Bientôt le son donné à l'oreille par le mot que représentait le signe s'est tellement attaché au signe lui-même, que celui-ci a fini par devenir l'expression graphique du son. Et de la sorte, des signes de valeur phonétique ont apparu à côté des signes idéographiques. Ces deux ordres de signes ont été employés simultanément, pour donner naissance à des signes mixtes, c'est-à-dire composés d'un signe vocal et d'un signe idéal, l'un indiquant la prononciation, l'autre rappelant le sens et constituant ce qu'on peut appeler un déterminatif. Enfin, la nécessité de rendre des sons empruntés à d'autres langues obligea les Chinois à se servir de certains signes simples ou composés, uniquement comme marques de son. Le système graphique des Chinois a pénétré dans l'Annam, en Corée, au Japon; il fut apporté dans ce dernier pays l'an 284 de notre ère par un prince coréen, et au sixième siècle, par suite de l'introduction du bouddhisme, l'emploi des caractères chinois devint fort répandu chez les Japonais qui avaient adopté le chinois comme langue savante. Ils ajoutèrent dans ce système graphique, comme le firent les Coréens, et comme cela avait eu lieu pour certains dialectes provinciaux de la Chine, quelques signes nouveaux. Puis renonçant à cette multitude de caractères inutiles ou impropres à l'expression de son idiome, ce peuple fit choix d'un certain nombre d'entre eux qu'il employa comme expressions phonétiques respectives du monosyllabe auquel ces signes répondaient en chinois, mais en modifiant leur prononciation conformément aux habitudes phonétiques du japonais. Et c'est ainsi que se constituèrent l'écriture dite *yamato-kana*[1], où les caractères chinois gardent leur forme intégrale, et l'écriture dite *man-yeoû-kana*, où ces signes présentent la forme cursive des caractères chinois appelés *tsao-cho*. Dans la suite les Japonais imaginèrent un véritable syllabaire composé de quarante-sept signes ou lettres (*irofa*) dont la figure est empruntée aux caractères chinois et qui a fourni les deux systèmes d'écritures dits *fira-kana* et *kata-kana*, le premier, imité en partie pour les formes du *tsao-cho*, fort obscur et fort compliqué; le second, plus clair et plus net et dont les traits sont tirés des signes chinois non cursifs. Les Annamites ont de même tiré des caractères chinois un syllabaire qui embrasse neuf cents et quelques sons; ils ont ajouté aux signes idéographiques de la Chine des groupes nouveaux formés, il est vrai, d'éléments tirés des caractères chinois; ils se servent de cette écriture concurremment avec l'écriture chinoise proprement dite.

Il faut rattacher à la langue chinoise, à raison de la pauvreté des formes grammaticales et de l'absence des modifications phonétiques qu'on y observe, les idiomes de l'Indo-Chine dont les mots monosyllabiques ont avec les mots chinois une parenté plus ou moins éloignée, mais qui tendent déjà à l'agglutination. Tandis que l'annamite a adopté le système graphique du chinois, les autres langues ont tiré le leur de l'Hindoustan, en le modifiant pour leur propre usage. Les langues de la presqu'île transgangétique, que M. Logan nomme ultra-indienne, ont été ainsi classées par M. A. Bastian :

1° L'*annamite*, parlé dans le Tonkin et la Cochinchine, et auquel se rattache le dialecte plus dur des populations montagnardes nommées *Kha* par les Siamois et *Moï* par les Cochinchinois ; 2° le cambodgien ou *khmer* dit aussi *khom* auquel se rattachent les dialectes de diverses tribus

---

1. Le mot *Kana* veut dire en japonais signe de son ; — *yamato* (*Yama-ato*, littéralement derrière les montagnes) est le nom de la province où fut établie, à partir de l'an 710 de notre ère, la cour du mikado. Ce nom a été parfois étendu à tout l'empire japonais.

montagnardes du Laos, et peut-être le *kham-ti*, idiome d'une tribu habitant entre Dibong et les sources de l'Iraouaddy; 3° le *môn* parlé par les *Talains* ou *Talaing*, peuple du delta de l'Iraouaddy; 4° les langues *myamma*, comprenant le *birman*, le dialecte de l'Arakan, d'un système phonologique plus ancien que le birman, le *sing-pho*, le *manipouri*, l'*abor*, le *naga*, etc.; 5° le *thaï* ou siamois auquel se lient étroitement le dialecte des Laos blancs et celui des Laos noirs (*Lao-poung-ka* et *Lao-poungdam*), qui ont un caractère plus archaïque que le thaï.

Diverses intonations de l'annamite offrent un caractère à part. En général, cette langue se rapproche, quant à la phonologie et aux formes verbales, du dialecte de Canton, mais sa grammaire diffère sous de nombreux rapports de celle des Chinois, quoique un dialecte chinois particulier se parle aussi dans l'empire d'Annam. Les accents ou tons qui distinguent la langue chinoise se retrouvent dans presque tous les idiomes indo-chinois. L'annamite en compte six, le birman deux; mais dans le cambodgien, ils ont disparu. Chez presque toutes ces langues s'observent les mêmes terminaisons et un grand nombre de nasales finales. Le dialecte actuellement mort d'une des tribus laociennes appelées par les Birmans *Chan*, et qui ont envahi l'Assam où elles portent le nom d'*Ahom*, est un chaînon qui rattache les langues aryennes aux langues transgangétiques. On retrouve dans le siamois tous les tons du chinois, avec une expression plus marquée; ce qui lui donne l'apparence d'un chant. Les substantifs n'y sont pas pourvus de flexions pour exprimer les cas, les genres et les nombres; on y supplée par l'addition de certaines particules. Les verbes manquent de désinences et n'ont pas de conjugaisons. Ce n'est que par l'addition de certains auxiliaires ou affixes que l'on parvient à obvier au défaut de temps et de modes. Le thaï a fortement subi l'influence du pâli et du sanscrit, deux idiomes dont est sortie la langue sacrée ou savante de Siam. Il se rattache par certains côtés, surtout par les lois de sa syntaxe, aux langues polynésiennes.

Chacun des idiomes du groupe transgangétique, riche,

comme le chinois, en consonnes composées, possède des consonnes qui lui sont propres, et manque d'autres consonnes très-naturelles; par exemple, le siamois a *r* et non *l*; le môn n'a pas de sifflante. Au reste, il semble qu'à l'origine les langues ultra-indiennes étaient plus riches en consonnes; peu à peu elles se sont adoucies, et les sons durs et complexes qui constituaient les mots perdirent une partie des articulations par le jeu combiné desquelles ils étaient produits. Les formes primitives se retrouvent encore dans le cambodgien, le plus abondant en consonnes de tous ces idiomes, dans les langues de l'Assam, le *singpho* ou *song-pou*, et surtout dans le *rakhoing*, etc., tandis que dans le birman moderne tout s'est adouci.

Le moindre changement dans le ton ou accent du mot monosyllabique donnant naissance à un autre mot, la prononciation de tels mots a dû rester invariable pour que le langage fût intelligible; c'est ce que montre le chinois. Il n'y a point de combinaisons phonétiques, ou, comme on dit, de *phonologie*. Le même caractère appartient plus ou moins à toutes les langues ultra-indiennes. Cependant, dans le siamois, commence à se manifester une disposition à appuyer ou à traîner sur la dernière partie du mot composé. Ce prolongement du second des deux mots en composition est le point de départ du dissyllabisme; il est manifeste dans le cambodgien. Le birman forme le passage des langues monosyllabiques ou à sons non liés aux langues dans lesquelles les sons se lient. Presque tous ses mots sont monosyllabiques; mais ils sont susceptibles de se modifier dans leur prononciation, de façon à se lier aux autres mots et à rendre le langage plus harmonieux.

Chaque langue de la famille dont le chinois est le prototype a adopté un ordre de position particulier, en vue d'assigner au mot invariable sa valeur catégorique dans la phrase. L'annamite se distingue à cet égard complétement du chinois, pour se rapprocher du cambodgien et du siamois; le birman a son système propre. Mais malgré ces différences et d'autres qui se rapportent à la syntaxe, tous les idiomes en question présentent un même système idéologique. Les mots y avaient originairement un sens matériel dont ils gardent, dans leur emploi, l'empreinte profonde, sauf en birman où il tend à disparaître.

Divers autres idiomes de la presqu'île transgangétique peuvent être rattachés à la famille chinoise, mais ils participent aussi du caractère des langues d'agglutination. A savoir : 1° les dialectes des Karens, tribus du Bas-Iraouaddy et du Tenasserim, divisés en deux catégories bien tranchées, les Karens proprement dits, subdivisés en trois tribus (*Daubya, Sgau, Pgho*), et les Karens rouges ou *Karenni*, établis au N. E. du Youn-tha-lin. Ces dialectes sont fort distincts et possèdent des gutturales et des nasales étrangères aux langues voisines. Le karen proprement dit a une affinité notable avec le môn, bien qu'offrant déjà un développement qui s'approche de l'état de flexion.

La famille *mammya* est, des divers groupes des langues transgangétiques, celle qui offre le plus de variétés; elle se lie par certains rameaux au tibétain, tandis que le type de cette famille se conserve assez pur dans le birman. Le *rakhoing* est l'idiome d'une tribu sauvage de l'Arakan; le *sing-pho* est parlé par des tribus conquérantes venues du sud, et qui ont remonté le bassin de l'Iraouaddy, repoussé les peuples du Laos et les Chan, dont quelques débris demeurent dans les montagnes au nord et à l'est du Kham-ti; le *naga* est parlé dans l'Assam, il se rapproche plus du tibétain que du birman; par la richesse des flexions, il l'emporte sur la plupart des idiomes de cette branche. Le yuma, ainsi appelé des montagnes de ce nom, se subdivise en de nombreux dialectes, le *khoumi* ou *khoumwi*, le *khhyeng*, le *kyo*, le *loung-khé* et le *chindou*; il se rattache par quelques-uns de ses dialectes au birman, par d'autres au naga. Le manipouri, ou plutôt les dialectes manipouris, qui sont nombreux, se lient au sing-pho et constituent des intermédiaires entre les dialectes *yumas* et le naga, plus riche qu'eux en voyelles. Les divers dialectes du naga sont parlés par une population qui se donne à elle-même le nom de *kouaphyi* et habite une bande s'étendant à l'ouest de la rivière Kopili et à l'est des montagnes qui séparent le pays des Bor-Kham-ti de l'Assam, bande confinée au nord par la vallée désignée sous ce dernier nom. Le kouki se rapproche du môn et du cambodgien ; la tribu qui le parle et qui vit dans des montagnes situées au nord et à l'est de Tchittagong présente un type tartare assez accusé.

Le tibétain offre bien reconnaissables les marques de l'évolution qui a amené les idiomes monosyllabiques à l'état de langues à flexions. Le système grammatical y conserve toute la simplicité de celui du chinois. On n'y trouve presque aucune conjugaison, aucune forme spéciale pour le genre et le nombre ; le tibétain a comme le chinois et le birman de nombreuses sifflantes et un grand nombre d'aspirées. Les accents ou tons, qui ne sont déjà plus qu'au nombre de deux en birman, en ont complétement disparu. Toutefois, le tibétain, surtout dans sa forme archaïque, se rapproche notablement du birman. L'ordre des mots y est inverse de l'ordre logique. Les particules servant d'affixes, quoique nombreuses et souvent composées, ne rendent que d'une manière incomplète la modification qu'elles apportent au mot. Parfois dans leur succession les mots tibétains ou birmans sont liés par une particule commune, un *ligatif*, rejeté après le dernier d'entre eux ; c'est par un tel procédé que les deux langues peuvent exprimer les idées de temps les plus compliquées. Malgré ces analogies et d'autres encore, la distinction reste très-tranchée entre les deux idiomes qui n'ont ni la même grammaire ni un vocabulaire analogue, et l'on ne saurait admettre que l'un est dérivé de l'autre. Ils représentent deux branches assez divergentes d'une même famille.

A la branche tibétaine peuvent être rattachés divers dialectes du Nepâl qu'il ne faut pas confondre avec le *nepâli*, lequel appartient à la même famille que le bengali ; ces dialectes sont ceux des Magars, tribu de type mongol, venue du Boutan occidental et établie au centre du Népâl où elle forme trois clans, des Denwars, des Pahis, des Tchépangs, des Bhramous, des Haiyus ou Vayous, des Rodhong, des Yakkas. Quelques-uns de ces dialectes, le *dahi*, le *kouswar* et ceux des populations montagnardes himalayennes, le *gouroung*, le *mourmi*, ont fortement subi l'influence de l'hindi.

Ces derniers idiomes rentrent d'autre part dans le groupe des langues himalayennes parlées par des populations primitives répandues au N. E. du bassin du Gange, à savoir le bodo ou *borro* et le *dhimal*. A ces langues sont congénères ou affines à beaucoup d'égards divers dialectes de l'Assam, le *garo* parlé par la tribu de ce nom, qui habitait dans le principe au nord du Brahmapoutre et s'est avancée au sud, le *katchari*, le *mikir*, le *miri*, idiome d'une tribu établie au nord de Banokotta et Loukimpour; ils se lient même par quelques caractères au naga. Le bodo et le dhimal ont une phonologie plus harmonieuse que celle des idiomes tibétains. Le passage du monosyllabisme au polysyllabisme y est manifeste : si les monosyllabes y sont encore fort multipliés, les dissyllabes y sont fréquentes. Le bodo et le dhimal n'offrent pas les nombreuses consonnes composées qui abondent dans le naga; ils possèdent pourtant diverses lettres aspirées, *kh*, *th*, *ph*, *bh*, *ch*, et quelques consonnes vibrantes telles que *br*, *pr*, *phr*, etc. Les nasales n'y sont pas rares. Le bodo se distingue du dhimal par des sons plus sourds; il ne compte qu'un petit nombre de mots exprimant l'idée de genre, ainsi que cela s'observe aussi dans le garo et le mikir. Le dhimal, comme le naga, répète le pronom avant et après le verbe. Ce qui achève de caractériser les deux langues bodo et dhimal, c'est une tendance euphonique prononcée; d'où résulte une fusion de sons donnant naissance à des dissyllabes, même à des trissyllabes. Le mikir, parlé dans le bas Assam, surtout dans le district de Naougong, se rapproche plus que les deux idiomes précédents du naga, sans en présenter pourtant le degré de développement. En général, on aperçoit déjà, dans ces divers idiomes, des traits qui appartiennent à la famille dravidienne dont il sera question plus bas. Plusieurs formes du bodo, du dhimal, du garo, du mikir, du miri et des autres dialectes usités dans l'Assam, sont même complétement dravidiennes.

Une autre langue himalayenne, le *khassia*, se distingue par son idéologie directe et prépositionnelle, par certaines particularités grammaticales très-caractéristiques ; mais son système de tons et le monosyllabisme de ses mots, aussi bien que sa prononciation sourde, le rattachent à la famille des langues précédentes. Toutefois on n'y observe pas la même tendance harmonique. Par la nature de ses prépositions, le khassia se lie aux langues môn et cambodgienne, dont il paraît être un rameau avancé. Il garde de plus, comme les langues indo-chinoises, l'empreinte d'une grande simplicité d'idées.

Langues dravidiennes. — Souche touranienne.

Les langues dravidiennes, ou vieilles langues de l'Hindoustan, tirent leur nom du *Dravira*, ancienne province comprenant les pays d'Orissa et de Madras où se parle l'une d'elles, le telinga ; on peut aussi les désigner par le nom de langues *dakchinas*, de l'appellation que les brahmanes appliquèrent aux contrées situées au sud de la presqu'île gangétique [1]. Ces langues se subdivisent en deux branches : celles du nord de la presqu'île et celles du sud.

Les langues dravidiennes septentrionales, dites aussi *vindhyennes*, de la région où elles sont parlées, comprennent le *male* ou *radjmahali*, idiome des *Malers* ou *Males*, l'*uraon*, le *kôle* et le *gond*. Le male, confiné au nord-est des monts Vindhyas, offre au plus haut point ce qu'on peut appeler le caractère dravidien, quoique la population qui le parle soit séparée des contrées réellement dravidiennes par les Kôles, dont l'idiome présente à un moindre degré les signes de la même famille. L'uraon, idiome d'une population du Behar (Tchota-Nagpour), s'éloigne peu du male. On a vu que chez les langues himalayennes se manifeste déjà une tendance à sortir du monosyllabisme ; dans les langues dravidiennes le monosyllabisme a cessé

---

[1]. C'est-à-dire *pays situés à droite*, parce que les brahmanes s'orientaient par rapport au soleil levant.

d'être le caractère fondamental : non pas que les racines soient déjà dissyllabiques, elles se réduisent au contraire toujours à une seule syllabe; mais de l'adjonction des particules exprimant les catégories grammaticales, de la liaison complète des mots avec les radicaux, naissent un grand nombre de dissyllabes, même de trissyllabes. Ces langues appartiennent donc à la classe de celles que l'on a nommées *agglutinantes*, car c'est à l'aide du procédé de l'agglutination que les syllabes de relation sont jointes aux mots primitifs, autrement dit aux racines.

Plus dur que le tamoul, le plus important des idiomes dravidiens méridionaux, quoiqu'il le soit moins que le toda ou touda, le gond offre un grand degré de mutabilité euphonique, qui rend facile l'union des racines; on y retrouve également des traces de l'usage de répéter, après le verbe, le pronom déjà placé auparavant, comme cela a lieu dans le dhimal. Le kôle est né de l'action des langues gangétiques sur un fond dravidien; le gond conserve au contraire les plus anciennes formes dravidiennes. Le *ho*, un des dialectes kôles, garde une forte tendance agglutinative et est doué de la structure harmonieuse et coulante propre aussi au bodo et au dhimal.

Par la partie de leur vocabulaire non empruntée aux idiomes gangétiques, les langues vindhyennes se rapprochent beaucoup entre elles. Distinguées des idiomes dravidiens méridionaux, par un moindre degré de développement et de culture, par moins de force et de largeur dans les sons, elles ont un même système fondamental.

Les langues dravidiennes de la partie méridionale de l'Hindoustan sont le *tamoul* ou *tamil*, le *télougou*, *telinga* ou *calinga*, que l'on désignait naguère sous le nom de *gentou*[1], le *talava* ou *toulou*, le *malayalam* et le *canara*, *carnatik* ou *carnataka*.

Le tamoul, la plus développée et la plus riche des langues de ce groupe, a fleuri sous trois dynasties puissantes, dont une, les Cholas, donna son nom à la côte de Coro-

---

1. Dérivé du portugais *gentios*, païens.

mandel (Cholamandal). Il est encore parlé par 10 millions d'hommes. Son aire s'étend sur la côte orientale, depuis le cap Comorin jusqu'à Palicate, un peu au nord de Madras; au sud, il s'avance fort avant dans les Ghâtes occidentales.

En pénétrant dans l'intérieur de la presqu'île, on trouve depuis Beder au nord, jusque vers le 11° au sud, le domaine du canara, qui embrasse une partie du Mysore, du Balaghât et du Béjapore. A partir du cap Comorin, en remontant la côte de Malabar, apparaît le malayalam qui s'arrête aux bords du Tchandagiri, puis le toulou ou talava, que borde au nord le *concani*, langue aryenne. En revenant sur la côte orientale, on rencontre au nord du tamoul, le telinga. Cet idiome, parlé par quatorze millions d'Hindous, occupe un territoire assez étendu qui court le long de la côte de Palicate jusqu'à Ganjam, et s'avance à l'intérieur dans les bassins du bas Godavery et du bas Kistnah, ayant pour limite, au centre de la péninsule, le gond au nord-est, l'ourya, le mahrâthi au nord-ouest, et le canara à l'ouest et au sud-est. Le canara vient à son tour confiner au tamoul.

Il faut mentionner entre les idiomes des monts Nilgherries, outre le *toda*, le *badaga*, parlé par les Burghers établis entre le Mysore et le Koïmbatour; le *kodagou*, idiome des montagnards de Kourg, qui se rapproche du vieux canara, mais a subi l'influence du tamoul. C'est aussi du canara qu'est congénère l'idiome des tribus sauvages du Kotar ou Kohatar. Les langues des îles Maldives et Laquedives se rattachent également à la même famille, mais elles ont subi l'influence des idiomes aryens.

L'*élou* ou chingalais présente une parenté plus éloignée avec le type dravidien que les dialectes qui s'en éloignent le plus, tels que le gond. Aussi M. Fr. Müller a-t-il fait une famille à part de cette langue qui n'est plus guère en usage que dans la partie méridionale de Ceylan.

Tous les dialectes dravidiens, sous leur forme ancienne, affectaient un caractère plus rude et plus sauvage qu'ils ne le présentent aujourd'hui. L'opposition devient surtout frappante, lorsqu'on compare le gond et le kôle aux idiomes, déjà avancés pour la phonologie et l'idéologie, de la branche dravidienne méridionale. Par leurs éléments phonétiques, les langues dravidiennes rappellent les idiomes de l'Afrique et de l'Australie. Elles possèdent plusieurs lettres dentales, liquides et sifflantes, à elles propres; leur phonologie contraste, par son euphonie, son harmonie, avec les sons saccadés des langues ultra-indiennes. Les lettres liquides y abondent, surtout l et r : ces lettres se combinent fréquemment avec des aspirées. Le telougou et le canara possèdent la vocalisation la plus pure; le toda est le plus riche en consonnes. Bien que des traces de flexions se fassent déjà sentir dans les langues indigènes de l'Hindoustan, la façon d'exprimer les idées y demeure cependant barbare. Les racines gardent un sens matériel et en quelque sorte sensitif, même après leur jonction avec le verbe. Le vocabulaire de ces langues est riche, et cela est dû surtout à la possibilité qu'ont les mots de s'agglomérer, de se réunir entre eux pour donner naissance à des mots nouveaux. Elles ont une extrême variété d'expressions pour rendre les diverses nuances de sensations physiques, comme cela est généralement le cas pour les idiomes des populations sauvages, chez lesquelles manquent en revanche les mots propres à rendre les idées abstraites. La conjugaison demeure dans les idiomes dravidiens fort imparfaite. L'emploi des verbes auxiliaires y est très-développé. Les substantifs y peuvent, ainsi que d'autres mots, s'unir au pronom comme qualificatifs. Ce pronom se place après le verbe et se joint à lui par une désinence contractée, chez toutes les langues du rameau méridional, le malayalam excepté. C'est là une phase du verbe assez primitive et qui dénote l'antiquité de ces idiomes que leurs formes grammaticales rattachent en général à la famille tibéto-birmane, bien qu'ils s'en éloignent surtout par la phonologie. Les langues dravidiennes confinent aussi, par certains caractères, à la famille ougro-japonaise dont il sera question plus loin; et ces diverses affinités peuvent faire considérer toutes les langues de l'Asie centrale et orientale comme ne constituant qu'une seule et même famille subdivisée en plusieurs rameaux, dravidien, caucasien, altaïque, et qu'on a appelée *touranienne*. Quelques auteurs la tiennent même pour issue de la même souche qui a produit les idiomes sémitiques et indo-européens. La branche touranienne aurait représenté, suivant cet ordre d'idées adopté par Bunsen et Max Müller, l'ensemble des idiomes parlés par les populations nomades de l'Asie centrale, et s'offrirait ainsi comme un premier pas du monosyllabisme vers l'état de flexion.

Les idiomes compris sous le nom générique de langues touraniennes offrent divers caractères communs qui peuvent être regardés comme étant ceux de la souche dont ils sont sortis. La racine y reste encore invariable comme dans les langues monosyllabiques, mais elle se charge d'une foule de préfixes et d'affixes qui n'altèrent pas pourtant son sens primitif. Dans toutes les langues touraniennes, on trouve pour la composition des mots destinés à rendre les modifications de l'idée, des règles analogues. On y observe rarement des mots synonymes et homonymes. L'origine monosyllabique des idiomes touraniens se reconnaît encore au caractère vague d'une foule de mots pour lesquels la catégorie grammaticale n'est pas fixée, et où la racine verbale se confond le plus souvent avec le substantif[1].

La parenté des idiomes dravidiens et de ceux de l'Asie centrale est confirmée par les recherches de H. B. Hodgson sur les langues *horsok* que parlent des tribus nomades du Tibet septentrional, les langues *si-fan* parlées par les populations appelées *Sokpa* répandues au nord-est du Tibet, dans le Khoukkou-noor, le Tangut, et d'autres qui s'avancent jusque sur les frontières de la Chine, les Amdo, les Thochu, les Gyaroung et les Manyak. Ces divers idiomes confinent à la fois aux langues indo-chinoises, tibétaines, dravidiennes, ougro-japonaises et caucasiennes, et peuvent être regardés comme établissant le passage des unes aux autres. Ils ont même des affinités jusqu'avec les

---

[1]. Voy. Bunsen, *Christianity and Mankind*. Philosophical section, tome I (London, 1854).

langues tagales. Le gyaroung notamment, dont le verbe a conservé les formes les plus archaïques, donne une main aux langues de l'Archipel indien et l'autre aux langues du Caucase ; il se lie au thakpa, au manyak et par suite à toute la formation linguistique du sud-est ; par le thochu, le horpa, le sokpa, il pousse une pointe, à travers le Kouen-lun, jusque dans le domaine des langues ougro-sibériennes. Hodgson a signalé dans le gyaroung une tendance harmonique et un système analogue à celui des post-positions qui caractérise, comme on le verra ci-après, toute la famille ougro-japonaise. D'autre part, le sokpa tient au mongol par l'éleuth, et le horpa se rapproche du turc.

Il est donc vraisemblable que les langues dravidiennes appartiennent à une même souche que celles dont le domaine s'étend du Tibet jusqu'en Sibérie, et de l'Indo-Chine jusqu'au Japon, et la dénomination de touranienne semble leur avoir été assez exactement appliquée, puisque les Iraniens, dans l'antiquité, désignaient sous le nom de *Touran* les populations nomades de l'Asie centrale. Il y a apparence que le prototype de ces idiomes asiatiques nous est fourni par le médo-scythique, une des langues que nous ont conservées les inscriptions cunéiformes et qui était issue de l'idiome pour lequel fut inventé ce mode d'écriture, adopté ensuite par les Sémites babyloniens. Le médo-scythique doit avoir été la langue des tribus indigènes répandues dans la Médie et la Susiane[1]. C'était, comme le casdo-scythique et le susien dont on a découvert quelques monuments écrits, une de ces langues dites *anaryennes* qui offrent de curieuses affinités avec les idiomes ougro-japonais et tibétain.

On constate chez les idiomes dravidiens un fond qui leur est commun avec les langues de la famille malayo-polynésienne et avec celles des indigènes de l'Australie. Il sera

---

1. Tels étaient les Mardes, les Cadusiens, les Tapyres et les Alarodiens qui envahirent ensuite la Perse. Ces tribus s'étendaient surtout vers le littoral méridional de la Mer Caspienne.

traité plus loin des premières; quant aux secondes, elles n'ont point encore été assez étudiées pour qu'il soit possible de leur assigner une place précise dans la classification linguistique. Aussi ne présentera-t-on à leur sujet que quelques indications sommaires.

Langues australiennes.

Les langues de l'Australie sont très-nombreuses; la population indigène de ce continent comprenait originairement une multitude de tribus dont plusieurs n'étaient composées que de quelques familles; chacune de ces tribus avait sa langue, et plusieurs de ces langues se parlent encore chez les descendants, fort diminués en nombre, des anciennes tribus. Les langues australiennes présentent entre elles une notable affinité; elles se distinguent nettement des idiomes de l'Ancien monde et de ceux de l'Amérique. On peut les répartir en trois groupes : 1° celui des langues de l'Australie septentrionale; 2° celui des langues de l'Australie méridionale et occidentale ; 3° celui des langues de la Tasmanie. Le second groupe est le plus étendu et peut être lui-même décomposé en trois branches : 1° les langues de la région occidentale (dialectes de Swan-River, de King-George-Sound); 2° les langues de la région moyenne (dialecte *parnkalla*, parlé sur la rivière Murray et à l'Encounter-Bay) ; 3° les dialectes de la côte occidentale, parlés au lac Macquarie et à la baie de Moreton (langues *kamilaroï*, *wiraturoï*, *wailwun*, *kokaï*, *pikumpul*, *paiampa*, *kingki*, *turrupul*, *tippil*).

Les idiomes australiens sont polysyllabiques; les syllabes y sont presque toujours formées d'une voyelle et d'une consonne. La phonologie en est très-pauvre et les consonnes sont peu nombreuses; l'aspirée *h*, les sifflantes *s*, *z* y font défaut. Les mots dérivés se forment par l'addition de suffixes à la racine, à la différence des langues papoues et malayo-polynésiennes, où c'est surtout par l'adjonction d'un préfixe que le dérivé prend naissance. L'accent est presque toujours sur la pénultième, ce qui donne aux langues australiennes une certaine harmonie. Ces langues présentent en général un grand caractère de simplicité répondant à l'état de ceux qui les parlaient.

Les mots abstraits et les noms génériques, tels que ceux d'*arbre*, de *poisson*, d'*oiseau*, y manquent complètement ; les genres et les nombres n'y sont pas ordinairement distingués. Toutefois, certains dialectes ont trois nombres pour les noms, les pronoms, les adjectifs et les verbes. Le degré de comparaison est simplement indiqué par la répétition du mot ou par une combinaison d'adjectifs opposés. Leur vocabulaire est fort pauvre. Quand un Australien, écrit Ed. J. Eyre, voit un objet qu'il ne connaît pas, il lui impose sur-le-champ un nom de son invention, tiré de la ressemblance de cet objet avec un objet à lui connu. Les pronoms australiens *nga* (*je*) et *noi* (*tu*), se retrouvent dans la forme dravidienne, *nya*, *ngi*, *ni*, *na*, des postpositions définies. Les traces des plus anciens systèmes de pronoms qu'offrent les langues dravidiennes et celles de la presqu'île transgangétique reparaissent à divers degrés, comme le remarque Logan, dans plusieurs idiomes de l'Australie et de la Polynésie, notamment dans le vitien et la langue de l'île Tanna. En australien, le duel des pronoms se forme par l'addition du nombre *deux* à la racine pronominale ; pareil système dans les langues papoues, qui vont même jusqu'à former, par un procédé identique, un pluriel ternaire. Les formes verbales ne sont, en réalité, chez ces idiomes que des formes du substantif. Suivant M. Ridley, les langues australiennes, malgré leur extrême simplicité, ont une grande puissance et une rare précision pour rendre une foule de nuances de la pensée.

C'est dans le gond, le tamoul, le malayalam, le talava, que s'est conservée la forme pronominale qui rappelle davantage celle des langues australiennes et des idiomes des îles Pelew, Rotouma, Tobi, etc. Ce pronom se retrouve, du reste, aussi dans les langues tibéto-birmanes. Les noms de nombre de plusieurs langues dravidiennes portent la trace incontestable d'un système quinaire, fondé sur la combinaison d'un système binaire et d'un ternaire, correspondant à la simplicité primitive du système numéral australien; car, dans les langues de l'Australie, les nombres cardinaux ne vont pas généralement au delà de *trois*, et, pour exprimer des nombres plus élevés, on est obligé de faire usage de la particule plurielle et de mots combinés. Toutefois, la forme des nombres cardinaux dravidiens, quoique offrant des analogies avec ceux de l'australien, se rapproche davantage de celle qu'on observe dans les idiomes de la presqu'île transgangétique. On n'a point encore assez étudié les langues papoues pour s'assurer si elles doivent être rattachées à la famille des langues australiennes ou à celle des langues malayo-polynésiennes[1]. Ce qu'on a pu seulement constater, c'est que les idiomes de la Nouvelle-Guinée ont entre eux une grande affinité et qu'ils paraissent congénères de la langue des Aïtas ou Negritos dont la prononciation particulièrement âpre et sifflante a été signalée. M. Fr. Müller rattache au même groupe la langue des aborigènes des îles Sunda.

Langues altaïques ou ougro-japonaises.

Ce qui a été dit plus haut des langues touraniennes explique pourquoi l'on peut passer des langues de l'Asie centrale et de la presqu'île transgangétique à celles de l'Asie septentrionale, par une suite d'intermédiaires qui donnent naissance à une famille linguistique nouvelle, celle des langues altaïques ou ougro-japonaises.

Cette famille peut se décomposer en un certain nombre de groupes, tous reconnaissables à une grande homophonie dans la vocalisation, à une harmonie dans les syllabes des mots radicaux auxquelles sont jointes des voyelles finales, à une transformation euphonique des voyelles chez les particules suffixes. Les voyelles s'y présentent toutes sous trois formes : dure, douce et mixte. Les dures et les douces s'harmonisent respectivement avec les deux autres.

---

1. On a toutefois reconnu que l'idiome parlé à l'île Waigiou, dont la population est papoue, se rapproche de la langue des îles Tonga.

Des voyelles qui ne sont pas susceptibles de s'harmoniser, ne sauraient se rencontrer dans un même mot; ainsi, si le mot a des voyelles fortes, il n'en peut contenir de faibles. De là des règles de permutations qui varient pour chaque idiome, mais qui tendent à s'effacer dans ceux de l'Asie centrale, de façon à se fondre dans le système de vocalisation des langues tibéto-birmanes et dravidiennes.

La plupart des mots des langues ougro-japonaises sont dissyllabiques et portent l'accent sur la première; toutefois, sous ce dissyllabisme, se découvre la trace d'un monosyllabisme primitif.

Les langues de la famille ougro-japonaise, surtout le mandchou et le mongol, séparent encore, en écrivant, les sons de relation; le turc use rarement de ce procédé; le finnois et le magyar, presque jamais. Les sons forment les parties du mot composé et sont inséparables; mais le finnois tend déjà à la flexion. Dans tous les idiomes tartares, le mot régi précède celui dont il dépend : ainsi le génitif a le pas sur son sujet, le régime a le pas sur son verbe; quelque chose d'analogue s'observe en japonais. Il n'y a point à la rigueur dans ces langues de *prépositions*, mais des *postpositions*. D'où il suit que les langues de la famille ougro-japonaise ne sont pas d'anciennes langues à flexions dégénérées, et dont les flexions se seraient peu à peu effacées, jusqu'à devenir une agglomération; car lorsqu'une langue à flexions commence à émousser les terminaisons de ses cas, elle y remédie par des prépositions et des articles, c'est-à-dire qu'elle remplace les terminaisons destinées à représenter les cas, par des prépositions distinctes du mot et qui, dans nos langues, précèdent les mots dont elles modifient le cas, mais qui, dans les langues tartares, les suivent. Or, ces postpositions diffèrent des prépositions, en ce que leur apparition devance l'emploi des cas, tandis que les prépositions remplacent ceux-ci, si la langue s'altère et se simplifie. Les cas ne sont en effet que le résultat de l'accolement de la postposition au mot. La marche organique de la déclinaison se présente donc ainsi dans les langues humaines : d'abord le radical ordinairement monosyllabique, correspondant à la période purement interjective, représentée par la famille des langues chinoises; puis le radical, suivi de postpositions, correspondant à la période d'agglutination, représentée par les langues ougro-tartares; ensuite le radical soumis à la flexion correspondant à la période ancienne des langues indo-européennes; enfin, la préposition suivie du radical correspondant à la période moderne de ces mêmes langues. Jamais la postposition ne reparaît, après la naissance de la préposition.

La famille des langues ougro-japonaises se partage en plusieurs embranchements répondant à des vocabulaires fort différents et présentant un degré très-inégal de développement; celles qu'on parle à l'ouest sont à cet égard fort supérieures à celles qu'on parle à l'est. Tous ces idiomes peuvent être considérés comme caractérisant les races qui sont personnifiées dans la Bible par les noms de Magog, de Tubal et de Meschech ou Mosok, c'est-à-dire les Scythes d'Asie, les Tibarènes et les Mosches. Les diverses tribus ainsi appelées occupaient originairement la Médie et l'Arménie avant que ces pays eussent été envahis par des peuples aryens (Mèdes et Arméniens); elles furent subjuguées ou absorbées en partie par ceux-ci, en partie par d'autres tribus qui parlaient comme elles des langues touraniennes, telles que le médo-scythe, le parthe, l'idiome de l'Urarti ou alarodien, idiome dans lequel sont écrites les inscriptions découvertes aux environs de Van, qui ont été aussi désignées sous le nom d'*arméniaques*. Ces monuments qui datent du huitième et du septième siècle avant notre ère fournissent, avec la partie protomédique des inscriptions trilingues des Achéménides, les plus anciens textes écrits dans une langue de la famille ougro-japonaise. Pour une foule d'autres langues de la même famille, les monuments graphiques connus sont d'une date infiniment plus récente. On n'a pas d'écrits magyars antérieurs au quinzième siècle. Quant aux autres idiomes ougriens, on ne connaît pas de textes qui aient plus d'un siècle d'existence, si l'on excepte toutefois l'inscription non déchiffrée de l'église de

Vochinsk (gouv. de Vologda) datant du quatorzième siècle et qui est, dit-on, en langue zyriaine.

Entre les divers embranchements de la famille ougro-japonaise se place d'abord celui qui peut être qualifié de *tartare*, lequel se subdivise en deux rameaux; le premier est le rameau mongol ou tartare pur. Le mongol est de toutes ces langues la plus simple; il comprend trois dialectes : le mongol proprement dit, le kalmouk ou éleuth et le bouriate. Le mandchou occupe, quant à la douceur, une position intermédiaire entre le mongol et le turc. Le tongouse, allié au mandchou, comprend de nombreux dialectes dont quelques-uns constituent des idiomes tout à fait distincts : tel est le *lamoute*, parlé par les Tongouses des bords de l'Océan pacifique, limitrophes des Kamtchadales, langue assez voisine du tongouse du pays de Iakoutsk qu'il ne faut pas confondre avec l'idiome des Iakoutes proprement dits ou *sokhalar*, qui quoique pénétré de mots mongols se rapproche beaucoup du *djagatéen*; l'idiome des Karagasses et celui des Kaïbales qui habitent le long du haut Iénisseï près Krasnoïarsk, lui est allié de très-près. Le tongouse se parle dans la province de Nertchinsk, sur les bords de l'Amour. Le rameau turc, dont la phonologie a moins de douceur que celle du mongol, se rattache par la syntaxe au tongouse, mais en diffère considérablement par le vocabulaire; il comprend : 1° l'*ouïghour*, dont les dialectes sont le kirghise, le karakalpak, le tartare de la vallée de l'Ili, le turc de la Dzoungarie; 2° le *djagatéen* ou vieux turc, qui se subdivise en *kongrat*, dialecte de Tachkend, Khiva et Balkh, *khorezmien* ou *uzbek*; le *koman*, dont il a été parlé ailleurs et dont les traces subsistent dans un patois de la Hongrie, appartient au même groupe; 3° le *kiptchak*, se subdivisant en nogaï ou turc de la Crimée et du Daghestan (*lingua ugaresca* du moyen âge), bachkir, boukhare, turcoman, turc de Kazan, turc d'Astrakhan, turc d'Orembourg, barabintse; 4° l'*ottoman*, autrement dit le *ghésien* ou *turc d'Europe*.

Plusieurs de ces idiomes ont été adoptés par des peuples qui ne sont pas de race turque, tels que les Bachkirs et les Barabintes. L'ottoman est, de tous, le plus élaboré ; mais comparé aux langues finnoises, il est relativement simple, se distingue par une idéologie plus générale et plus développée. Les langues turques ont évincé en différentes parties de l'Asie occidentale les idiomes indo-européens, sémitiques ou finno-ougriens qui s'y parlaient. Le second embranchement peut être appelé finno-ougrien ; il comprend les idiomes suivants : le *magyar* ou hongrois, subdivisé en deux dialectes, le haut-hongrois ou *paloc* et le bas-hongrois. Le magyar forme un rameau à part dans l'embranchement finno-ougrien ; il se rapproche pourtant d'une manière assez frappante de certains dialectes sibériens, à savoir : le *sourgdate*, parlé sur le haut Obi, et l'*obdor*, parlé sur le bas Obi, et quelques dialectes de l'Irtych ; le *lapon*, qui se subdivise en cinq dialectes ; le *finnois* ou *suomalais*, langue qui a fortement subi l'influence du suédois, mais dont un dialecte, le *vepse* ou tchoude du nord, conserve les formes archaïques, l'*esthonien* et le *live*, qui n'en est qu'un dialecte auquel se rattachait le *coure*, idiome aujourd'hui éteint, et n'ayant laissé de trace que dans des noms propres, mais dont paraît dérivé le patois de l'île d'Œsel, appelée par les Esthoniens *Koure-Maa*. Ce second embranchement s'éloigne notablement du premier et se lie au contraire à l'embranchement ouralo-altaïque, caractérisé par les postfixes et une tendance agglutinative très-prononcée. Les idiomes ouralo-altaïques comprennent la langue des Zyriaines qui est presque identique à celle des Permiens, l'ostiak qui compte trois dialectes, le vogoul qui en a un même nombre, le tchérémisse et le mordvine qui présente beaucoup d'affinité avec le rameau finno-esthonien. Ces deux groupes se font remarquer par une vocalisation douce où les consonnes sont peu accumulées. La langue aujourd'hui perdue des Khazares se rattachait sans doute à cette famille. Le rameau samoïède a également des rapports étroits avec le même rameau. Le lapon peut être considéré comme formant le lien qui unit le groupe finno-esthonien au groupe zyriaine ou ouralien proprement dit.

L'aïno tient le milieu entre le chinois et le mandchou. Le kamtchadale paraît lier les langues ougro-japonaises aux langues américaines. L'idiome kamtchadale ou *itulmen*, car tel est le nom national de ce peuple, s'il est rattaché par une affinité visible au koriak de la Kolima, s'éloigne au contraire visiblement de l'aïno des Kouriles, de Saghalien et de Yeso. On peut au reste considérer comme formant un groupe à part les langues qui sont parlées à l'extrémité orientale de la Sibérie et placer dans ce groupe, outre le kamtchadale, l'*aïno* et le *koriak*, idiome d'une population habitant au sud du fleuve Anadyr, l'*yukagiri*, langue des Adon-Domni qui habitent à l'est des Iakoutes et des Tongouses, l'ostiak des bords du Iénisséi et le *kourile*.

Le japonais, sous sa forme moderne, a perdu une grande partie des caractères qui le rattachaient à la famille des langues ougro-tartares, lesquelles se conservent davantage dans le vieux japonais, ou *yamato*, devenu une sorte de langue sacrée qui se parle encore devant le mikado. Le japonais se lie par certains côtés au coréen ou *coria* dont le système grammatical et la construction phraséologique rappellent le mongol et le mandchou. Cette langue tient d'ailleurs par la prononciation à certains dialectes chinois, notamment à celui du Fo-kien. Comme le japonais, elle a fait de nombreux emprunts au chinois et en a tiré son écriture. Le *lou-tchou*, idiome des îles Liou-Khiéou, paraît être un mélange de japonais et de chinois.

On voit, par ce qui vient d'être dit, qu'il existe entre les divers idiomes de la famille ougro-japonaise le même enchaînement qui a été signalé sous le rapport physique entre les populations de race mongole et celles de race boréale. Et de même que ces races se lient aux races américaines par certains chaînons, que représentent des populations intermédiaires, les idiomes ougro-japonais se lient à leur tour à ceux de l'Amérique du Nord, et les dialectes eskimaux peuvent être considérés comme opérant la soudure entre les idiomes de l'extrémité orientale de la Sibérie et ceux de la partie boréale du Nouveau monde.

Langues américaines.

Chez les langues américaines l'agglutination prend en général un degré de puissance que n'offrent point les autres idiomes ; elle devient ce qu'on a appelé le *polysynthétisme*. Mais M. F. Lieber a fait remarquer que l'épithète de *polysynthétiques* proposée par Duponceau, rend inexactement le procédé qui distingue les langues américaines, et il y a substitué celle de *holophrastiques*[1], qu'il emploie par opposition à l'épithète d'analytiques. Du reste, comme l'observe le même écrivain, malgré leur génie éminemment holophrastique, les langues du Nouveau monde, et notamment celles de l'Amérique du Nord, ne présentent pas toujours ce caractère à un égal degré ; il n'y a pas non plus de langue où l'on n'observe, dans des proportions diverses, l'emploi simultané des procédés holophrastiques et des procédés analytiques. Dans les langues américaines, ce n'est pas seulement une synthèse qui rapproche en un mot tous les éléments de l'idée la plus complexe, il y a encore enchevêtrement des mots les uns dans les autres ; c'est ce que M. F. Lieber appelle spirituellement *encapsulation*, comparant la manière dont les mots rentrent dans la phrase, à une boîte dans laquelle en serait contenue une autre, laquelle en contiendrait une troisième en contenant à son tour une quatrième, et ainsi de suite. L'incorporation des mots est parfois poussée dans ces idiomes jusqu'à une singulière exagération ; ce qui amène la mutilation des mots incorporés.

Les langues du Nouveau monde offrent une grande inégalité de développement et de richesse, suivant l'état plus ou moins avancé des peuples qui les parlent ; toutefois il est à noter qu'en prenant des formes plus complexes et en grossissant leur vocabulaire, la majorité d'entre elles ne perdent pas pour cela le caractère polysynthétique ; cette

---

1. Dérivé de ὅλος, tout, et φράζω, je parle ; holophrastique veut dire : exprimant l'idée dans son tout.

persistance de l'agglutination, en lui enlevant toute flexibilité, fait qu'elle demeure d'un emploi toujours incommode. Aussi les idiomes américains sont-ils peu propres à exprimer des idées fines, subtiles et délicates; ils peuvent être riches d'expressions, mais ils manquent de souplesse et de clarté. La ténacité de ce caractère est un des indices les moins équivoques que les populations du Nouveau monde sont liées par une parenté originelle. Le moule commun dans lequel ces langues sont coulées, dénote qu'aucune des tribus indiennes n'avait dépassé l'état intellectuel auquel correspond la période d'agglutination. Le grand développement du polysynthétisme n'empêche pas qu'on ne puisse retrouver aisément dans ces idiomes le radical primitif. Mais ce radical n'a point la fixité qu'il garde dans d'autres groupes linguistiques; il varie beaucoup, parce qu'il participe de la mobilité que le système de l'agglutination imprime aux sons vocaux. Comme l'on peut par un tel procédé former des mots à l'infini, il en résulte que deux langues agglutinantes d'abord sœurs, arrivent à s'éloigner promptement du type auquel elles appartenaient. Le fond primitif du vocabulaire est d'ailleurs très-pauvre dans les idiomes du Nouveau monde, et peut aisément disparaître, de façon que les traits qui seraient de nature à faire reconnaître la parenté originelle sont rapidement effacés. Une peuplade substitue ainsi facilement aux mots de la langue parlée par la nation dont elle était sortie, un ensemble de mots tout à fait différents [1]. Chez les anciens Caraïbes des Antilles, dont la race est éteinte, chaque sexe avait même originairement sa langue; mais celle des femmes, que les mères enseignaient à leurs enfants, finit par l'emporter. Cette duplicité d'idiomes a pu au reste avoir sa cause dans une conquête; les femmes prises chez les vaincus auront gardé leur langue maternelle.

---

1. Un exemple curieux de ce fait nous est offert par les habitants de la vallée de Simbura, à quelque distance de Carimanga, province de Loxa (république de l'Équateur); bien que d'origine mêlée espagnole et indienne, ils parlent aujourd'hui une langue qui n'offre plus aucun rapport avec celles des populations voisines.

La grammaire offre dans les divers idiomes américains certains traits dominants et d'autres particuliers à tel ou tel groupe ; ainsi on rencontre chez plusieurs langues de l'Amérique un double pluriel pour les pronoms personnels et possessifs : l'*inclusif* et l'*exclusif*. Les langues de l'Amérique du Nord, à l'exception de celles de la famille iroquoise, n'ont généralement pour les deux sexes qu'un seul pronom de la troisième personne. Cette pauvreté est compensée par certaines richesses ; ces langues possèdent par exemple presque toutes un duel.

Les verbes se conjuguent par des inflexions ou désinences ; une foule d'idées accessoires s'associent à leur expression, au moyen de légers changements, de syllabes préfixes ou intercalées. Dans la langue *dènè-dindjié*, observe le P. Petitot, il n'y a en réalité qu'une seule conjugaison, celle du verbe substantif *être*, mais il existe un grand nombre de voix et les verbes peuvent se distribuer en transitifs, intransitifs, réflectifs, itératifs, intensitifs, causatifs, réduplicatifs, postpositifs, locomotifs, etc. Cette richesse du verbe pour expliquer le mode d'action qui contraste souvent avec sa pauvreté en fait de temps, appartient à un grand nombre d'idiomes américains. Les adverbes se distinguent par des formes qui leur sont propres. La diversité grammaticale n'apparaît que dans la forme et dans l'emploi des particules modifiant le radical : « Telle langue, écrit Duponceau[1], a un grand nombre de particules significatives qu'elle peut réunir facilement ; telle autre a des particules serviles dont l'usage est soumis à des règles ; telle autre enfin prend des syllabes où elle les trouve, lorsqu'il s'agit de former de nouveaux mots. Il y a une différence sensible quant à la formation des mots, entre les langues des peuples chasseurs, pêcheurs ou nomades, et celle des Indiens sédentaires qui ont reçu un certain degré de civilisation ; celles-ci ont en général plus de méthode ; les éléments en sont plus simples et employés avec plus

---

1. *Mémoire sur le système grammatical de quelques nations indiennes de l'Amérique du Nord*, p. 91 (Paris, 1838).

d'art; elles présentent un aspect moins rude et moins sauvage : rien n'est plus frappant que la différence que l'on observe à cet égard entre le groënlandais et le chilien. »

Plusieurs des idiomes de l'Amérique du Nord ont des sons d'une nature particulière; telle est par exemple l'*ou* consonne de la langue lenâpe, suivie immédiatement d'une autre consonne, et qui constitue une sifflante *sifflée*, dans la véritable acception du mot. Cette lettre se retrouve avec un caractère un peu plus guttural dans l'abénaki. Tous les Indiens de la famille algonquine prononçaient les voyelles très-ouvertes et leurs syllabes étaient fort accentuées; ils avaient deux accents différents pour les mots : l'un dit *appuyé*, l'autre *frappé*. Cette variété d'accents ou de tons est une particularité qui rappelle les intonations de la langue chinoise. Un trait non moins remarquable dans l'accentuation des idiomes algonquins et qui leur est commun avec les autres langues de l'Amérique septentrionale, c'est la manière dont on y prononce la dernière syllabe des phrases, surtout dans les allocutions oratoires; on la jette en avant avec force, d'une manière, écrit Duponceau, qu'on ne peut mieux comparer qu'au commandement militaire.

M. Fr. Müller répartit les langues de l'Amérique du Nord proprement dites en douze familles : 1° langues kénaï, 2° langues athapaskas, 3° langues algonquines, 4° langues iroquoises, 5° langues du rameau dacota, comprenant les idiomes sioux, 6° langues pawnies, 7° langues appalaches, 8° langues goloutches, 9° idiomes de l'Orégon, 10° langues californiennes, 11° langues yumas, 12° idiomes de la Sonora et du Texas. On peut constituer une 13ᵉ division des idiomes padoucas, parlés dans le territoire d'Utah et dans les cantons environnants.

Les langues kénaï ont pour type le kénaï ou kinaï, idiome de tribus répandues dans le territoire d'Alaska entre le 59° et le 65° lat. et qui comprennent les Kinanzi ou Kinaï proprement dits, les Ougalenzes ou Ougalyachmoutsi, établis près du mont Saint-Élie, les Atnah, les Inkilik, toutes tribus qui offrent une extrême homogénéité. Les langues kénaï qu'on peut aussi appeler *tinné* tirent leur nom de l'appellation nationale (*Kinaï* ou *Tinné*) que ces tribus se donnent et qui signifient tout simplement *hommes*. Cette désignation rappelle celle de *Kenayout*, par laquelle se désignent les Eskimaux de Kadiak, et c'est là une circonstance qui décèle à elle seule la parenté des Kénaï avec les Eskimaux.

Les langues athapaskas ont pour type principal l'athapaska, comprenant une foule de dialectes (*attabaskan, chippewayan, indien couteau-jaune, dog-rib, indien peau de lièvre*, etc.); ces idiomes nous fournissent, selon M. Buschmann, le prototype des langues de l'Amérique du Nord dont ils peuvent être représentés comme constituant la souche. Leur domaine s'étend au voisinage de la baie d'Hudson jusqu'au 46° lat. Ils sont fort gutturaux et offrent ces sons étranges qui caractérisent tant de langues du Nouveau monde. On y trouve à un degré bien marqué le caractère polysynthétique; de là des mots très-longs pour rendre des idées fort simples et usuelles. Ainsi, en tlatskanaï, idiome parlé sur les bords de la Columbia, *langue* se dit : χotschtχltschistχltsaha. Dans le même embranchement se placent les deux idiomes qui viennent d'être rappelés, le *qualihoqua*, parlé au nord de l'embouchure de la Columbia, l'*umqua*, le *hoopa*. On rattache au même groupe les idiomes des Indiens Apaches, Navajos, Jecorillas et Lipanes, les plus méridionaux de cette famille. Le P. Petitot désigne sous le nom de *déné-dindjié*, l'idiome d'une partie des Indiens Athapaskans qui embrasse les Loucheux ou *Dindjié* et diverses tribus confondues sous l'appellation générale de *Kuttchin;* cet idiome comprend lui-même une multitude de dialectes.

Le rameau algonquin, autrement dit *algique*, embrasse une foule d'idiomes parlés par des tribus dont le domaine a beaucoup varié à la suite de migrations et qui sont aujourd'hui en partie détruites (Knistinaux, Abenakis, Mohicans, Crees, Micmacs, Delawares, Miamis, Ogibwais, Pieds-Noirs, Saxes, Foxes, Chayennes, Arrapahos). Ces idiomes gardent, à beaucoup d'égards, les traces d'une grande simplicité. Le genre notamment n'y est pas nettement arrêté, mais on y distingue les objets en *animés* et *inanimés*. Toutefois l'objet peut être rapporté, suivant la pensée de celui qui parle, à l'une ou à l'autre catégorie. Certaines idées religieuses, par exemple, peuvent, par une sorte de prosopopée, faire attribuer le genre animé à des armes, à des parures, à des pierres, etc. Le verbe jouit de la faculté de recevoir le genre ; aussi sa forme varie-t-elle suivant que son régime est un objet animé ou inanimé. Gallatin rattache au rameau algonquin le *bethuck*, ancien idiome de Terre-Neuve actuellement éteint, et l'*adahi* qui se parlait dans la Louisiane.

Les langues iroquoises comprenaient celles des Hurons ou Wyandots, des Sénécas, des Onondagos, des Wocouns, des Cayougas, des Tuscaroras.

Les langues dacotas ou sioux comprennent le dacota, l'assiniboine, l'osage, l'ioway ou *iowa*, etc. Le dacota était parlé par une tribu qui s'étendait, il y a environ un demi-siècle, depuis le Mississipi à l'E. jusqu'à la chaîne des Black-Hills à l'O. et depuis le Big-River au S. jusqu'au lac du Diable au N. Cet idiome, qui comprend plusieurs dialectes, n'offre pas à beaucoup près la même tendance holophrastique que les idiomes algonquins et iroquois. Sa simplicité rappelle celle des idiomes polynésiens. Les lettres y sont soumises à des changements réguliers suivant celles avec lesquelles elles se rencontrent, ce qui rappelle à certains égards les règles d'harmonie des langues ougro-tartares ; mais on y retrouve la richesse de voix caractéristique du verbe dans les idiomes du Nouveau monde. Celui-ci reçoit, avec l'adjectif, la marque du pluriel qui ne s'applique jamais au substantif. Les modifications des racines verbales, pour constituer des noms ou des participes, se font à l'aide de préfixes ou de particules.

Les langues pawnies comprennent le *kéchi*, le *waco*, le *witschita* et se lient à certaines langues parlées dans le Texas, notamment le *caddo*.

Les langues appalaches comprennent le *natchez* (*uchi* et *adaïze*), le *muskhoghi*, le *choctaw*, le *cheroki* et le *séminole*.

Le rameau goloutche embrasse tout un ensemble d'idiomes remontant au N. O. de l'Amérique du Nord jusqu'au delà du mont Saint-Élie et paraît se lier à l'idiome de l'île Kadiak, bien qu'il soit très-distinct de la langue de l'île Charlotte et des dialectes qui en sont congénères (*naas*, *nooitty*). Les langues goloutches abondent en gutturales et en fortes aspirées. La lettre composée *tl* s'y montre fréquemment comme en nahuatl. Il est au reste à noter que l'on observe souvent la finale *tl* dans les idiomes du N. de l'Amérique méridionale, notamment dans celui du détroit de Fuca, qu'une parenté assez étroite lie à celui de Noutka. Ce dernier idiome possède des mots fort longs et qui, par le son et leur mode de composition, rappellent certains mots mexicains. Dans les langues athapaskas, *tl* devient un *ts* ou un *tch* et le préfixe *téné* y répond au préfixe *té* aztèque. Enfin, ce qui achève de démontrer la parenté du goloutche avec l'ancien idiome mexicain dont il sera question plus loin, c'est qu'on y retrouve un système de numération vigésimale analogue.

Les idiomes de l'Orégon ne semblent pas former un tout bien homogène ; ils sont encore mal connus. Ils comprennent l'*atnah*, le *selich*, le *tchinouk*, le *kalapuya*, le *wallawalla*, le *sahaptin*.

La branche padouca a pour principal représentant le *wihinast* ou *schoschoni* occidental dont le domaine est séparé de l'Océan pacifique par une bande étroite où se parlent le jakon et le *kalapuya*. Le nom de padouca est tiré d'une tribu originaire de l'Orégon méridional, mais qui depuis a pénétré dans le Nouveau-Mexique et au Texas.

Les langues californiennes qui affectent plus de sonorité que celles parlées plus au nord, et entre lesquelles nous citerons le *pima*, le *kizh*, le *nétéla*, se rapprochent par divers caractères des langues *yumas* et de celles de la Sonora et du Texas. Le *cochimi* et le *péricu* sont les deux principaux idiomes de la Californie. Le comanche ou *naüni* tient d'assez près au schoschoni. L'*attacapa*, qui paraît être l'idiome propre du Texas, s'éloigne fort des langues de l'Amérique du Nord, et offre un caractère monosyllabique très-prononcé. On rencontre au Nouveau-Mexique cinq langues différentes : le *quera*, le *degua* ou *tesaque*, le *pecos* ou *tagno*, le *picoris* et le *zugni*.

On saisit entre les divers rameaux qui viennent d'être mentionnés des entre-greffements et des affinités, indices de leur parenté originelle et qui lient par différents côtés tous les groupes les uns avec les autres. Ainsi, des idiomes de la Nouvelle-Californie ont des traits de ressemblance avec les idiomes athapaskas, tels sont le kizh et le nétéla, le premier parlé dans la mission de San Gabriel, le second dans celle de San Juan Capistrano. Il existe très-vraisemblablement une parenté entre les langues de la famille athapaska et celle de la famille padouca ; car certains mots athapaskans, par exemple ceux qui signifient *feu*, *arc*, sont communs à la langue des Comanches et à celle des Schoschonis, et le premier de ces mots se retrouve aussi dans l'idiome des Indiens de l'Utah. De même, les langues athapaskas se lient à plusieurs de celles de l'Orégon (*tchinouk*, *atnah*, etc.), comme on passe par degrés des langues algiques aux iroquoises et ainsi de suite.

La famille des langues eskimaues forme un groupe à part qui, bien qu'appartenant à l'Amérique septentrionale, est rattaché par M. Fr. Müller à la branche des langues hyperboréennes ou arctiques, dans laquelle il place le *koriak*, le *tchouktchi* et l'*aïno* ; les langues eskimaues forment en effet, comme il a été dit, la transition des idiomes sibériens orientaux aux langues américaines. Cette famille comprend le *groënlandais*, l'*ancien indien du Labrador*, le *tchiglit*, parlé par les Eskimaux de l'embouchure du Mackenzie et de l'Anderson. Les idiomes eskimaux ont atteint un développement fort supérieur à celui de plusieurs des langues contenues dans l'énumération précédente. Les nombres et les cas y sont nettement distingués, mais le genre n'existe pas. Des suffixes servent à transformer le substantif en un verbe et cette dernière catégorie grammaticale offre les nombreuses voix que l'on remarque dans les langues du Nouveau monde. Les idiomes eskimaux se lient aux idiomes athapaskas, kinaï et goloutches, lesquels ont entre eux de nombreuses affinités.

Les idiomes de l'Amérique centrale présentent un ensemble distinct des familles linguistiques de l'Amérique du Nord, mais on reconnaît chez plusieurs des traits propres à faire croire qu'elles sortent d'une même origine; déjà quelques-uns de ces points de ressemblance ont été signalés. Les langues de l'Amérique centrale n'appartiennent pas, au reste, à une seule et même formation. Elles peuvent être rapportées à trois groupes : 1° celui des idiomes primitifs de l'Amérique centrale ou *quicho-mayas* et qui comprend : le *maya*, encore aujourd'hui parlé dans le Yucatan où il était prédominant à l'arrivée des Cakchiquels qui désignèrent ceux qui le parlaient par l'épithète de *muets* (*mâm*); les dialectes *huastèques*, parlés dans le Yucatan, le Guatémala et la province de Tampico; le *zutuhil* ou *zutugil*, qui tient de près au *cakchiquel*, parlé comme lui dans l'État de Guatémala; le *chiapa*, le *tzendal* ou *çeldal*, parlés l'un et l'autre dans l'État de Chiapas[1]; le *chorti*, le *mâm* ou *zaklohpakap*, parlé dans le district de Soconusco; le *pocoman* ou *pocontchi*; le *populuca*; le *quiché*, idiome de la population que les Pocomans repoussèrent des provinces guatémaliennes. Le *zoque*, l'*ullalèque*, le *lacondon*, parlés par des tribus qui bordent, à l'est, l'Umacinta, constituent une famille à part. Il en est de même du *totonaque*, parlé au nord de l'État de Puebla[2]; du *tarasco*, en usage dans une grande partie du Michoacan; du *mixtèque*, répandu sur la frontière des provinces d'Oaxaca et de Puebla; du *tlapotèque*; du *mazatèque*, du *zapotèque* et du *mixe*, parlés dans l'État d'Oaxaca; du *chinanstèque*, parlé au centre de l'isthme de Téhuantépec.

1. Le nom de tzendal paraît n'être qu'une forme du nom de *Tchontal* qui signifiait *barbare* et que les Mexicains donnaient aux Indiens de cette race.

2. Le totonaque dont le domaine confine à celui de l'idiome huastèque, était la langue d'un peuple dont l'arrivée dans l'Anahuac précéda celle des Chichimèques et auquel on attribue la construction des temples de Téotihuacan. Voy. F. Pimentel, *Cuadro de las lenguas indigenas de Mexico*, t. I, p. 223.

2° Le groupe qui a pour type l'*othomi* ou *hiai-hiu*, une des langues de l'Amérique centrale dont le domaine est le plus étendu (provinces de Queretaro, San Luis, Guanaxuato, Michoacan, Mexico, Puebla, Vera Cruz, Tlaxcala), constitue une branche tout à fait à part, et appartient à un peuple qui précéda dans l'Anahuac les Toltèques. Les Othomis, dont les descendants subsistent encore assez purs, se distinguent également par leurs traditions et leurs croyances.

3°. Le groupe *aztèque* a pour type le *nahuatl* ou mexicain proprement dit, langue des Toltèques ou Nahuas, adoptée ensuite par les Aztèques, parlée également par les Chichimèques, ainsi que l'a démontré l'étude des noms de lieux. Le nahuatl a jadis couvert de ses ramifications une région qui s'étend du Nouveau-Mexique et du Texas jusqu'à l'État de Sonora. C'est celui des idiomes de l'Amérique centrale qui est aujourd'hui le mieux connu, et le seul qui ait donné naissance à une littérature, grâce à l'emploi d'une écriture spéciale, originairement tout idéographique et symbolique qui finit par devenir purement phonétique. Les habitants du Yucatan et quelques populations voisines, telles que les Lacandons, firent aussi usage d'une écriture phonétique qu'on rencontre dans les inscriptions de Palenqué, de Copan, de Quirigua et d'autres monuments de l'Amérique centrale. Plusieurs des langues des États de Guatémala, de Honduras et de San Salvador, tels que le *pipile*, le *lenca*, ne sont que des dialectes altérés du nahuatl[1].

La plupart des idiomes de ces trois groupes présentent le caractère polysynthétique des langues de l'Amérique du Nord. Le mot renferme en lui seul tous les éléments d'une pensée complexe, sans que ces éléments puissent cependant former des mots séparés[2]. Le polysynthétisme

---

[1]. Les Indiens Lenca habitent dans les montagnes du Honduras; ils faisaient partie des tribus que les anciens Mexicains appelaient *Tchontals*; ils n'ont jamais atteint la civilisation des Quichés, des Lacandons du Guatemala et des Mayas du Yucatan.

[2]. Voici un exemple qui fera comprendre l'étendue de ce polysynthé-

y engendre, comme dans les langues athapaskas, des mots extrêmement longs, par exemple de 9, 10, 11, 12 et même 14 syllabes[1] : d'où il résulte, pour les substantifs, un sens étendu et complexe, ainsi que nous le montrent surtout en nahuatl les noms de lieux. Mais le polysynthétisme a dû résulter dans ces langues d'un développement progressif ; car, d'après la remarque de M. Brasseur de Bourbourg, le maya, l'un des plus anciens idiomes de ce groupe, est presque monosyllabique. En nahuatl, les substantifs sont généralement réductibles à des radicaux fort courts, et, malgré les développements que prit cette langue, à raison de l'état social avancé de ceux qui la parlaient, elle garde bien des vestiges de sa simplicité originelle. Les verbes ont peu de modes, peu de temps, peu d'inflexions; ils sont notamment dépourvus d'infinitif. Le verbe actif ne peut être employé seul et n'entre dans la phrase qu'avec son complément et son sujet : ce qui lui imprime un caractère à part. En effet, il ne se distingue pas alors essentiellement du substantif; et à la troisième personne du temps répondant à peu près à notre indicatif présent, l'idée rendue est aussi bien celle d'une action faite sur une chose que celle de l'état exprimant cette action; ainsi le verbe *nitlapia*, qui signifie *je garde quelque chose*, fait à la troisième personne *tlapia*, qui veut également dire *il garde quelque chose* et *un garde*. Cette troisième personne est donc, comme dans les langues sémitiques, le véritable radical du mot *tlapia*[2] exprimant aussi bien l'action que l'état; les

---

tisme : *Nicalchihua* signifie, en mexicain : *je construis ma maison*, et se compose de *ni*, de *cal* et de *chihua*, signifiant : *je, maison, fais*, sans qu'aucun de ces éléments puisse être employé comme mots isolés. Voy. l'article *Langues américaines* de M. Aubin dans l'*Encyclopédie du* XIXe *siècle*.

1. Je citerai un seul exemple: le nom d'une ancienne ville du royaume d'Acolhuacan était *Achichillacachocan*, lequel signifie *lieu où les hommes pleurent parce que l'eau est rouge*. Ce mot est formé par agglutination de *atl*, eau, *chichiltic*, rouge, *tlacatl*, homme, *choca*, pleurer. Voy. Buschmann, *Ueber die aztekischen Ortsnamen*, Mémoires de l'Académie de Berlin pour 1852, page 131.

2. Le verbe fournit de la sorte dans un sens réfléchi une foule d'ap-

premières et les secondes personnes du même verbe, *nitlapia, titlapia,* signifient également *je suis, tu es garde.*

Quant au système phonétique, le nahuatl est assez pauvre. Une foule de sons lui manquent, par exemple, les lettres *b, d, f, g, r, s, v, w.* Aucun de ses mots ne peut commencer par *l.* Sa vocalisation présente en général une douceur qui rappelle celle des langues de la souche ougro-japonaise, et contraste avec la dureté et l'étrangeté des sons appartenant aux langues de la famille quicho-maya. Ces sons bizarres tiennent à l'emploi de consonnes spéciales que M. Aubin appelle *détonnantes* et qui offrent quelque analogie avec les *kliks* des langues hottentotes. Leur fréquence frappe surtout dans l'othomi; mais on les retrouve, à un degré moins prononcé, dans certaines langues parlées à l'ouest et au nord-ouest de l'Amérique septentrionale, telles que le comanche, le mazahua et le tatché: nouvel indice de la parenté des langues de l'Amérique centrale et des idiomes de l'ouest de l'Amérique septentrionale.

M. Buschmann a retrouvé un grand nombre de mots aztèques dans les langues athapaskas et kinaï. Quelques-unes des analogies du mexicain et de divers idiomes des Peaux-Rouges ont été signalées plus haut. Le même savant a découvert de nombreux éléments aztèques dans le tarahumara et le tepeguana, parlé dans le nord de la province de Sonora, dans le cora, chora ou chota, idiome de la Sierra del Nayarit dans la province de Jalisco, et le cahita, idiome de la partie septentrionale de la province de Cinaloa qui a une parenté avec l'opata ou téguima et l'eudeve, idiome de la Sonora. A ces diverses langues peut se rattacher le *pima,* parlé par les Indiens Pimos, lequel constitue un cinquième type, et où reparaissent également les éléments aztèques.

Malgré les différences de vocabulaires et de formes

---

pellatifs mexicains, par exemple : *mo-zoma,* troisième personne indicative de *zoma (nino),* « je me fâche », donnera, en incorporant *teuthli,* « seigneur », le nom de l'empereur Monteuhzoma (vulgairement Montézuma), signifiant ainsi : *qui se fâche en seigneur, souverainement courroucé, grandement irrité* ou *sévère.*

grammaticales séparant les quatre familles linguistiques de l'Amérique centrale, on saisit entre elles des traits communs qui permettent de les rattacher à une même souche. Elles présentent toutes, par exemple, l'emploi habituel des postpositions que l'on rencontre à la fois dans les langues ougro-tartares, dravidiennes et africaines.

Les idiomes de l'Amérique du Sud offrent, à ce qu'il semble, moins d'homogénéité que ceux de l'Amérique du Nord. Le plus connu d'entre eux, le *quichua*, ou langue des Incas, ne fut d'abord parlé que dans la contrée comprise entre le littoral de l'Océan pacifique et la Cordillère de l'intérieur, du 13° au 15° de lat. sud. Son domaine s'étendit considérablement avec la domination des Incas, et elle finit par devenir la langue générale du Pérou. À l'arrivée des Espagnols, elle était répandue depuis Quito, au nord, jusqu'au Chili et au Tucuman, au sud, et à l'est jusqu'à l'Ucayali. Cet idiome offre, à un plus haut degré qu'aucune autre langue sud-américaine, le caractère de langue d'agglutination. Le pronom sujet et le pronom régime s'y lient dans leur emploi étroitement au verbe. Les pronoms s'y incorporent tantôt par le moyen de syllabes, de flexions propres, tantôt sous la forme de suffixes, qui servent alors à constituer de nouvelles sortes de conjugaisons que les grammairiens espagnols, auxquels nous devons les premières notions des langues américaines, avaient appelées *transiciones*[1]. C'est là, au reste, un caractère qui appartient à presque toutes les langues de l'Amérique du Sud, mais qui se modifie pour chacune d'elles. Il existe, en quichua, six catégories de ces transitions : de la seconde à la première et à la troisième personne, de la première à la seconde et à la troisième, de la troisième à la première et à la seconde. Dans certains idiomes sud-américains, ces transitions se réduisent à quatre et même à deux. Souvent on y a recours, bien que

---

1. Voy. à ce sujet, J. J. von Tschudi, *Die Kechua Sprache*, tome I, page 11.

ce soit un nom et non un pronom qui constitue le régime exprimé ; tandis que dans plusieurs langues congénères, leur emploi se restreint au cas où le régime est un pronom personnel. Comme divers autres idiomes de l'Amérique et les langues sémitiques, le quichua et d'autres idiomes péruviens ont deux formes de pronoms, les pronoms isolés et les pronoms suffixes. L'article n'existant point en quichua, les déclinaisons y reposent sur des changements de terminaisons. L'adjectif se met toujours devant le substantif et demeure invariable, parce qu'il fait corps avec lui et y reste uni dans la déclinaison. La conjugaison est fort simple et s'opère par l'addition d'une ou de deux syllabes. De légères modifications permettent au quichua d'exprimer toutes les nuances de l'action ; de là un grand nombre de voix. Entre les sons caractéristiques de cet idiome, on en trouve qui s'expriment par une sorte de claquement, comme dans les idiomes de l'Amérique du Nord, et qu'il est très-difficile à une bouche européenne d'articuler.

Le quichua se subdivise en une foule de dialectes. Deux des plus importants sont le *chinchaysuyu*, parlé dans le moyen Pérou, principalement sur le plateau compris entre les 11° et 13° lat. S., et le *cauki*, idiome de certaines vallées transversales. Au groupe de langues péruviennes appartiennent encore le *lamano*, parlé dans quelques districts du département de Libertad, et le *calchanki*, répandu dans la province de Tucuman. Quant à l'*yunca*, usité dans l'évêché de Truxillo, au *pukina*, parlé dans le haut Pérou et sur quelques points de la côte du moyen Pérou, et à la langue du district de Collas, ils paraissent appartenir à une tout autre famille que le quichua. L'*aymara*, idiome d'une des nations indigènes du Pérou, se lie, au contraire, incontestablement à la famille péruvienne ; son système grammatical rappelle d'une manière frappante celui du quichua.

La famille *muysca* a pour représentant un idiome éteint depuis 1765 environ, le *chibcha*, que parlaient les Muyscas, ancienne population de la Nouvelle-Grenade. Il appartient à un groupe à part. Les Chibchas formaient trois grandes tribus et leur langue se partageait en une multitude de dialectes; le principal, le chibcha proprement dit ou *mosca*[1], se parlait dans la savane de Bogota, depuis Tunjuelo jusqu'à Zipaquira et depuis Bogota jusqu'à Facatativa. Le dialecte *tunja* était en usage près de Guataviva et le dialecte *duit* à l'est de cette vallée dans le territoire de Duitama. Suivant M. Uricocchea, on doit rattacher à la famille muysca la langue *sensiga*, parlée dans le pays de Chita, mais dont la parenté avec le chibcha est assez éloignée, ainsi que quelques autres dialectes de la province de Cundinamarca. La plupart de ces idiomes colombiens sont actuellement éteints; le nombre paraît en avoir été jadis fort considérable; on ne l'évalue pas à moins d'une centaine.

La civilisation des Muyscas était relativement avancée et différente de celle des Quichuas. Comme les Péruviens et les Aztèques, ils avaient une science sacerdotale, une écriture, un système de calendrier, et des institutions religieuses et politiques dénotant un véritable génie organisateur. Leur système de numération était décimal.

La langue des Indiens Moxos appartient à une famille linguistique distincte et qui paraît correspondre au rameau de la race américaine appelé pampéen. Elle peut être regardée avec les idiomes qui s'y rattachent, comme le représentant le plus barbare des langues de l'Amérique du Sud, tandis que le quichua en fournit le type le plus élégant et le plus riche. La famille moxo s'avance jusque sur les bords de l'Orénoque; car le *maypurès* présente, avec les idiomes de la Bolivie, une analogie marquée. Le moxo a un système vocal assez restreint et une grammaire d'une extrême simplicité. Ce dernier caractère est encore plus accusé dans les dialectes de la même famille, parlés par des tribus qui habitent dans les bassins du Rio Bermejo, du Rio Grande del Chaco, sur les rives du Pilcomayo et du Rio Salado, à savoir: les Lulé, les Ysistiné, les Toquistiné, les Oristiné

---

[1] Le mot *muysca* ou *mosca* signifie, en chibcha, homme.

et les Tonocoté. Dans tous ces idiomes, on retrouve l'accent sur la dernière syllabe de la langue moxo. Les pronoms sont exprimés par des particules, placées à la fin des substantifs, qui sont indéclinables comme les pronoms. Le pluriel n'est souvent indiqué que par la forme plurielle du verbe avec lequel se construit le substantif. Aux autres cas, on a recours, pour marquer ce nombre, à un pronom ou à un adverbe signifiant *beaucoup*, *plusieurs*, etc. Tous les verbes suivent la même conjugaison dont le système repose sur le changement de terminaison. Les substantifs abstraits sont inconnus, et les Européens, quand ils ont voulu écrire dans l'un de ces idiomes, n'ont pu les exprimer qu'à l'aide d'adjectifs rendant l'idée concrète correspondante.

Par son système de voix dans les verbes, le moxo se rattache à une des familles linguistiques les plus importantes du Nouveau monde, les langues *guaranies* ou *tupies* répandues des bords de la Plata à ceux de l'Amazone, de Corrientes à l'Orénoque. Le tupi a laissé de nombreux vestiges de son usage depuis la rivière de Cayenne jusqu'à l'isthme de Panama[1]. La langue que les Portugais appellent *lingoa geral*, qui se parle dans la Guyane, les Andes et le voisinage de la Plata, n'en est qu'un dialecte. Son prototype, le guarani proprement dit, ou idiome de Buenos-Ayres, quoique abondant en nasales et en gutturales très-fortes, est une langue assez douce, dont le système phonétique rappelle quelque peu celui des langues tartares.

Le grand développement grammatical qu'a pris le guarani n'a pas fait disparaître les traces de sa simplicité primitive. Le substantif y est invariable, et il n'y existe qu'un petit nombre de déclinaisons. Le genre n'y est pas marqué, le plus souvent, pour les noms d'animaux et de choses

---

1. Ainsi le mot *parana*, qui signifie « fleuve » en guarani, reparaît dans les noms indiens de plusieurs grands cours d'eau, *Paran-açore*, c'est-à-dire le grand Parana (le fleuve des Amazones), *Parana* (l'Orénoque). Il en est de même du mot guarani de *cayali*, rivière (*Ucayali*), *Cachi-cayali* (Cassiquiäre).

inanimées. Dans cet idiome, de même qu'en omagua et en cochimi[1], le système de numération est fondé sur le nombre *cinq* qui est exprimé par un mot signifiant *main*[2]; tandis que, dans les langues américaines plus riches et grammaticalement plus développées, telles que le nahuatl, le quichua, l'araucanais, le système numérique est décimal, autrement dit les noms des dix premiers nombres sont exprimés par des mots simples.

La déclinaison des pronoms s'effectue en guarani par la mutation des terminaisons. Ces pronoms exercent sur les substantifs, tout invariables qu'ils sont, des changements quant à la prononciation des lettres initiales. La conjugaison, généralement fort régulière, constitue la partie la plus riche de la grammaire de cet idiome; elle repose sur l'addition d'augments monosyllabiques ou dissyllabiques. On retrouve de plus en guarani l'emploi fréquent des *transitions*. Une autre particularité bien remarquable à y signaler, c'est que le substantif peut, par des changements de terminaison, exprimer tour à tour la notion de prétérit, de futur et de futur passé. Par exemple, *tera* signifie : village ou tribu, *terangué*, village qui fut, *terarama*, village qui doit être.

La branche tupie qui appartient à la même famille que le guarani s'étend jusque sur la rive gauche de l'Amazone; tandis que sur la rive droite et à l'est du Rio-Negro, prédo-

---

1. Le cochimi est parlé dans la partie nord de la Basse-Californie; l'omagua est la langue des Indiens de ce nom, établis sur le cours supérieur de l'Amazone.

2. Ce sont en effet les mains qui ont fourni les premiers moyens de numération. On voit encore aujourd'hui les Comanches exprimer le nombre cinq en élevant la main, le nombre dix en élevant les deux mains; et pour les nombres plus élevés, frapper autant de fois les mains qu'il y a de décimales. D'autres peuples, comme le pratiquaient les Muyscas, comptent de dix à vingt en se servant des orteils. L'emploi numéral des doigts de la main explique pourquoi, dans certaines langues américaines, les nombres de six à dix indiquent souvent une réduplication des nombres de un à cinq, et pourquoi encore, dans d'autres, le système est simplement quinaire. Voy. à cet égard le savant ouvrage de M. A. F. Pott, intitulé : *Le système numéral quinaire et vigésimal chez tous les peuples du monde.* Halle, 1847.

minent des langues qui se rattachent à une autre famille, les langues caraïbes. Celles-ci forment deux groupes principaux : les langues *saliva*, parlées sur les bords des rivières Méta, Vichada et Guaviare, et les idiomes *maypurès* qui leur sont alliés et se rattachent d'autre part, comme on l'a vu, au moxo. Le caraïbe qui tire son nom d'une peuplade que les Tupis appelaient *Cary-ayba* (hommes méchants), paraît être un mélange de galibi et de caribitamanac, idiome qui appartient à la famille des langues guckes, distincte, ainsi que celle des langues guaycurus, de la souche tupie. Le *galibi* ou *ganila* est parlé par des tribus de la Guyane. Il offre la simplicité des idiomes moxos, et même une plus grande encore, s'il est possible. En effet, on n'y distingue, pour le substantif, ni le genre, ni les cas ; le pluriel n'est exprimé que par l'addition du mot *papo*, qui signifie *tout*, lequel sert également pour le pluriel du verbe. Dans cette partie du discours, les personnes ne sont pas distinguées et la même terminaison se retrouve, pour les trois personnes, au pluriel comme au singulier. Il existe sans doute des terminaisons propres qui caractérisent certains temps du verbe, mais le plus souvent c'est par l'addition d'adverbes au temps présent que se forment le futur et le passé. Enfin, le galibi en est aussi réduit au système de numération par cinq, déjà signalé dans le guarani. Sous le rapport de la vocalisation, le galibi présente, généralement, un caractère harmonieux ; certaines particules y paraissent mises à la fin des mots, uniquement dans un but euphonique : tendance harmonique, qui explique pourquoi les consonnes se permutent, suivant la voyelle qui les suit.

Outre le galibi, il existe dans la Guyane trois autres branches de langues représentées, selon Schomburgk, par l'*arouâk*, le *warraou* et le *wapiiana*, idiomes tous d'une grande simplicité. Le *macusi*, parlé près des sources du Rio-Branco, constitue une branche à part.

Outre les cinq familles des langues de l'Amérique méridionale qui viennent d'être passées en revue, à savoir : la famille quichua, la famille muysca, la famille moxo ou pampéenne, la famille guarani et la famille caraïbe, on en peut encore distinguer, dans cette même partie du monde, quatre autres : 1° celle des langues *téhuel* parlées par les Patagons ; 2° celle des langues *araucanais*, qui a pour principal représentant l'araucanien ou chilien proprement dit, parlé par les Moluches ou Araucaniens et qui comprend plusieurs dialectes ; 3° celle des langues *puelches* parlées par une population qui s'étend au sud des Pampas jusqu'à la Terre de Feu ; 4° celle des langues *guaycuru* ou *abipones* qui a pour principal représentant l'idiome des Abipons, tribu qui s'étend entre le Parana et le Salado jusqu'au Rio-Dolce. On a aussi considéré comme formant un groupe à part les divers dialectes des Pécherais ou Fuégiens.

Les classifications ici données sont au reste fort imparfaites, car ces idiomes n'ont été encore qu'incomplétement étudiés. Tout ce qu'on peut affirmer c'est que les diverses familles des langues de l'Amérique du Sud, malgré les différences tranchées qui les séparent et leur inégalité de développement, offrent une foule de traits communs dénotant leur parenté originelle. Ainsi on retrouve dans la langue chilienne le système de transitions des langues guaranies. La vocalisation de ce même idiome remarquable par une nasale particulière que les Espagnols ont exprimée à l'aide de la lettre *g*, n'est pas sans analogie avec le système de sons qui s'observe dans quelques idiomes d'autres parties de l'Amérique méridionale. On s'explique au reste qu'une extrême diversité se soit établie entre les langues des Indiens, car chaque *pueblo*, chaque campement modifie promptement son vocabulaire. Ainsi dans l'ancien royaume de Quito, il n'existait pas moins de 252 nations différentes, ayant chacune sa propre langue : ces 252 langues étaient rapportées à 43 souches distinctes. Nombre de ces langues ont disparu avec les tribus qui les parlaient.

Les révolutions linguistiques répétées dont l'Amérique a été le théâtre, viennent s'ajouter aux difficultés que le fractionnement indéfini d'idiomes crée pour l'étude comparative des langues du Nouveau continent. Si l'on entrevoit entre elles toutes des signes de parenté, on ne saurait, dans l'état actuel de nos connaissances, déterminer les diverses influences que peuvent avoir exercées sur elles des langues étrangères à leurs familles respectives.

Langue Ibère ou basque.

L'idiome des Ibères, les premiers habitants de l'Espagne et de l'Aquitaine, n'a laissé qu'un seul représentant ; c'est l'*euskuara* ou langue basque, actuellement confinée dans un petit espace compris entre l'Èbre et le golfe de Biscaye. Cette langue, réduite presque à la condition de patois, comprend trois dialectes : celui du pays de Labour ou *labortan*, celui de Biscaye et du Guipuzcoa, et celui de Llodio (province d'Alava).

La langue basque appartient à la classe des langues agglutinantes ; mais elle se trouve, d'après M. J. Vinson, dans une période déjà voisine de la flexion. Les mots n'y ont point encore revêtu leur caractère de catégories grammaticales et les mêmes affixes peuvent s'appliquer indifféremment aux substantifs et aux verbes ; ils s'ajoutent sans changement, ni altération du mot, et peuvent même se réunir entre eux, particularité tout à fait étrangère aux idiomes sémitiques et indo-européens. Le basque participe à la fois, par ses procédés grammaticaux, des langues africaines, ougro-japonaises et américaines ; mais suivant M. H. de Charancey, il se rapproche beaucoup plus de ces dernières, particulièrement de la famille algique. En effet, on retrouve dans le basque des caractères propres aux langues du Nouveau monde : lorsque deux mots s'unissent pour former un composé, souvent la partie radicale du second mot s'efface : exemple, *orzanz* signifiant tonnerre, mot à mot *bruit du nuage*, est formé de *ortz*, nuage, et de *azanz*, bruit ; *hilhon*, signifiant *crépuscule*, est formé de *hil* et de *egun*, c'est-à-dire du substantif *jour* et de l'adjectif *mort*. Un tel procédé s'observe quelquefois en japonais et dans d'autres idiomes de la même souche.

Il n'est même pas tout à fait étranger aux langues indo-européennes. L'eskuara porte le caractère d'une langue très-primitive; il est d'une extrême pauvreté en radicaux; son vocabulaire comprend surtout des mots composés. On rencontre dans le basque, comme dans les langues canadiennes et quelques idiomes africains, la distinction entre le genre irrationnel et le genre rationnel, ou l'inanimé et l'animé. Le verbe, dont les voix s'élèvent à huit, renfermant chacune un nombre prodigieux de combinaisons, offre également bien des analogies avec les verbes américains. Dans les idiomes du Nouveau monde, les personnes se préposent généralement aux verbes tout comme dans la conjugaison syncopée de l'eskuara, et l'on trouve dans ce dernier idiome quelque chose de semblable à la conjugaison des langues algiques. Toutefois ces diverses affinités ne sauraient suffire pour faire attribuer une origine commune à l'eskuara et aux idiomes du Nouveau monde, pour autoriser à croire que les Basques sont, ainsi que les Peaux-Rouges, les débris de la population d'un vaste continent, disparu sous les eaux, et où il faudrait reconnaître l'Atlantide de Platon. Il n'y a pas non plus lieu de penser, comme on l'a avancé, que l'Amérique ait été naguère peuplée par les Ibères, dont des barques se seraient trouvées poussées accidentellement jusque sur ses côtes. Dans l'état actuel de la science, l'origine de la langue euskarienne demeure encore environnée d'une grande obscurité.

Les recherches de Guillaume de Humboldt ont établi que l'eskuara s'était jadis étendu jusqu'à l'extrémité de l'Espagne, et avait été aussi parlé dans le midi de la Gaule. Les noms de lieux et de rivières les plus anciens de la Ligurie, de la Corse, de la Sardaigne et même de la Sicile, appartiennent par leur étymologie à ce même idiome; l'on rencontre çà et là en Italie quelques dénominations géographiques qui paraissent être dérivées de radicaux basques. La langue euskarienne a donc primitivement occupé tout le sud-ouest de l'Europe. Elle sort vraisemblablement de la même souche que les idiomes, aujourd'hui perdus, des Ligures et des Sicules. Si, comme on a remarqué plus haut qu'il y a lieu de le supposer, ces peuples étaient originairement venus de l'Afrique septentrionale, le basque serait un des plus vieux représentants des idiomes libyques.

Langues africaines.

Les langues africaines ont toutes une physionomie analogue; elles offrent quelques traits communs, par exemple les particules démonstratives à consonnes variables; on ne saurait pourtant les classer dans une seule et même famille; la majorité d'entre elles se lie par divers anneaux. Elles présentent en général une phonologie puissante, parfois même une disposition presque rhythmique, qui leur a fait imposer par quelques philologues le nom de *langues allitérales*. Ce caractère euphonique est surtout sensible dans le yolof ou wolof et le kanoùri. Quoique les consonnes y soient souvent aspirées et affectent des prononciations bizarres, elles ne s'accumulent jamais; les doubles lettres sont rares, inconnues même à certaines langues de la même formation, par exemple, au zoulou; les voyelles ont d'ordinaire une prononciation nette et claire. Dans la plupart des langues de l'Afrique australe, et chez plusieurs de celles de l'Afrique moyenne, les mots se terminent toujours par des voyelles et offrent des alternances régulières de voyelles et de consonnes; chez d'autres, au contraire, la terminaison est ordinairement nasale.

Quant au système propre des sons, c'est-à-dire à la vocalisation, il varie notablement; l'harmonie, la sonorité, la fluidité de la parole trouvent fréquemment dans certaines articulations de frappantes exceptions. C'est le plus habituellement le caractère de ces sons qui a fourni le moyen de classer entre elles les langues de l'Afrique. Presque toutes présentent des voyelles et des consonnes composées, entre lesquelles *mp*, *mb*, sont de l'emploi le plus fréquent; les consonnes doubles *nk*, *nd*, ne sont pas rares. Les accords des différentes parties du discours se règlent généralement par un système euphonique, très-sensible dans plusieurs idiomes, notamment dans l'yoruba. Les radicaux sont le plus souvent monosyllabiques. C'est en ajoutant au radical une particule modificative, ordinairement un préfixe, qu'on y forme les autres mots. Tel est le moyen à l'aide duquel s'expriment les relations de cause, de puissance, de réciprocité, de réflectivité, d'agent, etc., aussi bien que celles de temps, de nombre, de sexe. Unis ainsi à des particules formatives, les radicaux deviennent à leur tour de véritables racines, faisant souche pour de nouveaux mots. L'imperfection d'un tel système explique l'extrême pauvreté de la plupart des idiomes africains pour rendre les divers rapports ici rappelés. Toute la richesse de ces langues se porte, comme dans les langues sémitiques, où s'observe un phénomène du même ordre, sur les voix du verbe; le nombre en est parfois fort multiplié; ainsi en séchuana et en temné, il en existe six, en souahili sept, en zoulou huit.

Pour donner une idée du système verbal des langues africaines, je citerai le caractère des verbes dans le mpongwé. Outre des formes qui répondent à nos verbes actif, passif, neutre et pronominal, il y a une forme négative et une forme de verbe passif particulière qui est déterminée par le relatif. Le verbe neutre a aussi, dans le même cas, une forme spéciale. En ajoutant au radical d'un verbe simple diverses terminaisons respectives, telles que *ga*, *na*, *ija* ou *ia*, ou en faisant subir à la forme verbale un changement plus prononcé, on fait exprimer à ce verbe des idées d'habitude, de relation, de cause, de commandement, d'excès, de persistance, etc. Par exemple, *kamba* signifie parler; *kambaga*, parler habituellement, longtemps; *kambana* se parler mutuellement; *kambina*, parler avec quelqu'un ou en faveur de quelqu'un, prier; *kambia* ou *kambija*, faire parler, etc. De plus l'impératif *gamba*, parle, forme par dérivation le substantif *igamba*, parole (pl. *agamba*). Le mot ayant un sens adverbial qui se joint au verbe pour exprimer des idées de fréquence ou d'excès, se modifie lui-même dans sa partie initiale suivant le verbe auquel il se joint. Ainsi on dira : *dena lenaga*, pleurer continuellement; *dyina yinaga*, danser continuellement ; *kamba gambyga,* parler continuellement ; *toua rouaga,* insulter continuellement. Cet adverbe, même employé avec le verbe, se modifie encore dans certains autres cas. Les temps se forment d'ordinaire dans le mpongwé en modifiant la consonne initiale ou en y ajoutant une lettre, quelquefois aussi en changeant la finale du radical.

Une autre langue africaine, le wolof, nous présente un système de verbe bien autrement développé. D'abord, on y peut distinguer deux catégories de verbes primitifs, ceux d'action exprimant des faits impliquant l'idée d'un déplacement ou d'un mouvement, comme *aller, faire, manger, se battre,* etc., et ceux d'état exprimant l'existence, la possession, les qualités des choses et des personnes, les affections de l'âme et les opérations de l'entendement. Chacune de ces catégories de verbes a des temps spéciaux ; chacune d'elles aussi donne naissance à d'autres verbes dérivés : réfléchis, douteux, conditionnels, réciproques, démonstratifs, impersonnels, imitatifs et affirmatifs. Tous les verbes, tant primitifs que dérivés, présentent trois voix : la voix active ou plutôt positive, la voix passive ou plutôt transitive, et la voix négative. Il est de plus à remarquer qu'en wolof, les noms et les adjectifs se conjuguent comme les verbes. On distingue en outre quatre verbes auxiliaires qui servent à former les voix ; on distingue ces mêmes voix dans la conjugaison des substantifs qui est différente, suivant qu'il s'agit d'un nom propre ou d'un nom commun, et qui s'effectue également à l'aide d'auxiliaires. Cette conjugaison des noms propres et des adjectifs, comme l'appelle l'abbé Boilat, n'est point à proprement parler une conjugaison de ces deux parties du discours, qui ne changent pas de forme, mais une modification du verbe employé avec eux et qui subit alors un mode de conjugaison particulier. Certaines voix essentielles manquent pourtant quelquefois à côté de cet extrême développement des formes verbales. Par exemple, bon nombre d'idiomes africains, tels que le mandingue, le bassa, le fanti, l'akra, le kanoûri, ne connaissent point de passif. Au reste, cette abondance de voix n'empêche pas que la langue ne puisse être d'une grande pauvreté sous le rapport du nombre des verbes.

Plusieurs des idiomes africains n'établissent pas les genres comme nous le faisons; ils distinguent un genre intelligent ou humain, et un genre brute ou animal, particularité qui s'observe aussi dans les langues hottentotes et dans quelques idiomes américains et polynésiens.

On connaît encore trop imparfaitement les langues de l'Afrique pour pouvoir y établir une classification quelque peu rigoureuse. S. W. Kœlle en a esquissé une pour une partie de l'Afrique dans sa *Polyglotta africana*. M. Fr. Müller en a proposé une autre, plus complète. Il partage les langues africaines en deux grandes classes[1] : 1° les langues nègres; 2° les langues bantou, qu'on peut aussi appeler zingio-cafres. La première classe n'embrasse pas moins de 21 familles; la seconde se subdivise en trois groupes. Nous nous occuperons d'abord des langues nègres ou africaines proprement dites. Voici comment elles peuvent être distribuées : Les langues de la famille *feloupe* parlées au N. O. de l'Afrique, ont pour caractère commun, comme celles de l'Afrique méridionale, le changement des préfixes; elles comprennent : 1° le groupe *feloup* ou *fouloup* proprement dit, embrassant le *fouloup* ou *floupe*, parlé dans le pays du même nom (Sénégambie méridionale) et le *filham* ou *filhôl*, parlé dans le canton qui environne la ville de Buntoun, située sur la rivière Koya, à environ trois semaines de marche de la Gambie; 2° le groupe *bola*, qui comprend : le *bola*, parlé dans le pays de Gole ou district maritime de Ko, le *sarar*, idiome du pays du même nom, dont le domaine s'étend le long de la mer, à l'ouest de Balanta et au nord de la contrée où se parle le *bola*; le *papel*, parlé dans les îles *Bischlao* ou *Bisao*; 3° le groupe *biafada*, comprenant le *biafada* ou *dshola*, parlé à l'ouest de N'kabou, au nord de Nalou; le *pasdchade*, idiome qu'on rencontre

1. On ne comprend pas dans cette classification les langues égypto-berbères et hottentotes dont il sera parlé plus loin.

à l'ouest de Koniadschi, et à l'est de Kabou; 4° le groupe *bulomm*, comprenant le *baga*, langue parlée par une des populations de ce nom, habitant sur les bords du Kalum-Baga, à l'est des îles de Los[1]; le *timné*, parlé à l'est de Sierra-Leone; le *bulomm*, parlé dans la contrée de ce nom et qui confine au *timné*; le *mampua* ou *mampa-bulomm*, appelé encore *scherbro*, idiome de la contrée qui s'étend à l'est de l'Océan, entre Sierra-Leone et le pays de Boum; le *kisi*, parlé à l'ouest et au nord du Gbandi, à l'est du Mendé.

Les langues mandingues ou malinkés forment un ensemble non moins étendu que le précédent. Elles sont parlées dans l'ancien empire de Melli, et répandues dans le nord-ouest du haut Soudan; elles comprennent: 1° le *mandingue* proprement dit, ou *mandé*; le *kabunga*, parlé dans le pays de Kabou, et plusieurs autres dialectes de la même langue, tels que le *toronka*, dialecte du Toro, le *dchalunka*, dialecte du Fouta-Djalon, le *kankanka*, dialecte du Kankan; 2° le *bambara*, usité dans la contrée qui a Ségo pour capitale; 3° le *kono*, parlé à l'ouest et au nord du *kisi*; 4° le *veï* ou *vehi*, parlé dans la contrée du même nom, située au sud de Sierra-Leone et au nord-ouest du territoire de Libéria; 5° le *soso* ou *sousou*, parlé dans le Solima ou Soulimana; 6° le *téré*, parlé dans le pays du même nom, qui a pour capitale Souwékourou; 7° le *gbandi*, parlé au nord de Gala, et à l'ouest de Nyeriwa; 8° le *landoro*, parlé à l'ouest de Limba; 9° le *mendé*, dit vulgairement *koso*, répandu à l'ouest du Kono et du Kisi, et à l'est du Karo; 10° le *gbèse*, idiome des bords de la rivière Nyua; 11° le *toma*, appelé aussi *bouse*, parlé dans le pays situé à l'ouest de Konuaka et au nord de celui où se parle le *gbèse*; 12° le *mano* ou *mana*, parlé dans le pays du même nom, situé au sud du domaine du *gbèse*; 13° le *gio*, parlé à l'ouest de Fa.

---

1. On ignore à quelle famille de langues appartiennent les idiomes des deux autres populations baga qui demeurent sur les bords du Rio-Nunez et du Rio-Pongas.

Les langues de la haute Guinée, c'est-à-dire des côtes du Poivre, de l'Ivoire, de l'Or et des Esclaves, se décomposent en trois groupes : 1° les langues *krou*, comprenant le *dewoi*, parlé sur les bords de la rivière Dé ou de Saint-Paul ; le *bassa*, idiome d'une partie du territoire de Libéria ; le *kra* ou *krou*, parlé au sud de Bassa, par une tribu de Noirs cultivateurs, à la peau jaune brun et à la tête étroite et pointue, que la tradition représente comme ayant été refoulés plus au sud par l'invasion des Mandingues et des Foulahs ; le *krébo* ou *grébo*, idiome d'une population habitant sur les deux côtes du cap Palmas, liée de près aux tribus du Grand Sestos ; 2° les langues de l'Aschanti ou langues asanta comprenant l'*aschanti*, le *fanti*, l'*odji*, l'*aqouapim*, l'*akim* et l'*aqouabou*[1], qui confine à l'est aux langues du Dahomey ; 3° les langues du Dahomey, qui ont pour principaux représentants : l'*adampé*, l'*anfué*, le *dahomé* ou *popo*, l'*egwé* ou *èwé* et l'*anglo*, parlés entre la rivière Volta et le Dahomey proprement dit, le *mahi*, parlé à l'est, et le *kposo*, parlé au nord de ce pays, le *hwida*, idiome de la contrée de ce nom, située à l'ouest des îles de Géléfe, et auquels se rattachent de loin les langues *akou-igala*, dont le domaine s'étend sur les bords du Kwora ou Niger, au nord-est et à l'est du Dahomey ; ces langues comprennent les nombreux dialectes de la langue des *Akou*, l'*yoruba*, parlé dans le pays d'*Yoruba*, autrement *Yariba* ou *Yarraba*, qui s'étend sur la côte depuis le fond du golfe de Benin jusqu'au Niger ; les dialectes *igala* ou *igara*, langue du pays du même nom.

Les langues du delta du Niger peuvent être réparties en trois groupes : le premier représenté par les dialectes *ibo* ou *ibou* ; le second par l'*egbélé* et divers autres dialectes ; le troisième par le dialecte d'Okouloma, nom d'un district

---

1. L'*odji* ou mieux le *tji* est l'idiome d'une des principales populations du pays des *Aschantis* ou *Asantes*, il est allié d'assez près au *ga*, idiome des habitants de l'Akra ; l'*aqouapim* est la langue d'un petit canton oriental de ce même pays, qui s'étend au delà du territoire aschanti ; il diffère considérablement de l'odji.

maritime voisin du pays des Ibo, et par celui d'Outcho ou Outso. On ignore encore dans quelle relation de parenté se trouvent les trois familles précédentes avec les langues *nouffi* ou *noupé*, parlées par des populations nègres habitant la contrée qui s'étend depuis le confluent du Benoué et du Niger jusqu'à Rabba. Ces idiomes comprennent le *noupé* proprement dit ou *tagba*, et le *goali* ou *gbali* dont le domaine est situé à l'est de celui du nupé.

Le wolof ou yolof, dont il a été déjà question plus haut, constitue parmi les langues nègres une famille à part. Cet idiome est parlé dans le Cayor, le Walo, le Dhiolof et le Dakhar, répandu aussi dans le Baol, le Sine et la Gambie, où se parle également le serère. Le wolof se rapproche, par certains côtés, du yoruba, conséquemment des langues de la haute Guinée. Plusieurs idiomes paraissent, à raison de la ressemblance de diverses particularités grammaticales, être rangés dans la même famille : tels sont le *bidschogo* ou *bidschoro*, que l'on parle dans les îles de Wun et d'Ankaras ; le *kadjaga* ou *gadschaga*, idiome d'une tribu appelée aussi *Séréhulé* ou *Serowouli*, habitant à l'E. du Fouta-Toro ; enfin le *gura*, idiome des Golas, tribu de la Côte du Poivre.

Le *landoma*, qui se parle dans le pays de Kakondi, et le *nabou* ou *nalou*, qui est en usage dans le canton de Kakondon, fournissent deux types que M. F. Müller a regardés comme représentant des familles distinctes ; mais ces idiomes n'ont point encore été assez étudiés pour qu'on puisse rien avancer de certain sur leur filiation. Il en faut dire autant des langues parlées plus à l'intérieur de l'Afrique, et chez lesquelles on saisit divers liens de parenté avec plusieurs des idiomes qui viennent d'être mentionnés. Telles sont les langues sara-baghermi, qui constituent un groupe comprenant le *baghermi* ou *baguirmi*, parlé par une population nègre habitant le pays de ce nom où elle est arrivée du sud-est ; l'idiome des Sara et celui des Dôr y sont liés de fort près ; les langues *massa* ou *maza* comprennent : le *mussgou*, parlé dans le pays de ce nom ; le *batta* et le *logone;* auquel paraît se rattacher le *kosaro*, le *gamerehou*, le *kouri* et le *biddouma*, parlé dans les îles du même nom (lac Tchad).

La famille des langues du Bornou constitue un groupe mieux défini que le précédent et qui embrasse le *kanoûri*, le *teda*, le *mounio*, le *ngourou* ou *gourou*, le *kanem*, le *fika* ou *pika*, le *karékaré*, les dialectes *bodé* parlés à l'ouest du Bornou.

Le kanoûri (manna-kanoûri) peut être regardé comme le type de cette famille ; il est parlé par les Kanoûris et les Kânembous, tribu du Bornou. Il porte les marques d'un assez grand développement dénotant chez ceux qui le parlent une culture déjà ancienne. On y reconnaît cinq cas et les voix des verbes y sont nombreuses. Le kanoûri offre divers traits communs avec deux des idiomes de l'Aschanti, le fanti et l'odji. D'autre part, il a certaines affinités avec les langues de la souche égypto-berbère dont il sera question plus loin, et avec le *medidâza* ou langue des Tibbous, population dont il a été question au chapitre précédent, et que l'arabe a dépossédé en partie ; il était originairement parlé dans le Fezzân.

Le *sonrhaï*, langue d'une nation nègre importante de ce nom qui avait fondé dès le onzième siècle dans la contrée du Niger un empire puissant, est un autre type qui doit peut-être être rangé dans une famille distincte ; disons toutefois que cet idiome est encore mal connu. Le sonrhaï paraît avoir eu jadis un domaine beaucoup plus vaste qu'aujourd'hui, car le peuple qui le parle avait soumis les Mandingues et s'était étendu dans le Soudan occidental ; le *sonrhaï* continue à être parlé de Timboktou jusqu'aux environs d'Aghadès. Les langues *haoussa* représentent une autre famille ayant pour type l'idiome de ce nom. On peut aussi la désigner sous le nom de groupe fellata, car elle comprend le *fellata* ou *foula* ou *peul* et d'autres idiomes congénères. Le *haoussa* est une langue riche et harmonieuse, fort répandue comme langue-commerciale dans l'Afrique centrale ; il est parlé à Kano, à Katzéna, à Zanfara et en général entre le Bornou et le Niger, ainsi que dans le pays montagneux d'Asben, où il a été quelque peu altéré par le berbère. Le fellata ou foulah, dont des dialectes se parlent dans le Fouta-Toro, et le Fouta-Djalon, s'éloigne de l'haoussa et se distingue nettement des autres idiomes du Bornou ; il a toutefois subi sur différents points l'influence du premier de ces idiomes ; M. Fr. Müller en fait le représentant d'une famille à part où il range les idiomes du Borgou, du Masena, de Sakatou et qu'il rattache à la famille nubienne, dont il sera question ci-après.

Le *maba*, la plus répandue des langues du Wadaï où l'on ne compte pas moins de quinze idiomes différents, est l'idiome commercial de cette région de l'Afrique ; il fournit un autre type beaucoup moins connu que le précédent.

A l'est de la rivière du Vieux-Calabar jusqu'à l'Adamawa, se rencontrent des populations nègres, les *Mbafou*, les *Mitchi* dont les idiomes n'ont point été étudiés ; l'on ignore conséquemment à quelles familles ils doivent être rapportés. L'on n'est pas mieux informé sur le caractère de l'idiome des *Banyoum*, tribu de la rive gauche de la Gambie, sur le *guren*, langue des *Gurescha* qui habitent à l'ouest de Ton, sur le *gourma*, sur les dialectes *kasmyula*, parlés à l'ouest du pays des Gurescha, sur le groupe auquel appartient le *legba* et sur celui dont dépend le *bagbalan* et qu'on appelle *koama*.

La langue des Bongos, dont le *dór* n'est qu'un dialecte, forme vraisemblablement un anneau qui rattache les idiomes du Soudan à ceux du bassin du Bahr el Ghazal et aux langues nilotiques, représentées par le *bari*, le *dinka*, le *nuer* et le *chillouk*. Le dinka offre en effet des affinités nombreuses avec le *dór*, dont il a été question plus haut et qui est parlé dans le Djour et a aussi plus d'un trait de ressemblance avec le *maba*. Il résulte de l'ensemble de ces faits que les langues nilotiques peuvent être considérées comme congénères de celles de l'Afrique centrale.

Les langues dites *bantou* représentent une souche distincte des langues nègres proprement dites ; elle embrasse la majeure partie des idiomes de l'Afrique centrale, depuis la côte de Zanzibar jusqu'au Congo, les idiomes hottentots toutefois exceptés. La parenté de toutes ces langues a été reconnue par les philologues qui se sont occupés de leur étude. Le système vocal des langues bantou est assez riche. Elles possèdent cinq voyelles (a, i, u, e, o) et vingt-sept consonnes entre lesquelles il faut citer comme caractéristiques, *py, my, py, rz*. Mais aucun des idiomes de cette souche ne renferme toutes ces consonnes; il y a même quelques-uns d'entre eux où leur chiffre se réduit considérablement. La prononciation des langues bantoues est assez harmonieuse; l'on n'y observe pas ces sons étranges et ces accumulations de consonnes qui rendent l'émission des sons très-âpre et extrêmement gutturale. Elles sont de toutes les langues africaines celles qui affectent au plus haut degré le caractère *allitéral* dont il a été question plus haut. Les modifications des mots s'y opèrent à l'aide de préfixes. Le verbe offre, comme dans la plupart des langues nègres, une grande abondance de voix et de formes; le substantif y est, comme en wolof et d'autres langues africaines, susceptible d'une sorte de conjugaison.

L'embranchement linguistique qui représente les idiomes bantous, a été partagé par M. Fr. Müller en trois groupes : 1° le groupe oriental ou cafre ; 2° le groupe moyen ou central ; 3° le groupe occidental ou congo.

Le premier groupe se subdivise lui-même en trois branches : 1° la branche cafre pure (*cafre* ou *zoulou*); 2° la branche du Zambési (*barotsé, bayéyé, machona*); 3° la branche du Zanzibar (*ki souahili, ki-kamba, ki-nika; ki-hiaôu*). Les idiomes cafres se subdivisent, suivant J. W. Appleyard, en cafre amakosa, zoulou et dialectes *ma-swazi* ou *fingoé*, parlés par les Cafres établis à l'ouest de la baie de Delagoa ; ceux-ci diffèrent du zoulou par des changements de consonnes (idiome des Amaswazi, des Amafengous, des Amabacas, des Matabélé, etc.). Au groupe du Zanzibar se rattache l'idiome des insulaires des Comores.

Le ki-hiaôu paraît ne différer que peu de la langue *muntou* parlée par les Vïeao, population du Kouyao, pays situé à soixante heures de marche de la côte de Mozambique. D'autres idiomes, le *meto*, le *nyamban*, le *makundé*, le *ngindo*, paraissent devoir être rattachés à la même branche.

Le groupe moyen se bifurque en deux rameaux : le rameau *séchuana* ayant pour type l'idiome des Bechuanas, et comprenant le *sesouto*, le *serolong* et le *sehlapi*; et le rameau *tékéza* où viennent se ranger les idiomes des Mankolosi, des Matonga, des Mahloenga.

Le groupe occidental embrasse une multitude d'idiomes. Ses deux types les mieux caractérisés sont, d'une part, le *mpongwé* ou *pongué*, dont il a été déjà parlé, et le *bounda* ou *nano*, langue d'une des nations les plus importantes de l'Afrique méridionale, les Kimbounda, répandus dans une région qui s'étend sous le 5° lat. S. et qui paraît être venue, il y a trois siècles, du nord-ouest; leurs tribus occupent un grand nombre de petits États (Kissama, Mupinda, Ganda, Kibala, Kissendi, etc.). Au bounda se rattachent le *lovar*, le *lobalé*, le *lounda* ou *moropou*, le *mounganeka*, le *kanyam* ou *ovampo*. Outre le *héréro*, l'idiome de Fernando-Po, le *dikélé* et l'*itoubou* qui appartiennent au même groupe, on peut encore réunir à ce groupe linguistique : 1° les langues des tribus appelées *Atam*, et qui se partagent en deux rameaux; la plus connue d'entre elles est l'*udom*, parlé dans la contrée de ce nom, qui a pour capitale Ebil; 2° les langues des tribus Mokos, qui se subdivisent en plusieurs rameaux comprenant un grand nombre d'idiomes ; 3° les langues du Congo et de l'Angola proprement dites, qui forment trois divisions : la première représentée surtout par le *mbamba* ou *babamba*, la seconde par le *bahuma* ou *mobuma* et le *boumbeté*; la troisième par le *n'gola*, langue de l'Angola.

Les langues nubiennes peuvent être regardées comme formant un chaînon entre les langues bantou ou sud-africaines et les langues chamitiques ou égypto-éthiopiennes ; elles comprennent : le *tumalé*, parlé par les Yumalé ou Sumalé (entre le 11 et 12° lat. Nord); le *koldagi*, parlé par une partie des Noubas et dont le domaine s'étend à l'est de celui du tumalé ; le *kensi*, parlé plus au nord. Le *teggélé* ou *tékélé* ; le *nouba*, ou nubien proprement dit, parlé par les Barabras. Le nouba, dont le *donkolawi* n'est qu'un dialecte, se parle non-seulement dans le pays que ce peuple habite, c'est-à-dire dans la vallée du Nil, entre la première cataracte et Assouan, mais il est employé de plus comme langue commerciale dans la région orientale du Dâr-four. Dans ce dernier pays existe un idiome particulier, le *cangarah* ou *cangari* ou *kondjara*, dont le domaine s'avance jusque dans le Kordofan. L'idiome des Rodana-Berberi, qui occupe une partie du territoire de l'ancien royaume de Meroé, se rattache à la même famille linguistique. Outre les affinités qui viennent d'être signalées, les idiomes noubas en présentent avec les langues sémitiques, car ils se lient au *ghez* ou éthiopien par le *dalla* ou *doko*, idiome des Changallas, nation des bords du Takazzé. En général, les consonnes prédominent plus dans les idiomes de ce rameau que chez ceux de l'Afrique méridionale ; circonstance qui les rattache aux langues de l'Afrique centrale. Ils tendent à s'éloigner du caractère euphonique, propres aux langues allitérales ; mais en tumalé, les consonnes deviennent déjà moins abondantes et l'on retrouve quelques vestiges des lois harmoniques appartenant aux idiomes énumérés ci-dessus, idiomes dont cette langue se rapproche aussi davantage par la grammaire.

On peut donner le nom de *chamitiques* aux langues de la contrée du Nil moyen et de la Libye, dont les habitants occupent un pays que la Bible nous représente comme ayant été peuplé par la race de Cham. Ces idiomes constituent trois groupes ou branches. Le premier, qui est assez exactement désigné par l'épithète d'*éthiopien*, comprend le *galla*, le *dankâli* ou *danakil*, le *somali*, parlé depuis le cap Gardafui jusqu'au détroit de Bab-el-Mandeb, le *bedjah*. Le *galla*, type principal du groupe, est une langue harmonieuse qui se partagent en cinq dialectes, savoir : le dialecte de Choa, parlé par les Gallas musulmans, autrement dit les Wollo, par les Ruia, et qui offre diverses variétés ; le somali-galla ou *ittouda*, parlé à l'est, dans le pays des Somâl, par les Ittou, les Arrouzi, les Karayou et les Alaba; le hawasch-galla, parlé au nord et au sud de la rivière Hawasch ; le godjob, parlé par les Gallas de Mætsha, d'Énaréa, de Koutcha ; le galla de la région équatoriale. Au galla se rattachent un certain nombre d'idiomes qui rentrent dans le même groupe, mais en constituent diverses sections distinctes. Ce sont : le *schoho* ou *schaho* qui forme un chaînon entre le galla et le danakil. Les idiomes alliés au galla sont l'*engadok-irlaïcot*, langue des Wakouafi et des Wamasaï, population qui se rencontre du 2° au 4° lat. S.; cet idiome se rattache, selon Bleek, aux langues cafres; le *bedaouié*, idiome des nomades des steppes nubiennes, répandus jusqu'au nord de Souakim.

Les langues nilotiques dont il a été question ci-dessus (bari, dinka, chillouk, etc.) ont été regardées comme dépendant du groupe des langues éthiopiennes. On peut faire rentrer dans ce même rameau intermédiaire entre la souche bantou, les langues africaines et les idiomes nègres, le *fazoglo*, le *daworoa*, parlé à Kullo et à Walayza, le *gonga* parlé à Lugma et par les tribus Kaffa, Woraita, Yanguro qu'ont repoussées au sud les Gallas; le *gazamba*, parlé par les Hararo; le *mombouttou*, langue d'une population qui a bien des traits communs avec les Somâl et les Danakil. Quant à l'idiome des Sandé ou Nyam-Nyam, le peu qu'on en sait paraît le rattacher d'un côté aux langues nubiennes, et de l'autre aux langues bantou.

Plus au sud, on rencontre des langues dont les caractères de famille ne sont pas encore suffisamment connus : le *latouka*, le *madi*, le *kitwara* (langue de l'Unyoro); elles appartiennent à des tribus dont les territoires, sis au sud de Gondokoro, s'avancent jusque vers l'équateur.

En même temps que les langues chamitiques se lient par des affinités nombreuses et souvent assez frappantes, aux idiomes sémitiques, elles présentent une parenté plus ou moins éloignée avec le *malgache* ou *malagasi*, idiome de Madagascar, et se rattachent ainsi à la famille malayo-polynésienne dont il sera question plus loin.

Le groupe égypto-berbère est représenté surtout par

le copte, idiome dérivé de l'ancien égyptien et comprenant trois dialectes. Prototype de la famille chamitique, le copte est aujourd'hui passé à l'état de langue morte, depuis que l'arabe est devenu l'idiome des fellahs. Quant à l'ancien égyptien, éteint depuis quinze à seize siècles, il nous a laissé de nombreux monuments écrits dans une écriture particulière, adoptée par les prêtres du pays, circonstance qui lui fit donner par les Grecs le nom d'*hiéroglyphique*. Cette écriture, née de la représentation même des objets, s'est formée de l'emploi simultané de ces représentations, de signes vocaux et d'images symboliques, comme les écritures chinoises et nahuatl ; mais les figures, traduction plus fidèle des objets qu'elles rappelaient à la pensée, y étaient plus multipliées et susceptibles de combinaisons plus variées. Tandis que les Japonais n'avaient tiré qu'un système syllabique des signes figuratifs chinois, les Phéniciens surent tirer de l'écriture hiératique égyptienne, abréviation cursive de l'hiéroglyphique qui remonte au moins à 1800 ou 2000 ans avant notre ère, les éléments de leur alphabet.

L'égyptien reconnaît deux articles, deux genres, deux nombres. Son vocabulaire est assez rapproché de celui des langues gallas, et son système de conjugaisons rappelle celui de la plupart des langues africaines. On y reconnaît la tendance agglutinative qui appartient à toute cette souche. Par le bichari, l'égyptien se rattache au danakil, et conséquemment aux groupes éthiopien et nubien. L'affinité de diverses particularités de sa grammaire avec celle des langues sémitiques n'est pas moins frappante que pour d'autres idiomes du même groupe [1].

La branche libyque est représentée par les langues berbères que parlent une grande partie des populations établies au nord et au nord-ouest de l'Afrique, à savoir : le *kabyle-algérien*, le *mozabi*, le *chaouia*, le *chelouh*, le *zénatya*, usité dans la province de Constantine, le *targui*,

---

1. Le pronom égyptien, qui est tout sémitique, se retrouve légèrement altéré en berbère, en galla, en schaho, en dankâli et en bedjah.

ou pour citer son véritable nom, le *temâhaq* ou *temâcheq*, parlé par les tribus touâreg [1] qui s'étendent au sud de la Barbarie, dans le Sahara et s'avancent jusque sur la rive droite du Sénégal; l'idiome de l'oasis de Syouah; l'idiome de Ghadamès. Une langue voisine du berbère était parlée par les Guanches, anciens habitants des îles Canaries.

Les langues libyques paraissent être nées d'un fond africain et s'être développées sous l'influence de formes purement sémitiques. L'invasion des Sarrazins en a singulièrement restreint le domaine. Le berbère céda peu à peu la place à l'arabe; le kabyle d'Alger est aujourd'hui pénétré de mots empruntés à cette dernière langue. Les Maures, population nomade et combattant à cheval, que les Romains, sous l'empereur Antonin Pie, commencèrent à refouler du littoral dans l'Atlas et la Mauritanie tingitane, descendaient en partie des anciennes populations de l'Afrique septentrionale d'origine libyque. Ils se mêlèrent aux Arabes à partir des septième et huitième siècle de notre ère, et, après avoir adopté la langue de ceux-ci, ils la portèrent jusque dans le Sénégal; en sorte que des tribus qui parlaient dans le principe un idiome berbère, se servent actuellement de la langue arabe. Mais le berbère se conserve encore sur les bords du Sénégal, chez la tribu nombreuse des Tolba ou Marabouts. C'était, selon toute apparence, des idiomes berbères que parlaient les Numides et les Gétules, dans lesquels il faut reconnaître les ancêtres des Touâreg.

Langues hottentotes.

La famille des langues hottentotes a été distinguée de l'ensemble des langues nègres et négroïdes parce qu'elle affecte des caractères propres qui la séparent de ces idiomes, aussi bien que de ceux de l'Asie. Elles ont un système phonologique qui leur est spécial : elles comptent dix-neuf consonnes pures : *h, g, k, ch, ng, kh, kch, gy, d, t, ts, s, z, n, r, b, p, w, m* et possèdent de plus quatre

---

[1] Le mot *Touâreg* est le pluriel de *Targui*.

consonnes prononcées par inspiration ou succion, sortes de lettres appelées *kliks* (*Schnalzlauten* des Allemands) et d'un son tout à fait particulier, lesquelles ne s'articulent d'ordinaire qu'au commencement des mots, devant les voyelles et les gutturales. Quant aux voyelles des langues hottentotes, outre celles qui se retrouvent dans nos langues européennes, il y en a un grand nombre d'autres d'une prononciation nasale ou sourde. Les racines des mots hottentots sont monosyllabiques; mais elles se présentent sous un double caractère; elles sont ou fondamentales ou simplement indicatives, et c'est par l'adjonction de ces dernières aux premières que se forment les mots.

Les langues hottentotes reconnaissent trois genres et trois nombres (singulier, pluriel, duel), mais ces catégories grammaticales n'ont pas tout à fait le même caractère que dans les idiomes européens. Les substantifs, aussi bien que les verbes, se modifient par l'addition de suffixes pronominaux, ce qui donne à ces idiomes le caractère de langues à flexions. Ainsi se forment les modes et les temps des verbes, où l'on distingue le présent, le parfait, le futur, et les voix, active, passive, réfléchie et réciproque. Les langues hottentotes, comme les langues sémitiques, n'ont pas de pronom relatif. Le pronom de la première personne y a deux pluriels, l'un inclusif renfermant l'idée de la personne à laquelle on parle, l'autre exclusif, excluant cette idée. Cette particularité qui a été signalée dans une autre langue africaine, le veï, se retrouve dans le malgache et plusieurs idiomes de la Polynésie et de l'Amérique. L'adjectif reste indéclinable et ne prend ni la marque du genre, ni celle du nombre. Malgré l'âpreté des kliks, les langues hottentotes ne manquent pas d'une certaine harmonie, et comme les Cafres Zoulous, et quelques autres peuples nègres, ils possèdent des chants, des apologues et une sorte de littérature populaire.

La famille des idiomes hottentots se partage en deux embranchements : le premier comprenant le *nama* ou *namaqua*, le *cora* ou *corana*, et le dialecte du Cap ou *hko-hko*; le second représenté par l'idiome *boschiman* ou zân, qui se subdivise lui-même en de nombreux dialectes. Ce dernier idiome occupait originairement une aire beaucoup plus étendue, car le voyageur Livingstone a retrouvé dans le Matlomagunya, à l'est du lac Ngami, une tribu qui parle un dialecte de cette langue. La branche boschimane se distingue par une prononciation plus âpre et par un plus grand nombre de kliks; elle en compte jusqu'à 7 ou 8, susceptibles de se placer même devant des labiales.

On a émis diverses hypothèses sur l'origine des langues hottentotes, que Bleek rattache aux langues chamitiques et Lepsius à la langue haoussa. Il est à noter que les kliks se retrouvent dans quelques dialectes de tribus appartenant aux familles cafre et nubienne.

Langues malayo-polynésiennes.

La famille des langues malayo-polynésiennes embrasse toutes celles qui se parlent depuis Madagascar jusque dans la Polynésie. Max Müller, se fondant sur des analogies de mots et de grammaire, a englobé ces langues dans la grande famille touranienne. Et, en effet, le malais se rapproche sur beaucoup de points du siamois, idiome de la souche indo-chinoise qui se lie en même temps à la branche tibéto-birmane. On y observe, comme dans le malais, comme dans le *kham-ti*, dialecte des montagnes de ce nom, la même absence de flexions.

Ainsi par la langue comme par la race, les Malais tiennent aux populations de l'Indo-Chine. D'autre part, les idiomes du groupe malais ont des traits de ressemblance avec les langues africaines; la double forme du pluriel, indiquant si la personne à laquelle on s'adresse est comprise dans le *nous* ou en est exclue, signalée dans les langues hottentotes, appartient aussi aux nombreux idiomes de la famille malaise, à ceux des îles Philippines et à plusieurs des idiomes polynésiens. Chez ces derniers, il y a de même un double duel, et cette particularité, comme le remarque G. de Humboldt, s'y présente avec une forme si particulière, qu'à ne se guider que par des considérations logiques, on devrait regarder les langues polynésiennes comme étant le véritable berceau de cette richesse grammaticale de nombre. Le double duel reparaît toutefois dans le mandchou, circonstance qui confirme les affinités qu'on a entrevues entre les races ougro-tartares, nord-américaines et polynésiennes, et qui milite en faveur de l'unité de la formation linguistique dite touranienne.

La famille malayo-polynésienne est représentée par trois branches : 1° la branche malaise, 2° la branche polynésienne, 3° la branche mélanésienne. La première se subdivise en deux rameaux : 1° celui des langues tagales, à savoir, les dialectes des Philippines (*tagalok*, *bisaya*, *pampanga*, *ilocana*, *bicol*), la langue des Mariannes ; on doit y rattacher le *malagasi* ou idiome de Madagascar et la langue de l'île Formose ; le second comprenant les idiomes malayo-javanais, le *malais* et ses nombreux dialectes, le *javanais*, le *bougui* ou *wougi*, langue principale de Célèbes, où se parlent en outre le *manado*, le *goronytala* et le *mandar*, les idiomes de Céram, de Macassar, de Madura, de Lombok, celui des îles Nicobar, le *battak*, le *dayak* et d'autres dialectes de Bornéo (*kayan*, *mankatip*, *mantanaï*, etc.). Il est à remarquer que l'idiome d'une tribu des montagnes du Cambodge, les *Changraï*, appartient au même rameau, ce qui montre que la famille malaise étend son domaine dans certaines parties de l'Inde transgangétique ; ainsi des dialectes du malais sont parlés à Malacca et dans le Tsiampa. La branche polynésienne embrasse les idiomes des Marquises et des Sandwich, le *maori* ou idiome de la Nouvelle-Zélande ; le *tahitien*, le *rarotonga*, le *samoa*, le *tonga*, etc. La branche mélanésienne comprend les idiomes des insulaires noirs de la Polynésie, à savoir, des archipels Viti, Mallikolo, des îles Annatom, Erromango, Tanna, Lifou, Baladéa, Baouro, Guadalcanar, etc.

Les langues de la Polynésie offrent une remarquable homogénéité. Elles n'ont pas d'inflexions grammaticales et recourent à des moyens matériels, à des particules préfixes ou à la réduplication d'une ou de plusieurs syllabes pour marquer les diverses parties du discours. Ces catégories y sont, au reste, assez vaguement indiquées, et le même vocable appartient souvent à plusieurs. L'onomatopée y est fréquente. La structure des mots polynésiens est beaucoup plus simple que celle des mots malais; la syllabe ne peut être terminée par une consonne, ni en renfermer deux; elle se compose toujours d'une consonne suivie d'une voyelle, si elle n'est pas formée d'une seule voyelle. On ne retrouve dans l'ensemble des langues polynésiennes que douze consonnes (*f*, *h*, *k*, *l*, *m*, *n*, *p*, *r*, *s*, *t*, *v*, *w*). Ces langues tendent à aplanir les consonnes homogènes et à faire disparaître celles qui ont une prononciation trop détachée; en sorte qu'elles semblent nées de l'altération graduelle des langues malaises, beaucoup plus énergiques et plus arrêtées. On peut suivre sur certains mots l'altération successive de la prononciation et la substitution des sons, le passage de la phonologie malaise à la phonologie polynésienne; l'étude de ces transformations met en complète évidence la parenté de ces divers idiomes.

En général, les idiomes malayo-polynésiens sont d'une extrême simplicité et d'une assez grande pauvreté sous le rapport de l'expression des idées abstraites. L'on retrouve dans toutes les langues polynésiennes, sauf dans celle de Paumotoua qui s'écarte sensiblement des autres, la même phonologie élémentaire.

Le groupe tagal, qui a pour type principal le *tagalog*, idiome de l'île Luçon, se lie à la fois aux langues indochinoises et aux langues polynésiennes. Il comprend: l'*hiligueina* et le *haraya*, autre idiome de la même île. L'*ilocana* est parlé dans la région nord-ouest des Philippines, le *pampanga* dans la région sud-ouest, le *bicol* appartient à la région sud-est, l'*ybanag* est en usage dans l'île de Cagayam, le *bisaya* est répandu de l'île Panay à l'archipel des Soulou et à Mindanao, enfin la langue *zebuana* est parlée à Cébou et dans les îles environnantes. Un des principaux idiomes de l'île Formose, le *tayal*, parlé au nord de l'île, a été regardé comme se rattachant à la même famille[1] ; d'autres, au contraire, ont voulu en faire un congénère du japonais. Les langues tagales sont, de tous les idiomes de la famille malayo-polynésienne, ceux qui offrent le système de consonnes le plus simple : les palatales et le son *z* y font défaut. Le javanais est beaucoup plus riche en consonnes, et les nasales sont multipliées en bougui.

Les langues malgaches ou malagasi embrassent une foule de dialectes entre lesquels il faut surtout citer l'*ankova*, parlé par les Ovas de l'intérieur de Madagascar, le *betsimisaraka*, parlé à l'est, et le *sakalava* parlé à l'ouest de l'île. Les idiomes malgaches participent à la fois des langues malaises et des langues tagales. On rencontre dans le malagasi soit des particularités grammaticales, soit des mots qui se retrouvent dans le *toba*, l'un des dialectes de la langue battak, dans le javanais, le dayak, le *harafoura* de Menado, et plusieurs autres langues voisines.

M. Fr. Müller, dont on reproduit ici la classification, a signalé la différence qui sépare les idiomes de la branche malaise de ceux des autres branches de la même famille, par la manière dont ils traitent les éléments étrangers qu'ils s'incorporent. Le malais et le javanais les conservent intacts ; les autres idiomes les altèrent d'après le génie de leur propre vocalisation. Ces emprunts d'une langue à l'autre sont, au reste, habituels dans la famille malayo-polynésienne.

Les fréquents rapports que les populations des diverses îles de la Malaisie entretiennent entre elles expliquent les influences réciproques que leurs langues ont eues les unes sur les autres. Mais c'est surtout le malais qui a exercé sur les différents idiomes de l'archipel Indien une influence profonde. Dans quelques îles, il a fait complétement disparaître la langue primitive ; ailleurs il a introduit des

---

1. L'idiome formosan, notamment le dialecte que parlent les Pépohans, tribu à demi civilisée fixée dans les montagnes de l'île et dont le type rappelle celui des Malais, offre une extrême ressemblance avec la langue de cette nation. On peut donc regarder le formosan comme formant l'anneau qui lie les deux rameaux de la branche malaise.

idiotismes, en respectant le vocabulaire; enfin, il a quelquefois partiellement modifié la langue. Tout indique donc qu'il s'est opéré dans cette partie du monde des mélanges incessants. Au milieu de ce mouvement linguistique, le polynésien s'est vu de plus en plus repoussé par le malais : ce qui a été notamment observé à l'île Bali; le papou a été de plus en plus absorbé. Les dialectes de ce dernier idiome ont été, chaque jour, pénétrés davantage de mots empruntés aux dialectes malayo-polynésiens. Aux îles Viti, le vocabulaire est resté mélanésien, mais la grammaire est devenue polynésienne. Au reste, les langues de la branche mélanésienne se lient vraisemblablement aux langues papoues, dont il a été parlé plus haut, à propos des langues australiennes.

Langues à flexions : 1° souche sémitique. — Origine de l'alphabet.

La classe des langues à flexions comprend celles qui ont atteint le plus haut degré de développement, la structure grammaticale la plus riche et qui se prêtent par conséquent le mieux à l'expression de la pensée. Dans ces langues, le radical subit une altération phonétique, destinée à exprimer les modifications résultant des différences de relations qui le lient aux autres mots. Les éléments qui gardent encore un caractère rigide et non modifiable chez les langues d'agglutination, sont devenus dans celles-ci plus simples et plus organiques. Rien ne peut mieux faire ressortir la différence qui sépare les langues d'agglutination des langues à flexions, que le rapprochement des systèmes de déclinaisons et de conjugaisons respectifs de ces deux classes d'idiomes. Dans la déclinaison des langues d'agglutination, la séparation entre le cas et sa postposition est peu sensible; une simple terminaison indique le nombre; la fusion entre les mots exprimant la relation et le radical n'a pas encore lieu; les genres sont à peine distingués. Dans les langues à flexions, au contraire, toutes les circonstances d'un mot, circonstances de genre, de nombre, de relation, sont exprimées par des modifications qui portent sur le substantif même et en changent incessamment le son, la forme et l'accent. Pour le verbe, la transformation du radical est plus complète, plus profonde. On n'y trouve plus, comme chez le verbe des langues d'agglutination, la syllabe extérieurement accolée; c'est tout le corps du mot qui se modifie suivant le temps et les modes; quelques-unes des articulations du radical subsistent cependant et rappellent le sens originel modifié par celles-ci. La flexion indiquant la personne et le nombre, n'a plus, dans les langues à flexions, rien d'analogue à ce qui s'observe pour les idiomes d'agglutination. Chez ces derniers, les personnes sont marquées par un suffixe dérivé, à l'aide d'une faible altération du pronom; le pluriel est souvent indiqué par le signe du pluriel du substantif. En effet, la différence du substantif et du pronom ne fait ici que se dessiner. Dans les langues à flexions, les terminaisons personnelles du verbe, tout en restant dans un rapport visible avec les pronoms, s'en distinguent nettement. La coalescence ou force de rapprochement est devenue assez énergique pour donner naissance à un tout indissoluble appelé *mot*, et l'on ne saurait plus se méprendre sur le caractère respectif du substantif et du verbe. Précisément parce que l'unité du mot se maintient avec rigueur dans la flexion, on n'y peut exprimer beaucoup de relations par un seul mot; tandis que les changements, les allongements démesurés que les langues agglunantes font subir à leurs verbes et à leurs substantifs, ne peuvent avoir lieu qu'aux dépens de l'unité du mot. Le verbe à flexions marque donc moins de relations que le verbe agglutinant. De là aussi la grande difficulté de décomposer en éléments simples les formes à flexions. Les éléments exprimant la relation subissent dans les langues à flexions des changements en vue de conserver l'unité du mot.

La flexion n'est point au reste complétement absente chez bon nombre de langues agglutinantes qui en offrent des linéaments plus ou moins prononcés; toutefois, comme ce n'est guère que dans les deux familles dites sémitique et indo-européenne que son emploi s'offre avec un caractère tout à fait général, on peut réserver à ces idiomes la qualification de langues à flexions.

La branche sémitique a été ainsi appelée parce qu'elle embrasse un ensemble d'idiomes parlés par des peuples généralement de souche sémitique. Quelques-uns des idiomes dits sémitiques, le phénicien, l'éthiopien, par exemple, appartenaient à des populations d'une autre race. Les langues sémitiques seraient donc plus exactement désignées par l'épithète de *syro-arabes*, car elles étaient répandues de la côte de la Phénicie jusqu'à l'extrémité de la péninsule arabique. La majorité de ces idiomes est aujourd'hui passée à l'état de langue morte. Le développement littéraire que quelques-uns ont atteint, dès une époque reculée, doit les faire regarder comme une des plus vieilles souches linguistiques du globe.

La branche sémitique comprend neuf rameaux : 1° l'*hébreu*, parlé par les Israélites, lesquels n'étaient originairement qu'une tribu de la famille assyro-chananéenne, dont la langue, actuellement perdue, doit avoir eu avec l'hébreu une grande ressemblance ; 2° le *phénicien*, qui se rapprochait également beaucoup de l'hébreu et dont on a retrouvé des monuments épigraphiques ; 3° l'*araméen*, parlé jadis en Syrie et qui comprenait plusieurs dialectes : le *chaldéen-biblique*, dans lequel ont été composés, au sixième siècle avant notre ère, quelques-uns des livres de la Bible, notamment des fragments du livre d'Esdras ; le *chaldéen-targumique*, conservé par les *targums* ou paraphrases de la Bible, qui datent du commencement de notre ère ; le *syro-chaldaïque*, langue vulgaire qui se forma en Babylonie, à la suite des altérations de l'hébreu, et qui est employée dans les deux grandes compositions rabbiniques appelées Talmud (le Talmud de Jérusalem et celui de Babylone) ; enfin le *samaritain*, dialecte propre à la tribu d'Éphraïm, encore usité comme langue littéraire chez les descendants de ces dissidents du culte juif ; 4° la *langue araméique païenne*, comprenant l'idiome des anciens Nabatéens et celui de la secte des Sabiens ou Mendaïtes; 5° le *syriaque*, langue qui fut écrite dans les contrées d'Édesse et de Nisibe, et dont le développement et l'existence littéraire se placent entre le deuxième et le cinquième siècle de notre ère; 6° l'*assyrien*, langue parlée jusqu'au quatrième siècle avant notre ère, et que nous ont fait connaître les inscriptions cunéiformes découvertes à Khorsabad, à Nimroud, à Koyoundjik et en divers lieux de l'Assyrie; elle se rapprochait du chaldéen; 7° l'*himyarite*, ancien idiome de l'Yémen que nous connaissons par des inscriptions et qui participe de l'arabe et de l'éthiopien; cette langue est, selon toute apparence, celle de l'antique royaume de Saba; 8° l'*éthiopien* ou *ghez*, ancienne langue de l'Abyssinie, où son développement littéraire n'a commencé qu'après l'établissement du christianisme, c'est-à-dire au troisième siècle de notre ère; des dialectes altérés de cette langue, tels que le *tigré* ou *haseh*, le *tigrina*, sont usités encore de la Mer rouge à l'Atbara et constituent les idiomes des Habads, des Menzas, des Betchouks, des Maréas, etc.[1]; 9° enfin l'*arabe*, la seule langue purement sémitique encore aujourd'hui parlée; elle ne présente qu'un petit nombre de dialectes faiblement accusés (arabe de Syrie, arabe moghrébite). Par l'influence du Coran, cet idiome, originairement propre à la tribu ismaélique ou maaddique, s'est répandu de la Babylonie à l'extrémité du Maroc, de la Syrie à l'Yémen; il se parle actuellement dans la vallée du Nil jusqu'à Dongola et au Kordofan.

La langue des Arabes a le plus ordinairement évincé les idiomes indigènes dans les pays qu'ils ont envahis; c'est ainsi qu'elle a dépossédé le syriaque, le grec, le copte, le berbère. Dans certaines contrées où l'islamisme, d'abord triomphant, fut ensuite expulsé et vaincu par le christianisme, comme Malte, l'Espagne, le Portugal, l'arabe a laissé une foule de mots à l'idiome d'origine latine, qu'il

---

[1]. Il faut peut-être rattacher à ce rameau l'idiome des *Falachas* ou Juifs d'Abyssinie qui descendent, selon M. R. Hartmann, non d'Israélites émigrés en ce pays, mais d'Abyssins, convertis à un judaïsme christianisé, à une sorte d'ébionisme.

n'avait pu anéantir. L'idiome maltais notamment a conservé beaucoup de formes et de mots empruntés à l'arabe.

La souche sémitique est la première famille linguistique qui ait fait usage du système graphique alphabétique. On a vu plus haut que les Phéniciens tirèrent leur écriture de l'Égypte douze à quinze cents ans avant notre ère. L'alphabet phénicien fut porté en Grèce huit ou neuf siècles avant J. C. De là il se propagea en Italie, en Espagne, et plus tard dans toutes les contrées européennes, en subissant toutefois des modifications, nées de la nécessité de représenter des sons, des articulations étrangers à l'idiome des inventeurs. Chaque pays adopta, en l'altérant, selon ses besoins, l'abécédaire phénicien. Ainsi prirent naissance les alphabets hébreu, samaritain, palmyrénien, araméen ou syriaque. L'usage de l'alphabet d'origine phénicienne remplaça, en Assyrie et en Perse, un système d'écriture plus ancien. Le système alphabétique ainsi créé, se substitua dans l'Asie occidentale, en Assyrie, en Perse, à un mode d'écriture qui paraît avoir été d'origine touranienne, autrement dit casdo-scythique et dont l'emploi se perdit sous les Séleucides. Ce mode plus ancien a été désigné sous le nom d'écriture *cunéiforme* c'est-à-dire en forme de coins (*keil schrift*) ou en forme de flèches. Il est d'une nature symbolico-phonétique comme les hiéroglyphes égyptiens, et ces signes doivent avoir procédé originairement d'une représentation grossière des objets, car elle se reconnaît encore dans la disposition de quelques groupes. Il s'en forma différents systèmes qui s'adaptèrent aux idiomes de cette partie de l'Asie, l'un usité en Susiane, l'autre en Arménie, etc., avant que les populations de ces contrées eussent été aryanisées par l'influence des Mèdes et des Perses. De l'écriture cunéiforme qui présentait une complexité extrême et beaucoup d'obscurité où, comme dans les hiéroglyphes égyptiens et les écritures chinoises, un même caractère pouvait être interprété tour à tour comme idéogramme ou comme signe de son.

L'alphabet phénicien de 22 lettres, dont les anciennes formes ont été conservées par des inscriptions et des médailles, a donné naissance à tous les alphabets. Des anciens caractères phéniciens sortit le premier alphabet hébreu dont l'alphabet dit *samaritain* a gardé sensiblement les configurations ; un genre d'écriture phénicienne moins archaïque enfanta l'écriture araméenne qui a donné naissance aux alphabets *palmyrénien*, *hébreu carré*, à l'*ancienne écriture pehlvie*; du palmyrénien sont nés successivement par voie de filiation immédiate ou médiate les alphabets *sabien*, *estranghelo*, l'écriture arabe dite *coufique* et celle qui porte le nom de *neskhy*, le *peschito*, usité pour la langue syriaque, les écritures ouïghoure, mongole, mandchoue. De l'écriture pehlvie sortirent les alphabets *zend*, *arménien* et *géorgien*. L'alphabet grec, dont la plus ancienne forme dite *cadméenne* procède directement de l'alphabet phénicien archaïque et date au moins du huitième ou neuvième siècle avant J. C., a, par des modifications diverses dans la forme et le nombre des lettres, produit les différents alphabets grecs, italiques, et le copte. De l'alphabet grec procède l'alphabet latin dont sont issus les alphabets des langues latines, germaniques et d'une des branches des langues slaves. Par une autre filiation directe, l'alphabet phénicien a engendré l'alphabet ibérien que des monnaies nous ont conservé. Quant aux *runes* scandinaves, d'où sont nés d'autres alphabets runiques et septentrionnaux et aux runes slaves auxquelles se rattache l'ancien alphabet slave dit *glagolitique*, ils paraissent avoir emprunté leurs formes à des signes déjà usités chez les peuples du nord de l'Europe, mais ceux-ci ont subi dans leur usage l'influence des alphabets grec et latin. Ainsi se sont constitués les alphabets mœso-gothique, irlandais, anglo-saxon, slave cyrillien, slavon, russe, serbe, etc. Enfin, par une autre voie, de l'alphabet phénicien primitif sont nés : 1° les alphabets *himyaritique* et *mousnag* usités dans l'Yémen, *ghez*, *amharique*; 2° les alphabets *libyque* et *lifinnag* employés en Afrique ; 3° l'aphabet *mâgadhi*, ancêtre du *dévanagâri*, du *pâli*, du *tibétain*, du *kawi* et de tous les alphabets de l'Inde, de l'Indo-Chine et de la Malaisie (alphabet *tagal*, *bougui*, *tamoul*, *shingalais*, *birman*, *sia-*

mois, etc.), exception faite de ceux qu'emploient les Malais, lesquels ont adopté les caractères arabes, comme le fait le dialecte ourdou, et des caractères annamitiques qui sont chinois.

L'écriture alphabétique persépolitaine, que nous ont fait connaître les inscriptions perses des Achéménides, dérive du système cunéiforme assyrien, mais doit s'être constituée sous l'influence du système phénicien, de l'alphabet araméen en particulier.

Cet aperçu donné de l'histoire de l'alphabet, revenons aux langues sémitiques. Elles constituent un groupe très-homogène. De leur tronc n'ont pas poussé ces branches nombreuses que présentent d'autres familles linguistiques. Les radicaux y sont tous dissyllabiques, du moins, sous la forme que ces radicaux revêtent; le monosyllabisme primitif, s'il a existé, ayant presque complétement disparu. La forme analytique a partout prévalu. Au lieu de rendre dans son unité l'élément complexe du discours, ces idiomes préfèrent le disséquer et l'exprimer terme à terme. Chez tous, se manifeste une disposition marquée à accumuler l'expression des rapports autour de la racine essentielle. C'est ce que l'on observe surtout en hébreu, le plus ancien représentant connu de cette famille. Les langues sémitiques participent encore des idiomes d'agglutination; mais elles passent déjà visiblement à l'état de flexion. Sujet, régime pronominal, conjonction, articles n'y forment qu'un seul mot avec la racine exprimant l'idée principale, circonscrite ainsi de particules qui en modifient les rapports.

Quant à la grammaire et au vocabulaire, ces langues sont plus avancées, plus riches que les langues africaines; plus résistantes dans leur constitution, elles n'ont point subi les altérations profondes qui ont tant fait diverger entre elles ces dernières. Aussi ce sont elles qui les modifient, au contraire, et font pénétrer leurs mots et presque leurs formes grammaticales dans celles de ces langues au contact desquelles elles se sont trouvées. En revanche les idiomes sémitiques ont subi dans leur phonétisme des altérations dues à l'impossibilité où étaient certaines races africaines ou chamitiques qui les avaient adoptées, d'en articuler tous les sons. C'est ce qui a eu lieu notamment dans l'*amharique*, le *huaraza*, un de ses dialectes parlé par les Comantes, tribu de l'Amhara ; ce sont des langues de formation vraisemblablement postérieure au ghez, qui présentent un fond sémitique modifié par l'influence des grammaires africaines. On en peut dire autant du *hamtonka*, idiome de la tribu des Agau ou Agaou, ou Awawa, mentionnée déjà sous le nom de Wawa, dans les inscriptions hiéroglyphiques du temps des Pharaons, et qui n'ont cessé de défendre leur indépendance. Les Agau rappellent, par leur type caucasique et leur peau noire les Éthiopiens, qui les ont repoussés au sud. Divers autres idiomes se sont pareillement formés de l'alliance de l'abyssin avec des idiomes indigènes de la même région.

2° Souche Indo-européenne. Langues aryennes.

La grande famille ou branche des langues indo-européennes a été aussi désignée sous le nom de *japhétique*, parce que la majorité d'entre elles est parlée par des populations qui, suivant la Genèse, descendent de Japheth. L'organisme commun de ces langues ressort de la comparaison systématique des idiomes, qui sont les représentants les plus purs de chaque famille. Toutes se rapprochent plus ou moins du sanscrit, qui en est le type le plus ancien et le plus complet. Plus en Europe on recule à l'est, plus on trouve de ressemblance entre les langues de cette grande famille et celle-ci. Ainsi, les langues celtiques, les plus occidentales de tout le groupe, sont celles qui s'éloignent davantage du sanscrit.

Le berceau primitif de cette famille linguistique est la contrée qui s'étend entre la mer Caspienne et l'Hindou-Koh. De bonne heure, les peuples de souche indo-européenne se bifurquèrent en deux troncs : les Aryas, qui émigrèrent dans l'Hindoustan et en soumirent une partie des habitants, refoulant l'autre dans le sud ; les Iraniens, que l'on peut regarder comme les ancêtres des Persans.

C'est de l'idiome de cette seconde famille que paraissent être sortis les principaux rameaux linguistiques qui ont constitué les langues de l'Europe. Sans rien préjuger sur la filiation directe ou indirecte des idiomes qui appartiennent à ces différents rameaux, on peut classer les langues indo-européennes en six groupes : 1° aryen ou hindou ; 2° iranien ou persique ; 3° gréco-romain ; 4° slave ; 5° germanique ; 6° celtique.

Le sanscrit forme la base du groupe aryen ; il est resté l'idiome de la religion et de la science brahmaniques. Parlé à une époque éloignée de nous de plus de vingt siècles, il a vécu ensuite comme langue littéraire, et, grâce à cette longue existence, il est devenu le type le plus accompli des langues à flexions ; aussi les Hindous lui donnent-ils le nom de *sanscrita*, c'est-à-dire *ce qui est achevé en soi-même*. Cette langue sonore, riche en sons, en articulations, synthétique dans sa construction, qui rappelle celle du latin, et que l'improvisation poétique a singulièrement assouplie, est qualifiée par ceux qui l'écrivent de *Langage des dieux* (Surabâni), de même que son alphabet est appelé *Ecriture des dieux* (Dévanâgari).

La grammaire sanscrite est certainement une des plus riches qui se puisse rencontrer ; ses formes les plus anciennes nous sont offertes par le recueil d'antiques hymnes appelé *Rig-Véda*; ses plus modernes se trouvent dans les *Pourânas* ou légendes poétiques, dont la rédaction ne remonte pas pour quelques-uns plus haut que la fin du moyen âge. A l'origine, le sanscrit offrait un caractère de complexité qui le distinguait essentiellement des idiomes de souche sémitique, avec lesquels son vocabulaire n'a lui-même rien de commun, à un petit nombre de mots près ; et encore ce fond commun, si faible, résulte-t-il peut-être de l'identité des procédés employés par l'homme dans le principe, pour exprimer sa pensée et qui reposaient surtout en grande partie sur l'onomatopée. Toutefois il n'est pas impossible que les deux familles de langues, sémitique et aryenne, soient sœurs ; certains philologues regardent même les langues iraniennes comme nées de l'influence modificatrice que les langues sémitiques ont exercée sur les langues touraniennes.

C'est le sort commun de toutes les langues de s'altérer avec le temps. Les mots se raccourcissent et s'élident; ils s'usent, pour ainsi dire, comme les objets, par le frottement. Souvent leurs formes grammaticales s'appauvrissent; ainsi les langues hindoues dérivées du sanscrit, telles que le pâli et le prâcrit, ont perdu le duel qui appartenait à cette langue mère et qui s'est conservé dans le grec. La forme toute synthétique de la phrase disparaît graduellement en totalité ou en partie, et les éléments grammaticaux, les parties du discours se dégagent pour constituer dans la phrase des mots séparés. Ces mots eux-mêmes se coordonnent et se disposent suivant les besoins de la clarté et de l'harmonie. Ce travail s'est opéré dans toutes les langues issues de la souche sanscrite. A côté du sanscrit, s'est formé le *pâli*, langue parlée jadis à l'orient de l'Hindoustan et dont la littérature était déjà florissante au cinquième siècle de notre ère; il a laissé des monuments écrits sur des colonnes et des rochers; il fut expulsé violemment de l'Inde avec le bouddhisme et porté, comme langue sacrée, par le prosélytisme des fugitifs, dans les îles de Ceylan, de Madura, l'empire des Birmans et l'Indo-Chine. Le *kawi*, langue sacrée de Java, présente l'association de la grammaire sanscrite au vocabulaire tagal ou malais.

L'ensemble des dialectes désignés sous le nom de *Prâcrit* (*pracrita*, en sanscrit, *dérivé, inférieur, imparfait*) correspond à une seconde génération. Ces dialectes nous ont été conservés par le drame indien qui les met dans la bouche des personnages inférieurs. Plusieurs sont aujourd'hui passés à l'état de langues mortes. Dans cette catégorie se place le *mâgadhi*[1], dialecte pâli, qui a été parlé et écrit au troisième siècle avant notre ère, ainsi que l'attestent les plus anciennes inscriptions de l'Hindoustan; il doit être distingué du dialecte de ce même nom encore parlé

---

1. C'est en mâgadhi que sont écrits les livres de la secte des Djaïnas.

dans la province de Mâgadhi ou Béhar. Postérieurement sont dérivées du sanscrit diverses langues dont le domaine se restreint à certaines provinces, d'où elles ont tiré leur nom; car dans la presqu'île gangétique, presque chaque province a son idiome particulier; l'on a déjà vu que plusieurs appartiennent à la famille dravidienne. On doit citer parmi les dialectes pracrits: le *kafir* du Kohistan, autrement dit le *siapòch*[1], le *sindhi*, le *sauraseni*, ou langue de Mathoura appelé jadis Saurasena, l'*avanti*, idiome d'Oudjein; le *prâchya*, parlé à l'est de la presqu'île gangétique; le *mâhârachtri*, ancien idiome du Mahârâchtra, ou pays des Mahrattes, le plus riche et le plus développé de ces dialectes. Les langues aryano-indiennes sont réparties par M. Fr. Müller en six groupes :

Le groupe oriental ou des langues gaures, a pour principal représentant le *bengali* ou *bangâli*, langue du Bengale, parlée par environ 30 millions d'hommes. Des idiomes de ce groupe, c'est celui qui garde le plus la physionomie du sanscrit. Son domaine s'étend depuis Balassore jusqu'au delà du Brahmapoutre et au nord jusqu'à Mourchédabad et Radjamahal; au nord-est, il se modifie en un dialecte appelé *tirhouti* ou *maithila*. Au même groupe appartiennent : l'*assami*, parlé dans l'Assam, idiome lié de près au précédent, mais qui a subi l'influence du tibétain et du birman; l'*oriyâ* ou *ourya*, parlé sur la côte des Circars, depuis Vizapour jusqu'à Balassore[2] et chez lequel se retrouvent de nombreux éléments empruntés à l'arabe. Il faut vraisemblablement rattacher à ce premier groupe le *saraswati* actuellement éteint et le *kanodji*.

Le groupe septentrional comprend le *népâli*, pénétré d'éléments tibétains et parlé dans le Népâl, le *gilghit* et

---

1. M. Fr. Müller y rattache le dialecte des Dardous dans lequel il reconnaît les Δερἀδαι des Grecs et qui habitent sur le haut Indus, à Gilghit, Astor, etc.

2. Les populations parlant ourya ont émigré dans leur patrie actuelle. Leur siége primitif paraît avoir été l'étroite vallée qui s'étend le long de la ligne de côtes depuis la rivière Rasikulia, près de Ganjam, au nord de la rivière Baas-Kans, près de Soro, par 21° 10′.

l'*astori*, idiomes du Dadistan[1], le *kaçmiri* ou cachemirien, le *pendjâbi*, le *djâtaki* parlé au sud de celui-ci, tous idiomes qui ont subi l'influence de l'arabe et du persan. Le groupe occidental est représenté par le *sindhi*, langue des Djâts, souche de la population actuelle du Sindh. Cet idiome, déjà mentionné comme pouvant être compris parmi les dialectes pracrits, a atteint un assez haut degré de culture; il a conservé les formes sanscrites, pures de toute alliance étrangère; il est parlé depuis Attock jusqu'à l'embouchure de l'Indus. Ses divers dialectes reçoivent les noms de *wachi* (parlé sur le cours moyen de ce fleuve), d'*hindki* (parlé sur le haut Indus et dans la vallée de Peichawer), de *moultani* (idiome du Moultan). Le groupe moyen a pour type l'*hindi* qui se parle avec le plus de pureté dans les provinces de Kumaon et de Gherwal, et prévaut en général dans la partie moyenne de l'Hindoustan septentrional. De l'hindi sortirent, au onzième siècle, l'*ourdou*[2] et l'*hindoustani*, idiomes pénétrés d'arabe, de persan et de quelques éléments mongols. Le groupe des langues du sud-ouest comprend le *gouzarâti* ou *gouzzerati*, langues du Gouzzerate, dont un dialecte particulier, le *kachi*, est usité dans la presqu'île de Cutch, au sud du pays des langues *marwadi* et *rangri bacha*, auxquelles se lient d'autres dialectes du pays des Rajpoutes. Sa limite méridionale s'enclave dans le pays de langue *mahrâthi*: celle-ci est parlée par une population de 10 millions d'hommes (les Mahrattes) et est le principal représentant du groupe aryano-indien méridional, lequel participe déjà quelque peu du caractère des langues dravidiennes. Et effectivement cet idiome est celui d'une population toute dravidienne, les Varalis, mentionnés plus haut. A l'est, l'aire du mahrâthi confine à celle du canara; dans la région qu'arrose le Kistnah au sud, elle touche au territoire portugais de Goa et est li-

---

1. D'autres idiomes de la même région, l'*arnyia* et le *khajuna*, paraissent se rattacher à la famille tibétaine.
2. Le nom d'*ourdou* tire son origine du nom d'*ourdou-zeban*, « langue du camp », donné à cet idiome bâtard dont un dialecte assez distinct, le *dakhani*, est parlé plus au sud de la presqu'île.

mitrophe du *concani*, dialecte à part, mélange de mahràthi, de toulou et de canara.

L'un des représentants les plus curieux de la famille qui embrasse ces divers groupes est le *tzigane*, langue d'une race dispersée dans toute l'Europe, méprisée des autres, et connue sous les noms de *Zigeunes, Zingari, Gitanos, Philistins, Bohémiens, Gypsies*. Les Zigeunes, ou plutôt les Cyganes ou Sécanes, car c'est ainsi qu'ils se nommaient, pénétrèrent en Europe par les contrées danubiennes, vers le dixième ou onzième siècle de notre ère, après s'être arrêtés un certain temps en Asie Mineure, en Syrie et en Égypte, où ils ont laissé des représentants isolés par familles ou petites tribus, connus sous les sobriquets de *Hélebis*, de *Ghagars*, de *Nouwars*, de *Kourbats* et de *Djinganih*. Les Zigeunes se désignent entre eux généralement par le nom de *Rom*, c'est-à-dire homme, mot d'origine copte ou égyptienne. On reconnaît cette population à sa peau brune et à sa chevelure noir de jais. Les Cyganes descendent vraisemblablement des Djâts ou plutôt, comme le remarque M. Trumpp, de la tribu dégradée des Bhangis, qui a, depuis une époque fort reculée, émigré du Sindh dans le Béloutchistan et la Perse. Leur origine hindoue se décèle d'ailleurs à leur type, reconnaissable surtout à l'allongement de leurs cuisses, à la longueur et à la maigreur de leurs doigts, type qui a persisté, comme cela est arrivé chez les Juifs, malgré la dispersion extrême de la race. Cette origine est d'ailleurs confirmée par l'étroite parenté des dialectes cyganes avec les idiomes du Sindh et de l'Afghanistan, si l'on excepte toutefois le *sim*, argot des Zigeunes d'Égypte, formé d'éléments sémitiques et berbères. On ignore à quelle date cette race quitta les contrées de l'Indus et pénétra par l'Yémen et l'Hadramaout, dans l'Égypte, la Syrie, le Kurdistan, où elle se constitua, comme les Thugs de l'Inde, à l'état de caste ennemie.

Langues iraniennes ou persanes. Affinité des langues aryano-iraniennes avec les langues touraniennes.

Ce groupe de langues embrasse un ensemble d'idiomes qui étaient ou sont encore parlés entre le Caucase et le Pendjab. Leur prototype nous est fourni par l'ancien perse des inscriptions cunéiformes et le zend. Le perse, idiome originel des Céphènes ou Artéens, se répandit dans toute la Perse et fut porté de très-bonne heure en Médie par les Aryens. Le zend, langue primitive de la Bactriane, avait, de même que le sanscrit, cessé d'exister comme langue vivante, longtemps avant l'ère chrétienne. Il nous a été conservé par l'Avesta, code sacré des Mages que suivent encore les Guèbres.

L'ancien perse est loin de présenter la riche vocalisation du sanscrit. Les voyelles s'y réduisent à trois : a, i, u, et la prédominance de la première de ces lettres décèle, suivant la remarque de M. F. Spiegel, une liaison originelle entre elles et chaque consonne, ainsi que cela s'observe en sanscrit, où toute consonne isolée s'articule avec la voyelle a. L'ancien perse n'a qu'une seule voyelle longue (â) et n'offre point de diphthongue. La série des consonnes y est beaucoup moins complète qu'en sanscrit; on n'y trouve point les cérébrales, si caractéristiques du système phonétique sanscrit, peu de ces nasales si fréquentes dans les idiomes de l'Inde ; l'aspirée bh, si usitée en sanscrit et qui est passée à f, dans les langues européennes, ne s'y rencontre pas plus qu'en zend. La série des palatales et des labiales y est très-incomplète. L'ancien perse n'en offre pas moins un système vocal mieux ordonné que celui du zend. Plus riche en nasales et en sifflantes que l'ancien perse, ce dernier idiome présente l'emploi fréquent de ces sortes de flexions, appelées par les grammairiens *épenthèses* ou *intercalations*. Les accumulations de consonnes y sont plus ordinaires et les semi-voyelles sont complétement absentes. Sous le rapport des éléments grammaticaux, le zend a une parenté assez étroite avec le sanscrit. On y retrouve diverses formes verbales de la langue védique et la même racine du pronom, quoique le pronom védique diffère du pronom zend. En revanche, la langue de l'Avesta a gardé de vieilles formes que le sanscrit ne possède plus ; tel est le radical pronominal *awa* et le temps conjonctif.

Tandis que le zend engendrait par voie d'altération le *pazend*, le perse, qui avait déjà éprouvé, à l'époque des Sassanides, des modifications profondes, subissait de nouvelles altérations sous l'influence arabe, par suite de l'invasion musulmane ; il constitua alors le *farsi* ou *parsi*, idiome intermédiaire entre le zend, le perse et le persan moderne. C'est de la province de Fers ou Farsistan qu'est sorti ce dernier idiome, perfectionné par plusieurs générations de poëtes, sous les dynasties indépendantes de la Perse, mais dont la phraséologie s'est de plus en plus pénétrée de locutions arabes et turques. Le persan actuel dont l'aire s'est resserrée depuis plusieurs siècles, qui a été chassé par le turc du Chirwan, de l'Arran et de l'Aderbaidjan, où il se parlait, il y a huit cents ans, comprend divers dialectes, notamment le *mazanderani*, le *lour*, le *khorassani*. Le persan littéral s'éloigne aujourd'hui sensiblement du persan vulgaire. Le *guèbre*, idiome parlé par les descendants des sectateurs du mazdéisme, réfugiés dans l'Inde, est également sorti des altérations qu'a subies, sous d'autres influences, le parsi.

Outre ces diverses langues, la famille iranienne comprend encore les langues suivantes, qui s'éloignent davantage du type primitif : 1° Le *béloutchi*, langue d'un vaste pays voisin de l'Indus, resserré entre les montagnes de l'Afghanistan et la mer, et occupé par la confédération des Beloutchis. On a vu plus haut que le *brahoui*, idiome d'une tribu de montagnards du Béloutchistan, se rattache aux langues dravidiennes, et sert de transition entre celles-ci et les langues iraniennes. 2° Le *kurde*, idiome tout persan par la grammaire, a emprunté à cette langue, ainsi qu'à l'arabe et au turc, le tiers de ses mots ; il tire le reste de son vocabulaire d'un idiome antérieur, vraisemblablement celui des Carduques, nation établie dans les défilés du Kurdistan, et d'où paraissent être sortis les Chaldéens qui conquirent l'Assyrie sur les Couschites[1]. 3° L'*arménien*, qu'on avait d'abord considéré comme une langue à part, mais que ses racines et ses flexions grammaticales rattachent à la famille iranienne; c'est la langue nationale du peuple arménien ou *haïg*, qui l'a conservée, même aux temps de la domination étrangère. L'arménien littéral nous est connu, depuis quatorze siècles, par une série non interrompue d'ouvrages originaux; l'arménien vulgaire est encore fort usité chez les populations arméniennes du Levant; il se subdivise en plusieurs dialectes. 4° L'*ossète*, idiome du Caucase qui, bien que se rattachant par certains points aux langues de cette région, offre un organisme iranien; il comprend trois dialectes : l'*ossète méridional*, le *digorien* et le *tagaoure*. Il a été parlé des *Ossètes* ou *Irons* au chapitre VII; ajoutons ici que ce peuple paraît avoir été confondu avec des tribus voisines sous le nom d'*Albaniens* par les Grecs, et sous celui d'*Aghovans* par les auteurs arméniens. 5° Le *pehlvi*, *syro-perse* ou *huzwaresch*[2] forme le chaînon qui lie les langues iraniennes aux langues sémitiques. Parlé sous les Sassanides, puis proscrit par l'islamisme victorieux, il ne nous a été conservé que par des monnaies, des inscriptions, et un des livres de l'Avesta, celui qui traite de la cosmogonie, et porte le nom de *Boundehesch*. Cet idiome paraît avoir eu pour fond l'ancien idiome parthe, profondément altéré par l'influence des langues iraniennes et sémitiques. Son voca-

---

1. Les Kurdes sont aujourd'hui fort dispersés, et plusieurs tribus ont abandonné leur idiome national pour adopter le persan, l'arabe ou le turc. Des mélanges avec des tribus d'autre race ont singulièrement altéré leur caractère originel. Un des dialectes du kurde, le *zaza*, se rattache d'assez près au béloutchi.

2. Voyez ce qui a été dit p. 525 sur l'origine de ce nom, dérivé, suivant certains auteurs, de Fehlek, nom qu'on donna à la contrée où se trouvent Ispahan, Hamadan, et qui embrasse une partie de l'Aderbaïdjan. Le nom d'huzwaresch paraît devoir surtout s'appliquer au dialecte de Sevâd. On distingue trois phases dans le pehlvi dont la première est antérieure aux Sassanides.

bulaire comprend beaucoup de mots turcs. On ne saurait donc le considérer comme un idiome purement indo-européen. On y a signalé, dans la forme sous laquelle il nous est parvenu, des affinités avec le palmyrénien et le nabatéen, dialectes araméens voisins de celui que devaient parler les Élyméens, dans le pays desquels (Chuzistan) le pehlvi semble avoir pris naissance. Il avait remplacé, au temps de Sapor Ier, le *déri* et le *parthe*[1], qui continuèrent, pendant plusieurs siècles, de subsister comme dialectes provinciaux. 6° Le *pouchtou* ou *paktou*, langue des Afghans, est d'un caractère rude et barbare qui lui a valu en Perse le sobriquet de *langue de l'enfer;* il offre un fond aryen pénétré de mots arabes et modifié par le contact des idiomes hindous. Par divers points, il se rattache à la famille aryano-indienne, et se place entre le parsi et l'hindi. Les Afghans dont on a fait connaître la race, au chapitre précédent, sont les descendants des *Pactoi* d'Hérodote (peuple de la Pactyène); le nom de ceux-ci se retrouve altéré dans l'appellation de *Pathans* (*Pakhtanêh*), sous laquelle la nation guerrière des Afghans fut désignée, quand elle descendit de la vallée du Sindh. Le nom qui a été imposé depuis à ceux-ci, est dérivé du sanscrit *açvaka*, « cavalier » (les Assacanes des Grecs). C'est dans le district de Peïchawer qu'il faut chercher le plus ancien foyer de leur race et le berceau de l'idiome qu'ils parlent.

Il existe entre les langues aryennes et iraniennes et les langues touraniennes, des affinités qui peuvent faire croire à une parenté primordiale de ces deux formations linguistiques et peut être invoquée comme une preuve de l'unité d'origine des populations qui les parlent. Ces affinités nous sont offertes par quelques noms de nombre, par des mots exprimant les pronoms et certaines idées fort élémentaires, des objets fort simples. Il est manifeste qu'à l'origine, dans l'Asie centrale, les populations irano-aryennes et finno-tar-

---

1. Le parthe semble avoir été une langue touranienne de la même famille que le proto-médique des inscriptions cunéiformes. Voyez plus haut, p. 525.

tares ou touraniennes ont vécu au voisinage les unes des autres. Elles peuvent donc avoir eu une origine commune. Il n'est point étonnant du reste que la même liaison qui s'observe entre les races jaune et blanche que soudent entre elles les populations ougro-finnoises, reparaisse entre les idiomes qui leur appartiennent; et de même que le climat et le genre de vie ont modifié à l'infini le type physique humain, la constitution vocale et les habitudes mentales ont pu altérer de mille manières les mots et la façon de s'en servir.

Groupe gréco-latin.

Le groupe gréco-latin comprend les idiomes parlés par les peuples de la Grèce et de l'Italie dont les Pélasges, établis dès une haute antiquité dans les deux pays, constituèrent soit le noyau, soit simplement les précurseurs. Ses deux principaux représentants sont le grec et le latin.

La première de ces langues n'est point la mère de l'autre, comme on l'avait cru, dans le principe; ces langues sont simplement deux sœurs, et si l'on devait leur assigner un âge différent, la langue latine aurait des droits à être regardée comme l'aînée. Celle-ci présente, en effet, un caractère plus archaïque que le grec classique. Mais le dialecte le plus ancien de l'idiome hellénique, celui des Éoliens, ressemble au latin bien plus que les autres dialectes grecs. Le latin n'a en aucune façon le cachet d'une langue due à la décomposition d'une plus ancienne ou à son mélange avec d'autres; il porte à un haut degré le caractère synthétique des idiomes primitifs. Les éléments grammaticaux n'y ont point encore été séparés en autant de mots différents, et la phraséologie, comme la conjugaison du verbe et les plus vieilles formes de déclinaisons, offre une ressemblance frappante avec le sanscrit. Son vocabulaire, dans sa forme archaïque, est tout sanscrit. Le latin, en effet, a passé, dans ses formes grammaticales et sa syntaxe, par une série de transformations que nous pouvons suivre, depuis les plus anciens monuments épigraphiques et poétiques, jusqu'aux auteurs des quatrième et cinquième siècle de notre ère.

Le latin fait partie d'une famille de langues qui, après avoir subsisté quelques siècles, comme patois, finirent par disparaître vers le commencement de notre ère [1]; de ce nombre étaient : le *sabin*, auquel le latin emprunta à l'origine beaucoup de mots ; les dialectes dits *sabelliques* (osque ou campanien, marse, etc.) ; le *volsque*, l'*ombrien*, dont nous avons un curieux monument dans l'inscription célèbre, dite les tables *Eugubines*, découverte à *Gobbio*, l'antique *Iguvium;* le *messapien* ou *iapygien*, qui paraît se rapprocher du grec, circonstance d'accord avec la ressemblance constatée entre les crânes des Hellènes et ceux des Iapygiens.

L'*étrusque*, que nous ne connaissons que par des inscriptions encore mal comprises, doit avoir formé une branche à part sortie du tronc pélasgique ou de la famille thrace. Quelques-uns de ses caractères rappellent les idiomes indo-européens. Les nasales, les sifflantes et les aspirées y dominent; mais le système des voyelles y est peu développé.

La langue des Albanais, Épirotes ou *Schypétars*, quoique aujourd'hui singulièrement pénétrée de mots grecs et slaves, présente un fond à part et a été regardée par plusieurs comme un dérivé de l'idiome pélasge. D'autre part Bopp n'y a pas retrouvé tous les caractères qui conviennent à la famille indo-européenne, quoique quelques particularités de cet idiome le rapprochent du grec éolien. Il est à noter que plusieurs de ses formes tiennent plus du sanscrit que du grec ; la déclinaison de l'adjectif, par exemple, est déterminée par un appendice pronominal, qui s'observe dans les langues slaves. La conjugaison du verbe se distingue tout à fait de celle du grec, et dénote un système de flexions moins développé. Ainsi qu'il a été remarqué au chapitre VII, les Schypétars sont incontestablement les des-

---

1. Nous ne connaissons guère ces diverses langues que par quelques inscriptions.

cendants d'une vieille population indigène, mais ils se sont beaucoup mêlés avec les Slaves; comme l'étaient les anciens Serbes, ils sont divisés en petites communautés (*fis*) qui rappellent les zadrougas de ceux-ci. Plusieurs auteurs les regardent comme issus des anciens Léléges, peuple des côtes de l'Asie Mineure et de l'archipel grec, lié de près aux Pélasges, lesquels avaient un de leurs sanctuaires à Dodone en Épire. M. Otto Blau a signalé des analogies entre leur idiome et celui des inscriptions lyciennes. La disposition que les Schypétars donnent à leur chevelure rappelle celle qu'Homère attribue aux Abantes, petit peuple lélége de l'Attique, et qu'on retrouve aussi dans les figures des bas-reliefs lyciens. D'autre part, on a cru reconnaître une parenté entre quelques mots des inscriptions messapiennes et des mots albanais; or, comme les Messapiens qui habitaient le territoire répondant aux provinces actuelles d'Otrante et de Bari avaient des affinités d'origine avec les Crétois, il y a là un nouvel indice que les Schypétars descendent, ainsi que les premiers Illyriens et une partie des insulaires de la Crète, de la souche pélasgique. Les Iapygiens qui se confondaient avec les Messapiens étaient, selon la tradition, d'origine illyrienne ou crétoise, comme leurs voisins, les Dauniens et les Peucétiens.

Le grec a passé, durant sa longue existence, qu'on ne saurait évaluer à moins de 3000 ans, par des modifications assez sensibles, moins profondes pourtant que celles qui s'observent pour d'autres langues de la même famille. Comprenant d'abord un assez grand nombre de dialectes, tels que l'éolien, le dorien, l'ionien, l'attique, le macédonien, il a été ramené à une forme unique sous l'influence de la culture littéraire. Le grec, parlé d'abord dans la Grèce, la Thessalie, la Macédoine et sur les côtes de l'Asie Mineure, étendit peu à peu son domaine, par l'envoi de colonies, et à la suite des conquêtes macédoniennes. Il évinça les idiomes nationaux de la Thrace et de l'Asie Mineure. Le thrace, dont on sait par Strabon que le gète et le dace n'étaient que des dialectes, tenait comme le scolote, le phrygien et le lycien aux langues iraniennes [1]. Le lydien paraît avoir subi, ainsi que le cilicien, l'influence des langues sémitiques, s'il n'était pas lui-même un rameau de cette famille. Sauf pour le lycien qui nous est connu par des inscriptions, nous ne possédons qu'un petit nombre de mots de ces diverses langues, éteintes depuis deux mille ans environ. Le cappadocien et le paphlagonien se rapprochaient plus du perse. Les idiomes de l'Asie Mineure devaient former la transition du grec à l'arménien et au zend. Quant au carien, il y a lieu de supposer qu'il était de la famille pélasgique comme le mysien, le caucone et le lélége. Toutefois les mots de la langue carienne qui nous ont été transmis semblent la ratacher à la famille indo-européenne ; on ignore, il est vrai, si le pélasge ne doit pas être rangé dans cette dernière famille. L'idiome pélasge se parlait encore du temps d'Hérodote, c'est-à-dire au cinquième siècle avant J. C., sur quelques points voisins de l'Hellespont (Placie, Crestone), mais ailleurs il avait presque complétement disparu. Certains rapprochements donnent au reste à supposer que cette langue devait se rapprocher de l'idiome de la Thrace, contrée près de laquelle habitaient quelques populations d'origine pélasgique ; ce qui vient à l'appui de l'opinion qui la rapporte à la même souche que les langues aryennes.

En Chypre, en Syrie, en Judée, dans la basse Égypte, le grec s'introduisit comme langue littéraire et savante, et disputa le terrain aux idiomes nationaux qu'il ne put jamais toutefois faire disparaître complétement. Au contraire, en Sicile, la langue latine, apportée par les Romains, finit par supplanter le dialecte dorien qu'y avaient introduit les colonies grecques.

Pendant la période qui s'écoula depuis l'établissement

---

[1]. Le nom de Danube (Danubius) était, suivant Samonicus cité par Jean Lydus, un mot thrace signifiant nuageux ou brumeux ; or, en sanscrit *danu* a le sens de pluie et d'humidité. Ce fait, confirmé par d'autres rapprochements, tend à faire croire que le thrace devait être une langue indo-européenne. Le thrace devait d'ailleurs être allié de près au phrygien dont l'origine indo-européenne a été établie par divers mots.

du christianisme jusqu'à la conquête musulmane, le grec subit un léger travail de transformation qui lui enleva quelque peu de son organisme synthétique et simplifia plusieurs de ses formes grammaticales. Le grec moderne sortit de ce travail et, tout en gardant le squelette de son organisme primitif, il en expulsa ce qui tendait encore à lui conserver un caractère synthétique. Il existe aujourd'hui plusieurs dialectes grecs; notamment le grec albanais, le maïnotte de Corse (dialecte de Cargèse).

La langue latine a passé par des transformations analogues à celle du grec, mais plus prononcées. La domination romaine la porta dans une foule de contrées où elle déposséda l'idiome national : en Étrurie, en Ombrie, en Sardaigne, en Ligurie, dans les Gaules Transalpine et Cisalpine, en Espagne, en Lusitanie, et même en Afrique où elle disputa le terrain au phénicien et au numide.

La réaction indigène, l'influence des peuples barbares qui envahirent l'empire, produisirent les altérations d'où sont sorties les langues néo-latines : l'italien, le catalan, l'espagnol, le portugais, le provençal, le languedocien, le français, le daco-romain, autrement dit le roumain, idiome des Valaques, Vlachites ou Zinzares, parlé dans la Moldavie, la Valachie et quelques cantons de la Hongrie méridionale, le réto-romain, ou *roumanique*, parlé dans le pays des Grisons, l'ancienne Rétie. Toutes ces langues, latines par le fond de leur vocabulaire, ont cependant gardé quelques mots des idiomes locaux qu'elles remplacèrent. Le valaque ou roumain est formé d'un fond latin associé vraisemblablement à quelques restes du dace, et sur lequel s'est fortement fait sentir l'influence du slave du sud. Le français a recueilli divers mots celtiques. Les dialectes de l'italien possèdent aussi des mots qui ne sont pas d'origine latine. On retrouve chez ces différents idiomes, sortis du latin, mais à des degrés différents, un même phénomène d'altération. D'abord l'accent primitif du latin qui était généralement paroxytonique, c'est-à-dire portant sur l'avant-dernière syllabe[1], demeura le caractère commun qui lia ces idiomes, soit que l'ultième syllabe se conservât, comme en espagnol ou en italien, soit qu'elle disparût ou devînt muette, comme en français. La flexion, au contraire, subit dans les dialectes nés du latin des modifications nombreuses. « La sonorité si rigoureuse et même souvent rigide des terminaisons flexibles du latin, écrit M. Schleicher, fut émoussée, la prédominance des consonnes disparut sous l'influence du désir d'arracher aux terminaisons leurs consonnes en les changeant en voyelles, ou de supprimer par l'apocope les terminaisons tout entières. Les formes de la flexion latine ainsi mutilées, ou même effacées, on n'y pouvait plus maintenir les nuances des vieilles significations latines ; ce qui restait de terminaisons à voyelles était dénué d'intonation et la confusion des voyelles devenait inévitable. »

La déclinaison latine n'était donc plus possible dans les langues romanes ou issues du latin, sauf la différence entre le cas sujet et le cas régime, qu'on maintint encore un certain temps chez les deux dialectes entre lesquels, dans le principe, se partageait la France : la langue d'oyl, parlée au nord, et la langue d'oc, parlée au midi.

Les substantifs étant ainsi privés de flexions, on dut avoir recours aux prépositions pour exprimer leur rôle dans la phrase. Les terminaisons de cas ayant disparu, on employa les pronoms placés devant le substantif : de là l'origine de l'article inconnu au latin, mais que possédait déjà le grec. La conjugaison du verbe latin subit dans l'italien et l'espagnol moins d'altérations ; mais déjà le recours au verbe auxiliaire vint suppléer à l'imperfection des terminaisons de temps, et finit par les remplacer souvent. C'est ce qui arriva pour le verbe passif où l'emploi de l'auxiliaire tint lieu des terminaisons spéciales. Toutes les contractions qui s'opèrent dans les langues dérivées, l'apocope, la syncope, se produisirent fréquemment. Enfin, la

---

1. L'accent était paroxytonique en latin, toutes les fois que l'avant-dernière syllabe était longue ; autrement il devenait proparoxytonique.

construction prit un ordre de plus en plus logique et les mots se rangèrent graduellement dans la phrase, suivant leur ordre d'action, et non plus dans une disposition qui rappelait l'époque où l'idée demeurait enveloppée et comme serrée en un seul mot.

Les différents idiomes sortis du latin prirent chacun un génie spécial. L'italien, le plus rapproché de la langue mère dont elle occupe le berceau, et qui se diversifie en un certain nombre de dialectes (milanais, bergamasque, vénitien, piémontais, napolitain, sicilien, sarde, etc.), se distingue par sa douceur, sa tendance euphonique et le soin avec lequel il conserve l'accent primitif. L'espagnol s'éloigna davantage du latin par la prononciation, et reçut de l'arabe, qui le dota de beaucoup de mots, et peut-être de l'ibère, une tendance gutturale qui s'allie pourtant à une extrême sonorité. Il était composé d'abord de plusieurs dialectes; mais l'un d'eux, le castillan, les absorba promptement, comme le toscan l'avait fait pour les dialectes de l'Italie centrale ; il ne laissa vivre que le catalan, le valencien et le galicien. Le portugais peut encore être regardé comme un dialecte de l'espagnol; toutefois il en modifie assez profondément la prononciation. Les nasales y prennent le dessus sur les gutturales et les sifflantes, ou les chuintantes sur les sons aspirés et mouillés. Le verbe portugais revêtit même, dans quelques-uns de ses temps, un caractère propre, surtout dans l'emploi de son infinitif qui devint un vrai temps susceptible de conjugaison. Le dialecte galicien se rapproche beaucoup plus de cette langue que de l'espagnol. Le provençal qui n'est qu'un des grands dialectes de la langue d'oc, tient, par son système de vocalisation, comme le milieu entre le portugais et l'espagnol.

Le français émoussa et abrégea le latin plus fortement encore que ne le firent les idiomes précédents. Il enleva ainsi beaucoup de sonorité à la langue, mais il l'adoucit dans les liaisons de mots, en même temps qu'il supprima plusieurs gutturales. En lui vinrent s'absorber différents dialectes qui subsistent à peine aujourd'hui à l'état de patois, tels que le bourguignon dont est dérivé le patois franc-comtois, le wallon, parlé encore à l'est et au sud de la Belgique, le bas-normand, demeuré le patois des îles Jersey et Guernesey, le picard qui a produit, comme le bourguignon, plusieurs œuvres littéraires, mais qui ne s'entend plus que dans quelques villages du nord de la France. Le provençal, au contraire, qui n'avait pas dû aux circonstances politiques une si grande influence, laissa se perpétuer près de lui le languedocien et le limousin.

Langues slaves.

Le groupe slave a conservé assez intact le caractère des langues aryennes; il comprend deux rameaux, le *lettique* ou *lithuanien* et le *slave*. Le premier correspondant à une période moins avancée que le second. En voici quelques preuves : le substantif lithuanien n'a que deux genres, le slave en reconnaît trois; la conjugaison slave est fort supérieure à la lithuanienne, où l'on ne distingue pas les troisièmes personnes du singulier, du duel et du pluriel.

Le rameau lettique embrasse : 1° le *lithuanien* proprement dit, celui de tous les idiomes européens qui rappelle davantage le sanscrit; il se parle dans la Lithuanie, la Samogitie, dans une partie de l'ancienne voïvodie d'Augustowo; 2° les dialectes de la Prusse orientale, de la Courlande, de la Livonie et du Semigalle, à savoir : le *borussien* ou ancien prussien, éteint depuis le seizième siècle, et dépossédé par l'allemand; le *poléxien*, ancien idiome de la Podlachie, parlé par une population que les Polonais ont anéantie; le *lette* ou *livonien*, parlé dans la partie orientale du gouvernement de Riga, dialecte que les *Latvéelis* ou Lettons proprement dits, qui forment le fond de la population de la partie orientale de ce gouvernement, ont fait adopter aux Lives, d'origine finnoise.

La branche slave est beaucoup plus étendue que la branche lettique et offre plus d'unité; car sauf le bulgare, qui a subi des altérations profondes, les langues qui la composent gardent une foule de traits communs, et ont à un haut degré le caractère synthétique : ce qui les conduit à réunir dans la prononciation, en une seule articulation, des sons appartenant à des mots distincts. L'article n'y existe pas, et le verbe se conjugue presque partout sans pronom personnel.

Les langues slaves se bifurquent en deux grands rameaux, celui du sud-est et celui de l'ouest. Dans le premier se placent les langues suivantes : 1° le *russe*, dont les circonstances politiques ont singulièrement agrandi le domaine, et qui dépossède graduellement les idiomes finnois, ougriens et turcs[1]. 2° Le *bulgare*, langue aujourd'hui morte et qui ne subsiste plus guère que dans le slavon ecclésiastique ; il était parlé probablement jadis par les Antes, ou Slaves du sud ; il a été ensuite adopté par les populations finno-turques venues de la Grande-Boulgarie, occupée auparavant par Sewères, d'où le nom qui lui est resté ; ses formes s'altérèrent notablement dans les contrées du bas Danube, sous l'influence des idiomes qui l'entouraient[2]. 3° L'*illyrien*, parlé au nord et au nord-est de la mer Adriatique jusqu'au Danube.

Le russe comprend d'assez nombreux dialectes, remarquables tous par leur extrême mélodie, à savoir : le dialecte de la Grande-Russie, ou *russe* proprement dit ; celui de la Petite-Russie et le dialecte de la Russie Blanche, c'est-à-dire de la partie de la Russie qui touche à la Lithuanie. L'illyrien embrasse des dialectes plus nombreux encore : 1° le *serbe*, langue de la Servie, le plus harmonieux et le plus riche en voyelles de tous les idiomes slaves, subdivisé lui-même en plusieurs sous-dialectes : à savoir l'*herzégovinien*, le *ressavique*[3], le *sirmien*[4], le

---

1. Le russe a dû, au reste, subir aussi l'influence des idiomes finnois qu'il dépossédait ; ces idiomes ont laissé des traces manifestes dans certains de ses dialectes, notamment dans celui de la Souzdalie (ancienne principauté de Rostow).

2. On a signalé dans le bulgare des mots d'origine ougrienne ou altaïque, même des mots thraces.

3. Le ressavique est parlé dans une partie de la Servie, qu'arrose la Ressava, dans la contrée de Levath, sur la Morava supérieure (cercle de Paratine) et sur la rivière Noire jusqu'à Négotine.

4. Le sirmien est parlé en Sirmie (pays qui tire son nom de l'an-

monténégrin, le plus altéré de tous ; 2° le *croate*, parlé en Croatie, en Dalmatie, dans une partie de l'Esclavonie, et dont le morlaque est un dialecte. Le croate fait la transition du *serbe* au *slovène*, *couroutane* ou *vindique*, parlé dans le Carniole, la Carinthie, et une partie de la Hongrie occidentale, située entre la Raab et la Mur ; ce dernier dialecte a été introduit en cette région de l'Autriche, au sixième et au septième siècle, par les Vindes, quand ils envahirent la Panonie et le Norique.

Les langues slaves de l'ouest comprennent : 1° le polonais ou *lékhique ;* 2° le *tchèque* ou bohême ; 3° le *sorbe*, sorabe ou *vinde*, parlé en Lusace. La présence d'un dialecte slave au nord et au nord-ouest de la Bohême est un des vestiges qu'a laissés la population vinde qui s'avançait au sixième et au septième siècle jusqu'en Misnie ; cette population a valu au pays situé entre l'Erzgebirge, la Saale et l'Elbe le nom de *Servie blanche ;* elle a donné naissance, dans le Brandebourg et le Mecklembourg, aux petites nations vindes appelées *Wilzes*, *Welatabes* ou *Lusices* et *Obotrites*, florissantes au huitième siècle.

Le polonais est le plus riche et le plus développé des idiomes de la branche slave occidentale ; c'est aussi celui dont la littérature est la plus étendue ; il se distingue entre toutes les langues slaves par un adoucissement très-varié des consonnes. Ses principaux dialectes sont : le *mazourien* ou *mazovien*, en usage aux environs de Varsovie, et caractérisé par l'adoucissement des sifflantes ; le dialecte de la Grande-Pologne, parlé principalement aux environs de Posen, Gnésen, Kalisch et Lencziz ; le *silésien*, répandu à l'est de l'Oder ; le *cracovien* ou dialecte de la *Petite-Pologne ;* enfin le *polonais lithuanien*, distinct de la langue lithuanienne. La langue des *Cachoubes* ou *Kaszébi*, qui n'est qu'un dialecte du polonais, ne subsiste plus aujour-

---

cienne ville romaine de Sirmium) et en Esclavonie, dans le pays de Batchka, dans le Banat de Témesvar et dans la partie moyenne de la Hongrie, ainsi qu'en Serbie, entre les eaux du Danube, de la Save et de la Drave.

d'hui que dans un petit district voisin de la Baltique situé entre le Leba et Lauenbourg.

Le tchèque est parlé, non-seulement dans la Bohême proprement dite, mais encore dans la Moravie et la partie nord-ouest de la Hongrie. Ses formes sont beaucoup moins développées que celles du polonais; les consonnes y sont moins adoucies. Ses principaux dialectes sont le *moravien*, d'un caractère plus archaïque, et le *slovaque*, usité dans certains districts de la Hongrie septentrionale.

Le *sorabe* ou *vinde* était jadis répandu dans toute la contrée occupée par les Sorbes ou Sorabes, et comprise entre la Saale, l'Elbe et l'Oder. Il a graduellement été évincé par l'allemand, et est actuellement confiné dans un canton qui s'étend sur la haute et basse Lusace, depuis Lobau jusqu'à Lübben. Il se subdivise en deux dialectes : celui de la haute Lusace, qui se rapproche davantage du tchèque, et celui de la basse, qui confine plus au polonais.

Le *ruthène* ou *rousniaque*, idiome de la Bukowine, d'une partie de la Hongrie septentrionale et de quelques cantons de la Gallicie, paraît former le passage des langues du rameau polonais à celles du rameau russe. Si, d'un côté, il se rattache au petit russien, de l'autre il tient visiblement du polonais. Le ruthène a subi l'influence littéraire du slavon ecclésiastique et embrassait, au quatorzième siècle, un domaine plus étendu que celui qu'il a de nos jours.

Il existait jadis en Allemagne et vraisemblablement aussi en Hongrie un grand nombre d'autres dialectes slaves; mais ils ont disparu avec les populations qui les parlaient. Tel était le *polabe* ou *obotrite*, idiome des Slaves établis sur les deux rives de l'Elbe inférieur, et qui s'est éteint vers la fin du dix-septième siècle. Les Slaves, ainsi que l'a démontré Schafarik, avaient déjà émigré, longtemps avant notre ère, de la contrée qu'arrose la Vistule vers l'ouest. Les dialectes des anciennes populations slaves qui s'étaient avancées sur le littoral de la Baltique et du nord de l'Allemagne appartenaient en général aux rameaux tchéko-lékhique et lithuanien. Au contraire, c'était surtout au rameau serbe ou slave oriental que devaient appartenir les idiomes des Slaves qui pénétrèrent au sud.

Langues germaniques.

La vaste famille des langues germaniques a, comme on vient de le voir, repoussé peu à peu les langues slaves; elle embrasse aujourd'hui un grand nombre d'idiomes, qui ont succédé eux-mêmes à d'autres de la même famille, dont nous possédons quelques monuments. Toutes ces langues se distinguent par plusieurs caractères communs, découlant de la grammaire sanscrite, dont ils ne sont que des altérations régulières. L'un des plus célèbres philologues de l'Allemagne, devenu par ses travaux comme le législateur de la grammaire comparée des langues germaniques, Jacques Grimm, a signalé deux caractères propres à la majorité des langues de cette famille, à savoir : la propriété qu'a la voyelle de s'adoucir en se prononçant, pour indiquer une modification dans la signification ou l'emploi du mot (*Ablaut*); puis la métathèse (*Verschiebung*), transformation d'une consonne en une consonne de la même classe, mais en différant par une prononciation moins forte ou plus forte, ou plus aspirée. On retrouve donc dans les langues germaniques des traces de l'échelle de sons et d'articulations constituant une sorte de gamme vocale qui existe dans le sanscrit. Les changements qui s'opèrent entre les consonnes ont presque toujours lieu entre des échelons de la même échelle, c'est-à-dire que dans les langues germaniques, aussi bien qu'en sanscrit et en grec, chaque lettre passe par plusieurs degrés, et que c'est entre ces degrés que s'établissent les permutations. L'existence de cette échelle diatonique résulte des permutations de lettres qui s'effectuent, non-seulement entre les diverses formes d'un même mot, ou en passant du mot radical au mot composé, mais entre les mots de la famille germanique qui passent d'un dialecte dans un autre; ce qui s'observait souvent en grec, comme par exemple, lorsque Π éolien devenait en ionien Φ. Une fois que l'on a constaté ce système régulier de permutations de lettres, on saisit entre les vocabulaires des différents dialectes germaniques une parenté très-étroite, et l'on peut ainsi remonter aisément des mots à leur racine sanscrite. Une régularité presque aussi grande s'observe pour la permutation des voyelles et des diphthongues, dont une échelle analogue peut représenter les affinités.

Fort riches sous le rapport du vocabulaire, les langues germaniques sont, au contraire, assez pauvres quant aux temps des verbes. Elles ne reconnaissaient originairement que deux temps, le présent et le passé, et ont dû avoir recours à des verbes auxiliaires, pour exprimer les temps nouveaux dont les progrès de la pensée rendaient la distinction nécessaire.

Les langues germaniques se partagent en deux branches, la branche gothique et la branche allemande. Nous ne connaissons le gothique que par un petit nombre de monuments écrits, entre lesquels il faut placer en première ligne les fragments de la version que l'évêque Ulphilas a donnée de la Bible, au quatrième siècle. Le goth se distingue des idiomes allemands, en ce que la permutation des voyelles ne s'y opère pas d'une manière aussi prononcée et aussi générale que chez ces derniers. L'alain et le vandale, si l'on en croit Procope, tenaient de près au goth. Parmi les langues qui nous sont connues, on doit rattacher les suivantes à la branche gothique :

1° En premier lieu se place l'*islandais* (*donsk tunga*) ou vieux *norse*, ancien idiome de la Scandinavie, dans lequel sont composés l'Edda et diverses inscriptions runiques. Il fut jadis porté en Islande par les Scandinaves, dont la langue s'est maintenue dans cette île, plus à l'abri des altérations. Le danois, parlé en Danemark et, avec de légères nuances, en Norvége, le suédois, sont issus de l'islandais ; mais, tandis que la première de ces langues a conservé un caractère tout germanique, la dernière a subi quelque peu l'influence des idiomes finnois. Le dialecte des îles Færoer se rattache au même groupe.

2° L'anglo-saxon, qui, par son mélange avec le vieux

français et par l'effet d'altérations particulières, dues surtout aux influences celtiques, a produit l'anglais actuel. Cette langue a donné naissance à certains dialectes provinciaux (dialectes du Devonshire, du Cumberland, du Cheshire, *low scotch*, etc.) dont quelques-uns portent l'empreinte d'une influence norse.

3° Le bas-allemand, qui comprend lui-même plusieurs dialectes, le frison, le hollandais ou néerlandais, le flamand, les dialectes de la Basse-Saxe (Holstein et Hanovre). Ces divers idiomes, le flamand surtout, sont comme les derniers résidus de l'idiome saxon, parlé jadis, avec de certaines différences, suivant les cantons, dans tout le nord-ouest de l'Allemagne, depuis l'Elbe et le Weser jusqu'au Rhin et à l'Escaut. Le vieux saxon se retrouve en partie dans la langue à laquelle appartiennent les plus anciens monuments de la littérature germanique. Il était vraisemblablement assez voisin de l'idiome des Francs, qui s'est éteint vers le neuvième siècle, en léguant au latin altéré, devenu la langue de la France, quelques-uns de ses mots.

La branche des langues allemandes se personnifie dans le haut-allemand ou allemand proprement dit, qui comprend quatre dialectes : 1° l'allemand ou *deutsch*, parlé aujourd'hui et écrit, depuis Luther, dans toute l'Allemagne; 2° le souabe, ou dialecte allémanique, parlé aussi en Alsace, et auquel se rattachent plusieurs des patois de la Suisse allemande; 3° le bavaro-autrichien; 4° le franconien. L'ancien haut-allemand présente, à certains égards, plus d'analogie avec le sanscrit que le gothique. Il remonte donc à une époque au moins aussi ancienne que cette dernière langue. Il se décomposait lui-même en plusieurs dialectes, et de l'un d'eux, qui avait subi une culture plus développée que les autres, est né l'allemand moderne.

Langues celtiques.

Les langues celtiques constituent la famille la plus occidentale des idiomes sortis de la souche indo-européenne;

refoulées par le français et l'anglais, elles sont aujourd'hui réduites à la condition de dialectes provinciaux.

Toutes rappellent sans doute la grammaire du sanscrit, mais elles ne gardent plus avec elle qu'une ressemblance générale. En suivant les lois de la permutation des consonnes, indiquées ci-dessus pour les langues germaniques, on peut remonter du vocabulaire des langues celtiques à la terminologie sanscrite ; mais les formes grammaticales des idiomes celtiques ont été tellement altérées, qu'il est souvent difficile de les rattacher, au moins directement, aux langues indo-européennes. Ce qui caractérise cette famille, ce sont les changements que subit le substantif dans ses lettres initiales, suivant les prépositions avec lesquelles il est employé. On n'observe point dans les langues celtiques de terminaisons de cas, comme en grec et en latin. Le pronom est peut-être de toutes les parties du discours celle qui a conservé le plus le caractère indo-perse. Le verbe se conjugue généralement à l'aide de changements opérés dans la terminaison jointe au radical, et le pronom se place d'ordinaire après le verbe. Dans le verbe auxiliaire se reconnaissent une partie des éléments du verbe substantif sanscrit ; mais on ne retrouve pas les conjugaisons faibles et fortes, si caractéristiques des langues germaniques.

Les langues celtiques paraissent avoir formé un groupe fort homogène. Tacite nous dit que la langue des Bretons différait peu de celle des Celtes ou Gaulois. Les antiques idiomes de cette famille ont disparu. Nous ne connaissons le gaulois que par un petit nombre d'inscriptions, encore imparfaitement expliquées, et par quelques noms de lieux, quelques mots que les anciens nous ont transmis. Ces vestiges nous permettent toutefois de reconnaître que l'idiome des Belges différait peu de celui des Celtes ou Gaulois proprement dits : il n'y a donc pas lieu de les regarder, ainsi qu'on l'a fait longtemps, comme deux nations tout à fait différentes, les Galls et les Kymris. Les Gaulois proprement dits et les Belges devaient parler deux dialectes d'un même idiome.

Le plus ancien manuscrit qui nous fournisse un texte celtique ne remonte guère au delà du neuvième siècle. Les dialectes celtiques encore subsistants peuvent être répartis en deux branches : la branche *kymrique* ou bretonne, et la branche *gallique* ou gaélique. Elles sont séparées par des différences assez profondes, qui paraissent remonter à une époque ancienne. Dans la première section se placent : le *kymrique* proprement dit ou *welche*, langue du pays de Galles ; l'idiome du Cornwall ; l'*armoricain* ou bas-breton, dialecte de la Bretagne occidentale, jadis aussi parlé à l'embouchure de la Loire et dans une partie de la Bretagne dite aujourd'hui française ; cet idiome, qui se décompose actuellement en trois dialectes, ceux du Cornouailles, du Léonais et de Tréguier, paraît avoir été apporté par les colonies galloises établies, au cinquième et au sixième siècle, dans l'Armorique. A la seconde branche appartiennent l'irlandais, celui de tous ces dialectes qui a conservé les formes les plus archaïques, le gaélique proprement dit ou langue *erse*, parlé dans la haute Écosse, le *manx* ou dialecte de l'île de Man.

Langues caucasiennes.

Les langues caucasiennes paraissent être des rameaux détachés de fort bonne heure de la souche irano-aryenne et qui, sous l'influence des langues finno-ougriennes et altaïques, se sont constituées en un groupe à part, ayant toutefois peu d'homogénéité. Ces idiomes en sont restés généralement à la période de l'agglutination. Chez plusieurs, l'agglutination peut s'étendre jusqu'à comprendre toute une phrase en un seul mot, et le radical même du verbe est susceptible de s'unir par voie d'agglomération à quelques mots de signification indépendante. On retrouve dans bien des langues caucasiennes l'harmonie qui caractérise les langues ougro-japonaises, et comme chez celles-ci, l'emploi des postpositions. Certains traits les rapprochent des langues américaines, notamment la facilité qu'a le mot à changer de forme et d'apparence, par suite de sa combinaison intime avec des particules déterminatives.

Les pronoms témoignent dans cette famille linguistique du grand nombre de transformations qu'ont traversées les idiomes qui la composent. Employés avec le verbe ou le mot verbal, ils donnent parfois lieu à de véritables pléonasmes. Dans certaines langues caucasiennes, le pronom est préfixé et agglutiné avec le verbe, comme dans le kabardien; dans d'autres, il est postfixé. Les langues caucasiennes peuvent être divisées en cinq groupes: 1° le groupe *grousien*, autrement dit des langues kartweliennes dont le principal représentant est le *géorgien*, le plus grammaticalement développé de tous les idiomes caucasiens, bien qu'il garde des traces nombreuses de l'état agglutinatif. A cette langue qui possède une littérature, se lie assez étroitement le grousien ou vieux grousinien, qui répond à une forme plus archaïque et que parlent les Thouchènes ou Touchines et les Pchawes, l'*imeréthien*, le *mingrélien*, le *souane*, idiome de la Souanéthie, canton situé au nord de l'Imeréthie, le *laze*, parlé dans une partie du pachalik de Trébisonde et sur la côte de la Mer noire depuis Kiemer-Bournou jusqu'à l'embouchure du Tchorok. Il y a tout lieu de supposer que c'était à cette même branche des langues caucassiennes qu'appartenait l'idiome parlé en Arménie avant l'invasion des populations thraco-phrygiennes qui reçurent le nom d'Arméniens, idiome touranien dans lequel sont écrites les inscriptions cunéiformes des environs de Van, de Palou et de diverses localités de l'ancienne Arménie ; 2° le groupe constitué par les dialectes que parlent les Abkhases ou *Asega* (*dsigète*, *barakaï*, *oubyche*, *abssne*, etc.) ; 3° les langues tcherkesses ou *adighes*, les plus âpres de la famille caucasienne; elles conservent des traces manifestes d'un monosyllabisme primitif ; les consonnes s'y accumulent souvent à la fin des mots ; elles comprennent le *tcherkesse*[1], le *kabardien*, le

---

1. Suivant Dubois de Montpéreux, les princes et nobles tcherkesses ont une langue particulière et secrète, le *chakobza*, dont ils font usage exclusivement dans leurs réunions politiques.

schapssouge, parlé sur la côte orientale de la Mer noire, d'Anapa au Kouban ; 4° les langues *tchétchenzes* ou *kistes*, appartenant à un groupe de populations qui se désignent sous le nom de Nakhtchuoï et qui s'étendent à l'est du Térek, au sud de la petite Kabardie, à l'ouest du haut Akssaï ; elles comprennent le *tchetchenze* proprement dit, qui confine au nord au domaine du *koumyke* et a pour frontière à l'est l'Aktach ; l'*oude,* idiome d'une tribu qui habite le canton de Wartaschin et au district de la province de Schékinsch, tribu dans laquelle M. Schiefner reconnaît les *Udini* de Pline ; le *kiste* ou *khiste* parlé dans la vallée du Makaldon, affluent du Térek et qu'ont adopté les Khewssoures ; le *thouch,* qui n'est qu'un dialecte du kiste et qui comme l'oude et la plupart des langues caucasiennes a un système de noms de nombre vigésimal ; l'*aukhovisch,* parlé sur le cours supérieur de l'Aktach ; le *karaboulak,* répandu sur la rive gauche de l'Assa, et le *galaschewze* ; 5° les langues *lesghes,* qui se lient par plus d'une affinité aux langues kistes et comprennent l'*avare*[1] parlé dans le Daghestan septentrional et méridional, le *kasikoumyke,* idiome d'une population du Daghestan dont le nom national est *Lak* et qui est fort différente de la tribu tartare des *Koumykes,* établis plus au nord, au-dessous du Térek ; l'*artchi,* parlé dans le village de ce nom (district de Kasikoumyk), le *tchachourche,* l'*ahouchine,* le *kuriniche,* le *dargo,* l'*ouraklinche,* l'*ousouchinche,* le *koubatchinche,* le *tsoudacharche,* le *kuræ,* parlé dans le Daghestan méridional, le *boudoug* et le *chinaloug,* parlés dans le cercle de Kouba. Quant à l'ossète, autre langue caucasienne, il en a été question à l'article des langues indoeuropéennes, dans la famille desquelles il rentre manifestement.

Plusieurs des idiomes caucasiens offrent des affinités avec les langues ougro-japonaises. Ainsi M. Schiefner a

---

1. Cet idiome n'a rien de commun avec celui du peuple de ce nom qui envahit au moyen âge la Hongrie ; il tire son nom de l'Avarie, petit canton dont Khounsach est le chef-lieu.

signalé entre le thouch, le samoïède et le mandchou et même le tibétain, certains traits de ressemblance. La famille des langues caucasiennes peut être regardée à la fois comme un anneau qui lie les langues indo-européennes aux langues ougro-japonaises et comme nous offrant à une première phase de développement des idiomes qui devaient aboutir aux langues iraniennes.

Transformations des langues.

Cet exposé de la distribution des langues à la surface du globe montre qu'elle correspond en grande partie à celle des races : elle ne saurait toutefois la représenter complétement ; car, quoique l'idiome soit un des principaux caractères auxquels se reconnaît une race, il est soumis à des influences indépendantes de la race elle-même ; il peut subsister, alors que la population qui le parlait originairement a disparu ; il peut être remplacé chez ceux qui le parlaient dans le principe, par une langue que leur a apportée une conquête ou une civilisation étrangère. C'est ce qui est arrivé, comme on l'a vu plus haut, pour les Gaulois, les Espagnols, qui abandonnèrent leur idiome national pour la langue des Romains, leurs vainqueurs. Toutefois, en passant dans la bouche d'une race nouvelle, la langue éprouve toujours quelques altérations, en rapport avec le génie intellectuel de cette race, surtout dans sa prononciation. C'est ainsi que le latin, une fois introduit dans les Gaules, a subi des changements phonétiques qui sont devenus le point de départ d'altérations dans les mots eux-mêmes ; que l'arabe, chez tous les peuples où le Coran a répandu son usage, voit se modifier la prononciation de plusieurs de ses lettres ; que la langue anglaise, qui a déjà subi sur le sol de la Grande-Bretagne de si profondes modifications dans sa prononciation, tend à s'altérer phonétiquement encore davantage aux États-Unis.

Les idiomes, réduits à la condition de patois, s'altèrent et se décomposent plus rapidement, sous l'influence de la langue officielle du pays auquel ils appartiennent. Si les langues doivent déjà, en vertu de leur propre développement, passer par des organismes différents, elles sont encore plus exposées à l'altération, quand elles manquent de monuments littéraires : alors elles se trouvent ravalées au point de n'être souvent que des jargons, et dans les bouches ignorantes qui les parlent, elles perdent parfois tout à fait leur caractère primitif. Leur grammaire vit encore longtemps ; mais elle n'est plus qu'un cadre dans lequel des mots nouveaux viennent remplacer peu à peu les anciens ; et quand le vocabulaire est ainsi transformé, le cadre lui-même cède, et la grammaire disparaît ou se change notablement. Cela se produit surtout chez les idiomes qui n'ont point encore créé beaucoup de mots, dont la grammaire est assez simple pour pouvoir s'enrichir de formes que lui fournissent des grammaires étrangères. Il en est des langues comme des races : quand un ensemble de circonstances a engendré une race nouvelle, sous des influences physiques et morales déterminées, cette race déploie une puissance de conservation d'autant plus prononcée que la race a été en quelque sorte plus fortement coulée. Son moule se conserve alors longtemps, sans s'altérer. Les langues offrent, à des degrés divers, cette même vitalité, et suivant leur plus ou moins grande homogénéité, la raideur ou la flexibilité de leurs formes grammaticales, elles se perpétuent, sans subir des altérations bien notables, même placées dans des conditions nouvelles, ou elles s'altèrent rapidement. D'ailleurs, aucune langue ne peut demeurer stationnaire ; les mots changent et se renouvellent d'autant plus facilement que la langue est moins avancée. Et chez les peuples sauvages, où l'écriture n'a pas fixé les mots, ceux-ci se transforment avec une telle rapidité qu'on cite des missionnaires et des voyageurs qui sont allés deux fois, à vingt années d'intervalle, chez une même peuplade et qui ne retrouvèrent au second voyage presque rien de la langue qu'ils avaient apprise au premier. Ainsi, quelle que puisse être la force de conservation d'un idiome, il finit toujours par céder à l'action du temps ; si des éléments nouveaux ne se chargent pas d'en métamorphoser l'organisme, il trouve dans les lois de sa propre évolution des causes d'altération et de décadence.

CHAPITRE IX.

DE LA NAISSANCE ET DE LA DISTRIBUTION DES CROYANCES RELIGIEUSES.

Naturalisme primitif. — Polythéisme. — Idolâtrie. — Zoolatrie. — Fétichisme. — Anthropomorphisme. — Monothéisme. — Religion des Perses, des Sémites. — Dualisme. — Adoration des âmes. — Doctrine de l'autre vie, métempsychose. — Cosmogonies, cultes magiques, sacerdoce patriarcal, castes sacerdotales, offrandes, sacrifices, sépultures. — Fêtes, danses.

Naturalisme primitif. — Polythéisme.

On a vu, par ce qui a été dit des langues, comment le cercle des idées humaines s'est graduellement étendu. L'homme entrant chaque jour davantage en relation avec le monde extérieur et avec ses semblables, créa incessamment des mots nouveaux, destinés à peindre les sensations nouvelles qui naissent de ses relations plus multipliées, les images qui s'offraient à ses yeux et les impressions qui en résultaient sur son esprit. Bornées d'abord à la notion des objets sensibles, à celle des besoins les plus immédiats, ses idées s'élevèrent par degrés à des conceptions abstraites, à des faits généraux, saisis par suite d'une comparaison attentive, à une association de notions simples encore, mais de moins en moins grossières.

Une des premières conceptions abstraites qui durent se présenter à l'esprit de l'homme, est celle des causes générales. Le Créateur a déposé dans l'homme un sentiment religieux; à cette révélation première se joignit l'instinct de la cause qui appartient à tous les êtres animés. Frappé de ce fait que tout dans l'univers a nécessairement une cause, que ce qui dénote la réflexion et l'intelligence vient d'un être réfléchi et intelligent, l'homme s'éleva à l'idée de puissances cachées, à celle de la Divinité. La crainte de l'inconnu, de l'invisible, encore plus que le sentiment de reconnaissance, joua un rôle dans la production du sentiment religieux, et cette crainte s'unissant à l'ignorance profonde où l'homme était d'abord de la nature des phénomènes, donna naissance à d'innombrables superstitions. Faute de pouvoir approfondir les mystères de la théodicée, l'homme s'arrêta à quelques conceptions capricieuses et enfantines dont il paya pour ainsi dire sa curiosité. Enclin d'ailleurs par nature à supposer le merveilleux, c'est seulement par les progrès lents et difficiles de la raison et de la science qu'il échappe à cette propension innée : comme tous les instincts, elle persiste, quoique en s'affaiblissant, chez les sociétés civilisées. Cette tendance au merveilleux place pendant longtemps l'homme dans une sphère d'idées qui la nourrit et la développe encore. Plus son imagination est riche et vive, plus les conceptions nées du besoin de surnaturel se multiplient. Les faits et les événements s'offrent alors à lui sous un aspect tout différent de la réalité ; il peuple l'univers de miracles, de prodiges, dont il est tour à tour l'inventeur involontaire et la dupe. Et c'est ce qui explique comment chez les peuples encore peu avancés, chez ceux de l'Orient surtout, circulent tant de récits merveilleux, dont les témoins abusés attestent l'authenticité, pourquoi les prodiges disparaissent à mesure que l'homme s'éclaire, pourquoi, en un mot, on ne les rencontre que dans le lointain des âges ou dans les ténèbres de l'intelligence.

On ne saurait caractériser chaque race humaine par un ensemble d'idées religieuses déterminées, car celles-ci dépendent à la fois du degré d'avancement intellectuel et de la condition particulière où se trouvent les populations qui les professent. Tout ce que l'on peut dire, c'est qu'en général les croyances religieuses sont d'autant plus grossières que les intelligences sont moins développées. Chez toutes les populations sauvages et barbares qui n'ont point été converties au christianisme, à l'islamisme ou au bouddhisme, la religion repose sur le naturalisme, c'est-à-dire sur l'adoration des forces, des agents, des phénomènes, des objets de la nature, auxquels l'homme prête une intelligence, une personnalité analogue à la sienne, qu'il suppose doués d'une puissance et d'une volonté qu'il implore ou qu'il conjure. Ce naturalisme donna ainsi naissance à l'adoration du soleil, de la lune, du ciel et de la terre, des montagnes, des rivières, des arbres, etc. Telle a été la religion d'un grand nombre de populations de l'antiquité; telle est encore celle de bien des tribus barbares. Mais ce naturalisme affecte une apparence différente suivant les pays et les peuples. Tantôt il ne constitue qu'une religion assez vague et ne se manifeste guère que par des craintes superstitieuses pour les phénomènes et les objets supposés vivants et intelligents, tantôt il donne naissance à des conceptions d'une richesse, d'une variété infinies et anime pour ainsi dire la nature entière, en dotant d'une âme divine chaque aspect, chaque produit qu'elle nous offre. Le spectacle de la création l'entretient et l'agrandit. Des scènes grandioses, des révolutions physiques fréquentes, des vicissitudes de climats, une végétation luxuriante évoquent dans l'imagination des images de toute sorte et suggèrent des mythes où tout prend un corps et une pensée. L'homme conçoit alors plutôt l'idée du divin que celle de Dieu. Car c'est en réalité le *divin* et non la divinité personnelle que l'Arya, aussi bien que le Grec primitif, sent et croit. C'est ce *divin*, δαιμόνιον, θεῖον, qu'il revêt des formes humaines, mais sans jamais faire de ces formes autre chose qu'un vêtement passager.

Le Rig-Véda présente au plus haut degré ce naturalisme, type des croyances indo-européennes. Dans cet antique recueil des hymnes que chantaient les premiers Aryas, lorsqu'ils descendirent dans les vallées du haut Gange et de la Djumnà, les *dévas*, c'est-à-dire les dieux, sont visiblement les forces et les agents de la nature personnifiés. Ces forces, ces agents ne sont pas sans doute les dieux mêmes, mais leurs manifestations ; toutefois, comme l'Arya ne peut concevoir ses dieux que par leurs manifestations, celles-ci lui fournissent les traits qu'il leur prête. Ce sont surtout les phénomènes célestes qui attirèrent l'admiration et le culte des premiers Hindous. C'est le firmament, *Indra;* c'est le feu, *Agni*, qui tombe du ciel ou qui, allumé dans le sacrifice, y remonte de la Terre ; c'est le soleil sous toutes ses apparences, les deux crépuscules, les étoiles, les vents et les orages ; ce sont les eaux qui rafraîchissent et qui purifient l'homme ; c'est aussi la Terre, nourricière du genre humain, et qui chez tous les peuples indo-européens et chez une foule d'autres est invoquée avec le Ciel, qu'on lui donne pour époux. Le Ciel et la Terre, ce sont là nos deux grands parents, dit le *Rig-Véda*. Ce couple immortel se retrouve en tête de la mythologie des Grecs, comme de celle des Germains, des Gaulois et des anciens Slaves.

Ce naturalisme peuple donc l'Univers d'êtres divins et personnels qu'on suppose habiter à l'intérieur ou près de chaque objet, de chaque localité sur lesquels ils veillent [1]. Le monde est ainsi rempli d'esprits, esprits du soleil, de la lune, des astres, de la terre, des eaux, des rochers, des forêts, des vents, etc. Cette religion des esprits était celle des antiques tribus de l'Asie centrale et orientale ; elle fait encore le fond de la religion nationale des Chinois, des Japonais et de bien des populations de race dravidienne ; elle s'est retrouvée chez nombre de tribus de l'Amérique, d'insulaires de la Polynésie et diverses populations nègres de l'Afrique, chez des tribus païennes de la Sibérie et des anciennes populations esthoniennes, finnoises et celtes. Elle semble avoir constitué en majeure partie la religion des populations italiques (Latins, Sabins, Ombriens) et celle des Germains et des Celtes [2].

1. « Nullus enim locus sine genio est », écrit Servius, le commentateur de Virgile (*ad Æneid.*, V, 95).

2. Suivant que dans ce naturalisme l'adoration s'attache plus spécialement à certains phénomènes, à tels ou tels objets de la nature, la reli-

LES CROYANCES RELIGIEUSES.

Dans les grandes religions polythéistes de l'antiquité, l'idée qu'on se fait des divinités s'individualise sous des formes d'un type différent. L'Égyptien les représente sou-

gion prend une physionomie différente; elle devient le sabéisme, quand elle divinise surtout les astres, les étoiles, comme cela avait lieu chez les Chaldéens, chez les Arabes avant l'islamisme. Chez des populations résidant dans des contrées qui étaient le théâtre fréquent de tremblements de terre, de phénomènes éruptifs, de violents orages, la religion prit, comme chez les Étrusques, un caractère en rapport avec ces convulsions de la terre et du ciel; elle donna la foudre pour principal attribut aux dieux ou, comme aux îles Sandwich, le premier rang à une divinité des volcans (*Pélè*); on précipita des offrandes dans les cratères supposés habités par des dieux en courroux, tels qu'étaient le *Masaya* des Indiens du Nicaragua, le dieu du *Popocatepetl* ou de la Montagne fumante. Une fois que l'imagination se fut habituée à tout animer, à tout personnifier, elle fit des dieux non-seulement des phénomènes physiques, des parties de la nature, mais encore des vertus, des sensations, des actes de la vie, ou pour mieux dire, elle supposa que des divinités président à chacun d'eux. Ainsi prit naissance une théogonie de plus en plus riche et complexe où tous les genres de divinisations se mêlent et se confondent. Ce caractère est celui de la religion des anciens Égyptiens, des Assyriens, des anciens Grecs, des anciens Romains. Peu à peu la notion des phénomènes se sépara de celle des dieux qui en étaient la personnification et comme l'hypostase. Ces dieux devinrent des personnages conçus à l'image de l'homme. On leur en prêta les passions, les désirs et les habitudes. On se les représenta comme étant mâles et femelles, engendrant à la façon des créatures vivantes; comme se mêlant d'une manière invisible aux événements d'ici-bas, s'y rendant parfois manifestes ou sous les dehors de notre être, ou sous quelque autre apparence. Le monde des dieux fut ainsi calqué sur celui des hommes, qu'ils surpassaient en force, en puissance et surtout par le privilège de l'immortalité. Tel est le caractère des dieux des panthéons égyptien, hindou, grec, latin. On reconnaît encore leur origine naturaliste à certains traits, à certains attributs. Les divinités des grandes épopées sanscrites et des *Pouranas* gardent quelque chose des dieux du Rig-Véda dont ils ne sont qu'une transformation plus humaine, plus charnelle, pour ainsi dire. Ceux des Grecs et des Scandinaves ont perdu davantage de leur nature première; le prototype ne s'en est point conservé dans de vieux chants. Pareille métamorphose donna naissance aux dieux des anciens Mexicains, des anciens Péruviens; mais ainsi que cela semble s'être produit également en Syrie, en Égypte, en Grèce et ailleurs, ce polythéisme de provenance purement physique s'enrichit d'une foule d'autres divinités découlant d'autres sources théogoniques; en sorte que les religions païennes nous fournissent souvent des conceptions d'essence et d'extraction différentes.

LA TERRE ET L'HOMME.

vent avec la tête, le corps d'un animal, emblème de la nature qu'il leur suppose. L'Assyrien, le Syrien, se les représentent comme des hommes-lions, des hommes-taureaux, des hommes-poissons, etc.; le Chinois sous des apparences plus fantastiques encore, et qui rappellent les images flottantes ou bizarres que dessine la flamme ou le nuage. L'Hindou donne à ses dieux plusieurs têtes et une multitude de bras et de jambes. Le Perse s'en tient à un petit nombre de représentations plus naturelles, et le Grec ne voit dans les divinités que les plus belles et les plus nobles formes de l'humanité. Ces conceptions se traduisent plastiquement par des images matérielles.

Idolâtrie. Zoolâtrie. Fétichisme. Anthropomorphisme. Bouddhisme.

L'homme se fabriqua donc de ses divinités des représentations figurées en rapport avec les idées qu'il s'en faisait; et ces simulacres traduisirent dans leur exécution et leur aspect les progrès de l'art. Alors qu'il ne parvient qu'à représenter grossièrement la figure humaine ou celle des animaux, l'homme n'a d'autres idoles que des pierres informes, du bois imparfaitement taillé, des morceaux de métal; quand il a appris à reproduire avec quelque fidélité les traits humains, il donne aux images de ses dieux des formes plus nobles, plus pures, car se représentant les dieux comme des êtres moraux semblables à lui, il leur prête aussi son image. Ces simulacres deviennent bientôt dans la pratique les divinités mêmes; l'homme les invoque et les adore. De là l'idolâtrie, à laquelle aboutit dans le culte populaire le polythéisme des Égyptiens, des Assyriens, des Grecs, des Romains. Ces images ont aussi un caractère symbolique, allégorique, elles servent à exprimer d'une manière sensible les idées que l'homme se fait des facultés, des vertus divines, comme cela était le cas chez les Égyptiens, chez les Grecs, comme cela a lieu dans la religion brahmanique; mais le symbole se confond vite avec la réalité, et l'imagination finit par attribuer à l'emblème la même puissance qu'aux dieux eux-mêmes, et par confondre la divinité avec son symbole. Elle adora et invoqua celui-ci comme un être personnel. Ainsi chez les Égyptiens, les Grecs, les Hindous, on rendit un culte aux animaux qui personnifiaient les divers attributs divins. En Égypte, chaque nome avait son animal sacré ou divinisé, regardé comme l'incarnation d'un dieu. En Syrie, certains animaux étaient adorés. Le culte du serpent d'Esculape, de celui d'Athéné et du génie Sosipolis, fut la conséquence de la confusion de la divinité et de l'animal qui lui servait d'emblème. La zoolâtrie a une origine plus grossière chez d'autres populations qui prêtent à certains animaux une nature supérieure à celle de l'homme, une puissance mystérieuse et redoutable, une intelligence divine, comme le faisaient les Lapons, les Ostiaks, et diverses tribus sibériennes à l'égard de l'ours, quelques populations de l'Inde à l'égard du tigre, culte au reste inspiré plus par la peur que par la vénération. Les insulaires des Fidji, des Samoa, des Tonga, regardaient certains oiseaux comme des incarnations de différentes divinités. Des tribus nègres tiennent les serpents et différents autres animaux, les singes en particulier, pour des espèces de dieux. Les caïmans, différentes sortes de poissons, sont l'objet de la vénération de plusieurs peuplades sauvages. L'ophiolâtrie existait chez les Lombards et un grand nombre d'autres populations barbares.

La confusion du symbole et de la divinité amène tout naturellement à l'adoration des objets bruts, des amulettes, auxquels leur caractère emblématique faisait attribuer une vertu magique. De là le culte rendu au phallus, dans l'Hindoustan, au *lingam*; chez les Nègres, l'adoration des *grigris* ou grossiers amulettes ; bref, le fétichisme, c'est-à-dire la vénération pour le charme, le talisman, se substitua au culte de la divinité et le fit oublier. Tel nous apparaît le fétichisme, la forme la plus dégradée de l'idôlatrie; elle est particulière aux populations nègres de la Sénégambie, de la Guinée, de l'Afrique centrale et de la région du Nil Blanc. Mais bien d'autres peuples en présentent des traces, et les religions les plus pures n'y ont pas toujours échappé. Par un retour à cette vénération pour les plus grossiers simulacres, la dévotion pour les images s'est montrée souvent d'autant plus vive que ces images étaient plus informes, parce qu'elles étaient réputées ordinairement plus anciennes. Les premières ébauches de représentations divines ont continué d'être entourées d'un profond respect alors que l'art en savait fabriquer de plus belles et de plus faites pour plaire aux yeux. Voilà comment les *betyles* des Phéniciens, la pierre de Pessinonte, informe image de Cybèle, les *Xoana* de la Grèce, que comme les betyles on croyait souvent tombés du ciel, tous ces simulacres primitifs que nous rappellent encore les *Keremet* des Tchouvaches, les *compass* des anciens Péruviens, étaient supposés avoir une vertu qu'on ne prêtait plus aux chefs-d'œuvres d'un Phidias et d'un Praxitèle.

La conséquence du caractère anthropomorphique que prit le polythéisme, partout où il se dégagea d'un grossier naturalisme, fut d'associer au culte des dieux celui d'hommes véritables, de rois, de législateurs, de guerriers, de sages qu'on supposait avoir eu une nature supérieure à celle de l'humanité ; leurs âmes furent regardées comme ayant été reçues par les dieux, ou l'on vit en eux des incarnations divines. Cette anthropolâtrie se mêle à la religion hellénique, à celle des Romains par la doctrine de l'apothéose ; on en découvre des traces dans la religion des Hindous (culte de Crichna), dans celle des Mexicains, des Polynésiens. Bientôt la légende s'empara de la biographie des personnages déifiés et acheva de les placer au-dessus de la nature humaine. Ainsi transformé, l'homme-dieu, le héros ne se distingua plus guère de la divinité et en tint parfois lieu. Le bouddhisme, culte de Çakya-Moûni, est de toutes les religions celle qui nous offre le plus ce caractère ; il engendra le lamaïsme tibétain et s'associa à mille superstitions d'origine naturaliste. En effaçant l'idée d'une divinité distincte de l'homme et gouvernant l'univers, le bouddhisme amena l'invention d'une théogonie abstruse d'un nouveau genre, où des entités métaphysiques tinrent la place de dieux, et où le culte des prétendues incarnations du Bouddha se substitua à celui des forces de la nature personnifiées.

Monothéisme. — Dualisme.

De cette multitude de divinités, d'esprits que l'homme sauvage et ignorant croit répandus dans tout l'univers, se dégage de bonne heure, même chez des intelligences encore fort grossières, l'idée d'un dieu supérieur aux autres en puissance, qui leur commande ou veut en être obéi, regardé tantôt comme le créateur de l'univers et le père des êtres, tantôt simplement comme le plus ancien, comme le doyen des dieux; ce dieu est généralement invoqué comme une divinité bienfaisante et tutélaire. Chez les Indiens de l'Amérique du Nord, au-dessus des *Manitous* ou esprits de la nature, on plaçait le *Grand-Esprit*, *Manitoulin* ou *Kitchi Manitou* dont le culte s'était répandu de la tribu des Léni-Lênape et de celle des Algonquins à d'autres tribus. De même du culte grossier des *Atouas* ou esprits sortit la notion plus épurée d'un dieu suprême et créateur, *Taoroa* ou *Tangara*. On voit pareillement les Indiens Macusis mettre au-dessus de leurs dieux *Macunaïma*, le dieu bon et créateur. Le *Pirman* des Binouas, notamment, répond à une évolution d'idées religieuses analogue.

Toutes les tribus cafres ont une notion plus ou moins vague d'un dieu suprême et créateur, notion qui se retrouve même chez des populations nègres fort grossières du Congo, du Soudan, mais que voile chez elles la prédominance des superstitions fétichistes; aucun culte n'y est généralement rendu à ce dieu omnipotent, l'on borne d'ordinaire son intervention aux phénomènes célestes, car il est avant tout la divinité du firmament, celle qui lance la foudre, produit la pluie, cause les vents. Tel est en particulier le caractère de Thor, le grand dieu des Scandinaves, auquel a été associé Wodan ou Odin, le dieu des Saxons, de *Peroun*, le grand dieu des Slaves, de *Waïnämöinen*, le dieu créateur des Finnois, appelé aussi *Ukko*. Ce dieu suprême, comme le grand dieu égyptien *Amoun* ou Ammon, se confond souvent avec le soleil (*Ammon-Ra*). Parfois, on se le représente sous une forme tout humaine, ou même avec une apparence bestiale ou purement fantastique. Les Eskimaux ne se le figuraient pas autrement, et tel était le *Matlose* des insulaires de Noutka. Bien que les Grecs aient fini par se faire de leur Zeus et les Romains de leur Jupiter une idée plus pure (*Zeus Megistos aristœos, Jupiter optimus maximus*), ces dieux répondaient à l'origine à une conception aussi grossière et se confondaient quelquefois avec le soleil (*Zeus Lycæos*); c'étaient avant tout le père des dieux (*Dyauspitar*), dont ils avaient apporté le culte de l'Asie. Les Chinois reconnaissent au-dessus des innombrables esprits qu'ils croient présider à toutes les parties de la nature un dieu suprême (*Chang-Ti*), résidant au ciel ainsi que le Zeus, le Jupiter des anciens, et auquel ils rendent hommage, qu'ils confondent souvent avec le Ciel (*Thien*), conçu comme la loi providentielle ou fatale de l'univers, et qu'ils ne représentent pas sous des formes aussi fantastiques que leurs *Chin* ou esprits.

Au Japon, dans la religion de *Sin-to* ou *Shin-to*, antérieure au bouddhisme, devenu plus tard une des religions de cet empire, subsiste l'idée d'un dieu suprême, placé au-dessus de divinités la plupart d'origine naturaliste, mais qui ont pris des formes de plus en plus anthropomorphiques. Le *Maître des dieux* est supérieur à toutes les autres divinités qui se sont engendrées d'une manière mystérieuse et que la théogonie japonaise suppose avoir existé d'abord à l'état de purs esprits. Ces dieux mâles et femelles forment, comme les dieux égyptiens, des couples qui ont engendré d'autres couples divins, les *Kami*, tous issus d'*Izanagi* et d'*Izananaï*. Par le progrès des idées, le polythéisme japonais, d'abord fort idolâtrique, s'est épuré, et on a vu disparaître de la religion de Shin-to les idoles qui encombrent le vieux panthéon national, pour ne plus faire place qu'à deux seuls symboles, le miroir et le *goheï* ou tige de bambou à franges de papier, emblèmes de la pureté. Dans le Brahmanisme, Brahma, dans la religion assyrienne, Bel, sont des expressions de la divinité suprême ; la notion en reparaît sans cesse dans une foule de divinités secondaires que nous offre le polythéisme assyrien et hindou et qui reproduisent les caractères et les attributs du grand dieu.

En Perse, la notion de la divinité arriva à une forme plus spiritualiste que chez les autres populations polythéistes, et le caractère même des représentations du dieu Ormuzd décèle une conception plus spiritualiste que celle des Assyriens, des Égyptiens et des Grecs des temps homériques. Le nom même que portait la divinité donne à supposer que les Perses la regardaient comme existant essentiellement par elle-même et étant tout à fait distincte du ciel lumineux, du soleil, avec lesquels les Aryas et bien d'autres peuples l'identifiaient volontiers. Pour eux, Dieu c'était *Qadâta*, l'être donné de soi-même, et ce mot est la racine du nom de la divinité chez les divers peuples sortis de la souche iranienne. C'est de là que vient le *Khodâ* persan, le *Gud* gothique et le *Gott* allemand. Chez les peuples de la souche aryano-grecque, au contraire, les noms de la divinité, Θεός, *Deus*, lithuanien *Dewas*, sont tous dérivés du *Dêva* sanscrit dont le sens nous reporte à l'idée du feu céleste. Une notion plus générale et impliquant moins une idée sabéiste apparaît dans le nom que les Slaves donnent à la divinité, *bogu*, *bog*, dérivé du *Bhaga* sanscrit, qui exprime seulement l'idée d'adoration.

Il est vrai qu'au-dessous d'Ormuzd (*Ahura-Mazda*) se placent dans la religion de Zoroastre d'autres immortels, les *Amschaspands*, les *Izeds* qui ramènent le mazdéisme au polythéisme des nations aryennes ; l'on y reconnaît en effet des personnifications originairement analogues aux dieux du Véda, de l'Égypte et de la Grèce, mais ces génies mâles et femelles, subordonnés au dieu suprême dont ils émanent, comme les anges de la Bible émanent de Jéhovah, ne sont pas tout à fait des dieux comme ceux de l'Olympe hellénique. L'un d'entre eux, Mithra, a fini cependant par constituer un dieu réel dont le culte engendra une religion nouvelle où il fut assimilé au soleil. Remarquons à ce propos que la séparation n'étant pas d'ordinaire nettement tranchée entre les génies, les esprits protecteurs et les dieux, la confusion s'est facilement introduite entre ces deux ordres d'êtres surnaturels; leur culte n'a plus guère différé, même chez les peuples où l'on s'adressait à ces génies, à ces esprits immortels, plutôt comme à des intercesseurs auprès de la divinité, que comme à des dispensateurs souverains des biens et des maux. Voilà comment le monothéisme pur des Hébreux et des Arabes est retombé fréquemment dans le polythéisme. Le bouddhisme ayant semblablement repoussé le panthéon brahmanique, a fini par admettre toute une hiérarchie d'esprits et de génies qui a ramené des croyances analogues à celles que la religion védique avait engendrées.

En fait, dans toutes les religions, les divinités subalternes ne gardent presque jamais leur caractère d'infériorité. Elles sont habituellement conçues comme ayant une existence plus ou moins indépendante du Dieu suprême dont le culte est fréquemment négligé pour le leur; la prépondérance qu'elles prennent dans les religions locales efface rapidement la notion de la divinité toute-puissante et créatrice. Ainsi, chez les Aryas, Agni, le feu, est souvent placé au-dessus d'Indra, le dieu du ciel. Ce culte du feu, qu'on retrouve chez les Parsis, chez les Grecs, dans le feu du Prytanée, chez les Latins, dans celui de Vesta, jusqu'en Afrique chez les Ova-Héréro, où il a aussi des femmes pour l'entretenir, se substitue, dans la pratique, à celui du dieu qui dispose de la flamme, du feu céleste. On voit pareillement en Égypte le culte de *Phtah*, celui de *Ra*, le soleil, l'emporter sur celui de *Noum* ou Cnouphis, l'être suprême, le souffle divin qui a animé la matière.

Les Hébreux et quelques populations voisines appartenant comme eux à la souche sémitique ont été les seuls qui aient complétement dégagé la notion d'un Dieu unique des personnifications de l'activité divine par lesquelles elle était obscurcie; toutefois cette conception demeura encore entachée d'anthropomorphisme, forme inséparable chez l'homme primitif de l'idée de Dieu. En Palestine, le dieu suprême, *El Elion, Jéhovah,* fut conçu sous une forme tout humaine. Il gouverne le monde à la façon d'un chef ou d'un roi; l'homme traite avec lui comme le cheikh d'une tribu traite avec le cheikh de la tribu voisine; on s'engage envers lui par des alliances, et on en obtient des garants et des cautions.

Chaque tribu arabe désignait *Allah* par un nom particulier, car elle se regardait comme étant son peuple privilégié et jouissant exclusivement de sa protection. Mais chez ces tribus la connaissance d'un Dieu suprême, que n'avait point encore purifiée l'islamisme, s'associait à l'adoration des étoiles, des planètes, qui fut la religion d'une grande partie des Sémites. Chez les Assyriens qui n'étaient pas des Sémites purs, le sabéisme donna naissance à une théogonie presque aussi riche que celle des Hellènes et où entra fortement l'anthropomorphisme. De là, une idolâtrie qui prit à Babylone et à Ninive de grands développements, et avait aussi pénétré chez les Arabes. Dans la Syrie, dans la terre de Chanaan, on donnait de préférence au dieu suprême les noms de *maître* (*Baal*), de *seigneur* (*Adonaï, Adonis*), de *roi* (*Moloch*). Chaque ville de la Phénicie et des contrées voisines eut son Baal à elle qui fut son protecteur particulier, son patron, et qu'on associait d'ordinaire à une déesse regardée comme son épouse. Tel était l'Hercule tyrien, Melcarth, le roi de la cité (*Melek Kiryath*), le *Chamos*, le dominateur, des Moabites, le *Hadad* des Araméens de Damas et de Bambyce, dont le nom, signifiant l'*Unique*, décèle une pensée monothéiste. Mais ce monothéisme syrien et phénicien demeura toujours entaché de sabéisme, et ce dernier genre de polythéisme a laissé des vestiges dans la religion de certaines sectes de l'Asie occidentale encore subsistantes, les Yésidis, les Mendaïtes, où ils sont associés à un anthropomorphisme non moins grossier.

Les Sémites demeurèrent infiniment plus sobres dans leurs conceptions religieuses que les Égyptiens, les Aryas et les Grecs. Chez eux, l'imagination participa en quelque sorte de la sécheresse et de la stérilité du désert où ils habitaient. Au lieu de se perdre, comme les Grecs et les Hindous, dans des mythes sans fin et des légendes de plus en plus surnaturelles, les Sémites n'ont de la divinité et de l'immortalité de l'âme que des notions grossières et étroites. Les grandes questions de la vie future, de l'origine du mal, ne sont chez eux que rarement agitées. Dieu est, à leurs yeux, l'auteur de toutes choses, du bien comme du mal. Le dualisme leur est étranger et ils ne cherchent pas à aborder les problèmes que soulève la présence des maux sur la Terre. Tel est le motif qui fait que leur poésie est aussi bornée que leur théogonie ; car l'imagination manque chez eux de variété, sinon d'élan et de ressort. En revanche, le sentiment religieux prend souvent chez les Sémites une vivacité qui enfante un fanatisme farouche et un grand esprit de prosélytisme. Tel a été le caractère de l'islamisme et de la doctrine des Wahabites, chez lesquels se conserve, pur de tout mélange, le sang arabe.

L'influence du monothéisme musulman resserra dans des bornes plus étroites le naturalisme, dont il ne parvint pas à triompher complétement. Du contact du Coran avec le polythéisme naquirent des religions bâtardes où prédominèrent tour à tour le sentiment de l'unité divine et les conceptions fantastiques de la mythologie idolâtrique. C'est ce qui s'observe chez diverses sectes sorties de l'islamisme, mais en opposition avec lui, dans la religion des Sikhs, où Baghavan remplace Allah, et qui a répudié le panthéon hindou au milieu duquel elle a pris naissance, sans pouvoir cependant en effacer tout vestige.

Le christianisme, qui devait devenir la religion de tous les peuples civilisés, parce qu'il rallia en une seule doctrine ce qu'il y avait de plus élevé et de plus pur dans les religions antérieures, sortit du développement pris en Europe par le monothéisme hébreu qui en fait la base. Il imposa sa loi aux races les plus diverses, en élevant leur niveau intellectuel ; il ne put cependant faire disparaître complétement les traces des cultes qu'il avait remplacés. Le dogme de la Trinité, mal compris par des populations ignorantes, le ramena souvent à un véritable polythéisme. Inversement, en Égypte l'idée de la génération divine suggéra la notion de la triade qui limita la création indéfinie des dieux et dont le prototype était la triade de Thèbes *Ammon*, le dieu père, *Maut*, la déesse mère, *Chons*, le dieu fils.

Partout nous sommes frappés de l'opposition du bien et du mal, du plaisir et de la souffrance, de la vie et de la mort. Cette opposition suscita chez bien des peuples la croyance à un antagonisme entre les divinités répandues dans l'univers; elle donna lieu à une foule de mythes, par exemple, chez les Grecs, à celui du combat des dieux et des géants. On admit qu'il existe de bons et de méchants dieux en lutte les uns avec les autres. En Égypte, Apophis, Set ou Smou, ou comme les Grecs l'appelaient Typhon, est l'ennemi d'Osiris et de son fils Horus. Pareil antagonisme est sans cesse rappelé dans les chants védiques. Le soleil qui verse sur nous la lumière et la vie, les phénomènes lumineux et calorifiques qui apparaissent comme des forces qui nous protègent et nous nourrissent, ont à lutter contre des forces contraires. Le nuage obscurcit le ciel et nous ravit la clarté du soleil, la nuit nous enveloppe de son voile ténébreux et nous glace d'effroi, le volcan répand ses feux meurtriers et agite le sol. Puissances ennemies, agents hostiles aux *Dévas* et aux hommes, l'imagination de l'Arya en fait des êtres malfaisants en lutte avec les bons. De là un dualisme qui a pris des formes plus accusées chez les Bactriens et les Perses. Dans le mazdéisme ou religion de Zoroastre, le dieu mauvais, Ahriman, lutte de puissance avec le dieu bon, Ormuzd. Plus on redescend le cours des âges, plus la religion perse tend à égaliser le pouvoir des deux divinités; et dans le manichéisme qui fut une dernière transformation de cette religion, l'unité divine a définitivement fait place à un dualisme absolu, qui se retrouve également dans la religion des Guèbres ou Parsis, reste de la population demeurée fidèle au mazdéisme, chassée de sa patrie par l'islamisme vainqueur.

Il est au reste peu de théogonies où ne se laissent apercevoir des traces de dualisme. Les Peaux-Rouges qui adoraient *Kitchi Manitou* reconnaissaient aussi *Matchi Manitou* qui en était l'implacable adversaire, comme chez les Indiens Macusis, *Epel* ou *Horiuch* était l'ennemi de Macunaïma. Les Nègres du Loango, à côté de *Zambi*, le dieu suprême et bon, plaçaient aussi un dieu hostile, *Zambi-Ambi*. La mythologie scandinave avait son Loki, l'adversaire des dieux; les Hébreux avaient leur Satan. Tous les polythéismes, en regard des dieux tutélaires et bienfaisants, mentionnent des dieux malfaisants ; tels sont les Asouras des Aryas, les Dews du mazdéisme. Quand les religions se succèdent, les dieux de la religion vaincue et abandonnée s'abaissent à la condition d'esprits pervers, de mauvais génies, tout au moins d'esprits inférieurs, condamnés à errer çà et là, à fuir la lumière et à mener en quelque sorte la vie de *banditti*. Ainsi s'offrent à nous les Djinns des Orientaux, héritiers dégénérés des anciens *Genii*, les Elfs, les Trolls, les esprits des eaux, des montagnes, des forêts de la tradition allemande ou scandinave. Les *Dévas* des Aryas sont devenus les *Dews* ou méchants démons des Perses, et pour les chrétiens du moyen âge, les dieux du paganisme n'étaient plus que des démons, des serviteurs de Satan. Parfois cependant, de même qu'on voit la race vaincue, se mêler, se fondre avec la race conquérante, les dieux et les superstitions de la religion antérieure sont acceptés par la religion qu'apportent les envahisseurs. C'est ainsi que les musulmans de la Perse, les Schiites, ont reçu du mazdéisme une foule de superstitions, qu'ils ont adaptées à l'islamisme, que dans l'Hindoustan, la religion de Vichnou a accueilli les croyances plus grossières des populations dravidiennes, lesquelles se perpétuent à côté d'elles dans l'adoration de Çiva et de Parvati ou Kali, demeurés pour une partie des Hindous le dieu et la déesse suprêmes (*Mahadêva, Mahadêvi*), traînant à leur suite tout un cortège de divinités spéciales.

Doctrine de l'autre vie. — Culte des âmes. — Métempsychose. Cosmogonies.

L'instinct de notre immortalité, que l'on constate chez l'homme même le plus barbare, a donné naissance à des croyances religieuses qui sont venues se combiner avec celles dont les divinités étaient l'objet. Mais dans l'état primitif, à la période initiale du développement intellectuel, la notion de l'autre vie est encore vague et mal définie. Les morts sont regardés simplement, soit comme existant au fond du tombeau, dans les lieux où leurs dépouilles ont été déposées, comme demeurant plongés dans une sorte de sommeil ou de torpeur dont ils ne sortent qu'accidentellement, soit comme errant çà et là ici-bas et manifestant leur présence par des songes, des apparitions ou quelques signes particuliers. Cette dernière croyance se développant, on fit des morts des esprits analogues à ceux dont le naturalisme peuple la Terre, de véritables divinités auxquelles on adressa également des offrandes, des sacrifices, des vœux et des prières. De là, le culte des âmes des morts, surtout celui des âmes des ancêtres, les *Pitris* des Aryas et des Hindous, les *Héros* des Grecs, les *Lares* des Latins, et dont les formes particulières constituèrent pour chaque famille, pour chaque *gens* ou tribu, un héritage sacré (*sacra*), permettant souvent de reconnaître la parenté de ceux qui en descendaient. Les *Atouas* des Néo-Zélandais n'étaient à leurs yeux en réalité que les esprits de leurs ancêtres honorés comme des dieux. Bien des nations, les Chinois, les Malais etc., rendent aux morts un culte constant, à ceux du moins qu'on regarde comme bienfaisants et protecteurs; car il en est d'autres auxquels l'effroi qu'inspire à l'homme ce qui rappelle le trépas fait attribuer un caractère tout différent. On supposa que ces âmes qui hantaient les tombeaux, qui vaguaient dans les airs, venaient tourmenter les humains. Ainsi les Romains se représentaient les *larves*, les *lemures*. Quelqu'un était-il en proie à une maladie nerveuse, à l'épilepsie, à l'aliénation mentale, on s'imagina qu'il était tourmenté par ces esprits malfaisants, que ceux-ci s'étaient introduits dans son corps, que le malade était, comme on disait chez les chrétiens, possédé, démoniaque, énergumène; et cette conception s'étendant aux dieux comme aux esprits des morts, on fit parfois remonter les maladies réputées sacrées à telle ou telle divinité. L'idée que les esprits viennent nous persécuter a engendré une foule de superstitions, par exemple celle des *vampires* ou *upirs*, qui, des populations slaves, a passé, au moyen âge, chez les Grecs. Mais plus ordinairement, le respect, une vénération mêlée de crainte, s'attache aux morts; ils sont les dieux infernaux par excellence, comme l'étaient les *Mânes* des Latins, l'immortalité dont ils jouissent étant regardée comme la récompense de leurs vertus, de leurs hauts faits. De là, l'idée existant chez quelques populations que l'immortalité n'est le privilége que d'un petit nombre. Aux îles Tonga, elle était réservée aux hommes de la caste supérieure ; l'âme de l'homme du commun était réputée périr avec le corps. Oviedo nous dit que les Indiens du Nicaragua croyaient que les esprits de ceux qui avaient bien vécu allaient habiter avec les dieux, tandis que ceux des méchants étaient anéantis. L'on retrouve des vestiges d'une pareille opinion chez les Israélites.

Le séjour assigné aux morts varia suivant les religions, les lieux, les époques, et souvent chez un même peuple on rencontre à ce sujet des opinions différentes. Nombre de tribus nègres croient que le mort habite sous terre, là où il a été enterré : quelques-unes même regardent le mort comme ne pouvant exister qu'autant que sa dépouille terrestre subsiste, et il y a des indices qu'une semblable idée eut cours dans le principe chez les Égyptiens et fut l'origine du soin extrême que prenait ce peuple de conserver le corps du mort, embaumé et déposé dans une véritable demeure. Cette habitation souterraine du mort est le *schéol* des Hébreux; elle suggéra l'idée d'une région inférieure où se rend l'âme de l'homme après le trépas. C'est l'*amenti*, le *ker neter* des Égyptiens, l'*hadès* des Grecs, l'*orcus* des Latins, le *hell* des populations germaniques. L'entrée de cette demeure est généralement supposée située au couchant, région où semble être la porte du royaume des ténèbres. De là, l'habitude de placer à l'ouest le séjour des morts, comme le faisaient la plupart des Peaux-Rouges. La *terre des morts* était pour eux une contrée lointaine et mystérieuse, et cette idée, qui perce déjà dans le mythe grec des *Iles des Bienheureux*, reparaît chez une foule de tribus, tant de l'Asie que de la Polynésie. L'imagination se donne carrière dans les descriptions du séjour infernal, de l'enfer, ainsi que nous le montrent les tableaux qu'en ont faits les Égyptiens, les Grecs, les Latins, les Hindous, les Bouddhistes de la presqu'île transgangétique, du Tibet, de la Chine et du Japon. L'enfer a son roi ou dieu particulier, *Yama, Pluton, Osiris Summanus*, etc. Mais ce monde catachthonien était un lieu trop sombre, trop triste pour les âmes de ceux dont la reconnaissance avait fait des dieux protecteurs et qu'elle avait associés comme tels aux divinités célestes; celles-là, on supposa qu'elles n'allaient pas dans le Tartare; on leur fit partager le séjour des immortels; on leur attribua pour demeure, tour à tour, le soleil, la lune, le firmament; tout au moins, quand on leur assigne une habitation terrestre, a-t-on soin de faire de cette résidence un lieu de délices et de paix, comme l'étaient les Champs-Élysées des anciens, le Paradis terrestre, ou un palais magnifique comme est dépeinte la *Valhalla* des Scandinaves. Là, les morts qui ne descendent pas aux enfers sont supposés continuer une existence toute semblable à celle qu'ils avaient menée sur la Terre; car la plupart des peuples enfants ne savent pas se représenter un autre mode d'existence que celui qu'ils mènent ici-bas. Les Peaux-Rouges, les Algonquins, en particulier, une foule de tribus sibériennes, par exemple les Kamtchadales, croyaient qu'ils continueraient dans l'autre vie le même genre d'occupations qu'ils avaient eues dans celle-ci, et l'on retrouve pareille idée chez des populations de race très-différente, en Afrique, chez les Cafres Zoulous, dans la presqu'île transgangétique, chez les Karens. Les Scandinaves, les anciens Écossais qui faisaient errer leurs morts dans les nuages, supposaient qu'ils s'y livraient, comme ils le faisaient eux-mêmes, à la chasse, à la pêche, à des repas et à des libations copieuses. Suivant les Nègres du Dahomey, dans le *Kutomen,* séjour où se rend l'âme (*nidon*) après la mort, le roi redevient roi, l'esclave, esclave ; les morts se livrent là à la guerre et à la chasse. Une telle opinion eut ordinairement pour conséquence de faire présenter des offrandes au mort, offrandes destinées à lui fournir les aliments dont il a besoin dans l'autre monde. On immola sur sa tombe son épouse, pour qu'elle pût le rejoindre et partager sa couche dans l'invisible séjour, ses esclaves pour qu'ils l'y allassent servir. Ainsi s'explique l'usage si fréquent chez les populations les plus barbares de sacrifier l'épouse à la mort de son époux. La veuve doit se tuer ou se brûler pour ne pas survivre à celui dont elle avait été la compagne. Cet usage existait, au dire de Strabon, chez les Cathéens de l'Inde, et il s'est continué jusqu'à nos jours, presque dans la même contrée, dans l'Hindoustan, et en particulier dans le Malabar où la femme du brahmane, du kchattriya, devait, comme bonne épouse (*sati*), se brûler sur le bûcher qui avait consumé les restes de son mari ; ce qui fit donner par les Anglais, à cette affreuse exécution, le nom de *suttee.* Jadis, à la Nouvelle-Zélande, les femmes des chefs se tuaient, sitôt qu'elles devenaient veuves. Procope nous apprend que chez les anciens Hérules, la femme eût été déshonorée, si elle avait survécu à son mari, et elle devait s'étrangler sur sa tombe. Chez les Slaves, encore au temps de Boleslas I, la femme était décapitée sur le bûcher où l'on avait brûlé le corps de son époux. Chez les Scythes royaux, dont Hérodote nous fait connaître les mœurs, on enterrait, près du roi, outre ses principaux officiers et ses chevaux, l'une de ses concubines, qui avait été préalablement étranglée. Naguère, les Comanches mettaient en terre avec le mort sa principale épouse. Maintenant ces Indiens se bornent à enterrer avec lui son cheval, ses armes et ses ustensiles, pour que dans le monde invisible rien ne manque à ses besoins. L'habitude où étaient certains peuples de briser aux funérailles tout ce qui avait appartenu au mort se rattache à ces croyances; on pensait ainsi lui faire passer dans l'autre monde les objets qu'il laissait ici-bas.

La notion de l'autre vie a donc revêtu les formes les plus diverses, même dès son éveil. L'imagination se donnant carrière, l'homme a aussi supposé que l'âme, après avoir quitté son corps, entrait dans un corps nouveau; de là, la doctrine de la transmigration des âmes, de la métempsychose, qui s'associa généralement à celle de la rémunération de nos actes. Mais cette doctrine elle-même, on la constate déjà sous une forme, il est vrai, assez grossière chez des populations fort sauvages, les Algonquins, les Groënlandais et diverses autres tribus de l'Amérique. Les Wanikas, ainsi que d'autres populations de l'Afrique, les Khonds de l'Orissa, les Néo-Zélandais et plusieurs tribus ougro-finnoises s'imaginaient que l'âme humaine passait après la mort dans le corps d'un autre homme, renaissait à la vie avec un homme nouveau. C'est la doctrine à laquelle Pythagore donna une forme plus philosophique. D'autres populations supposèrent que l'esprit du trépassé allait se loger dans le corps de quelque animal. Les Maravi, tribu africaine, croyaient que les âmes des bons passaient dans le corps des serpents et celles des méchants dans le corps des chacals. On voulait même, chez d'autres peuples, que les âmes pussent entrer dans les plantes, dans des objets inertes; telle est la métempsychose qu'admettent les Sonthals, les Dayaks et les Nègres des bords de la rivière Volta. Cette opinion devint, dans l'antiquité, le point de départ de la conception plus systématique et plus développée qui fait passer l'âme de l'homme par le corps d'un animal, qui la fait voyager pour ainsi dire d'être en être, suivant ses mérites et conformément à la sentence du tribunal infernal, comme cela a lieu dans la métempsychose des anciens Égyptiens et des Hindous. Chez les populations qui sont arrivées à avoir de l'autre vie une idée plus élevée, on a regardé les âmes comme devant habiter des corps absolument nouveaux ou comme reprenant leur ancien corps auquel la vie était rendue. C'est la doctrine de la résurrection qui se développa chez les Juifs, après le retour de la captivité, et dont des traces se retrouvent également chez les Perses et les Égyptiens. La métempsychose a été la forme la mieux définie qu'a prise la croyance à l'autre vie dans les religions anciennes; elle se répandit surtout de l'Asie chez les peuples de l'Europe et de l'Afrique; elle paraît avoir été professée chez les Celtes par les druides; elle fut même adoptée par plus d'un philosophe grec, et elle a revêtu dans le bouddhisme un caractère spécial.

Les cosmogonies présentent, plus encore que la doctrine de l'autre vie ou eschatologie, l'empreinte de l'état intellectuel des populations qui les ont imaginées. Enfantine et d'une naïveté qui va jusqu'au ridicule, chez les Peaux-Rouges, les tribus sibériennes, les insulaires de la Polynésie, chez nombre de tribus nègres, la cosmogonie prit en Égypte, en Assyrie, en Perse, chez les Grecs, les Phéniciens et les Hindous, une forme plus complexe, plus philosophique et plus poétique à la fois, tandis que chez les Scandinaves, malgré le premier degré d'élaboration qu'elle a subi, la cosmogonie reproduit encore les traits qui caractérisent les fables à l'aide desquelles les populations les plus sauvages expliquent la création de l'univers.

Cultes magiques, sacerdoce patriarcal, castes sacerdotales, offrandes, sacrifices, fêtes, funérailles, sépultures, danses, idoles.

Le culte suit en général à peu près la même marche que les croyances auxquelles il est nécessairement lié. Chez les tribus sauvages, il se réduit à quelques offrandes de fruits, de poissons ou d'animaux, à quelques ex-voto, par lesquels l'homme pense naïvement acheter la faveur du dieu. Il s'imagine que la divinité a besoin de manger, qu'elle se nourrit de la fumée, de l'odeur des sacrifices, ainsi qu'on le voit par Homère; qu'elle réclame des offrandes ; à plus forte raison en pense-t-il ainsi à l'égard des morts auxquels il fait des libations et présente des aliments, usage qui persistait même au moyen âge chez des populations chrétiennes. Le sauvage traite donc le dieu comme un homme. Veut-il obtenir de lui un avantage, ou a-t-il la pensée de conjurer sa colère, il lui offre des objets semblables à ceux qui peuvent lui concilier à lui-même l'amitié des chefs ; il lui fait des présents. Mais comme il redoute encore plus l'action des esprits malfaisants qu'il ne compte sur l'appui des bons génies, c'est aux premiers qu'il s'adresse de préférence. Chez les habitants de Madagascar, chez diverses tribus de la Malaisie et de l'Amérique, on ne se préoccupe pour ainsi dire que des dieux mauvais ; et cette habitude de ne s'adresser guère qu'aux puissances que l'on redoute explique pourquoi les prêtres ne sont chez la plupart des tribus sauvages que des sorciers conjureurs, habiles à exorciser les mauvais esprits, à rompre la vertu des talismans ; ils se chargent généralement aussi d'interpréter les songes, phénomènes dont le caractère singulier a été de tout temps une source inépuisable de superstitions. Ces magiciens se confondent à l'origine avec les devins, les aruspices, les augures, qui occupent une si grande place dans les religions antiques, et qui contribuèrent à développer la foi aux oracles dont l'association au culte des dieux fut si constante chez les Grecs.

Un corps véritablement sacerdotal n'existe que chez les peuples parvenus à une organisation sociale assez avancée ; ailleurs il n'y a que des magiciens. La faveur dont jouit tout ce qui paraît surnaturel pousse l'homme qui veut exercer de l'influence sur ses semblables à rechercher les moyens de se donner l'apparence d'un thaumaturge. L'Orient, en même temps qu'il est le pays des miracles, est aussi celui où l'intelligence montre le plus d'adresse à tromper l'observateur et à abuser les yeux. Les psylles de l'ancienne Libye, les harvis de l'Égypte, les jongleurs de l'Inde nous en sont la preuve. Et ce qui n'est plus aujourd'hui qu'un sujet d'amusement et de curiosité constituait, dans le principe, une science réputée divine. Le thaumaturge se faisait d'ailleurs souvent illusion à lui-même et subissait l'empire des superstitions qu'il entretenait. Les prêtres-sorciers se rencontrent chez toutes les populations finno-sibériennes, même chez celles qui ont reçu le christianisme ou le bouddhisme, ainsi qu'en Amérique chez toutes les tribus indiennes. Les Lapons, comme les anciens Neures, avaient leurs magiciens. Les Tongouses ont leurs *Chamans*. Le même caractère appartient aux *Poyangs* des Malais, aux *Pagès* des tribus de l'Amazone, aux *Kalidchas* des Gallas[1], etc. Pour diverses peuplades de l'Afrique, notamment celles de la région du haut Nil (Unyoro, Maddi, Obbo), toute la religion se réduit à la croyance à la puissance des sorciers (*mganga*). Le pouvoir magique, le sauvage ne le place pas toujours dans celui qui lui est supérieur sous le rapport du savoir et des lumières; il n'en fait pas seulement, comme maints peuples de l'Afrique et de l'antiquité, le privilége des artistes primitifs, des forgerons, des artisans habiles (*Telchines, Dédale, Volundr* ou *Veland*), il le prête parfois d'autant plus aux hommes qu'ils s'offrent à lui comme représentant un état plus abject et plus voisin de la nature animale, ainsi que l'a remarqué M. Ed. B. Tylor. Les Malais redoutent comme des magiciens dangereux les Jacouns, race grossière et barbare pour laquelle ils sont pleins de mépris, et ils ont plus de foi dans l'habileté des sorciers mentiras que dans les leurs, bien que ces Mentiras soient une tribu sauvage et fort inférieure à eux.

Chez les peuples indo-européens et sémitiques, le sacerdoce fut d'abord exclusivement patriarcal. Le sacrifice était offert, au nom de la famille par le père, au nom de la tribu par le chef ou l'ancien. Puis, quand les tribus s'agrégèrent en une nation, le roi, le magistrat suprême

---

1. Les Gallas ont en outre des prêtres ou *loubas*.

sacrifia au nom de tous. Mais le service des dieux et des autels finit par recevoir des ministres spéciaux, chargés de ne jamais laisser manquer d'offrandes les divinités, et chez lesquels se conserva la tradition des rites, c'est-à-dire des formes tenues pour les plus efficaces dans le culte et les sacrifices. C'est ainsi que le corps sacerdotal prit naissance chez les Hébreux, les Égyptiens, les Hindous, les Gaulois, les Perses, et à certains égards, chez les Romains, les Grecs, les Germains et les Mexicains. Dépositaires de la science théologique, qui est la première forme que prirent les notions scientifiques, les prêtres devinrent les premiers instituteurs des connaissances humaines, dont ils se réservèrent plus particulièrement la possession, et par suite les représentants de l'autorité suprême. L'exercice de la justice fut placé entre leurs mains, parce que c'était au nom du dieu qu'elle était rendue et que, dans le principe, on recourait presque toujours, pour découvrir le coupable, à des épreuves superstitieuses, aux ordalies ; l'épreuve des eaux amères pour la femme israélite accusée d'adultère en était un reste. On trouve les épreuves judiciaires chez les Germains, d'où elles passèrent à la société du moyen âge, chez diverses populations du Caucase, chez une foule de peuples noirs, notamment à Madagascar, où s'administre à l'accusé le fameux *tanghin* (*Cerbera tanghin*). Ces considérations expliquent pourquoi l'autorité judiciaire appartenait aux lévites, aux druides et aux brahmanes. Pareil état de choses se présente chez la plupart des peuples barbares, et quand le christianisme eut pénétré chez les populations germaniques et slaves, le clergé constitua d'abord la caste savante, comme les prêtres l'avaient été en Égypte, en Perse, comme ils le sont encore dans l'Inde. Aux dixième et onzième siècles, le nom de *clerc* devint synonyme de *lettré*, et la science fut appelée *clergie*. Mais sous cette forme, la science demeura asservie à la théologie, et la culture intellectuelle ne put prendre son essor qu'après que la science, sous le nom de philosophie, eut conquis son indépendance. Voilà pourquoi ce fut en Grèce, où la raison s'émancipa de très-bonne heure, qu'elle entra pour la première fois dans la voie féconde qui, depuis la Renaissance, a définitivement assuré son autorité universelle et ses progrès.

Chez les peuples soumis au régime théocratique, le culte joua un rôle considérable dans les institutions. Les prêtres, pour augmenter l'influence du culte, s'attachaient à lui donner une majesté et un éclat particuliers. Les fêtes qui, chez les populations primitives, se réduisaient à des réjouissances bruyantes, à l'occasion des récoltes, des chasses ou de la guerre, à des démonstrations de tristesse, lors du retour de l'hiver, de joie, à l'apparition du printemps, furent transformées en pompes solennelles et associées à une foule de rites spéciaux. Ce que fit le calcul des prêtres chez certains peuples, le goût des manifestations publiques et des cérémonies extérieures le produisit chez d'autres. Tandis que chez les Hindous et les Égyptiens, les fêtes semblent être d'institution sacerdotale, chez les Grecs et les Italiotes, elles paraissent nées du besoin de scènes ou d'images qui parlent aux yeux. Tel est le motif pour lequel les populations indo-européennes, adonnées à l'agriculture et douées d'un sentiment plus artiste, eurent en général des fêtes religieuses plus pompeuses et plus multipliées que les populations du désert; voilà pourquoi le culte catholique garda surtout ses fidèles dans le midi de l'Europe, tandis que le culte sévère du protestantisme n'a guère trouvé ses adhérents que dans le nord.

Le caractère du culte reflète aussi le genre de vie d'une nation, son génie moral et ses instincts. Chez les peuples agriculteurs de la souche indo-européenne, on offrait de préférence aux dieux les fruits des arbres, les prémices de la récolte, des libations de lait, de beurre fondu, le jus de quelque plante, par exemple, le *soma* chez les Hindous, le vin chez les Grecs. Les Chinois rendent aux *esprits* un culte aussi simple; les Japonais n'offrent à leurs *kami* que des gâteaux d'huile et des oiseaux vivants. Les populations exclusivement pastorales pratiquent plutôt les sacrifices sanglants; elles immolent en l'honneur des dieux des animaux de leurs troupeaux; parfois même, comme les peuples anciens estimaient la vertu du sacrifice à l'importance et à la valeur de l'offrande, en des circonstances solennelles, on sacrifiait un homme aux dieux, ordinairement un prisonnier ou un esclave. Ce qui a été dit plus haut des idées grossières qu'on se faisait de l'autre vie explique d'ailleurs cette coutume sanguinaire. On pensait ainsi faire passer au mort dans l'autre monde ceux dont il devait rester entouré, et en effet chez nombre de populations sauvages, comme au Dahomey, chez les Kayans de Bornéo, chez les insulaires des Fidji, etc., les esclaves étaient immolés avec leur maître pour qu'ils le pussent servir là où son âme devait se rendre. Mais les sacrifices humains, qui se rencontrent chez presque tous les peuples barbares, qui se montrent à l'origine chez les Aryas, les Grecs, les Latins, qui persistaient chez les Celtes, et ensanglantent encore aujourd'hui le bouddhisme birman, ne prirent un caractère de fréquence et d'excessive férocité que chez les tribus nègres de la Guinée, chez certaines nations de l'Amérique, telles que les Mexicains. Cette atroce coutume résiste rarement aux progrès de la civilisation. Elle disparut de fort bonne heure dans l'Hindoustan où l'on substitua le sacrifice du cheval au *Pouroucha medha* ; on n'en trouve aucune trace en Égypte et en Perse. Des rites symboliques la rappelèrent longtemps dans bien des cultes. A Rome, les *oscilla* ou petites figures humaines qu'on offrait à Saturne et à Bacchus remplaçaient les victimes humaines expiatoires qu'on avait offertes dans le principe à ces divinités. Au Japon, les serviteurs des grands s'immolaient eux-mêmes sur leur tombe. Plus tard, on se borna à enfouir avec le mort de grossières images. En Palestine, cette coutume sanguinaire cesse avec Abraham, mais elle se continua en Syrie. Les sacrifices d'animaux ont été bien plus tenaces, et ils se maintiennent même chez les tribus qui ont embrassé l'islamisme.

Presque tous les peuples ayant atteint un certain degré de civilisation, consacrent les principaux actes de la vie, le mariage, les funérailles, la naissance et la collation du nom, par des cérémonies religieuses qui participent du caractère général de tout le culte. Graves et sévères chez les Sémites, elles sont sensuelles et dévergondées chez les Syriens, les Phéniciens et les Égyptiens ; gracieuses et bruyantes chez les Grecs, elles gardent, chez les anciens Latins, quelque chose de la rudesse et de la simplicité des mœurs pélasgiques. Chez les populations très-sauvages, aucune solennité ne consacre d'ordinaire la naissance ou le mariage.

Un instinct propre à la race humaine et qu'on assure exister aussi chez les éléphants[1] pousse l'homme à déposer dans le sol les restes de ses semblables. Cet instinct s'associant au sentiment religieux que réveille la mort, les funérailles sont presque universellement accompagnées de rites qui expriment à la fois la douleur que cause le trépas du parent ou de l'ami, et les idées qu'on se fait de l'autre vie. Cette douleur se manifeste d'ordinaire chez les peuples barbares d'une façon bruyante, mais elle est de courte durée. Des repas accompagnent les funérailles, et sont célébrés en l'honneur du mort ; on s'imagine même que son âme, son esprit y prend invisiblement part.

Le mode de sépulture a extrêmement varié suivant les temps et les pays. On voit souvent même des modes de sépulture différents, simultanément employés à une même époque chez un peuple, soit en vertu d'usages spéciaux, d'habitudes et de croyances particulières, soit à raison de certaines nécessités. En Italie, au temps de l'empire romain, on brûlait les corps des hommes riches et importants ; on enterrait les plus pauvres. Au Népâl occidental, c'est le lama qui, après avoir consulté ses livres, décide si le corps du mort doit être enterré ou brûlé ou coupé en morceaux et abandonné en tout ou en partie à la rapacité des oiseaux de proie. En Chine, le mode de funérailles varie suivant les provinces ; tandis que dans le Tché-Kiang et le Kiangnan, c'est la crémation qui prévaut, parce que le terrain

---

1. Sir J. Emerson Tennent, dans ses *Esquisses d'histoire naturelle de Ceylan*, rapporte que les éléphants enterrent eux-mêmes la dépouille de leurs morts.

est bas et marécageux, ailleurs c'est l'inhumation qui est employée. Toutefois, quand on retrouve chez des peuples de même race de mêmes habitudes funéraires, elles peuvent être regardées comme ayant un caractère ethnologique. L'usage de placer les morts sur un endroit élevé, une sorte d'estrade, qui appartenait à diverses tribus de l'Amérique du Nord, chez lesquelles le cadavre était souvent aussi déposé, cousu dans une peau, au fond d'une sorte de canot, que l'on suspendait aux branches d'un arbre, a pris chez la plupart des populations malayo-polynésiennes une forme bien déterminée. Le mort est abandonné sur un échafaud élevé qu'entourent diverses images (*moraï*). L'inhumation, qui est de beaucoup le mode de sépulture le plus répandu, qui existait chez les Gaulois, les Germains, les Scandinaves, les anciens Péruviens et beaucoup de tribus scythes et américaines, se différencie surtout par la nature et la forme des tombeaux, car il est rare que les populations enterrent leurs morts sans laisser au-dessus du sol, soit un tertre ou tumulus, soit une pierre, soit un monument plus considérable ou toute autre marque particulière. Quand l'art de construire eut fait quelques progrès, on leur bâtit une véritable demeure; on creusa le roc, on ouvrit une caverne, une grotte où le mort fut déposé, entouré des restes des offrandes faites aux funérailles, des objets, armes, bijoux, vêtements, aliments, qu'on lui supposait nécessaires dans l'autre vie, et qu'on retrouve souvent aussi dans les tumulus. Parfois on habillait le mort de ses plus beaux vêtements, on l'ornait de ses joyaux, comme le firent tant de peuples anciens, comme le pratiquaient naguère les Araucaniens. L'usage des cavernes sépulcrales existait surtout en Palestine, en Asie-Mineure. Aux Sandwich, on plaçait de même les morts dans des cavernes, après les avoir enveloppés d'une étoffe faite d'écorce. Plusieurs des plus anciennes cavernes découvertes dans l'Europe occidentale et remontant à l'âge de la pierre, comme celle d'Aurignac (Haute-Garonne), ont eu également cette destination. D'autres fois, on construisit de véritables maisons souterraines, où les morts furent enfermés. Tel paraît avoir été le caractère des dolmens de la Gaule, des monuments mégalithiques signalés dans le Nord (*Jättestuer* ou chambres des géants, *Ganggrifter* ou sépultures à galerie de la Suède, *Hunenbetten* de l'Allemagne). Les Étrusques, les Égyptiens et diverses autres populations construisaient de véritables nécropoles souterraines. En revanche, quelques peuples, les Perses en particulier, abandonnaient le cadavre aux bêtes fauves et aux oiseaux de proie, usage qui persiste chez les Parsis.

La manière dont est placé le mort dans l'hypogée varie aussi suivant les peuples. Tantôt il est couché, et l'orientation de la tête déterminée certainement par des idées religieuses est différente selon les populations ; tantôt il est replié ; cette attitude a été constatée dans nombre de sépultures, à la caverne d'Aurignac, dans les anciens tombeaux des Scandinaves, d'antiques populations de l'Algérie, des Péruviens. Ce mode funéraire, naguère usité aux Sandwich, subsiste à Formose et chez certaines tribus indiennes, par exemple les Guaranos du delta de l'Orénoque.

Les fêtes religieuses varient plus encore que les funérailles. Chez les Nègres, surtout chez les tribus du haut Nil Blanc, de la Guinée, de la Sénégambie, elles ont un caractère orgiastique et mystérieux, très-particulier ; ce sont des cérémonies nocturnes, où l'on accomplit des rites bizarres, repoussants, où l'on se livre à toutes les extravagances qu'inspire une frénésie provoquée par des boissons excitantes. Ces rites orgiastiques se rattachaient souvent au culte des morts que l'on évoquait en cette circonstance, comme cela a lieu dans la fête *U'klu*. Chez la tribu cafre des Jongas, les chefs, les prêtres s'y montraient sous des déguisements bizarres, parfois comme des êtres surnaturels, et y faisaient entendre des bruits effrayants, profitant de la circonstance pour châtier leurs ennemis. Ce sont ces cérémonies étranges qui se sont implantées en Amérique, apportées par les esclaves nègres, sous le nom de *vaudou*. On en retrouvait au reste d'analogues dans le Nouveau monde et la Polynésie, mais avec un caractère moins désordonné ; elles apparaissent chez les Grecs dans le culte de Dionysos, et semblent avoir été le point de départ des cérémonies secrètes et symboliques, réservées seulement aux initiés, usitées en Égypte, en Grèce, en Italie, et appelées *mystères*.

La danse, qui n'est plus pour les peuples civilisés qu'un divertissement frivole, avait, au contraire, dans les premiers âges, un caractère sérieux et une importance extrême qui la firent rattacher au culte des dieux. On voit en effet des danses dans les cérémonies religieuses de presque tous les peuples primitifs. C'étaient des saltations et des gesticulations au son de tambours et de divers instruments de musique fort grossiers, qui constituaient le fond des fêtes religieuses des Peaux-Rouges, associées à des rites magiques, et que les colons canadiens baptisèrent du nom de *fêtes de médecine*. Toutes les tribus indiennes de l'Amérique du Nord préludaient à la guerre et aux chasses, par des danses commémoratives que l'on retrouve aussi chez divers peuples nègres, et qui en figuraient les principales phases. Les Australiens n'avaient point de danses de guerre proprement dites, mais des scènes mimiques, où étaient représentés les mouvements et les actions des animaux, les aventures de pêche et de chasse, les épisodes amoureux. Chez les Hellènes, les danses, les exercices gymniques, qui avaient en même temps pour objet de développer la force et l'agilité, présentaient un caractère sacré et se mêlaient aux cérémonies les plus augustes. Les jeux sanglants de l'amphithéâtre, les combats de gladiateurs avaient été célébrés dans le principe aux funérailles, en l'honneur des morts. De même chez les Araucaniens on exécutait, à l'occasion des funérailles, des exercices équestres et des combats simulés. La comédie, la tragédie, trouvent en Grèce leur origine dans ces fêtes religieuses. En Chine et au Japon, des représentations dramatiques étaient également liées aux fêtes des esprits. Dans ce dernier pays, on célèbre encore la fête des *kami* par de telles représentations, et chez diverses populations chrétiennes, chez les Italiens, les Espagnols, les colons de l'Amérique du sud, les processions religieuses offrent un caractère tout dramatique; elles sont accompagnées de véritables représentations scéniques, caractère qui était au moyen âge celui des Mystères. Les colons espagnols se livrent, dans ces solennités, en l'honneur des saints, à des luttes, à des danses, comme le faisaient les Grecs et les Romains dans plusieurs de leurs fêtes qui passaient pour d'institution divine. La danse se lie étroitement aux chants, à la musique, et il est tout naturel qu'elle ait été associée aux chants en l'honneur des dieux, comme cela avait lieu dans les *saltationes* des frères saliens, qui dansaient en répétant un hymne en l'honneur du dieu de la guerre, *Mamers* ou Mars, dans les danses des Curètes en l'honneur du Jupiter crétois.

Pour résumer cet aperçu, disons qu'il y a dans chaque religion un principe qui tient à la race, au génie du peuple, c'est-à-dire aux premières impressions qu'il a reçues de la nature, du sol et du climat, et un principe qui s'épure avec le progrès social; l'un imprime au culte sa forme extérieure, l'autre modifie les croyances. Ce mélange nous explique le caractère et le développement des grandes religions de l'humanité. Dans le bouddhisme, il finit par s'opérer une alliance entre le génie métaphysique et subtil qui est propre aux Hindous, et l'anthropomorphisme, le fétichisme superstitieux des populations de souche dravidienne ou tibétaine. La pratique du christianisme n'a pas partout le même caractère spiritualiste. L'islamisme des Nègres du Soudan et de la Sénégambie, fétichistes par nature, se réduit à la foi en des talismans, composés avec des versets du Coran. Le marabout redevient parmi eux ce qu'était le prêtre sorcier. Chez les Mongols, le bouddhisme descend des hauteurs de la métaphysique subtile qui l'enveloppe à sa naissance, pour ne plus être qu'un chamanisme déguisé. Chez les Persans schiites, l'adoration d'Ali, celle des sept imans, le culte des saints, ont transformé le monothéisme islamique en un polythéisme pratique, où reparaissent tous le traits du mazdéisme, que la religion de Mahomet croyait avoir anéanti. En Chine, une fois que les Hindous eurent cessé d'envoyer des missionnaires du bouddhisme, la religion de Çâkya-Moûni tomba graduellement, entre les mains des Tao-ssé, au niveau de l'adoration des *esprits*, qui était la religion nationale et originelle du pays.

Ainsi, de même que les races aborigènes reprennent souvent peu à peu sur celles qui avaient conquis le sol une influence à la fois morale et physique, pouvant déterminer, quand les conquérants sont peu nombreux, l'absorption de la race envahissante par la race primitive, de même, les anciennes religions, un moment vaincues et proscrites par une religion supérieure, pour peu que celle-ci suspende son action, reprennent sur les imaginations et dans les croyances une influence qu'on aurait pu croire à jamais effacée. Dans le type des nations croisées, on saisit des linéaments de la race indigène; et quand celle-ci constitue la majorité, si de nouvelles émigrations ne viennent pas verser de temps en temps du sang étranger chez le peuple métis, l'ancien type ne tarde pas à reparaître presque avec toute sa pureté; de même, si l'influence européenne ne se fait pas constamment sentir sur les populations barbares converties au christianisme, la religion nationale que l'Évangile avait chassée reparaît, comme cela a lieu en Abyssinie, sous une forme plus ou moins déguisée.

Ce phénomène tient à ce qu'une religion n'est pas seulement un ensemble de croyances et de cérémonies; c'est encore une doctrine, et toute doctrine exige pour être comprise un certain degré de culture et de force intellectuelles. Les langues les plus vigoureusement conçues et les plus richement douées se sont réduites, chez les populations plongées dans la barbarie, à des idiomes d'une grande pauvreté. Les formes grammaticales avaient beau subsister, l'intelligence n'était plus là pour leur donner la vie. Les religions nous font assister au même spectacle; elles ont beau porter avec elles des formes qui en dénotent la puissance et la profondeur, ces formes ne peuvent les préserver de l'abâtardissement et de la corruption, quand les intelligences sont incapables de pénétrer leur doctrine et de s'en approprier le véritable esprit.

CHAPITRE X.

CONSTITUTION DE LA FAMILLE ET DE LA SOCIÉTÉ.

Le mariage. — L'autorité paternelle. — La tribu. — L'esclavage.
Formes de gouvernements.

Le mariage.

L'homme est, par sa nature, un être sociable; autrement dit, il lui est nécessaire de vivre réuni à des individus semblables à lui. Ses instincts, ses besoins de toutes sortes, ne sauraient être satisfaits, s'il n'échangeait pas avec d'autres hommes des services, comme il échange ses idées avec eux par la parole. Cicéron, parlant du besoin impérieux qu'éprouve notre espèce de vivre en société, s'exprime ainsi : « Cette vérité serait surtout mise en lumière, si quelque dieu enlevait un homme du milieu de ses semblables et le plaçait dans quelque désert, où, lui fournissant en abondance tout ce que la nature peut désirer, il lui refusait absolument le moyen et l'espérance de voir jamais personne. Quelle est l'âme de fer qui pourrait à ce prix supporter la vie, et dans cette affreuse solitude trouver encore quelque charme à la jouissance de tous les plaisirs? Une chose bien vraie, c'est ce que disait souvent Archytas de Tarente : Que si quelqu'un montait au ciel, que de là il contemplât le spectacle du monde et la beauté des astres, il ne serait que faiblement touché de toutes ces merveilles qui l'eussent jeté dans le ravissement s'il eût eu quelqu'un à qui les raconter. Ainsi la nature de l'homme répugne à la solitude et semble chercher toujours un support; elle en trouve un bien doux dans l'amitié. »

L'homme est d'ailleurs organisé physiquement pour vivre en société; il n'est pas pourvu d'armes naturelles qui lui permettent de se défendre, et on doit remarquer que presque tous les animaux faibles, tous ceux qui ne trouvent point, dans leurs dents et leurs griffes, un puissant moyen de résister à leurs ennemis, vivent en troupes. Ils se placent sous la conduite d'un vieux mâle auquel les autres obéissent et qui donne le signal du danger. C'est ce que l'on observe notamment chez les ruminants, les cachalots, les gallinacés. D'un autre côté, il est à noter que les animaux les plus rapprochés de l'homme par l'intelligence, les singes, les éléphants, vivent comme lui en société, ou présentent au moins des instincts de sociabilité bien marqués. Le chien, dont l'intelligence nous charme et nous étonne, éprouve un tel besoin de société, que plutôt que de rester sans relations, il se lie avec des individus d'autres espèces, surtout s'il a été élevé près d'eux. Nulle part, l'homme, même le plus sauvage, n'a été rencontré dans un état complet d'isolement. Partout, il est groupé, au moins par petites tribus, par peuplades, par hordes; et le point de départ, la base de ces tribus, de ces peuplades, de ces hordes, c'est la famille. L'homme trouve déjà dans sa femme et ses enfants une première satisfaction de son instinct de sociabilité; les familles s'agrégent entre elles, et voilà comment naissent les sociétés primitives.

L'homme, à l'origine, en agissait sans doute comme les animaux herbivores qui se livrent de rudes combats pour leurs amours. C'est le plus fort qui obtient la femelle : lutte à certains égards utile, puisque ce sont ainsi les plus vigoureux qui perpétuent la race. Ce mode d'hymen, que les lois de Manou énumèrent encore entre les diverses formes nuptiales (mariage des *Râkchasas*), disparut avec l'état le plus sauvage; mais bien des traces s'en conservèrent chez les populations barbares. Le jeune Araucanien qui veut épouser une fille en va trouver les parents et leur déclare que s'ils ne la lui accordent pas, il s'en emparera par force; ce qu'il ne manque pas de faire, en cas de refus. Bientôt une véritable lutte se produit; tandis que la jeune fille résiste, les amis viennent en aide au futur. L'usage des Tcherkesses veut qu'une fois le mariage conclu l'époux enlève mystérieusement sa fiancée, et que celle-ci oppose la résistance la plus énergique. Chez les diverses tribus des bords de l'Amazone, placées à un des bas échelons de la civilisation, l'homme prend de force sa future, ou s'il ne le fait pas réellement, il feint d'en agir ainsi. Chez plusieurs peuplades australiennes, jadis le jeune homme qui voulait se marier devait enlever une jeune fille d'une tribu voisine; un combat simulé avait lieu entre les deux tribus et la fille restait au ravisseur. Le sauvage des rives du Mackenzie peut céder son épouse; mais la vente n'est opérée qu'après une lutte entre le vendeur et l'acheteur, et c'est seulement si ce dernier a la supériorité de la force, qu'il est en droit de réclamer la femme. Une coutume analogue existe chez une tribu de la presqu'île de Malaya, les Mentiras. Chez les Kôles qui habitent le nord-est de l'Hindoustan, le jeune homme vient au milieu du marché, entouré d'amis, prendre de force la jeune fille qu'il convoite pour épouse; il l'entraîne malgré ses pleurs et ses cris, auxquels les compagnes de celle-ci restent indifférentes. Ce genre de rapt se pratique encore parfois chez les Groënlandais. Dans l'Afrique orientale, chez les Wanikas, le fiancé, après avoir offert aux parents de sa future des présents considérables, doit s'emparer par force de celle-ci. C'est à peu près ce qui se pratiquait à Sparte, où, après que l'union avait été conclue avec les parents de la fille, le fiancé devait pourtant l'enlever de force, rapt simulé qu'on retrouve aux îles Fidji. Dans les climats où l'ardeur du tempérament n'était pas assez précoce pour devancer l'âge de la majorité naturelle, et où l'emploi de la violence commençait à disparaître, les futurs consultaient simplement leurs sympathies, ainsi que cela avait lieu chez la plupart des tribus de l'Amérique du Nord. Le consentement des parties suffisait pour constituer le mariage. Mais chez le plus grand nombre, les parents intervenaient. Ils sentaient en effet le besoin de protéger leur fille contre des violences auxquelles elle eût été sans cela exposée. Des conventions, des usages réglant les unions durent en conséquence intervenir de bonne heure. La femme étant la propriété du mari, puisqu'elle est la plus faible et que les plus faibles tombent naturellement sous la loi des plus forts, le mari dut veiller à ce que sa propriété ne lui fût pas enlevée. Aussi, quoique la fidélité dans le mariage soit fréquemment enfreinte, même chez les peuples les plus civilisés, la polyandrie ne s'est rencontrée que chez les tribus les plus barbares, chez les Naïrs du Malabar, les Khassias de l'Assam, les Todas des Nilgherries. La communauté des femmes existait chez les Agathyrses et les Massagètes, selon Hérodote; chez les Troglodytes nomades, au dire de Strabon et de Diodore; chez les Garamantes, d'après Aristote; chez les Limyrniens, suivant Nicolas de Damas; chez les Bretons, d'après César; chez les Borussiens ou anciens Prussiens, avant leur conversion au christianisme. Les géographes chinois ont rapporté le même fait des Bolors. Lycurgue l'introduisit à Sparte, dans la fausse idée qu'il accroîtrait ainsi le nombre des naissances, et quand ce scandale eut disparu, les veuves continuèrent à se prostituer. La prostitution s'observe sans doute dans les pays les plus civilisés, mais partout où le christianisme, l'islamisme, le bouddhisme, ont répandu leurs lumières, elle est notée d'infamie et ne constitue qu'une exception. Elle a été parfois, comme chez les Babyloniens et les Lydiens, consacrée par le culte; elle fut alors la conséquence d'une dépravation morale, non l'effet des besoins sociaux. C'est que la polyandrie est contraire au bon ordre de la société; elle ne permet pas aux enfants de connaître leur père, et les prive ainsi de leur protecteur naturel. De plus, loin d'être favorable à le génération, la polyandrie y nuit. Quant à la polygamie, sans être aussi formellement en désaccord avec les lois naturelles, elle semble y être beaucoup moins conforme que la monogamie. Elle a disparu de toutes les sociétés vraiment civilisées; elle a été condamnée de très-bonne heure chez les nations les plus avancées de l'antiquité, à Rome, à Athènes. On la trouve même repoussée par certaines populations sauvages, par exemple à Ceylan, chez les Veddahs et chez les nations où l'on est autorisé à prendre plusieurs femmes, il n'y a guère que les chefs, les gens riches, qui usent de ce droit. Cela tient à ce que la possession des femmes est plutôt considérée comme un luxe, comme une marque de puissance, que comme une institution utile à la société.

En beaucoup de contrées, la monogamie s'est montrée de très-bonne heure. Les Indiens de l'Amérique du Nord étaient presque tous monogames ; il en fut de même des Chichimèques et des Chinois, à l'époque la plus ancienne. Chez les tribus sauvages de l'Amérique du Sud, le nombre des femmes n'est pas fixe ; il varie en raison des ressources de chacun ; mais le plus grand nombre se contente d'une femme. En Orient, où la polygamie est répandue et où les traditions la font remonter jusqu'à l'époque antédiluvienne, les harems sont le résultat d'un abus de la puissance de l'homme, qui ne voit dans la femme que l'instrument de ses plaisirs. Les rois de Perse avaient, comme Salomon, et comme aujourd'hui encore les sultans, une multitude d'épouses ou de concubines. Chez les Juifs, dont la société présenta un caractère moral supérieur à celui des autres peuples de l'Orient, la polygamie devint de plus en plus rare et n'exista plus guère que pour les grands[1]. Du moment que le grand nombre d'épouses est, non le moyen de satisfaire le besoin qu'un homme a d'une compagne, mais un titre de puissance, une preuve d'opulence, de richesse, les femmes se trouvent bientôt confisquées au profit d'un mari qui les connaît à peine. A la Nouvelle-Zélande, le chef devait avoir plusieurs femmes, et un certain nombre étaient déclaré *tabou*, c'est-à-dire inviolables, consacrées ; nul ne pouvait s'en approcher, même quand ce chef n'entretenait avec celles-ci aucune relation. Les lois

---

1. La polygamie n'a pas été cependant complétement abolie chez les Juifs, et le code rabbinique porte encore : « L'homme peut avoir plusieurs femmes en même temps, mais à la condition de pourvoir à leur nourriture. » Voy. Sautayra et Charleville, *Code rabbinique*, p. 41 (Alger, 1868). En Orient, on voit parfois les Israélites prendre plusieurs femmes.

de l'Aschanti accordaient au roi 3 333 épouses, nombre regardé comme mystérieux; elles étaient tenues sévèrement sequestrées, quoiqu'il n'y en eût pas plus de six qui cohabitassent avec le roi. Le principe qui faisait, chez les Nègres de la Guinée, de la femme une pure propriété, explique comment il était loisible au roi d'Aschanti de donner en cadeau quelques-unes de ses épouses à ceux qui s'étaient distingués dans le combat, sauf à compléter ensuite le nombre sacramentel. Au Dahomey, le roi a 1 000 épouses, les nobles 100 et les autres sujets 10; il n'est permis à personne de voir les femmes du roi, et lorsqu'une d'elles sort en public, une cloche annonce son passage, afin que chacun détourne la tête. La polygamie, portée à ce degré, tient surtout à ce que, par suite de l'abrutissement des mœurs, la femme n'est que l'esclave de l'homme. Chez les indigènes de l'Australie, les insulaires des Fidji et diverses tribus nègres de l'Afrique centrale et australe, l'épouse est considérée comme la propriété absolue du mari, qui peut l'échanger, la prêter, la donner selon son caprice[1]. Chez diverses tribus noires de l'Afrique orientale, l'époux offre temporairement une de ses femmes à l'hôte qu'il veut honorer; l'on a observé un usage aussi singulier chez certaines peuplades des contrées boréales de l'Ancien monde. Dans le dialecte des indigènes de l'Australie méridionale, il n'y a d'autre mot pour exprimer le nom d'époux que celui de *martanya*, lequel signifie simplement *propriétaire d'une femme*.

Dans les sociétés barbares, la femme sert le plus souvent comme une esclave son brutal époux. Tel est le cas chez nombre de tribus nègres où la femme est obligée de travailler constamment pour l'homme, où sa condition ne s'élève guère au-dessus de celle de nos animaux domestiques. Un fait à remarquer, c'est que parmi les Cafres et les sauvages de l'Amazone, comme chez les Mormons, les femmes unies à un même mari vivent en bonne harmo-

---

1. On rencontre quelques exemples de cette infamie chez les peuples civilisés. On sait que Caton prêta sa femme à Hortensius.

nie, et leurs enfants pareillement. Au contraire, dans les pays plus civilisés, comme en Perse, en Turquie, chez les Arabes, la jalousie est généralement très-grande entre femmes du même mari, et des haines implacables divisent les enfants de lits différents.

Le climat contribue aussi à maintenir la polygamie. Sous un soleil ardent, la passion des femmes est plus impétueuse et fait naître la jalousie, qui amène leur séquestration. Une fois qu'elle a perdu sa liberté, la femme est plus près d'être une esclave qu'une compagne. Aussi voyons-nous que tandis qu'en Perse, en Assyrie, en Palestine, la polygamie remonte à une haute antiquité, en Europe, elle ne s'est jamais introduite. Dès les temps homériques, les Grecs n'avaient qu'une femme. Les Germains et les Gaulois, tout barbares qu'ils fussent, n'étaient pourtant point polygames. Chez les Peaux-Rouges et diverses populations de l'Amérique du Sud, l'homme n'avait d'ordinaire qu'une seule épouse, et chez plusieurs, le lien conjugal était aussi respecté que chez les Germains que nous décrit Tacite. Chez les Araucaniens, les enfants nés hors mariage étaient même impitoyablement mis à mort. A Rome, la monogamie a été, dès l'origine, le principe et l'essence du mariage. Il est vrai que là où existe la monogamie, l'usage des concubines, la facilité de la répudiation, sont venus souvent tempérer la rigueur que la passion trouvait à la défense d'entretenir plusieurs épouses. Par exemple, chez les Germains, qui ne prenaient qu'une femme, le lien du mariage se rompait avec une extrême facilité. Il en est encore ainsi chez une foule de populations sauvages, ou vivant dans un état social peu avancé, tels que les Indiens de l'Amérique du Nord. Les Chinois, malgré leur civilisation, n'observent que fort imparfaitement la monogamie, car chez eux l'habitude tolère et même consacre ce qu'on appelle les *petites femmes* (tsieï), sorte de concubines qui demeurent placées sous la dépendance de l'épouse légitime ou *tsi*, laquelle est supposée par la loi être la mère de leurs enfants.

L'usage des concubines ramène, sous des formes déguisées, la polygamie ; mais cette polygamie est toujours accidentelle, et celui qui prend une concubine n'est souvent en réalité qu'un mari divorcé, qui laisse son ancienne épouse demeurer sous son toit. Les Germains, qui se montraient peu sévères sur le chapitre du concubinage, ne confondirent jamais cependant la concubine avec la femme légitime. La première, au lieu de passer sous l'autorité du mari, restait sous la garde de son père et de ses propres parents, ainsi que les enfants nés de son commerce illégitime. A Rome, le concubinage ne porta jamais atteinte au principe de la monogamie. Il y était expressément défendu d'avoir une femme et une concubine à la fois et d'entretenir plusieurs concubines ; et l'union avec une concubine tenant lieu d'épouse constituait, non le concubinage, mais le *concubinat*, sorte de mariage morganatique. Les répudiations avaient été de même limitées chez les Romains à certains cas exceptionnels. Ce n'est guère que chez les Orientaux que le concubinage a pris un extrême développement; fait d'autant plus honteux que la polygamie y est autorisée.

Chez les peuples qui attachent la plus grande importance à ne pas mourir sans descendants mâles, le désir d'avoir une postérité entretient, du reste, la fréquence des divorces et du concubinage. En Judée, cette préoccupation ramena la bigamie, la polygamie, à une époque où elle n'était plus dans les mœurs. Chez les Hébreux et chez une foule de nations civilisées, la stérilité de la femme était réputée une cause légitime de répudiation. La traite des esclaves a singulièrement contribué à l'extension du concubinage ; l'esclavage, surtout tel qu'il était constitué dans l'Amérique, en devint fréquemment la source.

Au régime du rapt, de la force brutale, succéda un régime plus régulier pour le mariage, celui qui est marqué par l'intervention de la famille. Mais cette intervention n'est le plus souvent chez les peuples barbares qu'un moyen de s'assurer un profit ; on vend sa fille à celui qui veut l'épouser ; l'hymen n'est plus alors en réalité qu'un marché. C'est que les enfants ont été presque toujours à l'origine la propriété absolue des parents, qui en disposent comme d'une marchandise. Aussi les père et mère fiancent-ils parfois leurs enfants en bas âge, sans tenir aucun compte de leurs sentiments. Tel cela se pratiquait chez les indigènes de l'Australie. Tel cela se pratique encore en Chine où l'on voit même des pères s'engager par serment à unir par mariage leurs enfants à naître. Le mari y achète en réalité son épouse aux parents de celle-ci qui reçoivent du futur des arrhes et des présents. On trouve des habitudes analogues chez d'autres peuples de l'Asie, notamment au Sikkim, chez les Lepchas. Dans le pays des Zoulous, il suffit à un homme de donner quelques vaches aux parents pour que ceux-ci lui livrent leur fille. A la Nouvelle-Zélande, dès que les parents avaient accepté les cadeaux d'usage, l'homme pouvait emmener sa compagne qui en était le prix. A Sumatra, tout homme qui se marie doit payer aux parents de l'épouse le *djoujour* ou prix de celle-ci ; c'est là une dette sacrée, et si le mari ne l'a point acquittée, ses enfants en restent grevés après sa mort ; faute d'avoir payé la somme voulue, le mari peut même devenir l'esclave des parents de sa femme. Ajoutons cependant qu'à côté de ce genre de contrat, on en admet à Sumatra un autre appelé *ambelanak* et en vertu duquel la femme achète son mari. Un progrès dans les mœurs de cette île a ensuite donné naissance au *semando*, union où les deux conjoints interviennent sur le pied complet de l'égalité.

La fille a été si bien regardée dans le principe comme une chose, que chez les populations dont l'état social s'éloigne peu de l'état primitif, elle participe du caractère indivis ou communiste qu'y a la propriété. Ainsi chez les Todas, la femme appartient en réalité à la famille du mari, et si celui-ci meurt, elle devient successivement l'épouse de tous les frères du défunt ; d'autre part ses propres sœurs, arrivées à l'âge nubile, doivent épouser les frères qu'a son mari. Cette façon de considérer la femme amène des trocs d'épouses. Chez certaines tribus australiennes, le chef de famille échangeait ses filles, ses nièces ou ses sœurs, contre les femmes destinées à ses fils. De telles habitudes ne pouvaient qu'entretenir la polygamie, car la possession d'une femme était une marque de richesse. Aussi voyons-nous les Dacotas, qui reconnaissaient plusieurs modes de mariage, avoir tenu le mariage par achat pour le plus honorable. En Palestine, au temps des patriarches, l'époux payait au père le *mohar* ou prix de sa fille. Moïse a consacré cet usage. Le prix, que la loi fixait en certaines circonstances, une fois acquitté, les jeunes gens étaient considérés comme légalement mariés, quoique la célébration du mariage n'eût lieu que plus tard. Aussi, chez les Hébreux, la femme continuait-elle d'être considérée comme la propriété du mari. Chez les Arabes du désert, la veuve faisait en quelque sorte partie de l'héritage du défunt. De là, avant l'islamisme, des unions entre beaux-fils et belles-mères. L'usage du *lévirat* chez les Israélites était un vestige d'une coutume analogue. On la retrouve en Amérique chez les Mauhes, et dans l'Inde chez les Sikhs. Chez les Ossètes, la veuve ne peut convoler à de secondes noces que si le frère de son mari défunt n'a pas voulu la prendre pour épouse, et les enfants nés de ce second mariage sont encore réputés appartenir au mari mort.

A Rome, le mari acquérait la puissance sur sa femme par la *coemptio*, c'est-à-dire l'achat, et par l'*usus* ou possession d'une année. En Germanie, l'achat de la femme subsista longtemps dans sa crudité primitive, ainsi que le montre la loi saxonne. Mais avec le progrès des mœurs, le consentement de l'épouse devint nécessaire ; la loi des Visigoths l'exigea et les arrhes, espèce de prix des fiançailles, remplacèrent l'achat pur et simple dont ils rappelaient cependant l'existence. Chez les Francs, on payait dans l'origine aux parents de la mariée un prix que ceux-ci partageaient entre eux et même avec la fiancée ; mais ce prix finit par être exclusivement attribué à l'épouse et constitua un véritable douaire ; ce qui se passa aussi chez d'autres peuples de même race. La dot que payait l'époux dans le droit germain, à l'époque où le christianisme commença à pénétrer chez les Barbares, était un reste de l'usage qu'ils avaient d'acheter leur femme aux parents de celle-ci qui en avaient la garde (*mundium*). Chez les Francs, ce prix payé aux parents finit par se réduire à n'être plus qu'un acte symbolique et le mari constituait la dot au profit de son épousée. La femme n'apportait que des armes et de la vaisselle à son mari, qui, le matin du lendemain du jour de l'hymen, lui faisait un présent (*Morgengabe*), sorte de récompense de la virginité qu'il lui avait reconnue.

Ainsi le progrès des mœurs améliora graduellement la condition de l'épouse, et combiné avec celui des idées religieuses, il transforma l'hymen de simple achat qu'il était en une cérémonie auguste à laquelle présidaient les dieux. Les Grecs et les Latins avaient leurs divinités du mariage (*Zeus gamélios, Héra gamélia, Junon pronuba, Dii nuptiales*). Dans l'Inde, les rites matrimoniaux furent surtout imposés aux prêtres, de même qu'à Rome, ceux qui étaient appelés à certaines fonctions sacerdotales devaient être issus de parents qui s'étaient unis par *confarréation* ou mariage religieux. Les brahmanes, d'après les lois de Manou, ne peuvent s'unir que par le mariage dit des *Dévas* et dans lequel le père accorde sa fille au prêtre qui a commencé le sacrifice, tandis que dans le mariage dit des *Richis*, la trace de l'achat de la femme subsiste encore à côté du caractère religieux, car le futur doit offrir un présent qui est censé destiné à acquitter les frais de la cérémonie. L'institution de la dot qu'on voit apparaître chez les Grecs, dès le temps d'Homère, et qui s'introduisit de bonne heure chez les Latins, assura à l'épouse une certaine indépendance; le mari ne devenait pas propriétaire de la dot, et dans certains cas la femme, son père et ses parents, avaient le droit de répétition, à la dissolution du mariage. Mais malgré ce progrès, l'idée de la propriété absolue des parents sur les enfants subsista longtemps, aussi bien que celle de la propriété de l'époux à l'égard de sa femme, conséquence de l'usage de l'achat. A Rome, la fille passait de la *manus* de ses parents dans celle de son mari, qui n'acquérait toutefois cette puissance que si le mariage avait eu lieu d'après les formes légales. C'était là une tradition de la société primitive et qui se retrouve en d'autres lieux. Ainsi chez les Nègres de la Côte d'Or, quand le mari n'a pas acheté sa femme, les enfants qu'il a eus d'elle demeurent sous la puissance du père de celle-ci.

L'homme étant le protecteur naturel de la famille, dans le principe, les conditions exigées de son côté, quand il se mariait, avaient pour but d'établir qu'il était en état de nourrir et de défendre les siens. Chez quelques tribus de l'Amazone, les Uacarras notamment, le futur devait tirer au blanc avec un arc, afin de prouver qu'il avait l'adresse suffisante pour pourvoir par la chasse et la pêche à la nourriture de sa famille. La coutume des Nadowessi voulait que le prétendu servît un an comme valet chez son futur beau-père, ainsi que le fit Jacob chez Laban, et une coutume analogue a été constatée dans l'Afrique orientale chez les Banyai. Mais c'est déjà là un progrès moral, car chez les peuples sauvages qui mettent leur honneur à se procurer par la force et non par le travail le moyen de vivre, l'homme abandonne généralement à sa compagne la culture du sol et les plus pénibles labeurs, et se consacre exclusivement à la guerre, à la chasse et à la pêche, comme on l'a observé en particulier chez les Zoulous. S'il coupe du bois pour la construction de la hutte, c'est que cette action exige la force musculaire et que se servir d'une hache est le propre du guerrier; mais il se croirait déshonoré s'il maniait la pioche. Ensemencer, sarcler, récolter, préparer les aliments, apporter de l'eau et du bois, entretenir la hutte, tout cela est le lot de la femme. Cet abandon presque absolu des travaux au sexe le plus faible ne s'observe, du reste, que chez les populations les plus abruties.

L'égoïsme de l'homme devient tel dans certaines tribus sauvages, qu'il ne respecte même pas les douleurs de l'enfantement. A peine délivrée de son faix, l'accouchée est obligée de reprendre ses pénibles travaux qu'elle n'avait interrompus que juste le temps nécessaire pour mettre son enfant au jour. L'homme pousse même parfois plus loin la brutalité; enviant à sa compagne les soins auxquels elle a un droit bien légitime, lors de son accouchement, on a vu quelquefois l'époux se mettre au lit à sa place et la forcer de le servir pour adoucir des douleurs imaginaires. Il est remarquable de trouver cet usage de la couvade, comme on l'appelait dans les Pyrénées où il se continua jusqu'au moyen âge, répandu chez des populations fort éloignées les unes des autres et n'ayant certainement aucun lien de parenté. Strabon parle de cette bizarre coutume comme existant chez les Ibères ; Diodore de Sicile la rapporte des indigènes de la Corse, île qui avait reçu, il est vrai, des émigrations de l'Ibérie. Elle a persisté presque jusqu'à nos jours en Biscaye. Marco Polo la rencontra chez les Tartares et on l'a signalée chez les Miao-tseu de la Chine. Comme les anciens nous disent qu'elle existait chez les Tibarènes, voisins du Pont, on pourrait supposer que ce fut là son berceau primitif ; mais ce n'est point seulement en Europe et en Asie, notamment chez les populations d'origine dravidienne de la côte de Malabar et de celle de Coromandel, où elle a été signalée, qu'on l'observe, on la retrouve chez diverses tribus de l'Afrique, de l'Amérique et de la Polynésie, chez les anciens Indiens de la Californie, les Abipones, les Arouâk de Surinam, les Dayaks de Bornéo, à l'île Bourou, près Célèbes, etc. Pour expliquer ce phénomène, M. Ed. B. Tylor, dans ses savantes recherches sur l'histoire primitive de l'humanité, où il a réuni tout ce que l'on sait de la couvade, émet l'opinion suivante : Cette coutume doit être regardée comme ayant été générale dans l'humanité, mais, par une espèce de dénudation, le temps l'a balayée sur de vastes espaces, en sorte qu'elle ne subsiste plus que par places et semble ne plus constituer qu'un usage isolé. S'il en est ainsi, on aurait dans la couvade un vestige d'une des plus anciennes coutumes de l'humanité, et sa persistance dans l'Espagne septentrionale, en Navarre, en Biscaye, serait une preuve de la haute antiquité des Ibères, voire même un indice de leur origine caucasienne, de la parenté qui les unirait aux anciens Ibériens.

La singulière dispersion qu'offre la coutume de la couvade est également à noter pour le mode de succession par la parenté féminine; on l'a retrouvée chez des populations fort diverses. Un tel système d'héritage semble en contradiction avec l'état de dépendance et souvent même d'avilissement où se trouve la femme chez tant de tribus sauvages. Mais il est à noter que malgré la dégradation où est tombée la femme chez la majorité des populations barbares, elle a été, chez plusieurs, entourée de respect, de vénération, et même revêtue d'autorité. La femme jouissait d'une grande considération chez les Gaulois et les Germains. Quelques tribus de l'Amérique du Nord avaient des femmes chefs et on a trouvé des reines même chez les populations nègres. A Djami, en Sénégambie, les femmes tenaient des assemblées et votaient des lois. Dans le Bénomotapa, suivant J. de Barros, tout homme, fût-ce même le fils du roi, qui rencontrait une femme, devait se déranger pour lui faire place, et la considération du sexe chez certains peuples a été poussée si loin, qu'à l'inverse de ce qui s'est passé pour la polygamie, conséquence de l'avilissement de la femme, elle a engendré la polyandrie, les femmes étant devenues libres de choisir pour époux tous ceux qui leur plaisaient; c'est ce qui se passait parfois chez les Eskimaux, et l'on rapporte que chez les anciens habitants de l'île Lancerote, issus des Guanches, nombre de femmes avaient chacune trois époux qui se succédaient de mois en mois. L'époux qui entrait en charge pour un mois devait avoir servi sa femme le mois précédent. On pourrait chercher dans cette gynocratie un reste d'un ancien état social, dans lequel la femme était regardée comme un être supérieur à l'homme, tout au moins comme le véritable fondement de la famille. Diodore de Sicile rapporte que chez les Égyptiens la femme pouvait par contrat de mariage se réserver l'autorité sur son mari, fût-il même roi. On trouve en effet en Égypte les reines fort honorées. Cependant, d'après l'enseignement des prêtres égyptiens, le père était seul l'auteur de l'enfant, et la mère ne faisait que lui donner la nourriture et la demeure. La succession par le côté féminin, en désaccord avec cette doctrine, nous reporte à des idées toutes différentes et probablement beaucoup plus primitives qu'on retrouve chez nombre d'anciennes populations de l'Afrique. Chez les Touâreg, à la différence de ce qui se passe chez les Arabes, l'enfant suit la condition de la mère, et la femme est si considérée qu'elle a des droits égaux à l'homme, reçoit la même instruction, gère son bien personnel ; elle mange avec son époux et ne souffre pas chez lui l'usage de la polygamie. L'héritage passe de l'oncle maternel au neveu chez diverses populations de l'Afrique australe (Amakouas, Va-Ngindo, Kimboundas, etc.). Ce mode de succession existait chez bon nombre de tribus dravidiennes ; on en reconnaît des traces au Malabar, où, après le mariage, la femme ne cessait pas d'appartenir à sa propre famille. Aux îles Maldives, non-seulement la femme transmettait à ses enfants sa condition sociale, mais elle exerçait dans la famille l'autorité. Quelque chose d'analogue se retrouve chez les Kotches, et chez les Malais. On voit l'enfant suivre la condition de sa mère et avoir pour héritiers directs les enfants de sa sœur, chez diverses nations de l'Afrique, les Wolofs, les Torodes, les Mandingues, chez les Nègres du Grand Bassam, et chez plusieurs tribus de la Nubie, dans le Bedjah notamment. Enfin, ce même mode de succession a été signalé chez les anciens insulaires de Saint-Domingue, les Indiens de la Guyane anglaise, les Natchez et d'autres populations du Nouveau monde. Hérodote nous apprend que chez les Lyciens, l'enfant prenait le nom de sa mère et que les généalogies s'établissaient par le côté maternel. Les inscriptions tendent à faire supposer que quelque chose d'analogue existait chez les Étrusques. En certains pays, il ne subsistait plus que des vestiges de pareil mode de succession. Ainsi chez plusieurs tribus de l'Amérique, tandis que le fils héritait des armes paternelles, tout le reste de ce qui avait appartenu au mort passait aux enfants de sa sœur.

Un instinct naturel fondé certainement sur des lois physiologiques que la morale a consacrées écarta presque partout les unions incestueuses. Sauf de rares exceptions, on ne voit pas chez les peuples sauvages de mariages se contracter entre la mère et le fils, le père et la fille. Les unions entre frère et sœur, quoique ayant été l'objet d'une répulsion moins générale, sont cependant rares; elles paraissent avoir été permises en Perse et en Égypte. A Athènes, l'hymen était autorisé entre frère et sœur de mères différentes; à Sparte, entre frère et sœur de pères différents. On a rapporté que les mariages entre frère et sœur existaient chez les Guanches. A Guam, l'une des Mariannes, ils sont également assez fréquents. Mais la loi la plus répandue prohibe de telles unions, et les prohibitions s'étendent, chez un grand nombre de peuples, à des parentés beaucoup plus éloignées, même à des mariages entre homme et femme du même clan, de la même tribu, tant il y a aversion pour union entre individus du même sang. Dans l'Hindoustan, le brahmane ne pouvait pas même épouser la femme qui portait le même nom de clan (*gotra*) que lui, parce qu'il y avait là présomption de parenté; et l'on retrouve interdiction de mariage entre individus de même nom de famille jusque chez les Ostiaks. Chez les Aqouapim, le même motif fait prohiber les mariages entre familles ayant des fétiches homonymes. Chez les Rajpoutes, tout mariage, même entre parents éloignés, était absolument interdit. Les Tcherkesses n'admettaient pas que des individus appartenant au même clan, à la même association, pussent s'unir entre eux. A Siam, comme chez les chrétiens du moyen âge, l'interdiction du mariage s'étend jusqu'aux cousins au septième degré, et l'on peut citer une foule d'autres populations de l'Asie et de l'Amérique où la prohibition du mariage s'étend aux parentés les plus éloignées. Toutefois, à la différence des idées qui prévalent dans le mode de succession par le côté féminin, ce sont surtout les prohibitions de mariage du côté paternel qui s'observent, comme cela avait lieu chez les Indiens du Yucatan, comme c'est le cas chez les Ostiaks, où il est interdit d'épouser une femme qui vous est parente du côté paternel, mais où l'on peut épouser sa belle-mère, sa belle-fille et sa belle-sœur. Le contraire s'observe toutefois chez les Arouäk de la Guyane anglaise où la dévolution de l'héritage s'opère par le côté maternel. Un sentiment tout autre tenant à l'hostilité qui ne tarde pas à s'établir entre tribus voisines, de langue et de religion différentes, conduisit les populations à ne plus autoriser les hymens qu'entre individus de la même tribu, comme cela existe chez les Mandchous, les Ho et les Kotchs, chez les Kalangs, où le jeune homme n'a pas le droit d'épouser une fille s'il ne prouve pas qu'elle descend de la même tribu que lui. On a signalé des usages identiques chez des populations nègres de la Guinée. Ces prescriptions naquirent de la crainte qu'avait la tribu de perdre la pureté de son sang en se mêlant à d'autres, préoccupation qui a généralement fait interdire les mariages entre individus de castes différentes ; et elle a souvent conduit aux unions incestueuses, comme chez les Obongos de l'Afrique, qui tiennent les mariages entre frère et sœur pour un moyen de resserrer le lien de famille.

Il a déjà été question plus haut, à propos du culte des morts, de l'immolation de la femme sur la tombe de son époux. Cette coutume féroce se rattachait aussi à l'idée que l'épouse était la propriété du mari ; elle devait, à ce titre, faire partie des objets qu'on enterrerait avec lui, ses esclaves, son cheval, ses armes, ses bijoux, tout ce qui lui avait été le plus cher.

L'autorité paternelle.

L'autorité que l'homme eut sur sa femme s'étendit également sur ses enfants. Sans doute, les populations sauvages nous fournissent le spectacle d'un vif attachement de la mère et du père pour leur progéniture, mais parfois aussi, comme cela a été observé chez les tribus de la Polynésie, cet attachement n'est guère que celui qu'ont les animaux pour leurs petits ; il ne dure que tant que les enfants ont besoin de leurs parents ; dès qu'ils peuvent se suffire à eux-mêmes, les enfants sont abandonnés. Par exemple chez les insulaires des Andaman, l'homme et la femme ne cohabitent ensemble que tant que dure la lactation de l'enfant. Ils se quittent après le sevrage. Si chez quelques peuples sauvages l'autorité paternelle se perpétue, c'est plus dans l'intérêt du père que dans celui de l'enfant. Le père ayant donné la vie, il paraissait naturel, dans le principe, d'admettre qu'il eût le droit de l'ôter ; le droit de vie et de mort était attribué en conséquence au père sur les siens. Il en était ainsi originairement à Athènes et à Rome. L'exposition des nouveaux-nés a existé chez un grand nombre de peuples barbares, tels que les Germains, les anciens Doriens ; cet usage se continue encore chez les Chinois, les Rajpoutes, les Todas, les Peaux-Rouges des bords du Mackenzie. Jadis les Arabes pratiquaient le *wadi-el-tenat*, c'est-à-dire l'enterrement de leurs filles vivantes, afin de se débarrasser du soin de les élever. Les Gaulois avaient, au dire de César, droit de vie et de mort sur leurs femmes et leurs enfants. Mais, tandis que chez la majorité des peuples cette autorité cessait, dès que les enfants mâles n'avaient plus besoin de protection et pouvaient se défendre eux-mêmes, ce que nous montre notamment la législation germaine, à Rome et chez d'autres populations plus civilisées, elle se conserva bien au delà de ce terme. D'après la loi des Douze Tables, le père de famille exerçait une puissance absolue sur sa femme, sur ses enfants, même mariés et pères ; et, à l'origine, un mari pouvait, sans encourir le blâme, tuer sa femme, ainsi que le fit Egnatius Métellus, simplement parce qu'elle s'était enivrée. Ce ne fut que plus tard que l'omnipotence du père de famille trouva des bornes dans la famille même, dans ses frères et ses alliés.

Du reste, à l'égard de l'autorité paternelle, comme sous le rapport de la condition de la femme, les choses varient beaucoup suivant les races et les climats. Les hommes, placés dans des conditions identiques, sont loin de présenter les mêmes caractères moraux. Bien que la barbarie régnât dans toute la Polynésie, les liens de famille y étaient fort resserrés. Les parents témoignaient une affection tendre à leurs enfants, et leurs épouses gardaient fidèlement le lien conjugal ; mais, à côté de cette chasteté dans le mariage, une grande licence régnait entre les célibataires ; elle avait donné naissance, dans certains archipels, à des associations de débauches et à des pratiques infâmes. La même chose paraît avoir jadis existé dans la Grèce, où le lien conjugal était généralement respecté, quoique moins qu'à Rome : là aussi, une grande licence régnait entre les personnes non mariées ; on la retrouve dans presque toutes les contrées où l'ardeur du climat allume les passions.

L'attachement des enfants pour leurs parents devenus vieux ne paraît pas aussi général chez les populations sauvages, conséquemment, aussi instinctif chez l'homme, que celui des parents pour les enfants encore jeunes. On voit un grand nombre de peuplades de l'Amérique, de l'Afrique et de l'Océanie, telles que les Damaras, les Namaquas et les Tchouktchis, ne point hésiter, lorsqu'elles sont contraintes de quitter leur territoire, à abandonner leurs parents vieux ou malades. Hérodote et Diodore de Sicile rapportent des faits analogues. Chez les Troglodytes-Mégabariens, le vieillard que son âge mettait dans l'impossibilité de suivre les troupeaux devait se donner la mort en s'étranglant ; s'il ne l'osait, les siens lui rendaient ce triste service. Les Padéens, dans l'Inde, tuaient les vieillards devenus par la maladie impropres au travail. Les Caspiens, au dire de Strabon, mettaient à mort les vieillards âgés de soixante-dix ans, et, chez les Massagètes, les fils tuaient leur père devenu vieux ; quelques-uns assurent même qu'ils les mangeaient. C'est que chez les peuplades misérables, où la nourriture est toujours précaire, le vieillard impotent est une charge dont on a hâte de se délivrer.

La tribu. La vie sauvage.

La famille est le point de départ de la tribu, car celle-ci n'est composée, dans le principe, que d'individus issus d'un même père, liés par un attachement de parenté ; ils continuent à vivre les uns à côté des autres en vue de se protéger réciproquement et afin de pourvoir en commun à leurs besoins généraux. Cette organisation se retrouve encore chez certaines populations; on l'a en particulier signalée chez les Khonds ou Kandhs, une des tribus indigènes de l'Hindoustan établie dans l'Orissa. Dans chaque famille, le père exerce l'autorité absolue; les fils, sa vie durant, ne peuvent rien posséder en propre; ils habitent tous sous le même toit avec leurs épouses et leurs enfants; mais à la mort du père, ils se séparent et deviennent à leur tour autant de chefs de famille indépendants. Un certain nombre de ces familles se réunissent pour former un village que gouverne l'assemblée de ces chefs. Tout lien n'est pas cependant rompu entre les familles sorties d'une même souche; elles constituent une agglomération spéciale, une sorte de *gens*, comme disaient les Romains, qui a à sa tête un chef; et ces *gentes* ou branches issues d'un même tronc s'unissent en une tribu, régie par une assemblée composée de leurs chefs respectifs. La tribu a à sa tête un chef suprême ou patriarche qui représente l'ancêtre commun dont ces différentes familles sont supposées descendre, et qui exerce les fonctions sacerdotales, administratives et judiciaires, au nom de la tribu tout entière. Une organisation analogue s'observe chez plusieurs populations slaves; elle nous est offerte par la *zadrouga* serbe, formée des ascendants, de leurs enfants et de leurs petits-enfants, tous placés sous la direction du plus capable, appelé *staréchina*.

Quand la tribu devient trop nombreuse pour trouver dans une même localité des moyens de subsistance, ou pour que la bonne harmonie continue à régner entre ses membres, elle se divise, et les fractions de tribus finissent souvent par devenir complétement étrangères les unes aux autres. Tel est l'état primitif des sociétés. Plus les populations sont barbares, plus le fractionnement y est multiplié; moins les peuplades sont nombreuses, plus elles sont clair-semées. Dans l'Assam, la presqu'île de Malaya, l'Australie, au centre de l'Afrique et dans l'Amérique du Nord, les indigènes étaient ou sont encore distribués en une foule de tribus, qui vivent séparées, et dont le lien de parenté ne se reconnaît plus qu'aux caractères physiques ou au langage. Chez les Turcomans nomades, la plupart des *aoûls* ou campements ont une existence indépendante; ils se composent d'une même famille dont le père est le chef; aucun lien politique ne rattache ces aoûls entre eux. Les grandes nations ont été le résultat d'une civilisation avancée, car tant que les besoins sont peu développés, les hommes ne sentent pas la nécessité de s'agréger par grandes masses.

Les hommes ayant d'abord vécu de chasse et de pêche, une tribu ne pouvait en tolérer près d'elle une autre qui lui eût fait concurrence et lui eût disputé ses moyens d'existence. Ce qui arrive pour les oiseaux rapaces, pour beaucoup d'espèces du genre *Felis*, qui ne souffrent guère dans une contrée d'animaux de la même espèce qu'eux, s'est aussi passé pour les hordes chasseresses. Chaque tribu dut avoir son domaine de chasse réservé, comme cela existait chez les Veddahs de Ceylan. Dès lors, les tribus ne pouvaient guère vivre dans un voisinage immédiat : si elles le faisaient, c'était une occasion de guerre, ainsi qu'on l'a vu par certaines peuplades de l'Amérique du Nord. Les luttes perpétuelles qui résultaient du voisinage forçaient les tribus à se lier entre elles par des confédérations, entre lesquelles ne s'établissait qu'un antagonisme plus prononcé.

Un état de choses analogue subsista, quand l'homme eut soumis à son pouvoir certains animaux domestiques. L'élève des bestiaux prit probablement naissance en Asie, où elle remonte à la plus haute antiquité, puisque la Genèse en attribue la connaissance à Abel, fils d'Adam. Le chien, sans doute, subit le premier l'influence de l'homme; il était déjà son compagnon, quand celui-ci eut l'idée de nourrir et de tenir sous sa garde les bœufs, les moutons, les chèvres. Chasseur par instinct, le chien, comme le remarque M. J. Lubbock, dut chasser avec l'homme avant d'être soumis par lui. Chez les peuples aryens, il fut employé à la chasse, en même temps qu'à la surveillance des bestiaux, et l'instinct de garde du chien de berger est probablement le résultat d'un dressage très-ancien de cette espèce, devenu transmissible par hérédité [1]. Certains peuples l'employèrent à la pêche aussi bien qu'à la chasse, comme le faisaient les Chonos de la Patagonie. En Europe, l'usage des animaux domestiques se répandit avec une grande rapidité. Les tribus indo-européennes en émigrant à l'ouest poussèrent devant elles leurs troupeaux, et des animaux originaires d'Asie se naturalisèrent ainsi en Europe, comme ils se sont ensuite naturalisés en Amérique et en Australie. Le bœuf, le mouton, la chèvre, le cheval, arrivèrent avec les tribus qui les avaient domestiqués. L'âne qui était inconnu à la Celtique, au temps d'Aristote, ne fut introduit que plus tard dans l'Europe occidentale et septentrionale. Quand l'homme était encore à l'état qu'indiquent les débris de son industrie trouvés dans les terrains quaternaires, il ne connaissait point les espèces domestiques, sauf peut-être le renne que les populations des cavernes du midi de la France peuvent avoir domestiqué [2]. Les noms de tous les bestiaux dans les idiomes appartenant à la famille indo-européenne ayant leur étymologie dans le sanscrit, il y a lieu d'admettre que les populations qui parlaient ces idiomes avaient introduit les animaux domestiques en Europe. Il est d'ailleurs à noter que le basque a emprunté aux langues indo-européennes ou sémitiques les mots qui lui servent à dénommer les divers animaux domestiques ; ce qui tend à faire supposer que les Ibères ne connaissaient pas originairement les bestiaux. L'âne, le cheval et le chameau ont été d'abord employés comme bêtes de somme ou de monture par les peuples de l'Asie occidentale. Certaines tribus nègres de l'Afrique, par exemple les Bongos et leurs voisins, les Mittous, qui habitent, entre le 5° et le 7° lat. N., un pays qu'arrose le Roah, n'ont, en fait d'animaux domestiques, que des chèvres et des chiens. Il en est d'autres, comme les Akkas, qui n'élèvent que des poules.

---

1. Les Hottentots ont de même dressé les bœufs à garder les troupeaux.

2. Le renne disparaît toujours de la contrée où les animaux domestiques sont introduits.

Une fois pourvue de bestiaux, la tribu dut veiller à ne pas laisser envahir ses pâturages par des tribus rivales ; obligée de changer, de temps à autre, de résidence, parce que le pâturage s'épuisait, elle devait d'autant moins permettre le voisinage des pasteurs étrangers. De là, ces querelles perpétuelles et ces luttes sanglantes entre les tribus nomades, dont la Genèse nous retrace l'antique tableau [1]. L'étendue que parcourt l'animal poursuivi par le chasseur étant plus considérable que celle que les troupeaux occupent dans leurs migrations périodiques, les tribus pastorales vécurent ordinairement moins éloignées les unes des autres que les hordes chasseresses. D'ailleurs la possession des bestiaux a beaucoup contribué à développer la civilisation, qui rapproche les hommes, en faisant naître une multitude de besoins et d'industries ; on en peut juger par l'énorme distance qui sépare aujourd'hui les tribus nègres de l'Afrique centrale, ayant des troupeaux, de celles que la présence de la mouche *tsetsé* dans le canton qu'elles habitent met dans l'impossibilité d'en élever.

En Asie, les commencements de l'agriculture se perdaient, comme ceux de la vie nomade, dans la nuit des temps. La Genèse, qui n'a conservé nulle mémoire des efforts que fit à l'origine l'homme pour retirer des produits du sol, nous représente déjà Caïn comme cultivateur ; mais elle trahit le souvenir pénible qui était demeuré attaché à ces premiers travaux, en faisant des occupations agricoles l'effet de la malédiction divine. Quand l'agriculture commence à se développer chez une population, les hommes s'agglomèrent par groupes plus denses. Ils ne se fixent pourtant pas d'abord au sol d'une manière permanente, et ne connaissent dans le principe que la possession annuelle. Une fois leur récolte faite, ils se transportent en un autre lieu ; car ils gardent encore leurs habitudes nomades et ils épuisent promptement le terroir qu'ils ne savent ni

---

1. Encore aujourd'hui, chez les Bicharieh, comme chez les premiers Israélites, la possession des puits est la principale cause de guerre entre les tribus.

améliorer, ni amender, ni ameublir. Ils défrichent le district d'une forêt ou d'une savane, que le feu a ouvert, et où la cendre des arbres constitue un engrais naturel. Ainsi chez les Khonds de l'Orissa, la terre appartient au premier qui l'occupe et la cultive ; il ne paie de rente à personne. Le sol s'appauvrit-il, la tribu abandonne ses villages et va s'installer ailleurs; ce qu'elle fait d'ordinaire tous les quinze ans. Les anciens Germains changeaient ainsi souvent de résidence. C'est seulement peu à peu que les peuples agriculteurs ont pris des habitudes sédentaires. De là, des besoins nouveaux qui ne tardent pas à amener des échanges continuels de services. Tous les territoires ne sont pas également fertiles ; les hommes affluent naturellement dans les lieux dont la fertilité leur assure une nourriture abondante. Voilà pourquoi c'est surtout aux bords des grands fleuves, tels que l'Euphrate, le Nil, l'Indus, le Gange, le Hoang-ho, dont les débordements périodiques versent sur les champs un limon fertilisant, que s'agrégèrent les plus anciennes populations agricoles. Enfin le commerce, né de la nécessité d'échanger des produits surabondants contre des denrées que l'on ne possède pas en suffisance ou qui font défaut, acheva d'abaisser les barrières qui séparaient encore les populations, en les mettant dans un rapport constant les unes avec les autres.

Malgré les progrès de la civilisation, l'humanité conserva longtemps des traces de son éparpillement primitif; les tribus ne tardèrent pas à avoir, chacune, sa langue, sa religion, ses usages, son costume, ses armes et son genre de vie propre. Postérieurement à l'âge des tribus séparées et ennemies, avant l'époque où apparaissent ces vastes agrégations qu'on appelle des nations, se place la période des confédérations, des ligues. Les tribus vivent encore séparées; mais le sentiment de la conservation les rapproche; elles s'engagent mutuellement par des conventions, destinées à assurer leurs besoins réciproques. Sont-elles pastorales, elles ont à côté des pâturages qui appartiennent par indivis aux familles dont elles se composent, d'autres pâturages qui leur sont communs avec les tribus auxquelles elles s'allient; elles s'arment pour la défense commune; elles se réunissent pour implorer collectivement des divinités qu'elles supposent devoir être plus accessibles à des hommages et des sacrifices offerts par un plus grand nombre. Les populations de race indo-européenne, quand elles pénétrèrent en Europe, n'avaient pas dépassé ce premier étage de la sociabilité humaine. Les Germains, les Celtes, les populations italiotes, étaient divisés en tribus distinctes, mais unies par un lien fédéral, aussi longtemps que des querelles intestines ne remplaçaient pas cette alliance par une rivalité funeste. Des ligues furent souvent conclues entre peuplades de même race, déjà rapprochées par la communauté de langue et de croyances religieuses. Cette communauté conduisit les agglomérations congénères à prendre un nom collectif qui devint plus tard celui de la nation née de la fusion de ces différents peuples, nom qui subsista même souvent après que des fractionnements se furent opérés dans le sein de la nation formée de la sorte. C'est ainsi que quelques peuples grecs et les Goths, les Saxons, etc., tout en se partageant en plusieurs États, gardèrent leur nom primitif; ils y ajoutèrent seulement une désignation spéciale, tirée de la situation de leur territoire respectif (Locriens hespériens, Locriens épizéphyriens, Ostrogoths, Visigoths, Essex, Wessex, Sussex, Estanglie, Ost-Friesland, Westphales, Ostphales, etc.). La Grèce, durant tout le cours de son existence jusqu'au moment où elle tomba sous le joug des Romains, offre des traces de confédération qui apparaissent, dès le début de son histoire, chez les Ioniens, les Doriens, et qui existaient aussi chez les populations italiques. Les clans de l'Écosse, dont le prototype se rencontre en Perse, continuèrent jusque dans les temps modernes à refléter l'image de l'organisation sociale primitive. C'est de cette confédération de familles ou de tribus qu'est sortie l'organisation féodale que l'on retrouve, à une certaine phase de leur développement, chez un grand nombre de peuples, dans toute l'Europe centrale et occidentale du moyen âge, au Japon, en Perse, chez les Turcs, et même, sous une forme plus élémentaire, chez quelques populations nègres.

La persistance de la société primordiale tient encore à d'autres causes. Dans les contrées où les difficultés de communications étaient grandes, le rapprochement entre les tribus devait se faire moins aisément; la fusion entre populations diverses s'opère, au contraire, d'elle-même, dans les pays ouverts, où chacun peut sans peine se transporter d'une localité à une autre. Voilà pourquoi c'est surtout chez les montagnards que subsistèrent les petites nationalités distinctes, liées seulement par une confédération plus ou moins durable. Dans les pays alpestres, l'attachement au sol est extrême; les descendants d'un même père ne quittent guère le lieu de leur naissance et le lien de parenté conserve toute sa force primitive. Ainsi, tandis que dans la Grèce et l'Italie antiques, la famille fut circonscrite à certains degrés, chez les Celtes, elle se prolongea indéfiniment; les liens originaires de parenté n'y étaient jamais oubliés. De là, les *clientes* et les *ambacti* existant dans la Gaule, au temps de César; de là, les clans d'Écosse. Ces familles, qui deviennent alors des tribus, se reconnaissent par des noms particuliers, généralement empruntés à celui de leur chef, par des signes, des couleurs spéciales dont elles décorent leurs vêtements ou leur figure. Chez les populations moins avancées, ce signe distinctif commun est un fétiche, comme les premiers dieux pénates des *gentes* grecques et italiotes. Les membres d'une même tribu se reconnaissent à cet objet de leur mutuelle adoration. Chez d'autres, qui ignorent les noms de famille, la parenté est simplement indiquée par certains objets, tels que le *totem* des Indiens de l'Amérique du Nord, sorte de symbole du nom de l'ancêtre commun. Ce totem est un animal, un ours, un loup, un oiseau, une tortue, etc., et en l'énonçant, l'Indien reconnaît son frère. La généralité de l'usage des totems n'est point un des indices les moins frappants de la parenté originelle des tribus nord-américaines.

L'existence par tribus séparées, tantôt alliées, tantôt

rivales, si elle fait souvent de l'étranger un ennemi, *hostis*, avec la fille duquel on repousse tout hymen, dont on ne veut même pas toucher les aliments, resserre par contre, de la manière la plus étroite, le lien de fraternité entre membres d'une même tribu. On a vu quelquefois, chez les Indiens de l'Amérique du Nord, le père donner sa vie pour le fils prisonnier, un vieillard se livrer à la place d'un jeune homme sur lequel allaient s'exercer les cruelles représailles de la guerre. Ce dévouement à la tribu, presque toujours inséparable de la haine de l'étranger, est l'origine du patriotisme. C'est un égoïsme de famille, fondé à la fois sur la puissance du lien de sociabilité et sur l'aversion qu'inspire à l'esprit étroit de l'homme sans lumières tout ce qui est contraire à ses usages, tout ce qui ne ressemble pas à ses idées, qui s'éloigne de ses habitudes. Chez les tribus qui commencent à sortir de la barbarie primitive, comme les Arabes, par exemple, l'étranger qui se présente sans armes et sans défiance est accueilli avec faveur. Se place-t-il sous la protection de quelqu'un, a-t-il partagé sa table et son toit, la loi du *dakheil* le rend alors sacré pour son hôte, et celui-ci apporte à le défendre autant d'ardeur qu'il eût pu en mettre à le combattre, s'il l'avait rencontré sur le territoire ennemi. L'hospitalité est, en effet, la vertu des peuples enfants, de ceux qui commencent à sentir le besoin d'entrer en relations avec d'autres peuples; elle est aussi le résultat d'une sorte de pitié, de commisération qu'inspire l'homme sans appui et éloigné de sa patrie. L'exercice de l'hospitalité n'exclut pas la haine implacable pour l'ennemi, ainsi que les anciens en avaient fait l'observation à propos des Celtibériens. Les Khonds se considèrent comme en guerre avec toutes les tribus auxquelles ne les unit pas une convention spéciale de paix, et cependant l'hospitalité se pratique chez eux de la manière la plus touchante. L'hôte leur devient plus cher qu'un enfant, et quand un étranger arrive dans un de leurs villages, chaque chef de famille le sollicite de partager son toit; il y reste aussi longtemps qu'il lui plaît, sans qu'on songe jamais à le renvoyer. La haute impartialité philosophique qui nous élève au-dessus des rivalités de nations, des antipathies de races, de l'esprit de parti, de secte et de province, est absolument étrangère à l'homme primitif; celui-ci est tout absorbé dans ses intérêts et voit tout à travers leur cadre étroit. C'est le contact réitéré des nations qui fait disparaître de tels préjugés; il substitue aux haines nationales, aux antagonismes de races, ces sentiments généreux qui s'étendent à toute l'humanité et font voir des hommes créés pour s'entr'aider, là où, dans le principe, on ne voyait que des ennemis qu'on mettait sa plus grande gloire à détruire.

Il est d'ailleurs une autre considération qui explique comment les sentiments d'aversion pour l'étranger diminuent de vivacité, à mesure que la civilisation progresse. Tant que la tribu vit isolée, elle trouve chez les tribus voisines une antipathie égale à celle qu'elle éprouve à leur égard et a tout à en redouter, mais plus la civilisation fait cesser cet isolement, plus les inimitiés s'émoussent par la fréquence des relations entre individus de tribus ou de nations différentes. L'étranger est traité en ennemi, parce qu'il est effectivement presque toujours un ennemi, et la guerre devient ainsi un état habituel, la tribu, c'est-à-dire la société, étant constamment menacée. Loin de diminuer, les haines qui naissent de l'antagonisme des peuplades s'augmentent avec le temps; elles prennent un caractère héréditaire et font partie des sentiments que les familles se transmettent traditionnellement. Toutefois ces inimitiés, ces vengeances héréditaires constituèrent souvent, comme cela s'observe chez les Arabes, un progrès sur l'état de guerre perpétuel; car elles se limitèrent aux familles et cessèrent d'engager toute la tribu. Elles amenèrent l'établissement de la peine du talion et du rachat, qui réglaient la réparation de l'offense et mettaient fin aux luttes prolongées entre des familles coupables de violences les unes envers les autres.

L'esclavage. — Les castes.

C'est l'état de guerre constant dans lequel nous trouvons les tribus sauvages, qui donne naissance à l'esclavage. Chez les populations entre lesquelles la guerre était implacable, comme ce fut généralement le cas chez les Indiens de l'Amérique du Nord, le prisonnier était presque toujours mis à mort; rarement la tribu l'adoptait, en lui imposant un maître, et l'esclavage était dès lors un cas exceptionnel. D'ailleurs, pour des peuplades exclusivement chasseresses, l'entretien de l'esclave était plus dispendieux que ses services n'étaient utiles; la surveillance à laquelle il devait être soumis devenait souvent impossible. Mais chez les tribus pastorales, chez les tribus agricoles, où le besoin de bras se fait sentir, où s'imposent des travaux pénibles dont on cherche à se décharger, le prisonnier est un auxiliaire; on ne veut pas s'en dessaisir; et au lieu de le tuer, on le conserve (*servus* de *servare*), pour le soumettre à un état de domesticité forcée. Les occupations les plus fatigantes devenaient son lot, et comme il ne pouvait appartenir à la tribu tout entière, il était abandonné, soit à celui qui l'avait réduit en captivité, soit à un acheteur qui l'échangea bientôt contre d'autres marchandises. Dès la plus haute antiquité, apparaît en Afrique le commerce des esclaves, qui se continue encore aujourd'hui sur une grande échelle, aux deux extrémités du Soudan. Sur les côtes de la Méditerranée, il fut longtemps entretenu par la piraterie; il existait chez les anciens, en Asie Mineure, comme on le pratiquait, il y a moins d'un siècle, dans les Etats barbaresques. En général, plus un peuple est féroce, plus la condition de l'esclave est malheureuse, plus l'homme est assimilé à une chose dont un maître dispose selon son caprice. Dans le principe, à Rome, l'autorité de l'homme libre sur son esclave n'était presque point limitée. Chez les Nègres du Soudan et de la Guinée, la condition de l'esclave est la pire. La femme esclave est souvent condamnée à l'existence de l'animal domestique, à celle du bœuf et de l'âne. Il est de ces infortunées qu'on contraint d'écraser, tout le long du jour, le grain sur le *mourhaga*, le cou fixé à un joug que tient un jeune garçon chargé d'obliger l'esclave au travail; telle était la condition du *servus* romain, condamné à tourner la meule[1]. Les Scythes, qui crevaient les yeux à ceux de leurs esclaves qu'ils employaient à baratter le beurre, n'étaient pas moins inhumains. Le maître put ordonner qu'on empêchât l'esclave de lui survivre, comme cela arrive encore dans l'Aschanti, où les *Ocras*, esclaves du roi, sont immolés, au jour de ses funérailles, comme cela a été aussi constaté chez les Barotsés du haut Zambési, les Balondas des bords du Kasaï et certaines tribus de l'Orégon et de la Californie, les seules de l'Amérique du Nord où l'esclavage eût atteint un notable développement. Mais si la condition des captifs est dure, cruelle même chez les populations barbares de l'Afrique et généralement chez les tribus agricoles, elle a été plus douce chez les peuples pasteurs, tels que les Sémites. Là, l'esclave était simplement le serviteur du maître; il en partageait le genre de vie; des alliances se contractaient souvent entre le maître et la femme esclave; l'esclave mâle, en devenant l'homme de confiance de son maître, était élevé quelquefois à sa condition. L'esclavage fut donc de bonne heure une cause de mélange de races, et, jusqu'à un certain point, de rapprochement des tribus. L'histoire si célèbre de Joseph nous en est une preuve bien ancienne; et dans la Grèce, à Rome, la servitude amena sans cesse des individus de sang étranger que l'affranchissement versa plus tard dans la masse de la population libre.

---

1. Bien des populations du Soudan ne connaissent ni l'emploi de la meule à main ni celui du pilon qui remplaçait dans l'antiquité la meule mise en mouvement par le vent ou l'eau. Comme le faisaient les populations italiques, avant d'avoir des *pistores*, des *molitores*, les Nègres écrasent le grain avec une pierre qui rappelle celle avec laquelle on obtenait chez les Latins la *mola salsa*; ils broyent sur une large pierre appelée *mourhaga* le grain avec une pierre plus petite qu'ils tiennent à la main.

L'existence des esclaves eut pour effet l'établissement dans la tribu de deux classes, autrement dit de deux castes. Mais quand une population conquérante envahissait un pays et en soumettait les habitants, elle ne pouvait réduire, à raison de leur nombre, tous les vaincus en esclavage. L'orgueil du sang les empêchant de se mêler à ceux-ci, les vainqueurs tenaient alors la population indigène dans un état de dépendance et de subordination qui en faisait une caste inférieure. Voilà comment certaines sociétés se trouvèrent divisées en castes, dont les plus élevées comprenaient les conquérants. Ceux-ci formaient la race noble, la classe guerrière, celle des chefs et des prêtres, tandis que les vaincus étaient ravalés d'autant plus bas, que le joug qui leur était imposé était plus dur; ils composaient la caste agricole ou ouvrière, la classe des paysans ou des serfs. Un tel état de choses a été observé chez les nations les plus diverses, par exemple chez les insulaires de Serwatty et de différents archipels de la Polynésie, chez plusieurs peuplades de l'Afrique et certaines nations du Nouveau monde. Mais il s'est surtout produit à la suite du mélange de la race indo-européenne avec d'autres auxquelles elle était supérieure. Les tribus aryennes soumirent les peuplades dravidiennes et les maintinrent, par des lois rigoureuses qu'un préjugé puissant sanctionna plus tard, à l'état de caste inférieure, d'ouvriers (Çoudras), ou au moins de laboureurs (Vâiçyas[1]), tandis

---

1. Les Vâiçyas ne sont pas tous d'origine dravidienne; en divers cantons ils descendent des Aryas. Ceux-ci s'étant peu avancés dans le sud de la presqu'île, on n'y rencontre qu'un très-petit nombre de Kchattriyas et de Vàiçyas. Les Çoudras y prédominent, et des rois ont même jadis appartenu à cette caste, qui se subdivise en un grand nombre de sous-castes, variant suivant les contrées, et répondant assez à ce qu'étaient au moyen âge les corporations de métiers. Au-dessous des Çoudras se trouvent encore les basses castes, entre lesquelles il faut citer les paryas ou parias, caste qui se subdivise elle-même en treize classes; mais elle est loin de représenter exclusivement la catégorie la plus avilie des Hindous. Leur peau, plus noire et plus épaisse que celle des Çoudras, les a fait regarder par plusieurs auteurs comme des restes de la plus pure population dravidienne. Il y a eu au reste parmi eux des

qu'elles se constituaient en une caste supérieure de seigneurs et guerriers, les *Kchattriyas*. Le blanc, qui sentait la supériorité de sa race, évita soigneusement de se mêler avec des hommes d'une autre peau que la sienne ; car la caste reposait avant tout, pour l'Arya, sur la différence des caractères physiques. En sanscrit, le mot *varna*, qui signifie proprement *couleur*, est pris dans l'acception de caste. Encore aujourd'hui dans le sud de l'Inde, on peut juger de la caste de l'Hindou à la teinte de sa peau. Les brahmanes sont en général d'un jaune tirant sur le cuivre, et les autres castes d'un noir luisant, d'autant plus foncé qu'elles répondent à un échelon plus inférieur[1]. Les peuples de souche aryenne apportèrent en Europe un pareil orgueil du sang. En diverses contrées de l'ancienne Grèce, les indigènes formèrent des tribus (*phylé*) distinctes de celles des conquérants. Ainsi, à Égine, les Hyrnètes ou indigènes constituaient une tribu à part et inférieure aux trois tribus doriennes. A Cyzique, les indigènes composaient deux tribus séparées des quatre tribus ioniennes. A Milet, les Hellènes et les Cariens constituaient pareillement des *phylés* séparées. En Crète, les guerriers et les laboureurs représentaient deux castes à part. Les Francs, quoique se distinguant peu, par la race, des Gaulois, composèrent cependant, dans notre pays, une caste supérieure et guerrière qui a été l'origine de la noblesse. Il en fut à peu près de même en Espagne pour les Goths et en Italie pour les Lombards. Plus anciennement, en Gaule, le peuple, issu surtout de la population antérieure aux Celtes, était réduit presque en servitude par les druides et les guerriers (*Equites*), lesquels représentaient sans doute les plus purs descendants des Celtes. En Russie, en Pologne, le servage dut aussi son origine à des conquêtes, surtout à celle des Mongols. D'autres conquêtes consacrèrent, chez

---

écrivains tamouls distingués, et ils ne sont pas à beaucoup près tous réduits à l'abjection.

1. Dans les traditions mythologiques de l'Inde, la coloration des Brahmanes est comparée à l'argent, celle des Kchattriyas au cuivre, celle des Vâiçyas à l'or, celle des Çoudras au fer.

les Scandinaves, la division en esclaves, en paysans et en nobles, à laquelle on chercha ensuite, comme on l'avait fait chez les Hindous, à donner une origine primordiale et divine. Cet orgueil du sang, qui s'oppose à tout mélange entre races diverses, demeure un des caractères de la race anglo-saxonne, où s'est conservé avec le moins d'altération l'ancien génie germanique. Population énergique et hautaine, les Anglais, descendants des Anglo-Saxons, partout où ils se trouvent en présence d'une race différente de la leur, s'en tiennent soigneusement séparés, alors même qu'ils la dominent. Établis en Amérique, ils montrent pour les races indigènes et nègres une aversion bien plus prononcée que celle, pourtant déjà fort marquée, qui existe entre les colons français ou espagnols et les Indiens.

Dans les pays où les professions sont héréditaires, la différence d'état et de métier ne tarde pas à répartir les hommes en classes qui finissent par devenir des castes. Tel paraît avoir été le caractère des plus anciennes tribus d'Athènes. L'opinion, puis la législation, établissent bientôt entre ces classes une hiérarchie. Ainsi s'explique l'existence de castes nombreuses chez de petites populations. Les Todas forment cinq castes qui ne s'unissent pas par des mariages, et une autre tribu de l'Hindoustan, les Badagas, dont le chiffre n'excède pas 15 000 âmes, en reconnaissent dix-huit. Cependant, par l'action du temps, la distinction des castes s'efface ou s'atténue fortement; les unions d'abord rares entre les races différentes se multiplient, et l'aversion diminue par le contact ou la fusion. Alors les guerres terribles d'extermination, qui furent plus d'une fois cause de la destruction de races entières, cessent; et des nations nouvelles, nées du mélange, apparaissent, souvent douées d'un génie qui leur est propre, rajeunis qu'en sont les individus par l'infusion d'un sang étranger. Cet état de choses se produit d'autant plus que la distance qui sépare les races est moindre. En Europe, où la conquête avait d'abord parqué, en catégories distinctes, des populations également intelligentes, la division par castes était un fait surtout politique qui disparut avec les progrès de l'égalité et les tendances démocratiques. Mais dans le Nouveau monde, où les Européens se sont trouvés en face d'une race fort au-dessous d'eux et dont les instincts étaient opposés à leurs mœurs, la fusion a été presque impossible ; la race inférieure a dû disparaître, et l'on voit en effet les populations indigènes s'éteindre peu à peu dans l'Amérique du Nord, la Polynésie, l'Australie. La différence des mœurs met les envahisseurs et les envahis en état d'hostilité permanente ; si les derniers vivaient de la chasse et de la guerre, les conquérants, qui veulent en agir de même et n'avoir point à souffrir de leurs attaques, exterminent tous ceux d'entre les vaincus qui refusent de se livrer à l'élève des bestiaux ou au travail régulier des champs.

Les habitudes de brigandage et de vol semblent attachées à certaines populations ou du moins résulter de la condition faite par certains pays aux habitants ; c'est ce que montre l'existence de diverses peuplades sauvages ; c'est ce qui en explique la destruction par les nations civilisées. L'antiquité nous signale déjà, comme vivant de brigandages, des tribus de divers cantons de l'Illyrie, de l'Espagne, de la Syrie, du Caucase, où l'on voit se perpétuer aujourd'hui de semblables désordres. Au reste, le brigandage n'est autre chose que la guerre sous sa forme originelle et avec son caractère primitif. La tribu guerrière n'est qu'une bande de brigands, et le droit des gens n'existant pas, rien ne met de bornes à la férocité des combattants. Plus les peuples se civilisent, plus les guerres perdent de fréquence et de sauvagerie ; elles deviennent, non plus des moyens de déprédation, mais une façon de décider des querelles auxquelles la conciliation ne peut mettre fin, de vider des intérêts en lutte, d'amener des traités qui garantiront ensuite la sécurité. Aussi voyons-nous la propriété des femmes, des enfants, puis celle des biens, graduellement arriver à être respectée dans la guerre, chez les peuples modernes. Après le combat, il ne reste presque plus rien de cette animation, de ces passions furieuses qui font les ennemis implacables.

Dans le principe, tout le monde prenait les armes : et comme cela avait lieu chez certains peuples de l'antiquité, par exemple chez plusieurs tribus éthiopiennes, au dire de Diodore, comme cela se voit encore dans le Dahomey, les femmes disputaient aux hommes l'honneur de combattre et ne se montraient pas moins acharnées que leurs époux. Chez les populations du Caucase, comme chez les anciens Sarmates, les femmes suivaient à la guerre leurs maris. Quand la guerre commença à être réglée, le soldat fut, au moins temporairement, un homme à part dans la nation, celui qui était chargé par état de combattre ; le simple citoyen ne fut plus dérangé de ses travaux et n'eut pas à tout moment à courir aux armes. C'est alors que disparurent ces coutumes atroces qui ne s'observent que là où la guerre est la condition d'existence de la société, où l'homme respire le carnage et met sa plus grande gloire à verser le sang ennemi. A ces coutumes appartiennent divers usages dont la généralité, chez certaines tribus, en fait pour ainsi dire un caractère ethnologique, tels que celui de scalper, pratiqué chez toutes les tribus indiennes de l'Amérique du Nord, d'émasculer, propre aux peuples noirs de l'Abyssinie et de l'Afrique orientale, d'amonceler à l'entrée des maisons, comme de glorieux trophées, les têtes et les ossements des ennemis, ainsi que cela se pratique chez une foule de populations malayo-polynésiennes. Chez les Aboung de Sumatra, chez les Nagas de l'Assam, chez les Koukis, qui habitent au nord-est de Tchittagong, de même que cela nous est dit par Strabon des habitants de la Carmanie, nul ne peut se marier qu'il n'ait rapporté les têtes d'un certain nombre d'ennemis.

Ainsi, à l'origine, l'état de guerre était presque l'état normal, et tous les maux que la guerre entraîne faisaient partie de la condition habituelle de l'homme. Cette guerre prenait des caractères différents, suivant le génie et les instincts des races. Tantôt ce n'étaient que de simples querelles, vidées par plusieurs ; tantôt c'étaient des incursions, des razzias, ayant pour but des déprédations, tantôt de véritables conquêtes, tantôt des défenses légitimes. Entre les races humaines, les unes nous apparaissent plus belliqueuses, plus entreprenantes que les autres, plus féroces au combat ou plus implacables dans leurs haines, plus jalouses de leur indépendance ou plus vivaces dans leur ressentiment. Mais si ces caractères entrent fréquemment dans la physionomie de toute une race, on les voit aussi séparer simplement des populations voisines, d'une origine commune, même souvent d'une civilisation analogue. C'est ce que remarque judicieusement un savant voyageur, M. J. D. Hooker, à propos de trois populations de l'Himalaya, qui vivent pourtant dans une condition semblable, les Lepchas, les Gorkas et les Boutaniens. Les premiers sont timides et paisibles ; les seconds, braves et belliqueux ; les troisièmes, querelleurs et poltrons. Il faut donc chercher la cause de ces diversités morales ailleurs que dans la race, ailleurs que dans la condition sociale. Toutefois, il est à noter que plus une race est pure, plus il y a de conformité morale entre ses membres ; que plus une race est mêlée, plus on observe de diversité entre les caractères de ceux qui la composent.

La famille ayant été l'origine de la tribu, et le père exerçant l'autorité sur les siens, on comprend que, dans la tribu, toute l'autorité appartînt au chef, qui représentait le père de famille ; telle était et telle demeure l'organisation politique des tribus du Nouveau monde, dans l'un et l'autre continent. Chez les Arabes, encore divisés en tribus, le *cheikh* ou *ancien* est souverain et, chez les Écossais, le *laird* commandait de même au clan. Tant que la tribu garde son indépendance, tant que son genre de vie ne comporte pas un lien social bien étroit, le pouvoir du chef est assez restreint. Chez les tribus des bords de l'Amazone, il a des limites très-resserrées. Les *sachems* de la plupart des peuplades indiennes de l'Amérique du Nord étaient fort loin d'exercer une autorité absolue sur les hommes de leur tribu. Dans la Polynésie, l'autorité du chef avait beaucoup plus d'extension, et l'institution du *tabou* lui donnait une puissance toute particulière. Chez les peuples sauvages ou barbares qui présentent déjà les linéaments d'une organisation moins élémentaire, l'autorité du chef n'est plus tempérée par la nécessité de ne rien faire qui déplaise à la tribu ; elle devient plus omnipotente et dégénère promptement en tyrannie. Ainsi, tandis que les Indiens de l'Amérique du Nord gardaient, sous la conduite de leurs *sachems*, toute leur indépendance personnelle, les Mexicains et les Péruviens, parvenus à un état beaucoup plus avancé de civilisation, étaient soumis à l'autorité sans limites de leurs caciques ou de leurs Incas. Presque tous les peuples asiatiques de race jaune et de race blanche, comme le remarquaient déjà Hippocrate et Aristote, gémissent sous le joug de la volonté capricieuse et souvent cruelle d'un autocrate. En général, le degré de puissance dont est revêtu le monarque, et surtout l'arbitraire de ses ordres, de ses lois, tiennent à l'état moral de la population. On ne saurait y chercher un caractère de race, ni une forme sociale correspondant à telle ou telle phase, à tel ou tel étage de civilisation. Un même peuple peut passer par des formes de gouvernement très-différentes. Suivant que le sentiment de l'indépendance se réveille en lui, ou qu'il sommeille, ce peuple secoue l'autorité absolue ou s'y soumet sans murmurer. L'autorité d'ailleurs est fréquemment le résultat de la conquête ; le souverain est alors un vainqueur qui ne voit dans ses sujets qu'un peuple subjugué et livré à son bon plaisir. On s'explique ainsi l'extrême diversité d'états politiques observée, de tout temps, entre des populations de même race, souvent voisines, et chez une même population, aux diverses époques de son histoire. Toutefois, il faut reconnaître que c'est seulement chez les races très-abruties, et conséquemment placées au bas de l'échelle sociale, que l'on rencontre ces gouvernements tyranniques, sanguinaires et stupides, où le peuple n'est qu'un instrument destiné aux amusements et aux projets insensés d'un seul ; tel est le spectacle que nous offrent, par exemple, les Nègres de la Guinée. Au Dahomey, l'autorité du chef s'exerce sur ses sujets comme sur un troupeau d'esclaves, toujours tremblants devant sa colère, décimés par les guerres sanglantes, les exécutions atroces qu'il prescrit, ou accablés par les travaux qu'il leur impose. Chez les nations chrétiennes et civilisées, au contraire, le sentiment de la dignité humaine s'oppose, même quand la loi n'est pas suffisamment protectrice, à un exercice aussi barbare de l'autorité ; moins le peuple est abruti, plus il a de moralité, de lumières, moins il supporte un pouvoir ne reposant pas sur la justice et ne s'exerçant pas au profit de la nation.

Il est incontestable aussi que le climat a sur la forme du gouvernement une influence notable, parce qu'il réagit sur le caractère des individus. Dans les contrées chaudes, sous une atmosphère énervante où tout porte à la mollesse et à l'oisiveté, l'âme n'a pas cette énergie, cette force de volonté nécessaires à un peuple qui veut être libre. Sous un climat âpre et froid, au contraire, le caractère acquiert plus d'énergie, le corps plus d'activité. Les passions sont moins violentes, et laissent à la raison un plus libre exercice. Dans les contrées brûlantes, les instincts sont impétueux, et l'on passe d'un extrême abattement à un état d'exaltation qui produit des révolutions, des soulèvements, mais qui ne saurait fonder l'indépendance. Bien au contraire, ces crises violentes amènent des représailles ; et dans ces luttes acharnées, le pouvoir d'un seul, même tyrannique, apparaît comme un bienfait, ou est accepté comme une inévitable nécessité.

Ces considérations nous expliquent l'indépendance naturelle des populations des montagnes, habituées à une vie plus rude que les habitants des plaines ; elles nous font comprendre comment un peuple libre peut tomber dans l'abaissement et revenir au pouvoir absolu, quand le besoin de jouissances matérielles, le luxe, le faste ou la débauche ont énervé son caractère, comme cela était arrivé en Grèce et à Rome pour les classes libres.

Ce sont là des faits qui appartiennent à l'histoire, bien plus qu'à l'ethnologie, science qui lui sert d'introduction. Ajoutons qu'avec les progrès de la civilisation, les distinctions qui viennent d'être établies entre le génie des différentes sociétés tendent à s'effacer ; les caractères tranchés des races vont s'affaiblissant; les mélanges et les croisements se multiplient.

CHAPITRE XI.

PREMIERS BESOINS DE L'HOMME.

Armes et ustensiles des premiers hommes. — Travail des métaux. — Usage du feu. — Vêtements. — Tatouage, circoncision. — Les sens dans la vie sauvage. — Nourriture. — Habitations. — Moyens de transport et de communication. — Échanges. — Conclusion.

Armes et ustensiles des premiers hommes.

On vient de voir comment a débuté la société humaine; on a assisté, pour ainsi dire, à la formation des tribus livrées à la vie chasseresse, pastorale ou agricole. Toutes ont été forcées de se défendre comme de se nourrir; les premiers besoins à satisfaire entraînèrent l'usage d'armes et d'ustensiles. Les armes sont un moyen de se procurer des aliments, aussi bien qu'une invention indispensable pour la guerre; autrement dit, à l'origine, les engins constituent à la fois des armes offensives et des instruments servant à préparer la nourriture, à façonner les outils employés pour couper le bois, gratter la terre, opérer les premiers essais de culture. Aux Nouvelles-Hébrides, les insulaires creusaient leurs canots avec les grossières hachettes en pierre dont ils faisaient usage à la guerre. Pareillement, le sauvage tue le gibier avec la même flèche qu'il lance à son ennemi; il découpe sa proie avec le même instrument tranchant dont il frappe dans les combats.

Ces armes, ces engins primitifs sont fabriqués d'abord de la manière la plus simple. Des pierres dures ou d'une nature très-tenace furent détachées par un certain mode de choc et de pression, rendues tranchantes par un frottement continu qui en usait le bord ; elles servirent à faire des haches, des herminettes, des couteaux, des pointes de flèches ; d'autres fois, elles furent affilées, aiguisées en pointe, puis attachées à un manche de bois, soit par des racines filiformes ou des cordelettes dont les végétaux textiles fournissaient la matière, soit par des lanières, faites avec les tendons, la peau des animaux. Tels se présentent à nous les armes et les ustensiles des hommes de la période quaternaire, ceux qu'on retire des cavernes de date antéhistorique, des palafittes ou habitations lacustres ; ils ont été se perfectionnant à mesure que les peuplades qui s'en servaient acquirent plus d'adresse et étendirent leur activité, jusqu'au point de devenir des instruments en pierre polie ; alors ils furent aiguisés, amincis avec une remarquable élégance et une grande finesse. L'os servit comme la pierre et fut taillé, ciselé avec non moins d'habileté. L'emploi d'armes et d'ustensiles faits avec ces diverses matières, pierre plus ou moins dure, corne, bois de ruminant, arête de poisson, nous reporte généralement à une époque très-primitive. Le poinçon de la grotte des Eyzies (Dordogne), observe M. le Dr Hamy, dans son *Précis de paléontologie humaine*, se retrouve à peine modifié en Océanie ; l'os fusiforme de la même station emmanché obliquement au bout d'une hampe de bois dur fournit aux Polynésiens une flèche à barbillon. C'est à cette catégorie d'armes primordiales, pour la fabrication desquelles on ne se servait que de pierres à polir et du tranchant, de la pointe de substances dures non métalliques, qu'appartiennent les *adzés* en jade des insulaires de la côte méridionale de la Nouvelle-Guinée, les *tokis* des indigènes de la Nouvelle-Zélande, les marteaux de la tribu comanche des Kioways. Les haches et marteaux en pierre (silex, diorite, serpentine, néphrite, etc.) découverts dans les *tumulus* et les monuments mégalithiques, datant de la période gauloise ou même d'un âge plus reculé, dans les antiques sépultures de la Scanie, rappellent souvent par leurs formes les armes des insulaires de la Mer du Sud; ils attestent, ainsi que les instruments de même matière retirés des *kiœkkenmœddings* du Danemark, que les populations primitives du nord et de l'ouest de l'Europe n'étaient guère moins sauvages, dans le principe, que les tribus de la Polynésie; mais l'emploi de semblables engins s'est continué chez elles, même après que le bronze et le fer eurent commencé à être en usage.

Tandis que la dépouille du gibier fournissait de quoi façonner des attaches, les arêtes des poissons étaient transformées en pointes de lance, en dards et même en aiguilles. Tels furent les premiers engins de guerre. Une des armes primitives a été la lance ou pique, faite d'un long bâton aiguisé, garni d'une pointe, d'un roseau effilé, d'une épine, d'une défense d'animal, etc. Courte d'abord, elle s'allongea, quand on eut pris l'habitude de combattre à cheval, de s'aligner sur plusieurs rangs de profondeur. C'est ce qui ressort des bas-reliefs assyriens. Avant Iphicrate, les Grecs se servaient seulement d'épées et de hastes beaucoup moins longues que celles qu'il leur fît adopter; ces armes courtes sont encore celles de divers peuples, des Eskimaux notamment. C'est seulement Philopœmen qui donna aux Achéens la longue lance. La massue ou cassetête est d'un emploi aussi primordial; faite d'abord d'un épais rameau d'arbre, d'un bois dur, comme le *casuarina* qu'emploient à cet usage les Polynésiens, on la garnit ensuite de pointes. Ailleurs, comme le *tomahawk* des Indiens de l'Amérique du Nord, elle se composa d'une pierre taillée et fixée dans un manche en bois. En devenant tranchante, la pierre du casse-tête fournit la lame de la hache, arme qui n'acquit toute sa puissance que lorsque la connaissance du bronze, du fer, de l'acier, eut permis de lui donner un tranchant plus mince. Les *celts* ou haches de bronze gauloises montrent au reste par leurs formes que des haches en pierre analogues aux *adzés* de la Polynésie en avaient été les premiers modèles. Toutefois, certaines populations sauvages parvinrent à obtenir pour leurs haches de pierre polie un tranchant presque égal à celui d'une lame d'acier ; l'arme particulière des Maoris appelée *méré* ou *patou-patou*, et qui se suspendait à une lanière par un trou pratiqué à l'extrémité opposée au tranchant, avait une force *sécative* prodigieuse. Cette arme, d'une forme caractéristique, a été retrouvée aussi au Pérou.

Le désir d'atteindre sa proie de loin et de frapper son ennemi, sans en être approché, suggéra l'invention des armes de jet. Le sauvage ne fit d'abord que lancer son dard à pointe en pierre[1], que remplaça la pointe en fer et qui devint ainsi le *kirri* des Hottentots, la *zagaie* des Bayéyés et de diverses autres tribus africaines, le *pilum* ou javelot des anciens. Au Soudan, comme Diodore de Sicile le rapporte des Libyens, qui n'avaient pour armes que des pierres et trois lances qu'ils dardaient à la main, le Nègre n'attaque et ne se défend qu'avec deux ou trois lances de jet. L'usage de l'arc et des flèches est inconnu dans le Wadaï et à la plupart des peuplades de l'Afrique centrale. Quoique, ainsi qu'on l'a noté précédemment, les Cafres l'emportent, sous le rapport du développement social, sur les Hottentots, ils en sont restés à l'arme de jet primitive, à laquelle ils associent seulement la massue, tandis que cette dernière race préfère à la lance l'arc et les flèches. Quand les Européens pénétrèrent dans la Nouvelle-Zélande, les indigènes ne connaissaient ni la fronde, ni l'arc, et n'avaient d'autre arme de jet qu'une lance qu'ils projetaient avec la main. Toutefois l'usage de la fronde était fort général chez les Polynésiens, qui s'en servaient pour lancer de gros cailloux, dont quelques-uns étaient polis à l'aide de frottement avec un soin tout particulier.

L'épieu, employé contre le gros gibier jusqu'au moyen âge, demeure, chez plusieurs tribus nègres, l'unique engin de chasse; on voit souvent le Noir avec cette seule arme attaquer et tuer le crocodile. Le javelot se conserva surtout chez les peuples cavaliers, à cause de la facilité de

---

1. On a trouvé, dans la grotte des Eyzies, une vertèbre lombaire de renne dans laquelle était encore engagée la lame de silex qui l'avait frappée.

son maniement, ainsi que le montre l'usage du *djérid* chez les Arabes. D'autres tribus lançaient simplement des pierres; mais, afin de leur imprimer un mouvement plus rapide et plus prolongé, on inventa la fronde, arme qu'excellaient à manier les insulaires des Baléares. Cette invention conduisit bientôt à celle de procédés pour lancer le javelot plus loin qu'on ne le pouvait faire avec la main. Tandis que les uns se bornaient à appuyer l'extrémité du javelot, raccourci de façon à devenir une flèche, sur le bout d'une pièce de bois projetée en avant à l'aide d'un manche, ce que nous montre la *palheta* des Indiens Purupuru de l'Amazone, ou sur une crosse concave, comme cela se pratique pour le *nga-wa-onk* des Australiens, tandis que d'autres recouraient à l'*amentum*, employé par les Grecs et les Romains, et qu'avaient imaginé de leur côté les insulaires des Nouvelles-Hébrides et de la Nouvelle-Calédonie, des populations plus avancées inventèrent l'arc, que maniaient habilement les Scythes et les Massagètes. Faite d'abord d'un bois flexible, de bambou, de palmier, de roseau, comme on l'observait au temps de Xerxès chez les Bactriens, les Indiens, les Caspiens, les Éthiopiens, ou de corne de ruminant, comme c'était le cas chez quelques tribus de l'Amérique du Nord, cette arme a suivi, dans ses perfectionnements, les progrès de l'industrie, jusqu'au moment où les armes à feu vinrent en supprimer définitivement l'usage. Chez plusieurs peuplades, les défenses de pachydermes, les dents et les griffes des carnassiers, les cornes de ruminants, servirent à armer les flèches et les traits. Les Macus des bords de l'Amazone fabriquent leurs arcs et leurs flèches avec des défenses de sanglier, qui leur servent aussi à creuser la terre; les indigènes de l'Australie mettent pour pointes à leurs dards des dents de kangourou.

La préoccupation d'obtenir une direction assurée pour les flèches fit ajouter à leur extrémité des barbes et des plumes, destinées en même temps à leur ornement; car l'homme éprouve autant le besoin d'embellir ses armes, ses ustensiles que sa propre personne; et ces enjolivements par lesquels débutèrent la sculpture et la ciselure[1] ont été retrouvés, dès l'âge de la pierre. L'adresse et le goût des différents peuples se sont exercés dans la décoration des armes; ce qui amena, pour chaque tribu, des variétés de formes, et contribua à multiplier les divers engins.

Certains peuples sauvages, qui n'avaient point eu l'idée de l'arc, se bornaient à lancer leur massue, dont ils pouvaient aussi se servir en guise d'arme défensive, en manière de bouclier, comme M. J. Petherick a observé qu'en agissaient quelques Dinkas. La massue, dont le sauvage étudia tous les genres d'effet, suivant la manière dont elle est lancée, reçut, chez plusieurs tribus, une forme qui lui donna une puissance de retour à son point de départ. Telle est la propriété du *boumerang* ou *kiley* des indigènes de l'Australie, arme qu'on a aussi retrouvée chez des Nègres du haut Nil Blanc. Le boumerang est un morceau de bois recourbé qui agit comme une pierre qu'on fait ricocher dans l'eau; il pivote sur lui-même et, après avoir atteint le point visé, il continue son mouvement giratoire, en décrivant en l'air une courbe fort haute, et revient par une parabole tomber au point de départ. Les Nègres du Soudan font usage d'une arme de jet analogue nommée *troumbach*; elle est faite d'une pièce de bois avec laquelle ils atteignent le gibier à poil et à plume à une assez grande distance; son nom a passé à une arme de métal pourvue à son tranchant de nombreuses dentelures et courbures et qui se lance également; c'est le *koulbeda* qui constitue avec la lance l'arme particulière des Nyam-Nyam et se retrouve chez les Merghis et les Mussgous. Des armes de jet du même genre ont été ob-

---

[1]. Les populations primitives, comme l'attestent les objets de la période quaternaire, découverts dans les grottes du midi de la France, comme le montrent les armes des insulaires des Aléoutiennes et d'autres sauvages, représentaient souvent en relief sur leurs armes les animaux contre lesquels elles s'en servaient à la chasse. Voy. le savant rapport du docteur Roulin : *Sur une collection d'instruments en pierre découverts à Java* (Compte rendu de l'Académie des sciences, décembre 1868).

servées chez nombre de populations de l'Inde ; les Mahrattes du sud nous en présentent la forme la plus simple ; chez les Coulis du Gouzzerate, le *katuria* reproduit presque la disposition du boumerang australien. Les Gaulois possédaient dans leurs *cateia* des armes qui se lançaient à la main et revenaient comme celui-ci au point de départ. Les Indiens de l'Amérique du Sud ont imaginé d'autres projectiles, à mouvement circulaire, dont l'emploi a été également signalé chez les Eskimaux ; tant l'intelligence du sauvage s'est montrée créatrice et ingénieuse à fabriquer des armes à l'aide des moyens les plus simples.

Aussi longtemps que l'homme ignora le travail des métaux, ses armes, comme il a été dit ci-dessus, furent faites exclusivement avec le bois, la pierre taillée, les os aiguisés des animaux ou les arêtes de poissons. Ce qu'on peut appeler l'*âge de la pierre* a duré plus ou moins longtemps, suivant les contrées et les races. Au cinquième siècle avant notre ère, les Éthiopiens ne se servaient pas de métal pour façonner leurs armes ; ils fixaient au bout de leurs longues flèches de canne une pierre pointue et à l'extrémité de leurs javelots des cornes d'antilope. Au commencement de notre ère, certaines tribus sarmates et les *Fenni*, voisins de la Baltique, n'avaient ni armes, ni engins de métal, tout comme lors de l'arrivée des navigateurs européens, les Fuégiens ; les flèches de ceux-ci avaient, en guise de fer, des pierres aiguës ou des os acérés ; leurs couteaux étaient faits d'une pierre très-tranchante, et leurs arcs recevaient pour corde une mince courroie faite des tendons tissés de quelque animal. Cet âge s'est même prolongé chez certaines tribus jusqu'à nos jours. En 1854, M. J. Marcou rencontrait sur les bords de Rio Colorodo de Californie une peuplade, les Mohavi, qui ne possédait absolument aucun instrument en métal. L'emploi de l'obsidienne pour les instruments tranchants a persisté au Mexique et au Pérou jusqu'à ce siècle. Les couteaux dont se servent les insulaires de l'île Kadiak pour extraire le gras de baleine sont faits d'un schiste argileux ; les Tongouses, quoique bons forgerons, continuaient à armer leurs flèches avec des pointes d'os et de pierre, et l'emploi simultané de la pierre et du métal se produisit certainement aussi en Grèce[1] et dans la Gaule. On comprendra au reste que la pierre et la corne aient été quelquefois préférées au métal, chez des peuples barbares ou peu avancés qui se procuraient difficilement le fer et le bronze. De même les anciens Égyptiens, par une habitude traditionnelle, bien qu'usant des métaux, employaient cependant pour embaumer les morts des couteaux de pierre d'Éthiopie.

Afin de rendre les flèches plus redoutables, bien des tribus en empoisonnaient l'extrémité, à l'aide d'un suc végétal dont elles avaient reconnu les propriétés vénéneuses ; c'est ce que l'antiquité rapporte des anciens Arabes ; c'est ce qu'on observait chez nombre de sauvages de l'Amérique. Encore de nos jours, les Malais trempent leurs flèches dans l'*upas antiar*, en partie composé du suc de l'*antiaris toxicaria*. Les insulaires des Nouvelles-Hébrides empoisonnent également les flèches dont ils usent à la guerre ; à l'archipel des Fidji, les indigènes tenaient dans un grand secret la composition du poison destiné au même usage.

L'emploi des flèches et en général des armes de jet amena l'invention des cuirasses. Pour se défendre de leur atteinte, on s'appliqua sur le corps des peaux épaisses : de là, chez les Grecs, l'égide ou peau de chèvre, dont l'idée remontait à une époque si reculée qu'on en attribuait l'invention à la déesse Minerve, la *nébride* ou peau de panthère, dont les Libyens se couvraient la poitrine à la guerre. Au temps de Strabon, les montagnards de la Sardaigne se servaient de toisons de mouflon en guise de cuirasse, et une tribu libyenne, les Maces, adoptaient pour le même usage la peau d'autruche. D'autres peuples, chez lesquels le bois était abondant, se façonnèrent des cuirasses d'écorce d'arbre, comme le faisaient les Australiens. On combina aussi l'emploi du bois et de la peau pour fabriquer des boucliers qui fournissaient une arme défensive, dont le

---

1. On a trouvé un grand nombre de pointes de flèche en pierre dans la plaine de Marathon.

bras pouvait couvrir la partie du corps exposée aux traits de l'ennemi. Ce bouclier fut fait généralement d'une sorte de claie, recouverte de peau, tel qu'était le *gerrhon* des anciens Perses et de certaines populations grecques. Les Gaulois se servaient d'un bouclier analogue. Cette arme défensive ne parvint pas du premier coup à la disposition qui lui valut tant de mobilité. Suspendue d'abord au cou par une lanière, elle devint plus portative, une fois qu'on eut imaginé l'anse, invention, rapportée par Hérodote, aux Cariens. Le bouclier prit souvent une forme ronde, qui donnait beaucoup de facilité pour le manier; c'est ce qui se produisit chez les peuples déjà avancés dans l'art de la guerre; telle était l'*aspis* des Argiens, que la fable faisait remonter au temps de Prœtus et d'Acrisius, et que finirent par adopter tous les Achéens.

La nécessité de se défendre la tête, la partie du corps la plus exposée, conduisit à l'emploi du casque, qui n'était dans le principe qu'une peau d'animal, ainsi que le rappelle l'étymologie du nom latin de cette coiffure, *galea*. Les Éthiopiens orientaux de l'armée de Xerxès avaient pour casque une peau de cheval; la crinière, les oreilles laissées à la peau en formaient le cimier. Les Thraces de la même armée étaient coiffés de peaux de renard. Au temps de Strabon, les Albaniens et les Ibériens ne connaissaient encore que les casques de peau; les Roxolans et la plupart des peuples de la Scythie faisaient usage de casques et de cuirasses en cuir de bœuf, tissu qui leur servait également à recouvrir leurs boucliers d'osier, et à façonner leur épais vêtement (*sisyra*). Le mot latin signifiant cuirasse (*lorica*) rappelle encore le nom du cuir (*lorum*) dont était faite originairement cette arme protectrice. Chez certaines tribus de l'Amérique, les cuirasses et les casques devinrent de véritables vêtements de guerre, où la coquetterie s'épuise en enjolivements de toute sorte.

La découverte de l'usage et du travail des métaux fit effectuer un progrès énorme à la fabrication des engins et des armes, quoiqu'on doive reconnaître que certains peuples, tels que les anciens Mexicains et les insulaires de

Java [1], eussent poussé fort loin l'art de travailler la pierre, que cette industrie eût parfois produit des œuvres exquises et très-supérieures aux premiers engins de métal. De bonne heure, on apprit à fabriquer et façonner le bronze; on l'obtenait par la fusion immédiate et simultanée de la pyrite cuivreuse et de la pyrite d'étain. L'emploi du fer ne vint généralement que plus tard. En Asie, les deux inventions se perdent dans la nuit des temps. L'histoire de la découverte du travail des métaux est entourée de fables chez tous les peuples de l'antiquité. Presque toujours le prétendu inventeur n'est que la personnification du feu, agent naturel du travail métallurgique; tel est le Twachtri des Védas, l'Héphæstos des Grecs, le Vulcain des Latins. Les Hébreux faisaient remonter avant le déluge l'invention de la métallurgie, et l'attribuaient à un fils de Lamech, Tubal-Caïn, qui personnifie peut-être les Tibarènes, peuple voisin des Mosches, comme son frère Iabal personnifie les populations nomades du Touran, les Ibériens et les Saces. En effet, les Tibarènes confinaient à l'ouest aux Chalybes, en possession de cette industrie depuis les plus anciens âges et auxquels on attribuait l'invention de l'acier. Toutefois le travail des métaux n'implique pas nécessairement un degré de culture avancé; il a pu subsister avec un état social encore assez primitif. Les Massagètes, quoique plongés dans une complète barbarie, étaient en possession d'instruments de métal. Chez les tribus de race ougrienne, le travail des mines a certainement pris naissance de fort bonne heure. Tous les *kourgans* ou tertres artificiels, élevés par les anciens habitants de la Sibérie, sont remplis d'objets en métal. On rencontre dans l'Oural et l'Altaï des traces d'antiques exploitations qui pénètrent quelquefois le sol à plus de trente mètres de profondeur. Les populations nègres et négroïdes de l'Afrique, toutes sauvages qu'elles sont, connaissent l'usage des mé-

---

1. La Polynésie paraît avoir reçu cet art de l'Archipel indien, car ses instruments en pierre rappellent par leurs formes et les procédés à l'aide desquels ils ont été fabriqués ceux qu'on a retrouvés à Java. Voy. Roulin, *Rapport cité*.

taux, surtout du fer. L'âge de la pierre n'a laissé chez eux que peu de vestiges et ils datent d'une époque déjà éloignée. Tels sont les engins en pierre, recueillis dans la région de la rivière Volta, en Guinée, les objets de même nature, trouvés en grand nombre à la colonie du Cap de Bonne-Espérance, associés à de la poterie (ciseaux, grattoirs, petites meules à écraser le grain, etc.). L'emploi des armes et outils en pierre a presque totalement disparu de cette partie du monde [1]. Dans l'Afrique orientale, les Djour, les Latoukas, les Bari, les Bongos, les Mombouttous, les habitants de l'Unyoro, de l'Unyamuézi, sont d'excellents forgerons. On en doit dire autant des Manganjas, dont le pays est arrosé par le Schiré, affluent du Zambési. Toutefois, il est incontestable que l'industrie métallurgique a été généralement un puissant agent de progrès, et c'est chez les populations les plus anciennement civilisées que l'on voit en remonter le plus haut l'existence.

A côté des armes et des engins de chasse vinrent se placer les engins de pêche. L'emploi de la flèche, de la lance de jet pour atteindre le poisson, que pratiquent encore avec tant d'adresse les Indiens des bords du Surinam, de l'Oyapoc, et les Chillouks, tribu de la région du Nil Blanc, suggéra l'idée du harpon. Les dépôts de l'âge de la pierre en attestent l'antiquité et nous en ont fourni de faits de silex et d'os, à pointe fixe ou mobile, surtout dans la Scandinavie. La ligne fut imaginée pour les petits poissons, le filet pour les gros. On posa des trappes, on dressa des piéges, afin de prendre les animaux défiants ou dangereux. Dans les contrées où ces animaux abondent, par exemple, en Laponie, en Sibérie, dans l'Inde, leur emploi est aussi varié qu'étendu. L'intelligence de l'homme s'appliqua surtout à perfectionner ces engins, et l'on a cité certains peuples sauvages, tels que les Indiens de l'Amérique du Nord, qui atteignirent dans l'art de fabriquer les piéges une ha-

---

1. Cependant Th. J. Hutchinson (*Impressions on western Africa*, p. 192) signale comme existant à Bassakatou, près de Ballilipa, sur la côte de Guinée, l'usage des hachettes de pierre pour fendre le bois.

bileté inconnue de peuples plus civilisés. Les Eskimaux, les Nègres riverains du lac Ngami, ont su inventer des systèmes de lignes et de harpons des plus ingénieux, pour prendre, les premiers les cétacés, le seconds les hippopotames. L'hameçon des Polynésiens, fait d'abord d'un simple morceau de bois recourbé, attaché à un fil, fut ensuite muni d'une plume pour qu'il eût l'apparence d'un poisson volant et trompât mieux la voracité du gibier aquatique. L'habile agencement des harpons et des lignes des Veddahs contraste avec la grossièreté de leurs ustensiles.

Tandis que la vie de chasseur et de guerrier développe l'adresse à façonner les armes, à manier les engins, la vie pastorale suggère la fabrication de plus nombreux ustensiles. Le besoin de conserver le lait ou la chair des animaux conduisit à l'emploi des vases. On se servit d'abord soit de coquilles, soit de fruits creux séchés, tels que les calebasses dont l'usage est demeuré si général chez les Nègres. On eut aussi recours à des pierres creusées, comme celles dont usent pour récipients certaines tribus d'Eskimaux et autour du trou desquelles elles mettent souvent un rebord en argile. Suivant la nature de ce qu'on y voulait conserver, les vases varièrent de matière et de forme. Tantôt on se contentait de larges feuilles ou de la cavité d'écorces, tantôt on se servait de peaux plus imperméables, ce qui donna naissance à l'outre d'un emploi très-ancien en Orient, tantôt encore on tissa avec des branches des corbeilles de mille formes ; ce fut là la plus ancienne vaisselle. La plupart des tribus australiennes ne se servaient pour porter l'eau que de peaux ou de vases d'écorce. Les Veddahs de Ceylan, qui vivent de miel et du produit de la chasse, ne connaissent pas d'autres vases. Bien des tribus nègres n'emploient que des calebasses et des corbeilles et ignorent l'usage de la poterie. Les Patagons n'employaient pour vases que des vessies. Cette invention remonte pourtant bien haut chez d'autres populations, ainsi que l'attestent les débris découverts dans les terrains quaternaires. Goguet a remarqué que la confection de la poterie doit avoir été suggérée par l'argile dont on entourait les vases de bois ou les corbeilles contenant l'eau ou un liquide que l'on voulait faire bouillir. C'est ce qu'avait observé le capitaine Gonneville chez certaines peuplades sauvages. En effet, tant que l'usage de la poterie n'eut pas été connu, il n'y avait guère d'autre moyen pour faire chauffer l'eau au feu que d'entourer de terre les fragiles récipients dont on se servait. Dans l'Amérique du Nord, les Schoschonis faisaient bouillir la viande et le poisson, dans de petites corbeilles, faites d'osier ou de racines. Il est à noter d'ailleurs que l'homme primitif recourait beaucoup moins que les peuples plus avancés à la caléfaction. L'on a même été jusqu'à prétendre que certaines tribus de l'Australie ignoraient absolument l'art de faire chauffer un liquide, parce qu'elles manifestèrent beaucoup d'étonnement à la vue de l'eau bouillante; mais M. Ed. B. Tylor a mis en évidence l'invraisemblance du fait. D'ailleurs chez les populations qui ne savaient pas façonner de poteries et ignoraient, comme dans le principe les Hottentots et les Fuégiens, l'art de faire bouillir la viande, on dut recourir, ainsi que le pratiquaient les Indiens Assiniboines, c'est-à-dire *bouilleurs de pierres*, à des pierres fortement chauffées qu'on jetait dans de l'eau, amassée au fond d'un trou ou d'un récipient quelconque. Ce procédé, adopté par d'autres tribus américaines pour faire bouillir leur viande, s'est retrouvé chez plusieurs populations de la Polynésie, les Maoris notamment, et telle était encore en Irlande, au dire d'un auteur contemporain, vers le commencement du dix-huitième siècle, la façon de faire chauffer le lait.

Les premières poteries furent fabriquées en moulant de l'argile sur des coquilles ou des fruits creux, ainsi que s'exécutaient les vases des îles Fidji et de certaines tribus de l'Amérique du Nord. Les dessins que portent les plus anciens vases des populations primitives n'ont peut-être pas d'autre origine. Les impressions faites sur la terre molle par la coquille ou le fruit séché qui lui servait de moule ou par la corde, les filaments qui retenaient l'ébauche, ont été peu à peu modifiés et embellis. Les vases grecs de la date la plus reculée, comme d'anciennes poteries des sauvages de l'Amérique, n'offrent pas d'autres dessins. Les figures, ainsi obtenues et exécutées, souvent aussi avec le doigt, furent tracées plus tard à l'aide d'un instrument aigu ; on exécuta alors des décorations plus compliquées et même de véritables images. Cette poterie primitive était simplement façonnée à la main et séchée au soleil. Tel est le caractère des vases découverts dans les palafittes et dans les sépultures de l'âge de la pierre. Sur plusieurs de ces vases grossiers, on discerne l'impression faite avec l'ongle ; leurs dessins sont tout semblables à ceux que nous présentent les poteries de diverses peuplades du Nouveau monde. Quelques tribus indiennes étaient arrivées à l'idée de faire cuire au four leurs vases d'argile ; on a découvert, dans l'Amérique du Nord, d'anciens fours qui doivent avoir eu cette destination. La roue à potier qui remontait chez les Grecs à l'âge héroïque, et dont l'invention était attribuée à Dédale, ne parut dans l'occident de l'Europe que beaucoup plus tard ; on ne saisit aucune trace de son emploi dans les vases provenant de sépultures de l'âge de la pierre ; ces vases sont d'une matière grossière, à gros grains de quartz ; les ornements en sont irréguliers et tout à fait primitifs, souvent ils ont été produits par la seule impression d'une corde. Les plus anciens vases grecs, ceux de Milo, de Santorin, d'Egine, de l'Attique, sont en terre blanchâtre ou jaune pâle et n'offrent pour toute décoration que des zones d'un noir brun ou d'une teinte orangée, ou des chevrons, des cercles concentriques. L'art de mettre une couverte sur les vases n'arriva que plus tard encore. Mais, dès une assez haute antiquité, les peuples de la Grèce et de l'Italie avaient réussi à donner, par un procédé particulier, un vernis remarquable à ces ustensiles, ainsi que le montrent les vases d'Arezzo, dits vases *samiens*.

L'absence de poterie n'a pas toujours tenu chez les peuples à leur peu d'adresse ; elle a été aussi la conséquence du défaut d'argile, de matière plastique ; en effet, tandis que certaines peuplades polynésiennes qui n'étaient point placées à un échelon tout à fait inférieur de la civilisation ignoraient l'usage de la céramique, on voit chez une tribu fort misérable, les indigènes de la Terre de Feu, les femmes fabriquer des vases à l'aide d'une pierre ronde et d'une sorte de spatule. Plusieurs vases, retirés des tumulus de l'Amérique du Nord, dénotent une habileté déjà notable, bien qu'ils se reconnaissent comme ayant été exécutés sans la connaissance de la roue du potier, ni celle de l'art de vernisser, deux inventions qui furent le point de départ de progrès considérables qu'attestent les anciennes poteries mexicaines et péruviennes ; tandis que l'antique poterie fabriquée à la main, façonnée à l'aide d'une baguette, cuite simplement au soleil, telles qu'étaient les vieilles poteries gauloises, telles qu'on les faisait encore, il y a quelques années, chez les insulaires écossais des Hébrides, céda de très-bonne heure la place chez les Étrusques [1] à ces vases noirs, d'une belle teinte et d'un tissu fin sans analogues en Grèce. A force d'adresse et d'habitude, l'homme suppléait à l'ignorance de la roue du potier, ainsi que l'attestent les vases de joli dessin que fabriquent certaines populations de l'Afrique orientale, les Djour, par exemple.

Chez les tribus pastorales, comme les Aryas, diverses populations de l'Arabie, de la Perse, de la Chine, des vases en bois taillé et tourné tenaient le plus souvent lieu de poterie, et remplacèrent les corbeilles d'écorce de bambou ; ils vinrent en aide aux gourdes. Tels étaient la *navia* des anciens Latins, dans laquelle ils recevaient le jus des raisins qu'ils foulaient aux pieds, le *lacus* où ils versaient l'huile retirée de l'olive. On fit aussi des vases plus grands, le cuvier, la cuve (*labrum*) ; enfin on inventa le tonneau (*cadus, vas ligneum circulis cinctum*) qui prit, au dire de Pline, la place de l'amphore, là où le bois était, comme dans la Gaule cisalpine, plus abondant que la terre à potier, ou d'un travail plus facile.

1. Les vases gaulois bruns sont d'une terre qui ne contient pas de manganèse, matière qui se trouve au contraire dans les vases étrusques de même couleur. Les anciens vases italiques noirs sont faits d'une espèce de pouzzolane (terre d'Albano)

Usage du feu. — Combustible.

La cuisson que l'on appliqua à la poterie et qui servit, ainsi qu'il sera rappelé plus loin, à la préparation des aliments, se liait nécessairement à la connaissance du feu. Cette connaissance est tellement élémentaire que l'on peut la considérer comme ayant été le point de départ de toute industrie et l'une des notions physiques les plus primitives. La découverte du feu date de l'aurore de l'humanité ; aussi les Grecs faisaient-ils remonter cette invention à des personnages purement mythiques, Prométhée, Phoronée. Quoiqu'on ait parlé de quelques peuples qui auraient ignoré l'emploi du feu, les anciens habitants des Canaries, par exemple, il y a toute raison de supposer l'assertion inexacte, car à quelque état sauvage que l'homme ait été trouvé, on a toujours observé chez lui la connaissance du feu. Toutefois ce fut par degré qu'il apprit à s'en procurer promptement, et l'usage du briquet, c'est-à-dire de la percussion de la pierre à feu, du silex, l'application de la propriété des pyrites d'engendrer la flamme, ne sont arrivés que fort tard à certains peuples. Les Péruviens, dont le sol renfermait des pyrites, ne savaient pourtant pas frapper ces pierres pour en tirer du feu, bien que, dès l'époque à laquelle furent habitées les cavernes de l'Europe occidentale, il semble qu'on ait su utiliser ces minerais pour se procurer du feu. Le frottement paraît avoir été le premier moyen employé à cet effet, et l'on trouve chez les populations primitives l'usage de ce procédé, déjà mentionné dans le Rig-Véda comme le moyen d'allumer la flamme du sacrifice. Le frottement du *pramantha* dans l'*arani* faisait naître la flamme, et cet antique procédé a donné naissance à un mythe dont sortirent chez les Grecs la fable de Prométhée et tout un ensemble de légendes où la production du feu par un tel moyen est rapprochée de la génération. La friction par rotation des deux pièces de bois constituait ce qu'on appelait en Australie le *winth-kalk-kalk*. Dans la partie nord de ce continent, près du cap York, les indigènes prennent un bâton de bois dont ils rabotent la surface avec une pierre aiguisée, nouée solidement au bout d'un manche ; ils taillent en pointe un autre bâton, puis, appuyant le bout du premier bâton contre un arbre et l'autre bout contre leur poitrine, ils font pirouetter très-rapidement la pointe du second bâton sur la face rabotée, où elle pénètre comme une vrille ; la chaleur développée par la rotation produit la flamme. Les Australiens choisissent de préférence, pour allumer ainsi le feu, un bois léger, l'*Hedycaria pseudo-morus*. Telle était aussi la façon dont les Tahitiens se procuraient du feu ; ils se servaient pour cela de l'*Hibiscus tiliaceus*. Les Néo-Zélandais ont recours à un pareil procédé, signalé également chez les insulaires des Sandwich, des Carolines, des Tonga et d'autres archipels de la Mer du Sud. On l'a encore retrouvé chez les Malais de Sumatra, les Eskimaux, les Kamtchadales et diverses populations soit de l'Amérique, soit de l'Afrique orientale ; on rapporte qu'il était pratiqué par les Guanches ; une ancienne peinture des Aztèques publiée dans l'ouvrage du lord Kingsborough montre qu'il était connu des Aztèques[1].

L'appareil de rotation générateur de la flamme, la *fire-drill*, comme disent les Anglais, subit avec le temps, dans certains pays, des perfectionnements qui rendirent la rotation plus facile et la production du feu plus rapide. Chez les Grecs, une fable rappelait l'emploi que l'on faisait dans le principe de la friction d'un bois léger pour obtenir le feu, bois où l'on s'imaginait que celui-ci était contenu. On racontait que Prométhée avait caché dans la tige de la férule (*narthex*) le feu dérobé à Jupiter. De même, pour l'Arya, Agni, le feu, l'*hôte du foyer*, se cachait dans les *arani*. L'idée du feu dérobé au ciel fut suggérée par la vue de la foudre qui allume quelquefois des incendies. Son origine, mystérieuse pour l'homme qui ignorait la physique, le fit regarder comme une émana-

---

1. Voy. à ce sujet tous les détails donnés par M. Ed. B. Tylor, *Researches into early history of mankind*.

tion divine, une image vivante du soleil. La flamme perpétuellement entretenue à Rome par les Vestales, à Cuzco par les vierges du Soleil, celle qui brûlait au Prytanée d'Athènes, symbole du foyer commun, rappelaient le temps où la difficulté d'avoir du feu était une raison de ne point laisser éteindre celui qui avait été une fois obtenu. Naguère les Australiens, les Tasmaniens, emportaient toujours avec eux les tisons allumés et les gardaient soigneusement, comme un moyen permanent de se procurer du feu. Les insulaires des Andaman conservent, pour le même motif, constamment du feu sous des cendres, dans le creux des troncs d'arbre, et ils peuvent cuire ainsi leur viande dès qu'ils en ont besoin. Chez divers peuples, on allumait solennellement le feu dans chaque demeure au commencement de l'hiver. De là l'origine du *Nothfeuer* des Allemands, de la *souche* ou *bûche de Noël*. Les Mexicains avaient de même leur dieu du feu, Xiuhteuctli, en l'honneur duquel on célébrait des rites analogues.

Une fois en possession du feu, l'homme l'appliqua à une foule d'usages ; le feu devint l'agent par excellence, soit pour façonner le métal dont il opérait la fusion, soit pour défricher le sol qu'il débarrassait des broussailles et des herbes, soit pour travailler, creuser le tronc d'arbre destiné à la construction de la pirogue ou à servir d'auge. C'est par l'incendie que les tribus de l'Amérique septentrionale déboisaient les cantons qu'elles voulaient cultiver ; les populations dravidiennes de l'Hindoustan recouraient au même procédé pour éclaircir les jungles ; la cendre du bois brûlé leur sert à engraisser le sol, car la culture de celui-ci chez les populations primitives, surtout dans les pays d'une végétation active, est légère ; on se borne à remuer la couche de terre superficielle avec un pic, un grossier hoyau, une pierre aiguisée sur laquelle on appuie, pour la préparer à recevoir la semence. L'agriculture n'apparut dans le principe que là où l'extrême fertilité du sol rendait le travail peu pénible, car là où il eût été nécessaire de labourer profondément et de donner à la culture des soins incessants, on préférait soit la chasse, la pêche, soit l'élève des bestiaux. Cette agriculture élémentaire demeure propre à tous les peuples encore fort barbares, aux Arabes de l'Afrique septentrionale, comme à la plupart des Nègres.

L'homme s'ingénia à inventer des moyens de mieux approprier les foyers au chauffage et à la cuisson. La nécessité de remuer le brasier et les cendres donna naissance à des instruments spéciaux comme l'*agakwut* des Indiens de l'Amérique du Nord. Le bois suffit longtemps comme combustible à la consommation, car, à l'origine, il était presque partout abondant. Mais les peuples pasteurs forcés, dans l'intérêt de leurs troupeaux, d'habiter des plaines découvertes, durent avoir promptement recours à un autre combustible ; les bestiaux leur fournirent tout naturellement la fiente desséchée qui remplaça pour eux le bois. Tel est encore le combustible usité chez bon nombre de tribus arabes du désert, dans le Tibet, la Mongolie, où les *argols* sont recueillis avec soin pour alimenter le foyer. En Bolivie, on se sert, par un procédé semblable, du *taquia* ou crottin desséché du lama. Chez les peuples du Nord, dans les marais et les landes, on recourut à la tourbe. Ailleurs on usa d'autres matières incandescentes. Au Wouadigo, dans l'Afrique orientale, on brûle l'ivoire. Nulle part l'homme n'a été rencontré assez ignorant pour ne pas connaître les moyens d'alimenter la flamme. Le feu d'ailleurs n'a point été seulement un agent nécessaire pour chasser le froid et préparer la nourriture ; on l'a de bonne heure employé comme moyen de protection contre les animaux sauvages, contre les insectes mêmes. Dans la région de l'Oussouri, les indigènes en allument sans cesse pour éloigner les bêtes fauves ; quand ils courent dans les bois en été, ils portent attaché sur la tête un champignon amadouvier allumé, afin de chasser les moucherons.

L'invention des soufflets destinés à entretenir le feu remonte aussi à une époque fort ancienne. Les Scythes, au rapport d'Hérodote, se servaient, pour activer la flamme, de tubes d'os ; ce sont les *buses* ou tubes qu'employaient encore au moyen âge nos paysans pour le même objet. Le *follis fabrilis* des Romains nous montre que l'antiquité avait déjà su substituer au souffle de la bouche dans le tuyau un appareil qui y fait pénétrer l'air avec plus de constance et d'intensité, invention qu'amena naturellement l'art de faire fondre les métaux.

Vêtements. Industries et aptitudes liées à leur fabrication.

L'homme a besoin de se vêtir pour se préserver des intempéries de l'air, pour se défendre contre les épines, les insectes et, en général, les divers contacts qui peuvent blesser sa frêle organisation. Quand il n'avait pas l'intelligence ou l'activité nécessaire pour se préparer un vêtement, il se couvrit de terre glaise humectée, de boue, afin de se garantir le corps, ainsi que le font souvent les insulaires des Andaman. Les premiers vêtements furent tantôt faits avec des feuilles, avec l'écorce des arbres, tantôt avec la peau des animaux. La Genèse nous représente l'Éternel faisant à Adam et à Ève, au moment où ils vont quitter le jardin d'Éden, des tuniques de peaux. Tels étaient, selon Tacite et Procope, les vêtements des Finnois (*Fenni*); certaines tribus massagètes, au rapport de Strabon, se vêtaient d'écorces d'arbre; la plupart des Polynésiens portaient jadis de pareils vêtements. Les Cafres et les Hottentots n'ont guère d'autre habillement qu'une peau d'animal, le *caross*, retenue par une ceinture. Quand le sauvage eut reconnu les propriétés tinctoriales de certaines plantes, il se plut à colorier son sayon, sa rustique enveloppe. Les Patagons portaient des peaux cousues avec des tendons de nandou, peintes ainsi de diverses couleurs.

L'homme apprit promptement à natter les fibres végétales et à préparer le cuir. L'idée de tisser les filaments des plantes, la paille, la laine et le poil, s'offrit de très-bonne heure à son esprit. L'on a retrouvé de grossières étoffes dans les palafittes. L'usage du fuseau, de la quenouille, est si ancien que l'origine en fut reportée chez les Grecs à l'âge héroïque, comme celle des inventions du même genre[1]. Cependant, un grand nombre de populations sauvages ont ignoré l'art de filer à la quenouille. Avant d'avoir su tailler en os ou en bois des aiguilles pour faire une façon de tricot ou un simple tissu de fils croisé, arts qu'on a rencontrés chez une foule de tribus sauvages, l'homme se contenta, comme le font les populations les moins avancées sous ce rapport, de tordre le fil avec la main, de l'enrouler avec le doigt. Plus tard, il imagina de le tendre sur un métier grossièrement façonné et de passer avec la main un fil sur la trame. Peut-être la vue de l'araignée filant sa toile suggéra-t-elle cette idée; la légende grecque d'Arachné pourrait donner à le croire. La navette, dont l'invention chez les anciens se perdait dans la nuit des temps, puisqu'on l'attribuait chez les Égyptiens et chez les Grecs à une déesse (Neith, Athéné), est restée inconnue à la plupart des populations sauvages.

Quand même, à raison de la douceur du climat, l'homme ne ressent pas le besoin de se défendre contre le froid, il éprouve celui de se parer; le goût de la parure est tout aussi naturel à l'homme sauvage qu'à la femme civilisée. La parure est d'ailleurs pour l'homme et surtout pour la femme un moyen d'exciter l'amour, l'admiration. La satisfaction que procure à l'œil tout ce qui peut nous embellir est un instinct si général qu'on l'observe même chez les animaux. Le cheval se montre fier des beaux harnais dont on le décore; chez les oiseaux, le mâle, couvert ordinairement d'un plus beau plumage que la femelle, le déploie avec coquetterie pour attirer l'attention de celle-ci[2]. On peut donc dire que le goût de la parure appartient à tous les peuples, tandis que le besoin de vêtement est moins général et demeure subordonné au climat. Plusieurs peuplades, telles que les Catauixis et les Purupuru de

---

1. On a découvert dans les palafittes des objets d'argile qui paraissent avoir servi de pesons de fuseau. Voy. J. Lubbock, *Pre-historical Times*, 3ᵉ édit., p. 190.

2. Voy. ce que M. Th. Belt (*The naturalist in Nicaragua*, p. 111) rapporte des oiseaux-mouches dont les mâles ne déploient leur queue que pour séduire les femelles.

l'Amazone, qui vont complétements nus, s'ornent cependant d'anneaux les bras et les jambes. Les Papous du littoral du détroit de Torrès, qui vont également nus et chez lesquels les femmes n'ont d'autre vêtement qu'une ceinture faite d'herbes, se parent la tête de plumes de casoar et d'oiseau-de-paradis et suspendent à leur cou quelques feuilles découpées en plaques. Les Dayaks de Bornéo, qui ne portent aucun vêtement, ont la passion des ornements et se chargent de pierres d'agate, de bijoux d'or et d'anneaux de cuivre. Dès les temps les plus reculés, l'homme fabriqua des objets de parure; on en découvre dans les tombeaux de l'âge de la pierre, dents et coquilles perforées, boutons, perles, etc., et la multiplicité de ceux qui se trouvent parfois accumulés, comme on l'observa au fameux *Grave creek mound* dans la Virginie, atteste combien dès le principe leur usage fut général.

Tel est le besoin de la parure que bien des peuples sauvages cherchent à le satisfaire au détriment de leur propre corps. On a vu dans un précédent chapitre que de nombreuses tribus des deux Amériques, comme les Macrocéphales, dont parle Hippocrate, comme les Huns, se déformaient la tête, s'aplatissaient le crâne, en vue de se donner un aspect plus martial et plus noble. Cet usage, qui avait valu aux Choctaws le nom de Têtes-Plates et qui se rattachait aussi à des traditions religieuses, n'a point conséquemment un caractère ethnologique. D'autres peuples s'allongeaient démesurément les oreilles; c'est ce que Cook observa chez les indigènes de l'île de Pâques et ce que font encore les Lenguas des bords du Pilcomayo. Cette singulière façon de s'embellir était fort répandue chez les Indiens du nord de la Californie, et elle leur valut de la part des Espagnols le nom d'*Orejones*, d'où est dérivé le nom d'Orégon. Les femmes malaises de Sumatra se percent dans les oreilles des trous d'une grandeur démesurée, et d'autres populations de l'Océanie se les fendaient de la même façon, en se les allongeant de manière à pouvoir y suspendre de très-gros objets et même des poignards. Les lèvres n'ont guère été moins maltraitées. Les Botocoudos du Brésil ont dû leur nom à l'habitude qu'ils avaient de s'insérer dans la lèvre inférieure et dans les oreilles de larges disques de bois. Pareil ornement de lèvre était usité chez la plupart des tribus sauvages du Paraguay, et les Européens l'ont désigné sous le nom de *barbotte*. La peuplade du Grand Chaco qui vient d'être citée reçut des Espagnols le nom de Lenguas, parce que les hommes y avaient l'habitude d'introduire par une fente dans la lèvre inférieure une languette de bois. Le pélélé que se mettent dans la lèvre inférieure les femmes des Manganjas, tribu des bords du Schiré, est une sorte de barbotte. Chez les Mittous, tribu de l'Afrique orientale, tantôt les femmes, tantôt les hommes, s'introduisent dans l'une des deux lèvres des morceaux de quartz ou d'ivoire.

Le fait qui démontre le mieux la passion qui pousse le sauvage à enjoliver son corps à sa guise, sans épargner sa chair, est la fréquence du tatouage; il se présente sous toutes les formes, depuis la simple peinture de la peau, qui en est le point de départ, depuis les piqûres pratiquées de façon à produire des dessins, jusqu'aux incisions les plus profondes. Les anciens avaient déjà connu divers peuples chez lesquels existait cette coutume. Elle valut à l'une des populations de la Calédonie le nom de Pictes, c'est-à-dire de peints (*Picti*). Les Bretons, selon César, et un peuple de la Scythie, les Budins, selon Hérodote, se peignaient le corps en vert de mer. Les Agathyrses, les Daces et les Sarmates se peignaient des figures sur la peau. Les Thraces, au dire d'Hérodote, s'y imprimaient des stigmates. En Orient, l'emploi du *henné* (*lawsonia inermis*) pour se colorer les cheveux, les ongles, est encore fort répandu chez les femmes. Dans la province de Bagdad, on se colore avec le henné les pieds et les mains. Les tribus de l'Amazone se distinguent par les marques colorées qu'elles se font aux lèvres et sur le corps. Afin de rendre ineffaçables les couleurs ainsi appliquées, l'idée vint à un grand nombre de peuplades de se faire des piqûres pour introduire sous l'épiderme une matière colorante, tirée généralement du suc des plantes. Ce tatouage par piqûres existait chez une foule d'insulaires de la Polynésie et de la Malaisie. On l'a observé aussi chez certaines tribus tongouses, qui font pénétrer dans la peau des couleurs et du charbon pulvérisé, comme le pratiquent souvent les Néo-Zélandais. D'autres peuplades polynésiennes, notamment les indigènes des îles Viti, Marquises et fréquemment les Néo-Zélandais, recourent à un tatouage plus profond ; ils se font des incisions sur la figure et le corps, y introduisent des matières colorantes, y appliquent des plantes corrosives, et finissent par produire ainsi sur la peau de véritables dessins, tracés quelquefois avec beaucoup d'art. Ces dessins servent à indiquer le rang, la famille et les exploits. Les guerriers maoris portent sur la face un tatouage tout à fait en relief dont l'opération est extrêmement douloureuse. Chez les Australiens, à chaque période solennelle de la vie, le tatouage se complique de nouvelles lignes. D'autres tribus, telles que les Tchouktchis, se bornent à pratiquer sur le corps des incisions profondes, destinées à rappeler leurs prouesses à la pêche, la chasse ou la guerre. On comprend donc le caractère religieux qu'a pris le tatouage chez certains peuples ; il est devenu un véritable rite, analogue à ce qu'était l'armement du chevalier au moyen âge. Chez les Alfourous, le prêtre ou le radjah lui-même préside à cette cérémonie, qui fait partie du culte des esprits. D'autres mutilations revêtent également un caractère religieux. Ainsi les insulaires des îles Tonga se coupent parfois le petit doigt pour l'offrir en sacrifice aux esprits. L'usage du tatouage persiste même chez des nations arrivées déjà à un degré assez avancé de civilisation, telles par exemple que les Birmans, qui, non contents de se peindre les dents en noir, comme le font les Tibétains, se gravent sur la peau des figures d'animaux à la présence desquels ils prêtent des vertus particulières. Même chez les peuples européens, on voit des soldats, des matelots et surtout des hommes appartenant à la classe des malfaiteurs de profession, se graver sur le corps, sur les membres, des figures et parfois des inscriptions.

L'homme trouva ainsi par les figures qu'il s'imprimait sur le corps non-seulement un moyen de s'orner, mais l'emploi d'une sorte d'écriture. Dans la Polynésie, on recourait quelquefois à des incisions et à des signes gravés sur la peau, pour indiquer certains engagements qu'on avait pris. Les Indiens imaginèrent, dans le même but et afin de se transmettre des ordres ou des nouvelles, leurs ceintures de grains et de coquillages, dites *wampoun*, bariolées de diverses couleurs significatives. C'était un procédé analogue à celui des *quipos* ou *quippou* des anciens Péruviens, cordes à nœuds, d'où pendaient comme des franges des fils de nuances différentes, et dont ils faisaient usage en guise d'écriture et de chiffres.

Une pratique qui se rattache aux mutilations auxquelles le sauvage se soumet afin d'avoir un moyen d'établir sa nationalité ou dans une idée religieuse est la circoncision. Son emploi peut avoir eu pour motif un développement incommode du prépuce, mais il s'est propagé par tradition. Cette coutume remontait chez les Égyptiens à une haute antiquité; elle leur fut sans doute empruntée par les Hébreux, si elle n'était pas déjà nationale chez ceux-ci. La circoncision, consacrée par la loi de Moïse, puis par l'islamisme, a dû à cette circonstance une grande extension. Chez les populations chamitiques, l'origine en est également fort ancienne. Les Abyssins, quoique chrétiens, l'observent telle qu'elle paraît leur avoir été transmise par leurs ancêtres, les *Créophages*, dont parle Strabon. La tribu éthiopienne des Alnajah pratiquait encore, au seizième siècle, cette opération avec des couteaux de pierre, comme le faisaient les Juifs, circonstance qui nous montre que l'usage en remontait à une époque antérieure à l'emploi des instruments de métal. A Madagascar, l'introduction de la circoncision est plus ancienne que la propagation de l'islamisme. Diodore de Sicile signale un pareil usage chez les Troglodytes nomades de l'Afrique. On l'a retrouvé en Guinée, sur la côte du Zanguebar, chez les Cafres, les Béchuanas et les Damaras, qui l'observent tous, sans rien savoir de son origine. Cette même coutume a été rencontrée chez des tribus de l'Australie méridionale et aux îles Fidji; des peuplades de l'Océanie qui ne l'ont point adoptée la remplacent souvent par un rite bizarre qu'Eyre a décrit sous le nom de *wharepin*, et dans lequel le pubis est épilé, opération qui rappelle celle que, sous le nom de *salkh*, pratiquent les Bédouins de l'Arabie. L'origine du salkh est, au reste, fort distincte de celle de la circoncision mahométane ou *taharah*; il date si bien du paganisme antéislamique, qu'il a été, au temps des Wahabites, interdit par les musulmans, sous peine de mort. Dans le salkh, on écorche la peau depuis l'ombilic et le pubis jusqu'aux cuisses, en dépouillant complétement les parties sexuelles. Peut-être ces divers usages tiennent-ils à une parenté primordiale des Sémites et des Chamites d'une part, des Chamites et des Australiens de l'autre. Il est de plus à noter que la circoncision a été également signalée chez quelques tribus de l'Amérique centrale, chez les Mixis, par exemple. Elle existe pour les filles chez les Conivos des bords de l'Ucayali. On pratiquait aussi jadis aux Sandwich une sorte de circoncision, dite *mahélé*.

Le mode d'extraction des dents peut fournir, d'autre part, un indice de parenté entre peuples même fort éloignés. Telle est l'habitude d'arracher les incisives aux adolescents, qui est commune aux Damas, aux Australiens et aux Papous. Les Dinkas et la plupart des tribus du bassin du Bahr-el-Ghazal s'arrachent les incisives inférieures; ce sont au contraire les supérieures que s'enlèvent les Batokas qui habitent la région du haut Zambési. D'autres populations se bornent à se limer les dents pour les rendre extrêmement aiguës et en changer même tout à fait la forme. C'est ce que font les Rejangs de Sumatra, en se servant pour cela de petites pierres. Certains Dayaks se perforent les dents de façon à y introduire une courte tige de métal, terminée par une boule. Quelques tribus africaines se taillent les dents de diverses façons, et cela devient pour les hommes qui y appartiennent un moyen de se reconnaître. Diverses mutilations ont pareil objet; par exemple, les Barabras, les Foundji et les nomades des déserts de Baïoudah ont l'habitude de se faire trois incisions à chaque tempe et à chaque joue, ce qui devient pour eux un signe national, analogue à ce que sont pour certaines castes de l'Hindoustan les lignes de couleur qu'elles se tracent sur le front ou la figure.

Les vêtements sont si bien, pour nombre de populations sauvages, plutôt un moyen de s'orner qu'une défense contre le froid et les intempéries de l'air, que l'on voit chez quelques-unes d'entre elles, chez des tribus papoues, par exemple, les chefs porter seuls des nattes en feuilles de bananiers, teintes de brillantes couleurs ; les autres hommes vont complétement nus. C'est surtout la tête que le sauvage aime à décorer, parce que c'est la partie la plus en vue. Il est vrai que souvent l'usage de la coiffure est dû à la nécessité de s'abriter des rayons d'un soleil ardent, d'éviter l'insolation, le reste du corps pouvant sans danger y demeurer exposé. Telle est la raison qui a conduit les Espagnols, établis au Mexique et au Pérou, à demander aux tissus végétaux la matière des chapeaux placés en guise d'ombrelle sur leur tête. A la Nouvelle-Grenade, une sorte de baquois, le *Carludovica palmata*, fournit aux colons la paille des chapeaux de Panama. La façon dont certaines populations sauvages disposent leur chevelure, l'enduit qu'elles y mettent, paraît avoir pour origine la nécessité de se défendre la tête contre l'ardeur des rayons solaires. Mais le goût de la parure s'est bientôt emparé de cet usage. Il a été parlé au chapitre VII de la chevelure des Papous ; ajoutons ici que les sauvages qui habitent le littoral du détroit de Torrès portent de longues papillotes et d'énormes perruques frisées. L'exemple le plus curieux de ces chevelures postiches est fourni par les insulaires des îles Viti ; on rencontre chez eux les genres de coiffure les plus compliqués et les plus variés, surtout chez les chefs. Ceux-ci ont un coiffeur spécial qui passe chaque jour plusieurs heures à disposer leur chevelure. Quelques-unes ont jusqu'à trois mètres et plus de tour ; aussi les hommes ainsi coiffés ne peuvent-ils dormir en s'appuyant la tête ; ils en sont réduits à poser le cou sur un petit oreiller de bois. Ils se teignent de plus leurs cheveux en diverses couleurs, usage déjà signalé par les anciens chez plusieurs populations barbares, chez les Gaulois, par exemple, lesquels se les teignaient en roux. Mais les chefs des Viti vont plus loin ; ils ont souvent la moitié de la chevelure teinte d'une couleur, et l'autre d'une couleur différente. Au reste, ces usages ne sont pas exclusifs aux peuples sauvages. Les dames romaines, au second siècle de notre ère, abusaient fort des perruques, et l'on sait à quelle extravagance était arrivée la coiffure au siècle dernier.

Les bracelets, les colliers de graines, de dents d'animaux, de cailloux, de coquillages, sont portés par presque tous les peuples sauvages, aussi bien par les hommes que par les femmes, et, ainsi qu'il a été noté ci-dessus, l'on a retrouvé des coquillages et des pierres percées ayant eu visiblement pareille destination, associées à des engins de pierre taillée ou polie, datant d'une époque tout à fait primitive.

Un sentiment de pudeur qui s'éveille déjà à l'état sauvage et se développe avec la civilisation conduit les femmes, même chez les tribus vivant nues, à se couvrir les parties que la décence fait cacher. Un simple pagne, comme le *sarong* des Malais, la peau de mouton dont les négresses, dans la contrée du haut Nil Blanc, s'entourent les reins, suffit parfois à cet objet. On n'a observé qu'un fort petit nombre de tribus où la nudité soit complète chez les deux sexes. Celles d'ailleurs qui habitent un climat rigoureux sont obligées de se couvrir au moins d'une peau qu'ils jettent sur leurs épaules, comme le font les Pécherais. La *nébride* ou peau de panthère dont l'emploi en guise de cuirasse a été signalé plus haut, et dont s'enveloppaient originairement les montagnards de l'Asie Mineure, légère pelleterie que les monuments de l'antiquité prêtent à Bacchus et à ses compagnons, était un vêtement de cette sorte. Chez les populations qui vont nues, la peau acquiert une épaisseur qui la rend moins sensible aux influences extérieures ; elle devient une sorte de cuir et l'on ne peut plus y discerner ces mouvements, ces modifications si apparentes chez l'Européen, et que nos vêtements ont aussi pour objet de dérober. En somme, le sauvage est moins nu, non vêtu, que l'est l'Européen déshabillé. La simplicité des mœurs tient d'ailleurs lieu de pudeur, car elle ne fait pas naître des idées que nos vêtements servent à écarter.

Le goût de la parure jouant un plus grand rôle dans le choix des vêtements que le besoin de se couvrir, on comprend que ceux-ci ne soient pas toujours en rapport avec le climat sous lequel ils sont usités. Ainsi chez les Nègres de la Sénégambie et de la Guinée, on observe une recherche, une abondance de vêtements bien plus grande que chez les populations de l'Afrique australe, de l'Australie et de l'Amérique du Nord, qui sont parfois à peine vêtues, quoique vivant dans des contrées beaucoup moins chaudes. Toutefois l'homme se montre en général ingénieux à adapter son costume aux conditions climatologiques particulières dans lesquelles il se trouve. Ainsi, dans les déserts brûlants où le rayonnement du calorique est considérable, l'homme préfère généralement à tout autre vêtement un simple manteau blanc, comme le *bournous* des Arabes de l'Afrique, le *poncho* des Indiens de l'Amérique du Sud, qui le défend des ardeurs du soleil, sans lui communiquer une trop grande chaleur. Mais l'effet agréable que procurent à l'œil, fatigué par la réverbération solaire, les teintes foncées, a aussi donné naissance, dans les pays chauds, à l'usage des vêtements noirs. Voilà comment les Andalous, à l'exemple des anciens habitants de la Bétique, les Indiens du Pérou, qui portent le noir *uncu*, les anciens Mexicains, qui se recouvraient de l'*ichcahucpilli* de même couleur, préférèrent les vêtements sombres.

Dans les contrées rigoureuses, l'homme s'est montré fort habile à se façonner des vêtements propres à le garantir contre le froid ou l'extrême humidité; telle est, par exemple, la propriété de l'*okonch* des Tchouktchis, fait avec les intestins de baleine ou de veau marin, et si remarquable par sa complète imperméabilité. En général, le Créateur a placé près de l'homme les animaux qui peuvent lui fournir les vêtements convenant le mieux au climat sous lequel il vit. Le poil de chameau fournit à l'Arabe un feutre excellent dont il fait une étoffe qui sert, tantôt à le couvrir, tantôt à envelopper les objets qu'il veut préserver; la laine de la vigogne servait aux Péruviens à se fabriquer des manteaux pour se garantir contre le froid, sur les hauteurs des Andes; le Groënlandais emprunte aux phoques et aux cétacés la peau qui doit le mettre à l'abri des frimas et de l'eau; le Lapon trouve dans le cuir du renne son vêtement le plus chaud. Dans les régions boréales, les extrémités devant être défendues contre le froid, aussi bien que le reste du corps, des vêtements inconnus à la plupart des populations tropicales devinrent en usage; tels sont les gants, les bottes, les chaussures fourrées des Eskimaux, des Samoïèdes et des Lapons. La nécessité de marcher sur un sol toujours gelé où le pied glisse aisément, a donné naissance aux patins que les tribus sibériennes fabriquent avec beaucoup d'intelligence. Les Indiens de l'Amérique du Nord portent des chaussures faites de peau de buffle préparée par un procédé particulier, les *mocassins*, et qui n'ont rien d'égal comme moyen de préserver de l'humidité. Ailleurs que dans les régions froides, les chaussures et les gants ne sont plus qu'un objet de luxe, et deviennent alors un indice de civilisation. Tout au plus voit-on apparaître dans les contrées chaudes, afin de garantir la plante du pied, les sandales qui laissent aux orteils leur liberté et leur souplesse, ou ces enveloppes faites soit avec la peau de mouton, soit avec quelque autre toison, comme les *ciocie* des montagnards des Abruzzes retenues sur le mollet par des lanières aux couleurs brillantes. Les Nègres de la Guinée, pourtant si avides d'ornements, en ignorent encore l'usage; les sandales gêneraient, au reste, leurs mouvements et enlèveraient à leurs pieds cette adresse qui supplée à la grossièreté des instruments et des ustensiles qu'ils se fabriquent. C'est qu'en effet la vie sauvage développe certains sens qu'émousse au contraire la vie civilisée.

Si notre goût pour les aliments se raffine de jour en jour davantage, si notre oreille devient plus délicate pour la musique, si nous acquérons plus de coup d'œil pour les arts, nous perdons, en revanche, la finesse de l'ouïe, de l'odorat, du toucher, qui arrivent souvent à une puissance remarquable chez les sauvages. Notre œil est apte à saisir des nuances de couleur et des règles esthétiques, mais notre vue n'est plus ce regard perçant et d'une portée si sûre de l'homme du désert, de l'habitant des forêts. Notre toucher, borné à la main, perd cette finesse qui étonne chez le sauvage. L'Indien de l'Amérique du Nord reconnaissait jadis, en approchant l'oreille de terre, le bruit fait par les pas d'une tribu ennemie, passant à une distance considérable. On observe encore aujourd'hui cette acuité de l'ouïe chez les Béloutchis nomades. Dans les Pampas, le *baqueano* sait reconnaître son chemin, au milieu d'une vaste plaine couverte d'herbe où l'œil ne rencontre aucun point de repère. Le *rastreador* retrouve à la piste, à la trace la plus fugitive, et cela pendant un parcours de centaines de milles, l'homme, l'animal qu'il poursuit. Dans les déserts de l'Afrique et de l'Arabie, le Bédouin pratique avec une étonnante habileté le *kiafet*, c'est-à-dire l'art de discerner, par les traces sur le sable, les hommes et les animaux qui y ont passé, de deviner, à la première vue, à quelle race, à quelle tribu un homme appartient. Déjà il y a neuf siècles, un géographe arabe, Maçoudi, dans ses *Prairies d'or*, signalait chez le même peuple cette prodigieuse sagacité. Pareille habileté a été rencontrée chez les Hottentots. Les Mincopies ou Andamènes, qui forment pourtant un des derniers échelons de l'humanité, ont la vue si perçante et si exercée, qu'ils aperçoivent dans la mer à une grande profondeur, et peuvent, durant la nuit, frapper de fort loin le gibier. Le voyageur Brun-Rollet remarque que les Nègres du haut Nil Blanc ont l'ouïe si fine qu'ils entendent le bruit d'un tambour à des distances prodigieuses, sans jamais se tromper sur la direction d'où le son leur arrive, ni sur la signification du battement à l'aide duquel ces peuples se transmettent des instructions et des nouvelles.

Si la civilisation développe l'intelligence, elle accroît, en même temps, souvent d'une manière fâcheuse, l'excitabilité nerveuse, et amène une foule de névropathies, inconnues aux populations sauvages. L'aliénation mentale est bien plus fréquente là où la vie intellectuelle et l'état industriel sont très-avancés. L'homme civilisé devient plus sensible à la souffrance physique et morale. Les voyageurs ont été frappés de la dureté au mal que montrent diverses tribus sauvages, surtout celles que l'habitude d'aller nu endurcit à la douleur. On en a cité de curieux exemples chez les Peaux-Rouges et les Bicharieh. C'est à cette insensibilité qu'est dû chez les barbares l'emploi des supplices ; de là aussi ces coutumes féroces dont il a été parlé plus haut, telles que l'émasculation, pratiquée dans l'Afrique orientale, l'écorchement des captifs figuré sur les bas-reliefs assyriens, l'ablation des membres, que les Israélites empruntèrent aux Chananéens, l'usage de scalper, si général chez les Peaux-Rouges et que Strabon signale chez les Sarapares qui habitaient les montagnes de l'Arménie. Thucydide, en parlant de la férocité des Thraces, note déjà le contraste qui existait entre la cruauté des populations les plus barbares et les habitudes des nations les plus policées de son temps.

En général le genre de vie que mène un peuple développe en lui telle ou telle aptitude au détriment d'autres, fait qui se produit également pour les qualités morales.

Nourriture.

Les fruits des arbres dont vivent encore plusieurs des tribus sauvages de l'Amazone, dont subsistaient en grande partie les indigènes des îles de la Société, ont fourni d'abord à l'homme sa nourriture. A ce moyen d'alimentation insuffisant fut de bonne heure associé le produit de la chasse et de la pêche. L'homme vivait alors comme les animaux carnassiers, et était, comme le sont souvent ceux-ci, condamné à de longs jeûnes que nous voyons les sauvages savoir beaucoup mieux supporter que les Européens; ils réparent, comme on l'a observé pour les Comanches, par un seul mais abondant repas, plusieurs jours de complète abstinence[1]. L'homme, l'appétit ainsi aiguisé, dévora sa proie encore presque vivante et sans la préparer. Cette voracité persiste chez un grand nombre de populations sauvages qui n'occupent pourtant pas les derniers degrés de l'échelle sociale; le goût pour la chair crue s'est même conservé chez des peuples parvenus déjà à un état social avancé, tels que les Abyssins qui, sous le nom de *broundou*, la savourent comme un mets délicieux. Le besoin de conserver pendant plusieurs jours la chair destinée à la nourriture, d'amollir les parties dures et osseuses que les dents ne pouvaient broyer, conduisit à la faire cuire.

On l'exposa d'abord simplement au soleil pour la faire sécher, puis vinrent les diverses façons de la cuire qui s'adaptèrent aux différentes manières d'entretenir le feu. En plusieurs contrées, dans les îles de la Polynésie notamment, l'homme creusait un trou dans le sol et déposait, sur un lit de cailloux ou de feuilles sèches, la chair non dépecée qu'il voulait cuire, puis il la recouvrait d'une couche de terre sur laquelle il allumait le combustible; c'est ainsi que les Tahitiens notamment cuisaient leurs porcs et préparaient le *piha*. Dans quelques cantons de la Sardaigne, on use encore de ce procédé. D'autres fois, le corps de l'animal à cuire était placé dans la peau même dont on l'avait dépouillé et qui servait comme de *papillote*. L'animal ainsi enveloppé était tantôt déposé dans un trou et recouvert d'une pierre en guise d'âtre, tantôt suspendu à une broche et rôti au feu. Le premier procédé se pratique encore chez les paysans de la Grèce. Les Scythes, au dire d'Héro-

---

1. Les Bicharieh, écrit M. Linant-Bey (*L'Etbaye*, p. 135), supportent la faim, la soif pendant plusieurs jours sans paraître en être incommodés. Quand ils ont mangé, ils ne se préoccupent plus du lendemain; la moindre chose en effet leur suffira; mais aussi toutes les fois qu'ils en trouvent l'occasion, ils se repaissent à l'instar des boas, de manière à ne plus pouvoir bouger.

dote, faisaient souvent cuire la victime qu'ils sacrifiaient, dans la peau dont ils l'avaient préalablement dépouillée. A la peau on substitua parfois une simple enveloppe d'écorce, ainsi que le faisaient les Australiens, quand ils recouraient au mode de cuisson appelé par eux *yudarn doukoun*. Au commencement du seizième siècle, les habitants des plus pauvres cantons de l'Irlande faisaient cuire dans un tronc creux le bœuf ou le porc non dépecé et dont ils ne prenaient même pas soin de retirer les entrailles. Une invention qui suivit de près celle de la broche, là où l'homme avait déjà appris à préparer le charbon, fut la cuisson sur le gril; l'idée en fut suggérée par les bâtons disposés en treillis sur lesquels on plaçait la viande pour l'exposer au feu et qui reposaient sur des poteaux. Cette cuisson lente sur un foyer dont on ne savait pas encore faire convenablement échapper la fumée, amena la découverte d'un autre genre de préparation de la viande, et qui date également de la société sauvage, l'art de la boucaner, procédé que pratiquaient les Indiens du Brésil à l'arrivée des Européens. Les insulaires des Antilles qui connaissaient le gril placé sur des poteaux (*barbacoa*), enseignèrent aux colons européens cette méthode; elle a valu à des aventuriers établis à Saint-Domingue le nom de *boucaniers*. La boucanerie s'est retrouvée chez diverses populations de l'Afrique et jusqu'au Kamtchatka.

Deux causes tendirent à modifier et à diversifier suivant les races et les tribus le système de nourriture : la variété des productions de chaque pays, la différence des constitutions physiques, des tempéraments; celle-ci fait préférer tel ou tel mode d'alimentation, et dépend elle-même en grande partie du climat. Tandis que les populations des contrées froides consomment une quantité considérable d'aliments, que l'on voit l'Eskimau avaler en un jour jusqu'à vingt livres de viande, celles des contrées très-chaudes, l'Hindou ou l'Arabe, par exemple, se soutiennent, toute une journée, avec un peu de riz, de dourah ou de blé. L'homme sauvage n'éprouve pas d'ailleurs le besoin de cette variété de nourriture qu'a créée le raffinement des Européens. Le cercle des aliments de tout peuple sauvage ou barbare est d'ordinaire fort borné ; il se réduit à ce que le sol lui fournit. C'est ce qui explique comment les anciens ont pu désigner une foule de peuples par le mode de nourriture qui leur était particulier. Diodore de Sicile, décrivant les populations de l'Afrique, nous parle des *Rhizophages*, qui vivaient de racines, des *Spermatophages*, qui vivaient des fruits des arbres, des *Hylophages*, qui en mangeaient les bourgeons, des *Struthiophages*, qui vivaient de la chair de l'autruche, des *Acridophages*, qui mangeaient des sauterelles, des *Chélonophages*, qui mangeaient les tortues, ainsi qu'Hérodote le rapporte des Nasamons ; cet aliment demeure usité chez les tribus habitant au sud de Mourzouk. Les *Ichthyophages* vivaient de poisson. Il existe, à l'entrée du Golfe Persique, des populations dont le poisson constitue encore, comme au temps de l'historien grec, toute la nourriture. Les Groënlandais, les Tchouktchis, les Pécherais ne se nourrissent de même que de poissons et d'animaux marins. Telle était originairement la nourriture des populations côtières ; elles associaient au poisson les coquillages que la mer leur jetait ou qu'elles en retiraient elles-mêmes. Les *kiœkkenmœddings* du Jutland, amas de coquillages, de cendres et de fragments de poterie datant de l'âge de la pierre, sont un des plus curieux témoignages de pareille alimentation. Ces amas de coquillages rappellent ceux que Cook et Grey ont observés près des huttes des insulaires de la Polynésie. Le poisson pourri est une nourriture commune à toutes les populations de l'Indo-Chine et de l'Archipel indien ; il fait la base du *ngapi* des Birmans et du *blachang* des Malais. Les peuples chasseurs préfèrent la venaison, les pasteurs ou éleveurs de bestiaux, la viande de leurs troupeaux et des animaux domestiques. Les Comanches et d'autres peuplades indiennes n'ont guère pour nourriture que la chair des bisons, dont la chasse fait presque toute leur occupation. De même, les peuplades sibériennes et laponnes vivent de la chair du renne, les Kalmouks (*Scythes hippophages* de Ptolémée), de celle du cheval. Plusieurs populations polynésiennes, qui n'avaient que fort peu de mammifères, mangeaient du chien, animal dont la chair devenait moins coriace, à raison de la nourriture végétale qu'elles lui donnaient exclusivement. Ce n'était pas seulement la chair que l'homme primitif dévorait, il avalait encore avidement la moelle des os qu'il fendait avec son couteau de pierre, ainsi que l'attestent les débris que l'on a trouvés associés à des monuments de l'âge de la pierre, et comme Procope le rapporte de certains peuples de la Scandinavie (*Scrithifenni*) qui nourrissaient ainsi leurs jeunes enfants.

Les oiseaux que le sauvage atteint de ses flèches entrent aussi pour une certaine part dans sa nourriture; les populations les plus sauvages seules, telles que les Garos de l'Assam, certaines tribus de l'intérieur de Sumatra, les insulaires des Andaman, plusieurs tribus de l'Océanie ou de l'Afrique, mangent les crapauds, les serpents, et d'autres reptiles. Élien nous représente les Troglodytes comme dévorant aussi la chair des serpents. Les tribus les plus dégradées de l'Australie font même leur nourriture des chauves-souris, des lézards, des vers et des chenilles. Il y a toutefois certains animaux de cette catégorie, les alligators, les crocodiles, par exemple, dont la chair est recherchée de quelques peuples civilisés. On rencontre même des tribus, telles que les Nagas de l'Assam et certaines peuplades de l'Amérique, assez abruties pour dévorer jusqu'aux insectes, dont les œufs servent aussi d'aliment en certains pays. Une foule de sauvages mangent leur propre vermine, comme le faisaient les *Phthirophages*, dont parlent les anciens, et comme on le voit faire aux singes.

Chez les populations pastorales, le lait joua naturellement un grand rôle dans l'alimentation. Certaines tribus scythes vivaient surtout du lait de leurs cavales, circonstance qui les fit désigner par les Grecs sous les noms de Galactophages et d'Hippomolgues; il fournit le beurre et le fromage. Le beurre était la base de la nourriture des Aryas qui l'offraient à leurs dieux en libation. Presque toutes les anciennes populations de l'Europe et de l'Asie Mineure, sorties de la souche indo-européenne, fabriquaient du fromage. Les Arvernes s'étaient acquis une célébrité pour sa préparation; il était fait soit de lait de vache, soit de lait de chèvre, soit de lait de brebis. Les anciennes populations de la Sicile mêlaient ensemble ces deux derniers laits, et Aristote nous apprend que les Phrygiens fabriquaient des fromages de lait de cavale et de lait d'ânesse mêlés. L'art de baratter le beurre passa sans doute d'Asie en Europe, car il est à noter que le nom sanscrit du beurre, qui s'est perdu dans les langues de la famille latine, s'est conservé chez les langues de l'Europe septentrionale.

Chez les peuples agricoles, la nourriture végétale, associée aux produits de la chasse, prédomine, surtout dans les climats chauds. Dans les climats tempérés, et à mesure qu'on remonte vers le nord, on voit la viande entrer pour une proportion plus forte dans l'alimentation. Un des objets de l'agriculture est de répandre et de multiplier, par une culture régulière, les végétaux capables de suffire à la nourriture de toute une population, tels que les plantes farineuses, les céréales. De là la culture dès la plus haute antiquité, chez les populations indo-européennes, de l'orge, du froment, de l'avoine, du seigle; elle demeura longtemps inconnue à des populations même voisines de celles où l'usage de ces céréales avait pris de notables développements. Au sixième siècle de notre ère, les Lazes, descendants des anciens Colchidiens, ignoraient encore la culture du blé et le recevaient des Grecs qui prenaient en retour leurs pelleteries.

Dans le principe, on se borna à manger les grains bouillis ou délayés dans de l'eau, comme le faisaient les Maures, au dire de Procope, et comme continuent à le faire souvent les Arabes de l'Algérie, leurs descendants. Encore aujourd'hui, les Tibétains et les Mongols délayent, pour leur nourriture journalière, de l'orge grillée dans de l'eau; c'est ce qu'on appelle le *tsamba*. Entre les condiments qui relevèrent de bonne heure la chaire cuite ou la pâte dont l'homme se nourrissait, il faut placer le sel, qui, connu depuis des temps très-éloignés en Asie et en Grèce, employé par diverses tribus insulaires de la Polynésie, demeura cependant longtemps inconnu à diverses tribus sauvages.

Il a déjà été question, au chapitre v, de la propagation des céréales et de l'introduction de leur culture chez différents peuples. Chaque nation, et pour ainsi dire chaque race, a adopté un certain nombre de plantes alibiles qui constituent le fond de sa nourriture. Les peuples ont recherché surtout les plus riches en substance nutritive. L'orge a été cultivée dès une époque fort reculée en Europe, puisqu'on l'a découverte associée aux pois chiches, à la racine de coriandre dans des vases, au milieu de débris de construction que recouvrait une couche de péperino, de quinze mètres d'épaisseur, à l'île de Thérasia près Santorin. Dans des palafittes de l'âge de la pierre, en Suisse, on a même, à côté de grains d'orge, recueilli du froment, de l'avoine, des pois et des lentilles. D'où il suit que l'homme a reconnu, de fort bonne heure, que les céréales et les légumineuses sont les plantes les plus riches en matière alimentaire. Les autres végétaux, les fruits n'ont été que des succédanés secondaires qui, suivant les temps et les lieux, sont entrés pour une proportion plus ou moins marquée dans l'alimentation.

En Afrique, les céréales forment, comme en Europe, la base de la nourriture végétale; mais on n'y cultive guère l'orge et le seigle, grains par excellence de la Scandinavie et de l'Écosse. Le blé est cultivé de préférence dans l'Afrique septentrionale; plus au sud, il fait place à d'autres céréales, au *sorgho*, au *Poa abyssinica*. Au Soudan, le *dokhn* (*Pennisetum typhoïdeum*) est la base de l'alimentation. Dans la contrée du haut Nil Blanc, le dourah forme avec le lait et la mérisse presque la seule nourriture.

Dans l'Asie méridionale, le riz, dont la culture a pénétré en Europe et en Afrique, est l'aliment préféré. Dans l'Asie septentrionale, reparaissent les graminées alibiles d'Europe, l'avoine, l'orge. En Malaisie, l'igname, le sagou remplacent les céréales, et dans la Polynésie, l'*artocarpus* ou *arbre à pain* suffit le plus souvent à l'alimentation, mais il est remplacé en beaucoup d'îles par le *taro* (*Arum esculenta*) ou les tubercules du *piha* (*tacca*).

Le maïs était la nourriture de presque toutes les peuplades indiennes établies au sud du Saint-Laurent et à l'ouest des Montagnes Rocheuses ; on le cultivait dans la Virginie, la Floride, jusqu'aux bords du Mississipi et au Mexique, à l'arrivée des Espagnols. En quelques parties du Nouveau monde, cette céréale fait place à d'autres plantes alimentaires : le manioc, dont la culture dans l'Amérique centrale est bien antérieure à l'arrivée des Européens, la patate, fort répandue dans les contrées intertropicales, le *Chenopodium quinoa*, surtout propre au haut Pérou, la pomme de terre, originaire d'Amérique, mais cultivée aujourd'hui dans une grande partie du monde, et qui est devenue l'alimentation presque exclusive du pauvre Irlandais.

Certains arbres, dont le bois fournit de précieux matériaux aux populations des pays où ils croissent, portent de plus des fruits assez abondants pour suffire presque exclusivement à leur nourriture. Citons la datte, fruit du *Phœnix dactylifera*, qui est l'aliment habituel des tribus de l'Afrique septentrionale. Il a été déjà question au chapitre v des ressources alimentaires que présentent les arbres de la famille du palmier[1]. La châtaigne, dans les districts montagneux du centre de la France et de l'Italie, suffit presque à la subsistance des classes pauvres. Le bouleau fournit aux Lettes et aux Esthoniens la boisson, le combustible et la teinture. Le cocotier, originaire de l'Asie méridionale, et maintenant répandu sur toute la zone torride, porte des fruits où l'homme trouve à la fois une nourriture saine, une huile utile et une boisson rafraîchissante. Le bananier, qui depuis une haute antiquité

---

1. Au dire de M. Lycklama à Nijeholt (*Voyage en Russie, au Caucase*, etc., t. III, p. 154), il existe une chanson persane où sont énumérés les usages du palmier qui ne s'élèvent pas à moins de 360.

nourrit les peuples de l'Archipel indien, s'est peu à peu propagé dans toutes les contrées intertropicales et est devenu, en bien des lieux, la source habituelle d'alimentation ; un seul pied de pisang (*Musa paradisiaca*) peut suffire à la nourriture d'un homme pendant toute une année. La culture de cet arbre datait en Amérique d'une époque très-reculée.

En général, les populations qui ont réussi à multiplier les plantes alimentaires, et prennent soin de s'en assurer des récoltes annuelles, ont atteint une supériorité sociale ; on peut s'en convaincre par la comparaison des tribus indiennes du Nouveau monde chez lesquelles était cultivé le maïs, avec celles qui en ignoraient la culture.

Diverses plantes fournissent à l'homme une boisson ou simplement un condiment, analogue à celui qu'il trouva de bonne heure dans le miel. Tel est le sucre extrait de la canne, porté de l'Inde dans les diverses parties du monde civilisé, ainsi que le montre l'étymologie sanscrite (*sakkara*) du nom qu'il a reçu dans toutes les langues. On extrait du riz une boisson spiritueuse qui fait les délices des peuples de l'Asie méridionale et des Nègres. Ailleurs on tire de divers palmiers, tels que l'*Elate sylvestris* de la côte de Malabar, le *Nipa* des Philippines, le *Cocos butyracea* de l'Amérique du Sud, et surtout le *Borassus flabelliformis*, le vin de palme, et de l'*Areca catechu* une séve qui, fermentée par le riz, donne l'arack ; un autre élaïs et le *Sagus Rumphii* fournissent de l'huile (huile de palme), comme le fruit de l'olivier. Les Chiliens trouvent dans une anacardiacée le *Schinus molle*, une boisson rafraîchissante, et les Péruviens mâchent la résine qui découle de cet arbre. La *chicha* que l'on obtient par la fermentation du manioc desséché, est une boisson en usage chez diverses tribus indiennes de l'Amérique du Sud. Dès une haute antiquité, les Mexicains savaient retirer de l'*agave* ou maguey le *pulqué* qui fait leurs délices. Le *Piper methysticum* fournit le *kava* ou *ava*, boisson enivrante répandue dans la Polynésie. Le lait produit, par la fermentation, une liqueur spiritueuse (le *koumiss*), dont l'usage est surtout répandu chez les Mongols. La vigne, dont on a résumé l'histoire au chapitre v, se place, en première ligne, parmi les végétaux d'où l'homme extrait un breuvage spiritueux et fortifiant. L'emploi de pareilles boissons s'est rencontré chez tous les peuples et semble nécessaire à l'entretien de notre activité physique. Presque toutes les liqueurs que l'homme associe d'ordinaire à l'eau prennent, par certaines préparations, un esprit puissant qui en développe les propriétés toniques. Aussi voit-on dès l'époque la plus reculée apparaître les boissons fermentées. L'homme a renoncé de bonne heure à étancher de préférence sa soif avec le jus des fruits dans sa douceur originelle. La nécessité de le mettre en réserve pour les moments où il en aura besoin, l'a conduit à constater la propriété que ce jus a de fermenter. Les anciens Aryas extrayaient de l'*Asclepias acida* ou *Sarcostemma viminalis* le *soma*, liqueur dont ils aimaient à s'enivrer, après l'avoir offerte en libation à leurs dieux. Les Massagètes tiraient de certains fruits une liqueur fermentée. Le miel tenait lieu, chez d'autres populations, du jus des fruits ; les Celtibériens et les anciens Scandinaves, comme les paysans de la Russie et de la Pologne actuelle, s'enivraient avec de l'hydromel, boisson que l'usage améliora par l'addition d'éléments aromatiques et spiritueux. Les Germains fabriquaient, à l'aide de la fermentation du grain, la cervoise, qui a donné naissance aux bières si variées des Allemands, des Flamands et des Anglais. Les Scythes, dont parle Hérodote, tiraient une liqueur enivrante du chanvre, plante dont l'introduction en Europe paraît être due aux peuples qui y émigrèrent d'Asie par l'Oural et le nord du Pont-Euxin. La manière dont les Finnois, au dire de Linné, préparaient leur espèce de bière appelée *lura*, en montre le caractère tout primitif, car à la façon des Assiniboines, des Micmacs et autres Indiens, ils jetaient dans le liquide une pierre chauffée à blanc. Le *cycéon*, que, suivant la tradition éleusinienne, Baubo offrit à Déméter, était une antique boisson fermentée de ce genre, qui rappelle quelque peu le *chang* que les Tibétains extraient de l'orge et de la farine de froment fermentée.

Le café, le thé sont des excitants plus doux dont l'usage, circonscrit d'abord pour le premier aux populations sémitiques, et pour le second aux populations chinoises, s'est répandu parmi les peuples civilisés. Quelques boissons ont été simplement recherchées à raison de leur saveur agréable, du principe aromatique qu'y développe la fermentation : tel était le cas pour le *chocalatl* des anciens Mexicains, fourni par le cacaoyer et dont la préparation, étendue et perfectionnée, a fourni aux Espagnols d'abord, puis aux autres nations européennes, le chocolat.

Rien donc n'est plus varié que l'alimentation, rien ne subit plus les modifications imposées par le climat dans les habitudes. A mesure que l'homme agrandit le cercle de ses moyens alimentaires, il abandonne des aliments dont il se contentait à l'origine. Au sauvage, tout est bon pour satisfaire son appétit ; son instinct lui fait découvrir des aliments là où l'homme civilisé n'en soupçonne pas. Cette étonnante fécondité de ressources chez les peuples les moins intelligents, pour assouvir la faim, apaiser la soif, a étonné les voyageurs. C'est ainsi que dans les déserts de l'Australie centrale, dans les plaines où l'eau fait en apparence partout défaut, l'indigène parvient à découvrir de quoi étancher sa soif dans des buissons et des arbustes ; il les arrache de terre, il en broie les racines, et en extrait une eau qui le rafraîchit. De même, l'homme composa les aliments les plus propres à soutenir ses forces, pendant de longs voyages, et qui ne l'obligent pas à se charger de provisions incommodes que la chaleur pourrait corrompre ou le froid complétement geler. Tel est le pemmican, dont se nourrit le trappeur de l'Amérique boréale, pâte faite avec la chair du daim ou de renne, séchée au soleil, pilée ensuite et mêlée de graisse. Les sauvages savent, ainsi qu'il a été dit, supporter de longs jeûnes; ils ne se sont pas fait les habitudes régulières de repas des peuples civilisés; ou, comme les Nègres du haut Nil

Blanc, ils ne mangent qu'une seule fois par jour, à l'approche de la nuit. La préoccupation de pourvoir à ce repas absorbe presque toute leur activité. Aussi peut-on dire que dans la vie de chasseur ou de nomade, l'homme se rapproche par son mode d'existence de l'animal; il ne vit guère que pour se nourrir et se reproduire.

Ce n'est pas seulement à des boissons que l'homme demande une excitation, qui est à la fois pour lui un besoin et un plaisir, il recourt encore à des narcotiques. Les Indiens de l'Amérique du Nord connaissaient l'usage du tabac à fumer que les peuples européens et asiatiques leur ont emprunté. Ils fabriquaient des pipes ou calumets et déployaient dans la fabrication de ces ustensiles devenus pour eux le symbole de l'hospitalité, beaucoup d'art et d'originalité; ils trouvaient dans l'aspiration de la fumée de la nicotiane et de quelques autres plantes, un moyen d'entretenir chez eux cette rêvasserie, cette contemplation vague, à laquelle ils étaient déjà disposés. La même tendance a propagé chez les Orientaux l'usage de la pipe, qui a pénétré avec le tabac jusque dans le Bornou et le centre de l'Afrique. Mais les Indiens cherchaient aussi dans ce narcotique un moyen de tromper la faim qu'ils ne pouvaient toujours satisfaire, et ils l'employaient comme les Othomis, les Nègres de la Guinée emploient certaines argiles, dépourvues, de même que toute matière minérale, de propriétés nutritives, pour occuper plutôt que pour satisfaire l'estomac. L'usage de l'opium, du *dawamesc* ou haschich est très-répandu chez les Orientaux, les Malais, les Chinois, qui se plaisent dans les hallucinations que ces préparations procurent. Les Scythes, au dire d'Hérodote, se plongeaient dans des étuves de vapeur de chanvre qui provoquait chez eux de pareils troubles intellectuels. Ce besoin d'excitation fait naître, en Asie et en Amérique, l'habitude de mâcher des feuilles de *bétel* ou de *coca*, dans l'Yemen, les pousses du *Celastrus edulis*.

L'usage des excitants est certainement un de ceux qui se sont le plus rapidement répandus. Moins de trois siècles ont suffi pour que le café, le thé devinssent des denrées de tous les pays. Le tabac et la poudre à canon sont aujourd'hui aussi généralement connus que si leur découverte remontait aux premiers âges du monde. En sorte que l'on peut dire qu'après le besoin de se détruire, l'homme n'en a pas de plus pressant que de s'exciter.

L'instinct de la destruction chez l'homme résulte de diverses causes qui ont été analysées en partie au chapitre précédent. Mais chez certains peuples, il naît encore de l'habitude de l'anthropophagie. Les anciens ont fait mention de nations barbares, telles que les Issédons, les Padéens, les Massagètes, les Androphages, qui mangeaient de la chair humaine. Cette horrible coutume s'est rencontrée à toutes les époques, chez les populations plongées dans la plus complète sauvagerie; mais le caractère qu'offre le cannibalisme des peuplades de l'Amérique et de la Polynésie montre qu'il prend encore plus sa source dans des préjugés religieux, des idées bizarres, que dans le besoin de l'alimentation animale. Un grand nombre de tribus polynésiennes s'imaginent qu'un homme, en dévorant son ennemi, fait pénétrer en lui les vertus guerrières que possédait sa victime. Ainsi que l'a remarqué A. de Humboldt, l'usage des sacrifices humains, dont il a été question au chapitre IX, se lie de très-près à l'anthropophagie: on a d'abord dévoré la victime dans un repas religieux. Encore aujourd'hui, certaines tribus de l'Amazone, un mois après les funérailles du mort, déterrent son cadavre, le mettent dans une grande chaudière, et le font complétement carboniser. Ils réduisent alors les charbons en poudre; la versent dans une liqueur qu'ils avalent, croyant ainsi s'infuser les vertus du mort. Naguère, aux îles Sandwich, on mangeait le corps des bons princes, qui avaient fini de mort naturelle, pour que leur cadavre ne fût pas profané; cela s'appelait *manger le chef par amour*. Chez les indigènes de l'Australie, l'anthropophagie n'est usitée que pour certaines cérémonies magiques. Les Battaks de Sumatra, qui ne sont pas habituellement cannibales, le deviennent cependant à l'occasion des exécutions capitales. Après que le condamné a reçu la mort, son corps est dépecé par les assistants, qui en dévorent les lambeaux. Les plus proches parents de la victime ont droit aux meilleurs morceaux. Pour d'autres peuples, les Indiens de la Guyane, par exemple, l'anthropophagie est simplement un acte de vengeance. La victoire sur une horde ennemie est célébrée par un repas, dans lequel on dévore quelques parties du cadavre d'un prisonnier. L'anthropophagie a même été observée chez des populations relativement assez avancées; ainsi les Mombouttous, Nègres de l'Afrique équatoriale, qui se font remarquer par une organisation et une industrie fort supérieures à celles de bien des Noirs du Soudan et de la Guinée, sont cependant anthropophages.

Toutefois il faut reconnaître que si l'anthropophagie n'a pas été le résultat de la pénurie de la nourriture animale, en certains cas elle a été entretenue et même développée par cette cause. Dans les îles de la Polynésie où les mammifères étaient fort rares, le plaisir de manger de la chair conduisit à dévorer le cadavre d'un ennemi. Aux îles Fidji, on vit un chef montrer les ossements de 872 infortunés que son père avait dévorés dans le cours de sa vie. Une telle consommation de chair humaine ne saurait s'expliquer que par le besoin d'une nourriture animale. Pour les Cobeus de l'Uaupès, l'homme est un véritable gibier; et ces sauvages déclarent la guerre aux tribus voisines, uniquement afin de se procurer de la chair humaine; en ont-ils plus qu'il ne leur faut, ils la font dessécher, la fument et la gardent comme provision[1]. On a vu quelques Européens, exténués par la faim, recourir à cet affreux aliment. En Australie, après les famines, le cannibalisme prit parfois d'effroyables proportions. Encore aujourd'hui cette hideuse coutume persiste dans une partie de la Polynésie et de la Papouasie.

Le mode d'alimentation variant souvent de tribu à tribu, suivant ses habitudes et les productions du pays, il est devenu pour certaines races primitives un caractère natio-

1. Il ne faut pas confondre cette coutume avec celle de conserver en signe de trophée les têtes des ennemis séchées, tel que cela s'observe chez les Dayaks de Bornéo.

nal. Telle tribu eut une aversion profonde pour telle autre qui n'usait pas des mêmes aliments; ceux de celle-ci étaient réputés impurs par la première. Des idées religieuses s'attachaient aussi à tel ou tel animal et firent condamner l'usage de sa chair, tandis qu'elles faisaient recommander la chair de tel autre animal. C'est ainsi que la loi juive condamnait l'usage du porc et d'autres animaux réputés impurs. Les Aryas avaient horreur des populations dravidiennes, qui mangeaient des reptiles. De telles aversions fondées, en Égypte, en Syrie, sur le culte rendu à certains animaux, dans l'Hindoustan, sur la croyance à la métempsychose, prirent ailleurs naissance par des idées analogues à celles qui entretenaient l'anthropophagie chez les Polynésiens. Les Dayaks ne veulent point manger de la chair du daim, de peur de devenir aussi timides que cet animal, mais ils en permettent l'usage aux femmes et aux enfants. Les Caraïbes s'abstenaient de la chair des cochons et des tortues, s'imaginant que s'ils en mangeaient, leurs yeux pourraient devenir aussi petits que ceux de ces animaux. C'est par une idée inverse, mais du même ordre, que les Dacotas mangeaient le foie du chien, afin d'acquérir sa sagacité. Les Arabes pensent que l'usage de la chair du chameau rend passionné et rancunier comme l'est ce ruminant.

Habitations.

L'homme, sous certains climats, peut, au moins durant une partie de l'année, se passer d'abri durant la nuit et dormir en plein air. Diodore de Sicile nous représente les anciens Libyens couchant ainsi à la belle étoile. Au dire du même historien, les Ligures passaient la nuit au milieu des champs et construisaient rarement de chétives cabanes. Au sixième siècle de notre ère, Procope décrit les Maures comme couchant sur la dure, sans autre abri que le vêtement sordide dont ils étaient couverts; les riches seuls s'enveloppaient d'une peau de mouton. Dans les contrées intertropicales, l'homme s'est originairement blotti, la nuit, pour dormir, dans quelque tronc creux, à l'ombre d'un bocage, ou s'est perché sur la cime, sur les branches d'un arbre. Plusieurs tribus du Dâr-Fertit établissent encore leurs demeures sur les arbres. Diverses peuplades de l'Amazone, celles du Cap York (Australie) n'ont aucune demeure fixe; les hommes dorment tantôt sur le sol, tantôt au pied d'un arbre, tantôt dans les grandes herbes; et le même fait s'observe chez quelques tribus sauvages de l'Hindoustan et de la Malaisie. L'habitude de monter pour dormir sur les branches d'un arbre suggéra l'invention des hamacs, dont le nom est d'origine haïtienne et dont l'usage était répandu chez une foule de sauvages du Nouveau monde.

Dans les climats froids ou humides, et dans les contrées chaudes, durant la mauvaise saison, les cavernes, les anfractuosités naturelles fournirent à l'homme un abri, et ce genre d'habitations est un des plus anciens dont l'histoire fasse mention. *Antea specus erant pro domibus*, écrit Pline; ce que dit de son côté Diodore de Sicile, qui nous représente les premiers hommes habitant dans les grottes pendant l'hiver. Les cavernes renfermant des ossements d'espèces animales éteintes, découvertes dans le midi de la France, en Belgique, en Suisse et ailleurs, démontrent la haute antiquité du troglodytisme, qui subsista encore après que l'on eut appris à construire de véritables habitations; il ne saurait donc remonter partout aux temps dits préhistoriques. Les Grecs désignèrent sous le nom de Troglodytes diverses populations de l'Asie et de l'Afrique qui n'avaient pas d'autres demeures que les trous des rochers et les cavités du sol. Les Cosséens de l'Assyrie, certaines tribus ligures, les insulaires des Baléares, les montagnards de la Sardaigne, au rapport des géographes anciens, habitaient dans les cavernes. Encore aujourd'hui chez les Siahpochs de l'Hindou-Koh, les Bicharieh, on voit les cavernes servir de demeures. On retrouve des Troglodytes sur la côte méridionale de l'Arabie, et dans ce pays, la tradition parle d'une antique population qui vivait dans les cavernes, les Adites. Les Tibous de la région montagneuse (*Tibous rechâdé*) se logent dans les cavités naturelles des roche qui leur servent surtout de refuge en temps de guerre, comme cela a été également rapporté des Cafres Swazi. Plus tard, ainsi que le montrent certaines grottes de l'Asie Mineure, de la Palestine, on ajouta à ces chambres, qu'on arriva même à tailler dans le rocher, comme cela se pratiquait en Lycie, en Cappadoce, chez les anciennes populations de la Phénicie, de véritables décorations architectoniques. Ainsi le faisaient les Égyptiens pour leurs *spéos*. On en fermait l'entrée avec de grosses pierres ; on y adaptait des espèces de portiques. On voit encore dans l'Yémen un grand nombre de grottes qui ont été jadis habitées : telle est celle de Wadi-Thaour. En Judée, de pareilles grottes servaient de refuges au temps de David, principalement dans la vallée d'Engadi, où l'on en retrouve des vestiges. L'usage qui se conservait à l'âge patriarcal, dans la Palestine, d'enterrer les morts dans les grottes, prenait sa source dans l'habitude où l'on avait été d'habiter les cavernes; car on attribuait aux morts, qu'on supposait vivre sous terre, des demeures semblables à celles des vivants ; voilà pourquoi l'on se plaisait à les décorer richement. La religion conserve d'ordinaire les prescriptions qui sont abandonnées dans la vie commune. Tel est le motif pour lequel les tombeaux reproduisirent souvent les formes des habitations d'une époque plus ancienne. C'est ce qui semble s'être produit notamment pour les constructions mégalithiques de la France, de l'Angleterre, de la Scandinavie. Aux derniers temps de l'âge auquel elles appartiennent, c'étaient des tombeaux, des édifices funéraires, mais ceux-ci reproduisaient la disposition des habitations usitées à une époque antérieure, vraisemblablement à l'arrivée des tribus indo-européennes. Les allées couvertes, remarque judicieusement M. Alex. Bertrand dans son *Archéologie celtique et gauloise*, représentent les demeures, telles qu'elles existaient auparavant, mais sous de plus grandes proportions ; quoique construites pour renfermer les restes des morts, elles étaient de vraies habitations, faites avec des matériaux plus durables. Le savant suédois Sven

Nilsson a signalé l'extrême ressemblance des sépultures à galerie qu'on observe en Scandinavie et des habitations des Eskimaux.

Les constructions mégalithiques succédèrent en général aux habitations troglodytiques, qui ont souvent continué à côté d'elles et leur ont même survécu, car dans certaines régions de l'Europe, au moyen âge, les cavernes servaient encore de lieux de refuge. On retrouve des édifices en pierres énormes, non taillées, dans nombre de contrées, par exemple en Scandinavie, en Palestine et jusque dans l'Hindoustan. Ils remontent en général à l'âge de la pierre polie. Tel est le cas pour les dolmens de nos départements de l'ouest et du centre, pour les *ganghus* de la Suède.

Les premières huttes ont été faites de feuilles, de roseaux, de branchages : telles étaient celles des Nasamons, au temps d'Hérodote ; tels étaient les *succoth* dont la fête des Tabernacles rappelle le souvenir chez les Juifs ; telles sont encore celles des diverses tribus africaines. Les Veddahs se logent dans de chétives cabanes faites de branches et d'écorces. Les *tuguria* ou *calybës* des bergers de l'Apulie et du Samnium, des pâtres de l'Arcadie, étaient un reste de ces habitations toutes primitives. Des huttes de paille, de roseaux, de branches, de forme circulaire ou elliptique, s'observent chez la majorité des tribus de l'Afrique centrale et australe ; mais elles diffèrent quant à la disposition, au système de bâtisse et aux dimensions, d'une tribu à l'autre, en sorte qu'elles peuvent servir de caractère ethnologique. Ainsi la configuration et le mode de construction des huttes des Mombouttous, qui se retrouvent au Gabon et au Loango, sont un indice de leur parenté avec les Nègres de cette région de l'Afrique. Des populations voisines, comme les Béchuanas, les Cafres et les Hottentots, ont des huttes d'un mode de construction très-différent. Beaucoup affectent l'apparence de ruches, comme par exemple celles des Ungoros du haut Nil Blanc[1].

---

1. Voy. pour les représentations de ces huttes, R. Hartmann, *Die Niritier*, t. I, pl. II et suiv. (Berlin, 1876).

On a vu ci-dessus que les Papous ont de pareilles demeures. Les *wigwams* des Indiens de l'Amérique septentrionale n'offraient pas moins de simplicité : elles étaient construites de bois joints avec de la terre. Les *toldos* des Patagons sont de forme rectangulaire, et leur toit, haut d'environ quatre mètres, fait de larges peaux et supporté par des perches, s'incline d'avant en arrière; les wigwams des Peaux-Rouges étaient généralement de forme circulaire, avec un trou au sommet pour laisser passer la fumée du foyer qu'on allumait à l'intérieur. Les clôtures faites avec des haies sèches, avec des palissades et qui sont si ordinaires dans le Soudan, ont été le complément naturel de ces habitations, qu'elles servaient à protéger contre les ennemis et les animaux féroces. On en établit à l'entour des bourgades; elles enveloppaient alors les clos propres à chaque demeure. Ce fut là le point de départ des villes qui empruntèrent leurs premiers noms souvent à cette commune enceinte (*gorod*, *grad*, *urbs*); la pierre y fut ensuite substituée au bois pour leur donner plus de durée et de résistance.

Dans les contrées où la pierre est rare, ces huttes grossières ont continué de former les seules habitations, ainsi que le montrent les *gourbis* des Arabes de l'Algérie et des Touâreg, déjà décrits par Salluste, comme constituant les habitations des Numides.

Chez les peuples pasteurs, que la nécessité de changer de pâturages empêchait d'élever des demeures fixes, la tente fut l'habitation par excellence. Dans les antiques traditions que nous a conservées la Genèse, Jabal est donné comme le père des peuples pasteurs et qui habitent sous la tente. Les Arabes en portèrent l'usage dans l'Afrique, circonstance qui fit imposer par les Grecs aux Éthiopiens, chez lesquels il avait pénétré, le surnom de *Scénites*. La tente n'était en réalité qu'une extension du vêtement; la même peau d'animal qui servait à se couvrir, cousue à d'autres peaux et soutenue par des perches ou des pieux, devenait l'habitation. Dans le Caucase, la *bourka*, étoffe feutrée, fournit en même temps de quoi faire le vêtement et la tente. L'idée de ce genre de demeure remonte aux premiers âges de la vie pastorale. L'emploi en persiste chez les Arabes et les Mongols nomades. Les *yourtes* des populations boréales de la Sibérie ne sont que des wigwams mieux clos, des espèces de tentes, moins mobiles et plus solides, où l'on a substitué souvent l'écorce de bouleau à la peau de renne, dont le Lapon fait sa tente. Ce mode de construction plus résistante a été amené par la nécessité de se défendre contre les frimas. De là aussi des yourtes différentes pour l'hiver et pour l'été. Les Germains se construisaient de même, pour la belle saison, des huttes en terre et en bois, tandis qu'ils se creusaient pour l'hiver des cavernes, qu'ils recouvraient de fumier, afin de mieux s'abriter contre le froid. Chez les peuples pêcheurs, les animaux marins fournirent les éléments de la tente que les peuples pasteurs empruntaient à leurs bestiaux. Les Eskimaux construisent encore des tentes avec des peaux de morse. Les Groënlandais emploient la peau de phoque, et ferment l'entrée de leurs tentes avec les intestins transparents du même animal. Strabon et Arrien nous dépeignent les Ichthyophages de l'Asie comme se faisant des habitations avec des arêtes de poissons et des coquillages.

La forme, les matériaux des habitations ont varié selon le degré de civilisation des peuples. La civilisation avancée seule sut élever les palais somptueux, faits de briques ou de pierres, les demeures occupant de vastes espaces et suffisant à abriter un grand nombre de personnes. Chez les peuples les plus barbares, les habitations sont toujours beaucoup plus petites. Au Soudan et au Wadaï, les huttes, faites de roseaux tressés et d'une forme hémisphérique, ne dépassent que rarement en grandeur nos plus chétives cabanes; mais elles sont souvent pourvues d'un enclos et sont entourées d'un mur ou d'une haie. Il n'y a que les chefs qui possèdent des maisons d'argile. Les *krals* des Hottentots sont composés de huttes analogues, qui se retrouvent avec de légères modifications chez les Chenchwars et plusieurs des plus barbares peuplades de l'Asie. En Polynésie, les huttes se rapprochent davantage de nos chaumières. L'absence de clôture solide force un grand nombre de tribus, pour empêcher que l'on ne s'introduise dans leurs demeures et afin de se soustraire aux effluves du sol, de les établir sur des pieux ou des perches, à une certaine élévation de terre ; elles ne ménagent même pas un moyen facile pour y monter. Tel est le genre d'habitation observé chez les peuplades nègres de la contrée qu'arrose le Niger, chez les populations malaises, aux îles Carolines et Philippines, chez plusieurs tribus de l'Assam et de la presqu'île de Malaya. Les Guaranos de l'embouchure de l'Orénoque construisent de même leurs *ajoupas* sur des pilotis naturels dont le palmier manaca leur fournit les éléments. Un pareil mode de demeures fut celui de certaines peuplades primitives habitant le bord des lacs de l'Helvétie et de la haute Italie, dans des contrées marécageuses et souvent inondées ; on en a retrouvé les restes dans les *palafittes* ou habitations lacustres qui remontent à l'âge de la pierre polie ; il est demeuré en usage dans ces contrées jusqu'à l'introduction du bronze. Les huttes sont même parfois fortifiées, comme les *kampongs* des Dayaks de Bornéo.

Les premières villes ont eu pour origine une simple agrégation de huttes, établies souvent au pied ou à l'entour d'un lieu naturellement fortifié, pouvant servir de refuge aux habitants, comme les *larissa* des Pélasges, les acropoles des anciens Hellènes, les *arces* des Italiotes et les *oppida* des Gaulois. La nécessité de demeures plus vastes, destinées à renfermer les provisions communes, à servir de salle d'assemblée, donna naissance aux maisons proprement dites. Un spécimen de ces maisons primitives nous est fourni par les *pangah* des Dayaks de Bornéo qui servent de lieu de délibérations et de demeure pour les étrangers. Ce sont des bâtiments de forme octogonale terminés en pointe et où l'on pénètre par une trappe.

Dans les contrées où abondaient la paille et l'argile, on ne tarda pas à élever des maisons en pisé, telles qu'étaient celles des Gaulois (*lutea ædificia*) ; ce n'était qu'une modification de la hutte mentionnée ci-dessus. Jusqu'au moyen âge, les populations pauvres continuèrent à habiter dans des cabanes qui avaient pour murailles de simples claies, un clayonnage dont les interstices étaient remplis avec de la terre ou de la paille, sur lesquelles on clouait quelquefois des lattes. La pierre fut réservée pour les édifices qui demandaient plus de solidité, les forteresses, les palais; mais ce progrès marque déjà une période postérieure à l'état sauvage. Les constructions cyclopéennes, attribuées aux Pélasges, si nombreuses en Grèce et en Italie, les anciennes constructions péruviennes, celles qu'on a signalées à Cuzco, notamment à la forteresse de Sacsahuaman, appartiennent à un âge de civilisation déjà plus avancé. Ce fut là un perfectionnement des constructions mégalithiques où la taille de la pierre commence à permettre d'établir des joints et des assises régulières (*opus incertum*). On a découvert près de Santorin, à l'île de Thérasia, sous la couche épaisse de péperino d'origine volcanique, des constructions cyclopéennes qui paraissent même dater d'un âge antérieur aux Pélasges; ce qui montre à quelle prodigieuse antiquité remontent les édifices en pierre. L'état perfectionné de l'art de bâtir que nous offrent les célèbres pyramides de Sakkarah, en Égypte, vieilles de quatre à cinq mille ans, et celles de Téotihuacan au Mexique, qui ont peut-être plus de vingt siècles, en sont un témoignage éclatant. Chez les Couschites, les Égyptiens, les Chinois, l'existence des villes remonte certainement à quatre ou cinq mille ans.

Moyens de transport.

Les habitudes nomades suggérèrent de bonne heure à l'homme l'invention de véhicules destinés à le transporter, lui, ses engins, ses ustensiles, avec sa famille et les matériaux de sa tente. Ses gros bestiaux lui fournirent naturellement des bêtes de somme ou de trait. Il a été déjà parlé du chameau, employé dès la plus haute antiquité par les Hébreux et les Arabes. Chez les peuples de l'Asie centrale où le chameau était inconnu, le cheval devint un véhicule plus commode et d'un usage plus habituel. Le char fut inventé pour transporter le nomade ; souvent même la tente fut placée d'une manière permanente sur ce char, qui pouvait ainsi aisément porter, d'un pâturage à l'autre, l'habitation du pâtre. Telle était la façon de vivre des Scythes *hamaxobies*, des Roxolans et des Alains. Leurs tentes, faites de feutre, étaient fixées sur des chariots, autour desquels ils rangeaient leurs troupeaux ; et ce mode d'habitation, par excellence nomade, se conserve encore aujourd'hui dans les *kibitkas* des Kosaks. Ces kibitkas, déjà décrites par Hippocrate et Strabon, sont couvertes en feutre. Les Kalmouks, au lieu de les placer sur des voitures, les font porter à dos de chameau. L'usage des chars attelés de chevaux a été commun à tous les peuples indo-européens. Les populations de cette souche paraissent avoir introduit les premiers en Europe le cheval dont le nom est dans toutes les langues de cette partie du monde, dérivé d'un radical sanscrit. Ce ne fut que plus tard, après son établissement définitif de ce côté du Caucase et de la Méditerranée, que l'Arya s'aguerrit assez à l'emploi du cheval qui traînait son char, pour le dresser à la monture, découverte que paraissent avoir faite de leur côté assez tard les populations sémitiques, qui l'apportèrent chez quelques Chamites. Mais dans les steppes de l'Asie centrale et du bassin aralo-caspien, l'homme apprit de bonne heure à maîtriser le cheval sous sa main et à s'en faire une docile monture. Dès une haute antiquité, les Scythes, les Sarmates et les Massagètes passèrent pour d'habiles cavaliers, et les deux premiers de ces peuples imaginèrent, au témoignage de Strabon, pour le rendre plus maniable, de soumettre cet animal à la castration, usage qu'apportèrent en Europe leurs congénères les Hongrois. L'invention des véhicules terrestres a échappé à tous les peuples barbares de race inférieure. Dans le nord, le traîneau remplaça le char à roues, et peut-être même cette invention y a-t-elle précédé celle du véhicule porté sur l'essieu. On se servit pour construire les traîneaux, là où le bois manquait, des os de cétacés et de gros quadrupèdes. Les populations sibériennes apprirent à y atteler le renne ; les Kamtchadales, les Eskimaux, le chien. La roue est, en effet, une des grandes inventions de la race blanche, qui ne l'adapta d'abord qu'au chariot et ne l'appliqua que fort tard à la charrue.

L'emploi du bœuf vint, presque en même temps que l'usage du cheval, fournir à l'homme un puissant auxiliaire. Et tandis que les peuples nomades et guerriers durent être les premiers auteurs de l'art de dresser ce solipède à traîner un véhicule, les peuples agriculteurs, fatigués de gratter le sol avec un chétif instrument, tel qu'une houe grossière faite d'une pierre taillée ou d'un os d'animal, durent concevoir l'idée de faire traîner le pic par des bœufs. Le labour devenait ainsi plus profond. Bientôt le véritable soc prit naissance. La marche lente et lourde des bœufs permit d'appuyer la charrue dans le sillon ; mais ce fut là un progrès que semblent n'avoir réalisé que des populations déjà assez avancées, les Égyptiens et les Grecs, par exemple. Les Indiens de l'Amérique du Nord ne savaient guère fouiller le sol pour le cultiver qu'avec l'omoplate d'un bison, et la charrue était restée inconnue à toutes les populations dravidiennes.

Si la découverte des véhicules terrestres a exigé un assez grand effort de l'intelligence, il n'en fut pas de même des véhicules d'eau. Les pirogues, les barques, les canots existent chez presque toutes les populations littorales. Plus la nécessité a été fréquente de traverser les eaux, plus l'homme s'est ingénié à perfectionner son esquif. Et grâce à cette invention, il a pu de très-bonne heure se transporter à des distances fort éloignées[1]. La connaissance de la natation ne vint qu'assez tard chez plusieurs peuples. Les monuments assyriens nous montrent les hommes traversant les rivières avec des outres fixées sous la poitrine. Dans le Ladak, au nord de l'Hindoustan, on traverse encore les ri-

---

1. Voy. à ce sujet les remarques curieuses de M. Daniel Wilson dans son ouvrage intitulé : *Prehistorical man*, 2ᵉ édit. (London, 1865, p. 100).

vières sur une peau de buffle gonflée appelée *deri*. On s'y étend et l'on s'avance en pagayant. C'est par un procédé analogue que les Kafirs ou Siahpochs traversent les torrents. Ils forment des radeaux à l'aide d'outres gonflées. D'abord apparurent les barques légères, simple modification de la planche qui flotte naturellement sur l'eau : telle est la *vetka* que le Sibérien emporte sur son dos pour traverser les cours d'eau. Tous les voyageurs ont admiré l'adresse des Polynésiens et des Papous du détroit de Torrès dans la construction de leurs pirogues, celle des Groënlandais dans la fabrication de leurs *kayaks*. Un tronc creusé fut le point de départ de la pirogue. Au temps d'Hérodote, les Indiens qui habitaient les bords de l'Indus se faisaient des canots en creusant la partie de la tige fistuleuse de certaines graminées arborescentes comprise entre deux nœuds. Et dans les terrains antérieurs à l'époque contemporaine, on a découvert quelques-unes de ces barques primitives ; ce qui montre que l'homme ne fut pas longtemps sur la Terre sans inventer des moyens de se confier aux flots. Les animaux marins lui fournissaient, du reste, des modèles pour la construction de ses barques. Tout barbares qu'ils soient encore, les peuples navigateurs de l'Océanie ont passé par bien des degrés. avant d'arriver à ces pirogues si perfectionnées qui font notre étonnement. Au temps de Strabon et de Pline, les peuplades des bords de l'Atlantique naviguaient encore sur des radeaux faits de branches entrelacées et garnies de cuir, mais déjà celles de la Scandinavie étaient en possession de barques plus perfectionnées. Les Suions manœuvraient avec une rame mobile leurs canots. Dans les pays où l'on n'avait à traverser que des rivières, les barques se réduisirent, longtemps à des radeaux faits de joncs et de roseaux. A la différence des autres Polynésiens qui construisent des pirogues, les indigènes des îles Gambier et de la Nouvelle-Zélande ne font guère usage que de radeaux. Dans l'Inde, l'emploi des radeaux ou *catimarons* persiste sur diverses côtes ; un mât qu'on y adapte permet de les diriger par le vent. Les *balsas* du Pérou sont des embarcations du même genre ; les troncs d'arbres y sont simplement réunis par des lianes. Au lac Titicaca, on navigue encore sur des radeaux faits de simples roseaux (*totora*). Les *prahos*, dont les formes ont été se perfectionnant, n'étaient guère, à l'origine, que des radeaux ainsi mâtés. Les *keleks*, dont les habitants de la Mésopotamie se servent sur le Tigre et l'Euphrate, sont des radeaux formés par la réunion de plusieurs outres attachées en lignes à des roseaux que maintiennent unis des grandes perches de bois. Deux rames servent à manœuvrer ces embarcations qui datent de la plus haute antiquité.

Le mode de construction des embarcations fut une des inventions qui se propagèrent le plus promptement d'un pays à l'autre, à la suite des voyages par mer ou sur les grands fleuves qu'elles étaient destinées à faciliter. Ainsi, les pirogues à balancier, barques étroites et d'une extrême légèreté, qui fendent rapidement les flots sans chavirer, ont suivi, pour ainsi dire, les courants de la race malayo-polynésienne, et apparaissent depuis les archipels les plus occidentaux de la Polynésie jusque sur la côte sud-ouest de Madagascar.

La nécessité fréquente de traverser des rivières suggéra l'idée des premiers ponts, dont quelques roches naturelles, telles que le *Rock-bridge*, en Virginie, a pu fournir le modèle; ils furent faits d'abord de simples tiges d'arbres jetées d'une rive à l'autre, et quand le fleuve offrait trop de largeur, comme cela a lieu surtout en Amérique, de pièces de bois rattachées par des lianes, des *mimbres*, et suspendus parfois à de grandes hauteurs. L'Indien franchit ces ponts avec hardiesse, malgré le mouvement oscillatoire que son pas leur imprime. Les ponts que les Siahpochs jettent sur les rivières sont de simples poutres retenues par des cordes de poils de chèvre. Quand le cours d'eau est moins large, ces indigènes se lancent d'un bord à l'autre au moyen d'une perche qu'ils manœuvrent avec une grande dextérité. Dans les Andes, on tend parfois de l'une à l'autre rive un simple câble, le long duquel celui qui veut passer fait glisser un panier ou un hamac dans lequel il se place.

Moyens de communication. — Échanges. — Monnaie.

Les populations ont cherché de bonne heure à se mettre mutuellement en rapport à distance, soit pour se concerter en vue du pillage et de la guerre, soit pour le trafic que le besoin d'échanger des produits surabondants chez elles, contre d'autres qu'elles ne possédaient pas, a fait naître. C'était en allumant des feux sur les montagnes que, au rapport de César, les Gaulois se transmettaient à de grandes distances et assez rapidement des nouvelles. Sur la côte nord-est de l'Australie, les populations cannibales qui l'habitent emploient un pareil moyen pour se signaler l'apparition d'un navire européen. On a vu en moins de trois nuits ce genre de télégramme transmis à plus de 350 lieues, par exemple du cap York à Bowen. Mais c'est surtout le commerce qui a créé entre diverses tribus des relations éloignées. Les échanges existent même chez les populations les plus barbares, et les insulaires de la Mer du Sud, en se portant à l'arrivée des premiers navires européens, avec des produits à échanger, témoignaient de l'habitude qu'ils avaient déjà du commerce. On a toutefois noté chez quelques populations de l'Afrique une absence presque complète de trafic, mais cela peut tenir à l'infériorité de leurs produits et à la pauvreté de leur sol. Depuis la plus haute antiquité, il s'est opéré des échanges entre populations fort distantes par les populations intermédiaires. C'est ainsi qu'au temps d'Hérodote les colons grecs du Pont-Euxin recevaient des produits venus de l'intérieur de l'Asie et de la région de l'Altaï, que l'Égypte, sous les Pharaons, en recevait du Soudan. Il s'est établi des lignes de commerce qui ont été souvent aussi celles des migrations. Dans les pays arrosés par de grands fleuves, ce sont ordinairement ceux-ci qui ont été les artères de communication ; par exemple, dans la Gaule, le Rhône, la Saône et le Rhin ; dans la Germanie, le Danube ; dans la Scythie, le Borysthène. Dans les contrées de l'Asie et de l'Afrique, où les grands cours d'eau font défaut, là où il a fallu traverser des déserts, on a suivi la ligne des puits et des oasis. Le besoin de se défendre contre les attaques des ennemis, surtout des tribus pillardes, a fait organiser des caravanes. L'usage en apparaît dès la plus haute antiquité chez les Sémites et les Chamites, et il s'est perpétué jusqu'à nos jours en Asie et en Afrique. Tandis que les Phéniciens envoyaient leurs navires jusqu'au delà du détroit de Gadès et remontaient même dans l'Océan, que les Grecs, auxquels le voyage des Argonautes avait ouvert le Pont-Euxin, s'avançaient jusqu'aux bouches du Tanaïs, les caravanes de l'Inde apportaient à Ninive et à Babylone de nombreux produits, et celles des Hébreux amenaient des trafiquants en Égypte. Bien avant les Européens, les Arabes avaient pénétré en Afrique par les voies du commerce et suivi des itinéraires qui se sont continués jusqu'à nos jours. Leurs Djellaba étaient venus fonder dans les pays nègres, comme ils le font encore actuellement au Wadaï, de véritables factoreries. C'est le commerce qui a amené dans toute la Malaisie la race chinoise; et la traite des esclaves, le plus odieux des commerces, et pourtant l'un des plus anciens, a porté des hommes des races les plus diverses dans des contrées fort éloignées de leur berceau.

Pour faciliter le trafic, l'homme a dû recourir à l'emploi d'objets, de denrées qui servissent de signes de valeur et permissent de s'entendre sur les prix; ce qui n'a pu au reste prendre naissance que lorsque l'homme eut acquis quelques notions du calcul. Il comptait d'abord avec des cailloux, ainsi que le rappelle l'étymologie même de calcul (*calculi*), et le mot *tetl* signifiant pierre, qui dans la numération mexicaine entre comme composant dans les noms de nombre, et répondant au *sa* du malais, impliquant dans les vocables numériques la même notion. On se servit d'abord comme signes d'échange des produits de l'utilité la plus générale, de l'importance la plus universellement reconnue, par exemple des bœufs, comme chez les Pélasges, chez les Cafres, des toiles destinées à servir de vêtements, comme les *guinées*, les *tobas* et les *tokaki*, qui ont cours en Afrique, les *cangyans* ou cotonnades des Malais. Les Bhîls de l'Hindoustan payent ce qu'ils achètent avec des flèches; au Wadaï, tous les objets de parure, désignés sous le nom générique de *kharaz*, sont des moyens d'échanges. Les Carthaginois paraissent s'être servis d'abord, dans le même but, de morceaux de cuir, sur lesquels ils placèrent ensuite une marque, et qui donnèrent naissance à leurs monnaies dites *nummi scortei*. La grande valeur qu'on attachait au sel chez les tribus qui en avaient reçu depuis peu le bienfait, explique pourquoi, au temps du voyageur arabe Ibn-Batoutah, les Nègres du nord de l'Afrique avaient adopté ce condiment comme signe monétaire. Bientôt on préféra des objets plus portatifs, et que le prix qu'on leur attribuait faisait universellement rechercher. C'est ainsi que les Grecs ont fait originairement usage de grains de caroube, qu'en Guinée, au Ségou, dans la Haoussa, chez les Peules et aux Maldives, on fait usage de *cauris* (*cypræa*), chez les Indiens du Nouveau monde de la coquille appelée *ioqua* (*dentalium*), et chez ceux de l'Amérique centrale, de graines de cacao. Quand la connaissance des métaux eut mis en possession de substances plus résistantes, d'une usure moins facile et d'un transport plus aisé, on substitua aux denrées, employées comme signes d'échange, des morceaux de métal, de fer, d'airain, de cuivre, d'argent ou d'or. Dans le principe, on se bornait à peser le métal qu'on se proposait d'échanger contre un produit déterminé; et c'était en poids de ce métal que le prix des objets était évalué. Les anciens Égyptiens et les Chinois, jusque dans ces derniers âges, n'ont pas connu d'autres procédés pour payer et pour vendre, et le nom de *sicle* (*schekel*) donné par les Hébreux à une monnaie d'argent, et qui signifiait *poids*, rappelait le temps où le métal était simplement pesé. Le sicle équivalait à vingt *gera*; ce gera représentait le poids de seize grains d'orge, parce que l'orge, comme le blé chez d'autres peuples, avait été le premier étalon de valeur. Les noms des monnaies à Athènes n'étaient autres que ceux des poids qu'elles avaient, dans le principe, représentés, et le mot générique de *nummus* qui leur fut appliqué chez les anciens, prouve que l'idée de fixer par une loi (νόμος) leur poids, se répandit de Grèce en Italie. Chez les Romains, avant Servius Tullius, comme chez les Lacédémoniens au temps de Lycurgue, le prix des objets était évalué en un certain poids de fer ou d'airain, et l'on a retrouvé dans le sol italique de ces grossiers morceaux de métal qui constituèrent la première monnaie des Latins (*æs rude*). Dans le Moko, on se sert encore, en guise de monnaie, d'un morceau de fer, large comme la main, d'une forme analogue à celle d'un poisson et ayant un manche pour le tenir. Dans l'Afrique occidentale, au dire de M. Th. J. Hutchinson, on use dans le même but de petites plaques de fer triangulaires à manche droit, dit *agelemma* ou *akika*.

Afin d'éviter de recourir à la balance, que ne connurent point d'ailleurs nombre de peuples, on tailla des morceaux de métal d'un poids déterminé; telles sont encore les monnaies de quelques populations nègres de l'Afrique orientale et centrale, des Djours, des Bongos, monnaies en fer appelées *mahis;* elles ont la forme de rondelles ou ovales et sont pourvues d'un manche. La connaissance du dessin, des signes numériques, de l'écriture permit de graver une image, un emblème des lettres qui indiquèrent le poids, la provenance et qui varièrent suivant les pays; telle fut l'origine de la monnaie proprement dite. Sous Servius Tullius, le morceau d'airain pesant une livre ou douze onces (*as*) reçut, sans doute à l'imitation de ce que pratiquaient déjà les Étrusques et les Carthaginois, une empreinte destinée à la fois à en indiquer la valeur et à rappeler par un symbole le peuple qui l'avait fabriqué. Chez les Grecs, au temps d'Homère, le commerce par simple échange était encore en usage, et c'est vraisemblablement par l'établissement des colonies helléniques que la monnaie (*pecunia*) prit naissance dans les contrées occidentales, comme une représentation du bétail (*pecus*), principal objet du trafic. Les plus anciennes monnaies de la Grande-Grèce portent en relief l'image d'un bœuf et ont le revers en creux; car le double relief ne fut inventé que plus tard. L'usage de la monnaie, soit de bronze, soit d'argent, soit d'or, soit d'un alliage de ces métaux, connu déjà des Perses, des Lydiens, et peut-être des Phéniciens, dès le sixième siècle avant notre ère, se développa en Grèce, et d'abord à Égine; à la suite de la domination macédonienne, il fut adopté en Égypte, en Gaule, dans la Grande-Bretagne, l'Espagne et jusque dans la Bactriane et l'Inde. Des figures et des symboles furent gravés sur les médailles, et la connaissance de l'alphabet, que l'emploi des monnaies ne contribua pas peu à répandre, permit d'y inscrire des monogrammes, des légendes et des exergues. La propagation de l'usage de la monnaie suivit les progrès de l'art de travailler les métaux.

L'invention de ces signes de valeur qui, par la nature des substances employées, échappaient davantage à l'action destructive du temps, facilita singulièrement le développement du commerce et établit, entre les peuples les plus éloignés, des relations qui accélérèrent encore les progrès de la civilisation.

Conclusion.

L'homme, à quelque race qu'il appartienne et à quelque époque de l'histoire qu'on le considère, nous apparaît avec l'intelligence suffisante pour pourvoir à ses besoins. L'usage qui naît d'une nécessité fréquente, aiguise son esprit, perfectionne ses aptitudes. Sans doute l'homme met plus ou moins de temps à découvrir les choses qui lui sont indispensables, mais il y parvient toujours à la longue; seulement, tant que son genre de vie reste le même, il ne s'élève point à des conceptions nouvelles, et se borne à perfectionner les procédés auxquels ce genre de vie l'a conduit. Le progrès ne peut alors lui être suggéré que par une société différente de celle à laquelle il appartient et placée dans des conditions plus favorables aux découvertes vraiment originales. Voilà pourquoi, tant que des communications n'existent point entre un peuple sauvage et des nations civilisées, ou demeurent rares, accidentelles, exclusivement hostiles, ce peuple ne sort pas de son état de sauvagerie. Son genre de vie ne changeant point, il ne peut avoir recours qu'à des ressources toujours les mêmes, celles que ce genre de vie lui fournit.

La mission des populations blanches, surtout des populations indo-européennes, semble avoir été de multiplier les relations qui mettent sans cesse l'homme en face de conditions nouvelles, et développent ainsi toutes ses aptitudes, toutes ses facultés. Une fois le contact établi entre les sociétés plus ou moins barbares et ce qu'on peut appeler les nations constituées, les peuples cessèrent de se distinguer en chasseurs, pasteurs, nomades et agriculteurs. Ces divers modes d'existence se trouvèrent jusqu'à un certain point réunis et ne représentèrent plus que de simples professions. L'adresse, l'esprit de ruse et d'invention des peuples chasseurs, le génie maritime et entreprenant des peuples pêcheurs, l'esprit contemplatif et réfléchi des peuples pasteurs, la dextérité manuelle et l'intelligence économique des peuples agriculteurs, furent ainsi mis sans cesse en présence et se firent de mutuels emprunts. Les inventions des uns furent perfectionnées par les autres, et le travail intellectuel, moral et industriel s'accomplit désormais sur une base de plus en plus large. C'est là ce qui imprima à la civilisation son véritable caractère, ce qui fait que de nos jours ses progrès se sont si étonnamment accélérés.

On ne saurait prévoir l'avenir qui est réservé à la science et à l'industrie humaine; cependant on en connaît aujourd'hui assez la marche pour en pressentir la direction. Les races tout à fait inférieures disparaissent, comme les langues élémentaires et bornées, comme les formes primitives de l'état social, comme les superstitions du fétichisme, comme les fables du naturalisme antique. Le sol tend à s'uniformiser. L'homme arrive graduellement à naturaliser, d'un bout du globe à l'autre, les mêmes animaux, les mêmes plantes, tandis qu'il détruit les espèces végétales et zoologiques qui lui sont inutiles ou nuisibles. Tout marche donc vers l'uniformité; mais cette tendance, à quelque rapprochement qu'elle conduise les peuples, trouvera toujours dans le climat des barrières qu'on ne saurait complétement abaisser. La race métisse qui sortira sans doute un jour du croisement de tous les peuples civilisés, ne pourra se soustraire aux influences de climats, par suite aux différences d'habitudes et de besoins. La variété des caractères produira encore quelque chose d'analogue à l'antique opposition du génie des races, et, quelque multipliées que deviennent les relations, il paraît difficile que les divers idiomes fassent place à une langue universelle, qui, si elle vient à faire disparaître les divers idiomes n'échappera pas sans doute aux altérations locales. Cependant, malgré la puissance des obstacles qui s'opposent, même dans l'avenir le plus lointain, à la fusion des peuples, on ne saurait nier que, depuis les derniers siècles, bien des progrès ne se soient accomplis et qu'on ne s'éloigne aujourd'hui plus rapidement que jamais de l'état primitif. L'histoire nous montre la disparition graduelle, bien que souvent intermittente, de cette sauvagerie, de cette barbarie, point de départ des races même les plus intelligentes. Nous ignorons ce que fut l'humanité à sa primitive aurore; tout ce que nous pouvons constater, c'est qu'elle a pris ses premiers développements dans l'Asie occidentale, dans la région qui s'étend du Caucase au Golfe arabique, du Liban à la Chine, que les traditions et les faits tendent à nous faire reconnaître pour le berceau de notre espèce. En cette région, il faut remonter aux âges les plus reculés, pour trouver l'humanité dans un état analogue à celui où se rencontrent les populations les plus sauvages. Or, dans cet état, l'homme est vraiment l'enfant de la nature; il la réfléchit d'abord tout entière, et ne s'en détache que lentement, quand il apprend à la maîtriser. L'étude de la Terre, envisagée dans ses productions, ses animaux et ses habitants, est donc l'introduction naturelle à l'histoire. Comme nos destinées dépendent toujours de nos premiers instincts, il faut, pour assigner à l'humanité son but, avoir préalablement reconnu son point de départ.

FIN.

TABLE DES MATIÈRES.

A

Abipones (tribu), 493, 577.
Abkhases (peuple), 506, 507, 508, 633.
Abors (peuple), 457.
Abor (langue), 540.
Aboung (peuple), 704.
Abyssins, 439, 500, 606.
Accent appuyé ou frappé, 562.
Acclimatation de l'homme, 530, 531.
Acerdèse, 246.
Achéens, 507.
Acide carbonique, 204, 210.
— sulfurique, 252.
Actinote, 225.
Açores (iles), leur végétation, 273.
Adiges ou Adighes (peuple), 507, 633.
Aérolithes, 9, 10.
Afghane (langue), 616.
Afghans, 500, 502, 504.
Afrique (végétation de l'), 278, 280.
Agate (différentes espèces d'), 213, 214.
Agathyrses d'Hérodote, 465, 673.
Agau (langue des), 607.
Agriculture (ses débuts), 692, 693, 725, 726.
Aigles (leur distribution géographique), 351.
Aimant, 237 et suiv.
Aïnos (peuple), 483.
— (langue des), 558.

Air, 19.
Aires des espèces végétales, 269 et suiv.
Aïtas (peuple), 446, 553.
Ajoupas, 759.
Akkas (tribu de l'Afrique), 445, 691.
Alain (langue), 629.
Alains, 508, 515, 761.
Alarodiens (peuple), 505, 555.
Alaska (peuplades de l'), 488.
Albanais (langue des), 618.
Albanais. Voy. Schypétars.
Albaniens, 508.
Albâtre, 209, 252.
Albinisme, 424.
Albite, 217, 218.
Alfourous (peuple), 451, 731.
Algonquins (peuple), 487, 489, 645, 657.
— (langue des), 563, 655.
Alimentation des différents peuples, 739 et suiv.
Allées couvertes, 755.
Allemande (langue), 629, 630.
Allemands, 518.
Allittérales (langues), 589.
Allobroges, 516.
Alphabets (histoire des), 604 et suiv., 769.
Altaïques (langues), 553 et suiv.
Alumine, 258, 259.
Aluminium, 257.
Alun, 258.
Amalécites (peuple), 441, 499.
Amazig (race), 440, 441.
Amentum (emploi de l'), 712.

Améthyste, 212, 257.
Amharique (langue), 607.
Amazones (fleuve des), sa barre, 95.
Amazones (femmes guerrières), 521, 704.
Amazone (langues de la contrée de l'), 574.
Amérique (époque de sa découverte), 485.
Amérique (sa végétation), 279.
Amériques (comparaison de la faune ornithologique des deux), 372.
Amérique intertropicale (végétation de l'), 280.
Amérique septentrionale (sa faune mammalogique), 390.
Amérique méridionale (sa faune mammalogique), 410, 411.
Amina (race), 427.
Ammoniac, 253.
Ammonites (coquilles fossiles), 32, 36.
Amphibies (distribution des), 325 et suiv.
Amphibole, 224.
Ancêtres (culte des), 650.
Ane (le genre), 385, 691.
Anglais (caractères physiques et moraux des), 517, 518, 702.
Anglaise (langue), 629, 630.
Anglesite, 250.
Anglo-Américains, 420, 486.
Anglo-Saxons, 517.
Anglo-Saxon (langue), 629, 930.
Animaux (de la distribution des), 296 et suiv.
Animaux domestiques, 690.
— marins (leur distribution), 310 et suiv.
Animaux des anciennes époques géologiques, 21 et suiv.
Animaux (culte des). Voy. Zoolâtrie.
Animaux (persistance de leur type), 297, 298.

Annamite (langue), 539, 540.
Annamites (peuple), 458, 459.
Annélides fossiles, 24, 37.
Anoplothérium (animal fossile), 47.
Antarès (étoile), 3.
Antes (peuple slave), 522.
Anthracite, 198.
Anthropomorphisme, 644, 649.
Anthropophages, 489, 751, 752.
Antilles (indigènes des), 491, 492.
Antilopes (leur distribution), 383, 385, 394, 395, 407.
Antimoine, 242, 247.
Apaches (tribu indienne), 489.
Apiacas (tribu américaine), 491.
Apothéose (doctrine de l'), 644.
Appalaches (langues), 564, 565.
Aqouapim ou akwapim (peuple et langue), 585, 685.
Arabe (langue), 593, 603.
Arabes, 437, 441, 498, 499, 500, 687, 697, 705, 712, 757.
Arachnides (distribution des), 309, 310.
Aragonite, 210.
Aral (mer d'), 153.
Araméenne (langue), 602, 603.
Ararat (mont), 505.
Araucaniens, 495, 496, 577, 665, 667, 671, 672.
Araucanaises (langues), 577.
Arbres (hauteur des), 286.
Arc (emploi de l'), 711, 712.
Archipel indien (divisions de sa faune mammalogique), 406 et suiv., 410.
Arfaks (peuple), 448.
Argent, 229 et suiv.
Argiles, 216.
— de Kimmeridge, 35.
Argippéens (peuple), 467.
Arméniaque (langue), 555.
Arménienne (langue), 615.
Arméniens, 502, 504, 505, 509, 510, 633.
Armes et ustensiles des premiers hommes, 708 et suiv.

Armes (décoration des), 713.
Armoricaine (langue), 632.
Arouàk (les), (population américaine), 492, 686.
Arsenic (ses différents composés), 245.
Artchi (langue), 634.
Aryas (peuple qui conquit l'Hindoustan), 461, 501, 502, 503, 607, 753.
Aryas (religion des), 639, 640, 647, 648.
Asbeste, 225.
Aschantis (peuple nègre), 427.
Asphaltite (lac), 179, 202.
Assam (langue de l'), 610.
— (peuples de l'), 457, 458.
Assiniboines (tribu américaine), 720.
Assyrienne (langue), 603.
Assyriens, 503, 649.
Assyriens (religion des), 640, 641, 647.
Atavisme, 626, 627.
Athapascans (tribu américaine), 488, 489.
Athapascas (langues), 563, 565, 566.
Atmosphère, 59 et suiv., 68.
Atmosphère (germes répandus dans l'), 416, 417.
Atolls (amas de récifs), 154.
Atouas (culte des), 645, 653.
Augite, 224.
Aurores boréales, 105.
Ausones (peuple), 510.
Australie (déserts de l'), 144.
— (végétation de l'), 278, 279, 280.
Australie (mammifères de l'), 407, 408.
Australiens, 712, 731, 749.
Autorité paternelle, 686 et suiv.
Autruche (distribution de l') et des oiseaux analogues, 365.
Avalanches, 180.
Avares (peuple), 481, 526, 634.

Avares (peuple du Caucase), 634.
Avesta (code sacré), 613, 615.
Axinite, 221.
Aymara (langue), 572.
Aymaras (peuple), 494, 495.
Azote, 19.
Aztèques, 489.
Aztèque (langue), 568.

B

Bachingés (peuple africain), 428.
Bachkirs (peuple), 468, 556.
Badagas (tribu hindoue), 702.
Baghermi (langue), 586.
Baïkal (lac), sa faune, 379.
Bajocien (terrain), 34.
Bakhtiaris (tribu), 504.
Baleines (leur distribution), 327.
Balkarzes (peuple), 466, 506.
Ballons (montagnes), 125.
Balondas (peuple), 428, 432.
Bambara (langue), 584.
Bananier, 747.
Banc marin, 97.
Banquises, 103.
Banyoum (peuple), 588.
Bantou (idiomes), 589, 590.
Barabintes (peuple), 466, 557.
Barabras (peuple), 438.
Barbotte (usage de la), 730.
Bari (peuple de l'Afrique), 439.
Bari (langue), 588, 592.
Barmans. Voy. Birmans.
Barques, 763, 764.
Barrancas, 164.
Barre ou Bore des fleuves, 95.
Baryte, 254, 255.
Basalte (montagnes de), 124, 125.
Bas-Bretons, 514.
Basoutos (peuple de l'Afrique), 436.
Basques, 512.
Basque (langue), 578, 579, 691.
Bassa (langue), 585.
Batraciens (distribution des), 331, 332.

Batraciens fossiles, 30.
Battaks (peuple), 469, 471, 751.
Bayéyés (peuple), 445.
Béchuanas (peuple de l'Afrique), 436, 444, 447, 732, 756.
Bedaouie (idiome), 592.
Bedjah (peuple de l'Afrique), 439.
Bédouins, 499, 500, 733.
Bélemnites (fossiles), 32, 35, 43.
Bellérophons, 23, 25
Beloutchis, 500.
Beloutchi (langue), 614.
Bengali (langue), 610.
Beni-Hassan (tribu des), 442.
Berbère (race), 432, 440, 441.
Berbères (langues), 593.
Bermudes (îles), 155.
Bestiaux (élève des), 690, 691.
Bétyles, 644.
Bhîls, 462.
Biarmiens. Voy. Permiens.
Bicharieh (les), 439, 692, 739.
Bière (boisson), 748.
Bifurcation des fleuves, 192.
Binouas (peuple malayen), 458, 463, 645.
Birmans ou Barmans, 457, 458, 609, 751.
Birmane (langue), 540 et suiv.
Bise (vent de), 80.
Bismuth, 243.
Bitumes, 201.
Blemmyes (peuple), 439.
Blende, 245.
Blocs erratiques, 57, 110.
Bobyles (peuple), 467.
Bodo (peuple), 463.
Bodo ou Borro (langue himalayenne), 544.
Bœuf (distribution et domestication du genre), 385, 386, 395, 418, 691.
Bois-Brûlés (Indiens), 528.
Boissons (usage des), 746 et suiv.
Bolides, 8, 9.
Bongos (peuple de l'Afrique), 422, 433, 444, 588, 691.

Borax, 211.
Bore, 95, 211.
Bornou (habitants du), 433, 440, 441.
Bornou (langues du), 587, 588.
Borussienne (langue) ou prussienne, 624.
Boschimans (tribu hottentote), 444.
Bosniaques, 522.
Bothias ou Tibétains, 459.
Botocoudos (tribu américaine), 492, 729, 730.
Boucaner (art de) la viande, 741.
Bouclier (usage du), 715, 716.
Bouddhisme, 644, 645, 658, 660, 668.
Bougis ou Bouguis (peuple), 469.
Bougui (langue), 597.
Bouillir (moyen pour faire) l'eau, 720.
Boukhare (langue), 556.
Boumerang (arme), 713.
Bouran (ouragan de neige), 81.
Bourguignon (dialecte), 624.
Bouriates, peuple mongol, 454, 556.
Bournonite, 247.
Boutaniens, 705.
Bracelets, 735.
Brahmanes, 502, 680, 685.
Brahmanisme, 646, 647.
Brahouls (peuple), 447, 462.
— (langue des), 491, 614.
Brasilio-Guaranien (rameau), 491.
Brésil (région zoologique du), 413, 414.
Brésil (forêts du), 289.
Bretons, 673.
Brévipennes (distribution de ces oiseaux), 365.
Brigandage, 703.
Brise, 89.
— folle, 96.
Broundou, 640.
Brucite, 245.
Bryozoaires, 22.

Bulgare (langue), 625.
Bulgares (peuple), 466, 481.
Burgundes, 516.

C

Cachemirien (langue), 671.
Cachoubes (langue des), 626.
Café, 294, 749.
Cafres, 428, 435, 436, 444, 445, 447, 733, 755.
Cafres (langues), 589.
Cakchiquel (idiome), 567.
Calamine, 245.
Calamites, 24, 26.
Calcaire, 125, 206 et suiv.
— à gryphées arquées, 32.
— carbonifère, 24, 125.
— conchylien, 31.
— pisolitique, 42.
Calcédoine, 211, 212.
Calcul (art du), 766.
Calédoniens, 515.
Californie (Nègres de la), 452.
Californiennes (langues), 565, 566.
Cambodgienne (langue), 539, 541, 543.
Cambrien (terrain), 19, 20.
Canara (langue), 546, 547, 548.
Cangarah (peuple noir), 433.
— (langue), 591.
Cañons, 183.
Cantabres, 512.
Cap de Bonne-Espérance (région végétale du), 278.
Cappadocien (langue), 620.
Carabiques (leur distribution), 306.
Caraïbe (langue), 576.
Caraïbes, 492, 529, 560, 753.
Caravanes, 766.
Carbone, 19, 198 et suiv.
Carbonifères (terrains), 24 et suiv.
Cariens, 506.
Carien (langue), 620.
Carnassiers d'Europe, 379, 380, 382.
Carnassiers de l'Amérique, 393, 400, 412, 413.

Carnassiers de l'Afrique, 398.
— de l'Inde, 402 et suiv.
Carnatite, 218.
Casque (usage du), 716.
Castes, 656, 700 et suiv.
Castes sacerdotales, 660, 661.
Castor (sa distribution), 382, 883.
Castration des chevaux, 761.
Cataractes, 118, 186.
Catavothrons, 181.
Catawbas (tribu indienne), 486, 489.
Cathéens de l'Inde, 656.
Catingas, 287.
Caucase (l'un des berceaux de la famille japhétique), 421.
Caucase (peuple du), 506 et suiv.
Caucasiennes (langues), 632, 633, 634.
Caucasique (race), 421, 487.
Caucones (peuple), 505.
Cavernes ou grottes, 181, 204, 665, 713, 754, 755.
Cavernes à ossements, 57 et suiv.
Cayes (petits îlots), 155.
Célestine, 250.
Célibat, 688.
Celtes, 509, 519, 631, 640, 694.
Celtibères, 512, 513.
Celtiques (langues), 630, 631.
Celto-Bretons, 512.
Celts (haches de bronze), 710.
Céréales (culture des), 293, 294, 745, 746.
Cérébrales (lettres), 613.
Cerfs (leur distribution), 383, 390, 405, 407, 415.
Ceris (tribu américaine), 489.
Cerium (corps simple), 249.
Cétacés (distribution des), 327.
— fossiles, 49.
Ceylan (langue de). Voy. Elou.
Chacal, 387.
Chaînes volcaniques, 160.
Chaldéens. Voy. Assyriens.
Chaldéenne (langue) ou chaldaïque, 602.

Chaleur (sa distribution à la surface du globe), 65 et suiv.
Chaleur (son action sur la végétation), 285.
Cham (race de), 437, 497, 766.
Chamanisme, 660.
Chameaux (leur distribution), 385.
Chan (langue), 542.
— (peuple), 540, 542, 591.
Chananéens, 499, 739.
Changallas (les), 433.
Changos, 484.
Charruas (tribu américaine), 496.
Charrue (invention de la), 762.
Chars (usage des), 761, 762.
Chasse (vie de), 690, 750.
Chat (sa distribution), 387.
Chaussures, 737.
Chauves-souris (leur existence en Europe), 381, 382.
Chauves-souris en Amérique, 391, 412.
Chaux (différentes espèces de), 205 et suiv., 262.
Chefs (pouvoir des), 705, 706.
Chéloniens fossiles, 37, 46.
Chenchwars (peuple dravidien), 462.
Chênes, 289, 291.
Cherokis (tribu indienne) 484, 489.
Cheval, 385, 728, 761.
Chevelure (disposition de la), 449, 734, 735.
Chèvre, 388.
Chibcha (langue), 572, 573.
Chica (boisson), 647.
Chichimèques (peuple), 489, 490.
Chien (sa distribution), 390, 403, 413.
Chien (sa domestication), 671, 690.
— fossile, 53.
— des prairies, 393.
Chiliennes (langues), 574.
Chillouks (peuple africain), 418, 434, 435.
Chinanstèque (langue), 567.

Chine (sa faune ornithologique), 363.
Chino (métis), 528.
Chinois, 453, 454, 455, 456, 457, 465.
Chinois (religion des), 646, 662, 668.
Chinoise (langue), 536, 537 et suiv.
Chinouks. Voy. Tchinouks.
Chippéways (tribu américaine), 488, 489.
Chiquitos (population américaine), 493.
Chocolat (usage du), 749.
Choctaws (tribu indienne), 486, 489.
Cholos (métis de Blanc et d'Indien), 528.
Chonos (tribu de l'Amérique), 691.
Chouettes (leur distribution géographique en Europe), 353.
Chypre (population de), 499.
Christianisme, 650, 669.
Chrysoprase, 213.
Ciel, 1, 2.
Cimbres, 515, 517.
Cimmériens, 509.
Circius (vent dit), 80.
Circoncision, 732 et suiv.
Civilisation (ses conséquences), 693, 769 et suiv.
Clans, 689, 690, 695.
Climat (étymologie de ce mot), 61.
— (changement de), démontré par l'existence de certains animaux fossiles dans la zone tempérée, 51, 52.
Climat (son influence sur les formes de gouvernement), 707.
Climats (leur distribution), 60 et suiv.
Climats continentaux, 63.
— marins, 62.
Cluses, 194.
Cobalt, 243, 244.
Cochimi (langue), 565, 575.
Cochinchine (montagnards de la), 446.
Cochons d'Asie, 407.

Cocotiers, 283, 746.
Coiffure, 733, 734.
Colchidiens ou Colches (peuple), 508, 509.
Coléoptères (leur distribution), 300, 301 et suiv.
Coloration artificielle de la peau, 730, 734.
Comanches (peuple), 489, 575, 742.
Combustibles, 725, 726.
Comètes, 5.
Commerce, 765, 769.
Commerciales (voies), 765.
Communication (moyens de), 765 et suiv.
Concani (langue), 547, 612.
Concubinage, 677.
Confédérations, 693, 694.
Congo (Nègres du), 426, 428.
— (langues du), 590.
Conivos (tribu), 783.
Constellations, 2, 3, 4.
Continents (leur configuration), 111 et suiv.
Coprolithes, 33.
Copte (langue), 593.
Coraux fossiles, 35, 43, 154.
— (îles de). Voy. Atolls.
Corbeaux (leur distribution), 348, 372.
Cordillère (sens de ce mot), 116.
Cordons littoraux, 146.
Corindon (pierre précieuse), 257, 258.
Coromandel (origine de ce nom), 546, 547.
Corse (dialecte grec de la), 621.
Cosmogonies, 658.
Courant équatorial, 84.
Courants (agents de propagation des espèces végétales), 283.
Courants marins, 89 et suiv.
Couschites, 437.
Couvade (usage de la), 681, 682, 683.
Crag (terrain de), 52.
Craie (différentes espèces de), 39 et suiv.

Craie (période de la), 38 et suiv.
— (distribution de la), 128 et suiv., 206.
Craie tufau, 40.
Cratères, 156.
Cratères-lacs, 195.
— d'effondrement, 178.
Crau (plaine de la), 145.
Création (ses commencements), 1 et suiv.
Crens (population américaine), 492.
Créophages, 732.
Criks (tribu indienne), 486, 487.
Croates, 522, 526.
Croate (dialecte), 626.
Crocodiles (leur distribution), 339.
Crotales (leur distribution), 337.
Cruauté, 739.
Crustacés fossiles, 28, 29, 30, 37, 43, 53.
Crustacés (leur distribution), 328, 329.
Cryolite, 259.
Cuir (usage du), 716.
Cuisson (mode de) des aliments, 720, 721.
Cuivre (ses différents minerais), 232 et suiv.
Culhuas (peuple américain), 489, 490.
Cultes magiques, 658 et suiv.
Cuzco (constructions de), 760.
Cycadées fossiles, 37.
Cycéon (boisson), 748.
Cyclones, 78, 88.
Cyclopéennes (constructions), 756, 760.
Cyganes ou Bohémiens, 612.

D

Daces (peuple), 524, 525.
Dacota (langue), 564.
Dacotas (tribu indienne), 487, 489.
Dahomey (langues du), 585.
— (habitants du), 432, 706.

Dahomey (religion du), 656, 663.
Dakchinas (langues), 545.
Damas ou Damaras (peuple de l'Afrique), 436.
Danakil (langue), 591.
Danakils (peuple de l'Afrique), 439, 440.
Danois (peuple), 518.
— (langue), 629.
Danses, 667, 668.
Danube (étymologie de ce nom), 620.
Dâr-Four (population du), 432, 441.
Dattier, 646.
Dayaks (peuple de Bornéo), 450, 470, 657, 729, 759.
Déboisement (ses effets), 285, 286.
Delagoa (tribus de la baie de), 436.
Deltas, 146 et suiv.
Déluge de Noé, 148.
Dènè-dindjié (langue), 561, 563.
Dents (extraction des), 733, 734.
Deri (langue), 616.
Déserts de l'Afrique, 130 et suiv.
Déserts de l'Asie, 133 et suiv.
— des Scythes, 136.
Devoniens (terrains), 21, 23.
Dhimal (peuple), 463.
Dhimale (langue), 544.
Diablerets (chute de ces montagnes), 180.
Diallage, 223, 224.
Diamagnétisme, 243.
Diamant, 197, 198.
Dieu (idée de), 646, 647, 649.
Dieux des religions tombées, devenant des démons, 652.
Digorien (dialecte), 615.
Diluvium, 54, 145.
Dinka (idiome), 588.
Dinkas (peuple de l'Afrique), 422, 434, 713.
Dinothérium (animal fossile), 49.
Diorites (roches), leurs formes, 122.
Distribution des animaux à la surface du globe, 296, 297.

Djagatéenne (langue), 556.
Djâts ou Jâts (peuple), 500, 611, 612.
Doctrine de l'autre vie, 643 et suiv., 657.
Dolomie, 210.
Dom (peuple dravidien), 462.
Doriens, 505, 510, 687, 694.
Dot de la femme, 679.
Dravidiens, 460 et suiv.
Dravidiennes (langues), 545 et suiv.
Drift, 55.
Dualisme religieux, 647, 648, 650.
Dunite, 222.
Dysluite, 247.

E

Eau (son origine), 16.
Eau de mer (sa température), 102 et suiv.
Eau de mer (sa salure), 100 et suiv.
Eau de mer (sa couleur), 98 et suiv.
Eaux minérales, 204, 205, 209, 250.
Échanges, 766, 767.
Échassiers (leur distribution en Europe), 359, 360.
Échassiers d'Afrique, 371.
— d'Amérique, 377.
Écorce du globe, 15 et suiv.
Écriture (histoire de l'), 604 et suiv., 608, 732.
Écriture cunéiforme, 550, 604.
— chinoise, 537, 538, 593.
— japonaise, 538, 539, 593.
Écriture nahuatl, 593.
Écume de mer, 256.
Écureuils volants, 396, 406.
Édentés (mammifères) de l'Asie, 404.
Édentés de l'Amérique du Sud, 413, 414.
Édentés fossiles, 52.
Égypto-berbères (famille de langues), 592, 593.

Égypto-berbère (race), 421, 437, 497.
Égyptienne (langue), 592, 593, 594.
— (race), 438, 440, 497, 498, 499.
Égyptiens (religion des), 641, 651, 652.
Élan (sa distribution), 381.
Éléphant (distribution du genre), 399, 404, 405, 664.
Éléphants fossiles, 49, 56, 57.
Eleuths (peuple mongol), 454, 556.
Élou (langue), 547.
Émeraude, 219, 220, 221.
Émasculation, 704.
Émeril, 258.
Encre fossile, 32.
Encrinites (fossiles), 25, 30, 36.
Engins de pêche et de chasse, 709, 710, 711, 715, 718, 719.
Enterrement des morts, 665.
Éocène (terrain), 45, 48.
Éoliens (peuple), 510.
Éolien (dialecte), 617.
Eozoon, 21.
Épidote, 219.
Épieu (arme), 711.
Éponges fossiles, 43.
Épreuves judiciaires, 661.
Équateur thermal, 65.
— zoologique, 384.
Erse (langue), 632.
Erzes (les), (peuple), 476.
Esclavage, 698 et suiv.
Esclaves (traite des), 766.
Eskimaux, 482, 487, 488, 641, 646, 710, 714.
Eskimaux (langue des), 566, 567.
Espagnole (langue), 623.
Espèces végétales (aire des), 269 et suiv.
Espèces (origine de leur distribution), 265.
Esprits (adoration des), 669.
Essences forestières, 286.
Esthoniens, 475, 477, 746.

Esthonienne (langue), 557.
Estuaires (leur définition), 191.
Étain (sa distribution), 239, 241 et suiv.
Éthiopienne (langue), 603.
Éthiopiens, 425, 437, 497, 712, 716.
Étoiles changeantes, 3.
— doubles, 4, 5.
— fixes, 2.
— filantes, 8.
— (couleur des), 3.
Étrusque (langue), 618.
Étrusques (religion des), 641.
Étrusques, 511, 512, 722.
Euphotide, 122.
Euphrate (delta de l'), 148.
Europe (sa configuration aux anciennes époques géologiques, 27.
Euskarienne (langue), 578, 579.
Excitants (usage des), 750.
Exhaussements du sol, 151 et suiv.

F

Færœr (dialecte des îles), 629.
Faille (définition de ce mot), 162.
Faim (comment les sauvages la supportent), 739, 740, 750.
Faisans (distribution de la famille des), 362, 363, 377.
Falachas (Juifs d'Abyssinie), 603.
Faluns (dépôt de coquilles en fragment), 48.
Familles végétales (leur distribution), 279, 280, 281.
Famille (constitution de la), 670 et suiv.
Fanti (langue), 587.
Fantis (peuple d'Afrique), 427, 432.
Fan (peuple africain), 430, 432.
Fassaïte, 224.
Faune primordiale, 22 et suiv.
— mammalogique des contrées boréales, 379, 383, 384, 390.
Faune marine (ses provinces), 312 et suiv.

Faune marine (profondeur jusqu'à laquelle elle s'étend), 311, 315.
Faune ichthyologique de certaines mers et de certains fleuves, 321, 322.
Faune de l'Australie, 364, 365, 366, 407, 408.
Faune entomologique (ses caractères pour chaque pays), 302, 305.
Faune mammalogique de l'Afrique, 394 et suiv.
Faune mammalogique de l'Amérique centrale, 410, 411.
Faune mammalogique de l'Amérique du Nord, 390, 391.
Faune mammalogique de l'Asie, 401 et suiv., 410.
Faune souterraine, 310, 416.
— brasilio-chilienne, 411, 412.
Feldspath, 216 et suiv.
Felis (distribution du genre), 398, 404, 413.
Fellatas (peuple de l'Afrique), 431, 433.
Fellata (langue), 587, 588.
Feloup (peuple nègre), 427.
— (langues), 583.
Femme (la) (sa condition), 680, 681, 682.
Femmes (communauté des), 673.
Femmes guerrières. Voy. Amazones.
Fer (sa distribution), 234.
— (ses divers minerais), 235 et suiv.
Fêtes religieuses, 662 et suiv.
Fêtes de médecine, 667.
Fétichisme, 643, 644.
Feu (usage du), 723 et suiv.
— (culte du), 648, 717, 725.
— Façon primitive de l'allumer, 723, 724.
— (signaux par le), 765.
Feu grisou, 197.
Fiançailles, 678.
Figuiers, 291.

Finlandais (peuple), 477, 478.
Finnois, 478, 479, 727, 748.
— (religion des), 645.
Finnoise (langue), 557, 558.
Fiords, 96.
Fissures du sol, produites par les tremblements de terre, 169.
Flamand (langue), 630.
Fleuves (crue des), 188.
Fleuves, influence de leurs débordements, 693.
Fleuves (embouchure des), 192, 194.
Fleuves (lit des), 123 et suiv.
Flore des mers, 281.
— arctique, 277, 281.
— de la zone tempérée, 277, 278.
Fontis, 179.
Forest-Bed, 55, 56.
Forêts de l'Amérique, 139, 141, 377.
— (leur influence), 285 et suiv.
— (essences des), 286, 287, 288.
Forêts tropicales, 287 et suiv.
Forgerons magiciens, 660.
Formose (peuple de l'île), 471.
— (langue de), 597.
Fougères fossiles, 24, 26, 37.
Foulahs. Voy. Peules.
Fou-Sang (pays de), 485.
Français (peuple), 513, 514.
Française (langue), 623, 624.
Franklinite, 238.
Frison (idiome), 630.
Fromage (nourriture), 743.
Fronde (arme), 711, 712.
Fuégiens. Voy. Pécherais.
Fulbe (peuple africain), 431, 432.
Funérailles, 667, 668.
Fuseau (usage du), 728.

G

Gabbro. Voy. Euphotide.
Gabon (Nègres du), 429, 432, 756.

Gaddo, métis, 529.
Gaélique (langue), 632.
Gahnite, 258.
Galactophages, 743.
Galapagos (îles), leur faune, 33, 162, 378.
— leur flore, 273.
Galibi (langue), 576.
Galla (langue), 591.
Gallas (peuple africain), 433, 434, 436.
Gallinacés (leur distribution en Europe), 358, 359.
Gallinacés d'Asie, 363, 364.
— d'Amérique, 373, 376, 377.
Gallois ou Welches, 513, 514, 515, 632.
Ganocéphales (poissons), 28.
Gants, 737.
Garamantes (peuple), 433.
Garrow ou Garo (langue), 544.
Garrows ou Garos (peuple), 463, 743.
Gastornis, 47.
Gauchos, 528.
Gaulois (langue des), 631.
Gaulois, 513, 514, 631, 632, 759.
Gazamba (langue), 592.
Générations spontanées (prétendues), 416.
Gentou (langue), 546.
Géorgiens, 506.
Géorgienne (langue), 633.
Germains, 509, 513, 515, 516, 687.
Germaniques (langues), 620, 629, 630, 693, 694.
Gés (les), population américaine, 492.
Gètes, 525.
Gétules, 441, 443.
Geysers, 174, 175, 215.
Ghez (langue), 591, 603.
Ghouzes (peuple), 465.
Girafe, 53, 395.
Glaces flottantes, 103 et suiv.
Glaciers, 107 et suiv.

Glacière (période), 56, 57.
Glacières naturelles, 107.
Glagolitique (écriture), 605.
Glauconie, 239.
Globe (division géographique du), 111 et suiv.
Glouton (distribution de cet animal), 380.
Gneiss, 120 et suiv., 255.
Godjob (langue), 592.
Goloutches ou Kolotches, tribus indiennes, 487.
— (langues), 565.
Gonds ou Gounds (peuple dravidien), 461, 462.
Gonde (langue), 545, 547.
Gorille, 395. Voy. Singes.
Gorkas (peuple), 705.
Gothique (langue), 629.
Goths, 516, 517, 694, 701.
Gourbis, cabanes, 757.
Gouriens (peuple), 506.
Gouvernement (formes du), 706, 707.
Gouzârati (langue), 611.
Graminées, 276.
Granite (ses formes), 118 et suiv.
Graphite, 198.
Grauwacke (roche), 125.
Grecs (religion des), 646, 651, 654.
Grecs, 510.
Grecque (langue), 619 et suiv.
Grenat, 218.
Grès vosgien, 28.
— vert, 40, 41.
— (ses formes), 125.
— rouge, 28, 126.
— bigarré, 28, 127.
Griffe, métis, 529.
Grigris, 643.
Gril, 741.
Grimpeurs (leur distribution en Europe), 353.
Grimpeurs (leur distribution en Amérique, 376.
Griquas (les), tribu hottentote, 445.
Grisons (langue du pays des), 621.

Groënland (habitants du), 482, 672.
Groënlandais (idiome), 566.
Grusiens ou Grousiens (peuple), 506.
Grusiens (groupe de langues), 633.
Gryphée (coquille fossile), 31, 36.
Guanches (anciens habitants des Canaries), 441, 444, 685.
Guaranis, population américaine, 491.
Guaranie (langue), 574, 575.
Guaraunos, 759.
Gucks (les), population américaine, 492.
Guèbres, 504, 613. Voy. Parsis.
Guèbre (langue), 614.
Guerre (État de), 696, 704.
Guinée (Nègres de la), 426, 429, 675.
Guinée (langue de la), 585.
Gulf-Stream, 44, 84 et suiv., 98.
Gyaroung (langue), 550.
Gynocratie, 683.
Gypse, 45, 252.

H

Habitation des espèces végétales, changements qui s'y opèrent, 261 et suiv.
Habitation des premiers hommes, 753 et suiv.
Habitations lacustres. Voy. Palafittes.
Haches, 710.
Haines héréditaires, 697.
Haiyus (les), ou Vayous, tribu, 460, 543.
Hameçons, 719.
Haoussa (langue), 587.
— (habitants du), 430.
Harpons (emploi des), 718, 719.
Hatchétine, 197.
Hautes-Chaumes, 118.
Hautes-Fagnes, 203.
Hazâreh (les), (tribu), 454.
Hébraïque (langue), 602.

Hébreux (religion des), 648, 649. Voy. Juifs.
Hédenbergite, 224.
Héliotrope, 213.
Hellènes. Voy. Grecs.
Helvètes, 516.
Henné (emploi du), 730.
Hénioques (peuple), 507.
Héréro (langue), 590.
Héritage par le côté maternel, 688, 689.
Héros (culte des), 653.
Hérules (peuple), 516, 656.
Hiéroglyphique (écriture), 593.
Himyarite (peuple), 440.
— (langue), 603.
Hindi (langue), 611.
Hindoustan (tribus primitives de l'), 447, 460, 461, 463, 469.
Hindoustan (sa faune ornithologique), 361, 362.
Hindoustan (sa faune mammalogique), 401 et suiv.
Hindoustani (langue), 611.
Hindous (population), 504.
— (religion des), 641, 644, 650, 662.
Hindous (mariage chez les), 671.
Hipparion (solipède fossile), 50.
Hippomolgues, 743.
Hippophages, 743.
Hivernage (saison de l'), 65.
Ho (idiome), 546.
Hollandais (langue), 630.
Holophrastiques (langues), 559.
Holothuries, 154, 318.
Homme (question de son existence aux anciennes époques géologiques), 57, 58.
Hongrois. Voy. Magyars.
Hongroise (langue), 557.
Horde d'or, 466.
Hornblende, 224.
Hospitalité (l') chez les peuples primitifs, 695, 696, 697.
Hottentotes (langues), 594, 595.
Hottentots, 443, 444, 445, 711.

Houille, 201.
Houille (origine de la), 25 et suiv.
— (distribution de la), 199.
Horpa (tribu), 460.
Horsok (idiomes), 549, 550.
Hovas. Voy. Ovas.
Huastèque (langue), 567.
Huilliches (peuple américain), 496.
Huîtres fossiles, 36.
Huns, 455, 515, 520.
Huns blancs, 466.
Huronien (terrain), 20.
Huttes, 756, 757.
Hybrides, 420.
Hydrogène, son origine, 16.
— (ses différents composés), 196 et suiv.
Hydromel, 748.
Hypersthène, 225.

I

Iakoutes, 467, 556.
Iapygiens, 519.
Ibère (langue), 578, 579.
Ibères (peuple), 512, 513.
Ibériens, 509.
Ibo ou Ibou (langue), 585.
Ichthyophages, 742, 758.
Ichthyosaure, animal fossile, 33, 34.
Idocrase, 219.
Idolâtrie, 642 et suiv.
Idoles (anciennes), 644.
Igolotes, peuple, 446.
Iles (apparition de nouvelles), 158 et suiv.
Iles volcaniques, 159.
Iles (flore de certaines), 273.
Illyrienne (langue), 625.
Ilménite, 240.
Iméréthiens, peuple, 506.
Iméréthien (langue), 633.
Immortalité de l'âme, 653, 654.
Incinération des corps, 664, 665.
Incisions faites sur le corps, 731.

Indicolite, 221.
Indiens de l'Amérique du Nord (religion des), 645.
Indo-Chinois (peuple), 457, 468.
Inégalité des jours et des nuits, 61.
Inondations des fleuves, 188 et suiv.
Inondations des pampas, 138, 139.
Infusoires, 417.
Insectes fossiles, 33, 38,
— (distribution des), 299 et suiv.
— (leurs migrations), 303 et suiv., 307.
— mangés par certains peuples, 743.
Insectivores (carnassiers), leur distribution en Europe et en Asie, 381, 382, 385.
Insectivores (carnassiers), leur distribution en Afrique, 397.
Iode, 249.
Ioniens, 505, 510, 694.
Iourtes. Voy. Yourtes.
Iowas (les), tribu indienne, 489.
Iraniennes (langues), 613, 614, 615.
Iraniens, 502, 503.
Irlandais, peuple, 513, 517.
Irlandaise (langue), 632.
Iroquois, 489.
Iroquoises (langues), 564.
Islamisme, 650, 652, 668.
Islandaise (langue), 629.
Islande (sa formation), 158.
Islande (volcans de l'), 157, 158.
Itacolumite, 214.
Italienne (langue), 621.

J

Jade, 224.
Jais, 201.
Japhétique (race), 497, 500.
Japétiques ou japhétiques (langues), 607.

Japonais (peuple), 456, 488.
— (religion des), 646, 647.
Japonaise (langue), 558.
Jaspe, 215.
Jats. Voy. Djats.
Javanais (langue), 599.
Jeux célébrés lors des funérailles, 668.
Jhils, bras des rivières à leur embouchure, 99.
Jökull, 109.
Jorullo (volcan de), 164.
Juifs, 498, 499, 612, 674.
Julia (Ile), 158.
Jungles, 287.
Jurassique (période), 32 et suiv., 127, 206.
— (montagnes du terrain), 34.

K

Kabardiens, peuple, 506, 507, 508.
Kabyle (peuple), 594.
Kabyles (langue des), 593, 594.
Kachi (langue), 611.
Kafirs ou Siahpochs, 500, 502, 610, 763.
Kalahari (désert de), 133.
Kalmouks, 453, 454, 479, 556.
Ka-Moï (peuple). Voy. Moï.
Kampongs, 759.
Kamtchadals, 482, 484.
Kamtchadale (langue), 558.
Kanak, sens de ce mot, 473.
Kanem, pays de l'Afrique, 429, 433.
Kanoûris (peuple du Bornou), 429, 430.
Kanoûri (langue), 587.
Kangourous, 408.
Kaolin, 218.
Karaboulaks, peuple, 508.
Karens, peuple, 457.
— (langue des), 542.
Karoos, 133.
Karsténite, 252.

Katodis (peuple de l'Hindoustan), 462.
Kchattriyas, caste, 701.
Kenaï (langue), 562.
Kermès minéral, 247.
Khalkas (peuple mongol), 454.
Kham-ti, langue, 596.
Khassias (peuple), 457, 502, 673.
Khassia (langue), 545.
Khazars, peuple, 465, 557.
Khétas, peuple, 499.
Khewssoures, peuple, 508, 634.
Khhyeng, langue, 542.
Khmer, peuple, 457.
Khondes, peuple dravidien, 461, 689, 696.
Khorassan, caractère zoologique de cette province, 385.
Khoresmien, idiome, 556.
Khvalisses (peuple ougro-tartare), 467.
Kiafet, 738.
Kibitka, 761.
Ki-hiaóu (langue), 589.
Kimboundas (les), peuple de l'Afrique, 432.
Kiœkkenmœddings, 710, 742.
Kiptchak, idiome, 556.
Kirghises (peuple asiatique), 466, 480, 556.
Kirri, arme, 781.
Kistes, peuple, 507, 508.
Kiste (langue), 634.
Kitwara (langue), 592.
Kizh (langue), 566.
Kliks (aspiration particulière des langues hottentotes), 495, 570.
Kodagou (langue), 547.
Kœper (terrain de), 126.
Kôle (langue), 545, 546.
Kôles (peuple), 461, 462, 463, 672.
Koman, idiome, 556.
Komans, peuple, 465, 525.
Koranas, peuple de l'Afrique, 443, 444.
Kordofan (population du), 432, 440.

TABLE DES MATIÈRES. 787

Koriak, langue, 558.
Koriaks, population boréale, 482, 558.
Kosaks, 468, 526.
Koso, langue, 584.
Kotches (les), peuple de l'Hindoustan, 463, 684.
Kothers (les), peuple de l'Hindoustan, 464.
Kouki (langue), 543.
Koukis, peuple, 704.
Koumykes, tribu tartare, 634.
Kourgans, 717.
Krals, 758.
Krébo ou Grébo (langue), 585.
Krou (langues), 585.
Kurde (langue), 615.
Kurdes (peuple), 504, 615.
Kusundas (les), peuple de l'Inde, 460, 461.
Kymrique (branche), 632.

L

Labradorite, 218.
Lacandons (Indiens), 568.
Lacs (caractères des), 193, 194 195.
— salés, 101, 102, 132, 201, 211.
— (poissons des), 322 et suiv.
Ladinos, métis, 528.
Lagoni, 172, 174.
Lagons, 154.
Lagunes, 192.
— appelées *Haffs*, 147.
— du Pô, 150.
Laine, 737.
Lait, nourriture, 743, 744.
Lama, 415.
Lamaïsme, 644.
Lamano, langue, 572.
Lamoutes, peuple, 455.
Lamoute, langue, 556.
Lance, 710, 711, 713.
Landes de la Gascogne, 145.
Landoma, langue, 586.
Langage (origine du), 532 et suiv.

Langue primitive, 583 et suiv.
Langue d'oc, 622.
Languedocien (idiome), 621, 624.
Langues, leur décomposition, 669.
— de l'Afrique, leur classification, 580 et suiv.
— d'agglutination, 535, 546.
— altaïques, 553 et suiv.
— américaines, 559 et suiv.
— de l'Amérique centrale, 567, 568, 569.
— australiennes, 551, 552, 553.
— chamitiques, 591 et suiv.
— à flexions, 535, 600 et suiv.
— du delta du Niger, 585.
— himalayennes, 544, 596 et suiv.
— libyques, 593, 594.
— gréco-latines, 617 et suiv.
— indo-européennes, 607 et suiv.
— monosyllabiques, 534, 535, 536 et suiv.
— nilotiques, 592.
— polynésiennes, 597 et suiv.
— polysynthétiques, 559 et suiv.
— sémitiques, 602 et suiv., 608.
— (transformation des), 635, 636.
Laos (tribus du), 459, 542.
Lapons, 478, 479, 643.
Lapon, langue, 557.
Larves, 653.
Latine (langue), 621, 622, 623.
Latins, 511, 512.
Laurentienne (formation), 20.
Laves, 16.
Lazes, peuple, 509, 744.
Laze (langue), 633.
Lazulite, 221.
Lekhes, peuple, 523.

Lenguas, peuple, 730.
Léléges (peuple), 619.
Lenca (tribu indienne), 568.
Léni-Lénapes, tribu indienne, 484, 645.
Lepchas, peuple, 459, 705.
Lesghes, peuple, 508.
— langues, 634.
Lette ou livonien (langue), 624.
Lézards ou Lacertiens (leur distribution), 340.
Lézard marin, 340.
Lherzolite, 222.
Lianes, leur abondance dans les forêts tropicales, 291, 292.
Lias (terrain de), 31, 32, 34, 127.
Ligatif (emploi du), 543.
Lignes isothermes, isochimenes, isothères, 66 et suiv.
Lignite, 200, 203.
Ligures, 512, 579.
Lingam (culte du), 643.
Lingoa geral, langue de l'Amérique méridionale, 574.
Lion (distribution du), 387.
Lithuaniens, 477, 522.
Lithuanienne (langue), 624, 625.
Lives ou Livoniens, 477, 624.
Llanos de l'Amérique, 140, 141.
Logone (langue), 586.
Lo-Lo (peuple), 457.
Lombards, 517, 643, 701.
Loucheux (Indiens), 563.
Lour (langue), 614.
Loures, peuple, 504.
Lout (désert de), 66.
Lou-tchou, langue, 558.
Lundes, peuple, 478.
Lune, 13, 93.
Lyciens, 504, 505, 684.
Lycien (langue), 620.
Lydienne (langue), 620.
Lydiens, 504, 505.

M

Maba, langue, 588.

Macédoniens, 510.
Maces, peuple libyen, 715.
Machairodus, carnassier fossile, 50.
Macrocéphales, 729.
Macusi, langue, 576.
Macusis (Indiens), 645, 652.
Madagascar (population de), 470, 471.
Madagascar (faune de), 366, 369, 371, 400.
Madagascar (flore de), 283, 287.
Madagascar (religion de), 659.
Magâdhi (langue), 609, 610.
Magars, tribu hindoue, 543.
Magiciens 659, 660.
Magot, (existence de ce singe en Europe), 386.
Magnésie (sa distribution), 255 et suiv.
Magnésite, 256.
Magyars, 481, 525.
Magyar (langue), 557.
Mahaselys (les), peuple de l'Afrique, 436.
Mahi, langue, 585.
Mahis, peuple, 428.
Mahis, monnaie, 758.
Mahlstrom (courant du), 96.
Mahrattes (peuple), 547, 610, 611.
Maine (État du), 144.
Maïs, 746.
Mal pais, au Nicaragua, 171.
Malaise (langue), 597.
Malais (peuple), 448, 449, 469 et suiv., 472, 684, 715.
Malayalam (langue), 546, 547.
Malayo-Polynésiens (les), 450, 468 et suiv.
Malayo-Polynésiennes (langues), 553, 596 et suiv.
Maldives (langues des îles), 547.
Male (langue), 545.
Maier ou Male, peuple dravidien, 462, 545.
Malgache (langue de Madagascar), 592, 599.

Malgache (peuple). Voy. Madagascar.
Mammia (langues), 542.
Mammifères fossiles, 46, 47, 49, 50, 53.
Mammifères communs à l'ancien et au nouveau monde, 391.
Mammifères de la Chine et du Japon, 385, 386, 402.
Mammifères terrestres, leur distribution, 379 et suiv.
Mancawah (les), peuple nègre, 429.
Mandchoux, 454.
Mandchoue (langue), 556, 558.
Mandingues, peuple de l'Afrique, 430, 431, 442, 684.
Mandingues (langues), 584.
Mânes, 654.
Manganèse (ses minerais), 246.
Manipouri (langue), 542.
Manipouris, peuple, 459.
Manitous, 645, 652.
Mano, langue, 584.
Manx (idiome), 632.
Maoris, peuple, 473, 711.
Marabout, métis, 529.
Maravars (les), tribu de l'Hindoustan, 464.
Marbre, 25, 206 et suiv.
Marcassite, 238.
Marées, 91 et suiv.
Mariage, 670 et suiv.
Mariages entre parents, 685, 686.
Mariage chez les Romains, 679.
Mariage chez les Hébreux, 679.
Marmite des géants, 120.
Marnes irisées, 31.
Marnes tertiaires, 40 et suiv.
Marses, peuple, 510.
Marsupiaux (leur distribution), 392, 408, 409.
Marsupiaux fossiles, 34, 38, 39, 53.
Martre (distribution du genre), 386.
Mascaret (phénomène du), 94 et suiv.

Massagètes, peuple, 466, 525, 712, 761.
Massue, 710.
Mastodonte (animal fossile), 47.
Maures, peuple, 441, 594.
Maya (langue), 567.
Maypurès (langue), 573, 576.
Mazdéenne (religion) ou Mazdéisme, 647, 651. Voy. Zoroastre (religion de).
Méchis (peuple), 463.
Mechtcheriaks, peuple, 467.
Mèdes, 502.
Medidâza (langue), 587.
Médo-scythique (langue), 550, 554, 555.
Mégalithiques (monuments), 443, 666, 709, 756, 759, 760.
Mégapodides (leur distribution), 364, 365.
Megatherium (animal fossile), 52, 53.
Mélanchlènes, peuple, 477.
Mendaïtes (secte), 649.
Mentiras, tribu asiatique, 672.
Méoniens, peuple, 505.
Meotes, peuple, 508, 521.
Mercure (ses mines), 231.
Mériens (les), peuple, 480.
Mer Morte (dépression de la), 179. Voy. Asphaltite (Lac).
Mer Caspienne (faune mammalogique de son bassin), 361.
Mers polaires, 103, 105.
Mer Rouge (sa coloration), 98.
Mer de Sargasse, 88.
Mers (leur profondeur), 97.
Messager (distribution de cet oiseau en Afrique), 368.
Messapiens (peuple), 619.
Métamorphiques (roches), 17.
Métaux (dans l'écorce du globe), 15.
Métaux (travail des), 716, 717.
Métis, 626, 627, 628.
Meule (emploi de la), 699.
Meulières (pierres), 45.

Mexicains, 489.
Mexicains (religion des), 641, 725.
Mexicaine (langue). Voy. Nahualt.
Mexique (zones du), 140.
Mexique (ses déserts), 143.
Miao-Tseu (les), peuple, 459, 460, 682.
Mica, 220.
Micaschiste, 123.
Michmis (tribu), 457, 469.
Migrations des peuples, 530, 531.
Migrations primordiales des animaux, 55, 56.
Migrations des insectes, 307, 308.
Mikir (langue), 544.
Milliolites (coquilles fossiles), 46.
Mincopiès ou Andamènes, 445, 446, 450, 686, 727.
Minéraux (leur distribution), 195 et suiv.
Mingréliens, 506, 507.
Mingrélien (langue), 634.
Minium natif, 242.
Miocènes (terrains), 48 et suiv.
Mirage, 134.
Miris (les), peuple, 457.
Mîri (langue), 544.
Mississipi (delta du), 149, 150.
Mittous, peuple, 691, 730.
Mocassins, chaussure, 737.
Moelle des os, aliment, 743.
Mohavi, tribu indienne, 714.
Mohsite, 240.
Moï (les) ou Ka-Moï, peuple, 457, 458.
Mokos (langues des), 590.
Molasse (sorte de grès), 45, 48, 52.
Mollusques (distribution des), 310 et suiv.
Mollusques terrestres (leur distribution), 316, 317.
Mollusques fossiles, 22, 25.
Moluches, peuple américain, 495, 496.
Mombouttous, peuple africain, 432, 592, 718, 756.
Môn (langue), 540, 541, 543.

Môn (peuple), 457.
Mongole (langue), 556, 558.
Mongols, 452, 453, 454, 464, 479.
Monothéisme, 645.
Monnaies, 767, 768, 769.
Monogamie, 674.
Montagnes (chute de), 178.
Montagnes, 115 et suiv.
Montagnes volcaniques. Voy. Volcans.
Montagnes (végétation des), 263, 264, 287, 288.
Montagnes, lignes de frontières dans la distribution des insectes, 303.
Monténégrins, 522.
Monténégrins (langue des), 626.
Moraines (leur définition), 107.
Moravien (dialecte), 627.
Mordvines, peuple, 475, 476, 481.
Morlaques, peuple, 526.
Morts (séjour des), 654, 655.
Mosasaure (saurien fossile), 44.
Mosches (peuple), 525, 555.
Mosquitos (peuple), 528.
Moultani (langue), 611.
Moussons, 76.
Moxos (langues), 573, 576.
Moxos, peuple américain, 493.
Mpongwé (peuple nègre), 432.
— (langue africaine), 581, 590.
Mulâtres. Voy. Métis.
Munda (souche), 460.
Muscardine (maladie), 416.
Muskhoghis (les), (tribu indienne), 486.
Muyscas, peuple, 572, 573, 575.
Mysien (langue), 620.
Mysiens (peuple), 514.
Mystères (fêtes religieuses), 667.
— (représentation des), 668.

N

Nabatéen (langue), 616.
Nabou (langue), 586.

Naga (langue), 540, 542, 544.
Nagas (tribu), 458, 469, 542, 704, 743.
Nahuatl (langue), 568, 569.
Naïrs, peuple de l'Inde, 673.
Namaquas (peuple de l'Afrique), 436, 444, 595.
Naphte, 201, 202.
Narcotiques (emploi des), 750.
Nasamons, peuple de l'Afrique, 443, 742.
Natation, 762, 763.
Natchez, tribu indienne, 486.
Natron, 132, 210.
Naturalisation d'oiseaux en Europe, 283, 359.
Naturalisation des espèces végétales, 282 et suiv.
Naturalisme primitif, 637 et suiv.
Naturalisme panthéistique des races indo-européennes, 637 et suiv.
Naturalisme grossier, 639.
Navajos (Indiens), 489, 563.
Nébride, 735.
Nébuleuses, 4, 6.
Nègres (leur origine), 422, 425.
Nègres (caractère physique et moral des), 424, 425, 428, 438.
Nègres australiens, 446, 447, 448, 451.
Nègres de Mozambique, 428.
— de la Guinée, 428, 429.
Nègres pélagiens. Voy. Nègres australiens.
Nègres (habitations des peuples), 758.
Négritos, peuple, 445, 446, 553.
Négroïde (race), 426.
Neiges perpétuelles, 105 et suiv.
— colorées, 106.
Néocomien (terrain), 39 et suiv.
Népâl (langues du), 543, 610.
Néphrite, 224.
Neures (peuple de l'antiquité), 480.
Névés, 107.

Nicaragua (Indiens du), 654.
Nickel, 244.
Nil (delta du), 146.
Nil (sources du), 186.
Nitre. Voy. Salpêtre.
Nobas, peuple, 440.
Nogaïs (Tartars), 466.
Nomades, 692, 693. Voy. Pasteurs.
Nouba ou Noba (langue), 591.
Normands, 519.
Nouffi ou Noupé (langues), 586.
Nourriture des premiers hommes, 739 et suiv.
Nouvelle-Zélande (sa flore), 280.
— (sa faune, 366, 367.
Nubiennes (langues), 590.
Numération, 575.
Numides, 440, 441.
Nummulites (coquilles fossiles), 45.
Nyam-Nyam (peuple), 430, 432, 592.

O

Oasis, 131, 132.
Obongos (peuple), 686. Voy. Bongos.
Obotrites (peuple), 626, 627.
Obsidienne, 217.
Odji (langue), 585.
Ogibwais (les), (tribu indienne), 489.
Oiseaux (leur distribution), 343 et suiv.
Oiseaux d'Europe, 347 et suiv.
— fossiles, 30, 31, 38, 54.
— d'Asie, 361 et suiv.
— d'Afrique, 368 et suiv.
— de la Polynésie, 367.
— de l'Australie et de la Malaisie, 362, 364, 366.
Oiseaux de l'Amérique, 372 et suiv.
Oiseaux (agents de transport des végétaux), 283.
Oiseaux (leurs migrations), 345, 346, 378.

Oiseaux (nombre de leurs espèces), 343.
Oiseaux marins (comment ils nichent), 350.
Oiseaux-mouches (leur distribution), 364, 375.
Olboutes, 187.
Olmèques, peuple, 489.
Omagua (langue), 575.
Ombrienne (langue), 618.
Ombriens (peuple), 510, 512.
Onyx (marbre), 209.
Onyx (agate), 213.
Oolithe (concrétion géologique), 34.
Oolithe (groupe de la grande), 34.
Opale, 215.
Ophite, 122.
Optiques (phénomènes) dans les contrées polaires, 103, 104.
Or, 227.
Orchidées, 291.
Ordalies, 661.
Orégon (étymologie de ce nom), 729.
Orégon (tribu de l'), 482, 486, 487.
Orégon (langues de l'), 565.
Oreilles (percement des), 729.
Orénoque (delta de l'), 149.
— (bassin de l'), 149.
Origine et formation de notre planète, 14 et suiv.
Orthose, 218.
Orthrocène (terrain), 48.
Osmium, 225.
Osques ou Opiques (peuple), 510.
Osque (langue), 618.
Ossète (langue), 615, 634.
Ossètes, 508.
Ostiaks, 468, 475, 483, 643, 685.
Ostiak (langue), 557.
Ost-Ourt (plaine de), 134.
Othomi (langue), 568.
Othomis, peuple, 489, 750.
Oubyches, 507.
Oude (langue), 634.

Ougrie, 474.
Ougriens (sens de ce mot), 474, 481.
Ougro-japonaises (langues), 548, 553 et suiv., 634.
Ougro-sibérienne (race), 474 et suiv.
Ouïghours, 465, 475.
Ouïghour (langue), 556.
Ouragans, 79 et suiv.
Ourdou (langue), 611.
Ourya (langue), 610.
Oussouri (indigènes de l'), 726.
Ovas (peuple de Madagascar), 470, 471.
Ovampos (peuple de l'Afrique), 445.
Ovis (distribution du genre), 388, 395.
Oxfordien (groupe), 34, 35.
Oxygène, 19.

P

Pachydermes d'Europe, 383.
— de l'Asie, 404, 405.
— de l'Afrique, 399.
— de l'Amérique, 414.
— fossiles, 49, 53, 57.
Pacifique (Océan), action des courants sur cette mer, 90.
Padéens (peuple de l'Inde), 688, 751.
Padoucas (langues), 565.
Pagais (peuple de Sumatra), 469.
Pahouins (peuple nègre), 432.
Pain (arbre à), 746.
Palafittes (habitations lacustres), 709, 721, 728, 759, 761.
Paléothérium (animal fossile), 47.
Palétuviers, 286, 287.
Pali (langue), 609.
Palladium (métal), 227.
Palmiers fossiles, 37, 41, 51.
Palmiers, 141, 290, 291, 746.
Palmipèdes (leur distribution), 348, 366, 367.

TABLE DES MATIÈRES.

Palmipèdes de l'Amérique, 377, 378.
Palmipèdes de l'Afrique, 371.
— des contrées boréales, 360, 377, 378.
Palmyrénien (langue), 616.
Pamir (plateau de), 503.
Pampas, 137.
Pampéen (rameau), 493.
Pampeiros (vents des Pampas), 80.
Pangah des Dayaks, 759.
Pangolin, 389, 404.
Pannoniens, peuple, 514.
Paons (distribution de cette famille d'oiseaux), 362.
Papillons de l'Amérique septentrionale, 307, 308.
Papels (tribu nègre), 426, 583.
Papous, 445 et suiv., 553, 729.
Papoue (langue), 553.
— (origine de ce nom), 448.
Paradis, 655.
Paradisiers (distribution de ces oiseaux), 364.
Parana, étymologie de ce nom, 574.
Parents (meurtre des), 688.
Parias, 463.
Parsi (langue), 614.
Parsis, 648. Voy. Guèbres.
Parthes, 525.
Parthe (langue), 616.
Parure (besoin de), 728, 729, 734, 786.
Passereaux (leur distribution en Europe), 354 et suiv.
Passereaux en Amérique, 374, 375, 376.
Pasteurs, 750.
Patagonie orientale, 137.
— (faune de la), 414, 415.
Patagons, 493, 719.
Pathans (peuple), 616.
Patriotisme, 697.
Pâturages, 692, 693, 694.
Pawnis, tribu indienne, 483.
Pawnies (langues), 564.
Pchaws (peuple), 633.

Peau (variation de couleur de la), 421, 421.
Peaux-Rouges, 484, 485, 486, 488, 489, 739.
Pêche (peuples vivant de la), 758.
Pécherais, ou Fuégiens, habitants de l'île de feu, 496, 720, 722.
Pechstein, 217, 720, 722.
Pehlvi (langue), 615, 616.
Pélasges, 505, 510, 524, 759.
Pélasge (idiome), 620.
Pemmican, 749.
Pénéen (terrain), 28.
Péridot, 222.
Périclase, 256.
Permien (terrain), 28.
Permiens (peuple), 477, 479.
Pérou (forêts du), 139, 141.
Pérou (sa faune mammalogique), 414, 415.
Perroquets (leur distribution), 361, 362, 367, 376.
Persans, 504, 505, 668.
Persane (langue), 613, 614.
Perse (langue), 613.
— (peuple), 502, 503, 504.
Persépolitaine (écriture), 606.
Perses (religion des), 647, 652.
Péruvienne (langue), 572.
Péruviens (religion des), 644.
Petchenègues (peuple), 465, 525.
Pétrole, 197, 201.
Peules (peuple africain), 431.
Phéniciens, 442.
Phéniciens (religion des), 644, 649.
Phénicienne (langue), 602, 604.
Philistins, 499.
Phillipsite, 232.
Phonolite, 216.
Phoques (leur distribution), 325, 326.
Phosphore, 249.
Phrygiens, 504, 505, 510.
Phrygienne (langue), 619.
Phthirophages, 743.
Picard (dialecte), 629.
Pictes (peuple), 730.

Piéges (art de fabriquer les), 718.
Pierre (âge de la), 711, 713, 714, 718.
Pierre polie (engin en), 716, 717.
Pierre lithographique, 209.
Pierre ponce, 217.
Pierre de touche, 216.
Pierres précieuses, 257 (voy. Grenat, Saphir, Topaze, etc.).
Pigeons (distribution de cette famille), 364, 370.
Pilum (arme), 711.
Pimos (tribu indienne), 489, 570.
Pingouins, 349.
Pins (arbres), 287, 288.
Pipes, 750.
Pipile (langue), 568.
Pirogues, 725, 762, 768.
Plaines (grandes) du globe, 130.
— de l'Amérique, 141.
— de l'Europe, 145.
Planètes, 12.
— télescopiques, 12 et suiv.
Plantes cultivées, 293 et suiv.
— marines, 267, 271.
— communes, 270.
— sociales, 268.
Platine, 227.
Plésiosaure, 33, 37.
Pliocène (terrain), 53 et suiv.
Plomb (ses différents minerais), 241 et suiv.
Pocoman (idiome), 567.
Poisson (son usage comme aliment), 742.
Poissons (leur distribution), 318 et suiv., 328.
Poissons fossiles, 23, 27, 33, 41, 44, 46, 47, 49.
Poissons (leurs migrations), 321 et suiv.
Poissons des lacs et des fleuves, 322, 323, 324.
Poissons (familles de) caractérisant chaque pays, 318 et suiv.
Polabe (langue slave), 627.
Polaires (contrées), leur aspect, 104, 107.

Polders de la Hollande, 52.
Polexien (idiome), 624.
Polonais (peuple), 523.
Polonaise (langue), 626, 627.
Polyandrie, 673.
Polygamie, 675, 676, 677, 727.
Polynésie (date de sa formation), 171.
Polynésiens, 472, 473, 474.
— (religion des), 653.
Polypiers, 154, 155.
Polythéisme, 638 et suiv.
Poncho (vêtement), 736.
Ponts (premiers), 764.
Portlandien (groupe), 35.
Porphyres (leur distribution), 121.
Porphyritiques (montagnes), leurs formes, 121.
Portugais établis dans l'Inde, 420.
Portugais (langue), 621.
Postpositions, 554.
Poteries, 720 et suiv.
Pouchtou (langue), 616.
Poudingues (assemblage de cailloux calcaires liés par une sorte de ciment), 25.
Pràcrite (langue), 609.
Prairies de l'Amérique du Nord, 143, 393.
Prométhée (mythe de), 724.
Prostitution, 673.
Proustite, 231.
Provençale (langue), 621, 624.
Psylles, 659, 660.
Ptérodactyles (animaux fossiles), 24.
Pudeur (sentiment de la), 735.
Puelches (peuple), 496.
Puits (possession des), 692.
Punas du Pérou, 139.
Purupuru (Indiens), 712, 728.
Pusztas de la Hongrie, 134.
Pyramides d'Égypte, 760.
Pyrite, 238, 717.
Pyrolusite, 246.
Pyroxène, 224.

Q

Quartz (ses différentes espèces), 211 et suiv., 215, 248.
Quaternaire (période), 54.
Quichua (langue), 572, 573.
Quichuas (peuple) de l'Amérique du Sud, 494, 495.
Quipos, 732.

R

Races (conditions dans lesquelles elles se constituent), 418, 419.
Races humaines (leur distribution), 417 et suiv.
Races (diversité de leurs caractères moraux), 705.
Race boréale, 421, 474 et suiv.
Race caucasique ou blanche, 421, 496, 497.
Race hottentote, 421.
— jaune, 421, 452 et suiv.
— malayo-polynésienne, 421.
— nègre, 422 et suiv.
— ougro-japonaise, 484.
— papoue, 421.
— rouge, 421.
Races végétales. Voy. Familles.
Radeaux, 763.
Rakhoing (langue), 541, 542.
Rapaces d'Europe (leur distribution géographique), 352, 353.
Rapaces de l'Amérique, 373, 374.
Réalgar, 246.
Récifs, 36.
Refroidissement graduel du globe, 16 et suiv.
Régions des calmes, 75.
— végétales, 262, 273 et suiv., 288, 289, 290.
Rejangs (peuple), 733.
Renne (le), (sa distribution), 380, 385, 691.
Reptiles fossiles, 46.
— (leur distribution), 330 et suiv.
Représentations dramatiques, 667.
Requins ou Squales (leur distribution), 318.
Ressac, 97.
— (produit par les tremblements de terre), 170.
Ressavique (dialecte), 625.
Rétique (langue), 621.
Rivières (couleur des), 99, 100.
Riz, 293, 294.
Roches (leur formation), 15 et suiv.
Romains, 511.
Romains (religion des), 642, 646, 668.
Romanes (langues), 621, 622.
Rongeurs de l'Afrique, 387, 396, 398.
Rongeurs, leurs migrations, 380.
Rongeurs de la région méditerranéenne, 387.
Rongeurs de l'Amérique, 393, 413, 414, 415.
Rongeurs d'Asie, 379, 382.
Rongeurs d'Europe, 380, 381, 382, 383, 387.
Rongeurs d'Australie, 409.
Rose des vents, 69.
Roue des chars, 762.
Roue à potier, 721.
Roumaine ou Valaque (langue), 621, 622.
Roumains, 523, 524.
Roxolans (peuple), 761.
Rubis, 257, 258.
Ruminants de l'Amérique du Nord, 394.
Ruminants de l'Amérique du Sud, 414, 415.
Ruminants de l'Afrique, 395, 396.
Ruminants de l'Asie, 405.
Ruminants d'Europe, 379, 381, 383, 384.
Russe (langue), 625, 626.
Russes, 523.
Ruthènes, 523.
Ruthène ou Ruthénien (dialecte slave), 627.

S

Sabéisme, 639.
Sabelliques (dialectes), 618.
Sabins (peuple), 510, 511, 640.
Sables d'Hastings, 39.
Sabirs (peuple), 481.
Sacrifices, 664.
— (humains), 664, 665.
Sacerdoce. Voy. Caste sacerdotale.
Saces ou Scythes d'Asie, 468, 480, 526.
Sachems, 705.
Sahara africain, 130, 131.
Saisons, 62, 65.
Sakalaves (peuple), 472.
Sakatra (métis), 529.
Salamandres fossiles, 49.
— (leur distribution), 332, 333.
Saliva (langues), 576.
Salkh (usage du), 733.
Salzes, 172.
Samoïèdes, 479.
Samoun (vent violent), 81.
Sandwich (religion des îles), 641.
Sanscrite (langue), 607, 608.
Saphir, 221, 257.
Sarapares (peuple), 739.
Sardaigne (sa martre), 386.
Sarasvâti (langue), 610.
Sarmates, 507, 520, 704, 730.
Sarong (vêtement), 735.
Sarrazins, 594.
Saul-Forest, 286, 287, 291, 292.
Saumon (sa distribution), 323.
Sauriens (distribution des), 338 et suiv.
Sauriens fossiles, 30, 33, 37.
Savanes de l'Amérique, 140, 141, 142, 143.
Saxons, 517, 694.
Saxon (idiome), 630.
Scalper (usage de), 704.
Scandinaves (religion des), 645, 655, 656.
Scandinaves, 519, 629.
Schiites (secte), 668.
Schisteux (terrains), 122.
Schohos (peuple de l'Afrique), 439.
Schoschonis (tribu indienne), 566, 720.
Schotts, 101.
Schypétars, 524, 618.
Scythes, 480, 525, 656, 669, 748, 750, 761.
Sechuana (langue), 590.
Seiches (marées du lac de Genève), 92.
Sel gemme, 251.
Sélénite, 252.
Sélénium, 243.
Sémangs (peuple), 446.
Sémites (caractère de cette race), 497, 498, 499, 505, 649, 650.
Sémitiques (langues), 602 et suiv.
Senega (peuple), 442.
Sens (leur développement dans la vie sauvage), 738.
Sépulture (mode de), 664 et suiv.
Sépia fossile, 32.
Serbes, 522, 523.
Serbe (langue), 625.
Serpas (peuple), 459.
Serpents (distribution des), 334 et suiv.
Serpents venimeux et inoffensifs, 337 et suiv.
Serpents de mer et d'eau, 336, 338.
Serpent, mangé par certains peuples, 743.
Serpent (culte du), 643.
Serpentine, 223, 224.
Siahpochs. Voy. Kafirs.
Siahpoch (langue), 610.
Siamois (peuple), 457, 458, 459.
Siamoise (langue), 539, 540, 541, 542.
Sibérie, sa faune mammalogique, 379, 383, 384.
Sicules (peuple), 510.
Sicules. Voy. Szeklers.
Sidérose, 239.

Siebengebirge, région montagneuse, 123.
Siénite (ses formes), 121.
Si-Fan (tribus), 460.
Si-Fan (idiome), 549.
Signaux au moyen du feu, 765.
Sikhs (religion des), 650.
Silex, 213.
Silicates non alumineux, 222 et suiv.
Silices (ses différents composés), 211, 214, 226.
Silures (peuple), 512, 514.
Siluriens (terrains), 20, 21, 23.
Sindhi (langue), 611.
Singes (leur distribution en Amérique), 410, 411, 412.
— fossiles, 47, 50, 56.
— de l'Asie, 389, 401, 402.
— de l'Afrique, 394, 395, 398, 400.
Singes de Madagascar, 399, 400.
Singhalais (habitants de Ceylan), 464.
Sing-Pho (langue), 541, 542.
Sing-Pho (peuple), 458.
Sirocco (vent), 82.
Slaves (peuples), 481, 519 et suiv., 656.
Slaves (langues), 624 et suiv.
— (religion des anciens), 645.
Slavon (langue), 625.
Slovaque (langue), 627.
Slovaques, 523.
Slovènes, 521.
Slovène (langue), 626.
Sociabilité de l'homme, 670.
Soif (façon d'étancher la), 749.
Sokpa (tribu), 460, 549.
Soleil, 10 et suiv., 61.
— (constitution physique du), 11.
Solfatares, 170, 171.
Solipèdes (leur distribution en Asie), 385.
Soma (liqueur sacrée des Hindous), 662, 748.

Somàl (peuple de l'Afrique), 434, 436, 439.
Somali (langue), 591.
Sonora (langues de la), 570.
Sonthals ou Santâl (peuple de l'Inde), 462.
Sonrhaï (peuple), 430.
Sonrhaï (langue), 587.
Sorabe (langue), 627.
Souahili, 436, 439.
Souanes, peuple, 506, 509.
Souane (langue), 633.
Soufflards (dégagements volcaniques d'acide boracique), 172.
Soufflet (usage du), 726.
Soufre, 249 et suiv.
Soulèvement des montagnes, 176 et suiv.
Sources thermales. Voy. Eaux minérales.
Sourgdate, langue, 557.
Sparte (mariage à), 672, 685.
Spath fluor, 225.
— adamantin, 257.
— pesant, 254.
Spinelle, 257, 258.
Stalactites, 181.
Stations végétales, 266.
Stéatite, 223.
Steppes, 123 et suiv.
Stromnite, 255.
Strontiane, 255.
Struthions (distribution de ces oiseaux), 365.
Subapennins (terrains), 52.
Sucre (usage du), 747.
Suédois (peuple), 517, 518.
— (langue), 629.
Suèves (peuple), 515, 516.
Suions (peuple), 516, 517, 763.
Sumatra (mariage à), 678.
Sumatra (volcans de), 160.
Suttee ou brûlement de l'épouse sur le bûcher, 656.
Syriaque (langue), 603.
Syrie (religion de la), 649.
Système solaire, 10 et suiv.

Szeklers, 526.

T

Tabac, 750.
Tablier, disposition anatomique spéciale des femmes hottentotes, 444.
Tabou (loi du), 674.
Taconien (terrain), 20.
Tadjicks (peuple), 503, 504.
Tagales (langues), 550, 597, 598, 599.
Talain (peuple), 487.
Talava (langue), 546.
Talc, 223.
Tamoule (langue), 546, 547.
Tantale (métal), 249.
Tapir, 389, 407, 414.
Tarasco, langue, 567.
Tarinis (phénomènes des), 106, 107.
Tartare (origine de ce nom), 452.
Tartares (langues), 556.
Tatouage, 469, 730, 731, 732.
Tchépang (population de l'Himalaya), 460, 461.
Tchèque ou bohême (langue), 627.
Tchèques ou Bohêmes, 521.
Tchérémisses (peuple), 476, 477.
Tcherkesses (peuple), 506, 507, 508, 521, 672, 685.
Tcherkesses (langues), 633, 634.
Tchetchenzes (peuple caucasien), 466, 508.
Tchetchenzes (langues), 634.
Tchiglits (langue), 566.
Tchinouks (tribu américaine), 487.
Tchoudes (les), peuple, 477.
Tchouktchis, branche de la race boréale, 482, 483, 688, 736.
Tchouvaches (peuple), 476, 644.
Tékéza (langue), 590.
Tedas. Voy. Tibous.
Télinga ou Telougou (langue), 546, 548.

Tellure, 248.
Température de l'atmosphère, 67, 68.
Température de la Terre, 65 et suiv.
Température des mers, 36, 98, 102.
Tentes, 757, 758.
Tepequana (langue), 570.
Teraï, 287, 447.
Terrain houiller, 126.
Terrains ardents, 172.
Terre (mouvements de la), 12.
Terre (planète), 13.
— (sa forme), 18.
— (sa densité), 18.
Terre-Neuve (ancien idiome de l'île de), 564.
Terres fermes du globe (leur superficie), 111 et suiv.
Tertiaires (terrains), 45 et suiv., 205.
Tertiaires (leurs formes), 129.
Tête (déformation de la), 729.
Têtes-Plates, 486, 729.
Thak-Pa (langue), 549, 550.
Thaumaturges, 659.
Thé (boisson), 749.
Thouch (langue), 634.
Thouchènes ou Touchines (peuple), 633, 634.
Thérasia (île de), 745, 760.
Thlinkithes (peuple boréal), 487.
Thraces (peuple), 510, 524, 525, 619, 716, 730, 739.
Thrace (langue), 619.
Thugs, 612.
Tibarènes (peuple), 525, 555, 717.
Tibétaine (langue), 543.
Tibétains, 459, 460, 461.
Tibet, son ours, 389.
Tibous, peuple d'Afrique, 433, 587.
Tigre (aire de cet animal), 389, 403.
Tirhouti (langue), 610.
Tisser (art de), 728.

Titane (métal), 248.
Tlatskanaï (idiome américain), 563.
Tobas, peuple américain, 493.
Todas ou Todars, peuple, 463, 673, 702.
Toda (langue), 547.
Toiles employées en guise de monnaies, 768.
Tolba ou Marabouts (tribu), 594.
Toltèques (peuple), 489, 495.
Tomahawk (arme), 710.
Tombeaux, 665, 666.
— reproduisant la forme des anciennes habitations, 755.
Tonneaux, 722.
Tongouses, 455, 465.
— (langue des), 556.
Topaze, 226, 257.
Tornados (tempêtes), 76.
Torodes ou Torunkawa (peuple), 431.
Toroses (phénomène des), 104.
Torrents, 184.
Tortues (distribution des), 341 et suiv.
Toscans. Voy. Étrusques.
Totems, 695.
Totonaque (langue), 567.
Touâreg, 440, 684.
— (langue des).
Touchines (peuple), 508.
Toucouleurs (peuple africain), 431.
Toundras, 135.
Touran, contrée, 550.
Touraniennes (langues), 548, 549, 616.
Tourbillons des mers, 96.
Tourbières, 203, 285.
Tourmaline, 220.
Trachyte, 123.
Traîneau, 761, 762.
Transitions dans les langues américaines, 571.
Transmigration des âmes, 657, 658.
Transport (moyens de), 760 et suiv.
Trarzas (tribu africaine), 442.

Travertin, 210.
Tremblements de terre, 164 et suiv., 641.
Trias (terrain de), 29, 126.
Tribu (la), 688 et suiv.
Tribus (division par), 701.
Trilobites, crustacés fossiles, 22 et suiv.
Troumbach (arme), 713.
Tsamba, aliment, 744.
Troglodytes, 673, 688, 732, 743, 754.
Tumalé (langue), 590.
Tundjour (peuple), 441.
Tupaies (mammifères), 407.
Tupies (langues), 575, 576.
Tupis (peuple), 491.
Turcomans, 464.
Turcs (peuple), 464, 465, 466, 505, 695.
Turque (langue), 556, 557.
Turquoise, pierre précieuse, 259.
Types végétaux, 275.
Tzendal (idiome), 567.
Tziganes (Bohémiens). Voy. Cyganes.

U

Udins (peuple), 507, 634.
Urane, 247, 248.
Urao (espèce de natron), 211.
Uraon (idiome), 545.
Urus, sa distribution, 384.
Uscoques (peuple), 522.
Ustensiles des premiers hommes, 720 et suiv.
Uzbeks (peuple), 464.

V

Vaiçyas (caste), 700.
Valaques, 523, 524, 621.
Vallée du poison, 172.
Vallées (forme des), 117.
Vanadium, 243.
Vandales, 515, 516.

Vandale (langue), 629.
Varalis (peuple de l'Hindoustan), 447, 463.
Varecs (mer des), 88, 98, 281.
Varègues, 523.
Vases (premiers), 720 et suiv.
Vaudou (fête des Nègres), 666.
Vautours, leur distribution, 351, 374.
Véda (le), 607, 608, 639.
Veddahs (peuple de Ceylan), 464, 690, 719.
Végétation (condition de la), 260 et suiv..
Végétation des montagnes, 263, 264.
Végétaux fossiles, 19, 26, 29, 31, 41, 52.
Véhicules (emploi des), 761, 762, 763, 764.
Veï (langue), 584.
Venèdes (peuple), 521.
Vents, 68 et suiv.
— alisés, 74 et suiv., 85.
— (différentes sortes de), 73 et suiv., 76, 80, 83.
— (leur influence sur la distribution des oiseaux), 350.
Vepses ou Vesses (peuple), 478, 480.
Vepse (langue), 557.
Vermeille (mer), origine de ce nom, 98.
Vesses (peuple). Voy. Vepses.
Vêtements, 727 et suiv.
— des extrémités. Voy. Chaussures, Gants.
Viande (usage de la), 641.
Vie pastorale, 690 et suiv., 750.
Vigne (sa zone), 294, 295.
Villes (premières), 756, 759, 760.
Vin, boisson, 748.
Vindes (peuple), 521.
Vindhyennes (langues), 545.
Vogouls (peuple), 475, 476.
Voie lactée, 4.
Volcans, 156 et suiv., 250.

Volcans de boue, 172.
Volverenne, 380.
Volsque (langue), 618.
Votiaks (peuple), 477, 478.

W

Wadaï (habitants du), 430, 441.
Wahabites, 650, 733.
Wahuma (peuple africain), 434.
Waigiou (idiome de l'île), 553.
Wallon (langue), 624.
Wamasaï (les), peuple de l'Afrique, 439.
Wampoun, 732.
Wanikas (peuple africain), 436, 672.
Wazaramos (peuple africain), 434.
Wealdien (terrain), 39, 129.
Welches (habitants du pays de Galles), 513, 632.
Welwitschia mirabilis, 133.
Wharepin, 733.
Wigwams (huttes), 757, 758.
Wilzes (peuple), 626.
Wolfram, 240.
Wolof (langue), 582, 586.
Wolofs (peuple nègre), 431, 432.
Wyandots (tribu indienne), 489, 564.

Y

Yakkas (peuple), 464.
Yakouts. Voy. Iakouts.
Yankees, 518.
Yebous, 426, 427.
Yésidis ou Yezidis (secte), 649.
Yolof ou Wolof (langue). Voy. Wolof.
Yolofs (peuple nègre). Voy. Wolofs.
Yorubas (peuple nègre), 432.
Yoruba (langue), 585.
Yourtes (habitations), 756, 757.
Yttrium (corps simple), 249.
Yumas (langues), 542, 543.

Yumas (langues américaines), 565.
Yunca (langue), 572.

Z

Zadrouga (slave), 521, 619, 689.
Zagaie (arme), 711.
Zambos (métis de nègres et d'Indiens), 528.
Zapotèque (langue), 567.
Zechstein (terrain de), 28, 126.
Zend (langue), 614.
Zigeunes ou Bohémiens, voy. Cyganes.

Zinc, 244, 245.
Zinzares (peuple), 523, 621.
Zoolâtrie, 643.
Zoophytes (distribution des), 317, 318.
Zoroastre (religion de), 647.
Zoulous (peuple cafre), 436, 681.
Zoulou (langue), 589.
Zugni (langue), 566.
Zutugil (langue), 567.
Zyches (peuple), 507.
Zyriaines ou Zyrianes (les), (peuple), 476.
Zyriaine (langue), 555, 556.

FIN DE LA TABLE DES MATIÈRES.

TABLE DES CHAPITRES.

PRÉFACE I
CHAP. I. La création.. 1
CHAP. II. La Terre dans son état actuel; l'atmosphère et les mers 59
CHAP. III. Les parties solides du globe et les fleuves............ 111
CHAP. IV. Distribution des minéraux à la surface du globe...... 195
CHAP. V. Distribution des végétaux à la surface du globe 260
CHAP. VI. Distribution des animaux............................... 296
CHAP. VII. Distribution des races humaines...................... 417
CHAP. VIII. Des langues et de leur distribution géographique.... 532
CHAP. IX. De la naissance et de la distribution des croyances religieuses... 637
CHAP. X. Constitution de la famille et de la société............ 670
CHAP. XI. Premiers besoins de l'homme........................... 708
CONCLUSION.. 769

FIN DE LA TABLE DES CHAPITRES.

Typographie Lahure, 9, rue de Fleurus, à Paris.

www.ingramcontent.com/pod-product-compliance
Lightning Source LLC
Chambersburg PA
CBHW061728300426
44115CB00009B/1135